Kevin Welter, Daniel Stender

Cloud-Infrastrukturen

Das Handbuch für DevOps-Teams und Administratoren

Rheinwerk
Computing

Liebe Leserin, lieber Leser,

wer Infrastructure-as-Code (IaC) schon einmal in Aktion gesehen hat, fragt sich, warum heutzutage überhaupt noch Server-Racks bestückt und Netzwerkkabel verlegt werden. Sekundenschnell werden ganze Infrastrukturen mit Loadbalancern, Worker-Nodes und Sicherheitsgruppen aufgesetzt, konfiguriert und mit Artefakten bestückt. Und mehr noch: Diese Systeme sind durch die Skripte bereits sauber dokumentiert, nachvollziehbar bereitgestellt und austauschbar. So erhalten Sie leistungsstarke und robuste Systeme anstelle von zickigen Haustieren, die Ihnen viele Nerven kosten.

Die Public Cloud bietet dazu die ideale Spielwiese. Nicht nur erlaubt sie Ihnen, die Setups dieses Buchs (fast) kostenlos auszuprobieren, sie bietet Ihnen auch im produktiven Einsatz zahlreiche Vorteile.

Allerdings ist nicht alles Gold, was glänzt. On-Premises-Systeme werden immer eine Daseinsberechtigung haben, und die Risiken und Nachteile der Cloud dürfen Sie nicht ignorieren. Dennoch: Es ist beeindruckend, was mit wenigen Zeilen Code möglich ist.

Wie Sie die Möglichkeiten der Cloud zeitgemäß nutzen, zeigt Ihnen Kevin Welter. Er hat das Buch von Daniel Stender gründlich überarbeitet und steht Ihnen nun bei der Einrichtung Ihres eigenen virtualisierten Rechenzentrums zur Seite. Schritt für Schritt zeigt er Ihnen alle Tools, die dabei zum Einsatz kommen. Mit seiner Hilfe werden Sie schon bald eigene Cloud-Systeme einsetzen und effektiv nutzen.

Abschließend noch ein Wort in eigener Sache: Dieses Werk wurde mit großer Sorgfalt geschrieben, geprüft und produziert. Sollte dennoch einmal etwas nicht so funktionieren, wie Sie es erwarten, freue ich mich, wenn Sie sich mit mir in Verbindung setzen. Ihre Kritik und Ihre konstruktiven Anregungen sind jederzeit willkommen.

Ihr Christoph Meister
Lektorat Rheinwerk Computing

christoph.meister@rheinwerk-verlag.de
www.rheinwerk-verlag.de
Rheinwerk Verlag · Rheinwerkallee 4 · 53227 Bonn

Auf einen Blick

1 Cloud Computing ... 19

2 Grundlegende Fertigkeiten und Werkzeuge für Cloud-Engineers ... 65

3 IaaS-Anbieter verwenden ... 191

4 Cloud-Infrastruktur automatisiert ausrollen ... 321

5 Cloud-Instanzen konfektionieren ... 395

6 Cloud-Instanzen mit Ansible konfigurieren ... 425

7 Cloud-Instanzen testen ... 513

8 Cloud-Monitoring mit Prometheus ... 537

9 Cloud-Ressourcen mit Boto3 programmieren ... 571

Wir hoffen, dass Sie Freude an diesem Buch haben und sich Ihre Erwartungen erfüllen. Ihre Anregungen und Kommentare sind uns jederzeit willkommen. Bitte bewerten Sie doch das Buch auf unserer Website unter **www.rheinwerk-verlag.de/feedback**.

An diesem Buch haben viele mitgewirkt, insbesondere:

Lektorat Christoph Meister
Korrektorat Isolde Kommer, Großerlach
Herstellung Ralf Kepnik
Typografie und Layout Vera Brauner
Einbandgestaltung Bastian Illerhaus
Coverbild AdobeStock: 570078981 © estgial; iStock: 2156385097 © Kindamorphic
Satz Typographie & Computer, Krefeld
Druck Beltz Grafische Betriebe GmbH, Bad Langensalza

FSC www.fsc.org MIX Papier | Fördert gute Waldnutzung FSC® C089473

Dieses Buch wurde gesetzt aus der TheAntiquaB (9,35/13,7 pt) in FrameMaker.

Gedruckt wurde es mit mineralölfreien Farben auf chlorfrei gebleichtem, FSC®-zertifiziertem Offsetpapier (90 g/m²).

Hergestellt in Deutschland.

Bibliografische Information der Deutschen Nationalbibliothek:
Die Deutsche Nationalbibliothek verzeichnet diese Publikation in der Deutschen Nationalbibliografie; detaillierte bibliografische Daten sind im Internet über *http://dnb.dnb.de* abrufbar.

ISBN 978-3-367-10426-0

2., aktualisierte und erweiterte Auflage 2025

Rheinwerk Verlag GmbH • Rheinwerkallee 4 • 53227 Bonn
service@rheinwerk-verlag.de

Informationen zu unserem Verlag und Kontaktmöglichkeiten finden Sie auf unserer Verlagswebsite **www.rheinwerk-verlag.de**. Dort können Sie sich auch umfassend über unser aktuelles Programm informieren und unsere Bücher und E-Books bestellen.

Inhalt

Materialien zum Buch ... 13
Einleitung ... 15

1 Cloud Computing ... 19

1.1 Welcome to the Cloud ... 20
1.1.1 Virtualisierung ... 20
1.1.2 Hypervisoren ... 21
1.1.3 Rechenzentrum ... 23
1.1.4 Die »Wolke« ... 23
1.1.5 Die »Cloud Computing Definition«des NIST ... 24
1.1.6 Private Cloud ... 24
1.1.7 Weitere Cloud-Varianten ... 26
1.1.8 Services ... 26
1.1.9 Infrastructure-as-a-Service ... 29

1.2 Public Cloud Computing ... 30
1.2.1 Digitalisierung ... 31
1.2.2 Kostenersparnis ... 32
1.2.3 Kostenkalkulation ... 33
1.2.4 Elastizität ... 33
1.2.5 Datenhoheit ... 36
1.2.6 Bedrohung durch Hacker: Die Cloud-Sicherheit ... 37
1.2.7 Eigenverantwortung ... 38
1.2.8 Legaler Zugriff von Dritten ... 39
1.2.9 Unfreiheit ... 40
1.2.10 Administration ... 41

1.3 DevOps ... 43
1.3.1 Philosophie ... 44
1.3.2 Automation ... 44
1.3.3 DevOps im Unternehmen einführen ... 45
1.3.4 Continous Delivery ... 46

1.4 Container ... 55
1.4.1 Softwarecontainer ... 55
1.4.2 Schattenseiten ... 57
1.4.3 Modularisierung ... 59

1.4.4 Orchestrierung ... 61
1.4.5 Cluster-Manager ... 61

2 Grundlegende Fertigkeiten und Werkzeuge für Cloud-Engineers ... 65

2.1 Python ... 66
2.1.1 Interpreter und ein erstes Programm ... 68
2.1.2 Mathematik ... 71
2.1.3 Variablen ... 72
2.1.4 String ... 74
2.1.5 Liste ... 76
2.1.6 Tupel ... 78
2.1.7 Indizierte Datentypen ... 79
2.1.8 Dictionary ... 80
2.1.9 Boolesche Ausdrücke ... 82
2.1.10 If-Abfrage ... 84
2.1.11 For-Schleife ... 85
2.1.12 Funktionen ... 88
2.1.13 Bibliotheken ... 90
2.1.14 Stdlib ... 93
2.1.15 Exceptions ... 94
2.1.16 open() ... 96

2.2 Google Go ... 98
2.2.1 Compiler ... 100
2.2.2 $GOPATH und $GOBIN ... 101
2.2.3 Mathematik ... 104
2.2.4 Variablen ... 105
2.2.5 String ... 107
2.2.6 Slice ... 110
2.2.7 Map ... 112
2.2.8 If-Abfrage ... 114
2.2.9 For-Schleife ... 117
2.2.10 Funktionen ... 119
2.2.11 Pointer ... 122
2.2.12 Struct ... 123
2.2.13 Methoden ... 125
2.2.14 Interface ... 126

2.2.15 Pakete ... 128
2.2.16 os.Open() ... 130

2.3 Docker ... 132
2.3.1 Installation ... 133
2.3.2 Docker Server ... 134
2.3.3 Container-Images ... 139
2.3.4 MariaDB-Container ... 143
2.3.5 Docker Compose ... 150
2.3.6 Volumes ... 155
2.3.7 Rootless Docker ... 159

2.4 Kubernetes ... 162
2.4.1 kubectl ... 163
2.4.2 Kubernetes auf der GKE ... 167
2.4.3 Objekte ... 171
2.4.4 Rollout ... 176
2.4.5 WordPress auf Kubernetes ... 180

3 IaaS-Anbieter verwenden 191

3.1 Amazon Elastic Compute Cloud ... 192
3.1.1 Anmeldung und Usereinrichtung ... 193
3.1.2 aws-cli ... 200
3.1.3 Instanzen ... 209
3.1.4 Elastic Block Store ... 219
3.1.5 Amazon CloudWatch ... 231
3.1.6 Autoscaling ... 239
3.1.7 Ausklang ... 246

3.2 Microsoft Azure ... 246
3.2.1 Anmeldung ... 247
3.2.2 azure-cli ... 250
3.2.3 VMs erzeugen ... 258
3.2.4 VMs verändern ... 267
3.2.5 Image anpassen ... 272
3.2.6 Blockspeicher ... 279

3.3 Google Compute Engine ... 288
3.3.1 gcloud ... 290
3.3.2 Initialisieren ... 291
3.3.3 Instanz bereitstellen ... 293

3.3.4 SSH-Zugriff 294
3.3.5 Firewall 295
3.3.6 Load-Balancer 296

3.4 DigitalOcean 298
3.4.1 Anmeldung und API-Token 300
3.4.2 doctl 303
3.4.3 Ein Droplet bereitstellen 305

3.5 Hetzner Cloud 308
3.5.1 Anmeldung und API-Token 309
3.5.2 hcloud 311
3.5.3 Server bereitstellen 312

3.6 Multi-Cloud- und Hybrid-Cloud-Computing 316
3.6.1 Multi-Cloud Computing 316
3.6.2 Hybrid Cloud Computing 318

4 Cloud-Infrastruktur automatisiert ausrollen 321

4.1 AWS CloudFormation 322
4.1.1 Ressourcen 327
4.1.2 Template anwenden 334
4.1.3 Ein- und Ausgabe 342
4.1.4 CloudFormation in der Praxis 349

4.2 AWS CDK 352
4.2.1 CDK installieren und initialisieren 353
4.2.2 CDK-Projekt für den Nginx-Server anpassen 356
4.2.3 CDK Bootstrap 361
4.2.4 CDK Deployment 362
4.2.5 Veränderungen durch CDK Diff prüfen 364
4.2.6 CDK Destroy 365

4.3 Azure Resource Manager 365
4.3.1 ARM-Templates 366
4.3.2 Beispielprojekt 372
4.3.3 Anwendung 373

4.4 Terraform 377
4.4.1 Installieren 380
4.4.2 Templates 380
4.4.3 Beispielprojekt 382
4.4.4 Anwendung 392

5 Cloud-Instanzen konfektionieren 395

5.1 Hashicorp Packer 396
5.1.1 amazon-ebs 398
5.1.2 Packer installieren 399
5.1.3 Beispielprojekt 400
5.1.4 Template 401
5.1.5 provisioner.bash 404
5.1.6 Anwendung 410

5.2 Cloud-Init 413
5.2.1 Beispielprojekt 415
5.2.2 Anwendung 418
5.2.3 Introspektion 419
5.2.4 Troubleshooting 421

6 Cloud-Instanzen mit Ansible konfigurieren 425

6.1 Ansible installieren 429
6.1.1 Ansible-PPA 429
6.1.2 Nach der Installation 430

6.2 ansible 431
6.2.1 ping 432
6.2.2 command 434
6.2.3 setup 435

6.3 Konfiguration 436

6.4 Statisches Inventar 438
6.4.1 Gruppen 440
6.4.2 Variablen 440
6.4.3 Gruppen von Gruppen 441

6.5 Module 442
6.5.1 Recherche nach Modulen 442
6.5.2 Module einsetzen 444
6.5.3 copy 448
6.5.4 get_url 450
6.5.5 template 451
6.5.6 lineinfile 454

6.6 **Playbook** ... 457
6.6.1 Plays ... 457
6.6.2 Tasks ... 458
6.6.3 ansible-playbook ... 459
6.6.4 Overhead vermeiden ... 461
6.6.5 gather_facts ... 463
6.6.6 register ... 464
6.6.7 with_items ... 466
6.6.8 creates ... 468
6.6.9 when ... 470

6.7 **Rollen** ... 473
6.7.1 ansible-galaxy ... 473
6.7.2 roles/ ... 474
6.7.3 Rollenstruktur ... 474
6.7.4 Masterplaybook ... 476
6.7.5 Anwendungsbeispiel ... 477

6.8 **Dynamisches Inventar** ... 484
6.8.1 ansible-inventory ... 484
6.8.2 hcloud-python ... 486
6.8.3 inventory.py ... 488
6.8.4 Inventar anwenden ... 491

6.9 **Cloud-Module** ... 495
6.9.1 Anwendungsbeispiel ... 496
6.9.2 Cloud-Module als Ansible-Rolle ... 501

6.10 **Kubernetes-Cluster deployen** ... 502
6.10.1 k8s-preconfig ... 504
6.10.2 k8-master ... 508
6.10.3 k8s-worker ... 510
6.10.4 Anwendung ... 510

7 Cloud-Instanzen testen 513

7.1 **Testinfra** ... 515
7.1.1 Installieren ... 515
7.1.2 Beispielprojekt ... 516
7.1.3 Tests aufsetzen ... 520
7.1.4 Anwendung ... 521
7.1.5 pytest in vollem Umfang nutzen ... 524

7.2 **Terratest** ... 527
7.2.1 Beispielprojekt ... 529
7.2.2 Anwendung ... 534

8 Cloud-Monitoring mit Prometheus 537

8.1 **Prometheus-Server** ... 540
8.1.1 Einspielen ... 541
8.1.2 Starten ... 541
8.1.3 API-Endpunkte ... 542
8.1.4 Metriken ... 544
8.2 **node_exporter** ... 546
8.2.1 Datenaufkommen ... 548
8.2.2 Querying ... 549
8.2.3 Zeitstempel ... 552
8.3 **Service Discovery** ... 553
8.3.1 Konfiguration ... 554
8.3.2 Anwendung ... 555
8.4 **PromQL** ... 558
8.4.1 Qualifizierte Abfrage ... 558
8.4.2 sum() ... 561
8.4.3 max() ... 561
8.4.4 rate() ... 562
8.4.5 avg() ... 563
8.4.6 Arithmetik ... 563
8.5 **Alarme** ... 565
8.5.1 up() ... 566
8.5.2 Einrichtung ... 567
8.5.3 Aktiver Alarm ... 568
8.5.4 Prozentualer Ausfall ... 569
8.5.5 Binäre Gauges ... 569

9 Cloud-Ressourcen mit Boto3 programmieren 571

9.1 **Boto3** ... 572
9.1.1 Installation ... 572
9.1.2 Klassentypen ... 574

9.1.3 Beispielprojekt ... 575
9.1.4 Das Skript anwenden ... 581

9.2 Zugriff auf die Hetzner-Cloud mit hcloud-python ... 583
9.2.1 Beispielprojekt ... 584
9.2.2 Das Skript anwenden ... 588

9.3 Azure-SDK für Python ... 589
9.3.1 Beispielprojekt ... 589
9.3.2 Das Skript anwenden ... 593

9.4 Abschluss ... 595

Index ... 597

Materialien zum Buch

Auf der Webseite zu diesem Buch stehen die Codebeispiele für Sie zum Download bereit:

Gehen Sie auf *www.rheinwerk-verlag.de/5981*. Klicken Sie auf den Reiter MATERIALIEN ZUM BUCH. Sie sehen die herunterladbaren Dateien samt einer Kurzbeschreibung des Dateiinhalts. Klicken Sie auf den Button HERUNTERLADEN, um den Download zu starten. Je nach Größe der Datei (und je nach Ihrer Internetverbindung) kann es einige Zeit dauern, bis der Download abgeschlossen ist.

Einleitung

»The Cloud is the great equalizer because it gives small businesses access to technologies that previously only large companies could afford«
– Kevin O'Leary

Stellen Sie sich vor, Sie drücken einen Knopf, und mit wenigen Zeilen Code wird ein ganzes Rechenzentrum für Sie erschaffen – und ohne dass Sie die schweren Server in Racks einbauen oder endlose Kabelstränge verlegen müssen. Was einst nach Science-Fiction klang, ist heute Realität und liegt buchstäblich in Ihren Händen. Die Cloud-Technologie hat sich mit atemberaubender Geschwindigkeit weiterentwickelt und bietet uns eine beispiellose Freiheit: Infrastruktur und Skalierung lassen sich heute so flexibel und effizient managen, dass sie fast nahtlos in den Hintergrund treten.

Ich erinnere mich noch gut an meinen ersten Besuch in einem echten Rechenzentrum. Es war in Mainz im Jahr 2012, bei IBM. Damals war das Betreten dieser Welt aus Hardware ein richtiges Ereignis – man betrat einen riesigen Raum voller Schränke mit surrenden Maschinen, blinkender Lichter und einer geradezu elektrisierenden Geräuschkulisse. Reihen um Reihen an Servern, jeder nur wenige Zentimeter voneinander entfernt, waren verbunden durch ein Netz endloser Kabel, die durch den Boden geleitet werden. Die Anlage musste aufwendig gekühlt werden, um die heiße Luft der Server auf ein erträgliches Maß zu bringen, und die Infrastruktur, die für einen ausfallsicheren Betrieb notwendig war, ähnelte der Versorgung einer kleinen Stadt. Damals war diese Szenerie das Herzstück der digitalen Welt, und nur wenige hatten das Privileg, sie aus nächster Nähe zu erleben oder sogar dort zu arbeiten.

Heute, mehr als ein Jahrzehnt später, ist das alles in vielerlei Hinsicht nostalgisch geworden. Die Arbeit in Rechenzentren, wie ich sie damals gesehen habe, gehört für die meisten IT-Fachleute kaum noch zum Alltag. Nur die wenigsten Unternehmen betreiben so aufwendige Infrastrukturen noch selbst, sie lagern sie lieber an spezialisierte Anbieter aus. Das hat natürlich seinen Charme. Das Rechenzentrum muss nicht mehr selbst unterhalten werden, und die Cloud-Anbieter machen den Einstieg sehr einfach. Mit wenigen Klicks läuft bereits ein erster Prototyp.

Doch diese Einfachheit bringt auch neue Herausforderungen mit sich. Die Cloud macht uns zwar die Arbeit leicht, doch ganz schnell wird sie auch eine kostspielige Falle. Die Prinzipien bleiben die gleichen wie damals im Rechenzentrum: Ressourcen müssen gut geplant und verantwortungsbewusst verwaltet werden. Es geht immer um die zentrale Frage: Wie gestalten wir unsere Infrastruktur und Arbeitsweise, damit sie uns und unsere Projekte wirklich voranbringen?

In einer Welt, in der nahezu alles automatisiert und abstrahiert werden kann, liegt die Kunst darin, bewusst zu steuern, welche Tools und Prinzipien wir wählen, um langfristig Mehrwert zu schaffen. Und das geht über die Auswahl der richtigen Werkzeuge hinaus – es fordert uns, Cloud-Infrastruktur nicht nur als technischen Fortschritt zu verstehen, sondern als Weg, unsere Ideen schneller und verlässlicher in die Welt zu bringen. Dazu braucht es jedoch zuerst das richtige Know-how.

Das Buch, das Sie in den Händen halten, ist mehr als eine Anleitung – es soll ein Begleiter auf Ihrem Weg in die Welt der modernen Cloud-Infrastruktur sein. Mit praxisnahen Anleitungen, bewährten Strategien und Einblick in aktuelle Technologien hilft es Ihnen, das volle Potenzial der Cloud zu erkennen und effizient auszuschöpfen. Dabei lenkt es den Blick immer wieder auf das Wesentliche: eine Infrastruktur aufzubauen, die Sie verstehen und die Ihre Projekte nicht nur unterstützt, sondern aktiv stärkt und voranbringt.

Die 2. Auflage

Die erste Auflage dieses Buchs erschien im Frühjahr 2020 zu Beginn der Corona-Zeit. Daniel Stender hatte mit praxisnahen Beispielen und vielen Erklärungen ein tolles Nachschlagewerk für Cloud-Infrastrukturen geschrieben, das sein tiefes Verständnis des Themas zeigte. Es war und ist darauf ausgelegt, den Einstieg zu erleichtern und gleichzeitig fortgeschrittenen Anwendern wertvolle Einblicke zu bieten. Viele der Inhalte haben auch heute noch Bestand und sind weiterhin relevant und das, obwohl sich die Welt der IT so schnell verändert.

Nach dem Tod von Daniel habe ich die Überarbeitung der Inhalte übernommen. Die zweite Auflage baut also auf dieser soliden Grundlage auf. Jedes Kapitel habe ich sorgfältig überarbeitet und an die neuesten Versionen der Software angepasst, damit Sie die Übungen weiterhin problemlos durchführen können. Darüber hinaus wurden an einigen Stellen – wie im Kapitel 9 über SDKs – neue Inhalte hinzugefügt, um Ihnen zusätzliche Möglichkeiten zur Automatisierung und Integration zu bieten.

Das sollten Sie schon wissen

Ihnen ist vielleicht aufgefallen, dass der Verlag dieses Buch in die Abteilung *IT-Administration* eingereiht hat, und zwar unter *Linux*. Das freie Betriebssystem spielt die Hauptrolle für das Public Cloud Computing, und das hat einen bestimmten Grund: Infrastruktur-Ressourcen aus der Cloud sind gemietete virtuelle Server, die über das Internet gesteuert werden. Und bei Servern ist Linux das wichtigste Betriebssystem.

Gleichzeitig sollten Sie Linux für das Public Cloud Computing aber auch auf Ihrem Arbeitsrechner einsetzen. Der Grund dafür ist, dass die vorgestellten Werkzeuge und Frameworks alle Open-Source-Software sind, und Linux stellt dafür nun einmal die offenste Plattform dar. Da macOS im Kern selbst ein *unixoides* (von Unix abstammendes) System ist, gibt es auch dort einfache Wege, dieselbe Software zum Laufen zu bringen, sodass Apple-Benutzer die Linux-Literatur meist mit Gewinn lesen können.

Sofern es möglich ist, kommen hier aber auch Windows-Benutzer nicht zu kurz, da es immer auch Hinweise für die Installation der besprochenen Software-Lösungen unter Windows gibt. Das ist allerdings leider nicht immer möglich; so unterstützt z. B. Ansible, das einen Schwerpunkt in diesem Buch darstellt, Windows als Betriebsplattform bisher nicht offiziell. Es ist daher wirklich nützlich, wenn Sie ein Linux-System nutzen oder sich zumindest mit dem *Windows Subsystem for Linux* (WSL) behelfen können.

Ich möchte allerdings den Eindruck vermeiden, dass Cloud-Computing nur mit einem Linux-Arbeitsrechner möglich ist. Das ist ganz und gar nicht der Fall! Nichtsdestotrotz gehen die Anwendungsbeispiele von einem Arbeitsrechner aus, der unter Ubuntu läuft. Der Umgang mit Windows-Servern aus der Cloud hingegen ist ein Spezialgebiet, auf das hier leider nicht eingegangen werden kann.

Vor diesem Hintergrund sollten Sie zumindest ein Grundwissen im Bereich Linux-Anwendung und -Administration mitbringen. Linux-Enthusiasten wissen ohnehin, wie nützlich die Shell im Alltag sein kann, und für den Umgang mit Cloud-Servern gilt das auf jeden Fall. Je besser Sie die Shell-Werkzeuge kennen, desto leichter wird Ihnen der Umgang mit den Cloud-Systemen fallen.

Alle hier vorgestellten Tools für das Cloud Computing und das Cloud Engineering sind nämlich CLI-Werkzeuge, sodass die Linux-Kommandozeile in diesem Buch die Hauptrolle spielt. Die vielfältigen Möglichkeiten, die Ihnen dort für den Einsatz der Tools zur Verfügung stehen, werden bei jeder sich bietenden Gelegenheit hervorgehoben. Wenn Sie das Buch durcharbeiten, werden Sie deshalb mit Sicherheit Ihre Kenntnisse in der Arbeit auf der Linux-Kommandozeile erweitern. Am meisten haben Sie von den Beispielen, wenn Sie möglichst viele detailliert nacharbeiten und selbst ausprobieren.

Der Linux-Schwerpunkt führt dazu, dass dieses Buch auch zusammen mit der auf dem Markt verfügbaren Literatur über Linux-Administration gelesen werden kann. Falls Sie ein allgemeines Linux-Handbuch hinzuziehen möchten, dann sei Ihnen der Titel »Linux-Server: Das umfassende Handbuch« (Rheinwerk Verlag, ISBN 978-3-8362-9615-1) wärmstens empfohlen. Das ist mit Sicherheit einer der einschlägigsten deutschsprachigen Titel für dieses Gebiet.

Kosten

Ein wichtiger Punkt zum Schluss: Wenn Sie die hier vorgestellten Cloud-Services nutzen, dann entstehen Ihnen Kosten. Die Maschinen, die ich in den Beispielen verwende, haben allerdings ausschließlich kleine und kleinste Größen, deren Mietpreis möglichst niedrig ist. Meistens werden sie von den Freikontingenten abgedeckt, die die Anbieter bei der Neuanmeldung für Sie einrichten. Wenn Sie die Beispiele ausprobieren, dann nutzen Sie die Maschinen deshalb entweder kostenlos (d. h. im Rahmen des Freikontingents), oder Sie landen im niedrigen zweistelligen Euro-Bereich. Falls Ihnen allerdings unerwartete Kosten entstehen, weil Sie andere Maschinengrößen einrichten als diejenigen aus den Beispielen, dann müssen Sie selbst dafür sorgen, dass Sie den Überblick behalten und kostenbewusst mit den Ressourcen umgehen. Zusätzliche Kosten entstehen auch, wenn Sie vergessen, die Maschinen nach dem Ausprobieren wieder zu terminieren.

Danksagung

Mein tiefster Dank gilt meiner Frau Nicole und meinen Kindern Levi Ace und Killua Caden. Danke, dass ihr mir den Rücken stärkt und mir immer wieder zeigt, was im Leben wirklich zählt. Ohne eure Unterstützung und Geduld wäre dieses Buch nicht möglich gewesen.

Kevin Welter

Kapitel 1
Cloud Computing

»There is no cloud, it's just someone else's computer.«
– Sprichwort in der Cloud-Computing-Szene

Ich kann mich noch daran erinnern, wie beeindruckt ich war, als ich vor einigen Jahren in Hamburg das erste Mal mit einem Wagen von einem großen Carsharing-Anbieter unterwegs war. Diese Spielart von öffentlichen Verkehrsmitteln war damals noch ganz neu. Mich faszinierte vor allem, wie zu dieser Zeit bereits vorhandene Techniken eingesetzt und kombiniert wurden, um Mietwagen auf diese damals neue Art und Weise anbieten zu können.

Eine spezielle App auf dem Smartphone erkennt über GPS die eigene Position und öffnet eine Karte, auf der alle im Stadtgebiet und vor allem im näheren Umkreis parkenden und freien Fahrzeuge des Anbieters verzeichnet sind. Der Kunde kann mit der App direkt Informationen über einzelne Wagen, zum Beispiel den Füllstand des Tanks, abrufen. Er sucht sich dann einen passenden Wagen aus, und der wird dann für einen gewissen Zeitraum für diesen Kunden reserviert. Die Wagen stehen mit der Zentrale über Mobilfunk-Netzwerke in ständiger Verbindung (in den Großstädten besteht dafür eine hinreichende Netzabdeckung) und erhalten über diesen Weg die Information, dass sie reserviert sind. Das Auto ist dann für die Benutzerkarten anderer Carsharing-Kunden gesperrt, sodass niemand dem Kunden den Wagen wegschnappen kann, während er gerade auf dem Weg zu ihm ist. Der Kunde schaltet den Wagen dann mit seiner Karte frei, setzt sich hinein und fährt los. Am Ziel stellt er den Wagen ab und loggt sich wieder aus. Nur ein paar Sekunden später erscheinen die genauen Daten der Fahrt und der für die zurückgelegte Entfernung berechnete Preis im eigenen Kundenkonto auf der Homepage des Anbieters im Internet.

Im Winter sprang einmal ein Wagen nicht an, und ich konnte mich nicht ausbuchen, weil der Bordcomputer keine Verbindung zur Zentrale mehr bekam: Das Auto stand wohl ungünstig in einem Funkschatten. Für solche Fälle gibt es aber einen speziellen Serviceknopf, und wenn der gedrückt wird, baut der Wagen über Satellitenfunk eine Serviceverbindung zu der Zentrale auf. Die freundliche Support-Mitarbeiterin am anderen Ende buchte dann den Wagen für mich aus. Sie meinte, er werde jetzt von ihr stillgelegt, und ein Techniker komme zur aktuellen GPS-Position, um den Wagen auf seinen Transporter zu laden und in eine Servicewerkstatt zu bringen. Der nächste freie Wagen, mit dem es keine Schwierigkeiten gab, stand nur ein paar Meter weiter.

»Eigentlich braucht man heutzutage gar kein ein eigenes Auto mehr«, dachte ich bei mir. Und wie einfach es sein kann, wenn auf eine solch einfallsreiche Weise Techniken wie normale Autos, Software, das Internet, Smartphones, das Global Positioning System GPS, Handy- und Satelliten-Funk miteinander in einem Mietmodell zu einem innovativen und zukunftsweisenden Produkt kombiniert werden. Der Kunde ist damit von allen Lasten befreit, die der Besitz eines Kraftfahrzeugs mit sich bringt. Und er bezahlt, weil er selbst fährt, auch nur einen Bruchteil von dem, was ein Taxi kostet. Der Anbieter macht gleichzeitig durch viele kleine Summen gute Gewinne und baut das Angebot immer weiter aus, was es zunehmend attraktiver macht.

Es gibt beim Carsharing und ähnlichen Angeboten einige Parallelen zum Cloud Computing. Und dasselbe Gefühl, damit plötzlich in die Zukunft versetzt zu werden, mag sich beim ersten Kennenlernen dieser Vermietungstechnik vielleicht genauso einstellen (mittlerweile vielleicht aber auch nicht mehr).

1.1 Welcome to the Cloud

Beim *Cloud Computing* beziehungsweise beim *Public Cloud Computing* (wie sich das gegen die anderen Varianten abgrenzt, werde ich weiter unten besprechen) handelt es sich zunächst einmal genauso um ein Mietangebot. Und bei dem Angebotsmodell *Infrastructure-as-a-Service* (das im Mittelpunkt dieses Buchs steht) werden statt Kraftfahrzeugen reine Computing-Ressourcen wie CPU-Leistung, Arbeitsspeicher, Massenspeicher und Netzwerke für die allgemeine Benutzung zur Verfügung gestellt.

Als Grundlage dafür dient natürlich das Internet. Denn anstatt Serverracks auf den Hof ausgeladen zu bekommen, werden beim Public Cloud Computing die angemieteten Ressourcen im weltweiten Breitband-Netzwerk über Standardprotokolle zur Verfügung gestellt. Damit können Sie mit beliebigen Geräten auf diese Ressourcen zugreifen, und es spielt – abgesehen von eventuellen Latenzzeiten und rechtlichen Fragen – grundsätzlich keine Rolle, wo genau sich die genutzten Rechner befinden.

1.1.1 Virtualisierung

Eine weitere zentrale Technik, die Cloud Computing überhaupt erst möglich macht und dafür sorgt, dass Computing-Ressourcen in einer solchen Art und Weise über das Internet angeboten werden können, ist die Virtualisierung von Servern. Dafür setzen die Anbieter spezielle Softwarelösungen ein (Hypervisoren), welche die Hardware von physischen Servern abstrahiert zur Verfügung stellen können. Die Hypervisoren laufen entweder direkt auf Rechner-Hardware (eine Formulierung dafür ist »auf dem Blech«) als Betriebssystem-Ersatz oder werden auf dem Betriebssystem installiert, das auf einer Maschine läuft.

Das macht es möglich, ein System in mehrere kleine, beliebig zugeschnittene Stücke zu unterteilen. Diese sind dann als einzelne virtualisierte Server benutzbar, die sich den Betriebssystemen gegenüber, die wiederum auf ihnen installiert werden, wie eigenständige Rechner verhalten. Ohne dass der darunter liegende Server neu gebootet werden muss, können virtuelle Maschinen (VMs) beliebig oft hoch- und heruntergefahren werden. Es handelt sich um eigenständige, unabhängige Einheiten, die grundsätzlich nichts miteinander zu tun haben.

Dabei wird gemeinhin mit Images (im Sinne von »Maschinenabbildern«) gearbeitet, die unterschiedliche anbieterspezifische Dateiformate haben. Die Images dienen als Pseudo-Festplatten, von denen die VMs gestartet werden. Auch wird der Zustand von heruntergefahrenen VMs mithilfe der Images auf dem Host-Betriebssystem aufbewahrt.

1.1.2 Hypervisoren

Hypervisoren bilden die abstrahierende Schicht zwischen Gast- und Hostsystem. Sie stellen dem Gast eine virtuelle Umgebung zur Verfügung und verwalten die Erzeugung von virtuellen Maschinen. Es gibt eine ganze Reihe von Hypervisoren von verschiedenen Herstellern. Im Cloud Computing werden aber immer wieder dieselben bewährten und frei lizenzierten Open-Source-Lösungen von Infrastruktur-Anbietern eingesetzt.

Freie Software

Die Begriffe *Open Source* und *freie Software* gelten gemeinhin als Synonyme. Open Source ist dabei der gängigere Ausdruck und wird ganz bewusst für die Vermarktung von nicht proprietären Softwareprodukten eingesetzt. Allerdings gibt es quelloffene Software, die nicht frei lizenziert ist. Darüber hinaus wird unter »freier Software« meist Software verstanden, die umsonst und frei von Lizenzkosten ist. Der Freiheitsbegriff bei Softwarelizenzen ist allerdings weiter gefasst. Er meint vor allem vom Hersteller beziehungsweise vom Entwickler eingeräumte Freiheiten im Umgang mit dem Quellcode. Das betrifft spezielle urheberrechtliche Fragen wie etwa, ob Sie den Code verändern und danach unter demselben Namen weiterverteilen dürfen.

Frei lizenzierte Softwareprodukte sind allerdings in der Regel auch frei von Lizenzgebühren. Die Open-Source-Hersteller verdienen ihr Geld meist durch Support-Verträge oder durch kommerzielle Varianten mit einem erweiterten Funktionsumfang. Allerdings gilt als Minimalstandard für freie Software, dass sie ohne Einschränkungen vertrieben werden darf. Es bedeutet aber nicht in jedem Fall, dass Sie diese Software ohne jegliche Einschränkungen kommerziell verwenden dürfen. Informieren Sie sich also genau über die jeweiligen Lizenzbedingungen, wenn Sie frei lizenzierte Softwareprodukte professionell einsetzen wollen. Nur weil eine Software nichts kostet, können Sie damit nicht automatisch machen, was Sie wollen.

Zu den weitverbreiteten Lösungen zählt zum einen die *Kernel-Based Virtual Machine* (KVM), die 2007 von dem israelischen Unternehmen Qumranet vorgestellt wurde, das im Jahr darauf von Red Hat aufgekauft wurde. Dieser Hypervisor ist seit Version 2.6.20 als Modul fester Bestandteil des Linux-Kernels und bildet den Quasi-Standard der Maschinenvirtualisierung unter Linux. KVM wird oftmals zusammen mit dem Paravirtualisierungstreiber *Virtio* in der VM eingesetzt. Dieser ermöglicht unmittelbare I/O-Zugriffe auf die unvirtualisierte Hardware des darunter liegenden Hosts, was einen stattlichen Zugewinn an Performance bietet.

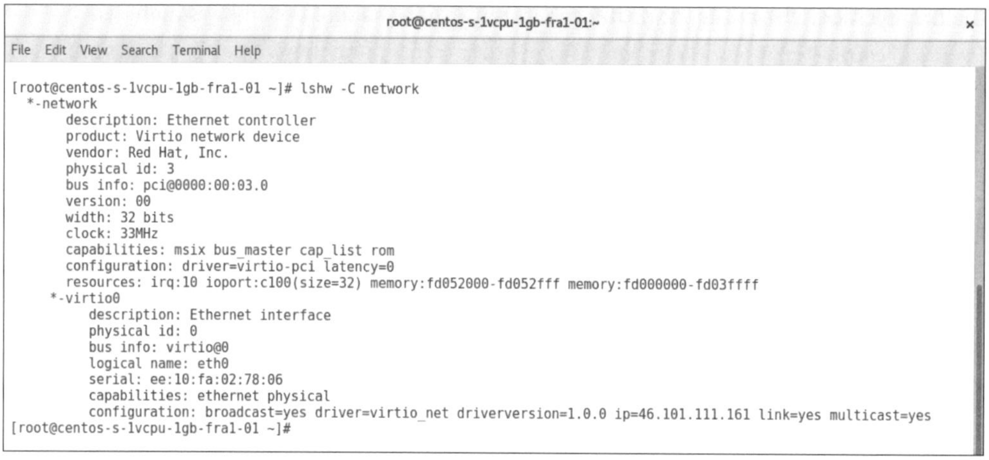

Abbildung 1.1 Per Virtio-Treiber eingebundene Netzwerkkarte bei DigitalOcean

Ein weiterer von Cloud-Anbietern auf breiter Front eingesetzter Hypervisor für Linux-Systeme ist *Xen*, der im Jahr 2007 vom US-amerikanischen Softwareunternehmen Citrix aufgekauft wurde. Xen läuft sozusagen neben dem Betriebssystem, von dem es gestartet worden ist, unmittelbar auf dem Host. Diese Lösung bietet damit eigene Paravirtualisierungskapazitäten und ist der Standard-Hypervisor zum Beispiel bei den Instanzen von Amazons *EC2*. (Dieser IaaS-Dienst wird in Abschnitt 3.1 noch ausführlich thematisiert.)

Beide Hypervisoren nutzen die in modernen x86-Prozessoren gemeinhin eingebaute Hardwareunterstützung für die Virtualisierung. Der Chiphersteller Intel verbaut dafür die Technik *Intel Virtualization Technology (Intel VT)*, und AMD produziert seine *AMD Virtualization (AMD-V)*.

Ein weiterer Hypervisor, der besonders beim Cloud-Computing auf Azure eingesetzt wird, ist *Hyper-V* von Microsoft.

Im Gegensatz zur Technik der Emulation, die systemfremde Architekturen nachstellt, findet sich bei der Virtualisierung im Gastsystem immer dieselbe Maschinenarchitektur wie diejenige des darunter liegenden Servers. Kostengünstige und die allgemeine IT-Welt dominierende x86-Maschinen spielen auch beim Public Cloud Computing die Hauptrolle.

Cloud-Anbieter betreiben manchmal selbst entwickelte Lösungen für die Virtualisierung. So setzt Amazon zum Beispiel bei EC2 neben Xen den eigenen kompakten Hypervisor *Nitro* ein, der auf KVM-Technologie basiert.

1.1.3 Rechenzentrum

Auch in »klassischen« Rechenzentren ohne Cloud-Ausrichtung hat es sich mittlerweile als Betriebskonzept durchgesetzt, eine Virtualisierungsschicht über der vorhandenen Hardware zu betreiben. Diese Technik hat mehrere Vorteile: Die Ressourcen der vorhandenen Infrastruktur werden optimal ausgenutzt, die Konfiguration und Administration werden vereinfacht, und der Betrieb wird effektiver und damit kostengünstiger.

Darüber hinaus bildet dieses Verfahren aber auch das Fundament für das Cloud Computing:

- Anbieter mit einheitlicher Hardware können unterschiedliche virtualisierte Servergrößen zur Vermietung anbieten.
- Instanzen können ad hoc, also nach aktuellem Bedarf, gebildet und schnell auch wieder aufgelöst werden.
- Je nach Kundenwunsch können dabei auch unterschiedliche Betriebssysteme zum Einsatz kommen.

Auf der Virtualisierungsschicht steht ein umfassender Ressourcen-Pool zur Verfügung, aus dem sich unterschiedliche Server über mehrere physische Rechner hinweg aufteilen oder zusammenfassen lassen.

Viele Infrastruktur-Anbieter haben mittlerweile auch unvirtualisierte Instanzen als sogenanntes *Bare Metal* im Programm. Diese werden zu einem Aufpreis als rein physische Hardware ohne Hypervisor zur Verfügung gestellt und eignen sich besonders für bestimmte Anwendungszwecke (siehe weiter unten). Public Cloud Computing findet in den meisten Fällen aber mit virtualisierten Servern statt.

1.1.4 Die »Wolke«

Vor diesem Hintergrund ist der Begriff von der »Cloud« als einer »Datenwolke« oder vielleicht besser gesagt »Rechnerwolke« meiner Meinung nach durchaus treffend geprägt. Handelt sich bei diesen Gebilden doch um amorphe, sich ständig verändernde und selbstorganisierende riesige Massen von virtualisierten Hardwareressourcen. Die »Wolke« bildet dabei einen Pool von virtualisierten Computing-Rohstoffen, aus welchen Server-Instanzen bei Anforderung vom Anbieter dynamisch zugewiesen werden.

Mit der tatsächlich vorhandenen Hardware kommen Sie dabei normalerweise nicht mehr in Berührung, und Ihre Softwarestacks sind nicht mehr an physische Rechner gebunden. Sie wissen auch nicht – und Sie müssen es für den erfolgreichen Einsatz der angebotenen Technik auch gar nicht wissen –, wo genau sich die Maschine befindet, auf die Sie gerade Softwarepakete installieren. Irgendwo in einem großen Rechenzentrum (vielleicht in Frankfurt am Main, vielleicht aber auch woanders), am Ende eines langen Gangs voller prall gefüllter Server-Racks flimmert dabei ein Betriebslämpchen. Wenn Sie Ihre Instanz dann löschen und sich direkt eine neue zulegen, dann ist diese vielleicht in einem ganz anderen Rechenzentrum gehostet – wie auch immer die Cloud das gerade benötigt.

1.1.5 Die »Cloud Computing Definition«des NIST

Cloud Computing ist hip und äußerst komplex. Deshalb kommen Begriffe wie »Cloud-native« oder »Cloud-ready«, die sich nur schwer konkret definieren lassen, in der IT-Szene heutzutage gefühlt in jeder Präsentation vor, und zwar in nahezu beliebigen Zusammenhängen. Damit soll meist demonstriert werden, dass man auf dem neuesten Stand der Technik agiert. Und in der Anfangszeit dieser technischen Entwicklung, gegen Ende der 90er-Jahre des vergangenen Jahrhunderts, wurde der damals noch allzu schwammige Begriff »in der Cloud sein« auch gern in der Werbung eingesetzt, um etwa ein omnipotentes Betriebssystem zu suggerieren.

Wohltuend konkret ist dagegen die *Cloud Computing Definition (Special Publication 800-145)* des US-amerikanischen National Institute of Standards and Technology (NIST) von 2001:

https://csrc.nist.gov/publications/detail/sp/800-145/final

Diese kurz gefasste Broschüre hat das Verständnis der Grundkategorien des Cloud Computing maßgeblich geprägt und ist auch heutzutage immer noch sehr einflussreich. Die NIST-Definition unterscheidet unter anderem vier grundsätzliche Bereitstellungsvarianten (*deployment models*), von denen die *Public Cloud* den maßgeblichen Schwerpunkt dieses Buchs darstellt. Doch zunächst – und auch zur Abgrenzung davon – folgen einige Bemerkungen zum Thema *Private Cloud*.

1.1.6 Private Cloud

Eine der Bereitstellungsvarianten, die von der NIST definiert wurden, ist die *Private Cloud*. Dies ist eine Cloud-Umgebung, die nicht öffentlich zugänglich ist und ausschließlich für ein bestimmtes Unternehmen oder eine Organisation betrieben wird.

Oftmals wird der Begriff *Private Cloud* so verstanden, als wäre damit gleichzeitig auch die Infrastruktur gemeint, mit der ein Unternehmen diese Cloud betreibt. Dabei schwingt mit, dass die Cloud dafür hausintern zu sein habe und sich auf dem firmeneigenen Gelände (Stichwort: *On-premises*) befindet. Geschlossene Cloud-Umgebungen für Firmen und Organisationen werden aber nicht nur von diesen selbst, sondern auch von Outsourcing-Anbietern betrieben. Die Definition der Private Cloud der NIST schließt deshalb ausdrücklich mit ein, dass sich ein für geschlossene Cloud-Dienstleistungen benötigtes Rechenzentrum auch in der Firma eines externen Anbieters befinden kann. Ein treffenderes Unterscheidungsmerkmal zwischen Private und Public Cloud ist also eher, ob Services daraus über das Internet oder ein Intranet genutzt werden.

»On-premise« vs. »On-premises«

Der in deutschen Publikationen oftmals vorkommende Ausdruck »On-premise« für »auf dem Firmengelände« ist schlichtweg falsches Englisch. Denn »premise« ist nicht der Singular von »premises« – engl. »Firmengelände, Gewerberäume« –, sondern bedeutet »Prämisse«.

Eine Private Cloud findet man heutzutage vor allem bei Konzernen und größeren Unternehmen. Besonders häufig trifft man sie in stark regulierten Bereichen wie Banken, Versicherungsgesellschaften und Finanzdienstleistern an, die besondere Auflagen erfüllen müssen. Solche Unternehmen können beziehungsweise dürften ihre Daten nämlich gar nicht in einer Public Cloud verarbeiten (weiter unten dazu mehr).

Es gibt einige Softwarelösungen, um eine eigene Cloud mit Infrastruktur-Service und anderen Diensten in einem Rechenzentrum aufzusetzen. Weit verbreitet hierfür sind:

- die proprietäre Virtualisierungslösung *vSphere* von VMware in Verbindung mit *vCloud*, die mit einem eigenen Hypervisor namens ESXi arbeitet.
- Daneben gibt es das frei lizenzierte *Open Stack* (*https://www.openstack.org/*). Es setzt hauptsächlich auf den Hypervisor KVM auf, aber auch Xen und Hyper-V von Microsoft werden unterstützt.

Bei Open Stack handelt es sich zweifelsohne um eines der Juwelen der Open-Source-Szene. Die Software ist von der US-amerikanischen Raumfahrtagentur NASA zusammen mit dem Hosting-Anbieter Rackspace initiiert worden. Sie wird mittlerweile von einer ganzen Reihe von namhaften Unternehmen und Organisationen eingesetzt. Dazu gehören zum Beispiel das Teilchenforschungsinstitut CERN bei Genf mit seinem hohen Bedarf an Kapazitäten sowie die Volkswagen AG als größter europäischer Konzern.

Open Stack

Open Stack ist eine sehr komplexe Sammlung von mehreren Komponenten, die für die Zusammenarbeit gedacht sind und für sich allein genommen meist keinen Nutzen haben.

Einige Basismodule werden für eine vollständige Private-Cloud-Umgebung benötigt. Den Kern bildet dabei der Authentifizierungs- und Autorisierungsdienst *Keystone*, mit dem sich auch die Komponenten untereinander identifizieren. Der Imagedienst *Glance* bewahrt die Maschinenabbilder für die virtuellen Maschinen auf. Die Komponente *Nova* ist für das Management der virtualisierten Maschinen zuständig.

Wichtige weitere Komponenten sind *Cinder*, das persistenten Speicher zur Verfügung stellt, der Objektspeicher *Swift* (nicht zu verwechseln mit der Apple-Programmiersprache) und die Lösung für virtuelle Netzwerke *Neutron*. Darüber hinaus gibt es zum Beispiel auch die Database-as-a-Service-(DBaaS-)Lösung *Trove*.

Open Stack wird meistens in Form von spezialisierten Distributionen wie *Red Hat OpenStack Platform* (RHOP) oder *SUSE OpenStack Cloud* betrieben. Besonders eng verwoben ist es allerdings mit Ubuntu. Der Ubuntu-Anbieter Canonical trägt durch das starke persönliche Interesse von CEO Mark Shuttleworth viel zur Entwicklung von Open Stack bei, zum Beispiel mit dem Container-Hypervisor *LXD*.

Open Stack ist in Python implementiert und steht unter der Apache-2.0-Lizenz.

1.1.7 Weitere Cloud-Varianten

Wie sich nun eine Public Cloud von einer Private Cloud unterscheidet, ist ohne Weiteres nachvollziehbar: Public-Cloud-Anbieter stellen auf öffentlich zugänglichen Cloud-Servern standardisierte IT-Ressourcen für jedermann über eine Internetverbindung zur Verfügung. Und die dafür benötigten Rechenzentren stehen unter der Kontrolle des jeweiligen Anbieters.

Die NIST-Definition kennt darüber hinaus aber auch noch die *Community Cloud*. Das ist eine Public-Cloud-Lösung, die allerdings nur für einen bestimmten Benutzerkreis zugänglich gemacht wird.

Die vierte Variante von Cloud Computing nach der NIST ist die *Hybrid Cloud*. Das ist eine Lösung, die eine Public und eine Private Cloud auf eine bestimmte Art miteinander kombiniert. Ich werde diese aktuell sehr gefragte Variante weiter unten in Abschnitt 3.6 zusammen mit Multi-Cloud-Lösungen vorstellen.

1.1.8 Services

Eine weitere, äußerst populär gewordene Kategorie des Cloud-Computings nach der NIST sind die grundlegenden Dienst-Modelle (*service models*). Es handelt sich dabei um *Software-as-a-Service (SaaS)*, *Platform-as-a-Service (PaaS)* und das bereits erwähnte *Infrastructure-as-a-Service (IaaS)*. Letzteres ist das Thema dieses Buches.

- Bei SaaS handelt es sich um den von einem Cloud-Anbieter angebotenen Nutzungszugang zu Softwareprodukten und Anwendungsprogrammen. Die vom Provider auf seiner eigenen Infrastruktur betriebenen Produkte werden meistens über einen Webbrowser benutzt. Zu dieser Serviceklasse gehört zum Beispiel die Office-Suite Office 365 von Microsoft. Nach demselben Prinzip werden aber auch spezielle Business-Lösungen, wie zum Beispiel für ERP (*Enterprise Resource-Planning*) und CRM (*Customer-Relationship-Management*), angeboten.
- Bei PaaS-Diensten handelt es sich um Anwendungsinfrastruktur in Form von technischen Frameworks, die fertige Middleware, Datenbanken und anderes beinhalten. Der Anwender nutzt sie, um beliebige Web-Applikationen dort aufzuspielen und sie so in der Cloud beziehungsweise im Internet zur Verfügung zu stellen. Zu dieser Cloud-Klasse gehört zum Beispiel die *App Engine* von Google. Der auf PaaS spezialisierte Cloud-Anbieter Heroku (*https://www.heroku.com/*) stellt sich mit seinem Angebot als praktischere Alternative zu konventionellen Webhostern auf.
- Beim IaaS werden reine Hardwareressourcen zur Benutzung angeboten. Darum geht es in diesem Buch.

Wenn Sie sich bereits mit Cloud Computing beschäftigt haben, wissen Sie, dass mittlerweile ein kaum noch überschaubares Angebot von verschiedenartigen Diensten existiert. Um diese Tatsache auszudrücken, existiert mittlerweile der oft ironisch gemeinte Begriff *Everything-as-a-Service (XaaS)*. Es gibt sogar Etiketten-as-a-Service aus der Cloud.

Die Kategorien des NIST-Modells treffen dabei nicht mehr auf alles richtig zu. Aber auch die von vielen genutzten Cloud-Services wie der Filehosting-Dienst Dropbox (*https://www.dropbox.com/*) oder das *Serverless Computing* lassen sich keinem der drei NIST-Modelle mehr klar zuordnen. Trotzdem tragen die drei definierten Dienstklassen als Grundkategorien zum Verständnis des Cloud Computing weiterhin maßgeblich bei. Sie machen auch nicht zuletzt deutlich, wie die Cloud intern aufgebaut ist.

Serverless Computing

Das sogenannte *Serverless Computing* beziehungsweise *Function-as-a-Service* (FaaS) ist eine relativ neue Entwicklung im Cloud Computing.

Diese Serviceklasse ist zwischen PaaS und SaaS angesiedelt und bietet einen noch höheren Abstraktionsgrad als PaaS. Der Anbieter kümmert sich dabei um den gesamten Betrieb all der Dinge, die notwendig sind, um reinen Code zum Laufen zu bringen. Der Kunde muss nur noch seine Codeschnipsel hochladen und nimmt einige rudimentäre Einstellungen wie das Timeout vor.

FaaS-Dienste sind zum Beispiel *AWS Lambda*, *Microsoft Azure Functions* und *Google Cloud Functions*, die jeweils verschiedenen Programmiersprachen unterstützen. FaaS-Funktionen können auf alle Services des jeweiligen Anbieters zugreifen. Sie müssen einem bestimmten zustandslosen Programmiermodell folgen und lassen sich in der Cloud durch verschiedene Ereignisse auslösen (zum Beispiel, dass Alexa irgendetwas Bestimmtes gesagt bekommt).

Eine Funktion im FaaS wird nur berechnet, wenn sie auch läuft. Amazon berechnet für Lambda zum Beispiel die Anzahl der Funktionsaufrufe, die tatsächliche Laufzeit und den benötigten Arbeitsspeicher. Die Rechenleistung, die benötigt wird, um alle Abfragen ohne Verzögerung abzuarbeiten, skaliert automatisch, und zwar bei großen Anbietern auch massiv.

Die drei von der NIST definierten Basisdienste können in jeder der Bereitstellungsvarianten (Public Cloud, Private Cloud usw.) vorkommen. Dort beschreiben sie verschiedene Ebenen beziehungsweise aufsteigende Stufen von Abstraktion. Das Modell der drei Dienste macht deutlich, wie auf Anbieterseite das Mittel, Hardware- und Softwareressourcen immer weiter zu abstrahieren, eingesetzt wird, um innovative und nützliche Angebote für verschiedene Anwendungszwecke hervorzubringen.

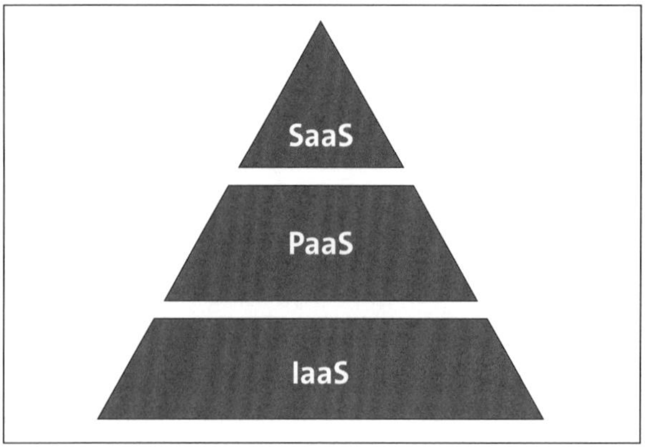

Abbildung 1.2 Die Basis-Services als Pyramide

Abbildung 1.2 zeigt die Basis-Services als eine Pyramide strukturiert. Das soll veranschaulichen, wie der Cloud-Anbieter diese intern selbst einsetzt, um bestimmte Services damit zu konstruieren: Ein SaaS-Dienst baut intern auf eine PaaS auf, die wiederum auf virtualisierter Hardware läuft, die als IaaS konfektioniert ist.

Was sich im Hintergrund eines bestimmten SaaS-Dienstes beim Anbieter technisch abspielt, davon bekommen die Benutzer gar nichts mit. Und sie müssen sich, um den Dienst zu benutzen, ja auch keine eigenen IaaS-Instanzen zulegen. Das soll bei dieser höher abstrahierten Klasse zum Zwecke der Einfachheit ja gerade von Ihnen ferngehalten werden.

Abbildung 1.3 zeigt die Komponenten des gesamten Hard- und Softwarestacks, der für den Betrieb einer Applikation in einer Serviceklasse benötigt wird. Sie sehen, dass bei immer abstrakter werdenden Klassen der Anbieter dem Benutzer die Zuständigkeit für immer mehr Komponenten abnimmt. Bei IaaS müssen die meisten Komponenten vom Benutzer kontrolliert werden, und zwar alle ab dem eingerichteten Server aufwärts.

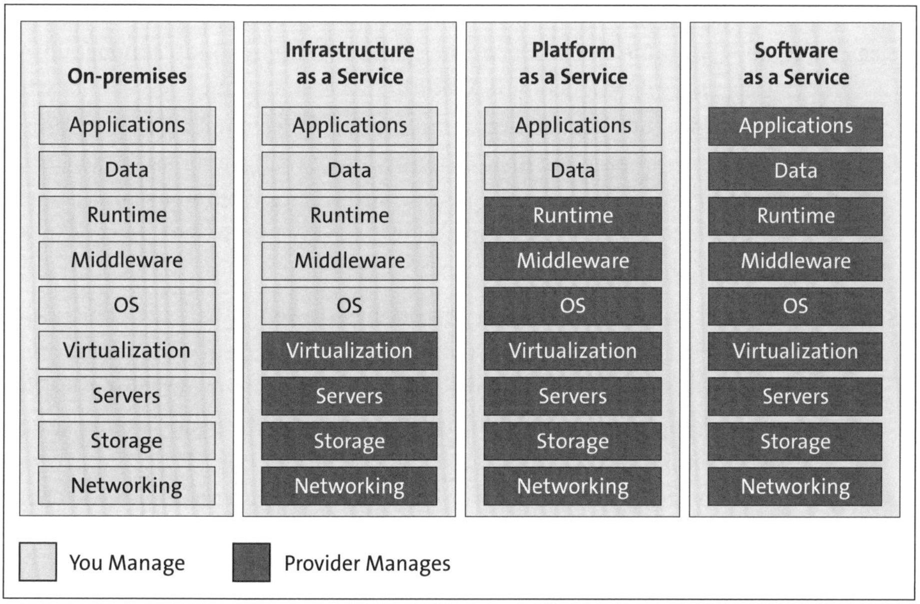

Abbildung 1.3 Wer ist für welche Komponenten bei welchem Service zuständig?

1.1.9 Infrastructure-as-a-Service

Infrastructure-as-a-Service beim Public Cloud Computing ist ein Dienst, der praktisch ein abstrahiertes Rechenzentrum zur Verfügung stellt. Dabei werden reine Hardwareressourcen in Form von virtualisierten Servern angeboten. Die Kontrolle und das Management der unterliegenden physischen Hardware obliegen dabei vollständig dem Anbieter, der sie in eigenen Rechenzentren betreibt. Der Kunde ist für die Auswahl und den Betrieb des Softwarestacks verantwortlich. Er kann auf den gemieteten IaaS-Instanzen ein Betriebssystem seiner Wahl und beliebige Softwarepakete aufspielen und damit dann eigene Applikationen in der Cloud betreiben.

Folgende Grundsätze gelten für alle in diesem Buch besprochenen IaaS-Angebote:

- IaaS ist wie andere Cloud-Dienste auch ein Selbstbedienungsservice, bei dem der Kunde sich bei Bedarf selbstständig benötigte Ressourcen zustellt. Das geschieht über ein Webinterface oder über eine Schnittstelle, auf die händisch mit einem Tool oder automatisiert zugegriffen wird. Eine menschliche Interaktion mit einer

Servicezentrale beim Anbieter ist dabei nicht vorgesehen – und auch gar nicht nötig. Das heißt, Sie sind auf sich allein gestellt, das Angebot zu nutzen. Oder Sie schalten einen spezialisierten Dienstleister ein.

- Die zur Verfügung stehenden Computing-Ressourcen stammen aus einem allgemein zugänglichen Pool, aus dem alle Benutzer ihre Instanzen gleichzeitig beziehen. In diesem Pool werden die zur Verfügung stehenden Ressourcen grundsätzlich unprivilegiert und allen Kunden gleichberechtigt angeboten.
- IaaS steht meistens ohne Vorabüberweisung und allgemein ohne Grundgebühren zur Verfügung. Es wird lediglich eine Kreditkarte verlangt, und abgerechnet wird dabei als Standardmodell immer nur der tatsächliche Verbrauch. Dabei kommen unterschiedliche Parameter wie der Zeitraum der Nutzung, aber auch die Größe des übertragenen und beim Anbieter gespeicherten Datenvolumens zum Tragen. Als Kunde müssen Sie selbst darauf aufpassen, keine Kosten zu erzeugen, die Ihren finanziellen Rahmen sprengen.
- Als IaaS-Instanzen angeboten werden standardisierte Server-Layouts verschiedenen Zuschnitts für allgemeine Anwendungsfälle. Kennwerte für Instanz-Größen sind dabei die Anzahl der Kerne, die Größe des Arbeitsspeichers und die Größe des angehängten Blockspeichers. Provider haben oft aber auch spezielle computing- oder speicheroptimierte Systeme im Angebot, etwa für Deep-Learning-Anwendungen. Instanzen mit GPU-Karten werden angeboten, Supercomputer-Rechenzeit und viele andere Dinge mehr. Mittlerweile gibt es praktisch alles in der Cloud.

Um noch mal auf das Carsharing zurückzukommen: Dabei gibt es natürlich auch Nachteile gegenüber einem eigenen Auto. Die von einem Anbieter in Hamburg als smarter »Airport Transfer« beworbenen Fahrzeuge der kleinsten Kraftfahrzeugklasse haben zum Beispiel gar nicht genug Stauraum für große Koffer. Genauso ist die Frage, ob Infrastruktur aus der Cloud eigene Infrastruktur ersetzen soll beziehungsweise kann, jeweils Abwägungssache und eine Frage des konkreten Anwendungsfalls. Die Cloud ist günstiger, allerdings ist diese Art der Infrastruktur durch die Internet-Anbindung behäbiger. Außerdem erzeugt es zusätzliche stattliche Kosten, wenn ständig große Datenmengen in die oder aus der Cloud geladen werden sollen. Tatsächlich geht der Trend bei größeren Unternehmen zurzeit stark zum hybriden Cloud Computing hin. Bei ihm werden eine eigene Infrastruktur und eine Cloud-Infrastruktur miteinander vermischt, um die Vorteile beider Welten auszuschöpfen. Schauen Sie sich dazu Abschnitt 3.6 an.

1.2 Public Cloud Computing

Die im Rahmen des Cloud Computing angebotenen Dienstleistungen umfassen mittlerweile das gesamte Spektrum der Informationstechnik. Dazu zählen unter anderem

IT-Infrastruktur, Softwareplattformen und Anwendungen. Die Infrastruktur hat aus Computing-Ressourcen eine Alternative zu physisch vorhandener Hardware gemacht, das als Verbrauchsgut genau wie Wasser, Strom, Benzin und Gas zur Verfügung steht. Damit wurde ein massiver Wachstumsmarkt geschaffen, und das Cloud Computing ist nicht zuletzt wegen den Durchbrüchen im Bereich der KI-Forschung nicht mehr aus der IT wegzudenken.

Die Cloud bietet den Kunden Kostenvorteile, Ergebnisverbesserungen und Innovationspotenziale. Mittlerweile wandert ein nicht unerheblicher Teil von IT-Budgets weltweit zu den Cloud-Anbietern, während die größten Unternehmen in diesem Bereich sich immer mehr Marktanteile untereinander aufteilen. Dazu stampfen sie weitere Rechenzentren aus dem Boden und bieten immer neue Produkte in der Cloud an. Sie verdrängen damit zunehmend die jahrelang gewohnten, mittlerweile aber als rückständig und zu unflexibel verpönten IT-Strukturen.

Die Liste der Unternehmen, die maßgebliche Teile ihrer IT in der Cloud unterhalten und ihre Vorteile daraus ziehen, ist lang. Der US-amerikanische Videostreaming-Dienst Netflix zum Beispiel, auf den zu Spitzenzeiten ein nicht unerheblicher Anteil des weltweiten Internetverkehrs zurückgeht, unterhält seine Infrastruktur bei Amazon Web Services.

In Deutschland erscheint jährlich der von *Bitkom Research* im Auftrag des Wirtschaftsprüfungs- und Beratungsunternehmens KPMG erstellte *Cloud-Monitor*. Die Ergebnisse dieser Umfrage zeigen ein repräsentatives Bild der Unternehmen in Deutschland mit 20 und mehr Mitarbeitern. Die bei Abfassung dieses Kapitels aktuelle Ausgabe von 2023 finden Sie unter dieser Webadresse:

https://hub.kpmg.de/de/cloud-monitor-2023

Im Jahr 2023 setzten fast alle befragten deutschen Unternehmen Public Cloud Computing ein (Abschnitt 1.1 des Cloud-Monitors). Mehr als die Hälfte, nämlich 57 %, verfolgen sogar eine »Cloud-First-Strategie«.

1.2.1 Digitalisierung

In Deutschland wird Cloud Computing heutzutage als Wegbereiter und Basis-Technologie für die auf breiter Front angestrebte Digitalisierung beziehungsweise für die digitale Transformation von Unternehmen betrachtet. Dabei fungiert die Cloud nicht nur als ausgelagertes Rechenzentrum, in dem IaaS-Dienste verwendet werden.

Sie lässt sich in der Gesamtheit der angebotenen Services darüber hinaus auch einsetzen, um Geschäftsprozesse zu digitalisieren – und damit zu entschlacken und effizienter zu machen. Zum Beispiel werden mit Techniken wie Datenanalyse und Machine Learning neue Wertschöpfungsreserven erschlossen und neue digitale Geschäftsmodelle entwickelt. Einen großen Beitrag leistet die Cloud auch zu der Entwicklung neuer digitaler Sales- und Servicekanäle.

Das Public Cloud Computing stellt mit relativ einfach einzusetzenden Services einen attraktiven zentralen Zugang zu zukunftsweisenden Technologien wie künstlicher Intelligenz dar. Die großen Anbieter vertreiben dabei eine immer breiter werdende Palette von technologischen Neuerungen.

Beim Internet-of-Things und dem damit verwandten Konzept der Industrie 4.0 fallen Sensordaten im gigantischen Maßstab an. Diese müssen für die effektive Analyse und Optimierung von Produktionsprozessen etwa in der Fertigungsindustrie in Echtzeit zur Verfügung gestellt und ausgewertet werden. Die Cloud bietet für solche Anwendungen die erforderlichen Ressourcen. Universelle Plattformen wie Amazon Web Services und Azure spielen hierbei gegenüber speziellen branchenfokussierten Cloud-Lösungen allerdings nur eine untergeordnete Rolle.

1.2.2 Kostenersparnis

Sie müssen keine große Firma haben, um von Cloud-Infrastruktur zu profitieren. Aus denselben Vorteilen können Sie genauso auch im kleineren Maßstab – als klein- oder mittelständisches Unternehmen oder Soloselbstständige – ihren Nutzen ziehen. Die Vor- und Nachteile des Public Cloud Computing lassen sich gut im Gegensatz zu selbst angeschaffter physischer Hardware herausarbeiten, etwa in einem Vergleich mit einem eigenen kleinen Rechenzentrum. Für den alternativen Einsatz von IaaS aus der Public Cloud spricht zunächst einmal das Argument der Kostenersparnis.

Wie bereits dargestellt worden ist, handelt es sich bei IaaS um Miethardware. Es entfallen also schon einmal die Anschaffungskosten für eigenes »Blech« und alles, was sonst noch für ein Rechenzentrum benötigt wird, also Netzwerkhardware, Kühlsysteme, Brand- und Zugangsschutz usw. Dasselbe gilt auch für die laufenden Kosten, die eigene Hardware verursacht.

Cloud Computing beziehungsweise IaaS wird generell nach der Nutzung abgerechnet. Es handelt sich also um reine Betriebskosten (*operations expenditure*, Opex), die im Gegensatz zu Investitionsausgaben (*capital expenditure*, Capex) sofort in voller Höhe steuerlich geltend gemacht werden können. Das kommt auch neuen Unternehmen in der Anfangsphase sehr entgegen.

Es ist eine der Eigenschaften der Cloud, dass Sie damit bei Bedarf jederzeit und ohne Verzögerung aufstocken und neue Kapazitäten hinzufügen können. Damit entfällt die Notwendigkeit, mit eigener Hardware Überkapazitäten bereithalten zu müssen, um auf eine plötzliche Expansion des Unternehmens vorbereitet zu sein. Dafür fallen sonst zusätzliche Kosten an, die zunächst einmal keinen direkten Nutzen bringen.

1.2.3 Kostenkalkulation

Schwieriger als bei eigener Infrastruktur gestaltet sich beim IaaS allerdings die Kostenkalkulation. Das Problem stellt sich zum Beispiel beim Einstieg, wenn die Kosten der Cloud-Nutzung ohne Erfahrungswerte vorausberechnet werden müssen.

Die dauerhafte Nutzung von permanent aktiven Cloud-Servern macht bei der Abrechnung nach Laufzeit vielleicht noch die geringsten Probleme. Schwieriger wird die Kostenvorhersage aber, wenn bei komplizierteren Nutzungsprofilen vorwiegend kurzlebige Instanzen verwendet werden, die eventuell auch bei steigendem Bedarf immer wieder neu erzeugt werden.

Dazu kommt das Problem, dass die Nutzungsabrechnung der Anbieter meist sehr granular ist und sich im Gegensatz zu den fixen Kosten von Hardware aus vielen heterogenen Nutzungsparametern zusammensetzt. Amazon rechnet zum Beispiel für den Objektspeicherdienst Amazon S3 nach Gigabyte per Monat, aber darüber hinaus auch nach Anzahl der erfolgten HTTP-Anfragen ab.

Problematisch ist auch, wenn das Volumen von übertragenen, generierten und aufbewahrten Daten nur schwierig vorauszusagen ist.

Kosten schätzen

Generell lässt sich aus meiner Erfahrung sagen: Sie können mit Tools wie dem *AWS Pricing Calculator*, den Sie unter *https://calculator.aws/* finden, oder dem *Azure Pricing Calculator* unter *https://azure.microsoft.com/en-us/pricing/calculator/* lediglich grobe Preisindikationen erstellen. Verlassen Sie sich nicht auf diese Vorhersagen! Es ist wichtig, die Kosten im laufenden Betrieb im Auge zu behalten und Stück für Stück zu optimieren.

Das heißt jedoch nicht, dass Sie völlig ohne Planung starten sollten. Eine erste Indikation wird Ihnen eine gute Messlatte geben, an der Sie sich orientieren können.

1.2.4 Elastizität

Kommen wir nun direkt zu dem absoluten »Killer-Feature«, durch das Public Cloud Computing gegenüber »klassischer« IT und herkömmlichem, statischem Webhosting bei Anbietern ohne Cloud-Ausrichtung einen entscheidenden Vorteil bietet. Das ist nämlich die elastische Skalierbarkeit von Ressourcen.

Anstatt für eine bestimmte Applikation einen einzelnen Webserver irgendwo zu betreiben, setzen moderne Setups auf eine spezielle Kombination von mehreren Servern. Bei einem solchen Multi-Tier-Setup werden von einem über das Internet von außen ansprechbaren Load-Balancer alle ankommenden Requests auf eine Mehrzahl von reduplizierten Instanzen mit der Applikation verteilt, die als Geschäft betrieben wird. Das bietet zwei entscheidende Vorteile:

- eine Lastverteilung, denn die Gesamtkapazität der Konstruktion addiert sich aus den Einzelkapazitäten der Instanzen, die hinter dem Load-Balancer liegen.
- Hinzu kommt erhöhte Ausfallsicherheit, denn fällt eine Instanz aus, verteilt der Load-Balancer die ankommenden Anfragen an die verbleibenden Instanzen.

Das Ganze ist zwar fortschrittlich, hat beim statischen Webhosting aber seine Grenzen. Übersteigt nämlich die Summe der Anfragen aus dem Internet die gesamte Verarbeitungskapazität aller zur Verfügung stehenden Instanzen, dann können diese nicht mehr bearbeitet werden. Einer solchen Situation können Sie beim Hosting in der Cloud effektiv entgegenwirken, denn hier gibt es das Mittel der horizontalen Skalierbarkeit. Damit können Sie der Multi-Tier-Konstruktion bei Bedarf (etwa wenn ein bestimmtes Auslastungslevel erreicht wird) so lange automatisch neue reduplizierte Instanzen hinzufügen lassen, bis die kritische Auslastungsgrenze wieder unterschritten wird.

Genauso können Instanzen auch wieder automatisiert herausgenommen und abgeschaltet werden, wenn die Anzahl der hereinkommenden Anfragen in einem Zeitraum auch wieder abnimmt. Das ist es, was mit Elastizität gemeint ist: Ressourcen werden bei ansteigendem Bedarf automatisiert hinzugefügt und bei absteigendem Bedarf einfach wieder terminiert. Sie bezahlen dabei in minutengenauer Abrechnung nur die Ressourcen, die tatsächlich genutzt werden. Das ist optimal.

Die Cloud stellt ihre Ressourcen aus einem großen Pool nach Bedarf zur Verfügung. Es gibt deshalb bei IaaS die Möglichkeit, jederzeit die Anzahl der für einen bestimmten Zweck eingesetzten Instanzen hoch- und herunterzuskalieren. Dadurch kann der Cloud-Anbieter in Augenblicken zur Verfügung stellen, was mit klassischer IT eventuell wochenlangen Vorlauf bedeutet. Lastspitzen und Schwankungen beim Ressourcenbedarf kann er so äußerst effektiv begegnen – bei signifikanter Einsparung der Kosten.

Flexible Infrastruktur aus der Cloud anstelle von statischem Webhosting einzusetzen, bietet sich etwa für folgende Einsatzzwecke an:

- Bei Start-ups ist der Ressourcenbedarf am Anfang oft noch nicht vorhersagbar. Ein plötzlicher massiver Anstieg im Kapazitätsbedarf beim Backend einer Handy-App kann mit Cloud-Infrastruktur jederzeit abgefangen werden. Dasselbe gilt bei Kampagnen und saisonbedingten Aktionen.
- Ein weiterer Anwendungszweck für Cloud-basiertes Hosting ist zum Beispiel auch, wenn Sie E-Commerce betreiben. Vielleicht sind Sie es leid, das ganze Jahr hohe Kapazitäten unterhalten zu müssen, nur um beim Weihnachtsgeschäft Ihre Kunden nicht mit einem unerreichbaren Webshop enttäuschen zu müssen.

- Oder Sie haben einen Artikel im Programm, der sich, weil er unerwartet in einer TV-Sendung erwähnt wird, spontan zu einem Verkaufsschlager entwickelt. Über Nacht gibt es einen massiven Kundenansturm. Anstatt mit einem zusammengebrochenen Server wachen Sie morgens mit einem vollen Bestellbuch auf.

Wer die Möglichkeiten der teilweise schon seit Längerem zur Verfügung stehenden IaaS-Dienste kennt, der sitzt immer wieder verständnislos vor dem Fernseher, wenn in den Nachrichten mal wieder von Webservern berichtet wird, die wegen zu starkem Andrang überlastet waren und zusammengebrochen sind. Das ist peinlicherweise zum Beispiel in der Anfangsphase der umstrittenen Obamacare in den USA der Fall gewesen. Oder auch beim Start der von Sarah Wagenknecht initiierten Sammlungsbewegung »Aufstehen«. Größerer Andrang als erwartet wird schon mal gern als Erfolg ausgegeben – solche technischen Probleme werden schnell aber auch als gescheiterte erste Bewährungsprobe eines gesamten politischen Vorhabens angesehen.

Ein weiteres Beispiel für Serverversagen: Die *Europeana*, die große digitale Bibliothek der Europäischen Union, musste kurz nach dem Start am 21. November 2008 erst einmal wieder wochenlang vom Netz genommen werden, nachdem in der ersten Stunde unerwartete 10 Millionen Benutzer versucht hatten, auf sie zuzugreifen. Die vorgesehene Hardware konnte wohl noch nicht mal ansatzweise mit dieser Nachfrage umgehen. Ein weiterer Fall war der Server der EU-Kommission, der während der EU-Abstimmung über die Abschaffung der Sommerzeit im Jahr 2018 zusammenbrach (siehe Abbildung 1.4). Hätte man eine Cloud-Lösung gewählt und die dort zur Verfügung stehenden technischen Möglichkeiten richtig eingesetzt, wäre das alles nicht passiert. Wirklich nicht!

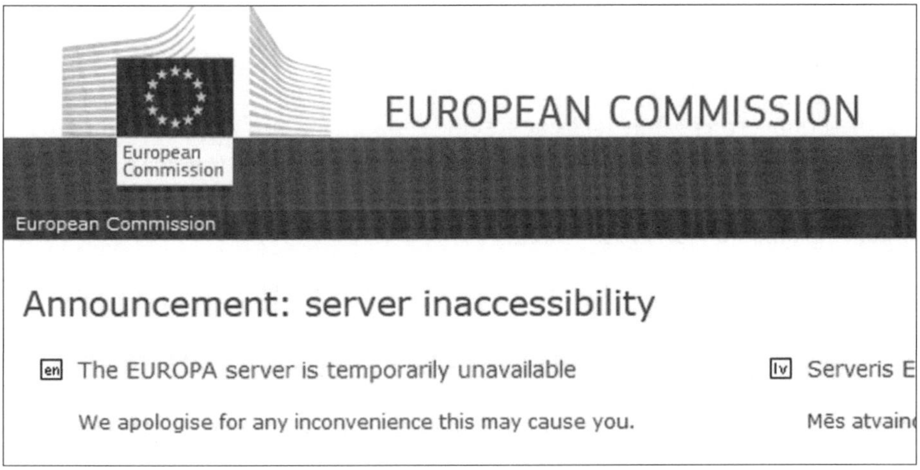

Abbildung 1.4 Überlasteter Server der EU bei der Abstimmung über die Sommerzeit

1.2.5 Datenhoheit

Im *Cloud-Monitor* sagen die meisten der befragten Unternehmen, die bereits Dienste aus der Public Cloud nutzen, dass die positiven Effekte der Cloud-Nutzung überwiegen würden (siehe dort, Abschnitt 2.2). Die Befragungskategorie zu den Bedenken und die Gründe von Unternehmen, die nicht daran interessiert sind, die Public Cloud zu nutzen (Abschnitt 2.3), zeigt dagegen ganz genau, wo bei dieser Technik die kritischen Punkte liegen.

Bei den Cloud-kritischen Themen steht unter anderem der befürchtete Verlust von Daten ganz weit oben. Damit ist die Angst gemeint, dass es beim Anbieter Systemausfälle geben könnte, welche die in der Cloud gespeicherten Geschäftsdaten mit ins Nirwana reißen. Anders als andere Bedenken, die gegen das Public Cloud Computing vorgebracht werden, ist dieser Punkt aber wahrscheinlich eher unbegründet. Die Anbieter setzen auf jeden Fall dieselben Techniken und Verfahren ein wie die Betreiber von eigenen großen Rechenzentren, um den Ausfall von Hardwarekomponenten ohne Datenverlust und Betriebsausfall abzufangen. Hierbei nachlässig zu sein oder Kosten zu sparen, kann man sich als Cloud-Anbieter mit Marktbedeutung schlichtweg nicht leisten. Ein solcher Vorfall bei einem großen Kunden, und jahrelang aufgebautes Vertrauen in den Anbieter ist verspielt. Allerdings kann der Kunde die Cloud selbst zusätzlich sicher gestalten, indem er eigene Sicherheitsmechanismen implementiert oder zum Beispiel auch vom Anbieter angebotene Backup-Lösungen nutzt.

Die Angst vor dem Verlust von Daten ist vielleicht eher nur ein nagendes ungutes Gefühl anstatt einer tatsächlich begründeten Sorge. Allerdings weist dieser Punkt doch ganz deutlich auf die grundsätzliche Problematik der Cloud hin: Wenn Sie Public-Cloud-Lösungen für Ihr Unternehmen einsetzen, dann liegen dabei eventuell Geschäftsdaten außer Haus beim Cloud-Anbieter. Dann sind die Daten der vollständigen eigenen Kontrolle entzogen.

Mit dieser unverrückbaren Tatsache ist eine ganze Reihe von Themen verbunden – etwa die recht komplexen rechtlichen Fragen danach, welchen Datenschutzbestimmungen der Cloud-Anbieter unterliegt, der sich eventuell im Ausland befindet und unter einer anderen Jurisdiktion steht.

Wie bereits erwähnt wurde, gibt es eine Reihe von Branchen, für die es kategorisch ausgeschlossen ist, Services aus der Public Cloud zu benutzen. Dazu gehört zum Beispiel das Finanzwesen als der am stärksten regulierte Wirtschaftszweig in Deutschland. Dort muss für die Auslagerung von »wesentlichen Aktivitäten« zunächst eine Genehmigung der Bundesanstalt für Finanzaufsicht (BaFin) eingeholt werden, die zwingend begründet sein will. Für ein Unternehmen, das wegen erhöhten Sicherheitsvorgaben hauptsächlich eine Private Cloud einsetzt, stellt sich gar nicht Frage danach, wie vertrauenswürdig ein Anbieter ist. Es genügt schon die Einsicht, dass hierbei die Mechanismen, die notwendig sind, um den Schutz der verarbeiteten Daten zu gewährleisten, nicht vollständig in der eigenen Hand liegen.

1.2.6 Bedrohung durch Hacker: Die Cloud-Sicherheit

Es gibt starke Bedenken dagegen, Public-Cloud-Services für das eigene Unternehmen einzusetzen und die eigene IT vielleicht langfristig sogar völlig darin aufzulösen. An erster Stelle steht – Sie werden es vermutet haben – die Sorge davor, dass es Hackern damit leicht gemacht wird, unberechtigten Zugriff auf sensible Unternehmensdaten zu bekommen (Cloud-Monitor, Abschnitt 2.3). Die Daten befinden sich in der Cloud ja auf grundsätzlich allgemein zugänglichen Systemen.

Setzen Sie sich beim Public Cloud Computing einem erhöhten Risiko aus, dass Ihre Daten von Hackern ausgelesen oder korrumpiert werden? Es ist wohl nicht richtig, zu sagen, dass man die Kostenersparnis, welche die Cloud gegenüber einer eigenen Infrastruktur bietet (deren Sicherheitsaspekte man ja selbst kontrolliert), nun einmal mit einem geringeren Maß an Datensicherheit bezahlen muss. Sicherheitsvorfälle beeinträchtigen unter Umständen die Verfügbarkeit der Services, und schon aus diesem Grund hat die Abwehr von unberechtigten Versuchen, in Systeme einzubrechen, bei Cloud-Anbietern höchste Priorität. Dabei operieren die global agierenden Großanbieter technisch versiert auf einem Niveau, das man mit eigener Infrastruktur nur unter großen Anstrengungen erreichen wird.

Trotz alledem gibt es in der Tat Cloud-typische Sicherheitsrisiken. Da wäre zunächst einmal das Problem, dass es bei IaaS zum Geschäftsmodell gehört, dass sich mehrere Benutzer mit ihren virtualisierten Instanzen dieselben physischen Server teilen. Dabei gibt es das Sicherheitsrisiko, dass es Hackern gelingt, aus ihrer Instanz, auf die sie als autorisierter Kunde normalen Zugang haben, auszubrechen und auf daneben liegende Instanzen zuzugreifen. Zu diesem Zweck wird unter anderem aus einer Cloud-Instanz heraus der Hypervisor angegriffen. Die Lage wird verschärft durch sicherheitsrelevante Designlücken in CPU-Architekturen, die in neuerer Zeit gefunden wurden (*Meltdown* und *Spectre*). Zum Beispiel kann die im Jahr 2019 entdeckte Sicherheitslücke *ZombieLoad* in fast allen Intel-Core-i- und Xeon-Prozessoren seit 2011 gerade auch in Cloud-Umgebungen für derartige Angriffe eingesetzt werden.

Für Kunden, die aufgrund von Sicherheitsbedenken darauf Wert legen, allein auf einem gemieteten Server zu sein, haben die Anbieter beim IaaS meist auch dedizierte Server im Programm. Für diese exklusiv zugeteilten Server wird aber natürlich ein höherer Preis verlangt.

Aus einem grundsätzlichen Misstrauen heraus gehen nach dem Cloud-Monitor die meisten der deutschen Unternehmen in der Public Cloud lieber auf Nummer sicher und nutzen die Cloud hauptsächlich für unkritische Businessinformationen (siehe dort, Abschnitt 2.2).

Allerdings ergibt sich bei dieser Thematik mittlerweile kein einheitliches Bild mehr. Vor allem bei großen Unternehmen zeichnet sich ein Trend ab, auch kritische Geschäftsdaten der Public Cloud anzuvertrauen. Dabei spielen nicht zuletzt auch neuartige Sicherheitsansätze eine Rolle, bei denen man sich damit abfindet, dass sich Daten heutzutage nun einmal an heterogenen Aufbewahrungsorten befinden. Deshalb wird nicht mehr hauptsächlich versucht, den Zugriff auf die Daten zu verhindern, sondern es werden andere Maßnahmen (etwa Verschlüsselung) zu ihrem Schutz eingesetzt.

1.2.7 Eigenverantwortung

Der Cloud-Anbieter sichert das von ihm aufgebaute System ab und übernimmt dafür die Verantwortung. Er gibt den Kunden für bestimmte Sicherheitsparameter Konfigurationsoptionen, damit der Benutzer Zugangs- und Zugriffsberechtigungen für seinen Teil der Cloud konfigurieren kann. Auf dieser Ebene gibt es eine geteilte Verantwortung für die Sicherheit: Der Betreiber garantiert, dass seine Mittel funktionieren; dem Kunden obliegt es aber, sie richtig einzusetzen.

Tatsächlich gehen wahrscheinlich die meisten der Datenlecks in der Public Cloud auf Konfigurationsparameter zurück, die von Benutzern fehlerhaft gesetzt wurden. Einer der großen publik gewordenen Fälle war der des Datenanalysten *Alteryx*. Das Unternehmen hatte im Oktober 2017 rund 3,5 Milliarden äußerst sensible Datensätze von 123 Millionen US-Haushalten, die von der Kredit-Auskunftei *Experian* stammten, in einem falsch konfigurierten S3-Bucket in der Amazon-Cloud aus Versehen öffentlich abrufbar gestellt. Der Fehler war schlicht, dass das Verzeichnis mit den Zugriffsrechten für die IAM-Gruppe `Authenticated Users` konfiguriert gewesen war. Das hört sich richtig an, aber diese Gruppe umfasst alle Benutzer von Amazon Web Services weltweit. Fazit: Sie müssen in der Cloud ganz genau wissen, was Sie tun.

Ich habe bereits ausgeführt, dass bei IaaS-Diensten der Anbieter zwar die virtuelle Maschine und den Zugang darauf bereitstellt, dass aber alles, was auf einer Instanz stattfindet, vollständig im Verantwortungsbereich des Benutzers liegt. Die Unterteilung der Zuständigkeitsbereiche nach dem Modell der *Shared Responsibility* betrifft dabei genauso die Datensicherheit. Das wird zum Beispiel vom Amazon so formuliert, dass *die Sicherheit der Cloud* von Amazon Web Services verwaltet wird, *die Sicherheit in der Cloud* jedoch der Verantwortung des Kunden unterliegt. In Abbildung 1.5 sehen Sie die Einteilung von AWS. Je nachdem, welche Cloud-Dienste Sie verwenden, verschiebt sich auch die Verantwortungsgrenze. Einen guten Artikel dazu finden Sie unter:

https://aws.amazon.com/de/compliance/shared-responsibility-model/

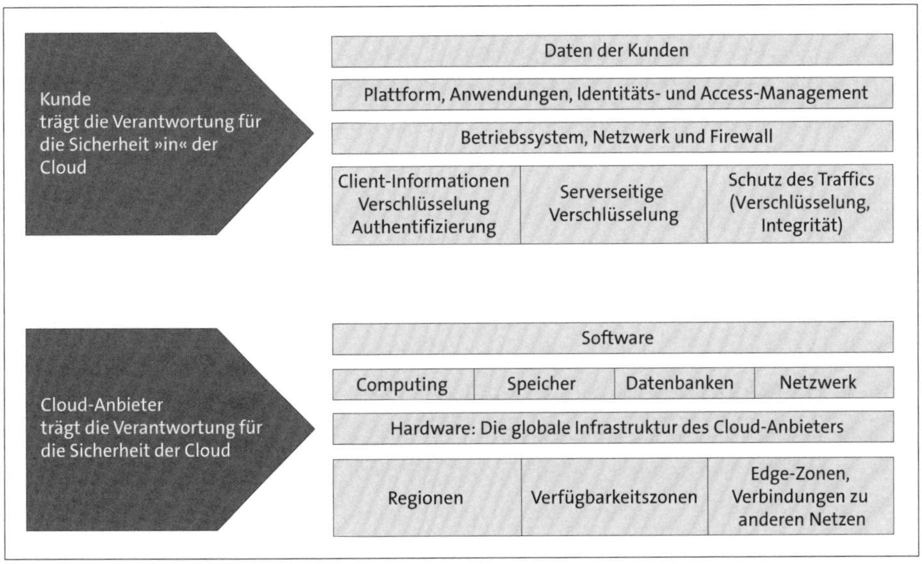

Abbildung 1.5 Das Shared Responsibility Model der Cloud-Anbieter (angelehnt an AWS)

Bei der Infrastruktur zählt auch die Frage, ob die sicherheitsrelevanten Einstellungen der vorkonfigurierten Standardbetriebssysteme hinreichend sind, die bei der Bereitstellung einer Instanz von einem Image aufgespielt werden. Als Kunde sind Sie zum Beispiel auch für das zeitnahe Einspielen von sicherheitsrelevanten Patches für die Software verantwortlich, die Sie in der Instanz verwenden, und für andere Handgriffe und Maintenance-Maßnahmen. Intensive Cloud-Benutzer müssen also über Fähigkeiten im Bereich Linux-Administration verfügen.

Für die Einhaltung von bestimmten sicherheitsrelevanten Konfigurationseinstellungen in einer Cloud-Instanz gibt es Werkzeuge, die diese automatisch überprüfen.

1.2.8 Legaler Zugriff von Dritten

Spätestens seit den Enthüllungen des Whistleblowers Edward Snowden im Jahr 2013 weiß man, dass genau geprüft werden muss, welche Daten man US-amerikanischen Unternehmen anvertraut. Mit der Begründung der »nationalen Sicherheit« wurden den Geheimdiensten und Staatsschutzbehörden rechtliche und technische Mittel eingerichtet, um legal auf die Daten zugreifen zu können, die Internet-Unternehmen aufbewahren. Gerade auch die Cloud-Anbieter sind dabei im Visier.

So wurde im März 2018 vom US-Kongress der nicht zufällig so abgekürzte *CLOUD Act* (*Clarifying Lawful Overseas Use of Data Act*) beschlossen. Dieser verpflichtet US-Cloud-Anbieter dazu, Behörden Zugriff auf jegliche Art von gespeicherten Daten zu ermöglichen, auch wenn diese außerhalb der USA gespeichert sind. Als US-Anbieter gilt dabei jedes Unternehmen mit Sitz in den USA, auch wenn diese nicht einmal der Hauptsitz des Unternehmens sind. Es handelt sich dabei um eine Erweiterung des *Patriot Act* von 2001, nach dem US-Unternehmen personenbezogene Daten auf Verlangen von US-Behörden herausgeben müssen. Es sind allerdings nicht nur US-amerikanische Behörden, die solche Maßnahmen ergreifen.

Solche Bestrebungen sind natürlich Wasser auf die Mühlen der Kritiker von Public Cloud Computing. Sie mahnen vor den Risiken, denen Sie sich aussetzen, wenn Sie Unternehmensdaten aus der Hand geben und off-premises verarbeiten. Manche vermuten, dass mittlerweile auch eine Legitimität für unverblümte und legale Cyber-Wirtschaftsspionage geschaffen wird, indem wirtschaftliche Entwicklungen als Gefahr für die nationale Sicherheit deklariert werden.

Das ist ein unschönes und ernüchterndes Thema. Es gehört der Vollständigkeit halber aber in ein Buch wie dieses. Es steht mit auf der Liste der Punkte, die dafür und dagegen sprechen, Public Cloud Computing in vollem Umfang und als Alternative zu einem eigenen Rechenzentrum einzusetzen. Und auch bei europäischen Behörden gibt es Bestrebungen, Ermittlungsbehörden Zugriff auf Daten zu erlauben, die bei Cloud-Anbietern aufbewahrt werden. Mit ähnlicher Selbstverständlichkeit wie bei der Erhebung von Steuern betrachten Behörden weltweit heutzutage die Public Cloud als eine Sache, auf die staatlichen Stellen der Zugriff einfach nicht verwehrt sein kann.

1.2.9 Unfreiheit

Die Cloud bietet im Vergleich zum Betreiben eigener Infrastruktur ein großes Maß an Unabhängigkeit. Gefühlt grenzenlose Ressourcen stehen über das Internet zur Verfügung, und damit können Sie von einem Hotelzimmer irgendwo auf der Welt aus ein lukratives Unternehmen mit einer dreistelligen Zahl von Daten verarbeitenden Servern ohne Weiteres betreiben – nur mithilfe eines Laptops.

Diese Unabhängigkeit erkaufen Sie sich aber leider mit einem mindestens genauso großen Maß an Abhängigkeit, und zwar in Form der Bindung an Ihren Cloud-Anbieter. Das sogenannte *Vendor-Lock-In* tritt immer dann ein, wenn ein Unternehmen bemerkt, dass sein Geschäftsmodell so stark auf proprietäre Technologien aufbaut, dass es nicht mehr ohne einen signifikanten Kostenaufwand auf alternative Lösungen umschwenken kann. Firmen, die versuchen, von einem Cloud-Anbieter zu einem anderen zu wechseln, stellen fest, dass die Systeme eigenwilligen Architekturen unterliegen, dass es kaum Standardschnittstellen oder offene APIs gibt und dass vieles andere mehr diesen Schritt erschwert. So entsteht eine funktionale Abhängigkeit.

Dabei ist es nicht einmal so knifflig, die Art, einen bestimmten IaaS-Dienst einzusetzen, und das eigene Setup bei einem anderen Anbieter nachzubilden. Ein Problem haben Sie vor allem, wenn sich Tera- oder Petabyte große Datensätze angesammelt haben beziehungsweise generiert worden sind. Diese aus einer Cloud herauszubekommen, kann extrem schwierig sein, langwierig und sehr teuer werden.

Ein Beispiel: Der Onlinedienst Instagram ist direkt nach seinem Start im Oktober 2010 praktisch durch die Decke gegangen. Schon bereits im Juli des folgenden Jahres übersprang die Zahl der von Usern hochgeladenen Fotos die 100-Millionen-Marke. Als das Unternehmen dann im Jahr 2012 von Facebook übernommen wurde, hat es gut ein Jahr gedauert, das Backend des Webservices in das Rechenzentrum des neuen Besitzers umzuziehen.

Die Gefahr, in einen Lock-In zu geraten, besteht auf jeden Fall, wenn die in der Cloud betriebenen Applikationen nahe an stark abstrahierten Services des Cloud-Anbieters entlang entwickelt werden. Das ist zum Beispiel oftmals beim Serverless Computing der Fall. Aber auch schon ein einfacher, vom Anbieter gemanagter Datenbank-Service kann beim Wechseln zu einem anderen Anbieter oder auch beim vollständigen Rückzug aus der Public Cloud sehr viele Probleme bereiten, bis Sie die Daten dort wieder herausbekommen.

Hier gilt der Grundsatz: Je mehr Sie sich von der eigentlichen Infrastruktur entfernen und je stärker Sie abstrahierende Services nutzen, desto abhängiger werden Sie vom jeweiligen Anbieter. Cloud-Provider wie Amazon verwenden viel Mühe darauf, ansprechende und einfach zu bedienende Komponenten anzubieten. Man ist immer wieder überrascht, was einem in der Cloud alles als einfach einzusetzender Service zur Verfügung steht. Denken Sie etwa an den Gesichtserkennungs-Service *Amazon Rekognition* oder andere Angebote aus dem KI-Bereich, die es Ihnen ganz einfach machen, Anwendungen zu bauen, für die Sie sonst erst ein riesiges internes Know-how und teure Rechenumgebungen aufbauen müssten. Dieser Süßwarenladen stellt sich manchmal später aber als Gefängnis heraus. Beachten Sie, dass es hier zu einem durchaus invasiven Geschäftsmodell mit seinen niedrigen Preisen gehört, Sie am besten auf ewig zu binden und an allen Ihren Geschäften mitzuverdienen. Daran ist ja im Grunde nichts auszusetzen; als Kunde sollten Sie das bei der Ausrichtung Ihrer IT-Strategie aber im Hinterkopf behalten.

Eine wirksame Strategie gegen Vendor-Lock-In ist Multi-Cloud Computing. Dieses Thema wird zusammen mit hybridem Cloud Computing in Abschnitt 3.6 vorgestellt.

1.2.10 Administration

Rund um die Cloud ist mittlerweile eine Reihe von neuen Berufen entstanden. So gibt es mittlerweile *Cloud-Entwickler* (spezielle Softwareentwicklung für die Cloud als Umgebung) und *Cloud-Architekten*. Ein besonderes Augenmerk möchte ich hier gerne auf den *Cloud-Administrator* richten. Er ist unter den neu entstandenen Berufen derjenige, an den sich dieses Buch mit dem dargestellten technischen Profil insgesamt am stärksten richtet.

Während Systemadministratoren »alter Schule« noch weiterhin für die Rechenzentren der Cloud-Anbieter gesucht werden, hat sich das Anforderungsprofil von klassischen IT-Admins hin zur Cloud-Administration verschoben. Kenntnisse über den Mittelbau des gesamten Stacks, der für eine Applikation benötigt wird (wie Linux und Networking), spielen weiterhin eine große Rolle, während es nicht mehr so wichtig ist, ob Sie die Hardwarekomponenten kennen. Ein Cloud-Admin muss nicht mehr Racks bestücken, Server verkabeln und physische Netzwerkkomponenten konfigurieren. Seine Arbeit findet ausschließlich am Arbeitsrechner und eingeloggt auf Kontrollknoten und Cloud-Instanzen statt.

Services der Public Cloud sind Selbstbedienungsangebote. Dementsprechend benötigen Unternehmen, die IaaS und andere Services daraus einsetzen wollen, spezielles Personal, das sich damit auskennt, wie diese Angebote genutzt werden können. Als Fachkraft auf diesem Gebiet benötigen Sie natürlich umfangreiche Kenntnisse über die vom Anbieter zur Verfügung gestellte Plattform und ein tiefgreifendes Verständnis der zugrunde liegenden Zusammenhänge.

Als Cloud-Admin müssen Sie die zur Verfügung stehenden Tools für *Automatisierung, Deployment* und *Orchestrierung* (zu diesen beiden Begriffen siehe weiter unten) kennen, und Sie müssen diese Tools einsetzen können, um Cloud-Infrastruktur effektiv hochzuziehen, zu konfigurieren und zu bestücken. Außerdem brauchen Sie Coding-Skills in relevanten Sprachen wie Python und Google Go, um eigene Werkzeuge und Erweiterungen für die gängigen Spezialwerkzeuge schreiben zu können. Die Administration von Maschinen aus IaaS-Diensten bedeutet insgesamt, eine Infrastruktur mit Software zu steuern. Dabei spielen die Tools der Klasse *Infrastructure-as-Code* eine große Rolle.

Infrastructure-as-Code

Infrastructure-as-Code (IaC) ist ein Verfahren für den Umgang mit dynamischen Infrastrukturen wie IaaS-Diensten in der Public Cloud. Dabei werden Ressourcen wie virtuelle Server, Storage und Netzwerke vollständig in Templates (im Sinne von maschinenlesbaren Steuerdateien) für IaC-Tools definiert und damit gesteuert.

Ein Ziel von IaC ist die möglichst umfassende Automatisierung von administrativen Prozeduren, um die manuelle Konfiguration von Servern vollständig zu überwinden. Durch umfassende Automation können Prozeduren schneller ausgeführt werden, und eine versehentliche manuelle Fehlkonfiguration wird verhindert. Dabei dient der geschriebene Code praktischerweise gleichzeitig auch als Dokumentation für die erzeugte Infrastruktur.

Beseitigt werden mit IaC auch Phänomene in Rechenzentren wie Konfigurationsdrifts (identisch aufgesetzte Server unterscheiden sich irgendwann voneinander, ohne dass klar ist, warum) und sogenannte Snowflakes, also »Schneeflocken«: Durch mehrmalige undokumentierte manuelle Konfiguration ist ein Server irgendwann so einzigartig geworden, dass er nicht mehr ausgetauscht werden kann. Das IaC-Paradigma verlangt, dass jeder einzelne Knoten, aber auch das gesamte virtuelle Rechenzentrum jederzeit automatisiert und reproduzierbar mit identischer Konfiguration wiederaufgebaut werden kann.

Da IaC-Skripte und Konfigurationen reine Software sind, können für die Arbeit mit ihnen Methoden aus der Softwareentwicklung übernommen werden, wie etwa Versionskontrollsysteme, Syntax-Highlighting für Editoren und automatische Codequalitäts- und Syntax-Checker.

Zu den Werkzeugen für IaC gehören Orchestrierungs-Frameworks sowie Konfigurations- beziehungsweise Provisionierungswerkzeuge. In diesem Buch werden *AWS Cloudformation* (Abschnitt 4.1), der *Azure Resource Manager* (Abschnitt 4.2), *Terraform* von Hashicorp (Abschnitt 4.3) und *Ansible* (Kapitel 6) vorgestellt.

Dieses Buch soll einen Beitrag dazu leisten, dass Sie sich umfassende Fähigkeiten auf dem Gebiet der Cloud-Administration beziehungsweise des Cloud-Engineering aneignen oder Ihre bereits vorhandenen Kenntnisse vertiefen. Daher wird ein umfangreicher Werkzeugkasten für professionelles IaaS von verschiedenen Public-Cloud-Anbietern vorgestellt. Aber vielleicht handelt es sich statt eines Werkzeugkastens vielmehr um eine große Rollbox mit in Schaumstoff aufbewahrten Spezialgerätschaften.

1.3 DevOps

Bei *DevOps* handelt es sich zweifellos um eine der einflussreichsten Entwicklungen in der IT-Welt in den letzten Jahren. Der Begriff wurde durch die *DevOps Days* in Gent im Jahre 2009 bekannt. Geprägt haben ihn zwei Männer: der belgische IT-Consultant Patrick Dubios und Andrew Shafer, Senior Director of Technology beim Softwareunternehmen Pivotal.

> *»To make a mistake is human. To make a mistake and automatically distribute it to all servers is DevOps.«*
>
> *– Sprichwort in der DevOps-Szene*

DevOps hat einen technischen Aspekt, der hier im Weiteren die Hauptrolle spielen wird. Zunächst aber handelt es sich dabei um ein Managementprinzip, das Softwareentwicklung (*Development*) und IT-Betrieb beziehungsweise Anwendungsbereitstellung (*Operations*) betrifft. Wie das Kunstwort aus zwei verschmolzenen Begriffen bereits aussagt, ist es die Absicht bei DevOps, diese beiden Arbeits- beziehungsweise Zuständigkeitsbereiche miteinander zu verschmelzen. Herkömmlicherweise sind Development und Operations voneinander getrennt und finden sich in größeren Unternehmen meistens in zwei verschiedenen Abteilungen wieder.

DevOps soll die bisher anzutreffende Demarkation zwischen beiden Bereichen einebnen oder sogar überwinden – oder zumindest eine reibungslosere Zusammenarbeit erreichen.

1.3.1 Philosophie

Das DevOps-Prinzip ist so breit formuliert, dass es geradezu als Philosophie oder Wertesystem bezeichnet werden kann. Es ist ein strategischer Ansatz, den gesamten Prozess der Anwendungsauslieferung zu verbessern, der als ein Bündel kaum kodifizierter Ideen und Methoden daherkommt. DevOps hat seinen Ursprung in der agilen Softwareentwicklung, und agile Frameworks wie Kanban oder Scrum werden in Unternehmen für die Umsetzung von DevOps-Prinzipien eingesetzt. Die Grundsäulen dieser – man muss schon sagen – Bewegung sind von den DevOps-Gurus John Willis und Damon Edwards als die vier *CAMS*-Prinzipien formuliert worden: *Culture, Automation, Measurement* und *Sharing*.

Ohne in die Tiefe zu gehen: Mit dem Begriff *Culture* ist die Unternehmenskultur gemeint. DevOps strebt einen umfassenden Wandel der bisherigen Verhältnisse bezüglich dieses Begriffs an. Ein immer wieder anzutreffendes Phänomen in Unternehmen ist die zwischen Entwicklungsabteilung und IT-Betrieb herrschende sogenannte *Silo-Mentalität*. Herrscht diese, werden neue Softwarereleases oft einfach als ZIP-Datei oder Java-Archiv, mit oder ohne Anleitung, »über die hohe Mauer geworfen« (Stichwort: *Wall of Confusion*). Kollegen, die an der Entwicklung der Software gar nicht beteiligt sind, müssen sich dann um die Lauffähigkeit der Komponenten kümmern. Mit dem nutzlosen Hinweis »bei uns läuft das aber« wird die Zusammenarbeit zwischen dem Entwicklungsteam und den Admins vergiftet, man blockiert sich gegenseitig – und manchmal steht man sich auch geradezu konfrontativ gegenüber. Die Operations-Abteilung sieht tendenziell in jeder Veränderung der Applikation ein Ausfallrisiko für das IT-System. Sie ist zum großen Teil mit wiederkehrenden Aufgaben beschäftigt, sodass oft nicht genügend Zeit für die Weiterentwicklung der Infrastruktur zur Verfügung steht.

DevOps tritt an, solche Missstände zu beseitigen. Eine konkrete Methode für einen reibungsloseren Ablauf besteht unter anderem darin, mit einer gemeinsam verantworteten *Buildchain* einen Bereich sich überschneidender gemeinsamer Verantwortung zu schaffen.

1.3.2 Automation

Der technische Aspekt von DevOps steckt in dem CAMS-Begriff *Automation*. Um dieses Prinzip umzusetzen, ist unter dem Einfluss von DevOps mittlerweile eine ganze Sammlung von Werkzeugen entstanden. Mit ihnen lässt sich eine gesamte konsistente Automatisierungsplattform für die Anwendungsauslieferung mit den dafür benötigten Stufen aufsetzen – für den gesamten Werdegang einer Applikation vom Quellcode bis zu dem auf einem Server laufenden Programm. Das beseitigt das strukturelle Problem in größeren Unternehmen, dass verschiedene Aspekte des gesamten Prozesses ohne konkrete übergreifende Klammer isoliert in verschiedenen Abteilungen liegen. Eine mit geeigneten Werkzeugen aufgesetzte umfassende Automatisierung für die Bereitstellung von Applikationen dient also dazu, DevOps-Prinzipien für die Harmonisierung von Aufgabenbereichen umzusetzen. Aber auch ohne diesen Aspekt und auch im kleineren Rahmen können Sie davon profitieren, was die DevOps-Bewegung an fortschrittlicher Software hervorgebracht hat.

Die Automatisierung der Anwendungsbereitstellung erhöht die Geschwindigkeit der Auslieferung, und das macht häufigere Software-Releases möglich. Herkömmliche Veröffentlichungszyklen mit oftmals zwei großen Releases pro Jahr werden heute mehrheitlich als veraltet und als viel zu unflexibel angesehen. Im Web- und Mobile-Bereich haben Anwendungen meist einen viel größeren Änderungsbedarf, und dringende Kundenwünsche und Innovationen müssen viel schneller umgesetzt werden. Automatisierte Verfahren mit eingebauten Teststufen ermöglichen es dagegen, Software schneller und möglichst fehlerfrei verfügbar zu machen. Das gestattet sehr kurze Release-Zyklen mit vielen kleinen Aktualisierungen, in denen auch kleinste Änderungen direkt ausgeliefert werden können. So kann eine kontinuierliche Serviceverbesserung erreicht werden, und es können zum Beispiel auch Ergebnisse aus einer laufenden Performanceüberwachung der Geschäftsapplikation (*Application Performance Monitoring*, APM) zeitnah umgesetzt werden.

Dabei lässt sich die Prozesskette so konfigurieren, dass keine Wartungsfenster mit Ausfallzeiten beim Aufspielen von Änderungen notwendig sind (Stichwort: *Zero-Downtime*). Das spielt eine wichtige Rolle für E-Commerce-Workloads und andere Anwendungsbereiche, zum Beispiel Video-Streaming. Auch eine Möglichkeit für ein Rollback, einen Sprung zurück auf einen älteren Versionsstand, kann mit gut gemachtem und umfassend eingesetztem DevOps möglich gemacht werden.

1.3.3 DevOps im Unternehmen einführen

Es gibt eine ganze Reihe von Unternehmen, die DevOps erfolgreich betreiben. Beim Streamingdienst Netflix beispielsweise gibt es eine Vielzahl von Releases am Tag, im Frontend wie auch im Backend, ohne dass einer der aufgeschalteten Videokonsumenten davon etwas mitbekommt. Ganz normal! Unternehmen, die DevOps erfolgreich eingeführt haben, berichten über signifikante Verbesserungen bei Schlüsselkennzahlen wie Time-to-Market, Neukundengewinnung und Umsatz. Es handelt sich also um ein sehr attraktives Modell.

Trotz aller Begeisterung muss allerdings angemerkt werden, dass erfolgreich angewendetes DevOps bei speziellen Start-up-Unternehmen im Internet-Umfeld anzutreffen ist, deren Fokus hauptsächlich auf der IT selbst als ihrem Geschäftsmodell liegt. Und oftmals handelt es sich um relativ junge Unternehmen, die ohne große Rücksicht auf ihre IT-Historie frei agieren konnten. Ähnlich wie bei Softwarecontainern (siehe Abschnitt 1.4.1) kann der Versuch, eine historisch gewachsene und irgendwie funktionierende IT mit den als Wundermitteln missverstandenen neuen Technologien wie durch Zauberhand zu entschlacken, auch krass ins Abseits führen.

Das Marktforschungsunternehmen Gartner hat im Jahr 2017 Zahlen veröffentlicht, nach denen 80 % der CIOs (*Chief Information Officer*, IT-Vorstand) ausgesagt haben, dass ihre DevOps-Initiativen überhaupt nicht oder nur teilweise erfolgreich verlaufen würden. Die Ursache dafür seien keine technischen, sondern reine Management-Probleme. Dabei sind die Schwierigkeiten in großen Konzernen meist massiver als in klein- und mittelständischen Unternehmen. Und bei bereits dysfunktionalen Abläufen ist die Gefahr zu scheitern, größer.

Das sind ernüchternde Zahlen. Andererseits ist es aber mit Sicherheit eine Fehlentscheidung, sich beim Neuaufbau eines Unternehmens oder einer Operations-Abteilung nicht dieser neuesten Techniken zu bedienen. Dann haben Sie den Vorteil, für DevOps keine bereits eingeschliffenen Abläufe mühsam und risikoreich umbauen zu müssen.

Aber egal ob Sie DevOps als abteilungs- oder teamverbindende Klammer nutzen oder nicht (oder auch nur in einem Ein-Personen-Unternehmen): Es gibt nichts Besseres, als Anwendungscode mit einem voll automatisierten, wiederholbaren und sicheren Prozess zu einer laufenden Applikation zu bringen.

Am Anfang mag es aufwendig sein, so etwas aufzusetzen, aber auf lange Sicht macht Ihnen DevOps das Leben ein ganzes Stück leichter. Haben Sie einen HTML-Fehler in Ihrer Homepage entdeckt? Nur ein Commit im Quellcode-Repositorium, und zwei Minuten später steht eine neue Version durchgetestet und korrigiert im Netz. Nutzen Sie die modernen, dafür vorgesehenen und ineinandergreifenden Werkzeuge, anstatt sich selbst mit Shellskripten irgendeine Ablaufprozedur von CLI-Befehlen zu basteln! Schließlich ist es grundsätzlich keine gute Vorgehensweise, sich auf einer Instanz einzuloggen und von Hand etwas zu ändern! Applikationen in Produktion sollten Sie gar nicht anfassen und nicht »am offenen Herzen« operieren. Außerdem sind »wilde« Changes beim Einspielen eines neuen Release auch wieder erst mal verschwunden.

1.3.4 Continous Delivery

Wenn Sie Informationen zu dem technischen Aspekt von DevOps suchen, dann werden Sie vielleicht unter dem etwas schiefen Begriff *Practical DevOps*, aber mit Sicherheit unter dem Begriff *Continuous Delivery* (CD) fündig. Kontinuierliche Softwareauslieferung ist genau das, was bei DevOps mit »Automation« gemeint ist und als ein Hauptziel angestrebt wird. Allerdings wird Continuous Delivery aber auch unabhängig von »theoretischem« DevOps (das Management-Prinzip) vertreten – mit dem feinen dialektischen Argument, dass hauptsächlich doch Operations mit dem Aufbau und dem Betreiben einer CD-Infrastruktur beschäftigt sei. Jenseits jeglicher Diskussion darüber, wie CD im Hinblick auf die DevOps-Philosophie richtig zu interpretieren ist, soll es hier als rein technische Methode zur Anwendungsbereitstellung in den Mittelpunkt gestellt werden.

Continuous Delivery ist ein IT-Fachgebiet für den Aufbau einer automatisierten Pipeline zum Zweck der Anwendungsauslieferung. Diese Pipeline ermöglicht eine kontinuierliche und reibungslose Bereitstellung von geprüften Software-Updates. Eine solche Pipeline ist ein jederzeit reproduzierbarer, sicherer Prozess, mit dem Software in die Produktion befördert, das heißt, für den Kunden benutzbar zum Laufen gebracht, wird. Ein Durchlauf erfolgt kontinuierlich mit jeder Änderung an der Software. Dabei kommt jeweils ein neuer Softwarestand vorne in die Pipeline und die qualitätsgesicherte Softwareinstallation in einer Cloud-Instanz als Ergebnis am Ende heraus. Die Zuteilung der benötigten Cloud-Infrastruktur kann dabei mit in die automatischen Abläufe der Delivery-Pipeline eingebaut werden.

Wenn Sie eine Applikation oder eine Webpräsenz bei einem Cloud-Anbieter unterhalten, dann können Sie eine Delivery-Pipeline in Ihrem Unternehmen auf einem Server, in der Cloud selbst oder (bei einem Ein-Personen-Betrieb) auch nur auf einem Arbeitsrechner aufsetzen. Schnellere und häufigere Releases in bequemen kleinen Schritten sind damit möglich, was kurze Reaktionszeiten nach sich zieht und eine ständige Verbesserung Ihrer in der Cloud betriebenen Applikation möglich macht (siehe Abbildung 1.6). Gegenüber der fehleranfälligen und langweiligen händischen Verrichtung der Schritte, die für viele kleine Updates notwendig sind (Auslösen von Tests usw.), bietet eine solche Pipeline viel Komfort. Sie möchten darauf wahrscheinlich nicht mehr verzichten, wenn Sie sie einmal in Aktion erlebt haben.

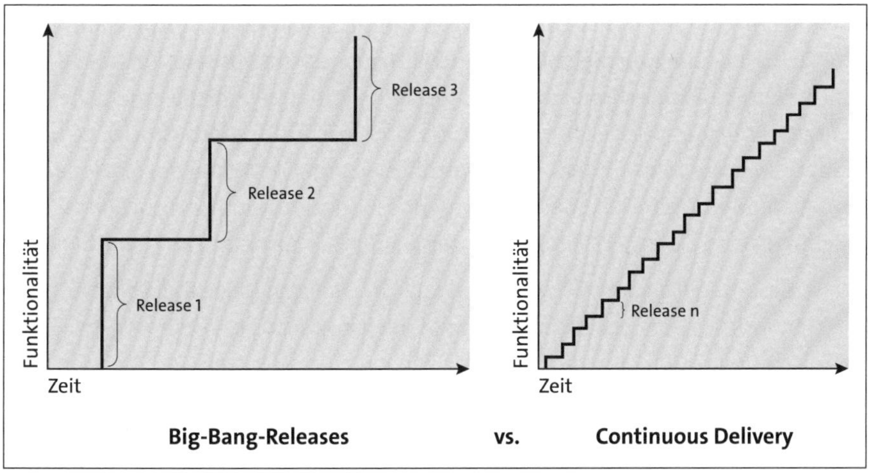

Abbildung 1.6 »Big Bang«-Releasing vs. Continuous Delivery

Eine ausgebaute CD-Pipeline beinhaltet mehrere Stufen. Diese bilden einen Teil des klassischen Modells aus dem *Application Lifecycle Management* ab, mit seinen Phasen *Entwicklung, Qualitätssicherung* und *Produktion*.

Die Pipeline beginnt mit einer *Commit-Stage* (entspricht *Entwicklung*), besitzt eine Stufe mit *Akzeptanztests* (entspricht *Qualitätssicherung*), und am Ende steht das *Rollout* der Applikation auf einen Produktionsserver für die Verwendung durch den oder die Kunden.

Wie eine solche Pipeline konkret aufgesetzt und konfiguriert wird, lässt sich nicht einfach erläutern – Ihre individuellen Anforderungen spielen dabei eine große Rolle und entscheiden, welche Methoden und Werkzeuge genutzt werden sollten. Außerdem sind die dafür benötigten Hauptkomponenten keine ausgesprochene Cloud-Software. Wenn Sie gerade keinen DevOps-Engineer zur Verfügung haben, der Ihnen ein solches Gebilde für die Applikation konstruieren kann, die Sie in der Public Cloud betreiben möchten, dann greifen Sie zu der mittlerweile reichhaltig vorhandenen Literatur zu diesem Thema. Die speziellen Werkzeuge aber, die Sie in einer Continuous-Delivery-Pipeline gerade für die Cloud benötigen, werden in diesem Buch ausführlich vorgestellt. Sie können es also auch als Ergänzung zur bisher vorhandenen DevOps-Literatur lesen.

Commit-Stage

Die erste Stufe in einer CD-Pipeline ist immer die sogenannte *Commit-Stage*. Sie ist typischerweise von einer Continuous-Integration-(CI-)Infrastruktur geprägt, die folgenderweise aufgebaut ist.

Den Quellcode der Applikation, die Sie in der Cloud betreiben möchten, können Sie ordentlich in einem Code-Repository wie zum Beispiel GitLab (*https://about.gitlab.com/*) oder Bitbucket (*https://bitbucket.org/*) aufbewahren und verwalten. Diese Produkte bieten komplexe GUI-Umgebungen für die kollaborative Entwicklung von Software, in denen zum Beispiel die einzelnen Changesets und die Historie der bisherigen Entwicklungsstände übersichtlich dargestellt werden. Wenn Sie eine Codebasis im Alleingang pflegen oder CLI-Fetischisten unter sich sind, dann genügt es unter Umständen auch, ein reines Versionsverwaltungssystem wie Git auf der Kommandozeile zu verwenden und auf eine überbordende Codezentrale mit Projektmanagement, Benutzerverwaltung, Ticketsystem und anderen Features zu verzichten.

Auf jeden Fall sollten Sie aber auch die Templates beziehungsweise Steuerdateien der eingesetzten Cloud-Tools unter die Kontrolle der eingesetzten Versionsverwaltung stellen (*Source Code Management*, SCM oder *Version Control System*, VCS). Damit nutzen Sie dann auch die Vorteile, die diese Technik grundsätzlich bietet, z. B. Versionsgeschichte, anschauliche Diffs, automatisches Backup von älteren Fassungen usw.

Git

Git (*https://git-scm.com/*) ist ein modernes Versionsverwaltungssystem für Quellcode. Es ist vom Linux-Begründer Linus Torvalds im Jahr 2005 für die kollaborative Entwicklung des Linux-Kernels aufgesetzt worden. Bei Git (was wörtlich übersetzt »Dummkopf, Trottel« heißt) handelt es sich heute um den De-facto-Standard für die Versionsverwaltung – vor allem von Open-Source-Projekten, die diese Software für die Erfassung und Verwaltung von Änderungen an Programmcode einsetzen. Mercurial und Bazaar spielen nur noch eine untergeordnete Rolle.

Wie andere VCS-System auch bewahrt Git alle Änderungen an den zu einem Projekt gehörigen Dateien auf und verzeichnet darüber hinaus jeweils auch, welche Person ein Changeset eingebucht (*committed*) hat. Das macht die kollaborative Entwicklung eines Softwareprojektes nachvollziehbar, bietet Sicherheit gegen Verfälschung, und fehlerhafte Änderungen lassen sich auch revidieren.

Im Vergleich zu älteren Lösungen ist Git ein weiterentwickeltes verteiltes und dezentralisiertes VCS. Bei dieser Methode hat jeder der beteiligten Entwickler ein eigenes (»geklontes«) Code-Repositorium als unabhängiges Versionsarchiv auf seinem Arbeitsrechner. Die Entwickler können mit Git auch offline arbeiten und ihre Entwicklungsstände erst einmal für sich selbst aufbewahren. Projektteilnehmer können jederzeit ihre Repositorien untereinander über das Internet abgleichen, bevor Änderungen zentral eingebucht werden. Bei Git-Projekten wird meistens ein öffentliches zentrales Repositorium unterhalten, so wie viele Softwareprojekte sie zum Beispiel bei dem Online-Codehoster GitHub (*https://github.com/*) betreiben. Aber anders als zum Beispiel beim strikt zentralisierten *Apache Subversion* (SVN) ist das bei Git eigentlich gar nicht notwendig.

Eine der Stärken von Git sind die effektiv implementierten Funktionen, um separate Entwicklungzweige (*Branches*) zu unterhalten. Diese können mitverteilt und bei Bedarf in den Hauptzweig (*Master*) eingefügt (»gemergt«) werden.

Die Hauptkomponente für eine CI-Umgebung in der Commit-Stufe einer CD-Pipeline ist ein Buildserver. Dafür kommen häufig das frei lizenzierte *Jenkins* (*https://jenkins.io/*), aber auch proprietäre Lösungen wie Atlassians *Bamboo* oder *TeamCity* von Jetbrains zum Einsatz. Eine Alternative dazu ist, die CI-Funktionalität von GitLab (*GitLab-CI*) zu verwenden, was das zusätzliche Aufsetzen eines Buildservers überflüssig macht.

Einen Buildserver konfigurieren Sie so, dass er ein Softwareprojekt jedes Mal neu baut, wenn es einen neuen Commit (einen eingebuchten Softwarestand) in der Versionsverwaltung gibt. Er löst dafür zum Beispiel bei einem Java-Projekt das Buildwerkzeug Ant, Maven oder Gradle aus. Oder GNU Make oder CMake, wenn Sie C- oder C++-Applikationscode verarbeiten, `python3 setup.py` bei Python-Projekten usw.

Schlägt das Bauen fehl und wird hier ein Fehler zurückgegeben, dann bleiben der neuen Quellcodefassung nach dem Prinzip »Stop the line!« die folgenden Stationen der Auslieferungspipeline verwehrt. Das gilt so auch für jede weitere Stufe in der Pipeline bis zum Rollout in die Produktion.

Der Bau bricht zum Beispiel ab, wenn sich bei einem Commit ein Fehler in die Codebasis eingeschlichen hat, der einen Bauabbruch hervorruft. Diesen Fehler suchen Sie dann und korrigieren ihn mit einem neuen Commit. Bei einem neuen Eintrag im VCS wirft dann der Buildserver nach dem Continuous-Integration-Prinzip automatisch einen erneuten Bauvorgang an.

Es ist bewährte Praxis, vom Buildserver direkt nach einem erfolgreichen Bau als weiteren Job die Suite mit Unit-Tests ausführen zu lassen, die bei einem guten Softwareprojekt vorhanden sein sollte. *Unit-Tests* (auch *Modultests* genannt) prüfen die einzelnen Komponenten einer Applikation isoliert auf ihr Funktionieren hin, sowie die eingebauten Funktionen und einzelne Methoden einer Klasse. Dadurch wird geprüft, ob das erwartete Ergebnis zurückgegeben wird. Damit kann viel tiefer gehend als durch den reinen Bau festgestellt werden, ob eine Änderung am Code irgendeine bestehende Funktionalität beschädigt hat. Wenn die Testsuite einen Fehler zurückgibt, dann bricht die Delivery-Pipeline genauso bereits in der Commit-Stage ab. Denn der neu erstellte Code ist dann nicht dafür geeignet, in die Produktion zu gelangen.

Auf derselben Ebene werden mittlerweile auch Security-Checks durchgeführt (Stichwort: *DevSecOps*).

Artefakte

Der Bau eines Projekts resultiert in einem oder mehreren Artefakten. Das sind – je nach Codebasis – Dateipakete oder reine Binärdateien. Bei Java-Projekten sind es etwa JAR-, WAR- oder EAR-Dateien für Java-Applikationsserver wie Apache Tomcat oder JBoss. Diese Dateien spielen in den nächsten Stufen der Delivery-Pipeline eine Rolle. Mit ihnen werden zunächst weitere Tests durchgeführt, und schlussendlich bilden sie zusammen mit den benötigten Abhängigkeiten die Applikation, die auf den Produktionsservern in der Cloud läuft.

Eine gute Methode ist es zum Beispiel auch, anstatt blanke Artefakte zu bauen, einen Schritt weiter zu gehen und damit direkt Linux-Pakete für die auf Cloud-Instanzen eingesetzte Distribution zu bauen (also Pakete mit dem Format *deb* für Debian und Derivate davon beziehungsweise Pakete im Red-Hat-Paketformat *rpm*). Das hat eine ganze Reihe von Vorteilen. Einer davon ist, dass die von einer Software benötigten Abhängigkeiten mit im Paket eingetragen sind (wobei auch Versionsbereiche angegeben werden können) und dann bei der Installation mit dem jeweiligen Paketmanager automatisch gezogen werden.

Oftmals werden in Unternehmen spezielle Artefakt-Repositorien wie *JFrogs Artifactory* (siehe Abbildung 1.7) oder *Nexus* von Sonartype eingesetzt. Damit haben Sie eine zentrale Aufbewahrungsstelle und ein Register für die im weiteren Bereitstellungsprozess verwendeten Artefakte zur Verfügung.

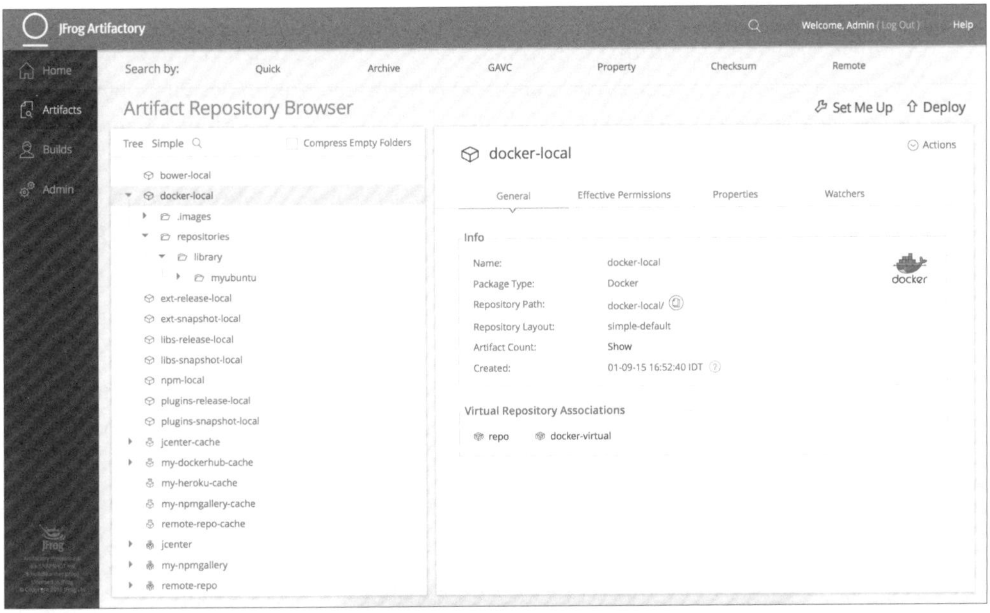

Abbildung 1.7 Die Oberfläche von Artifactory von JFrog

Maschinenabbilder

Bei der weiteren Ausgestaltung einer Delivery-Pipeline spielt die Besonderheit des Cloud Computing als dynamische Infrastruktur eine Rolle. Und zwar betrifft das zunächst einmal die grundsätzliche Art und Weise, wie Server begriffen werden.

In der »alten Welt« haben Sie es mit statischen Servern zu tun gehabt, die nicht für jedes neue Release sehr aufwendig neu aufgesetzt wurden, wenn das nicht notwendig war. In dieser alten Welt fragte man bei neuen Releases bei der Entwicklungsabteilung an, ob auch Updates bei der Middleware notwendig seien, um die neue Version laufen zu lassen, und ob ein eventuell etwas älteres Betriebssystem noch von den aktuellen Runtime-Anforderungen abgedeckt sei.

Beim Cloud Computing haben Sie jederzeit innerhalb von einer Minute oder weniger eine neue Instanz zur Verfügung, die nach Nutzung abgerechnet wird. Dementsprechend ist es nicht notwendig und nicht erwünscht, Server länger existieren zu lassen, als sie zum Beispiel für einen Testdurchlauf benötigt werden. Sie haben es also hauptsächlich mit immer wieder neu aufgesetzten Servern zu tun, die für bestimmte Zwecke gelauncht, hinterher sofort wieder verworfen und nicht wiederverwendet werden. Der IaaS-Anbieter DigitalOcean nennt seine Cloud-Instanzen vor diesem

Hintergrund treffenderweise auch *Droplets*: Regentropfen, die schnell wieder weg sind. Es sind also »Wegwerfserver«. Eine solche Infrastruktur verhindert auch Erosionseffekte, die bei länger laufenden Servern auftreten: Dort müssen Security-Patches eingespielt werden, die Maschine läuft voll mit Logfiles, Prozesse bleiben irgendwann hängen usw.

Wenn Sie sich eine Cloud-Instanz in einem IaaS-Dienst bestellen, dann wählen Sie dabei immer auch ein *Maschinenimage* aus, das beim Generieren des virtuellen Servers aufgespielt wird (das wird noch ausführlich thematisiert). Die Anbieter haben für diesen Zweck eine Reihe von Images hauptsächlich mit Linux-Installationen im Angebot. Zu einem Aufpreis werden aber auch proprietäre Betriebssysteme zur Verfügung gestellt. Eine Betriebssysteminstallation gehört zum Angebot auf jeden Fall dazu, denn das Betriebssystem wird schon allein benötigt, um einen Cloud-Server mithilfe des SSH-Protokolls über das Internet überhaupt ansprechen zu können.

Die bereitliegenden Maschinenimages enthalten ein komplettes, bereits fertig installiertes Betriebssystem. Der Vorteil dabei ist, dass beim Aufspielen eines Images wesentlich schneller eine arbeitsbereite Instanz zur Verfügung gestellt werden kann, als wenn immer erst eine komplette Neuinstallation des Betriebssystems und der für ein Basissystem benötigten Softwarepakete durchgeführt werden muss. Außerdem können mit ein und demselben Image beliebig viele Cloud-Server aufgesetzt werden. Das ist auch der tiefere Sinn des Begriffes »Instanz«: Ein Cloud-Server ist die Instanziierung einer ganz bestimmten Maschine mit einem Betriebssystem und allen Softwarepaketen, die das verwendete Maschinenimage enthält.

Maschinenimages für Cloud-Server bei einem IaaS-Dienst können Sie sich aber auch selbst herstellen – und dabei den darin aufgespielten Softwarestack über das Betriebssystem hinaus beliebig erweitern. Solche Images zu generieren, kann als Prozess in der Delivery-Pipeline stattfinden, nachdem die Artefakte für die Applikation zur Verfügung stehen. Hashicorp Packer (siehe Abschnitt 5.1) in Verbindung mit Ansible (siehe Kapitel 6) etwa eignet sich hervorragend dafür, ein Maschinenimage mit Betriebssystem, Middleware (Interpreter, App-Server, Datenbanken usw.) und der Geschäftsapplikation zu generieren. Die selbst gebauten Images können Sie dann beim IaaS-Dienst in der Cloud zur späteren Verwendung für Test- oder Produktionsserver hinterlegen.

Das Verfahren, ein ganzes fertiges Image zu generieren, wird von vielen gegenüber der alternativen Vorgehensweise bevorzugt, bei Bedarf für Tests oder für die Produktion einen Cloud-Server mit Basissystem zu launchen und dann mit Ansible oder einer anderen Lösung die Applikation mit den benötigten Abhängigkeiten darauf zu installieren. Dahinter stehen die rivalisierenden Konzepte, auch beim Cloud Computing veränderbare Server wie bei statischer Infrastruktur (nicht-Cloud-artige virtualisierte Server gehören in einem gewissen Sinne auch dazu) zuzulassen oder konsequent nur mit unveränderlichen Servern zu arbeiten.

Sich per SSH auf bestimmte Instanzen zu begeben und dort händisch irgendwelche Änderungen an einer Maschine vorzunehmen, gilt beim vollständig durchautomatisierten Cloud Computing ganz grundsätzlich als ein veraltetes Verhalten aus einer überwundenen Ära der Menschheitsgeschichte, denn Server sollten heutzutage grundsätzlich zentral definiert werden. Vermeiden Sie also Eingriffe von Hand, um durchweg reproduzierbare, nachvollziehbare und dokumentierte Umgebungen zu haben.

Aber auch mit Template-gesteuerten Konfigurationswerkzeugen auf bereits gelaunchte Server zuzugreifen, um eine Applikation einzuspielen (zu *deployen*) und Änderungen vorzunehmen, gilt bei manchen nicht als die reine Lehre. Mal ganz abgesehen von der zusätzlichen Zeit, die ein solcher Prozess bei jeder neuen Instanz benötigt, kann es immer sein, dass sich dabei subtile Konfigurationsdrifts einstellen: Zwei nebeneinanderliegende, als gleich angenommene Instanzen unterscheiden sich danach eventuell zumindest leicht voneinander, besonders wenn Sie deklarative Werkzeuge verwenden (siehe dazu Kapitel 6, »Cloud-Instanzen mit Ansible konfigurieren«). Vor allem wenn es irgendwelche Probleme gibt, dann ist es für die Fehleranalyse immer sehr effektiv, wenn das vollständig ausgeschlossen werden kann.

Auf der anderen Seite ist es aufwendig, in der CD-Pipeline auch nur für kleinste Änderungen immer gleich ein neues Image zu generieren, und der IaaS-Anbieter hat ja fertig installierte und an die Cloud-Instanz angepasste Betriebssysteme im Programm. Und zwei identische, aus demselben Image aufgesetzte Server fangen ab dem Augenblick, in dem sie gestartet werden, sowieso an, voneinander abzuweichen. Für welches Verfahren Sie sich bei einer speziellen Applikation auch entschieden, eine möglichst schnell durchlaufende Delivery-Pipeline sollte auf jeden Fall immer das Ziel sein.

Akzeptanztests

Auf der nächsten Stufe einer Continuous-Delivery-Pipeline finden automatisierte Akzeptanztests statt, bei denen die fachliche Funktionalität des Softwarestands getestet wird. Es wird überprüft, ob das aktuelle Release der Applikation auch wie gewünscht funktioniert und damit für den Einsatz auf der Produktivumgebung geeignet ist. Akzeptanztests eignen sich zum Beispiel, um herauszufinden, ob sich irgendwo eine Regression eingeschlichen hat (durch aktuelle Änderungen ist an einer anderen Stelle womöglich etwas kaputtgegangen). Wenn es ein Softwarestand bei einschlägigen Tests auch durch diese Stufe der Pipeline schafft, dann kann die aktuelle Version auch in die Produktion gehen und wird Kunden ein positives Erlebnis bieten.

Zu Akzeptanztests gehört es zum Beispiel, eventuell vorhandene Schnittstellen (*Application Programming Interfaces*, APIs) auf ihr Funktionieren hin zu überprüfen. Für GUI-basierte Applikationen gibt es die Möglichkeit, mit dem Testtool *Selenium* (*https://www.seleniumhq.org/*) typische, vom Kunden im Browser ausgeführte Geschäftsprozesse wie das Anlegen eines neuen Kunden oder die Durchführung einer Bestellung skriptgesteuert nachzustellen. Damit können Sie automatisiert überprüfen, ob die Anwendung sich wie erwartet verhält.

Anders als Unit-Tests unterliegen die Umgebungen für Akzeptanztests hohen Anforderungen an ihre Qualität, denn sie müssen sich in einem einheitlichen, genau definierten Zustand befinden. Die hier ausgeführten Tests sollen ja Feedback über die Qualität der Software und nicht über die Qualität der Testumgebung liefern. Dieselbe Umgebung, die hinterher in der Produktion aufgesetzt wird, gilt dabei als Orientierungsmaßstab. Es können für die Tests aber bestimmte Eigenheiten erforderlich sein, zum Beispiel dass aus Datenschutzgründen eine Variante der Geschäftsdatenbank mit anonymisierten Kundendaten verwendet werden muss. Die dynamische Infrastruktur aus dem Cloud Computing ist ideal dafür, im Ablauf eines automatisierten Prozesses genau definierte, reproduzierbare und automatisiert vorbereitete Umgebungen für Tests zur Verfügung zu stellen – skriptgesteuert, schnell und in beliebiger Anzahl.

Rollout

Hat die von Ihnen betriebene Applikation in der Bereitstellungs-Pipeline die Testphase überstanden, dann steht dem Ausrollen in die Produktionsumgebung nichts mehr im Wege.

Es gibt beim Design der Pipeline aber noch die konkrete Frage, ob Sie ein automatisches Deployment (das Aufspielen der Geschäftsapplikation auf dem Produktivsystem) grundsätzlich zulassen wollen oder ob noch eine manuelle Freigabe eingebaut werden soll. In größeren Betrieben finden Sie diese Sicherungsmaßnahme wahrscheinlich häufiger – denn ohne diese könnte sonst jeder Entwickler mit einem neuen Commit das Produktivsystem ändern. Auch bei restriktiven Compliance-Vorgaben kann ein automatisches Deployment unerwünscht sein und immer noch eine Freigabe von der Abteilungsleitung notwendig machen.

Ein anderes Thema ist das unterbrechungsfreie Produktiv-Deployment. Dabei gibt es keinen Serviceausfall, und kein Wartungsfenster ist nötig, um ein neues Release in Betrieb zu nehmen. Eine Methode dafür ist das *Blue/Green-Deployment*, bei dem zunächst auf einem Staging-Server eine neue Produktivumgebung mit dem aktuellen Update aufgesetzt wird. Dann muss nur von dem aktuell laufenden Release auf diese Instanz umgeschwenkt werden, indem Netzwerkeinstellungen in der Cloud umkonfiguriert werden. Beim Umschalten soll ja kein Kunde rausgeschmissen werden, der gerade dabei ist, sein dreizehntes Monatsgehalt in Ihrem Webshop auszugeben.

Mit einer solchen Konstruktion können Sie dann jederzeit updaten. Es ist auch sinnvoll, die alte Fassung immer noch zumindest eine Zeit lang vorzuhalten – für den Fall, dass doch noch Schwierigkeiten mit einem neuen Softwarestand auftauchen.

1.4 Container

»A virtual machine is an operating system that thinks it's running on its own computer. A container on the other hand is an application that thinks it's an operating system.«
– David Clinton

Wenn es einen Preis für die bahnbrechendste IT-Innovation der letzten Dekade geben würde, dann wäre Docker auf jeden Fall mit auf der Liste der Nominierten. Diese Software zeigt, was alles dabei herauskommen kann, wenn man sich – wie es so schön heißt – mal hinsetzt und richtig Gedanken macht. Obwohl das vom PaaS-Unternehmen dotCloud im März 2013 veröffentlichte Tool hauptsächlich schon bereits vorhandene Techniken verwendete, hat es nichts weniger als eine Revolution in der Anwendungsbereitstellung ausgelöst.

1.4.1 Softwarecontainer

Softwarecontainer sind eine Methode, um eine beliebige Anwendung in eine normierte portable Einheit zu verpacken, die ein lauffähiges Gebilde ist. Es gibt mittlerweile auch alternative Lösungen, aber Docker spielt in diesem Bereich immer noch eine wichtige Rolle. Container können einfach zwischen Umgebungen transportiert und universell eingesetzt werden: Sie holen sich einen Container (etwa mit einem Apache-Webserver) auf einen Host, starten ihn mit Docker und lassen ihn laufen. Wenn Sie den Container löschen, dann ist der komplette Webserver vom Host auch wieder verschwunden.

Der Schlüssel zu dieser Technologie ist es, dass ein Container nicht nur als Transporteinheit fungiert, sondern auch als abgeschlossene Einheit laufen gelassen werden kann. Gestartete Container laufen auf dem Host in einer speziellen Laufzeit-Umgebung. Die zentrale Eigenschaft einer solchen Umgebung ist es, dass der Container als »Prozesskapsel« von dem restlichen System isoliert ist und im Rahmen bestimmter Grenzen läuft. Docker und alternative Container-Lösungen setzen für diesen Zweck Einrichtungen ein, die schon etwas länger im Linux-Kernel vorhanden sind:

- *Control Groups* (`Cgroups`) sind eine Schnittstelle im Kernel, über die sich für bestimmte Prozesse der Zugriff auf Hardwareressourcen (CPU, Speicher, I/O) einschränken lässt. Damit können Sie einem Container in diesem Hinblick schon einmal bestimmte Grenzen setzen (»Wie viel kann ein Prozess nutzen?«).
- Darüber hinaus isolieren Kernel-Namespaces die im Container laufenden Prozesse vom Rest des Systems. Der laufende Container kennt nur sich selbst, das heißt die auf ihm als Prozess laufende Applikation und sein eigenes Dateisystem. Er erreicht andere Prozesse auf dem Hostsystem und die neben ihm laufenden Container nicht (»Was kann ein Prozess sehen?«).

- Linux-Capabilities splitten die Superuser-Rechte in kleinere Einheiten auf, die unabhängig voneinander aktiviert und deaktiviert werden können.

Mit einem laufenden Container ist immer auch ein eigenes Dateisystem verbunden. Dabei wird, um monolithische Archive zu vermeiden, mit dem Einsatz von Overlay-Dateisystemen wie *OverlayFS* ein Schichtenkonzept umgesetzt.

Container werden aus einem Image heraus gestartet. Sie können es zwar auch als gepacktes Archiv transportieren, ein Image wird normalerweise aber immer über eine Registry verteilt. Von dort aus können Sie ein Image lokal auf einen Host einspielen und starten. Ganz genau gesagt, ist ein Container immer eine Instanz eines bestimmten Container-Images; mit »Container« meint man oftmals aber auch einfach das Image.

Container sind so aufgesetzt, dass immer nur eine bestimmte Applikation in ihnen enthalten ist, etwa ein Nginx- oder Apache-Webserver oder ein MySQL-Datenbankserver. Das selbstkonsistente Container-Image enthält neben der eigentlichen Applikation eine vollständige Laufzeitumgebung inklusive Betriebssystem (aber ohne dessen Kernel), Bibliotheken, Hilfsprogramme und benötigter Dateien. Als Betriebssystem genügt dabei ein maximal reduziertes Basissystem ohne einen Servicemanager wie systemd. Wenn der Container gelauncht wird, dann startet allein die in ihm ausgelieferte Applikation.

Wenn Sie den Container starten, dann wird er an den auf dem Host laufenden Kernel angedockt. Dieser eröffnet dann einfach einen neuen Namespace und weist die vorgesehenen Ressourcen zu. Das dauert auch auf durchschnittlich schnellen Maschinen nur Sekundenbruchteile. Der Container und das Betriebssystem auf dem Host werden dann von demselben laufenden Linux-Kernel betrieben. Die Prozesse aus dem Container erscheinen mit auf der Prozessliste des Hosts. Der Container kennt aber nur seine eigenen Prozesse, und zwar allein die laufende Applikation als Wurzelprozess (als PID 1) und eventuell davon abhängige Child-Prozesse (siehe Abbildung 1.8).

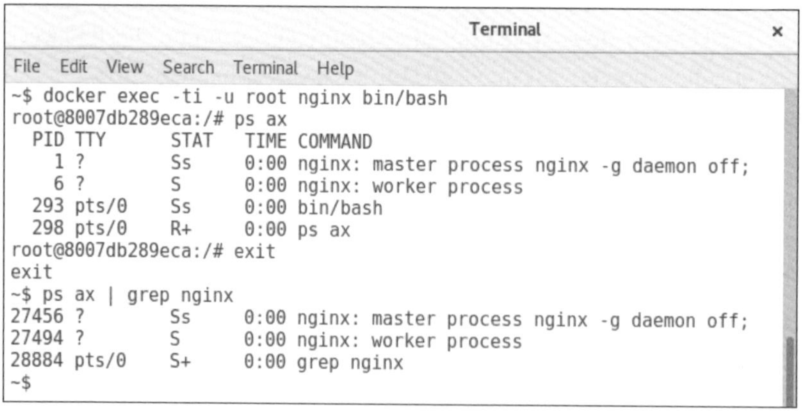

Abbildung 1.8 Dieselben Prozesse innerhalb und außerhalb eines Nginx-Containers

Für dieses gesamte Verfahren gibt es viele Begriffe. Manche bezeichnen es im Vergleich zu der bereits besprochenen Servervirtualisierung als *Betriebssystemvirtualisierung*. *Anwendungsvirtualisierung* ist aber vielleicht auch eine treffende Bezeichnung.

Eines der Grundprinzipien der Linux-Kernelentwicklung spielt eine wichtige Rolle für Software-Container. Der Kernel »bricht« niemals die auf ihm laufenden Programme – *WE DO NOT BREAK USERSPACE!*, wie es Linus Torvalds sehr energisch formuliert hat (Die Caps stammen natürlich aus dem Originalzitat). Das bedeutet, dass dieselben Systemaufrufe generell über verschiedene Kernelversionen hinweg verfügbar sind. Universelle Container würden keinen richtigen Sinn machen, wenn Sie immer erst einmal schauen müssten, ob die Kernelversion des Hosts auch unterstützt wird oder nicht. Sie müssen also beim Umgang mit Containern praktischerweise nur in Ausnahmefällen auf die verwendete Kernelversion achten. Alles andere, was eine Applikation über den Kernel hinaus noch zum Laufen benötigt, bringt ein Container-Image grundsätzlich selber mit.

Mit einem Container ist eine Applikation also mit ihrem gesamten Userspace (der Bereich »diesseits des Kernels« aus Anwenderperspektive) vom darunter liegenden Betriebssystem des Hosts getrennt. Das eröffnet im Hinblick auf die Portierbarkeit ganz neue Möglichkeiten. Ein Container lässt sich ohne Probleme zwischen verschiedenen heterogenen Umgebungen hin und her verschieben. Anwendungen, die widersprüchliche Anforderungen an ihre Laufzeitumgebung stellen, lassen sich auf einem Host ohne Probleme nebeneinander betreiben. Ein Container enthält eine Version einer bestimmten Bibliothek, der Container daneben eine andere Version davon. Container als Deployment-Artefakte helfen Admins, Anwendungen schnell und zuverlässig auf Infrastrukturen auszurollen und zu betreiben.

1.4.2 Schattenseiten

Software-Container funktionieren gut mit Cloud Computing, handelt es sich doch um die konsequente Weiterführung desselben Prinzips: Die Cloud abstrahiert Server von der darunter liegenden Hardware, und Container abstrahieren Laufzeitumgebungen von den darunter liegenden Servern. Das bedeutet noch mehr Flexibilität, die noch mehr Magie möglich macht.

Docker und die anderen Container-Engines sind schnell zu zentralen Werkzeugen der DevOps-Bewegung avanciert. Es ist herrlich: Die Entwicklungsabteilung packt eine lauffähige Anwendung zusammen mit allen Abhängigkeiten in einen Container, oder ein Container kommt fertig vom Hersteller. Die IT-Abteilung muss dann einfach nur noch den Container nehmen und auf dafür vorgesehene Server schieben. Dabei muss sich die Anwendungsbereitstellung mit viel geringerem Aufwand nur noch um eine geeignete Umgebung für einen Container und nicht mehr um eine geeignete Umgebung für die Applikation kümmern. Sie kann dann zusammen mit Infrastruktur aus der Public Cloud noch effektiver automatisiert werden und kostengünstiger operieren. So zumindest das Konzept.

Allerdings ist die Docker-Technik äußerst tückisch: Es stellt sich immer wieder heraus, dass trotz aller Versprechen, damit firmeninterne Prozesse optimieren zu können, diese Technik schnell vom Problemlöser zum Problembereiter wird. Eine Tatsache ist zum Beispiel, dass sich der klassische IT-Betrieb kaum auf Container abbilden lässt. Folgt man dem Modell, dass die Entwicklungsabteilung Container konfektioniert, dann liegt die Verantwortung für das zugrunde liegende Basissystem (das *Base-Image*) auch bei ihr. Sie ist aber mit diesem Aspekt oftmals gar nicht hinreichend vertraut.

Die Docker-Technik macht schnell Probleme, wenn sie nicht vollkommen beherrscht und zu unbesorgt eingesetzt wird. Wenn Sie die Geschäftsapplikation vom Hersteller in einem Container geliefert bekommen, sollte Sie Folgendes klären: Möchte oder kann dieser Hersteller überhaupt garantieren, dass eventuell erforderliche spezielle Compliance-Anforderungen an die Applikation erfüllt sind? Ein Problem ist es auch immer wieder, dass Container mit Standardsoftware oder zumindest Base-Images einfach aus dem Internet gezogen werden. Welcher Mechanismus stellt zuverlässig sicher, dass es sich auch wirklich um die Artefakte handelt, die der Anbieter dort eingestellt hat, und dass Sie von Dritten keine Schadsoftware untergejubelt bekommen? Und sind diese wiederum von eventuellen Compliance-Vorgaben abgedeckt?

Außerdem gibt es bei Software-Containern ganz eigene Sicherheitsprobleme. Der Host ist weniger gut gegen einen Container abgeschottet als gegen eine virtuelle Maschine, da beide sich ja denselben Kernel teilen. Container haben deshalb vom Design her bereits Anschluss an Punkte, zu denen sich Angriffsmethoden aus der klassischen IT erst einmal vorarbeiten müssen. Es existieren zum Beispiel zahlreiche Angriffsszenarien auf Kernel-Namespaces, die zu einer Kompromittierung des Containers oder des Hosts führen. Um Container speziell dagegen abzusichern, existiert eine Reihe von speziellen Sicherheitslösungen und -methoden, mit denen sich Container-Admins auf jeden Fall auseinandersetzen sollten.

Das sind nur einige der schwierigen Punkte, die den mittlerweile langsam abklingenden Mega-Hype um Docker als Heilsbringer in einem weniger strahlenden Licht erscheinen lassen. Nichtsdestotrotz handelt es sich bei Docker um den derzeitigen Quasi-Standard für die Auslieferung und Bereitstellung von Anwendungen. Eine praxisorientierte Einführung in den Umgang mit Docker-Containern finden Sie in diesem Buch in Abschnitt 2.3.

Gut zu wissen

Es ist entscheidend, stets die Vor- und Nachteile sorgfältig abzuwägen. Mit etwas Übung werden Sie feststellen, dass die vorgestellten Tools sich sehr leicht anwenden lassen. Allerdings erfordert die Einführung neuer Technologien auch das notwendige Fachwissen, um diese effektiv und nachhaltig zu betreiben – und das ist ein Prozess, der über die bloße Implementierung hinausgeht und ständiges Training und Lernen erfordert.

1.4.3 Modularisierung

Container werden selten nur für sich betrieben, sondern meist in Verbünden. Ein WordPress-Container zum Beispiel benötigt einen weiteren Container mit einem MySQL-Server – dieses Beispiel erkläre ich in Abschnitt 2.3.5, »Docker Compose«. Beide kommunizieren dann über einen Netzwerk-Port miteinander, der zwischen den beiden Containern aufgesetzt wird. Wenn Sie dann die WordPress-Version aktualisieren wollen, spielen Sie einfach einen aktuelleren Container ein und starten diesen anstelle der alten Fassung. Das bietet viel mehr Flexibilität als Linux-Pakete und ist komfortabler als die Methode, den gesamten WordPress-Quellcode per Hand einzuspielen und einen alten Code damit zu ersetzen. Wenn Sie aber Docker-Container nur als einen weiterentwickelten Ersatz für Linux-Pakete betrachten – die einen benötigen Abhängigkeiten, und der Container enthält sie –, dann bleiben Sie allerdings weit unter dem, was diese Technik alles möglich macht.

Es liegt zum Beispiel nahe, nicht nur unterschiedliche Applikationen in separaten Containern zu betreiben, sondern auch Komponenten ein- und derselben Applikation, wie zum Beispiel das Frontend und das Backend eines Webservices. Diese separaten Module können Sie dann nicht nur getrennt voneinander mit eigenen CD-Pipelines deployen, ohne sich koordinieren zu müssen, sondern Sie können sie auch völlig getrennt voneinander entwickeln, etwa auch in separaten Teams. Docker-Container bieten gerade für die Modularisierung von Applikationen entscheidende Vorteile. Sie isolieren ihre Fracht sehr gut, bilden eigene Netzwerkwerke und können von außen konfiguriert werden. Softwarecontainer verändern damit nicht nur die Art der Softwareauslieferung, sondern übertragen ihr innovatives Potenzial auch zurück auf die Architektur der ausgelieferten Applikation.

Wenn Sie ein solches Modularisierungsverfahren anwenden, dann zeigt sich noch ein weiterer, sehr willkommener Effekt. Denn modularisierte Applikationskomponenten als unabhängige Einheiten können Sie in der Cloud problemlos auch unabhängig voneinander skalieren. Damit können Sie die verbrauchten Computing-Ressourcen noch enger an der tatsächlich anfallenden Last ausrichten. Das kann vor allem bei der intensiven Nutzung eines IaaS-Dienstes im großen Maßstab eine nicht unerhebliche Ersparnis bedeuten.

Die Modularisierung von Anwendungskomponenten wird gerade bei Microservices als Prinzip für Entwicklung und Applikationsarchitektur auf die Spitze getrieben. Oftmals wird eine bestehende monolithische Applikation in kleinere eigenständige Deployment- und Runtime-Einheiten aufgebrochen – oder sogar zu Microservices zersplittert, um die Möglichkeiten von Cloud und Container vollends auszunutzen. Das ist aber ein schwieriges und aufwendiges Verfahren, das nicht in jedem Fall möglich ist.

Microservices

Microservices sind ein Architekturprinzip in der Softwareentwicklung, das eine maximale Entkopplung von Systemkomponenten verfolgt. Als Modularisierungskonzept zielt es darauf ab, dass diese Komponenten unabhängig voneinander in Produktion gebracht werden können.

Für jedes einzelne Modul ist dabei vorgesehen, dass es immer nur einen eng eingegrenzten, ganz bestimmten Zweck erfüllen soll. Und technische Entscheidungen – z. B. welches Framework, welche Bibliotheken, welches Datenbanksystem und auch welche Programmiersprache sich am besten für den Zweck eignen – können individuell getroffen werden. Außerdem gilt für Microservices, dass jeder einzelne seinen eigenen Datenhaushalt pflegen soll.

Wie die separierten Teile einer Applikation miteinander kommunizieren, wird hingegen auf der Ebene der Makroarchitektur implementiert. Dabei werden programmiersprachenunabhängige Protokolle wie *RESTful HTTP* oder auch asynchrone Messaging-Systeme wie *ZeroMQ* oder *Apache Kafka* eingesetzt.

Vorreiter wie Amazon, Netflix oder Zalando demonstrieren, welche Vorteile es hat, wenn dieses Prinzip konsequent umgesetzt wird. Applikationen lassen sich einfacher und schneller um neue Funktionen erweitern und wesentlich effizienter warten, während Änderungen nicht einer Abstimmung über mehrere Teams hinweg bedürfen. Außerdem erweist sich eine Microservice-Architektur gegenüber monolithischen Applikationen immer wieder als robuster.

Dagegen stehen diverse Nachteile: Nach diesem Ansatz gestaltete Anwendungen werden z. B. schnell sehr komplex, was Entwicklungstechniken wie Refactoring (den Umbau von Code) wesentlich aufwendiger macht. Dass Schnittstellen zueinander passen, muss immer explizit sichergestellt werden; und die Kommunikation der Module über Netzwerke ist im Allgemeinen langsamer als über lokale Funktionsaufrufe.

Der Betrieb von Microservice-Applikationen zieht gemeinhin einen sehr hohen Aufwand nach sich, weil ein Service-Discovery, Monitoring und zentralisiertes Logging benötigt werden. Ohne Hilfsmittel ist die Verwaltung von vielen Microservices und ihrer Kommunikation untereinander nur sehr schwierig zu bewältigen.

1.4.4 Orchestrierung

Softwarecontainer sind eine effektive und leichtgewichtige Technik, die wenig Overhead erzeugt. Dass Sie von ein und demselben Image beliebig viele Containerinstanzen starten können, ist die ideale Voraussetzung für einen massenhaften Einsatz in verteilten und redundanten Einsatzszenarien in der Cloud.

Vielleicht planen Sie, Docker einzusetzen, um damit eine komplexe Applikation mit unabhängigen Komponenten oder Microservices zu betreiben, und Container als Deployment-Artefakte zu benutzen. Das bestimmt dann auch die Art und Weise, wie Sie eine Cloud-Infrastruktur beziehungsweise einen IaaS-Dienste verwenden. Container transportieren wie gesagt auch Laufzeitumgebungen, also müssen Sie die eingesetzten Server nicht mehr aufwendig provisionieren, um Test- oder Produktivumgebungen für eine Geschäftsapplikation herzustellen. Instanzen müssen hingegen nur noch in der Lage sein, Container zu starten, und das bedeutet zunächst einmal eine erhebliche Einsparung an Aufwand.

IaaS-Plattformen stellen als Alternativen zu einem eigenen physischen Rechenzentrum lediglich Cloud-Server zur Verfügung. Der Anbieter überlässt es dabei wie gesagt vollkommen Ihnen, was Sie damit anstellen und was Sie dort aufspielen und betreiben. Also ist es auch gar nicht vorbereitet, mit einem IaaS-Service Container zu managen. Für die Orchestrierung einer komplexen containerisierten Anwendung – also für die Verteilung der zu ihr gehörenden Komponenten über mehrere Rechner und die Organisation ihres Zusammenspiels – benötigen Sie daher noch eine weitere Softwarelösung, und zwar einen *Cluster-Manager*. Das Wort *Cluster* bezeichnet dabei eine zusammenhängende Gruppe von Servern mit Containern, während die Instanzen, die in einem solchen Konstrukt eingebunden sind, als *Knoten* (*nodes*) bezeichnet werden.

Ein Cluster-Manager muss, um die beschriebenen Möglichkeiten der Public Cloud auch ausnutzen zu können, die Zahl der bestellten virtuellen Server mit Containern entsprechend der zu einem Zeitpunkt aktuellen Last dynamisch anpassen. Und für eine vollständige Lösung muss natürlich auch eine Lastverteilung zur Verfügung stehen, die sich automatisch anpasst, wenn neue Instanzen hinzugefügt und nicht benötigte Instanzen abgeschaltet werden. Die Ansprüche an Cluster-Manager sind hoch – müssen sie für Container doch gewissermaßen dasselbe leisten wie die Cloud für virtuelle Maschinen.

1.4.5 Cluster-Manager

Docker bietet seit Version 1.12 ein eingebautes Clustering-System namens *Swarm Mode* an (*https://docs.docker.com/engine/swarm*). Mit diesem Mechanismus können Sie Docker-Container über mehrere Server beziehungsweise Cloud-Instanzen verteilen und diese in einem Verbund betreiben. Der Swarm Mode fasst die eingebundenen

Hosts zu einem logischen Konstrukt aus Master- und Worker-Nodes (diese Instanzen *Slaves* zu nennen, ist verpönt) zusammen, das sich selbstständig organisiert und sich insgesamt ansprechen lässt. In einem solchen Cluster läuft eine Geschäftsapplikation dann redundant mit erhöhter Ausfallsicherheit. Der oder die Master (in Mehrzahl auch möglich) als Steuerzentrale kümmert sich automatisch um die sinnvolle Verteilung der Container und startet neue, wenn ein Knoten ausfällt. Außerdem kann mit einem solchen Cluster mehr Last bewältigt werden, als wenn Sie Ihren Service nur auf einer einzelnen Instanz betreiben. Es muss allerdings gesagt werden, dass sich nicht alle Container gleichermaßen dafür eignen, redupliziert eingesetzt zu werden.

Der Swarm Mode klinkt sich in den normalen Docker-Workflow ein und ist mit wenigen Befehlen auf der Kommandozeile zu bedienen. Er setzt, um die Services für einen Cluster zu definieren, auf YAML-Templates für *Docker Compose* (siehe Abschnitt 2.3). Die eingebundenen Instanzen müssen als Voraussetzung lediglich über das Netzwerk ansprechbar sein und die Docker-Laufzeitumgebung (die *Docker Engine*) zur Verfügung haben. Um das zu erreichen, können Sie im IaaS-Dienst für neue Instanzen ein Betriebssystem beziehungsweise eine Linux-Distribution auswählen, die Docker bereits fertig installiert beinhaltet. Oder Sie setzen *Cloud-Init* dazu ein (siehe dazu Abschnitt 5.2), beim Launchen einer neuen Instanz Docker automatisch nachzuziehen und eventuell sogar einen bestimmten Swarm-Mode-Cluster automatisch zu konfigurieren.

Swarm Mode ist gut gemacht und besticht durch seine von Docker gewohnte Einfachheit. Diese Lösung bietet sich rein funktional durchaus als Alternative zu dem aktuellen Quasi-Standard Kubernetes an, der sich mit einer eigenen Art, komplexe Webapplikationen als Services zu definieren, von Docker absetzt. Jedoch hat Docker Inc. Ende 2019 erklärt, dass Swarm Mode nicht mehr weiterentwickelt wird. In der schnelllebigen Containerwelt bedeutet das leider, dass der Swarm ein Auslaufmodell ist. Daher stellt Ihnen dieses Handbuch den wichtigsten Cluster-Manager Kubernetes in Abschnitt 2.4 vor.

Das im Jahr 2014 von Google vorgestellte *Kubernetes* (»Steuermann«, *https://kubernetes.io*) erfährt aktuell einen starken Aufschwung. Es gab in den letzten Jahren wohl kaum eine Ausgabe einer Computerzeitschrift, in der kein Beitrag über den mittlerweile an die *Cloud Native Computing Foundation* (*https://cncf.io*) übergebenen Cluster-Manager stand. Die in *Google Go* aufgesetzte Software hat mehrere Aspekte, und dementsprechend gibt es unterschiedliche Bezeichnungen dafür:

- deklarative Management-Plattform für Container-Cluster unter Linux,
- Cloud-übergreifende zentral verwaltete Cluster-Lösung,
- Rechenzentrumskernel für den Betrieb von verteilten Applikationen,
- Container Orchestration Engine (COE),

um nur einige zu nennen. Kubernetes ist ausgereift und wird auf breiter Front produktiv eingesetzt. Google konnte bereits bei Projektbeginn auf Jahre der Entwicklung der Vorläufer *Borg* (das weiterhin intern bei Google eingesetzt wird) und *Omega* zurückblicken. Die Software unterstützt neben Docker auch alternative Container-Runtimes wie *CRI-O*.

Kubernetes bietet fortschrittliche Features wie Namespaces für Applikationen, Rolling Releases ohne Wartungsfenster und ein eingebautes Blue/Green-Deploymentmodell. Kubernetes verlangt für den Betrieb allerdings ein recht umfangreiches Know-how, das durch eine recht steile Lernkurve errungen werden möchte. Wenn Sie eine Einführung dazu suchen, schauen Sie sich mein Buch »Kubernetes« (ISBN: 978-3-8362-9883-4) an. Ein umfangreicher Titel zu diesem Themengebiet ist das Buch »Skalierbare Container-Infrastrukturen« von Oliver Liebel (Rheinwerk Computing, ISBN 978-3-8362-9753-0). Wie Sie eine eigene Kubernetes-Umgebung beziehungsweise einen grundlegenden Cluster auf einer Infrastruktur aus IaaS-Diensten aufsetzen, ist ein zentrales Thema in diesem Buch. Zunächst gibt es aber erst einmal eine kurz gefasste Einführung in die Bedienung des Cluster-Managers in Abschnitt 2.4.

Kubernetes-as-a-Service (KaaS)

Die meisten Public-Cloud-Anbieter haben mittlerweile vorgefertigte Services für Kubernetes im Angebot, mit denen Sie verteilte containerbasierte Applikationen im Internet betreiben können. Dienste, die dedizierte Kubernetes-Cluster gebrauchsfertig zur Verfügung stellen, sind:

- Google war mit der *Kubernetes Engine* (GKE) ein früher Anbieter eines Service für Kubernetes in der Public Cloud. Die Engine bietet einen vollständigen Cluster, wobei die einfache Version aus bis zu 5 Worker-Nodes besteht. Master-Instanzen gibt es explizit nicht, und die intern benötigte zentrale API ist Bestandteil des Dienstes. Der Cluster in der Cloud stellt sich dem Benutzer wie eine lokale Installation dar und lässt sich dementsprechend unkompliziert benutzen.

  Aus diesem Grund dient die GKE auch als Spielwiese für die Kubernetes-Einführung in Abschnitt 2.4.
- Der *Elastic Container Service für Kubernetes* oder auch *Elastic Kubernetes Service* (EKS) ist das entsprechende Angebot von Amazon Web Services, das seit Juni 2018 verfügbar ist. Anders als bei den Sonderwegen, die EKS beschreitet, ist dieser Dienst vollständig Kubernetes-konform zertifiziert. Das Ausrollen von Anwendungen per EKS unterscheidet sich nicht von anderen beliebigen Clustern für diesen Manager. Standard-Tools lassen sich vollständig integrieren. Die automatische Skalierung erfolgt über sogenannte AutoScalingGroups von AWS, und die Zugriffssteuerung erfolgt über IAM (siehe Abschnitt 3.1.1).

- Der *Azure Kubernetes Service* (AKS) bietet einen mit GKE und EKS vergleichbaren Kubernetes-Service im Microsoft-eigenen Public-Cloud-Angebot. Der Schwierigkeitsgrad bei der Bedienung liegt irgendwo zwischen denen der beiden Konkurrenten.

Ein weiterer voll ausgebauter und frei lizenzierter Cluster-Manager ist das *Datacenter Operating System* (DC/OS, *https://dcos.io*) des Herstellers D2iQ Inc. (sprich: »Day Two I.Q.«, vormals Mesosphere). Der von meinem Verlagskollegen Oliver Liebel anschaulich als »der Dicke« und »der Flugzeugträger« bezeichnete Manager ist eine sehr komplexe und hoch versatile Clustering-Lösung. Damit können Sie neben anderen Orchestrations-Frameworks (etwa für Big-Data-Workloads wie Hadoop und Apache Spark) auch Kubernetes-Cluster betreiben, und zwar parallel.

Kapitel 2
Grundlegende Fertigkeiten und Werkzeuge für Cloud-Engineers

»Ein Mensch, der recht zu wirken denkt, muss auf das beste Werkzeug halten.«
– Goethe, Faust

Cloud-Ressourcen sind nur so gut wie die Werkzeuge, mit denen sie bearbeitet werden. Denn automatische Skalierbarkeit und das Reagieren auf Ereignisse funktionieren nur, wenn sie richtig programmiert und konfiguriert werden.

Daher finden Sie neben den Ausführungen über Public Cloud Computing hier ein eigenes Kapitel mit allgemeinen IT-Grundlagen. Es vermittelt alle Kenntnisse, die für das Nachvollziehen der Anwendungsbeispiele im weiteren Verlauf des Buches notwendig sind. Außerdem gehören sie zum allgemeinen Wissensschatz eines Cloud-Computing-Experten.

Zwei Programmiersprachen spielen für Cloud-Engineers heutzutage eine wichtige Rolle: *Python* und *Google Go*. Beide eignen sich gut dafür, um eigene Werkzeuge aufzusetzen. Hinzu kommt, dass es im Bereich des Public Cloud Computing gerade für diese beiden Sprachen viele Bibliotheken gibt, die unter anderem von Cloud-Anbietern selbst zur Verfügung gestellt werden. Darüber hinaus werden Kenntnisse in den beiden Sprachen oft benötigt, um eigene Erweiterungen für bereits vorhandene Lösungen aufzusetzen.

Python-Beispiele wird es vor allem im Zusammenhang mit dem Provisioner *Ansible* geben, der selbst in dieser Sprache geschrieben ist. Außerdem spielt Python eine Rolle im Bereich der Test-Frameworks (siehe Kapitel 7, »Cloud-Instanzen testen«). Über die umfangreiche Python-Bibliothek *Boto3* von Amazon Web Services gibt es zudem ein eigenes Kapitel, nämlich Kapitel 9, »Cloud-Ressourcen mit Boto3 programmieren«.

Auch Google Go spielt in dem Kapitel über Test-Frameworks eine Rolle, und zwar im Zusammenhang mit Terratest in Abschnitt 7.2.

Beide Grundlagenkurse in diesem Kapitel vermitteln Ihnen ein solides Basiswissen über beide Sprachen. Der Befehlssatz von Google Go (siehe Abschnitt 2.2) ist extra schlank gehalten und nicht so umfangreich wie derjenige von Python (siehe Abschnitt 2.1), sodass angesichts des dafür eingeräumten Platzes der Python-Kurs notgedrungen ein bisschen oberflächlicher bleiben muss. Nichtsdestotrotz vermittelt beide Abschnitte Ihnen solide Kenntnisse, die ausreichen, um die voll funktionsfähigen Beispiele nachzuvollziehen, vergleichbare Programme selbst zu schreiben und die vorhandenen Bibliotheken erfolgreich einzusetzen. Wenn Sie sich tiefer gehende Kenntnisse aneignen möchten, um sich über den speziellen Anwendungszweck Cloud Computing hinaus in Richtung eines allgemeinen Python-Programmierers zu entwickeln, müssen Sie die reichlich vorhandene Fachliteratur zu dieser Sprache studieren. Im Rheinwerk Verlag gibt es einschlägige Titel auch zu diesem Themengebiet. Sollte Ihnen der kleine Python-Einführungskurs hier Lust auf mehr machen und sollten Sie ihn benutzen, um tiefer in Python einzusteigen, dann würde mich das sehr freuen. Die eingestreuten Profitipps zielen durchaus auf produktionsreife Programme ab.

Der Cluster-Manager Kubernetes zeigt Ihnen in diesem Buch beispielhaft, was sinnvoll auf IaaS-Infrastruktur installiert und betrieben werden kann. Als moderne Betriebsschicht für Applikationen kommt dem eine besondere Rolle zu. Aus diesem Grund finden Sie in diesem Kapitel über grundlegende Fähigkeiten für Cloud-Engineers auch eine kleine Einführung in die Bedienung dieser Clustersoftware (siehe Abschnitt 2.4). Um Kubernetes einsetzen zu können, benötigen Sie aber zumindest grundlegende Kenntnisse über die Container-Engine Docker. Daher gibt es in Abschnitt 2.3 einen weiteren Grundkurs, der eine containerisierte Beispielapplikation für die Cloud beschreibt.

2.1 Python

Python ist eine etablierte und weitverbreitete universelle Programmiersprache. Die Version 1.0 wurde im Jahr 1994 vorgestellt. Obwohl stilisierte Schlangen als Logo für die Sprache herhalten, geht der Name nicht auf die Tierart zurück, sondern ist von ihrem Schöpfer Guido van Rossum als eine Huldigung der englischen Komikertruppe Monty Python gemeint gewesen.

CPython, die Referenzimplementation des Python-Interpreters, ist von der PSF (*Python Software Foundation*) unter der PSF-Lizenz frei lizenziert. Damit ist es unter anderem erlaubt, den Interpreter kostenfrei auch in kommerzielle Anwendungen einzubetten.

Python ist eine beliebte und gut nachvollziehbare Einsteigersprache mit großem Leistungsumfang. Sie ist einfach und effektiv einzusetzen und bringt schnell Ergebnisse. Zudem müssen Python-Programme nicht immer erst kompiliert werden, sondern werden mit einem praktischen interaktiven Interpreter gestartet. Und schließlich gibt es einen Fundus von Bibliotheken, in dem sich fertige Lösungen für die unterschiedlichsten Probleme finden lassen. All das hat dazu beigetragen, dass Python als »Glue-Sprache« in eine ganze Reihe von speziellen Anwendungsbereichen vorgedrungen ist. Vor Python fiel die Wahl oftmals auf Perl, wenn eine Skriptsprache gebraucht wurde.

Python spielt eine wichtige Rolle etwa in Data Science mit Machine Learning, Big Data und Deep Learning, aber auch in den Naturwissenschaften. In der Linux-Systemprogrammierung und für das Aufsetzen von eigenen Werkzeugen fungiert Python auch als Sprache, die nach dem Shellskripting kommt. Mit zahlreichen Bibliotheken können Sie die dort herrschenden Begrenzungen überwinden und Lösungen programmieren, die nur schwer im Shellskripting umsetzbar sind.

Python-Programme sind einfach portierbar, weil bei den meisten Linux-Distributionen und macOS heutzutage ein Python-Interpreter zur Basisinstallation gehört. (Auf Windows-Rechnern können Sie ihn nachinstallieren oder über *Windows Subsystem for Linux* (WSL) bekommen.) Außerdem sind Python-Skripte ohne zusätzlichen Kompilierungsschritt auch auf deployten Cloud-Instanzen unmittelbar lauffähig.

Die Sprache bietet technisch einiges, was gestandene Softwareentwickler zu schätzen wissen: Python ist eine stark und dynamisch typisierende Skriptsprache. Die Typen von Variablen spielen also eine große Rolle und werden zur Laufzeit überprüft. Dazu besitzt Python eine eingebaute automatische Speicherverwaltung (Stichwort: *Garbage Collection*), die es Ihnen unter anderem erspart, Variablen Speicherplatz zuordnen zu müssen. Außerdem ist Python eine prozedurale, imperative Programmiersprache, die aber auch abstraktere Paradigmen wie objektorientierte, funktionale und aspektorientierte Programmierung unterstützt. Im Rahmen dieser Kurzeinführung und bei den Beispielen im Buch beschränken wir uns allerdings auf die Darstellung des einfachsten Programmierstandards ohne Klassenprogrammierung und Entwurfsmuster.

Python-Programme werden im Quellcode von einem Interpreter ausgeführt. Dazu bietet Python eine klare und übersichtliche Syntax, die zum Beispiel Einrückungen statt Klammerkonstruktionen als Strukturelement verwendet.

Einfache Skripte kommen völlig ohne Funktionen aus. Auch eine `main()`-Funktion wird für ein einfaches Programm vom Interpreter nicht benötigt.

Ein großer Nachteil von Python ist die langsame Geschwindigkeit. Die technische Erklärung dafür ist, dass der in C geschriebene Interpreter CPython intern stackbasiert aufgesetzt ist. (Verwechseln Sie CPython nicht mit *Cython*: Das ist eine eigene Bibliothek, die nichts mit dem Interpreter zu tun hat.)

Für unser Anliegen brauchen Sie diese technischen Hintergründe aber gar nicht. Viel wichtiger ist, dass Sie sich nicht immer erst einmal einen Kaffee holen gehen können, wenn Sie ein Python-Programm gestartet haben und der Interpreter geladen ist. So langsam ist Python bestimmt nicht! Allerdings werden bestimmte Rechenoperationen schon mal um ein Mehrfaches langsamer abgearbeitet als mit entsprechendem

Maschinencode. Das fällt beispielsweise dann auf, wenn Sie über ein Array mit mehreren Zehntausend Elementen iterieren.

Solche Anwendungsfälle gibt es aber nicht bei einer selbst geschriebenen Erweiterung eines DevOps-Werkzeugs oder für ein Hilfsskript in einem Deployment. Wenn Sie Python jedoch im größeren Maßstab (etwa im Backend) einsetzen, kann auf die Dauer durch die langsamere Verarbeitung schon ein nicht unerheblicher Unkostenfaktor entstehen. Es gibt – nicht zuletzt aus dem rechenhungrigen naturwissenschaftlichen Bereich – für Python eine Reihe von Geschwindigkeitsverbesserungen, nämlich alternative Interpreter beziehungsweise *Just-in-Time-Compiler*, die aus Python-Code zur Laufzeit nativen Maschinencode generieren und ausführen.

In diesem Buch steht der Aspekt von Python als universellem Baukasten für eigene Werkzeuge bei Cloud Computing und DevOps im Mittelpunkt, mit dem Sie sich Erweiterungen für bestehende Anwendungen und eigene Hilfswerkzeuge aufsetzen können, indem Sie verfügbare Bibliotheken benutzen. Lösungen, die über den Default-Interpreter mit seinen speziellen Beschränkungen hinausgehen, spielen aus diesem Grund hier keine Rolle.

2.1.1 Interpreter und ein erstes Programm

Ob Python auf Ihrem Linux-Arbeitsrechner oder einer Cloud-Instanz installiert ist, überprüfen Sie einfach mit dem Shellbefehl `python3 --version`. Den Befehl `python` zu verwenden, empfiehlt sich nicht mehr. Wird dann die Version des vorhandenen Interpreters zurückgegeben (die Python3-Version von Debian 10 ist zum Beispiel 3.7.3), dann können Sie auch Python-Programme damit ausführen.

Python3 als Default-Interpreter

Das 2008 erschienene Python 3.0 ist wegen einiger tiefgreifender Änderungen nicht mehr mit den für vorherige Versionen geschriebenen Programmen kompatibel. Aus diesem Grund wurde Python seitdem in zwei Strängen weiterentwickelt: Python2 hat im Jahr 2019 die Version 2.7.16 erreicht, Python3 liegt inzwischen in der Version 3.12 vor. Bei den gängigen Linux-Distributionen ist es möglich, die beiden inkompatiblen Laufzeitumgebungen mit `python` und `python3` gleichzeitig und völlig getrennt voneinander zu betreiben. Zu diesem Zweck tragen zum Beispiel bei Debian und den zugehörigen Derivaten die Python-Pakete die Präfixe *python-* und *python3-* in ihren Namen.

Die Unterstützung der PSF für Python2 endete am 31.12.2019. Das bedeutet, die offizielle Entwicklung dieses Strangs mit Fehlerbeseitigung und Security-Fixes wurde zu diesem Datum eingefroren. Aus diesem Grund wird der Python2-Interpreter als `python` mittelfristig aus Systemen und Distributionen verschwinden, und zwar zugunsten der übrig gebliebenen Umgebung mit `python3` als Default.

Administratoren werden sich noch einige Zeit mit Legacy-Anwendungen herumschlagen müssen, die in Python2 geschrieben sind. In der langen Übergangszeit ist eine Reihe von Bibliotheken entstanden, die es ermöglichen, denselben Code sowohl mit Python2 als auch mit Python3 laufen zu lassen (wie zum Beispiel *Six*), was die Migration auf die neuere Umgebung vereinfacht. Trotzdem sollten Sie neue Projekte nicht mehr in Python2 starten. Python3 sollte die Grundlage all Ihrer aktuellen Python-Programme sein.

Folgendes Beispiel zeigt ein einfaches »Hello world!«-Programm in Python, das Sie als Datei mit einem einfachen Editor Ihrer Wahl schreiben. Achten Sie allerdings darauf, dass die Datei UTF-8-kodiert (oder auch noch als Latin-1 codiert) ist. Man sagt dazu auch einfach *Plaintext*.

```
#!/bin/env python3
print("Hello world!")
```

Die Funktion `print()` gibt beliebige Zeichenketten aus, wobei die Textausgabe immer mit einem Zeilenvorschub, also einem Absatz, abgeschlossen wird. Es handelt sich dabei um ein Builtin, also eine eingebaute Funktion, die zur Verfügung steht, ohne dass Sie extra eine Bibliothek wie die *Stdlib* einbinden müssen. Eine Übersicht der *Built-in Functions* finden Sie hier:

https://docs.python.org/3/library/functions.html

Sie haben verschiedene Möglichkeiten, ein solches Programm bzw. Skript auszuführen. Die einfachste ist, dass Sie das fertiggeschriebene Skript zusammen mit dem Interpreter aufrufen, also `python3 ./helloworld.py` auslösen. `print()` ist übrigens direkt schon eine Funktion, die nicht Python2-kompatibel ist. Wenn Python2 noch installiert ist, führt der Aufruf von `python ./helloworld.py` zu einer Fehlermeldung.

Wenn Sie diesen Weg bevorzugen, dann können Sie die erste Zeile, die mit dem Hash- und Ausrufezeichen beginnt (den sogenannten *Shebang*), auch weglassen und direkt mit Ihrem Code beginnen. Die Shebang-Zeile wegzulassen, ist allerdings kein guter Stil. Sie gibt den Interpreter an, mit dem ein Skript ausgeführt werden soll. Bei Shellskripten findet sich hier zum Beispiel `#!/usr/bin/bash` oder `#!/usr/bin/sh`. Bei Python lautet sie entsprechend `#!/usr/bin/python3` oder `#!/bin/env`.

Ist diese Zeile vorhanden, dann können Sie das Programm auf der Kommandozeile auch ohne Interpreter starten, wenn Sie es vorher ausführbar machen. Es ist in der Regel auf Linux-Systemen nicht ausführbar, wenn Sie Ihr Programm aus einem Editor als Textdatei abspeichern. Auf Debian zum Beispiel lautet das Default-Rechteschema für neue Dateien `rw-r--r--` (Oktal 644). Ändern Sie mit `chmod 755` oder `chmod ugo+x` (»Alle können ausführen«) das Rechteschema der Quellcodedatei auf `rwxr-xr-x`. Sie können das Skript danach unmittelbar mit `./helloworld.py` starten und müssen den Interpreter nicht extra angeben.

Wenn Sie sich ein Werkzeug geschrieben haben, dann möchten Sie es wahrscheinlich auch in Ihren Suchpfad für ausführbare Programme legen, damit Sie es bequem von überall im Verzeichnisbaum aufrufen können. Bei gängigen Linux-Distributionen ist das Verzeichnis `/usr/local/bin` genau für diesen Zweck vorgesehen. Wenn Sie aber `~/bin` oder ein anderes Verzeichnis in Ihrem Heimatverzeichnis als Ablageort für eigene Skripte nutzen, dann müssen Sie die Umgebungsvariable `$PATH` in Ihrer Shellumgebung entsprechend erweitern (siehe dazu Abschnitt 2.2.1).

Bei allen diesen Verfahren ist der Dateiname für Python-Skripte grundsätzlich beliebig. Es gilt aber als gute Praxis, wie bei unserem Beispiel die Endung `.py` zu verwenden.

Eine sehr nützliche Eigenschaft des Python-Interpreters ist, dass Sie ihn auch interaktiv verwenden können. Starten Sie einfach `python3`, und der Interpreter landet in einer eigenen Kommandozeile, die Python-Code als Befehle entgegennimmt. Dieser interaktive Modus ist ideal für Experimente, um schnell mal was auszuprobieren. Er lässt sich aber auch hervorragend als Steuerungszentrale einsetzen, um über Python-Bibliotheken Ziele wie die APIs von Cloud-Anbietern ad hoc anzusprechen.

Eine gute Eigenschaft dieser Python-Konsole ist, dass Sie dort generell auf den `print()`-Befehl verzichten können und sich den Inhalt von Variablen oder die Rückgabe von Funktionen unmittelbar ausgeben lassen können. Die Konsole verlassen können Sie mit `quit()` oder [Strg] + [D]. Eine interaktive Session mit dem Python3-Interpreter verläuft etwa folgendermaßen:

```
$ python3
Python 3.12.7 (main, Oct 1 2024, 11:15:50) [GCC 14.2.1 20240910] on linux
Type "help", "copyright", "credits" or "license" for more information.
>>> print("Hello world!")
Hello world!
>>> a = "Hello world
>>> type(a)
<class 'str'>
>>> a
'Hello world!'
>>> quit()
```

Der Interpreter hat eine Reihe von Kommandozeilenoptionen. Im Alltag brauchen Sie meistens Folgendes:

- Mit dem Schalter `-c` können Sie dem Interpreter von der Kommandozeile aus beliebigen Code zum Ausführen mitgeben, wie etwa mit `python3 -c 'print("Hello world! ")'`. Der Code wird ausgeführt und der Interpreter danach beendet.

- Mit dem Schalter `-i` können Sie nach der Ausführung eines Skripts direkt in den interaktiven Modus wechseln, wie mit `python3 -i ./helloworld.py`. Das ist zum Beispiel für das Debugging praktisch. Denn Sie können dann bei einem Programmabbruch durch einen Fehler noch den Zustand des Programms analysieren, die Belegung von Variablen auslesen und andere Dinge mehr.

IPython-Shell

Wenn Sie intensiv interaktiv mit Python arbeiten, sollten Sie einen Blick auf IPython werfen:

https://ipython.org/

Das IPython-Projekt ist (mittlerweile in Verbindung mit Jupyter) eine naturwissenschaftliche Entwicklungsumgebung, deren Kernkomponente aber – und das ist hierbei der springende Punkt – eine mächtige Python-Shell ist. Sie bietet gegenüber dem reinen Interpreter eine ganze Reihe von Erweiterungen für die interaktive Benutzung, z. B. Rücksprung über Pfeiltasten auch in Schleifen und Funktionen, Tab-Vervollständigung, die Nutzung von Shellbefehlen und viele andere Annehmlichkeiten.

Die Shellkomponente von IPython ist für Debian und Ubuntu als Paket *ipython3* und für viele andere Linux-Distributionen aus den offiziellen Repositorien verfügbar.

2.1.2 Mathematik

Python kennt verschiedene Zahlentypen, von denen der Integer (`int`) für den hier besprochenen Anwendungszweck wohl die wichtigste Rolle spielt. Integer sind positive oder negative ganzzahlige Werte, also etwa 155 oder –9.

Zeichenketten, die Ganzzahlen ausdrücken, und andere mathematische Datentypen wie Fließkommazahlen (`float`) können Sie mit der Funktion `int()` in diesen Datentyp umwandeln und entsprechend weiterverarbeiten:

```
>>> mystring = "070"
>>> myint = int(mystring)
>>> print(myint)
70
>>> type(myint)
<class 'int'>
```

Beachten Sie, dass Fließkommazahlen dabei nicht gerundet werden:

```
>>> int(0.99)
0
```

Kleiner Trick: Sozusagen manuell runden können Sie mit `int(zahl+0.5)`.

Benutzen Sie die eingebauten arithmetischen Operatoren, um in Ihren Programmen Berechnungen vorzunehmen. Es handelt sich dabei um folgende Operationen:

Rechenart	Operator	Beispiel	Erweiterung
Addition	+	2 + 2	+=
Subtraktion	-	4 - 2	-=
Multiplikation	*	2 * 2	*=
Division	/	4 / 5	/=
	//	4 // 2	//=

Tabelle 2.1 Arithmetische Operationen in Python

Der einfache Divisionsoperator gibt Gleitkommazahlen zurück (4 / 5 ergibt 0.8). Die doppelt geschriebene Variante schneidet dabei gleichzeitig die Nachkommastellen des Ergebnisses ab. (5 // 4 ergibt die Ganzzahl 1 und nicht den Float 1.25.)

Bei den erweiterten Operatoren +=, -= usw. handelt es sich jeweils um praktische Kurzschreibweisen für Konstruktionen wie x = x + y, mit denen Sie einer Variablen durch eine Rechenoperation einen neuen Wert zuweisen. Der Ausdruck a += 5 ist also eine kürzere Schreibweise für a = a + 5, der Ausdruck b -= 10 eine Abkürzung für b = b - 10.

Die im Interpreter eingebaute Reihenfolge der Operatoren bestimmt zum Beispiel, dass * stärker bindet als +. Das können Sie durch den Einsatz von Klammern überschreiben:

```
>>> 3 + 4 * 5
23
>>> (3 + 4) * 5
35
```

Die mathematischen Operatoren in Python sind mehrfach belegt (Stichwort: *Operator Overloading*). Das bedeutet, dass Sie sie auch auf andere Datentypen als auf die mathematischen anwenden können. Der Additionsoperator zum Beispiel kann auch Zeichenketten und Listen miteinander verbinden, und anderes ist möglich. Ich werde im weiteren Verlauf dieser Kurzeinführung noch einmal darauf zurückkommen.

2.1.3 Variablen

Variablen in Python können ad hoc zugewiesen werden, und zwar mit dem Gleichheitszeichen: myint = 112. Eine Schreibweise, die einen bestimmten Datentyp ausdrückt (Strings etwa werden in Anführungszeichen geschrieben, siehe Abschnitt 2.1.4), nennt man *Literal*.

Eine neue Variable wird gleichzeitig deklariert und zugewiesen. Andere Sprachen erwarten dafür zwei Schritte. Sie müssen auch nicht den Datentyp für die Variablen voreinstellen, sondern er ergibt sich automatisch aus dem Typ des zugewiesenen Objekts. Variablen können Sie natürlich jederzeit neu zuweisen (sonst wären es Konstanten); dabei kann in Python aber auch der Typ wieder verändert werden: `myint = "Hallo"`. Das sollten Sie zum Zwecke der Übersichtlichkeit vor allem bei umfangreicheren Programmen aber tunlichst vermeiden.

Einmal angelegte Variablen löschen Sie bei Bedarf wieder mit dem Schlüsselwort `del`.

Laufzeitmodell

Wenn Sie sich tiefer gehend mit Python beschäftigen möchten, dann sollten Sie sich unbedingt mit dem Laufzeitmodell auseinandersetzen, das hinter den Zuweisungen liegt. Dieses Wissen hilft Ihnen, Programmierfehler zu vermeiden, die durch subtile Seiteneffekte bei komplexeren Zuweisungskonstrukten entstehen können.

Variablen sind in Python nämlich Referenzen auf eine Instanz, und unterschiedliche Referenzen auf dieselbe Instanz sind voneinander unabhängig:

```
>>> a = "Bau"
>>> b = a
>>> a += "amt"
>>> print(a, b)
Bauamt, Bau
```

Bei veränderlichen Objekten hingegen betreffen Veränderungen immer alle Instanzen, auf die sie verweisen:

```
>>> a = [1, 2, 3]
>>> b = a
>>> a += [4, 5]
>>> print(a, b)
[1, 2, 3, 4, 5] [1, 2, 3, 4, 5]
```

Die Namen von Variablen sind grundsätzlich vom Programmierer nach eigenem Geschmack frei wählbar. Es gibt allerdings eine Reihe von Regeln und bewährten Praktiken, an die Sie sich halten sollten. Die wichtigsten sind:

- Obwohl Python3 für Namen den gesamten Unicode-Zeichensatz unterstützt, werden für Variablennamen gemeinhin die grundlegenden Zeichen aus dem Basic-Latin-Zeichensatz verwendet (a–z, A–Z, 0–9 plus Unterstrich). Variablennamen in Python sind *case sensitive*. Achten Sie also auf die Groß-/Kleinschreibung.

- Namen für Variablen müssen mit einem Buchstaben oder Unterstrich anfangen, dem entweder gar nichts oder mehrere Zeichen (außer Space, Unterstriche oder Zahlen) folgen. Ansonsten wird ein `SyntaxError` zurückgegeben.
- Die in Python eingebauten Schlüsselwörter (`None`, `False`, `KeyError` usw.) und Namen von Datentypen (*str, int* usw.) sollten Sie als Variablennamen besser vermeiden, obwohl es theoretisch möglich ist, diese zu vergeben. Sie können sich eine Liste dieser Namen übrigens mit `dir(_buildins_)` ausgeben lassen.

2.1.4 String

Der Datentyp String (`str`) ist eine beliebige Kette von Unicode-Zeichen, die zwischen einfachen (U+0027) oder doppelten hochgestellten Anführungsstrichen (U+0022) geschrieben wird: `mystring = "Hallo"`.

Mit der Funktion `str()` können Sie andere Datentypen in Strings umwandeln und entsprechend weiterverarbeiten.

Welche Anführungsstriche Sie verwenden, um einen String in Python zu schreiben, ist eigentlich unerheblich und bleibt Ihrem eigenen Stil überlassen. Wenn allerdings eine Zeichenkette selbst auch dieselben Anführungsstriche enthält, dann müssen Sie die jeweils andere Klasse wählen, um ein String-Literal zu schreiben:

```
>>> print('He says: "yes!"')
He says: "yes!"

>>> print("He says: 'yes!'")
He says: 'yes!'
```

Alternativ dazu können Sie Anführungsstriche im String-Text auch mit einem Backslash schützen:

```
>>> print("He says: \"yes!\"")
He says: "yes!"
```

Python besitzt eine Reihe von im Interpreter eingebauten Methoden für die Verarbeitung und Manipulation von Strings. Eine Methode (engl. *method*) ist eine Funktion, die nur auf ein bestimmtes Objekt beziehungsweise einen bestimmten Datentyp anwendbar ist. In Python benutzen Sie den einfachen Punkt als Zugriffsattribut für Methoden.

Die Methode `split()` zum Beispiel unterteilt einen String anhand eines beliebigen wiederkehrenden Elements, das Sie als Argument mitgeben, in seine Bestandteile: Bei fehlendem Argument werden Leerzeichen getrennt. Die Methode ist sehr nützlich, zum Beispiel für die Auswertung von CSV-(*Comma Separated Value*-)Dateien:

```
>>> hostname = "produktion-dca-cor-8844-1"
>>> hostname.split('-')
['produktion', 'dca', 'cor', '8844', '1']
```

Die Methoden upper() und lower() setzen einen String komplett in Groß- oder Kleinbuchstaben um:

```
>>> stadt = "Hamburg"
>>> stadt.upper()
'HAMBURG'
>>> stadt.lower()
'hamburg'
```

Mit replace() ersetzen Sie bestimmte Teilstücke eines Strings durch beliebigen Text:

```
>>> stadt = "Hamburg"
>>> stadt2 = stadt.replace("Ham", "Aschaffen")
>>> stadt2
'Aschaffenburg'
```

Mit der Methode strip() bereinigen Sie einen String von allen nicht druckbaren Zeichen, wie Zeilenumbrüchen und angehängten oder vorstehenden Leerzeichen:

```
>>> unsauber = " Berlin\n"
>>> stadt2 = unsauber.strip()
>>> stadt2
'Berlin'
```

Außerdem sind auf dieselbe Weise (d. h., ohne dass Sie dafür extra eine Bibliothek laden müssen) eine Reihe von Testmethoden verfügbar. Mit ihnen können Sie Strings auf bestimmte Bedingungen hin überprüfen, um sie etwa je nach Ergebnis verschiedenartig weiterzuverarbeiten. Dazu gehören zum Beispiel isalpha() (besteht der String völlig aus Buchstaben?), isdigit() (völlig aus Zahlen?), isupper() (Großbuchstaben?), islower() (Kleinbuchstaben?), startswith() und andere.

Mit format() besitzt Python eine praktische Methode zur Formatierung von Strings. Sie ersetzt bestimmte Platzhalter in einem Zielstring durch andere Strings und Daten, die Sie einfach als Argumente mitgeben. Verschiedene Schreibweisen sind dabei möglich. Ein Beispiel:

```
>>> s1 = "Der Roman {0} ist {1} erschienen".format("Babbitt", 1922)
>>> s1
'Der Roman Babbitt ist 1922 erschienen'
```

Diese Methode kann auch komplexe Datentypen auswerten und einige Dinge mehr. Sie können damit zum Beispiel Fließkommazahlen auf eine gewünschte Nummer von Nachkommastellen gerundet ausgeben:

```
>>> "Betrag: {0:.2f} Euro".format(26.339)
'Betrag: 26.34 Euro'
```

2.1.5 Liste

Ein komplexer beziehungsweise ein Sammeldatentyp in Python sind *Listen* (*list*, engl. *array*).

Es handelt sich dabei um eine Sammlung von beliebig vielen Elementen, und eine Liste kann einfache oder aber komplexe Datentypen enthalten. Viele Funktionen in Python wie zum Beispiel `split()` (siehe Abschnitt 2.1.4) geben Listen zurück. Ein besonderes Merkmal ist, dass eine Liste auch heterogene Elemente enthalten kann, also zum Beispiel Integer oder Floats neben Strings und anderen (»genesteten«) Listen. Die Reihenfolge der Elemente in der Liste bleibt immer erhalten.

Ein neues Array mit Elementen generieren Sie einfach mit eckigen Klammern:

```
>>> l1 = [1, 2, 3, 4, 5, 6, 7, 8, 9, 10]
>>> type(l1)
<class 'list'>
>>> l2 = ["Hamburg", "Berlin", "Köln"]
>>> l3 = [3.99, 1344, "Nürnberg"]
```

Eine neue Liste für bestimmte Zwecke kann auch erst einmal nur leer bleiben. Schreiben Sie dafür einfach eckige Klammern ohne Elemente dazwischen.

Alternativ zu dem Literal mit den Klammern benutzen Sie für neue Listen die Funktion `list()`:

```
>>> list(range(10))
[0, 1, 2, 3, 4, 5, 6, 7, 8, 9]
```

Auch für Listen gibt es eine Reihe von eingebauten Funktionen. Die Methode `extend()` zum Beispiel erweitert eine Liste um Elemente aus einem iterierbaren Objekt (wie eine andere Liste), die Sie einfach als Argument mitgeben:

```
>>> l1 = []
>>> l1.extend(["Hamburg", "Berlin"])
>>> l1
['Hamburg', 'Berlin']
```

Mit `append()` erweitern Sie eine Liste um ein weiteres einzelnes Element:

```
>>> l1.append("Köln")
>>> l1
['Hamburg', 'Berlin', 'Köln']
```

Mit `insert()` ergänzen Sie ein beliebiges Element an einer bestimmten Stelle. Achten Sie darauf, dass Python den Index beziehungsweise die Stellen einer Liste mit 0 anfängt zu zählen: (0 = erstes Element von links, 1 = zweites Element usw.):

```
>>> l1.insert(0, "Essen")
>>> l1
['Essen', 'Hamburg', 'Berlin', 'Köln']
```

Die Methode `pop()` entfernt ohne Argument das letzte Element einer Liste (und gibt es dabei noch einmal zurück) oder ein Element an einer bestimmten Stelle:

```
>>> l1.pop()
'Köln'
>>> l1.pop(0)
'Essen'
```

Mit `remove()` entfernen Sie ein bestimmtes Element aus einer Liste. Wenn es mehrfach vorhanden ist, dann wird das erste Vorkommen von vorne (links) aus entfernt:

```
>>> l1.remove("Hamburg")
>>> l1
['Berlin']
```

Einzelne Elemente einer Liste können Sie sich einfach über ihre Indexposition ausgeben lassen. Gibt es eine angegebene Indexstelle bei einem Objekt nicht, dann wirft Python einen `IndexError` aus:

```
>> l1 = ['Essen', 'Hamburg', 'Berlin', 'Köln']
>>> l1[0]
'Essen'
>>> l1[1]
'Hamburg'
>>> l1[4]
IndexError: list index out of range
```

Listen sind »unter der Haube« veränderbare Datentypen. Deshalb können Sie einfach über die Indexposition beliebige Elemente ersetzen:

```
>>> l1[2] = "Nürnberg"
>>> l1
['Essen', 'Hamburg', 'Nürnberg', 'Köln']
```

Und bestimmte Elemente löschen Sie über ihre Indexstelle einfach mit dem Schlüsselwort `del`:

```
>>> del l1[3]
>>> l1
['Essen', 'Hamburg', 'Nürnberg']
```

2.1.6 Tupel

Ein *Tupel* ist die unveränderliche Variante der Liste. Das heißt, Sie können ein einmal aufgesetztes Tupel nicht erweitern oder verkürzen oder Elemente austauschen. Der Versuch resultiert in einem *TypeError*.

Tupels spielen bei Python oftmals eine wichtige Rolle. Einige Funktionen etwa geben Tupel zurück oder erwarten ein Tupel als Parameter. Erfahrene *Pythonistas* verwenden aus Performancegründen Tupels anstatt Listen, wenn immer es möglich ist, denn diese werden etwas schneller verarbeitet.

Ein Tupel erzeugen Sie ganz ähnlich wie eine Liste, allerdings mit runden Klammern (manche sagen auch, dass sie Tupel »einpacken«). Alternativ dazu gibt es die Funktion `tuple()`:

```
>>> t1 = ("Hamburg", "Berlin", "Köln")
>>> type(t1)
<class 'tuple'>
>>> t2 = tuple(range(10))
>>> t2
(0, 1, 2, 3, 4, 5, 6, 7, 8, 9)
```

Die Klammern können Sie als einfachere Variante des Literals auch weglassen:

```
>>> t3 = 1, 2, 3, 4
>>> t3
(1, 2, 3, 4)
```

Beachten Sie, dass ein Tupel als Sammelobjekt zwar unveränderlich ist, die darin gegebenenfalls aufbewahrten veränderlichen Objekte (wie eine Liste) können sich allerdings ändern. Tupels sind genauso wie Listen indiziert. Sie können einzelne Elemente daraus also genauso ansprechen beziehungsweise abfragen:

```
>>> t4 = [1,2], [3,4], [5,6]
>>> t4[0].append(10)
>>> t4[0]
[1, 2, 10]
```

2.1.7 Indizierte Datentypen

Strings, Listen und Tupels (und noch andere Typen) bilden zusammen die Gruppe der *sequenziellen Datentypen*. Diesen Datentypen ist gemeinsam, dass sie indiziert und iterierbar sind und durch das Schlüsselwort `in` angesprochen werden können (siehe weiter unten). Außerdem können Sie eine Reihe von speziellen Operationen auf alle gleichsam anwenden.

So können Sie sich zum Beispiel mit dem Builtin `len()` die Länge eines sequenziellen Objektes zurückgeben lassen. Bei einem String gibt diese Funktion die Anzahl der Buchstaben zurück; bei Listen und Tupels gibt sie die Anzahl der aufbewahrten Elemente zurück.

Die bereits in Abschnitt 2.1.2 besprochenen mathematischen Operatoren können Sie auch auf sequenzielle nicht mathematische Datentypen anwenden, und zwar immer auf ein oder mehrere Objekte des gleichen Typs. Sie können etwa den Additionsoperator zum Verketten (Stichwort: *Concatenation*) von Objekten benutzen:

```
>>> s1 = "Wochen"
>>> s2 = "tag"
>>> s1 + s2
'Wochentag'
>>> l1 = ["Montag", "Dienstag"]
>>> l2 = ["Mittwoch", "Donnerstag"]
>>> l1 + l2
['Montag', 'Dienstag', 'Mittwoch', 'Donnerstag']
```

Den erweiterten Additionsoperator setzen Sie ein, um Objekte zu ergänzen. Strings werden damit erweitert, und Listen und Tupels erhalten weitere Elemente:

```
>>> s1 = "Wasser"
>>> s1 += "flasche"
>>> s1
'Wasserflasche'
>>> l1 = ["Rot", "Grün"]
>>> l1 += ["Gelb"]
>>> l1
['Rot', 'Grün', 'Gelb']
```

Einige Methoden sind für alle diese Datentypen verfügbar. Mit `count()` können Sie die Häufigkeit eines Elements in einer Sequenz zählen:

```
>>> s1 = "Bahamas"
>>> s1.count("a")
3
```

Die Methode index() gibt die Position eines bestimmten Elements in einer Sequenz zurück:

```
>>> l1 = ["Frühling", "Sommer", "Herbst", "Winter"]
>>> l1.index("Sommer")
1
```

Slicing ist ein Verfahren, mit dem Sie Elemente aus einer Sequenz gezielt extrahieren. Der Anfang eines Slice ist die Indexposition des ersten gewünschten Elements, und sein Ende ist der Index des ersten Elements, das *nicht mehr* enthalten sein soll:

```
>>> l1 = list(range(10))
>>> l1[5:8]
[5, 6, 7]
>>> l1 = ["Hamburg", "Berlin", "München", "Stuttgart"]
>>> l1[1:3]
['Berlin', 'München']
```

Es gibt eine Reihe von speziellen Ausdrucksweisen beim Slicing. Sie können zum Beispiel negative Indizes sowie auch »0« als Anfang des Slice verwenden und das letzte Element als Ende auch ungeschrieben lassen:

```
>>> s1 = "Einkommenssteuerjahresausgleich"
>>> s1[:16]
'Einkommenssteuer'
>>> s1[22:]
'ausgleich'
>>> s1[-9:]
'ausgleich'
```

Außerdem sind in der Form foo[::x] auch Slices mit der zusätzlichen Angabe einer Schrittweite möglich (Stichwort: *striding*).

Indexoperationen wie Selektion und Slicing können Sie natürlich auch beliebig mit Operatoren kombinieren:

```
>>> l1 = ["Hameln", "Berlin", "Köln", "Aschaffenburg"]
>>> l1[0][:3] + l1[-1][-4:]
'Hamburg'
```

2.1.8 Dictionary

Die sogenannten *Wörterbücher* (*Dicts*) unterscheiden sich von den bisher vorgestellten komplexen beziehungsweise Sammeldatentypen Array und Tupel dadurch, dass sie nicht indiziert sind, sondern dass sich die Elemente in ihnen an einer unbestimmten Stelle befinden. Bei Dicts handelt es sich um eine Sammlung von Schlüssel/Wert-Paaren (Key/Value-Paaren), und weil ein Element darin durch seinen Key eindeutig bestimmt ist, spielt die Reihenfolge der Paare keine Rolle. Sie hängt von internen Dingen ab, zum Beispiel von der CPU-Architektur, auf der der Code läuft.

Ein neues Dict erzeugen Sie ähnlich wie eine Liste, aber mit geschwungenen anstatt normalen Klammern. Schlüssel und Werte trennen Sie dabei durch einen Doppelpunkt:

```
>>> d1 = {"stadt": "Genf", "land": "Gambia", "fluss": "Ganges"}
>>> type(d1)
<class 'dict'>
```

Eine andere Möglichkeit ist die Funktion `dict()`. Sie erwartet als Argumente Key/Value-Paare, die mit Gleichheitszeichen gebildet wurden. Strings als Keys müssen Sie nicht in Anführungsstriche setzen:

```
>>> d2 = dict(stadt="Dublin", land="Dänemark", fluss="Donau")
>>> d2
{'stadt': 'Dublin', 'land': 'Dänemark', 'fluss': 'Donau'}
```

Sequenzen als Argumente sind aber auch möglich, wie etwa Tupels in einer Liste:

```
>>> d3 = dict([("stadt", "Potsdam"), ("land", "Polen"), ("fluss", "Po")])
>>> d3
{'stadt': 'Potsdam', 'land': 'Polen', 'fluss': 'Po'}
```

Üblicherweise werden (am besten kleingeschriebene) Strings als Keys für Dicts verwendet. Grundsätzlich sind aber alle unveränderlichen Objekte dafür geeignet, die vom Interpreter gehasht werden, also auch Zahlen und Tupels. Schlüssel im Wörterbuch müssen aber auf jeden Fall einzigartig sein und können sich nicht wiederholen:

```
>>> d4 = {"stadt": "Dortmund", "stadt": "Halle"}
>>> d4
{'stadt': 'Halle'}
```

Sie können Daten aus einem Dict immer über den Schlüssel abfragen. Falls dieser nicht vorhanden ist, bricht ein Skript mit einem *KeyError* ab. Verwenden Sie als Alternative die Funktion `get()`, sie gibt in diesem Fall `None` zurück:

```
>>> d1["land"]
'Gambia'
>>> d1["beruf"]
KeyError: 'beruf'
>>> d2.get("land")
'Dänemark'
```

Vorhandene Elemente ändern Sie einfach mit Zugriff über den Schlüssel. Und Paare löschen können Sie auch hier wieder mittels `del`:

```
>>> d3["stadt"] = "Paderborn"
>>> del d3["fluss"]
>>> d3
{'stadt': 'Paderborn', 'land': 'Polen'}
```

2.1.9 Boolesche Ausdrücke

Python kennt die beiden booleschen Operatoren `True` und `False`. Es handelt sich dabei eigentlich auch um Datentypen, nämlich um den Typ *bool* (auch *Boolean* genannt).

Ein boolescher Ausdruck ist eine Konstruktion beziehungsweise ein Literal, das als Wahrheitswert solch ein Boolean zurückgibt. Mithilfe dieser Ausdrücke können Sie mit der If-Abfrage (siehe Abschnitt 2.1.10) einen Programmfluss gestalten. Denn immer wieder sollen in einem Programm bestimmte Operationen nur ausgelöst werden, wenn eine bestimmte Bedingung der Fall oder nicht der Fall ist.

Das Keyword `in` prüft, ob – ganz allgemein gesprochen – eine Information in einem Sammelobjekt vorhanden ist. Sie können `in` auf Strings, Listen, Tupels und auch auf Dictionarys anwenden. Bei letzterem Typ können Sie allerdings nur auf das Vorhandensein eines bestimmten Schlüssels prüfen. Anwendungsbeispiele sind:

```
>>> s1 = "Niedersachsen"
>>> "i" in s1
True
>>> l1 = ["Kaffee", "Tee", "Saft"]
>>> "Tee" in l1
True
```

Das Schlüsselwort `not` kehrt den Wahrheitswert des Ergebnisses eines booleschen Ausdrucks um. Damit können Sie in einem Programm überprüfen, ob etwas *nicht* der Fall ist:

```
>>> d1 = {"ziel": "New York", "verkehrsmittel": "Segelboot"}
>>> "route" not in d1
True
```

Python kennt eine Reihe von mathematischen Vergleichsoperatoren, die alle Booleans zurückgeben. Sie können diese zunächst einmal natürlich auf die Zahlentypen anwenden:

```
>>> 10 == 10
True
>>> 10 != 10
```

```
False
>>> 10 > 5
True
>>> 10 >= 5
True
>>> 10 < 5
False
```

Benutzen Sie den Gleichheitsoperator `==` auch, um zu überprüfen, ob Variablen bestimmte Strings tragen oder ob Listen gleich sind:

```
>>> s1 == "Niedersachsen"
True
>>> l1 = ["Spiegelei", "Bohnen", "Speck"]
>>> l2 = ["Spiegelei", "Bohnen", "Speck"]
>>> l1 == l2
True
```

Benutzen Sie den Identitätsoperator `is`, um zu prüfen, ob die Rückgabe einer Funktion der Null-Typ `None` ist:

```
>>> d1 = {"ziel": "New York", "verkehrsmittel": "Segelboot"}
>>> d1.get("route") is None
True
```

Vier Dinge repräsentieren in Python `False`: `None`, natürlich `False` selbst, aber auch `0` jedes numerischen Datentyps. Und vor allem jedes leere Objekt! Diese Tatsache ist für das Aufsetzen eines Programmflusses sehr nützlich, um festzustellen, ob eine Variable beziehungsweise ein Sammelobjekt belegt wurde oder leer geblieben ist:

```
>>> s1 = ""
>>> bool(s1)
False
>>> l1 = []
>>> bool(l1)
False
>>> s1 = "Waldweg"
>>> bool(s1)
True
```

Wenn Sie dies in einer If-Abfrage prüfen wollen, schreiben Sie `if s1` oder `if not s1` usw.

Python kennt darüber hinaus die Schlüsselwörter `and` und `or`, mit denen Sie boolesche Ausdrücke miteinander zu einem kombinierten Ausdruck zusammenstellen können. Einzelne Ausdrücke in Kombinationen dieser Art schreiben Sie zum Zwecke der besseren Lesbarkeit am besten in Klammern. Beispiele dafür folgen gleich.

2.1.10 If-Abfrage

Python hat wie die meisten anderen Programmiersprachen auch eine If-Abfrage. Das ist eine Konstruktion, mit der Sie beliebige boolesche Ausdrücke als Bedingungen (Stichwort: *Conditional Statement*) prüfen und dann bestimmten Programmcode je nach Ergebnis ausführen lassen.

Die Schlüsselwörter für eine If-Konstruktion sind `if` (»Ist etwas der Fall?«), `elif` (»Ist etwas anderes der Fall?«) und `else` (»Keine der geprüften Bedingungen trifft zu«):

```
>>> s1 = "Grün"
>>> if (s1 == "Rot"):
...     print("Rot trifft zu")
... elif (s1 == "Gelb"):
...     print("Gelb trifft zu")
... elif (s1 == "Grün"):
...     print("Grün trifft zu")
... else:
...     print("Weder Rot, Grün oder Gelb")
...
Grün trifft zu
```

Das Beispiel ist eine voll ausgebaute If-Abfrage, die Elemente `elif` (kurz für »else-if«) und `else` sind dabei optional. Eine rudimentäre Konstruktion kann auch nur ein `if` für eine einzelne Überprüfung enthalten: Trifft die abgefragte Bedingung nicht zu, läuft das Programm danach einfach weiter. Die Schreibung der Bedingungen in Klammern ist auch optional, verhilft aber zu besserer Lesbarkeit.

Entscheidend beim Schreiben der Abfrage ist die Einrückung der Code-Elemente nach den Doppelpunkten, die eventuell ausgeführt werden sollen (im Englischen als *Suite* bezeichnet). Python verlangt anstelle einer Klammerkonstruktion an dieser Stelle, dass die untergeordneten Codezeilen beliebig, aber als Block mit mehreren Zeilen auf jeden Fall gleichförmig eingerückt werden müssen. Sie können für die Einrückung Tabulatoren und/oder beliebig viele Spaces verwenden.

Gut zu wissen

Verwenden Sie besser Spaces! Der offizielle Styleguide PEP-8 schlägt vor, dass Sie eine Suite mit vier Spaces einrücken. Das ist der gebräuchlichste Weg, um Code einzurücken, und sorgt damit für übersichtliche Strukturen, mit denen alle Python-User zurechtkommen.

Praktisch vor allem für die Entwicklungsphase ist das Schlüsselwort `pass`. Sie können es als Platzhalter für zukünftigen Code verwenden, wenn Sie eine If-Abfrage noch ausbauen, das Programm aber schon einmal laufen lassen wollen. Steht `pass` in einer

Suite, dann wird die Schleife an dieser Stelle einfach abgeschlossen, ohne dass etwas Besonderes passiert:

```
>>> s1 = "Brot"
>>> if (len(s1) == 4):
...     pass
>>>
```

PEP-8

Python ist eine Sammlung von Sprachelementen. Der Codeparser im Interpreter lässt Ihnen darüber hinaus grundsätzlich aber viele Freiheiten, wie Sie Ihre Codekonstruktionen konkret schreiben. Das betrifft bestimmte Dinge, zum Beispiel ob Sie Spaces vor und hinter mathematischen Operatoren oder dem Gleichheitszeichen bei Zuweisungen schreiben und welche Zeilenumbrüche und Einrückungen im Code Sie zum Beispiel bei langen Funktionsaufrufen üblicherweise machen.

Die offiziellen Ansichten darüber, was sauberen, gut lesbaren und schnell nachvollziehbaren Code ohne unerwünschte Nebeneffekte in Python ausmacht, finden Sie seit 2001 im PEP (*Python Enhancement Proposal*) Nr. 8 »Style Guide for Python«:

https://www.python.org/dev/peps/pep-0008/

Eine große Hilfe bieten Codeanalyseprogramme (die sogenannten *Linter*). Sie überprüfen Ihren Python-Code auf Verstöße gegen PEP-8, aber auch auf andere Missstände wie subtile Programmierfehler. Das dabei verwendete Verfahren ist die statische Codeanalyse. Bei ihr wird ein Programm vom Quellcode her analysiert, ohne dass es dabei ausgeführt wird.

Ein starker Metalinter, der verschiedene andere Prüfprogramme für Python unter einer einheitlichen CLI-Oberfläche vereint (darunter die klassischen Linter Pylint und Pycodestyle/Pep8) ist *Prospector*.

Empfehlenswert für das Style-Checking ist auch *Yapf* (Debian-Paket *yapf3*). Es lässt sich unkompliziert einsetzen und formatiert ähnlich wie *go-fmt* bei Google Go Ihren Code automatisch um.

2.1.11 For-Schleife

Mit einer For-Schleife können Sie die Elemente eines dafür geeigneten Objekts automatisch der Reihe nach durchgehen (Stichwort: *iterieren*) und bestimmten Code mit jedem dieser Elemente nacheinander ausführen. Sie konstruieren eine solche Schleife mit den Schlüsselwörtern `for` und `in` und einem beliebigen Variablennamen, unter dem Sie die jeweiligen Elemente in der Schleife weiterverarbeiten:

```
>>> l1 = ["Berlin", "München", "Stuttgart"]
>>> for i in l1:
...     print(i.upper())
...
BERLIN
MÜNCHEN
STUTTGART
```

Weil die Variable nur innerhalb der Schleife weiterverarbeitet wird und dementsprechend nur eine begrenzte lokale Rolle spielt, reicht ein beliebiger einzelner Buchstabe hier völlig aus. Selbsterklärende Namen wie »for server in servers« oder so ähnlich sind hier aber auch sehr sinnvoll. (Denken Sie daran, dass Sie Ihren eigenen Code nach einiger Zeit auch erst mal wieder begreifen müssen.)

Die For-Schleife können Sie auch verwenden, wenn Sie bestimmten Code eine bestimmte Anzahl von Durchgängen wiederholen wollen. Dafür lassen Sie die Variable aus dem `for`-Ausdruck einfach unausgewertet und erzeugen ad hoc ein Iterationsobjekt mit der gewünschten Anzahl der Durchgänge:

```
>>> for i in range(1000):
...     print("Immer noch kein Parkplatz frei")
...
Immer noch kein Parkplatz frei
Immer noch kein Parkplatz frei
Immer noch kein Parkplatz frei
```

Die For-Schleife kann für jedes iterierbare Objekt angewendet werden. Im Zweifelsfall können Sie mit der Funktion `iter()` überprüfen, ob das für ein bestimmtes Objekt zutrifft:

```
>>> s1 = "Gemüsegarten"
>>> iter(s1)
<str_iterator object at 0x7f262e152048>
>>> n1 = 12
>>> iter(n1)
TypeError: 'int' object is not iterable
```

In Dictionarys sind ohne zusätzliche Mittel nur die darin aufbewahrten Schlüssel iterierbar:

```
>>> d1 = {"stadt": "Siegen", "land": "Spanien", "fluss": "Spree"}
>>> for i in d1:
...     print(i)
...
```

```
stadt
land
fluss
```

Wenn Sie aber über die in einem Dict aufbewahrten Values iterieren möchten, dann verwenden Sie die Methode `values()`:

```
>>> for i in d1.values():
...     print(i)
...
Siegen
Spanien
Spree
```

Und wenn Sie die Schleife über Keys als auch über Values laufen lassen möchten, verwenden Sie `items()`. Diese Methode gibt Ihnen ein iterierbares Objekt mit beiden jeweils als Paare zurück. Schreiben Sie dann ein Tupel anstatt einer einzelnen Variablen im Kopf der For-Schleife, um beide Informationen auszuwerten:

```
>>> d1.items()
dict_items([('stadt', 'Siegen'), ('land', 'Spanien'), ('fluss', 'Spree')])
>>> for (k, v) in d1.items():
...     print("{}: {}".format(k.capitalize(), v))
...
Stadt: Siegen
Land: Spanien
Fluss: Spree
```

Über Dictionarys iterieren

Beachten Sie, dass – wie bereits erwähnt – die Reihenfolge der Key/Value-Paare in einem Dictionary nicht garantiert ist und dass sie nicht unbedingt die Reihenfolge ist, in der die Paare hinzugefügt worden sind. Wenn Sie über ein Dictionary iterieren, programmieren Sie also so, dass die Möglichkeit berücksichtigt wird, dass die Elemente eventuell in anderer Reihenfolge vorkommen. Oder legen Sie Ihr Script so an, dass die Reihenfolge der Werte keine Rolle spielt.

Schleifen können Sie natürlich auch beliebig kombinieren, um sich etwa einen Datenfilter zu bauen:

```
>>> l1 = ["Biber", "Hund", "Schlange", "Papagei", "Rebhuhn"]
>>> l2 = []
>>> for tier in l1:
...     if ("n" in tier) and (len(tier) > 4):
```

```
...         l2.append(tier)
...
>>> l2
['Schlange', 'Rebhuhn']
```

2.1.12 Funktionen

Wiederkehrenden Code in Ihrem Programm schreiben Sie am besten in eine Funktion. Funktionen legen Sie mit dem Schlüssel `def` an. Und mit `return` definieren Sie, was die Funktion zurückgeben soll. In einfachen Klammern legen Sie die Parameter für die Funktion fest, die als Eingabeargumente erwartet werden:

```
>>> def add_this(i1, i2):
...     return i1 + i2
...
>>> add_this(10, 20)
30
>>> addThis(25)
TypeError: addThis() missing 1 required positional argument: 'i2'
```

PEP-8 schlägt als Namenskonvention für Funktionen das sogenannte *Snakecasing* vor: kleingeschriebene Wörter, die mit Unterstrichen getrennt sind.

Funktionen, die kein `return` beinhalten, geben grundsätzlich `None` zurück. Aber eine Funktion, die auch gar nichts zurückgeben soll, schließen Sie besser ein bisschen sauberer mit `return None` ab. Ein fehlendes `return` ist eher schlechter Stil. Oder geben Sie am Ende `True` oder `False` zurück, wenn eine in der Funktion überprüfte Bedingung zutreffend sein kann oder nicht, was Sie dann separat auswerten können:

```
>>> def check_for_busch(s1):
...     if "busch" in s1:
...         return True
...     return False
...
>>> check_for_busch("Meerbusch")
True
```

Die Funktionsschnittstelle in Python erlaubt Ihnen, vordefinierte Default-Parameter festzulegen. Die werden immer dann angewendet, wenn die Funktion ohne Argumente aufgerufen wird. Sind Default-Parameter festgelegt, können auch nur bestimmte Parameter als Argument überschrieben werden:

```
>>> def guten_morgen(greet="Guten Morgen,", name="Barbara"):
...     greeter = "{} {}!".format(greet, name)
...     return greeter
```

```
...
>>> guten_morgen()
'Guten Morgen, Barbara!'
>>> guten_morgen("Hallo", "Robert")
'Hallo Robert!'
>>> guten_morgen(name="Ralph")
'Guten Morgen, Ralph!'
```

Eine Funktion kann auch eine beliebige Reihe von Argumenten als sogenannte variable Positionsparameter verarbeiten. Das zu definieren, erfordert in der Funktionsschnittstelle lediglich einen Asterisk (*) vor einem beliebigen Namen. Pythonistas nennen diesen Parameter gemeinhin aber `*args`:

```
>>> def zahlen_verdoppler(*args):
...     rückgabe = []
...     for arg in args:
...         arg *= 2
...         rückgabe.append(arg)
...     return rückgabe
...
>>> zahlen_verdoppler(10, 20, 30, 40)
[20, 40, 60, 80]
```

Dasselbe funktioniert auch mit beliebig vielen Key/Value-Paaren als Funktionsparameter. Konventionell wird für diesen Typ `**kwargs` (Stichwort: *Keyword Arguments*) in der Schnittstelle geschrieben:

```
>>> def check_slf(**kwargs):
...     if ("stadt" not in kwargs) or ("land" not in kwargs) or ⮐
                                        ("fluss" not in kwargs):
...         return False
...     return True
...
>>> check_slf(stadt="Hagen", land="Honduras", fluss="Havel")
True
>>> check_slf(stadt="Hagen", fluss="Havel", beruf="Headhunter", ⮐
                                           pflanze="Hibiskus")
False
```

Obwohl `kwargs` in der Funktion ein normales Dictionary ist, müssen Sie Strings als Keys beim Funktionsaufruf nicht in Anführungsstrichen schreiben. Diese Schreibweise ist schon bei der Funktion `dict()` vorgekommen.

Wenn Sie bei einer umfangreichen Funktion viele verschiedene Argumente benötigen, können Sie alle drei Typen von Parametern beziehungsweise Argumenten auch zusammen verwenden. Dabei müssen Sie von links nach rechts nur die feste Reihenfolge einhalten: zuerst normale Parameter, dann Non-Keyword-Parameter, dann Keyword-Parameter:

```
>>> def reihenfolge_demo(arg1, *args, **kwargs):
...     print(arg1)
...     print(args)
...     print(kwargs)
...     return None
...
>>> reihenfolge_demo("Hallo!", "a", "b", "c", wochentag="Montag", ⤸
                                                    wetter="Regen")
Hallo!
('a', 'b', 'c')
{'wochentag': 'Montag', 'wetter': 'Regen'}
```

Funktionsbereich

Wichtig zu beachten ist, dass eine Funktion immer ihren eigenen Namensraum hat, d. h. ihren eigenen Gültigkeitsbereich für Variablen (engl. *Scope*). Globale Variablen, also diejenigen, die Sie außerhalb der Funktion definiert haben, können Sie von innerhalb einer Funktion ohne Weiteres nicht manipulieren:

```
>>> s1 = "Nordsee"
>>> def tester():
>>>     s1 = "Ostsee"
>>>     return None
>>> tester()
>>> s1
>>> 'Nordsee'
```

Sie können im lokalen Namensraum einer Funktion nur lesend auf ein globales Objekt zugreifen (das umgeht das Schlüsselwort `global`), und das nur, wenn keine lokale Referenz gleichen Namens existiert.

2.1.13 Bibliotheken

Mit dem Einsatz von *Bibliotheken (Librarys)* erweitern Sie den eingebauten Funktionsumfang von Python.

Mit dem Schlüsselwort `import` können Sie Bibliotheken einsetzen, die im Suchpfad des Interpreters verfügbar sind. Dazu gehören die mitgelieferte Standardbibliothek (*Stdlib*), aber auch diejenigen von Drittanbietern, die Sie zum Beispiel durch ein Paket aus den Paketquellen für Ihre Linux-Distribution auf ihrem Arbeitsrechner installieren (wenn Sie die Rechte dazu haben, siehe den Kasten am Abschnittsende).

Wenn Sie Interesse daran haben, das nachzuvollziehen, dann geben Sie sich mit `sys.path()` eine Liste der aktuellen Suchpfade aus. Sie stehen dort in der Reihenfolge, in welcher der Interpreter sie berücksichtigt. Das jeweils aktuelle Arbeitsverzeichnis (in dem Sie den Interpreter aufgerufen haben) wird jeweils zuerst durchsucht, wenn Sie etwas Bestimmtes importieren möchten. Eine heruntergeladene Bibliothek einfach im Arbeitsverzeichnis abzulegen, ist also der unmittelbare Weg, diese für ein eigenes Programm bereitzustellen.

Import-Anweisungen können Sie grundsätzlich überall im Programm schreiben. Am besten sammeln Sie aber alle Ihre Importe sauber am Anfang eines Quelltextes, und zwar in einem eigenen Block direkt nach der Shebang-Zeile.

Importieren Sie zum Beispiel die Bibliothek *os* aus der Stdlib, die Ihnen auf das Betriebssystem bezogene Funktionalität zur Verfügung stellt. Mit `os.stat()` etwa können Sie dann Informationen über eine Datei oder ein Verzeichnis auf dem Rechner ausgeben lassen und weiterverarbeiten. Zurückgegeben wird ein spezielles Objekt, auf das Sie Attribute aus der Bibliothek anwenden können, um einzelne Daten daraus zu extrahieren:

```
>>> import os
>>> os.stat("/etc/passwd")
os.stat_result(st_mode=33188, st_ino=1849933, st_dev=2050, st_nlink=1,
st_uid=0, st_gid=0, st_size=2577, st_atime=1567683078, st_mtime=1567683078,
st_ctime=1567683078)
>>> os.stat("/etc/passwd").st_ino
1849933
```

Sie können mit `import` mehrere kommasepariert angegebene Bibliotheken auch gleichzeitig laden. Benutzen Sie aber besser für jede einzelne eine eigene Import-Zeile. (PEP-8 weist an, die Imports auch noch zu sortieren, aber lassen wir das jetzt mal.)

Das Import-Statement kennt darüber hinaus auch noch das Schlüsselwort `from`. Damit können Sie gezielt Untereinheiten einer Bibliothek, also ein bestimmtes Paket (eine Sammlung von Modulen), ein Modul oder eine Funktion isoliert laden, wenn Sie nur etwas Bestimmtes benötigen. Diese Methode integriert die gewünschte Einheit direkt in den eigenen Namensraum. Sie können sich mit dieser Methode also auch die (manchmal lange) ausführliche Qualifikation bei Funktionsaufrufen sparen:

```
>>> from os import stat
>>> f1 = stat("/etc/passwd")
>>> f1.st_size
```

```
2577
>>> from os.path import basename
>>> basename("/usr/lib/python3.7/os.py")
'os.py'
```

Sie müssen dabei allerdings aufpassen, dass es nicht mit bereits vorhandenen oder zukünftigen Namen zu Kollisionen im Namensraum kommt. Bei allzu allgemeinen Namen wie *path* aus *os.path* und *basename* aus *os.path.basename* (diese Funktion gibt aus einem Pfad den Dateinamen zurück) müssen Sie daher ein bisschen vorsichtig sein. Gehen Sie bei größeren Projekten besser auf Nummer sicher, und importieren Sie Bibliotheken immer insgesamt, auch zum Zwecke der besseren Lesbarkeit. (Das ist allerdings ein strittiger Punkt, denn es bringt auch den Nachteil mit sich, dass vieles importiert wird, was Sie gar nicht brauchen.)

Es gibt alternativ noch einen zweiten Lösungsweg: Python kennt für `import` auch das Schlüsselwort `as`, mit dem Sie Bibliotheken und deren Teile beim Importieren umbenennen und so die Einzigartigkeit sicherstellen.

Viele Bibliotheken in der Stdlib, aber auch von Drittanbietern basieren auf Klassen. Bei diesem Typ beinhaltet die Library nicht nur Funktionen, sondern hauptsächlich selbst definierte Datentypen, für die eine Reihe von Methoden und Attribute mitgeliefert werden. So stellen Sie zum Beispiel eine PDF-Datei als spezielles Objekt im Speicher zusammen, fügen Textparagrafen oder Grafiken hinzu usw., bevor Sie das Schlussergebnis abspeichern. Sie müssen die vorbereitete Klasse immer zuerst als neues Objekt instanziieren (d. h. einer beliebigen Variablen zuweisen), bevor Sie die mitgelieferten Methoden anwenden können. Wie das konkret funktioniert, zeigt die Dokumentation der Bibliothek. Klassenbasiert ist zum Beispiel die beliebte HTTP-Bibliothek *Requests* (*https://requests.readthedocs.io/*):

```
>>> import requests
>>> mysite = requests.get('https://www.rheinwerk-verlag.de/')
>>> mysite.headers['content-type']
'text/html; charset=utf-8'
>>> mysite.encoding
'utf-8'
```

Python Package Index

Der offizielle *Python Package Index* (PyPi) ist die zentrale Anlaufstelle, wenn Sie Python-Bibliotheken suchen:

https://pypi.org/

Python-Entwickler weltweit legen die neuesten Versionen ihrer Open-Source-Produkte regelmäßig in diesem Register ab. Es gibt viele, keineswegs obsolete Projekte, für die gar keine eigene Homepage und kein Code-Repositorium unterhalten werden, sondern die Sie nur im PyPi finden.

Das Kommandozeilenprogramm, mit dem Sie Software aus dem PyPi herunterladen können, ist `pip`. Es ist etwa auf Debian-Systemen im Paket *python3-pip* verfügbar. Die Python3-Variante des Tools heißt `pip3`.

Viele bevorzugen Downloads aus dem PyPi gegenüber den Paketen aus der verwendeten Linux-Distribution. Im Index werden Sie in vielen Fällen aktuellere Versionen finden. Der Downloader speichert Bibliotheken zum Beispiel auf Debian gegenüber den Systempaketen, die in */usr/lib/python3/dist-packages* im Heimatverzeichnis des Benutzers liegen, in *~/.local/lib/python3.<Version>/site-packages* ab. Beide Orte befinden sich im Suchpfad des Interpreters, aber das lokale Verzeichnis wird bei Importen bevorzugt. Oftmals haben Sie an Arbeitsrechnern in Betrieben keine Rechte, um systemweite Python-Pakete zu installieren. Die eigene Installation im Heimatverzeichnis mit `pip3` bietet Ihnen dann eine gute Alternative.

Sollte eine Bibliothek bereits als Systempaket vorhanden sein, weigert sich `pip3` zunächst, eine andere Version aus dem PyPi nachzuziehen. Rufen Sie es dann mit dem Schalter `-U` auf.

Sehr beliebt unter Python-Entwicklern ist auch `virtualenv`. Diese Software bietet Ihnen virtuelle Entwicklungsumgebungen, die die eingebundenen Bibliotheken komplett enthalten. Damit können bestimmte Versionen »eingefroren« werden. Virtualenv hilft Ihnen, eine rein private Python-Umgebung in Ihrem Heimatverzeichnis zu unterhalten. Allerdings müssen Sie ein damit aufgesetztes Environment immer erst betreten, bevor Sie Programme darin ausführen können.

2.1.14 Stdlib

Python wird mit einer umfangreichen Standardbibliothek geliefert:

https://docs.python.org/3/library/ (ab »Text Processing Services«)

Bei der *Stdlib* handelt es sich aber eher um ein historisch gewachsenes Gebilde als um eine völlig ausbalancierte Bibliothek. Sie ist eine Fundgrube, die auch die Geschichte von Python repräsentiert. Das Modul *string* zum Beispiel bietet Funktionen für die Manipulation von Strings, von denen PEP-8 sagt, dass Sie besser die im Interpreter eingebauten String-Methoden verwenden sollten. Die *urllib* ist berüchtigt, da sie recht sperrig ist. Die offizielle Dokumentation selbst verweist auf *Requests* als etwas bequemere Alternative. Bei *re*, dem eingebauten Modul für reguläre Ausdrücke, gibt es einen Verweis auf *Regex* (*https://pypi.org/project/regex/*) mit dem Hinweis, dass diese Bibliothek einen größeren Funktionsumfang hat.

Einige meiner Meinung nach gebräuchliche Module aus der Stdlib sind:

- Das Modul *datetime* stellt Klassen für die Verarbeitung von Datum und Uhrzeit bereit.
- Das bereits erwähnte Modul *os* stellt Ihnen Funktionen für die Gewinnung und Verarbeitung von Informationen zur Verfügung, die aus dem unterliegenden Betriebssystem stammen. Die eingebaute Funktionalität können Sie auf allen unterstützten Plattformen in gleicher Weise verwenden. Mit `os.environ()` zum Beispiel können Sie beliebige Umgebungsvariablen aus der Shell auswerten.
- Mit *sys* werten Sie die Laufzeitumgebung aus, die der Interpreter zur Verfügung stellt. Das Modul enthält unter anderem mit `sys.argv` eine praktische Liste der Kommandozeilenargumente, mit denen ein Python-Programm gestartet worden ist. Mit `sys.exit()` können Sie ein Programm mit der Rückgabe eines Fehlercodes aus dem Prozess ordentlich beenden.
- Mit *configparser* können Sie RFC-822-formatierte (*ini*-Format) Konfigurationsdateien für Ihre Programme auswerten (siehe weiter unten für ein Beispiel).
- Das Modul *io* dient zur Verarbeitung von Datenströmen. Sie verwenden es zum Beispiel, um Grafiken aus dem Internet in Datenobjekte für die Grafikverarbeitungsbibliothek *Pillow* (*https://pillow.readthedocs.io*) umzuwandeln.
- Das Modul *csv* bietet einigen Komfort für die Verarbeitung des Datenformats *Comma Separated Values*, das zum Beispiel bei Open Data häufig vorkommt. Sie finden es bei öffentlich zugänglich gemachten Datenbeständen von kommunalen Verwaltungen und vielen anderen Datenquellen.

2.1.15 Exceptions

Exceptions (dt. Ausnahmen) sind spezielle Objekte, die einen Fehler beim Programmablauf repräsentieren. Sie treten immer dann auf, wenn etwas stattfindet, was die normale Funktionsweise von Datentypen, Methoden, Funktionen und Klassen überschreitet. Das können Programmierfehler sein, von denen einige hier bereits dargestellt wurden. Aber auch dann, wenn eine Datei aus irgendeinem Grund nicht geschrieben werden kann oder wenn eine angeforderte Internetverbindung nicht zustande kommt, wirft Python eine Exception aus und bricht das Programm ab.

Die Exceptions in Python sind hierarchisch in Klassen organisiert:

https://docs.python.org/3/library/exceptions.html (»Exception hierarchy«)

Das spielt eine Rolle, wenn Sie einen Fehler abfangen möchten. Der *ZeroDivisionError* bei dem Versuch, eine Zahl durch null zu teilen, ist zum Beispiel ein *ArithmeticError*, der wiederum eine normale *Exception* ist. Die Wurzelklasse *BaseException* beinhaltet darüber hinaus zum Beispiel auch noch den manuellen Programmabbruch mit

[Strg] + [C] auf der Kommandozeile (*KeyboardInterrupt*), den Sie auch abfangen können.

Beim Programmabbruch gibt der Interpreter neben der stattgefundenen Exception auch noch den sogenannten *Traceback* an. Dieser beinhaltet den gesamten *Callstack* mit der Liste aller stattgefundenen aktuellen Aufrufe, in deren Zusammenhang ein Fehler vorgekommen ist. Das ist sehr nützlich in komplizierten Fällen, in denen eine Exception von einer Bibliothek ausgelöst worden ist, die etwa eine andere Bibliothek benutzt, die Sie in Ihrem Programm einsetzen. Der Traceback hilft Ihnen, nachzuvollziehen, was genau schiefgegangen ist.

Es gibt Fälle, in denen Sie möchten, dass Ihr Programm feststellt, ob bei einer bestimmten Operation eine Exception stattfindet, und sich gegebenenfalls anders verhält. Das ist zum Beispiel der Fall, wenn die Verbindung zu einem bestimmten Server aus irgendwelchen Gründen nicht zustande kommt und Sie dann versuchen, einen alternativen Server anzusprechen. Aber auch ganz generell sollten Sie an kritischen Stellen eventuelle Exceptions abfangen und so Programmabstürze generell verhindern. Beenden Sie Ihr Programm immer ordentlich, falls ein vorhersehbarer Fehler stattfindet, zum Beispiel wenn eine bestimmte Datei nicht geladen werden konnte. Fehler bei Dateinamen zum Beispiel können etwa von Benutzereingaben herrühren.

Python bietet Ihnen für das Abfangen (*Catching*) von Exceptions eine spezielle Schleifenkonstruktion mit den Schlüsselwörtern `try` und `except`. Damit können Sie zum Beispiel eine Funktion aufsetzen, die einen eventuellen Programmcrash beim Öffnen einer Datei verhindert und ordentlich mit einer Fehlermeldung abbricht:

```
>>> def datei_öffnen(name):
...     try:
...         return open(name)
...     except OSError:
...         print("Datei {} kann nicht geladen werden".format(name))
...         sys.exit(1)
...
>>> d1 = datei_öffnen("/etc/motd")
>>> d2 = datei_öffnen("/etc/mtd")
'Datei /etc/mtd kann nicht geladen werden'
```

Sie können Exceptions aber auch kreativ einsetzen und mit *Try*-Schleifen als zusätzlichem Element den Programmfluss gestalten. Die Funktion `os.environ()` zum Beispiel gibt einen `KeyError` zurück, wenn eine abgefragte Umgebungsvariable gar nicht gesetzt worden ist. Verwenden Sie das einfach, um einen bestimmten Wert aus einer Konfigurationsdatei bei Bedarf durch eine gesetzte Umgebungsvariable überschreiben zu lassen:

```
from configparser import ConfigParser
myconfig = ConfigParser()
myconfig.read("settings.cfg")
try:
    snumber = os.environ["NUMBER_OF_SERVERS"]
except KeyError:
    snumber = config.get("main", "number_of_servers")
```

Möchten Sie mehrere Exceptions abfangen, dann schreiben Sie diese entweder als Tupel in einer Klammer oder verwenden für unterschiedliche Reaktionen mehrere `except`-Zweige. Sortieren Sie in dem Fall aber die Zweige mit den abgefangenen Exceptions in aufsteigender Reihenfolge ihrer Hierarchie.

Nur `except` ohne Spezifizierung fängt übrigens alle Exceptions ab, inklusive denjenigen direkt unter *BaseException*. So zu programmieren, ist definitiv schlampiger Stil. Immer nur *Exception* als Metaklasse abzufangen – im Sinne von »alle Fehler, die hierbei überhaupt auftreten können« –, mag für den Hausgebrauch aber erst einmal genügen.

Die Try-Schleife kennt darüber hinaus die Schlüsselwörter `else` (Code wird ausgeführt, falls keine Exception aufgetreten ist) und `finally` (Code wird auf jeden Fall ausgeführt).

2.1.16 open()

Mit der eingebauten Funktion `open()` können Sie vorhandene Textdateien (aber auch Binärdateien) öffnen und aus ihnen lesen und in sie schreiben, neue Dateien generieren und Daten darin ablegen. Die Funktion gibt Ihnen ein eigenes Dateiobjekt zurück, auf das Sie Methoden und Attribute anwenden können.

Als erstes Argument verlangt `open()` einen Dateinamen mit vollständigem Pfad. Fehlt ein Pfad, dann sucht der Interpreter in dem Verzeichnis, in dem er gestartet worden ist, nach der angegebenen Datei:

```
>>> f1 = open("test.txt")
>>> type(d1)
<class '_io.TextIOWrapper'>
```

Zeilen aus einer Textdatei sind zeilenweise iterierbar:

```
>>> l1 = []
>>> for line in f1:
...     l1.append(line)
...
```

```
>>> l1
['Will ich in mein Gärtlein gehen,\n', "will mein' Zwiebeln gießen,\
n", 'steht ein bucklicht Männlein da,\n', 'fängt als an zu niesen.\n']
```

Alternativ zu diesem Verfahren, eine Textdatei auszuwerten, können Sie aber auch die Methoden `readlines()` (liest Zeilen in eine Liste von Strings) und `readline()` (liest jeweils eine Zeile der Datei) verwenden. Achten Sie darauf, dass es immer nur einmal möglich ist, mit der For-Schleife oder `readline()` durch eine Textdatei zu wandern, und dass Sie diese für einen weiteren Durchlauf dann noch einmal öffnen müssen:

```
>>> f1 = open("test.txt")
>>> z1 = f1.readline()
>>> z1.strip()
'Will ich in mein Gärtlein gehen,'
>>> z2 = f1.readline()
>>> z2.strip()
"will mein' Zwiebeln gießen,"
```

Als zweites Argument akzeptiert `open()` als String die Angabe eines anderen Modus als den, nur aus einer Datei zu lesen (`r`), nämlich `r+` für »lesen und schreiben«, `w` für »nur schreiben«, `w+` für »schreiben und lesen«, `a` für »hinzufügen« (*append*). Wenn Sie »schreiben« wählen, dann wird die angegebene Datei erzeugt, falls sie noch nicht existiert. Falls sie bereits existiert, wird sie überschrieben. Also Vorsicht bei der Modus-Wahl (`r` ist Default).

Benutzen Sie `write()`, um Zeilen in eine geöffnete Datei zu schreiben. Beachten Sie, dass diese Methode anders als zum Beispiel `print()` von sich aus keine Zeilenumbrüche (`\n`) automatisch hinzufügt. Beim Schreiben gibt `write()` die Anzahl der geschriebenen Zeichen zurück:

```
>>> f2 = open("test2.txt", "w")
>>> l2 = ["Hamburg\n", "Berlin\n", "München\n"]
>>> for i in l2:
...     f2.write(i)
8
7
8
```

Beim Programmende beziehungsweise dann, wenn der Interpreter sich beendet, werden noch geöffnete Dateiobjekte normalerweise automatisch geschlossen. Trotzdem sollten Sie selbst dafür sorgen, dass eine geöffnete Datei nach Benutzung direkt wieder geschlossen wird. Damit stellen Sie sicher, dass zum Beispiel bei einem Rechnerabsturz nicht unnötigerweise noch geöffnete Dateien korrumpiert werden. Um geöffnete Dateiobjekte wieder zu schließen, gibt es die Methode `close()`.

Das Schlüsselwort `with` bietet einen praktischen Mechanismus, der es Ihnen erspart, `close()` explizit immer auch noch mal schreiben zu müssen. Damit bleibt eine geöffnete Datei nur so lange geöffnet, bis der darin enthaltene Code abgearbeitet ist:

```
>>> with open("test3.txt", "w") as file:
...     file.write("Heute kein Spruch des Tages!\n")
...
29
>>> file.closed
True
```

Eine Alternative zu der Verwendung von `with` ist es, `open()` in eine Try-Konstruktion einzubauen, um eventuelle Exceptions abzufangen, und darüber hinaus `close()` mit `finally` zu verbinden. Durchaus gebräuchlich ist aber auch die Verbindung von `try` mit einer `with`-Konstruktion:

```
>>> try:
...     with open("test.txt") as file:
...         s1 = file.read()
... except IOError:
...     sys.exit(1)
...
>>> s1
"Will ich in mein Gärtlein gehen,\nwill mein' Zwiebeln gießen,\
nsteht ein bucklicht Männlein da,\nfängt als an zu niesen.\n"
>>> file.closed
True
```

2.2 Google Go

Vor einigen Jahren ergab sich bei Google das Problem, dass die verfügbaren Hochsprachen wie C++ und Java den Anforderungen der Entwickler nicht mehr genügten. Sie benötigten eine schlanke, effiziente und einfach einzusetzende Sprache, die den Entwicklungsprozess von Applikationen vereinfachen kann. Sie sollte auch große Projekte schnell kompilieren, schnell zur Laufzeit sein und für das hochskalierende Anwendungsprofil eines modernen Internet-Konzerns geschaffen sein.

Im Jahr 2007 stellten dann die von Google beauftragten Spezialisten Robert Griesemer, Rob Pike und Kenneth Thompson ihr Konzept für Google Go (auch »Golang«) vor. Griesemer war vorher unter anderem an der Entwicklung der Java Virtual Machine *HotSpot* und von JavaScript V8 beteiligt, Pike als Unix-Entwickler an dem Betriebssystem *Plan 9* und der Unicode-Codierung UTF-8. Das Unix-Urgestein Ken Thompson hatte vorher neben vielen anderen Dingen auch die Vorgängersprache von C entwickelt.

2011 wurde *Go* dann offiziell als Open-Source-Projekt unter der BSD-Lizenz vorgestellt. 2012 erschien mit Go 1.0 die erste Vollversion der neuen Sprache. Go wirkt wie ein ganz neu aufgesetztes, entschlacktes C mit reduziertem Befehlsumfang und mit starken neuen Features. Die Sprache ist gradlinig und pragmatisch (eine `while`-Schleife zum Beispiel wurde einfach weggelassen), unkompliziert und gut zu lernen. Außerdem ist Go stark *idiomatisch*, das heißt, für ein bestimmtes Problem gibt es meistens eine Standardlösung. Im Sommer 2024 war die aktuelle Version 1.22.

Gut zu wissen

Ein weiterentwickeltes Go 2.0 ist seit Jahren in Vorbereitung, aber bisher noch nicht erschienen.

Go oder *Golang* (*https://golang.org/*) ist eine kompilierende Sprache. Das heißt, Ihr Quellcode wird von einem Compiler in eine Binärdatei mit nativem Maschinencode für die von Ihnen verwendete CPU-Architektur umgewandelt. Go kompiliert grundsätzlich monolithische, statisch gelinkte Binärdateien. Das bedeutet, dass die von Ihnen für ein Projekt verwendeten Bibliotheken mitkompiliert und der Binärdatei komplett hinzugefügt werden. Weil verschiedene Go-Binarys auf einem Rechner eventuell dieselben Bibliotheken beinhalten, ist dieses Verfahren gegenüber dynamisch kompilierten Sprachen wie C und C++ vom Ressourcenverbrauch her ineffizienter. Go-Binärdateien sind aber aus diesem Grunde hoch portierbar und, ohne dass Abhängigkeiten erfüllt sein müssen, überall sofort lauffähig. Go kompiliert wegen des stark reduzierten Befehlssatzes und gut geschriebenen Compilers schnell. Die resultierenden Binarys sind auch zur Laufzeit sehr performant.

Go ist eine prozedurale, rein imperative Sprache. Sie lehnt sich mit einigen Elementen an die objektorientierte Programmierung an, denn es gibt objektähnliche Elemente, auf die Methoden angewendet werden können. Aber eine vollwertige Klassenprogrammierung mit Vererbung gibt es hier nicht. Die Sprache ist stark und statisch typisierend. Go hat eine effiziente automatische Speicherbereinigung (*Garbage Collection*). Diese sorgt im Hintergrund für die automatische Verwaltung der Speicherressourcen und rückt Go damit in die Nähe von Skriptsprachen. Ein Highlight von Go ist die eingebaute Nebenläufigkeit (Stichwort: *Concurrency*), die auf dem CSP-Modell (*Communicating Sequencial Processes*) von Tony Hoares basiert. Auf dieses Themengebiet muss im Rahmen dieser Kurzeinführung aus Platzgründen allerdings verzichtet werden.

Go ist für die System- beziehungsweise Serverprogrammierung und für das Backend von Webapplikationen entwickelt worden. Die Sprache hat sich mittlerweile einen Namen als starkes und effektives Werkzeug für die Anwendungsprogrammierung im Bereich DevOps gemacht. Dort hat es die zentrale Rolle von Ruby übernommen. Die Liste der in Google Go geschriebenen Applikationen ist lang, und es finden sich prominente Namen darauf wie Docker, Kubernetes, Prometheus (siehe Kapitel 8), Elastic Beats, HashiCorp Packer (siehe Abschnitt 5.1), Terraform (siehe Abschnitt 4.3), Consul, Vault, etcd, LXD und viele mehr. Beim Cloud Computing steht Go als Sprache für Werkzeuge und Erweiterungen inzwischen voll an der Seite von Python. Viele Infrastrukturanbieter vertreiben Go-Bibliotheken, mit denen der Benutzer die angebotenen Dienste ansprechen kann. Und auch bei kleineren Anbietern, wie zum Beispiel Hetzner (siehe Abschnitt 3.5), sind CLI-Tools für den Anwender als Quasi-Default in Google Go aufgesetzt.

Go ist unter anderem auch wegen der integrierten Toolchain und der modernen, ganz neu aufgesetzten starken Stdlib beliebt. Diese enthält zum Beispiel auch Kryptografiemodule und einen für die Produktion geeigneten Webserver. Darüber hinaus gibt es viele gute Features in Go, zum Beispiel einen kanonisierten Coding Style, der mit dem mitgelieferten Tool `go-fmt` jederzeit unkompliziert gesichert werden kann. Fans der Sprache sehen dabei pragmatisch über häufig kritisierte Mängel hinweg, etwa dass Go keine generischen Datentypen kennt. Google bietet online einen *Go Playground* (*https://play.golang.org/*) an. Dort können Sie mal kurz etwas ausprobieren, ohne dass Sie dafür immer erst eine neue Quelldatei anlegen und kompilieren müssen.

2.2.1 Compiler

Wenn Sie eine Linux-Distribution als Arbeitsrechner benutzen, dann bekommen Sie Google Go am einfachsten als Paket aus dem Repository für Ihre Distribution auf Ihren Arbeitsrechner. Eine Go-Installation besteht nur aus wenigen Paketen. Benutzen Sie am besten das meistens zur Verfügung gestellte Metapaket, das Ihnen alles Benötigte automatisch zieht (insgesamt ca. 100 MB). Auf Ubuntu und Debian zum Beispiel heißt dieses Paket *golang*.

Die jeweils aktuelle Version (bei Erstellung dieses Kapitels: 1.23) können Sie sich alternativ dazu auf der Golang-Homepage als Tarball herunterladen *https://golang.org/dl/*. Installationsanweisungen für diese Fassung bekommen Sie, wenn Sie dort einen bestimmten Tarball anklicken (*linux-386* und *amd64* sowie *armv6l*). Auf derselben Webseite gibt es auch ein *.msi*-Paket mit einem Installer für Windows sowie ein Paket für macOS. Eine ausführliche Installationsanleitung für Ihr System finden Sie unter *https://go.dev/doc/install*.

Das Kommandozeilenprogramm `go` ist das Hauptwerkzeug für den Umgang mit Go-Quellcode. Auf diesen Befehl folgt immer als Parameter ein Unterbefehl dafür, was Sie damit genau machen möchten (`run`, `build`, `install` usw.). Der Befehl `go version` gibt Ihnen die genaue Version aus. Wenn das funktioniert, dann können Programme kompiliert werden. Sie müssen aber vorher noch Ihren Gopath aufsetzen.

2.2.2 $GOPATH und $GOBIN

Go arbeitet mit einer speziellen Verzeichnisstruktur als Entwicklungsumgebung. Die müssen Sie sich zunächst neu aufsetzen, bevor Sie Programme kompilieren können. Ist diese Struktur nicht vorhanden beziehungsweise nicht über die Umgebungsvariable *$GOPATH* der Shell-Umgebung auffindbar, verweigern die meisten Unterbefehle von `go` ihre Arbeit.

Wählen Sie einen Ort auf Ihrer Festplatte, und legen Sie dort ein neues Verzeichnis mit beliebigem Namen für Ihre Go-Projekte an. Üblich ist zum Beispiel *~/go* oder *~/go-projekte* im Heimatverzeichnis. Aber auch ein anderer Ort ist möglich.

Gut zu wissen

Das Handling der benötigten Umgebungsvariablen wird auf jeden Fall umständlicher, wenn sich ein Leerzeichen im Pfad befindet. Denn diese müssen Sie dann in der Shell immer in Anführungsstrichen schreiben oder das Leerzeichen umständlich mit einem Backslash schützen. Verwenden Sie deshalb am besten als Ersatz für ein Leerzeichen im Verzeichnisnamen für den *$GOPATH* bei Bedarf einen Unterstrich (U+005F).

Wechseln Sie dann in Ihr neu angelegtes Verzeichnis, und lösen Sie dort den Befehl `export GOPATH=$PWD` aus. Damit haben Sie die für das Tool `go` benötigte Umgebungsvariable *$GOPATH* gesetzt. Überprüfen Sie die Einstellung mit `echo $GOPATH` und `go env` (siehe dort unter `GOPATH`). Um die Einstellung auch in neuen Terminalfenstern immer zur Verfügung zu haben, fügen Sie dann noch die `export`-Zeile mit dem voll ausgeschriebenen Pfad zu der Datei *.bashrc* in Ihrem Heimatverzeichnis hinzu. Es genügt, das einfach am Ende hinzuzufügen.

Wechseln Sie dann mit `cd $GOPATH` in das Go-Arbeitsverzeichnis, und legen Sie dort das Unterverzeichnis *src* an. Das ist der Ort für Ihre eigenen Go-Projekte, aber später auch für heruntergeladenen Code von Drittanbietern. Denn unterhalb von *$GOPATH/src* werden Pakete aus dem Netz abgelegt, wenn Sie `go get` ausführen. Sie haben dort also dann Ihren ganz persönlichen Ausschnitt des Go-Universums aufbewahrt (siehe weiter unten im Abschnitt 2.2.15).

Go-Quellpakete sind immer durch einen Pfad mit drei Elementen eindeutig identifiziert. Diese Elemente sind

- ein von Go offiziell anerkannter Bezugsort (eine Quelle, bei der veröffentlichte Pakete eingestellt sind) wie *github.com* und andere,
- ein dortiger Benutzername und
- ein dortiger Projektname.

Wenn Sie dieser Konvention direkt folgen möchten, dann legen Sie sich für ein neues Projekt zum Beispiel ein Verzeichnis *src/github.com/username/projekt* an. Verwenden Sie etwa den Usernamen, den Sie bei GitHub (*https://github.com/*) bereits haben und den Sie für in Zukunft dort veröffentlichte Go-Projekte verwenden würden. Ein entsprechender Projektordner auf GitHub muss nicht existieren, um das lokale Gegenstück nutzen zu können. Sie können grundsätzlich an jedem Ort unterhalb von *src* mit dem Befehl `go` eigenen Quellcode ansprechen. Für anfängliche Experimente mit Go und einfache Projekte genügen deshalb auch unkonventionelle Projektpfade wie *src/sandbox* oder *src/projekt*.

Legen Sie dann in Ihrem Gopath neben *src* ein weiteres Verzeichnis mit dem Namen *bin* an. Dort legt der Befehl `go install` seine kompilierten Binarys ab. Dieses Verzeichnis wird für die Umgebungsvariable `$GOBIN` benötigt. Wechseln Sie, um das einzustellen, einfach dort hinein, und lösen Sie dann `export GOBIN=$PWD` aus. Überprüfen Sie nun diese Einstellung genau wie beim `$GOPATH`, und fügen Sie diesen Export auch der Datei *~/.bashrc* hinzu.

Vielleicht möchten Sie zukünftige Binärdateien in diesem Verzeichnis von überall aus der Verzeichnisstruktur auf Ihrem Arbeitsrechner aufrufen. Fügen Sie dafür den Inhalt von *$GOBIN* einfach der Umgebungsvariablen *$PATH* in Ihrer Shellumgebung hinzu. In den in *$PATH* aufgeführten Verzeichnissen werden ausführbare Programme generell gesucht. Um das *bin*-Verzeichnis im Gopath hinzuzufügen, lösen Sie einfach irgendwo im Verzeichnisbaum den Befehl `export PATH="$GOBIN:$PATH"` aus. Überprüfen Sie das Ergebnis danach noch einmal mit `echo $PATH`, und fügen Sie auch diesen Export noch Ihrer *.bashrc* hinzu – in diesem Fall aber besser mit Variablen. Nach der gesamten Prozedur befinden sich dort dann drei neue Zeilen ähnlich wie diese:

```
export GOPATH=/home/user/go
export GOBIN=/home/user/go/bin
export PATH="$GOBIN:$PATH"
```

Je nach Ihrem Systembenutzer und dem gewählten Go-Arbeitsverzeichnis sieht das bei Ihnen natürlich etwas anders aus.

Wenn Sie später Code kompilieren und Drittanbieter-Bibliotheken verwenden, dann legt Go automatisch ein weiteres Verzeichnis im Gopath an. Es heißt *pkg* und ist nur für vom Compiler erzeugte Objektdateien bestimmt.

An Ihren Go-Projekten arbeiten Sie grundsätzlich immer im `$GOPATH`. Benutzen Sie einen Editor Ihrer Wahl, und schreiben Sie etwa folgendes minimale Programm in UTF8-Kodierung, zum Beispiel als *src/sandbox/helloworld.go*:

```
package main

import "fmt"
```

```
func main() {
	fmt.Println("Hello world!")
}
```

Folgende Punkte bilden den Grundstock dieser Mini-Applikation:

1. Die `package`-Deklaration am Anfang des Programms bestimmt, zu welchem Paket beziehungsweise welcher Organisationseinheit der Code gehört. Bei einem einzelnen, selbstständigen Programm tragen Sie hier wie im Beispiel `main` ein.
2. Mit dem `import`-Statement binden Sie Bibliotheken ein. Das Paket *fmt* (für *format*) aus der Stdlib stellt wie im Beispiel die Funktion `Println()` zur Verfügung (dazu später mehr). Verwenden Sie mehrere Bibliotheken, dann können Sie mehrere Import-Zeilen wie diese schreiben. Oder Sie sammeln die Namen der Bibliotheken hinter `import` in einfachen Klammern (weiter unten folgt ein Beispiel).
3. Die mit dem Schlüsselwort `func` definierte Main-Funktion ist der Grundstein jeder Applikation und wird von Go als Startpunkt erwartet. Sie benötigt keine Argumente, deshalb bleiben die runden Klammern in `main()` immer leer. Go benutzt bei Funktionen und auch generell geschwungene Klammern, um untergeordnete Codeblöcke zu kennzeichnen. Bei größeren Projekten ist es üblich, die Quellcodedatei, die die `main()`-Funktion trägt, auch *main.go* zu nennen.

Lösen Sie nach dem Editieren `go fmt src/sandbox/helloworld.go` aus. Dann überprüft der in Go eingebaute Formatierer Ihren Quellcode gemäß den offiziellen Style-Vorgaben und korrigiert eventuelle Verstöße automatisch vor Ort. Das Tool überprüft unter anderem die Einrückung von Codeblöcken. Als Standard gilt dabei ein Tabulator. Außerdem sortiert es auch die importierten Bibliotheken alphabetisch gemäß den offiziellen Style-Vorgaben und tut viele andere Dinge. Schauen Sie, wie Sie `go fmt` am besten in Ihren eigenen Workflow einbauen. Vielleicht lösen Sie das Hilfsmittel bei Ihren Go-Projekten immer, wenn Sie Ihren Editor verlassen haben, gewohnheitsmäßig aus.

Mit dem Befehl `go run` können Sie eine Go-Applikation zu Testzwecken ad hoc laufen lassen, ohne eine Binärdatei zu erzeugen. Der Code wird dafür im Hintergrund kompiliert. Sie können diesen Befehl vom Gopath aus als `go run src/sandbox/helloworld.go` absetzen. Wenn Sie aber lieber direkt im Projektverzeichnis arbeiten, geht das dort auch als `go run helloworld.go`. Das gilt auch für *go-fmt*.

Mit `go build` kompilieren Sie ein Programm. Das Ergebnis landet in demselben Verzeichnis, in dem Sie diesen Befehl ausgeführt haben. Sie können also in einem bestimmten Projektverzeichnis wie *src/sandbox* etwa `go build helloworld.go` absetzen. Benutzen Sie auf jeden Fall den Schalter `-o`, um den korrekten Zieldateinamen anzugeben, wenn Sie Quelldateien mit allgemeinen Namen wie *main.go* kompilieren. Das resultierende Binary heißt nämlich sonst auch *main*.

Wenn Sie sich im Gopath befinden und `go install src/sandbox/helloworld.go` auslösen, dann finden Sie das fertig kompilierte Programm hinterher in *bin/*. Die resultierende Binärdatei ist ein normales ELF-Executable, was Sie mit dem Shell-Befehl `file` überprüfen können. Die Datei *helloworld* ist unmittelbar ausführbar, und komplett mit Garbage Collector und einkompilierter *fmt*-Bibliothek ist sie ungefähr 1,9 MB groß. Starten Sie die Binärdatei mit `bin/helloworld` oder mit `./helloworld` im Projektverzeichnis, falls Sie diese dort erzeugt haben. Blitzschnell wird dann »Hello world!« auf der Kommandozeile ausgegeben.

2.2.3 Mathematik

Go kennt mehrere numerische Datentypen. Für normale positive und negative Ganzzahlen steht in Go eine ganze Reihe konkreter Typen zur Verfügung: *int8*, *int16*, *int32* und *int64*. Für jeden dieser Typen werden vom Compiler unterschiedlich große Wertebereiche im Speicher reserviert. Bei der Implementierung von bestimmten Protokollen zum Beispiel kommt es schon mal auf die exakte Größe eines solchen Wertebereichs an. Wenn darauf aber keine besondere Rücksicht genommen werden muss, dann ist *int32* oder *int64* die richtige Wahl für einen Integer. Der abstrakte Typ *int* in Go wählt für Sie zwischen diesen beiden konkreten Typen je nach verwendeter Hardware aus, ohne dass Sie sich Gedanken über das Thema machen müssen.

Go kennt natürlich auch Fließkommazahlen. Der Typ *float32* (einfache Genauigkeit) stellt maximal sieben Nachkommastellen zur Verfügung. Der Typ *float64* (doppelte Genauigkeit) bietet Ihnen 15 Nachkommastellen und ist die Vorgabe.

Bei den mathematischen Operatoren geht Go keine Sonderwege: + addiert Zahlenwerte, - substrahiert sie, * mutipliziert, / dividiert. Wichtig bei Integern ist, dass der Divisionsoperator Ihnen nur den Quotienten zurückgibt; den Rest einer Division können Sie mit dem Modulo-Operator % gewinnen:

```
func main() {
        fmt.Println(85 / 15)
        fmt.Println(85 % 15)
        fmt.Println(85.0 / 15.0)
}
~~~~~~~~~~
5
10
5.666666666666667
```

Go ist strenger als Python, was die Datentypen anbelangt, denn mathematische Operationen können Sie nur innerhalb desselben Typs anwenden. Einen *int* wie 15 können Sie also nicht mit einem *float64* wie 1.5 multiplizieren.

[«]

Hinweis

Als Konvention für die Go-Beispiele in diesem Buch setzt jeweils eine *fenced line*, also eine Zeile aus Tilden, nach der `main()`-Funktion die Rückgabe des Programms auf der Kommandozeile von dem Go-Quellcode ab.

Alle Operatoren haben erweiterte Varianten, die gleichzeitig eine mathematische Operation ausführen und den neuen Wert direkt neu zuweisen. Wie bei anderen Sprachen auch sind das +=, -=, *=, und /=. Zusätzlich kennt Go die Operatoren ++ und --, mit denen Sie den Zahlenwert einer Variablen um eins erhöhen oder vermindern:

```
func main() {
	f1 := 19.8
	f1++
	fmt.Println(f1)
}
~~~~~~~~~~
20.8
```

Eine automatische Konversion von Datentypen findet in Go nicht statt. Für die Umwandlung stehen Ihnen aber Funktionen wie `float64()` und `int()` zur Verfügung.

Für das Konvertieren von mathematischen Typen in und aus Strings gibt es das Paket *strconv* in der Stdlib (*https://golang.org/pkg/strconv/*). Es enthält für derartige Umwandlungen die Funktionen `ParseInt()`, `ParseFloat()` und `Itoa()`. Verzeihen Sie den an dieser Stelle nur knappen Hinweis auf diese Bibliothek. Ein Anwendungsbeispiel müsste zu viel von dem vorwegnehmen, was erst später erklärt wird.

Gut zu wissen

Beachten Sie, dass `int()` Fließkommazahlen nicht rundet, sondern nur die Nachkommastellen abschneidet. Der alte Programmiertrick mit `int(f1+0.5)` funktioniert aber auch in dieser Sprache.

2.2.4 Variablen

Variablen in Go definieren Sie mit dem Schlüsselwort `var`. Der Compiler bricht bei inkonsistenten Programmen sofort ab: Wenn Sie eine Variable angelegt haben, dann müssen Sie diese im weiteren Verlauf auch einsetzen. Variablennamen können Buchstaben, Zahlen oder Unterstriche beinhalten.

In Go können Sie eine neue Variable zunächst nur deklarieren (zum Beispiel mit `var x int`) und an einer späteren Stelle im Programm zuweisen (mit `x = 10`). Deklaration und Zuweisung kann aber auch in einem Schritt zusammen geschehen. Die Formulierung dafür ist `var x int = 10`.

Weil Go eine eingebaute Typ-Inhärenz hat, können Sie aber auch auf die Angabe eines Datentyps verzichten. Go legt den Datentyp dann automatisch fest, zum Beispiel *int* bei einer Ganzzahl und *float64* bei einer Fließkommazahl. Die einfachere Schreibweise der vollständigen Deklaration ohne Typangabe ist zum Beispiel `var x = 10`. Der Typ muss aber natürlich mit angegeben werden, wenn Sie die Variable erst mal nur deklarieren und auch wenn Sie für einen Wert einen vom Standard abweichenden Datentyp einstellen möchten (etwa *byte*).

Go kennt alternativ zu diesen Formulierungen auch noch den sogenannten *Colon-Equals*-Operator. Sie können ihn nur innerhalb einer Funktion benutzen und damit Variablen deklarieren und gleichzeitig zuweisen. Dieser Operator benötigt das Schlüsselwort `var` nicht und liest den Datentyp genauso automatisch aus dem zugewiesenen Wert. Die Schreibweise hierbei ist zum Beispiel `x := 10`. Kollektiv direkt eine Reihe von neuen Variablen anzulegen, ist aber auch mit der Schreibweise `x, y := 10, 20` möglich. Praktisch!

Welches Verfahren Sie für das Anlegen von Variablen normalerweise benutzen, hängt zum Teil von Ihrem persönlichen Programmierstil ab. Die einzige Bedingung dabei ist, dass Sie Deklarationen und gleichzeitige Zuweisungen mit `var` auch außerhalb einer Funktion verwenden können, diejenige mit `:=` aber nur innerhalb. Wenn Sie später umfangreicher programmieren, dann werden Sie immer wieder auf Kontexte stoßen, die eine bestimmte Vorgehensweise bei Variablen nahelegen.

Sie können in einem Programm einmal zugewiesene Variablen natürlich auch noch mal neu belegen. Da Go aber statisch typisiert ist, geht das nur, wenn der neue Wert dem für die Variable vorher festgelegten Datentyp entspricht. Bei einem Fehler in dieser Richtung bricht der Compiler sofort ab.

Mit dem Schlüsselwort `const` erzeugen Sie Konstanten. Das sind Variablen, die nicht mehr verändert werden können. Die Schreibweise dafür ist zum Beispiel `const pi = 3.13`.

Folgendes Beispiel zeigt alle Methoden der Variablendeklarationen und -zuweisungen:

```
package main

import "fmt"

const Stimmung = "super"
var v1 int
var v2 string = "Guten Morgen!"
var v3 = 9.99
```

```
func main() {
        v1 = 500
        v1 = 600
        v4 := "Ein schöner Tag!"

        fmt.Println(v2, v4)
        fmt.Println(v1, v3, Stimmung)
}
~~~~~~~~~~~
Guten Morgen! Ein schöner Tag!
600 9.99 super
```

2.2.5 String

Ein String ist in Go eine in doppelten Anführungsstrichen geschriebene Folge von Unicode-Zeichen in UTF-8-Formatierung. Eine alternative Schreibung von Strings in einfachen Anführungsstrichen gibt es nicht. Wenn ein String selber doppelte Anführungszeichen enthält, dann schützen Sie diese mit je einem Backslash.

Go kennt *pure Strings* (*Raw Strings*), die in Backticks (`) geschrieben werden. Die so geschriebenen Zeichenketten können sich über mehrere Zeilen erstrecken. In puren Strings wird der Backslash nicht interpretiert, sondern mitsamt den geschützten Zeichen als reiner Text ausgegeben. Das gilt auch für Steuerzeichen wie Zeilenumbruch (`\n`) oder Tabulator (`\t`), die mit einem Backslash gebildet werden.

Strings können Sie mit dem *fmt*-Paket in der Stdlib auf der Kommandozeile ausgeben. Zu diesem Paket gehört die bereits erwähnte Funktion `Println()`, die einen String immer als ganze Zeile ausgibt. Ein Zeilenumbruch wird dabei am Ende automatisch angehängt.

Eine andere Funktion von *fmt* ist `Printf()`. Sie gibt Strings ohne automatischen Zeilenumbruch aus:

```
func main() {
        s1 := "Peter said: \"Hello!\"\n"
        fmt.Printf(s1)

        s2 := `Peter said:
            \"Hello!\"\n`
        fmt.Printf(s2)
}
~~~~~~~~~~
Peter said: "Hello!"
Peter said:
            \"Hello!\"\n
```

Diese Funktion kann darüber hinaus Text bei der Ausgabe auch formatieren. Dafür steht eine Reihe von Platzhaltern zur Verfügung: %s repräsentiert einen String, %d (*digit*) eine Ganzzahl und %f einen Float. Es gibt auch noch eine Reihe von anderen Platzhaltern wie etwa %T, das den Datentyp einer Variablen repräsentiert. Bei Floats legen Sie mit einem Punkt (etwa mit %.3f) die Anzahl der Stellen nach dem Komma für die Textausgabe fest, wobei für die Ausgabe auch gerundet wird:

```
func main() {
        v1 := 33.997
        fmt.Printf("Die Variable v1 hat den Wert %.2f
                    und ist ein %T.\n",v1,v1)
}
~~~~~~~~~~
Die Variable v1 hat den Wert 34.00 und ist ein float64.
```

Eine ähnliche Funktion wie Printf() ist Sprintf(). Damit können Sie einen formatierten String erst einmal zusammenstellen, ohne ihn direkt auszugeben:

```
func main() {
        tag := "Freitag"
        s3 := fmt.Sprintf("Heute ist %s.", tag)
        fmt.Println(s3)
}
~~~~~~~~~~
Heute ist Freitag.
```

Strings in Go unterstützen den Zugriff auf bestimmte Bestandteile beziehungsweise Buchstaben über ihre Indexposition. Auch in dieser Sprache wird der Index ab dem Wert 0 gezählt. Die zweite Indexstelle von vorne beziehungsweise von links hat also den Wert 1. Benutzen Sie die Indexposition für das Ausschneiden von Bestandteilen von Strings mittels Slicing. Wie bei Python bezeichnet dabei die zweite Indexstelle den Buchstaben des Strings, der nicht mehr im extrahierten Teilstück enthalten sein soll. Negative Indexangaben wie etwa -5 im Sinne von »die fünfte Stelle von hinten« sind in dieser Sprache nicht möglich. Fehlende Indexstellen beim Slicing bedeuten aber auch in Go Stringanfang und -ende:

```
func main() {
        s1 := "Bruttosozialprodukt"
        fmt.Println(s1[:6])
        fmt.Println(s1[6:12])
        fmt.Println(s1[12:])
}
~~~~~~~~~~
```

```
Brutto
sozial
produkt
```

Der Additionsoperator dient in Go dazu, Strings miteinander zu verbinden. Setzen Sie das zum Beispiel zusammen mit Slicing ein, um ohne zusätzliche Mittel ein bestimmtes Element in einem String auszutauschen:

```
func main() {
        s1 := "Hallo!"
        s2 := s1[:1] + "e" + s1[2:]
        fmt.Println(s2)
}
~~~~~~~~~~
Hello!
```

Das Paket *strings* in der Stdlib von Go (*https://golang.org/pkg/strings*) stellt Ihnen verschiedene Funktionen zur Verfügung, mit denen Sie Strings manipulieren können. Die Funktion `Replace()` ersetzt zum Beispiel bestimmte Bestandteile eines Strings. Geben Sie als letztes Argument die Anzahl der Male an, wie oft ein mehrfach vorhandenes Element ausgetauscht werden soll (`-1` bedeutet: »jedes Mal«):

```
import (
        "fmt"
        "strings"
)

func main() {
        s1 := "Isomatte"
        s2 := strings.Replace(s1, "matte", "becher", -1)
        fmt.Println(s2)
}
~~~~~~~~~~
Isobecher
```

Die Funktion `Split()` unterteilt einen String anhand eines Elements, das sich mehrfach in ihm wiederholt. Zurückgegeben wird dann ein *Slice* (zu diesem Typ siehe den folgenden Abschnitt) von einzelnen Strings, den Sie entsprechend weiterverarbeiten können:

```
func main() {
        s1 := "Rostock,Kiel,Bremen"
        s2 := strings.Split(s1, ",")
        fmt.Println(s2)
```

```
}
~~~~~~~~~~
[Rostock Kiel Bremen]
```

Das Gegenstück von `Split()` ist `Join()`. Mit dieser Funktion können Sie aus einem Slice mit einzelnen Strings einen daraus zusammengesetzten String bauen. Als Argument geben Sie ein Zeichen mit, mit dem die Elemente verbunden werden sollen:

```
func main() {
        s1 := []string{"Dresden", "Bamberg", "Karlsruhe"}
        s2 := strings.Join(s1, ";")
        fmt.Println(s2)

        s1 = []string{"Alia", "iacta", "est"}
        s2 = strings.Join(s1, " ")
        fmt.Println(s2 + ".")
}
~~~~~~~~~~
Dresden;Bamberg;Karlsruhe
Alea iacta est.
```

Die *strings*-Bibliothek bieten Ihnen darüber hinaus eine ganze Reihe von Funktionen an, mit denen Sie Strings auswerten können. `Contains()` zum Beispiel prüft, ob ein bestimmtes Element in einem String vorhanden ist. Mit `Count()` können Sie zählen, wie oft ein Element in einem String vorkommt. Und `Index()` gibt Ihnen die Indexposition des ersten Vorkommens eines bestimmten Elements zurück. Ein Anwendungsbeispiel für diese drei Funktionen ist:

```
func main() {
        s1 := "Dampfschifffahrt"
        fmt.Println(strings.Contains(s1, "f"))
        fmt.Println(strings.Count(s1, "f"))
        fmt.Println(strings.Index(s1, "f"))
}
~~~~~~~~~~
true
4
4
```

2.2.6 Slice

Einzelne Werte eines bestimmten Typs können Sie in Go in einem *Slice* sammeln. Den Datentyp Slice schreiben Sie mit zwei eckigen Klammern ohne etwas dazwischen, gefolgt von dem Datentyp, von dem Sie Werte in diesem Slice aufbewahren möchten.

Die Statements `var myslice1 []int` und `var myslice2 []string` zum Beispiel deklarieren also einen Slice von Integern und einen Slice von Strings.

Das Slice-Literal schreiben Sie ähnlich. Es besteht aus dem Datentyp, dem ein geschwungenes Klammerpaar folgt. Die einzelnen Elemente sind durch ein Komma voneinander getrennt. Sie können so einen Ausdruck benutzen, um einen neuen Slice direkt mit Elementen anzulegen. Schreiben Sie also `myslice := []int{1, 2, 3}`. Beachten Sie, dass `[]int{1, 2, 3}` ein Literal ist wie `"Weserbergland"` und kein Datentyp-Name wie `[]int`, `float64` oder `string`. Die ausführliche Schreibweise für eine Deklaration mit angegebenem Datentyp und gleichzeitiger Zuweisung ist also:

`var myslice1 []int = []int{1, 2, 3}`

Auf bestimmte Elemente in einem Slice können Sie über die Indexstelle zugreifen. Auf dieselbe Weise können Sie Elemente auch verändern:

```
func main() {
	sl1 := []string{"Hagen", "Braunschweig", "Halle"}

	fmt.Println(sl1)
	fmt.Println(sl1[1])

	sl1[0] = "Trier"
	fmt.Println(sl1)
}
~~~~~~~~~~
[Hagen Braunschweig Halle]
Braunschweig
[Trier Braunschweig Halle]
```

Slices in Go haben keine fixe Länge. Sie können zur Laufzeit mit der Standardfunktion `append()` beliebig viele Elemente hinzufügen. Die Funktion `len()` gibt Ihnen die Länge eines Slice aus:

```
func main() {
	var sl1 []string

	sl2 := append(sl1, "Rüsselsheim")
	sl3 := append(sl2, "Bamberg", "Nürnberg")

	fmt.Println(sl3)
	fmt.Println(len(sl3))
}
~~~~~~~~~~
[Rüsselsheim Bamberg Nürnberg]
3
```

Wenn das auch nicht als sein ultimativer Verwendungszweck hervorsticht, der Name »Slice« deutet auf jeden Fall an, dass Sie diesen Sammeldatentyp auch *slicen* können. Das Ergebnis dieser Operation ist ein neuer Slice:

```
func main() {
        var sl1 []int
        sl1 = []int{10, 20, 30, 40, 50, 60, 70, 80}
        fmt.Println(sl1[3:6])
}
~~~~~~~~~~
[40 50 60]
```

Die Variante von einem Slice mit einer festen, unveränderlichen Länge ist ein Array. Sie deklarieren ein Array dementsprechend mit der Anzahl der Stellen für Elemente zwischen den eckigen Klammern: `myarray := [3]int{1, 2, 3}`

Dieser Datentyp ist weniger flexibel, hat aber dafür Vorteile in der Verarbeitungsgeschwindigkeit. Das sprengt den Rahmen dieses Grundkurses, aber es gibt auch Kontexte, in denen zum Beispiel ein Array von genau 3 Bytes benötigt wird. (*byte* ist ein weiterer Datentyp.)

2.2.7 Map

Ein weiterer Sammeldatentyp in Go ist die *Map*. Es handelt sich dabei um eine Sammlung von Key/Value-Paaren, bei denen ein bestimmter Datentyp als Schlüssel einem Wert zugeordnet ist, der entweder denselben oder einen anderen Datentyp hat.

Dieser Datentyp wird ähnlich wie bei einem Slice geschrieben, allerdings mit dem Schlüsselwort `map`. Darauf folgen der Key-Typ in eckigen Klammern und der Value-Typ direkt dahinter. Also etwa `map[string]int` oder `map[int]string`. Die Reihenfolge der Elemente in einer Map ist nicht fixiert und muss nicht derjenigen entsprechen, in der Wertepaare hinzugefügt worden sind.

Das Map-Literal schreiben Sie, genauso wie auch beim Slice, mit einem Paar geschwungener Klammern. Die Key/Value-Paare als Elemente der Map trennen Sie durch Kommata. Zwischen die Schlüssel und Werte schreiben Sie jeweils einen Doppelpunkt:

```
func main() {
        m1 := map[string]float64{"min": 3.99, "max": 6.99}
        fmt.Println(m1)
        fmt.Printf("%T", m1)
}
~~~~~~~~~~
```

```
map[max:6.99 min:3.99]
map[string]float64
```

Zugreifen auf bestimmte Paare in einer Map können Sie immer über den Schlüssel. Die Konstruktion `mymap["key"]` gibt Ihnen den korrespondierenden Wert zurück (und `true`, dazu weiter unten mehr). Ist der angegebene Schlüssel nicht vorhanden, wird 0 zurückgegeben. Achten Sie dabei auf die subtile Falle, dass 0 eventuell auch ein aufbewahrter Wert sein kann:

```
func main() {
        m1 := map[string]int{"key1": 0}
        fmt.Println(m1["key1"])
        fmt.Println(m1["key2"])
}
~~~~~~~~~~
0
0
```

Einen Eintrag können Sie einfach über den Schlüssel aktualisieren. Und passende Paare ergänzen sich praktischerweise automatisch zu einer Map, wenn ein bestimmter Schlüssel bisher nicht existiert hat:

```
func main() {
        m1 := map[string]string{"stadt": "München", "land": "Mexiko"}
        m1["land"] = "Malta"
        m1["fluss"] = "Mosel"
        fmt.Println(m1)
}
~~~~~~~~~~
map[fluss:Mosel land:Malta stadt:München]
```

Diese Methode, um Elemente hinzuzufügen, funktioniert allerdings nicht, wenn Sie eine neue Map ohne geschwungene Klammern leer definiert haben. Vorsicht, der Versuch einen Null-Wert zu referenzieren, lässt sich kompilieren, führt aber zur Laufzeit zu einem Programmcrash:

```
func main() {
        m1 := map[string]int{}
        m1["temp"] = 100
        fmt.Println(m1)

        var m2 map[string]int
        m2["temp"] = 100
}
```

```
~~~~~~~~~~
map[min:100]
panic: assignment to entry in nil map
```

Ein bestimmtes Key/Value-Paar in einer Map können Sie mit der Funktion `delete()` löschen. Referenzieren Sie es dafür einfach wieder über den Schlüssel:

```
func main() {
        m1 := map[string]string{"stadt": "münchen", "land": "mexiko"}
        delete(m1, "stadt")
        fmt.Println(len(m1))
}
~~~~~~~~~~
1
```

2.2.8 If-Abfrage

Go bietet Ihnen für die Gestaltung eines von Bedingungen abhängigen Programmablaufs unter anderem eine If-Abfrage. Ein solches Statement konstruieren Sie mit dem Schlüsselwort `if`. Die Konstruktion prüft für eine bestimmte Bedingung zunächst, ob sie zutrifft oder nicht, also ob ihr der Wahrheitswert `true` oder `false` zukommt. Ist etwas Bestimmtes der Fall und kommt einer Bedingung `true` zu, dann wird ein bestimmter Code ausgeführt, den Sie hinter dem Ausdruck mit `if` und der überprüften Bedingung in geschwungenen Klammern schreiben:

```
func main() {
        s1 := "Badehaus"

        if len(s1) == 8 {
        fmt.Println("Das Wort ist acht Buchstaben lang")
        }
}
~~~~~~~~~~
Das Wort ist acht Buchstaben lang
```

Optional kann der Ausdruck auch noch die Schlüsselwörter `else if` und ein `else` enthalten. Mit `else if` können Sie eine weitere Bedingung überprüfen. Der Code in geschwungenen Klammern hinter `else` hingegen wird ausgeführt, falls keine der vorher überprüften Bedingungen zutrifft. Das ist der Fall, wenn alle mit `if` und `else if` überprüften Bedingungen `false` zurückgegeben haben:

```
func main() {
        s1 := "Badehäuser"
```

```
        if len(s1) == 8 {
                fmt.Println("Acht Buchstaben lang")
        } else if len(s1) == 9 {
                fmt.Println("Neun Buchstaben lang")
        } else {
                fmt.Println("Weder acht noch neun Buchstaben lang")
        }
}
~~~~~~~~~~
Weder acht noch neun Buchstaben lang
```

Die in der Konstruktion überprüften Ausdrücke (Stichwort: *Conditional Statement*) schreiben Sie in Go nicht in Klammern – auch dann nicht, wenn Sie mehrere miteinander verknüpfen. Die logischen Operatoren und die Verknüpfungsoperatoren, mit denen Sie solche Statements aufsetzen können, sind in Go die folgenden:

Operator	Bedeutung	Beispiel
==	gleich	10 % 2 == 0
!=	ungleich	25 / 7 != 4
>	größer als	30 > 20
>=	größer oder gleich	30 >= 20
<	kleiner als	20 < 30
<=	kleiner oder gleich	20 <= 30
&&	Und	30 > 20 && 20 < 30
||	Oder	30 > 20 || 20 > 30

Tabelle 2.2 Operatoren in Google Go

Im Unterschied zu anderen Sprachen wie Python ist `0` in Go nicht gleichbedeutend mit `false`. Das hat unter anderem Auswirkungen auf die Art, wie Sie überprüfen können, ob eine Variable leer beziehungsweise zugewiesen ist oder nicht. Ein deklarierter, aber noch nicht zugewiesener String hat in Go die Länge `0`. Das überprüfen Sie mit der Kondition `len(s1) == 0` beziehungsweise `len(s1) != 0`. Dasselbe gilt auch für Slices und Maps.

Eine praktische Einrichtung bei der If-Abfrage ist, dass Sie in der Kopfzeile direkt hinter dem `if`-Keyword mit dem Colon-Equals-Operator auch noch Variablen anlegen können. Diese sind dann nur innerhalb dieser If-Abfrage gültig. Den Ausdruck schreiben Sie hinter `if` und grenzen ihn vom darauffolgenden konditionalen Ausdruck in derselben Zeile mit einem Semikolon ab:

```
func main() {
        if s1 := "klappt!"; 10 > 2 {
                fmt.Println(s1)
        }
}
~~~~~~~~~~
klappt!
```

Diese Einrichtung können Sie für verschiedene Zwecke einsetzen. Ein einschlägiger Anwendungsfall ist zum Beispiel, dass Sie damit einen Wahrheitswert beziehungsweise ein Boolean gewinnen können, das Sie im Folgenden direkt als Bedingung auswerten. Aus diesem Grund spricht man bei dieser Konstruktion auch von einem *erweiterten konditionalen Ausdruck*:

```
func main() {
        m1 := map[string]int{"min": 10, "max": 100}

        if value, kexists := m1["min"]; kexists {
                fmt.Printf("Der Min-Wert ist: %d", value)
        }
}
~~~~~~~~~~
Der Min-Wert ist: 10
```

Eine einfachere Variante der If-Abfrage ist die Switch-Konstruktion. Sie kennen sie vielleicht bereits vom Linux-Shellskripting. Dieses Statement besteht aus den Schlüsselwörtern `switch`, einem oder mehreren `case` und optional auch noch aus dem Schlüsselwort `default`. Sie verzichtet auf Klammern innerhalb der Konstruktion, sondern verwendet einen einfachen Doppelpunkt, um Codeblöcke zu kennzeichnen. Setzen Sie Switch-Abfragen zum Beispiel ein, um Kommandozeilenargumente auszuwerten. Das erweiterte Statement in der Kopfzeile ist auch hierbei möglich:

```
func main() {
        switch s1 := "Blau"; s1 {
        case "Rot":
                fmt.Println("Die Farbe ist Rot")
        case "Grün":
                fmt.Println("Die Farbe ist Grün")
        case "Gelb":
                fmt.Println("Die Farbe ist Gelb")
```

```
        case "Blau":
                fmt.Println("Die Farbe ist Blau")
        default:
                fmt.Println("Keine Farbe erkannt")
        }
}
~~~~~~~~~~~
Die Farbe ist Blau
```

2.2.9 For-Schleife

Go kennt selbstverständlich auch eine For-Schleife. Allerdings gibt es hier keine standardmäßig iterierbaren Objekte – wieder ein Unterschied zu Python.

Möchten Sie über einen Slice oder ein Array iterieren, dann benutzen Sie dafür das Schlüsselwort `range`. Es gibt für jedes Element in einem Slice jeweils zwei Werte zurück: die Indexposition und den an dieser Stelle aufbewahrten Wert. Verwenden Sie den Colon-Equals-Operator, um beide Werte zu übernehmen und dann im Codeblock der For-Schleife auszuwerten:

```
func main() {
        sl1 := []string{"Köln", "Düsseldorf", "Essen"}

        for index, value := range sl1 {
                fmt.Printf("%d: %s\n", index, value)
        }
~~~~~~~~~~~
0: Köln
1: Düsseldorf
2: Essen
```

Wenn Sie beide Werte, die `range` für jedes Element in dem Slice zurückgibt, Variablen zuweisen, dann müssen Sie auch beide Variablen wie im Beispiel verwenden. Der Compiler ist sehr pingelig und bricht sonst mit der Fehlermeldung `value declared and not used` ab. Falls Sie aber in einem Fall wie diesem nur die Strings aus dem Slice und nicht die dazugehörigen Indexpositionen auswerten möchten, dann benutzen Sie einen Unterstrich als ersten Variablennamen. Dieser sogenannte *leere Bezeichner* fungiert dann als Platzhalter.

Wenn Sie für irgendeinen Zweck aber nur die Indexposition auswerten möchten, dann ist dieses Verfahren bei diesem Schlüsselwort nicht nötig. Denn um nur den ersten Wert aufzunehmen, der von `range` zurückgegeben wird, genügt eine einzelne Variable:

```
func main() {
        var sl1 []string
        var sl2 []int
        var sl3 []string = []string{"Köln", "Düsseldorf", "Essen"}

        for _, value := range sl3 {
                sl1 = append(sl1, value)
        }

        for index := range sl3 {
                sl2 = append(sl2, index)
        }

        fmt.Println(sl1, sl2)
}
~~~~~~~~~~
[Köln Düsseldorf Essen] [0 1 2]
```

Die Methode, bei der For-Schleife mit `range` zu arbeiten, können Sie auch auf Maps anwenden. Anstatt Element und Indexposition wie bei Slices werden hier dann Keys und Values aus den aufbewahrten Paaren zurückgegeben:

```
func main() {
        preis := map[string]float64{"heute": 1.49, "morgen": 1.59}

        for key, value := range preis {
                fmt.Printf("Preis %s: %.2f\n", key, value)
        }
}
~~~~~~~~~~
Preis heute: 1.49
Preis morgen: 1.59
```

Benötigen Sie in der For-Schleife nur Schlüssel oder Werte aus einer Map, dann setzen Sie auch hier den leeren Bezeichner (Unterstrich) ein. Beachten Sie beim Iterieren über eine Map, dass die Reihenfolge der Elemente nicht fix ist. Sie kann also immer anders sein, als Sie es annehmen.

Bei der For-Schleife gibt es eine besondere Schreibweise für den Zweck, dass Sie die Schleife eine bestimmte Anzahl von Durchgängen laufen lassen wollen. Den dafür benötigten Zähler konstruieren Sie aus drei Teilen und einem beliebigen kurzen Variablennamen wie `i`:

```
func main() {
        for i := 1; i < 4; i++ {
                fmt.Printf("%d: %s", i, "I like to move it, move it.\n")
        }
}
~~~~~~~~~~
1: I like to move it, move it.
2: I like to move it, move it.
3: I like to move it, move it.
```

Im Klartext bedeuten die drei Teile im Kopf der For-Schleife etwa:

1. »Die Variable `i` soll den Wert 1 haben.«
2. »Laufe immer durch die Schleife, wenn `i` kleiner als 4 ist.«
3. »Erhöhe nach einem Durchlauf den Wert von `i` um eins.«

Diese Schleife läuft damit also dreimal durch, wie das Beispiel zeigt. Passen Sie den Zähler im zweiten Teil dieser Konstruktion an, um bei einer For-Schleife eine gewünschte Anzahl von Durchläufen zu bekommen.

2.2.10 Funktionen

Go-Code wird maßgeblich durch Funktionen strukturiert. So wird auf jeden Fall immer eine `main()`-Funktion verlangt, damit ein Programm überhaupt funktioniert. Als bewährte Praxis gilt für Funktionsnamen in Go der *Camel Case*: Namensbestandteile werden zusammengeschrieben, und jedes hintere Wort fängt mit einem Großbuchstaben an (also etwa `connectToProxyServer`). Ob der erste Buchstabe eines Namens groß- oder kleingeschrieben wird, spielt eine funktionale Rolle. Denn nur Funktionen, die mit Großbuchstaben beginnen, können auch außerhalb eines Pakets beziehungsweise einer Bibliothek verwendet werden. Alle Funktionen, die Sie bisher kennengelernt haben, wurden daher großgeschrieben.

Funktionen sind praktische Einrichtungen, die Ihnen helfen, Ihr Programm übersichtlich zu strukturieren, und mit denen Sie Wiederholungen vermeiden. Beachten Sie, dass Sie Funktionen mit einem Namen nicht innerhalb von anderen Funktionen anlegen können, also auch nicht innerhalb von `main()`.

Ob Sie eine oder mehrere weitere Funktionen vor oder nach der `main()`-Funktion aufsetzen, spielt keine Rolle. Das bleibt Ihrem eigenen Programmierstil überlassen, aber vielleicht entscheiden Sie sich zu Beginn eines Projekts für eine von beiden Varianten, um Chaos zu vermeiden.

Es gibt in Go jedoch einen Trick, mit dem Sie eine Funktion doch innerhalb einer anderen Funktion anlegen können. Und zwar geht das, wenn Sie diese als anonyme Funktion ohne einen Namen aufsetzen und als Ersatz dafür an eine Variable binden:

```
func main() {
        loggingTarget := func(fname string) string {
        logfolder := fmt.Sprintf("/var/log/%s/", fname)
        return logfolder
        }
        fmt.Println(loggingTarget("foo"))
        fmt.Println(loggingTarget("bar"))
}
~~~~~~~~~~
/var/log/foo/
/var/log/bar/
```

Diese Variante ist nicht nur eine Frage eines geringeren Aufwands beziehungsweise des eigenen Programmierstils. *Anonyme Funktionen* (Stichwort: *Closure*) haben den Vorteil, dass für sie der Funktionsraum der ummantelnden Funktion gilt. Das bedeutet, dass sie direkten Lese- und Schreibzugriff auf Variablen haben, die nicht global sind, sondern in der äußeren Funktion definiert wurden:

```
func main() {
        a, b := 10, 20
        addThis := func(i int) {
                b = a + b + i
        }
        addThis(30)
        fmt.Println(b)
}
~~~~~~~~~~
60
```

Eine sogenannte *niladische Funktion* verlangt keine Argumente beim Aufruf. Wenn Sie aber eine Funktion mit Parametern aufsetzen möchten, dann schreiben Sie diese in die runden Klammern hinter den Namen der Funktion. Ein Parameter besteht aus einem Variablennamen und dem Datentyp, den Sie in der Funktion verarbeiten möchten: `func foo(a float64)` oder `func foo(s string)`.

Verlangen Sie mehrere Parameter, dann schreiben Sie diese einfach durch Kommata getrennt hintereinander: `foo(a float64, b float64, c string, d []int)`. Parameter desselben Datentyps können Sie als verkürzte Schreibweise auch kombinieren: `foo(a, b, c float64)`.

Das Schlüsselwort `return` in der Funktion bestimmt, was sie als Ergebnis zurückgeben soll. Darüber hinaus müssen Sie aber auch noch den Datentyp der Rückgabe in der

Kopfzeile der Funktion eintragen. Und zwar schreiben Sie ihn zwischen den Parametern und der öffnenden geschwungenen Klammer, hinter der der Funktionscode beginnt:

```
func addiereZahlen(x int, y int) int {
        summe := x + y
        return summe
}

func main() {
         fmt.Println(addiereZahlen(10, 20))
}
~~~~~~~~~~
30
```

Eine Besonderheit von Go ist, dass Sie aus einer Funktion auch eine Mehrzahl von Werten zurückgeben können. Die entsprechenden Datentypen der zurückgegebenen Werte müssen Sie dabei natürlich auch in der Kopfzeile eintragen. Schreiben Sie eine Reihe von Typen an dieser Stelle in einer Klammer:

```
func divUndRest(a, b int) (int, int) {
        return a / b, a % b
}

func divUndHallo(a int, b int) (int, string) {
        return a / b, "Hallo!"
}

func main() {
        div, rest := divUndRest(20, 6)
        fmt.Println(div, rest)

        div, hallo := divUndHallo(20, 10)
        fmt.Println(div, hallo)
}
~~~~~~~~~
3 2
2 Hallo!
```

Dieses Beispiel zeigt Ihnen einen subtilen Kniff in Bezug auf die Zuweisung von mehreren Variablen: `div` ist in `main()` beim zweiten Mal bereits deklariert, aber weil das auf `hallo` nicht zutrifft, müssen Sie für `div` in der Kombination mit `hallo` wieder den Deklarationsoperator `:=` für beide verwenden.

2.2.11 Pointer

Ein *Pointer* ist in Go ein spezieller Wert, der eine bestimmte Speicherstelle im Rechner bezeichnet. Mit dem Ampersand (&) können Sie den Pointer für eine bestimmte Variable gewinnen. Der resultierende Pointer zeigt dann an, an welcher Speicherstelle der durch diese Variable repräsentierte Wert gespeichert ist:

```
func main() {
        a := 10
        b := &a
        fmt.Printf("%d %d %T\n", a, b, b)

        c := "Salzgitter"
        d := &c
        fmt.Printf("%s %d %T", c, d, d)
}
~~~~~~~~~~
10 4276256 *int
Salzgitter 4243776 *string
```

Beachten Sie, dass der Datentyp des Pointers zum Beispiel mit `*int` und `*string` immer mit dem repräsentierten Datentyp korrespondiert. Trotzdem trägt er als Speicherstelle immer eine Ganzzahl.

Das Gegenstück zum Ampersand ist der Asterisk (*), mit dem Sie einen Pointer dereferenzieren können. Das bedeutet, Sie können sich damit von einem Pointer den zugehörigen, an diesem Speicherplatz aufbewahrten Wert ausgeben lassen:

```
func main() {
        a := "Celle"
        b := &a
        c := *b
        fmt.Printf("%s %d %s", a, b, c)
~~~~~~~~~~
Celle 4243768 Celle
```

Keine Panik: Die Beschäftigung mit dem Hardwarelayout und der Speicheradressierung ist nicht notwendig, um mit Go zu programmieren. Denn die Speicherstelle selbst erfüllt hier nur einen mittelbaren Zweck: Mit einem Pointer können Sie über die Speicherstelle, die mit einer Variablen in Verbindung steht, unmittelbar auf den dort abgespeicherten Wert zugreifen. Bei einigen Kontexten bietet das die Möglichkeit, die sonst herrschenden Zugriffsbarrieren zu überwinden. Zum Beispiel können Sie auch über Funktionsbereiche hinweg Variablen manipulieren, wenn Sie einen Pointer einsetzen:

```
func changeIt(i *int) {
        *i = 4

func main() {
        myint := 2

        changeIt(&myint)
        fmt.Println(myint)
}
~~~~~~~~~~
4
```

2.2.12 Struct

Mit *Structs* bietet Go Ihnen einen praktischen Mechanismus, mit dem Sie eigene komplexe Datentypen modellieren können. Anders als die bisher besprochenen Sammeldatentypen kann eine Struktur in Go auch heterogene Werte mit unterschiedlichen Datentypen beinhalten.

Sie definieren eine neue Struktur mit den Schlüsselwörtern `type` und `struct`. Sie können wie bei Variablen und Funktionen auch einen beliebigen Namen verwenden. Ob der erste Buchstabe klein oder groß ist, entscheidet auch hier darüber, ob Sie die Struktur auch außerhalb des Paketes ansprechen können. Das spielt aber, wie gesagt, beim Package `main` keine besondere Rolle. Die Datenstruktur selbst definieren Sie mit Feldnamen und Datentypen in geschwungenen Klammern hinter der Kopfzeile. Initialisieren Sie die Struktur dann, indem Sie diese mit konkreten Werten einer Variablen zuweisen:

```
type produkt struct {
        name      string
        preis     float64
        lieferbar bool
}

func main() {
        str1 := produkt{name: "Staubsauger", preis: 249.90, lieferbar: true}
        str2 := produkt{name: "Kehrbesen", preis: 29.99, lieferbar: true}
        fmt.Println(str1, str2)
}
~~~~~~~~~~
{Staubsauger 249.9 true} {Kehrbesen 29.99 true}
```

Sie müssen eine Struktur nicht immer vollständig zuweisen, sondern können auch erst einmal nur einzelne Felder in ihr ausfüllen. Genauso können Sie die Daten in bestimmten Feldern auch jederzeit ändern:

```
func main() {
        var str1 produkt
        str1.name = "Wischmopp"
        fmt.Println(str1)

        str1.preis = 12.99
        fmt.Println(str1)
}
~~~~~~~~~~
{Wischmopp 0 false}
{Wischmopp 12.99 false}
```

Wenn Sie alle vorhandenen Datenfelder in einem Schritt ausfüllen, dann können Sie die Feldnamen auch einfach weglassen. Halten Sie dabei nur dieselbe Reihenfolge ein, in der die Datenfelder auch in der Definition der Struktur stehen. Gerne werden die einzelnen Datensätze in komplexen Zuweisungen bei umfangreicheren Strukturen auch in separate Zeilen geschrieben. Achten Sie dabei darauf, dass bei dieser Schreibweise (Stichwort: *Composite Literal*) auch hinter dem letzten Element ein Komma stehen muss:

```
func main() {
        str1 := produkt{"Wäschesack", 4.99, false}

        str2 := produkt{
                name: "Entkalker",
                preis: 2.99,
                lieferbar: true,
        }
```

Bei einer von Ihnen selbst definierten Struktur handelt es sich um einen vollwertigen Datentyp wie *float64* oder *string*. Sie können verschiedene initialisierte Instanzen zum Beispiel zu einem Slice hinzufügen. Und über die Notation `Variable.Datenfeld` können Sie gezielt auf bestimmte Daten in einer initialisierten Struktur zugreifen:

```
func main() {
        str1 := produkt{"Staubsauger", 249.90, true}
        str2 := produkt{"Kehrbesen", 29.99, true}
        str3 := produkt{"Wäschesack", 4.99, false}

        var produkte []produkt
```

```
        produkte = []produkt{str1, str2, str3}

        for _, str := range produkte {
                fmt.Println(str.name)
        }
}
~~~~~~~~~~
Staubsauger
Kehrbesen
Wäschesack
```

2.2.13 Methoden

Methoden in Go sind spezielle Funktionen, die mit bestimmten Strukturen in Verbindung stehen. Setzen Sie eine Methode auf, wenn Sie initialisierte Strukturen auf eine bestimmte Art und Weise wiederkehrend abfragen oder manipulieren möchten.

Eine Methode unterscheidet sich in Go von einer reinen Funktion durch einen sogenannten *Receiver*. Der wird auch in der Kopfzeile geschrieben, und zwar in runden Klammern direkt hinter dem Schlüsselwort `func`. Der Receiver beinhaltet einmal genau wie bei Funktionsparametern einen beliebigen Variablennamen, mit dem Sie die Struktur innerhalb der Methode ansprechen. Darauf folgt der Name der Struktur, auf der die Methode anzuwenden ist. Sie können die aufgesetzte Methode dann mit der Dot-Notation auf eine initialisierte Fassung der Strukturen anwenden, die im Receiver eingestellt ist:

```
type getränk struct {
        name  string
        preis float64
}

func (str getränk) wasKostetDas() string {
        return fmt.Sprintf("Einmal %s kostet %.2f Euro", str.name, str.preis)
}

func main() {
        str1 := getränk{"Limo", 1.29}
        text := str1.wasKostetDas()
        fmt.Println(text)
}
~~~~~~~~~~
Einmal Limo kostet 1.29 Euro
```

Gegenüber einem normalen Receiver wie im Beispiel für eine Methode, die Daten aus einer Struktur liest (Stichwort: *Value Receiver*), gibt es noch eine Variante. Und zwar benutzen Sie bei einem Receiver für eine Methode, die auch Daten in einer Struktur verändert, einen Pointer anstelle ihres Namens (Stichwort: *Reference Receiver*). Beim Schreiben des Codes ist der einzige Unterschied, dass Sie für einen Reference Receiver einen Asterisk vor den Strukturnamen schreiben:

```
func (str *getränk) sommerpreis() {
        str.preis *= 3
}

func main() {
        str1 := getränk{"Sprudelwasser", 0.89}

        str1.sommerpreis()
        fmt.Println(str1)
}
~~~~~~~~~~
{Sprudelwasser 2.67}
```

2.2.14 Interface

Ein Interface in Go ist ein zentraler Ansprechpunkt für eine Mehrzahl von unterschiedlichen Methoden. Sie setzen ein Interface immer mit einer bestimmten Signatur auf, über die Methoden angesprochen werden, die diese Signatur erfüllen. Welche Methode ausgelöst wird, hängt dann immer davon ab, mit welcher Struktur das Interface angesprochen wird.

Dieses anfangs etwas knifflige Thema lässt sich am besten an einem etwas komplexeren Beispiel erklären:

```
type sackReisUSA struct {
        hersteller string
        usd        float64
}

type sackReisBrasilien struct {
        hersteller string
        brl        float64
}

func (str sackReisUSA) europreis() float64 {
        return str.usd * 0.91
}
```

```
func (str sackReisBrasilien) europreis() float64 {
        return str.brl * 0.22
}

type umrechnung interface {
        europreis() float64
}

func getEuropreis(rechn umrechnung) float64 {
        return rechn.europreis()
}

func main() {
        str1 := sackReisUSA{usd: 23.49}
        str2 := sackReisBrasilien{brl: 88.30}

        fmt.Println(getEuropreis(str1))
        fmt.Println(getEuropreis(str2))
}
~~~~~~~~~~
21.375899999999998
19.426
```

Lassen Sie uns die gesamte Konstruktion der Reihe nach von oben nach unten durchgehen:

1. Es gibt hier erst einmal zwei Strukturen: Ein Sack Reis aus den USA hat einen bestimmten Hersteller aus den USA und kostet einen bestimmten Preis in US-Dollar. Dasselbe gibt es auch noch einmal für einen Sack Reis aus Brasilien mit einem Preis in brasilianischen Real.
2. Zu jeder der beiden Strukturen gibt es eine Methode `europreis()`, die den Preis für einen Sack Reis in Euro umgerechnet als *float64* zurückgibt. Beide Methoden zusammen können Sie mit einem Interface ansprechen.
3. Ein Interface setzen Sie immer mit den Schlüsselwörtern `type` und `interface` auf. Das Interface `umrechnung` im Beispiel definiert die Signatur `europreis() float64` (Name und Rückgabe). Es referenziert damit auf beide vorher angesetzten Methoden.
4. Dieses Interface können Sie nun als Parameter für eine Funktion verwenden. Die Funktion `getEuropreis()` im Beispiel gibt über das Interface `umrechnung` die Rückgabe von einer der beiden Methoden weiter.

5. Rufen Sie diese Funktion dann mit einer Instanz der Strukturen `sackReisUSA` oder `sackReisBrasilien` auf. Sie beinhaltet jeweils einen konkreten Preis. Sie bekommen als Rückgabe aus der dazugehörigen Methode `europreis()` den Preis in Euro umgerechnet zurück.

2.2.15 Pakete

Pakete in Go sind organisatorisch zusammenhängende Quellcode-Dateien. Sie können ein Paket in einem Go-Programm mit `import` als Bibliothek einbinden und dann die daraus bereitgestellten Elemente einsetzen.

Es lohnt sich auch bei eigenen Projekten, größere Einheiten von logisch zusammenhängendem Code, die eine bestimmte Funktionalität zur Verfügung stellen, als ein Paket in eine oder mehrere selbstständige Dateien auszulagern. Das sorgt für mehr Übersichtlichkeit und bietet eine saubere Grundlage für die Weiterentwicklung. Die zu einem Paket gehörigen einzelnen Dateien erhalten dann alle eine bestimmte `package`-Definition und befinden sich im Projektordner in einem eigenen Verzeichnis. Die Dateinamen sind, wie gesagt, beliebig, nur die Endung *.go* ist für Go-Quellcodedateien obligatorisch. Als Verzeichnisnamen verwenden Sie für ein Paket aber denselben Namen, den das Paket trägt. Alle Pakete, die nicht Bestandteil der Stdlib sind, werden immer absolut mit vollständigem Projektpfad referenziert. Wenn Sie in einem Projekt *github.com/username/projekt* zum Beispiel ein Paket *connector* programmiert haben, dann binden Sie dieses in der *main.go*-Datei mit `import "github.com/username/projekt/connector"` genau wie eine Drittanbieter-Bibliothek ein.

Bei einem Grundkurs stellt sich aber wohl vielmehr die Frage, wie Sie Bibliotheken beziehungsweise Pakete von anderen Entwicklern in Ihren eigenen Go-Programmen einsetzen können. Für Pakete aus der Stdlib genügt es, wenn Sie beim Import einfach ihren Namen angeben. Die Stdlib ist Kernbestandteil und wird beim Installieren von Go aus einem Linux-Paket automatisch so installiert, dass der Compiler die Pakete daraus auf Ihrem Arbeitsrechner findet. Bei Drittanbieter-Paketen, wie zum Beispiel *Getlang* von dem User Rylan beim Projekthoster GitHub, ist das aber nicht der Fall. *Getlang* ist eine Bibliothek, die aus einem String die Sprache feststellen kann, in der ein Satz geschrieben ist. Die Bibliothek steht bei GitHub auf der Seite `rylans/getlang` (*https://github.com/rylans/getlang*, siehe Abbildung 2.1). Sie müssen, um das Paket einzubinden, im Kopf Ihrer Applikation für `import` den vollständigen öffentlichen Projektpfad angeben:

```
import (
        "fmt"
        "github.com/rylans/getlang"
)
```

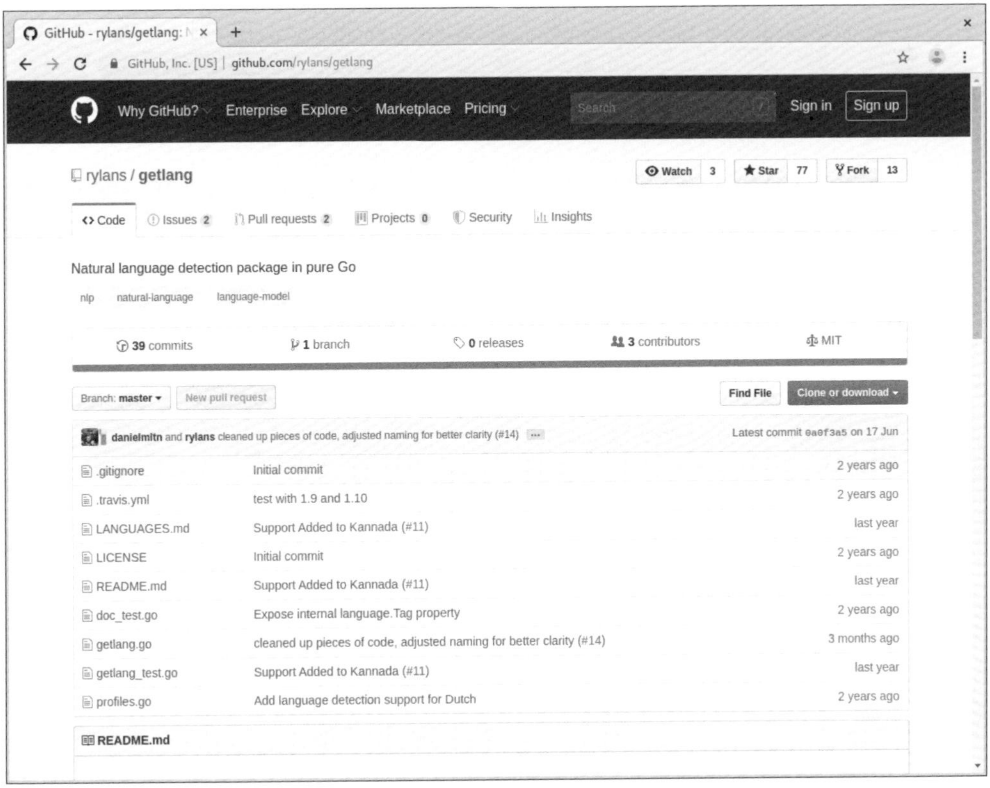

Abbildung 2.1 Der Quellcode von Getlang bei GitHub

Der Go-Playground lädt alle mit `import` eingebundenen Drittanbieter-Pakete automatisch herunter, wenn Sie den Schalter Run betätigen. Das trifft bei Programmen auf Ihrem Arbeitsrechner allerdings nicht zu. Hier müssen Sie das Paket zunächst mit `go get github.com/rylans/getlang` in den Gopath herunterladen. Die Downloads befinden sich danach im Gopath zusammen mit Ihren eigenen Projekten unterhalb von *src/*:

```
src
├── github.com
│   ├── rylans
│   │   └── getlang
│   │       ├── doc_test.go
│   │       ├── getlang.go
│   │       ├── getlang_test.go
│   │       └── profiles.go
│   └── username
│       ├── getlangdemo.go
│       ├── helloworld.go
```

```
|        └── projekt
|            ├── connector
|            │   └── fastconnect.go
|            └── main.go
```

Sie können Getlang dann einbinden und anwenden und ein Programm mit diesem Paket kompilieren. Wie auch bei Paketen aus der Stdlib gilt allein der Paketname mit folgendem Punkt als Präfix:

```
func main() {
        lang := getlang.FromString("J'ai vu cela moins cher ailleurs.")
        fmt.Println(lang.LanguageCode())
}
~~~~~~~~~~
Fr
```

> **Gut zu wissen**
>
> Diese Pakete werden im Laufe der Zeit Updates erhalten. Mit dem Kommando `go get -u github.com/rylans/getlang` laden Sie die Updates für das *Getlang*-Paket herunter. Mit `go get -u all` können Sie alle Pakete auf einmal updaten.

2.2.16 os.Open()

Das Paket *os* in der Stdlib (*https://golang.org/pkg/os/*) bietet Ihnen einen durch Funktionen abstrahierten Zugriff auf betriebssystemspezifische Operationen. Dazu gehört auch `os.Open()`, womit Sie Dateien öffnen können, um etwa daraus zu lesen. Die Funktion gibt Ihnen einen File-Descriptor zurück, den Sie an eine Variable binden können. Auf diese Variable können Sie dann Methoden anwenden, die die Bibliothek dafür zur Verfügung stellt.

Neben dem File Descriptor gibt Ihnen `os.Open()` (wie die meisten Funktionen aus der Stdlib) als zweiten beziehungsweise letzten Wert auch noch eine Fehlermeldung zurück, wenn es beim Öffnen einer Zieldatei Probleme gibt. Dazu gehört zum Beispiel, dass ein Dateiname aus einer Nutzereingabe falsch ist und deshalb die angegebene Datei gar nicht gefunden werden kann. Beachten Sie in dem Zusammenhang, dass relative Pfadangaben in Ihrem Go-Programm immer relativ zu dem Ort sind, von dem aus Sie `go run` ausführen oder ein kompiliertes Go-Programm aufrufen. Das ist wichtig für den Fall, dass nur ein reiner Dateiname angegeben wird und ohne Pfadangabe verarbeitet werden soll.

Wenn eine Funktion mehr als einen Wert zurückgibt, dann müssen Sie auch alle (in diesen Fall beide) Werte evaluieren. Für den zurückgegebenen `error` legen Sie eine

For-Schleife an, mit der Sie, direkt nachdem die Funktion ausgeführt worden ist, überprüfen, ob es dabei einen Fehler gegeben hat. Ist das nicht der Fall, wird als Fehler der Nullwert `nil` zurückgegeben. Ist die Fehlermeldung nicht `nil`, dann reagieren Sie im Ausführungsblock der If-Abfrage darauf. Ein Weg ist, Ihr Programm bei einem Fehler mit `os.Exit(1)` ordentlich abzubrechen und dabei auch noch einen Errorlevel an die Shell-Umgebung zurückzugeben. Aber vielleicht lösen Sie besser mit `panic(err)` eine Go-Panic aus, bei der das auch der Fall ist. Die Panic führt dann geplant zu einem Programmcrash. Bei diesem Verfahren geben Sie gleichzeitig auch noch die gegebenenfalls zurückgegebene Fehlermeldung `err` von `os.Open()` mit aus:

```
func main() {
        file, err := os.Open("bm2.txt")
        if err != nil {
                panic(err)
        }
        defer file.Close()
```

Das Schlüsselwort `defer` können Sie in einer Funktion wie `main()` an einer beliebigen Stelle schreiben. Sie markieren damit eine bestimmte Operation dafür, zuletzt ausgeführt zu werden, und zwar als letzter Befehl vor dem Abschluss dieser Funktion. Mehrere `defer`-Statements werden in umgekehrter Reihenfolge abgearbeitet, wenn es dafür so weit ist. Dieses Schlüsselwort wird gerne im Zusammenhang mit `os.Open()` verwendet, und zwar für `Close()`. Eine geöffnete Datei müssen Sie nach Benutzung mit dieser Methode immer auch wieder ordentlich schließen, um ihre Korruption zu vermeiden. Schreiben Sie `defer` direkt nach dem Öffnen der Datei, um sicherzustellen, dass sie am Ende auch wieder ordentlich geschlossen wird.

Den Inhalt der geöffneten Datei können Sie dann mit der Funktion `ioutil.ReadAll()` aus dem Paket *io/ioutil* (*https://golang.org/pkg/io/ioutil/*) in eine Variable lesen. Sie gibt Ihnen einen puren Slice von Bytes und auch wieder einen eventuell auftretenden Fehler zurück. Produktionsreife Programme bestehen zu einem großen Teil aus Fehlerbehandlungen. Dabei handelt sich weitestgehend um sogenannten *Boilerplate*-Code, also um sich wiederholende Textbausteine. Gerade in der Entwicklungsphase ist der Fokus gemeinhin aber mehr auf die Implementation einer Geschäftslogik gerichtet, anstatt die entstehende Applikation direkt gegen alles abzusichern, was überhaupt schieflaufen kann. Wenn Sie eine Funktion einsetzen, dann müssen Sie wie gesagt alle zurückgegebenen Werte bei der Zuweisung zu einer Variablen evaluieren. Setzen Sie den leeren Bezeichner ein, wenn Sie eventuelle Fehlerrückgaben von einer Funktion zunächst einmal unberücksichtigt lassen wollen:

```
        inhalt, _:= ioutil.ReadAll(file)
        fmt.Printf(string(inhalt))
}
```

```
~~~~~~~~~~
Will ich in mein Küchel gehen,
Will mein Süpplein kochen,
Steht ein bucklicht Männlein da,
Hat mein Töpflein brochen.
```

2.3 Docker

Docker wurde bereits in Abschnitt 1.4 vorgestellt und besprochen. Dort ging es vor allem um grundlegende Informationen über dieses Werkzeug für Softwarecontainer, um den technischen Hintergrund und seine Bedeutung für DevOps und Cloud-Computing.

Bevor es mit dem Thema Cloud-Infrastruktur hier im Buch so richtig losgehen kann, finden Sie in diesem Abschnitt zunächst einen kleinen Grundkurs zum Umgang mit Docker-Containern. Praxiswissen zu Docker ist für Cloud-Engineers und auch weitere Kreise in der IT-Welt heute praktisch unverzichtbar. Immer mehr Unternehmen wechseln dazu über, diese Technik als Basis für ihre Applikationen einzusetzen, und Container spielen eine immer größere Rolle für Hochverfügbarkeits-Setups und den lastspitzenresistenten Betrieb. Cluster-Manager für verteilte Applikationen wie Kubernetes können produktiv aber kaum eingesetzt werden, wenn das damit betreute Personal sich nicht auf den grundlegenden praktischen Umgang mit der darunter liegenden Containertechnik versteht.

Gut zu wissen

Docker wird häufig als Gattungsbegriff für Container verwendet. Die Grundlagen, die Sie hier kennenlernen, können Sie auch mit alternativen Tools wie beispielsweise *Podman* nutzen.

Der Gegenstand dieses Workshops, also die Geschäftsapplikation, die im Mittelpunkt der Darstellung eines typischen Docker-Workflows steht, ist WordPress (*https://wordpress.org/*). Dieses Blogging- und Contentmanagement-System (CMS) ist zugegebenermaßen häufiger das Thema von Docker-Einführungen. Dafür sprechen einige Gründe: Das Applikations-Setup besteht aus zwei Containern (dem WordPress-Container und einem Container mit einer relationalen Datenbank) und ist deswegen vom Grad der Komplexität noch überschaubar.

WordPress ist eine weitverbreitete Software, der Sie im Internet bestimmt schon einmal begegnet sind. Sehr viele Seiten nutzen WordPress, denn es ist nicht nur eine kollaborative Blogging-Plattform, sondern kann mit Plug-ins auch zu einer E-Commerce-Site und zu anderen Webapplikationen ausgebaut werden. Das für den Betrieb von WordPress benötigte Datenbank-Backend eignet sich darüber hinaus auch sehr schön, um zu demonstrieren, wie Container funktionieren. Anstatt nur zu zeigen, wie Sie die Applikation zum Laufen bekommen, führt dieser Workshop Sie auch ein bisschen herum.

Das WordPress-Setup ist ein Beispiel, das »out of the box« funktioniert, und passt deshalb gut in einen von seinem Umfang her beschränkten Grundkurs wie diesen. Denn ich möchte darauf verzichten, zu demonstrieren, wie Sie Container selbst bauen und vorhandene Container umbauen können – das führt uns zu weit von unserer eigentlichen Fragestellung weg.

Wenn Sie sich ausführlicher mit dem Thema Docker auseinandersetzen möchten, dann kann ich Ihnen dafür den Titel »Docker – Praxisbuch für Entwickler und DevOps-Teams« von Bernd Öggl und Michael Kofler (Rheinwerk Computing, ISBN 978-3-8362-9646-5) empfehlen.

Docker CE

Docker wird in Form der *Enterprise Edition* (Docker EE) auch als kommerzielles Paket vertrieben. Für diese Variante wird offizieller Support angeboten. Es gibt aber auch eine ganze Reihe von Zusatzfunktionen für die vor allem für Unternehmen wichtigen Bereiche Management, Security und Compliance.

An Anwender, deren Interesse vor allem ein funktionierender Docker-Workflow ist, richtet sich die normale *Community Edition* von Docker (Docker CE). Für Organisationen, die Docker CE für die Umsetzung ihrer Arbeitsabläufe einsetzen und die erweiterten Funktionen und den Support nicht benötigen, lohnt sich der Umstieg auf Docker EE nicht unbedingt. Dementsprechend steht Docker CE hier im Mittelpunkt der weiteren Ausführungen. Es handelt sich dabei um ein Kommandozeilenwerkzeug.

Neben dem CLI-Tool gibt es von Docker auch eine Version mit einer grafischen Oberfläche namens *Docker Desktop*. Auch hier gibt es Lizenzbedingungen, die Sie beachten müssen. Doch wenn Sie Docker Desktop nur auf Ihrem privaten Rechner installieren, dann sollten diese kein Problem darstellen. Mehr Informationen dazu finden Sie unter *https://www.docker.com/products/docker-desktop/*.

2.3.1 Installation

Diese Kurzeinführung in Docker basiert auf folgendem standardmäßigen Anwendungsfall: Sie installieren das Werkzeug auf Ihrem Arbeitsrechner, auf dem Sie eine bestimmte Applikation als Setup von Containern vorbereiten. Diese möchten Sie dann auf eine Cloud-Instanz aufspielen. Als Beispiel-Arbeitsrechner dient hier ein Ubuntu-System; auf der Homepage von Docker gibt es aber auch noch Installationsanleitungen für andere Linux-Distributionen (CentOS, Debian, Fedora) sowie für Windows und macOS.

Docker installieren

Wenn Sie auf Ihrem Arbeitsrechner so wie vorgeschlagen eine allgemeine Linux-Installation wie Ubuntu betreiben, dann wird Docker normalerweise nicht automatisch installiert. Sie haben dann zwei verschiedene Möglichkeiten: Entweder Sie installieren Docker aus den für Ihre Distribution voreingestellten Paketquellen, oder Sie beziehen Docker aus den offiziellen Paketquellen vom Hersteller Docker Inc. unter *download.docker.com*. Auch wenn das zusätzliche Konfiguration erfordert, sprechen gute Gründe für die zweite Variante:

- Das gut gepflegte Repositorium für Linux-Pakete von Docker Inc. bietet immer die aktuelle Version von Docker. Vielleicht können Sie als Docker-Einsteiger zwar auf die neuesten Features von CLI-Komponente und Server auch erst einmal verzichten. Jedoch erhalten Sie so auch Bugfixes und Patches für Sicherheitslücken.
- Es mag Fälle geben, in denen Ihre Distribution durchaus einen aktuellen Release von Docker bereithält. Allerdings folgen die meisten Linux-Distributionen wie Ubuntu dem *Stable-Release*-Veröffentlichungsschema, in dem es keine Versions-Updates gibt. Die von Ihnen so eingespielte Docker-Version veraltet also mit der Zeit, und das bei mehreren neuen Docker-Releases im Jahr recht schnell. Das Linux-Repositorium von Docker folgt dem *Rolling-Release*-Schema, bei dem neuere Paketversionen, die laufend ältere Versionen ersetzen, auch Release-Sprünge enthalten. Wenn Sie Ihre Linux-Distribution länger betreiben und sie nicht bei jedem neuen Release regelmäßig neu installieren, dann sind Sie damit wenigstens immer auf dem neuesten Docker-Stand.

Sie finden die aktuelle Anleitung zur Installation von Docker unter *https://docs.docker.com/engine/install/ubuntu/#install-using-the-repository*.

> **Docker for Windows**
>
> Docker wird meistens eingesetzt, um Open-Source-Software auf Servern und Cloud-Instanzen mit installiertem Linux auszuführen. Dementsprechend bietet sich ein Linux-System auch als Entwicklungsumgebung für Docker-Setups und containerisierte Applikationen an. Nichtsdestotrotz können Sie aber genauso gut Windows oder macOS für diesen Zweck einsetzen. Dafür können Sie Docker Desktop nutzen.

2.3.2 Docker Server

Docker besteht aus zwei verschiedenen Komponenten, die sich bei dem hier beschriebenen standardmäßigen Setup auf demselben Rechner befinden. Da ist einmal das Utility `docker` aus dem Paket *docker-ce-cli*. Damit steuern Sie Docker auf der Kommandozeile. Das ist der offizielle Docker-Client.

dockerd

Im Hintergrund läuft aus dem Paket *docker-ce* darüber hinaus auch noch ein dazugehöriges Backend, das als *Docker Server* bezeichnet wird. Der Server enthält zwei Komponenten:

- einmal die bereits erwähnte Container-Runtime (`containerd` und `runC`), die aus einem separaten Paket installiert wird.
- als Hauptkomponente die *Docker-Engine*. Dies ist die zentrale Schnittstelle, die vom Client angesprochen wird und über die die Container-Instanzen auf einem Host verwaltet werden. Die Engine (`dockerd`) ist als ein Dämon aufgesetzt, also als ein im Hintergrund laufender Prozess.

docker.service

Auf aktuellen Linux-Systemen steuert der Servicemanager *systemd* die System-Daemons; darunter fällt auch die Docker-Engine. Ob sie auch wirklich läuft, können Sie sich mit dem Befehl `systemctl` ausgeben lassen:

```
~$ systemctl status docker
? docker.service - Docker Application Container Engine
   Loaded: loaded (/lib/systemd/system/docker.service; enabled;
           vendor preset: enabled)
   Active: active (running) since Tue 2024-07-09 19:36:29 UTC; 11min ago
     Docs: https://docs.docker.com
 Main PID: 7335 (dockerd)
    Tasks: 10
   Memory: 38.8M
   CGroup: /system.slice/docker.service
           ??7335 /usr/bin/dockerd -H fd:// --containerd=/run/containerd/
containerd.sock
```

Enabling

Dass die Docker-Engine als Service auch nach einem Reboot des Arbeitsrechners automatisch wieder startet, wird normalerweise beim Installieren automatisch eingestellt. Ob das aber auch tatsächlich stattgefunden hat (der systemd-Service ist dann `enabled`), überprüfen Sie mit diesem Befehl:

```
~$ systemctl list-unit-files docker.service
UNIT FILE      STATE   VENDOR PRESET
docker.service enabled enabled
```

Wenn Sie nicht möchten, dass die Docker-Engine nach einem Reboot automatisch wieder gestartet wird, können Sie das mit dem Befehl `systemctl disable docker` einstellen. Die Engine können Sie dann händisch mit `systemctl start docker` starten und mit `systemctl stop docker` auch wieder stoppen.

systemd-Befehle wie diese fragen Sie erst einmal nach dem Root-Kennwort, wenn Sie sie als normaler User auslösen. Dieser Abfrage-Mechanismus ist meiner Erfahrung nach aber nicht sehr zuverlässig und steht über SSH überhaupt nicht zur Verfügung. Am besten nutzen Sie `systemctl` entweder mit Root-Rechten oder zusammen mit `sudo`, wenn Sie mehr machen möchten, als nur Informationen damit abzufragen.

systemd

systemd (*https://www.freedesktop.org/wiki/Software/systemd/*) ist ein unter Linux-Distributionen mittlerweile weit verbreiteter Service-Manager. Er spielt auf Servern im Userspace, also dem gesamten Softwarebereich außerhalb des Linux-Kernels, eine zentrale Rolle als Wurzelprozess mit der ID 1. Während der Vorgänger von systemd als Default, das System-V-Init, ein Gewebe aus Shellskripten war, handelt es sich bei systemd um ein selbstständiges Programm.

Der Manager steuert *Services*. Das sind Einheiten, mit denen interne Prozesse kontrolliert werden. Wenn Sie möchten, dann schauen Sie doch mal in die Service-Datei für den Docker Server */lib/systemd/system/docker.service*. Zu systemd gehören aber auch *Targets*, in denen bestimmte Nutzungszustände definiert sind (wie Server ohne Desktop, gestartete Desktop-Oberfläche, Rettungssystem, Shutdown usw.). Die Targets übernehmen die Funktion der Runlevels von System-V-Init.

Außerdem spielt der Service-Manager auch beim Hochfahren des Rechners eine zentrale Funktion. Beim Booten sorgt er zusammen mit dem Kernel dafür, das gesamte System in der richtigen Reihenfolge hochzuziehen. Unter diesem Aspekt fungiert systemd als Init-System.

systemd hat mittlerweile viel von der Grundfunktionalität von »klassischen« Linux-Systemen übernommen, die vorher von einer Sammlung eigenständiger kleiner Tools zur Verfügung gestellt worden ist. Die stark umstrittene Einführung von systemd als neuer Standard und die erbitterte Kontroverse über verschiedene Design-Entscheidungen sind vor diesem Hintergrund zu verstehen.

Das zentrale Tool für die Steuerung von systemd ist `systemctl`. Mittlerweile sind auch die Befehle für das Power-Switching wie `/sbin/poweroff`, `halt` und `reboot` nur noch symbolische Links darauf.

Nur noch sehr wenige Distributionen setzen eine systemd-Alternative ein. Wenn das bei Ihnen der Fall ist, benötigen Sie zahlreiche zusätzliche Konfigurationsschritte, um Docker zum Laufen zu bekommen. Stellen Sie sich auf viel Handarbeit ein, die in dieser Einführung nicht beschrieben werden kann.

docker.sock

Das CLI-Frontend von Docker kommuniziert mit der Engine über eine bestimmte Socket-Datei in */var/run*. Auf diese haben nur Root und Mitglieder der Gruppe *docker* Zugriff, die bei der Installation eingerichtet worden ist:

```
~$ sudo ls -l /var/run/docker.sock
srw-rw---- 1 root docker 0 Oct 27 18:55 /var/run/docker.sock
```

Dementsprechend gibt der Befehl `docker version` zwar auch alle Informationen über den Client zurück, beim Versuch, den Server anzusprechen, gibt es allerdings eine Fehlermeldung:

```
~$ docker version
Client: Docker Engine - Community
 Version:           27.0.3
 API version:       1.46
 Go version:        go1.21.11
 Git commit:        7d4bcd8
 Built:             Sat Jun 29 00:02:33 2024
 OS/Arch:           linux/amd64
 Context:           default

Got permission denied while trying to connect to the Docker daemon socket
at unix:///var/run/docker.sock:
Get http://%2Fvar%2Frun%2Fdocker.sock/v1.40/version:
dial unix /var/run/docker.sock: connect: permission denied
```

Die Gruppe »docker«

Grundsätzlich sollten Sie den Befehl `docker` nicht als Root oder mit `sudo` auslösen, um Container auf diese Weise laufen zu lassen. Die bereits angedeuteten speziellen Sicherheitsprobleme bei Docker fangen hier schon an: Es gibt auch bei den vom Docker-Hersteller hergestellten beziehungsweise gewarteten Container-Images (siehe Abschnitt 2.3.3) immer noch ein gewisses Restrisiko in Bezug auf Sicherheit – wenn auch ein sehr kleines. Bei Software aus dem Internet wie Container-Images kann von dritter Seite auf irgendeinem Weg eingebrachte Schadsoftware nicht kategorisch ausgeschlossen werden, wenn keine zusätzlichen Überprüfungsmechanismen eingeschaltet werden. Docker grundsätzlich nicht als Root laufen zu lassen, minimiert die potenziellen negativen Auswirkungen eines solchen Vorfalls. Darauf komme ich noch einmal in Abschnitt 2.3.7 zurück.

Allerdings gibt es auch wieder andere Sicherheitsrisiken, wenn Sie Benutzer eines Linux-Systems der Gruppe *docker* hinzufügen, um Zugriff auf *docker.sock* zu bekommen. Unter dem Stichwort *Docker Daemon Surface Attack* ist ein Angriffsszenario bekannt, bei dem ein speziell manipulierter Container benutzt wird, um als normaler Nutzer in dieser Gruppe an Root-Rechte zu gelangen. Auf Produktivsystemen würden Sie also besser darauf verzichten, normale Benutzer der Gruppe *docker* hinzuzufügen. Auf Entwicklungsrechnern besteht das größere Sicherheitsrisiko aber eher im allzu lockeren Umgang mit Root-Rechten und `sudo`, sodass hier doch eher die andere Möglichkeit genutzt wird.

Mit folgendem Befehl fügen Sie einen beliebigen Benutzer zu dieser Gruppe hinzu:

```
~$ sudo usermod -a -G docker benutzer
```

[!]

Vorsicht bei Gruppenänderungen

Vergessen Sie beim Befehl `usermod -G` (oder `--groups`) nicht den Schalter `-a` (*append*). Es werden sonst alle bisherigen Gruppenzugehörigkeiten des angegebenen Benutzers überschrieben und gelöscht.

Die erweiterte Gruppenzugehörigkeit ist erst nach einem Reboot beziehungsweise nach einer erneuten Anmeldung mit diesem Benutzer verfügbar. Ein kleiner temporärer Workaround ist die Aktivierung einer neuen Shellumgebung mit `su - benutzer`. Überprüfen Sie danach oder nach Neuanmeldung die aktuellen Gruppenzugehörigkeiten mit dem Befehl `groups` oder `id`.

docker version

Ob der Client erfolgreich Kontakt mit dem zugehörigen Server aufnehmen kann, überprüfen Sie danach erneut mit `docker version`:

```
~$ docker version
Client: Docker Engine - Community
 Version:           27.0.3
 API version:       1.46
 Go version:        go1.21.11
 Git commit:        7d4bcd8
 Built:             Sat Jun 29 00:02:33 2024
 OS/Arch:           linux/amd64
 Context:           default

Server: Docker Engine - Community
 Engine:
  Version:          27.0.3
  API version:      1.46 (minimum version 1.24)
  Go version:       go1.21.11
  Git commit:       662f78c
  Built:            Sat Jun 29 00:02:33 2024
```

```
  OS/Arch:          linux/amd64
  Experimental:     false
 containerd:
  Version:          1.7.18
  GitCommit:        ae71819c4f5e67bb4d5ae76a6b735f29cc25774e
 runc:
  Version:          1.7.18
  GitCommit:        v1.1.13-0-g58aa920
 docker-init:
  Version:          0.19.0
  GitCommit:        de40ad0
```

Gut zu wissen

Ein bisschen verwirrend ist die verschiedenartige Verwendung des Begriffs *Docker-Engine* durch den Hersteller. Einmal ist damit der Docker-Dämon `dockerd` gemeint, also die Engine-Komponente im Docker Server, mit dem der Client kommuniziert, wenn Sie mit `docker` irgendwelche Befehle absetzen. Auf der anderen Seite gibt es die Docker-Engine aber auch noch als Gesamtprodukt aus Client und Server (*https://docs.docker.com/engine/*). Das können Sie beides so auch in der Ausgabe von `docker version` lesen.

2.3.3 Container-Images

Ob Ihre neue Docker-Installation auch einwandfrei funktioniert, können Sie zügig mit dem Befehl `docker run hello-world` herausfinden. Wenn alles wie erwartet läuft, gibt Ihnen das Kommando folgende Ausgabe zurück:

```
~$ docker run hello-world
Unable to find image 'hello-world:latest' locally
latest: Pulling from library/hello-world
1b930d010525: Pull complete
Digest: sha256:c3b4ada4687bbaa170745b3e4dd8ac3f194ca95b2d0518b417fb47e
Status: Downloaded newer image for hello-world:latest

Hello from Docker!
This message shows that your installation appears to be working
correctly.
```

Images

Wenn Sie den Befehl ein zweites Mal ausführen, dann fehlt in der Ausgabe der gesamte obere Info-Block bis zu der Zeile, die mit `Status` beginnt. Außerdem stellen Sie eventuell fest, dass es ein bisschen weniger Zeit braucht, bis der Begrüßungstext erscheint. Was ist der Grund dafür?

In der Einleitung gab es unter Abschnitt 1.4 bereits einige Bemerkungen über die Rolle von Container-Images. Dabei handelt es sich um inaktive Read-only-Dateisysteme, die immer in Registrys aufbewahrt werden. Images sind die Grundlage für Container in dem Sinne, dass ein Container ein laufendes Image beziehungsweise die laufende Instanz eines Images ist. Docker legt, um einen Container aus einem Image zu betreiben, einfach ein nur temporär vorhandenes Read-Write-Overlay darüber. Images bestehen meistens aus mehreren Schichten (das *hello-world*-Image besteht allerdings nur aus einer einzigen – es ist schlicht ein sehr einfaches Beispiel).

Das Argument, das Sie beim Befehl `docker run` angeben, also zum Beispiel `hello-world`, ist ein solches Image. Docker prüft zunächst, ob das Image lokal bereits vorhanden ist. Ist das nicht der Fall, dann wird es aus der voreingestellten Container-Registry heruntergeladen. Docker überträgt das Image in die Registry, die zum Docker-Server Ihres Arbeitsrechners gehört, und startet daraus dann einen neuen Container.

Der *hello-world*-Container ist recht einfach gestrickt: Er wirft den Begrüßungstext aus und beendet sich dann. Starten Sie mit `docker run` aus diesem Image erneut einen Container, dann muss Docker es nicht noch einmal herunterladen.

Gut zu wissen

Der Ausdruck *Container* wird im Sinne von »der Nginx-Container im Docker Hub« oftmals auch einfach zur Bezeichnung von Container-Images gebraucht. Daran muss man sich vielleicht nicht unbedingt stören, der Unterschied zwischen Image und Container sollte Ihnen beim Umgang mit Docker aber bewusst sein.

Zur Wiederholung: Aus einem Image wird ein laufender Container erzeugt.

Images übertragen

Wenn Sie ein Image zunächst nur in die lokale Registry ziehen und nicht direkt ausführen wollen, dann benutzen Sie dafür den Befehl `docker image pull`.

Ist das dabei angegebene Image lokal bereits vorhanden, dann prüft der Befehl, ob es eine aktuellere Version davon im Repositorium gibt. In diesem Fall lädt Docker es herunter und ersetzt die lokal bereits vorhandene Fassung durch die neue.

Die in Ihrer lokalen Registry vorhandenen Images können Sie sich mit dem Befehl `docker images` ausgeben lassen:

```
~$ docker images
REPOSITORY    TAG     IMAGE ID      CREATED        SIZE
hello-world   latest  fce289e99eb9  10 months ago  1.84kB
```

Image löschen

Ein Image löschen Sie mit dem Befehl `docker image rm`. Sie sehen dann allerdings zunächst eine Fehlermeldung: Es gibt mindestens noch einen Container, der auf dieses Image referenziert:

```
~$ docker image rm hello-world
Error response from daemon: conflict: unable to remove repository reference \
"hello-world" (must force) -
 container abc751d8dfcc is using its referenced image fce289e99eb9
```

Der Grund dafür ist, dass ein beendeter Container (*hello-world* beendet sich ja selbst) zwar nicht mehr aktiv ist, aber noch existiert. Inaktive Instanzen können Sie sich mit dem Befehl `docker ps` mit dem Schalter `-a` anzeigen lassen:

```
~$ docker ps -a
CONTAINER ID   IMAGE         STATUS                  NAMES
73254bd85c22   hello-world   Exited (0) 2 hours ago  gifted_shaw
abc751d8dfcc   hello-world   Exited (0) 2 hours ago  intelligent_hamilton
```

Die Ausgabe zeigt zwei noch existierende Container, die beide aus dem Image *hello-world* gestartet wurden. Diese haben unterschiedliche IDs und zwei unterschiedliche, von Docker automatisch generierte Namen. Diese zufälligen Adjektiv-Personennamen-Kombinationen klingen vielleicht oft etwas schräg, der Generator hat aber aus diesem einfachen Schema heraus genügend Varianten im Angebot, um auch bei größeren Setups genügend eindeutige Namen zuweisen zu können.

Der Befehl `docker run` wurde vorher zweimal ausgeführt, und zwei Container-Instanzen wurden dadurch erzeugt. Bevor Sie das Image löschen können, müssen also zunächst beide noch vorhandenen, nicht mehr aktiven Container gelöscht werden. Sie können dafür die Container-ID, aber auch den Container-Namen verwenden:

```
~$ docker container rm gifted_shaw
gifted_shaw

~$ docker container rm intelligent_hamilton
intelligent_hamilton

~$ docker image rm hello-world
Untagged: hello-world:latest
Untagged: hello-world@sha256:c3b4ada4687bbaa170745b3e4dd8ac3f194ca95b2d051
Deleted: sha256:fce289e99eb9bca977dae136fbe2a82b6b7d4c372474c9235adc1741675
Deleted: sha256:af0b15c8625bb1938f1d7b17081031f649fd14e6b233688eea3c5483994
```

Inaktive Container

Es gibt bei Docker also ein Zusammenspiel aus drei Stufen: das Container-Image und daraus generierte Container, die aktiv und inaktiv sein können. Container, die nur einmal durchlaufen und sich dann beenden wie beim *hello-world*-Beispiel, sind eher die Ausnahme. Der Standardfall ist, dass es eine Applikation beziehungsweise einen Prozess gibt, der nach dem Start des Containers am Laufen bleibt.

Einen aktiven Container halten Sie mit `docker stop` an. Der Befehl `docker start` startet ihn dann wieder (die Einstellungen von `docker run` bleiben dabei erhalten).

Grundsätzlich braucht ein Container zumindest einen laufenden Prozess, um aktiv und damit am Leben zu bleiben. Gibt es im Container einen Fehler und beendet sich der Applikationsprozess in ihm (was etwa bei fehlerhafter Konfiguration von außen vorkommen kann) oder schießen Sie mit `kill` von Ihrem Host aus den Prozess im Container ab, dann bricht der Container zusammen und stirbt.

Image-Bezeichner

Container-Images sind durch ihren Namen (nicht den Container-Namen!) und ein Tag eindeutig designiert. Ein vollständiger Bezeichner für ein Image aus dem voreingestellten Docker Hub besteht nach dem Schema *`Quelle/Imagename:Tag`* aus drei Komponenten:

- Die Quelle ist die Person oder die Organisation, die das Image zusammengestellt und erzeugt hat. Gibt es keine explizite Quellenangabe wie bei *hello-world*, dann handelt es sich um ein offiziell von der Firma Docker erzeugtes Image oder zumindest um ein Image von einem verifizierten Anbieter. Das sind die sogenannten *Top Level Images*.
- Sie sehen an der Ausgabe von `docker images`, dass gegenüber dem *Tag* die Quelle zusammen mit dem Namen eines Images als *Repository* bezeichnet wird. Ein Repository ist zum Beispiel also auch *atbaker/five-ways*. Repositorien sind als Organisationselemente für Projekte die Unterabteilungen von Container-Registrys wie dem Docker Hub.
- Das Tag (»Tägg«) ist meistens eine genaue Versionsangabe, wie zum Beispiel bei `ubuntu:22.04`. Das *latest*-Image aus einem Repositorium wird immer dann gezogen, wenn Sie kein explizites Tag angeben. Dieses Tag ist tückisch, denn dabei handelt es sich nicht immer automatisch um die neueste Version in einem Repository. Dieses Kennzeichen drückt vielmehr ein fehlendes explizites Tag aus.

Docker Hub

Der Docker Hub (*https://hub.docker.com*) ist die von der Firma Docker Inc. betriebene offizielle Registry für Container-Images. Sie ist die Default-Registry bei der Installation von Docker. Die Suche nach bestimmten Images mit `docker search` sowie der Pull von

Images mit `docker run` und `docker pull` läuft per Voreinstellung gegen den Docker Hub. Die Verbindung läuft für diesen Zweck gegen die zugehörige API unter *docker.io*.

Hochwertig, stabil gebaut und zuverlässig sind im Hub zum Beispiel die von Docker selbst angefertigten *Official Images* einer ganzen Reihe von beliebten Applikationen und reinen Linux-Distributionen. Dazu gehören auch zum Beispiel die Ubuntu-Base-Images unter *https://hub.docker.com/_/ubuntu*. Die für den Bau von Images verwendeten Templates können Sie unter *https://github.com/docker-library* überprüfen. Eine andere hochwertige Kategorie in dieser Sammlung sind die Images der *Verified Publishers*. Diese werden im Normalfall von den Herstellern einer bestimmten Software selbst erstellt. Eine Suche beschränken Sie wie folgt auf offizielle Images:

```
~$ docker search -f is-official=true ubuntu
```

Die meisten der im Hub angebotenen Images stammen überwiegend aber aus der Docker-Community und werden frei von jeglicher Kontrolle dort hochgeladen. Bei diesen Images sollten Sie sehr vorsichtig und grundsätzlich skeptisch sein. So gab es zum Beispiel über ein Jahr lang von dem Benutzer »docker123321« eingestellte Varianten von gängigen Images wie *mysql*, bei denen ein ferngesteuerter Miner für eine Kryptowährung mitlief.

2.3.4 MariaDB-Container

MariaDB (*https://mariadb.org/*) ist ein weitverbreiteter, weitgehend kompatibler Fork von MySQL. WordPress benötigt eine relationale SQL-Datenbank im Hintergrund und kann mit beiden Datenbankservern zusammenarbeiten. Um uns noch weiter mit Docker vertraut zu machen, werden wir uns in diesem Unterkapitel zunächst genauer mit dem offiziell von Docker angebotenen MariaDB-Container auseinandersetzen (siehe Abbildung 2.2).

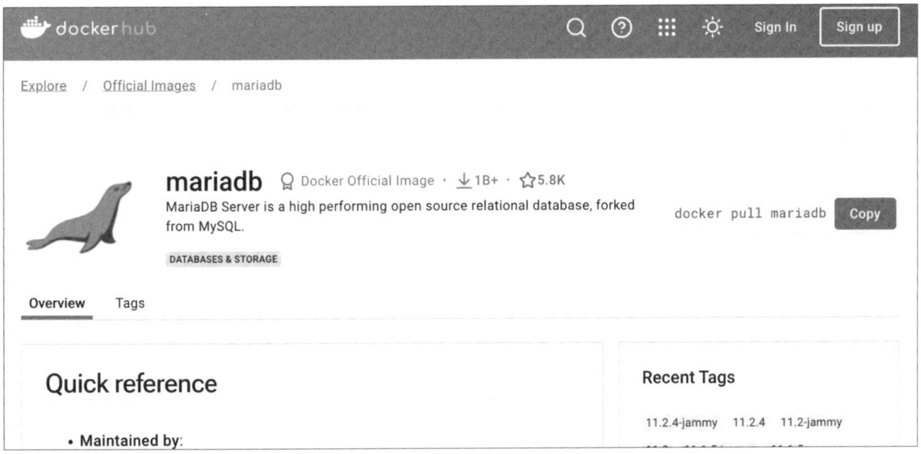

Abbildung 2.2 MariaDB im Docker Hub

Es geht vor allem darum, wie Sie diesen Container zum Laufen bekommen und einsetzen. Der funktionale Hintergrund von MariaDB spielt hier nur eine beiläufige Rolle.

docker pull mariadb

Vielleicht lösen Sie zunächst nicht direkt wieder `docker run` aus, sondern ziehen das Image für den MariaDB-Container erst einmal in das lokale Repositorium auf Ihrem Arbeitsrechner:

```
~$ docker pull mariadb
Using default tag: latest
latest: Pulling from library/mariadb
9c704ecd0c69: Pull complete
f8f7f3c9a741: Pull complete
97c034108521: Pull complete
50366979c20a: Pull complete
0221331af5c0: Pull complete
e3c4d1c9d9cb: Pull complete
eef7a8467f98: Pull complete
60c15bb5bb03: Pull complete
Digest: sha256:e59ba8783bf7bc02a4779f103bb0d8751ac0e10f947108970960837
Status: Downloaded newer image for mariadb:latest
docker.io/library/mariadb:latest
```

Kein Tag dabei anzugeben, führt zum gewünschten Ergebnis, denn `latest` ist in diesem Repository immer die aktuelle stabile Version dieser Applikation.

Wie Sie an der Menge der Pulls leicht erkennen können, besteht dieses Image wie die meisten der anderen ausgewachsenen Exemplare (und im Gegensatz zu *hello-world*) aus mehreren Schichten.

Die Ausgabe von `docker images` zeigt Ihnen, dass dieses Container-Image um die 406 MB groß ist:

```
~$ docker images
REPOSITORY    TAG      IMAGE ID       CREATED         SIZE
mariadb       latest   4486d64c9c3b   6 weeks ago     406MB
hello-world   latest   d2c94e258dcb   14 months ago   13.3kB
```

Es handelt sich also nicht gerade um ein Leichtgewicht, das zudem immer weiter wächst. Wir werden das weiter unten noch genauer untersuchen.

docker run mariadb

Starten Sie nun den Container mit folgenden Schaltern für `docker run`. Der Befehl gibt Ihnen bei Erfolg eine lange UUID zurück, mit der der neue Container eindeutig bezeichnet ist:

```
~$ docker run -d \
   --name mymariadb \
   -p 3306:3306 \
   -e MYSQL_ROOT_PASSWORD=mypw \
   mariadb
7ca62b2dc37fb039c52330880fd9da9e511c2bb31bd435acb0f15dce3f12bc15
```

Gehen wir die verwendeten Optionen für `docker run` der Reihe nach durch:

- Die Option `-d` (`--detach`) startet den Container im Hintergrund, sodass Sie nach dem Start auf derselben Kommandozeile weiterarbeiten können.
- Mit `--name` geben Sie dem Container einen eigenen, beliebigen Namen. Sie vermeiden damit einen der doch recht sperrigen Zufallsnamen, die von Docker vergeben werden.
- Der Schalter `-p` leitet den Netzwerkport 3306 aus dem Container zum Port 3306 auf dem Host weiter, also Ihrem Arbeitsrechner. Dieser Port wird normalerweise von MySQL bzw. MariaDB verwendet. Über diesen Port können Sie dann von außen auf den Datenbankserver im Container zugreifen. Der zuerst angegebene Port ist derjenige des Hosts. Sie können als Ziel auch einen beliebigen anderen freien Port verwenden. Das Ganze nennt sich *Port Forwarding*.
- Mit `-e` geben Sie dem Container eine Umgebungsvariable mit. Diesen Schalter können Sie auch mehrfach anwenden. Umgebungsvariablen werden gerne verwendet, um Container von außen zu konfigurieren. Die Möglichkeit dazu muss aber für die Benutzung eines Containers explizit vorgesehen sein, denn es muss darin natürlich auch etwas geben, was die Variablen auswertet. Mit der im Beispiel angegebenen Option wird ein Kennwort für den Datenbankserver festgelegt.

Wenn Sie vergessen, eine Kennwortoption mitzugeben, dann crasht der MariaDB-Container sofort beim Start. Wenn Sie sich dann mit `docker logs mariadb` die letzte Logmeldung aus dem inaktiven Container ausgeben lassen, wird angezeigt, dass ein Kennwort für die Datenbank oder zumindest die Einstellung `MYSQL_ALLOW_EMPTY_PASSWORD` benötigt wird.

Aktiver Container

Sie können sich dann mit `docker ps` den aktiven MariaDB-Container anzeigen lassen:

```
~$ docker ps
CONTAINER ID  IMAGE    CREATED        PORTS                   NAMES
7ca62b2dc37f  mariadb  3 seconds ago  0.0.0.0:3306->3306/tcp  mymariadb
```

Als Kurzform der ID fungieren die ersten 12 Stellen der langen UUID. Angezeigt wird auch der durchgeschaltete Port.

Wenn Sie `docker run` noch einmal ausführen, dann erhalten Sie, wie bereits erwähnt, einen zweiten identischen Container als weitere Instanz des verwendeten Images. Allerdings müssen Sie für diesen einen anderen Namen und einen anderen Port verwenden, sonst bricht der Befehl mit einer Fehlermeldung ab.

Im Container arbeiten

Normalerweise ist es nicht notwendig, dass Sie einen Container betreten, um dort etwa Einstellungen vorzunehmen. Die Konfiguration der darin laufenden Applikation findet gewöhnlich immer von außen statt (oder ist gar nicht notwendig). Das funktioniert entweder über Umgebungsvariablen, oder der Hersteller des Containers sieht andere Wege dafür vor, oder die darin laufende Applikation hat ihre eigenen Kanäle, wie zum Beispiel ein API.

Es gilt hierbei dasselbe, was bereits in der Einleitung über aus Maschinen-Images generierte Cloud-Instanzen gesagt worden ist: Eine laufende Container-Instanz händisch zu manipulieren, ist grundsätzlich nicht die richtige Vorgehensweise. Wenn Sie individuelle Anpassungen benötigen, die über die vorgesehene Konfiguration hinausgehen, dann manipulieren Sie besser das zugrunde liegende Image. Container-Instanzen sollten grundsätzlich nicht als dauerhaft, sondern immer nur als wiederkehrend angesehen werden. Die Grundlage dafür ist das Image.

docker exec /bin/bash

Trotzdem betreten wir jetzt einmal den laufenden MariaDB-Container und sehen uns ein bisschen um. Sie können einfach in den Container hineinkommen, indem Sie eine Shell darin starten. Um etwas im Container auszuführen, gibt es den Befehl `docker exec`. Den rufen Sie für diesen Zweck mit den Schaltern `-t` (Pseudoterminal) und `-i` (interaktiv) auf, um die Kommandozeile aus dem Container herauszuleiten. Sie können sich dann etwa direkt eine der mitgegebenen Umgebungsvariablen anzeigen lassen, die in der Shell auf dem Arbeitsrechner nicht vorhanden ist:

```
~$ docker exec -ti mymariadb /bin/bash

root@7ca62b2dc37f:/# echo $MYSQL_ROOT_PASSWORD
mypw
```

In dem Kommandozeilen-Prompt können Sie lesen, dass Sie hier Root sind; das ist bei anderen Containern manchmal anders geregelt. Docker hat als Hostnamen in */etc/hostname* die Container-ID eingestellt.

Dateisystem

Ein Container hat sein eigenes Dateisystem. Sie können sich ja mal ein bisschen umsehen und vergleichen, dass dies wirklich nicht das Dateisystem Ihres Arbeitsrechners ist:

```
root@7ca62b2dc37f:/# ls
bin   dev  home  lib64  mnt  proc  run   srv  tmp  var
boot  etc  lib   media  opt  root  sbin  sys  usr
```

Das wird unter anderem unmittelbar deutlich auch angesichts der Tatsache, dass der Befehl `docker` hier nicht verfügbar ist:

```
root@7ca62b2dc37f:/# docker
bash: docker: command not found
```

Docker wird im Container selbst natürlich gar nicht benötigt, weil Container in Containern schließlich nicht gestartet werden.

Linux im Container

Wenn Sie herausbekommen wollen, was für ein Linux im MariaDB-Container läuft, dann können Sie das zum Beispiel auf diese Weise bewerkstelligen:

```
root@7ca62b2dc37f:/# cat /etc/os-release | head -n 2
PRETTY_NAME="Ubuntu 24.04 LTS"
NAME="Ubuntu"
```

Es handelt sich also um das aktuelle LTS (*Long Term Support*)-Release. Der Supportzeitraum für diese Art von Releases ist länger als für die Versionen dazwischen. Die Wahl bei Docker (es handelt sich wie gesagt um ein offizielles Image) ist darauf gefallen – offensichtlich als stabilere Grundlage für die Entwicklung dieses Containers.

Die Linux-Distributionen, die als Container vor allem als Grundstock für die Entwicklung von anderen Containern mit bestimmten Applikationen verfügbar sind (als sogenannte *Base Images*), sind grundsätzlich ganz bewusst möglichst schlank gehaltene, rudimentäre Basis-Installationen. Das fällt zum Beispiel daran auf, dass auch grundlegende Linux-Befehle wie `less` und `vi` darin manchmal nicht verfügbar sind, weil die entsprechenden Pakete als überflüssiger Ballast entfernt wurden. Auch Manpages suchen Sie hier meist vergeblich.

Der einzige Zweck von Containern ist es, nur eine bestimmte Applikation zu starten, und dafür benötigt man auch nur das Gerippe einer vollständigen Linux-Installation.

Prozesse im Container

Der Sinn eines Containers wie des MariaDB-Containers wird besonders deutlich, wenn Sie sich die Liste der darin aktiven Prozesse anzeigen lassen:

```
root@7ca62b2dc37f:/# ps ax
  PID TTY      STAT   TIME COMMAND
    1 ?        Ssl    0:10 mariadbd
  562 pts/0    Ss     0:00 /bin/bash
  576 pts/0    R+     0:00 ps ax
```

Anstatt der Dutzenden grundlegenden Systemprozesse, die ein laufendes Linux ausmachen, finden sich hier nur drei Stück: Der MariaDB-Server *mysqld* ist beim Launch des Containers gestartet worden, */bin/bash* haben Sie mit `docker exec` gestartet, um den Container zu betreten, und `ps ax` ist der aktuell eingegebene Befehl.

Wenn Sie wollen, verlassen Sie den Container erst mal wieder mit `exit` und lassen sich dann die Prozesse auf dem darunter liegenden Linux-Host anzeigen. Sie finden darunter auch wieder denselben `mariadbd`-Prozess, nur mit einer anderen Prozess-ID:

```
root@7ca62b2dc37f:/# exit

~$ pgrep mariadbd
2939
```

Das ist es, was Kernel-Namespaces bewirken: Derselbe gewöhnliche Prozess auf dem Host ist im abgeschlossenen, separaten Namespace des (unbetretenen) Containers der einzige Prozess – der Wurzelprozess mit der Prozess-ID 1, ein im Container isolierter Prozess mit eigenem Dateisystem. Der Wurzelprozess des Hosts als vollständiges universelles Linux-System ist natürlich der Service-Manager systemd. Das ist ein wichtiger Unterschied zwischen Containern und virtuellen Maschinen: Der Host und der Container benutzen denselben Kernel, eine virtuelle Maschine hingegen betreibt ihren eigenen Kernel. Die VM ist eine Wohnung in einer Wohnung, der Container ist eine Trennwand.

Ein Hinweis noch in diesem Zusammenhang: Wenn Sie diesen Prozess auf dem Host etwa mit `kill -9 2939` abschießen, dann bricht der Container zusammen und wird inaktiv. Sie sollten Docker aber immer so einsetzen, wie der Hersteller das vorgesehen hat, und Container bei Bedarf sauber mit `docker stop` anhalten.

Auf Datenbank-Server zugreifen

Gehen Sie jetzt erst einmal wieder in den Container zurück, damit wir noch einmal den laufenden MariaDB-Server untersuchen können.

Der MariaDB-Client `mariadb` ist im Container installiert. Sie können sich damit in den Datenbankserver einloggen, um sich zum Beispiel die vorhandenen Datenbanken ausgeben zu lassen:

```
root@7ca62b2dc37f:/# mariadb -hlocalhost -uroot -pmypw
Your MariaDB connection id is 3
Server version: 11.4.2-MariaDB-ubu2404 mariadb.org binary distribution

MariaDB [(none)]> SHOW DATABASES;
+--------------------+
| Database           |
+--------------------+
| information_schema |
| mysql              |
| performance_schema |
| sys                |
+--------------------+
4 rows in set (0.199 sec)

MariaDB [(none)]> QUIT;
Bye
```

Da Sie den Port weitergegeben haben, können Sie den Datenbankserver aber auch vom Host aus ansprechen. Um das auszuprobieren, müssen Sie erst einmal wieder den Container mit `exit` verlassen. Installieren Sie dann zuerst auf Ihrem Arbeitsrechner den MariaDB-Client. Für Ubuntu heißt das Paket *mariadb-client*, und Sie können es mit folgendem Befehl installieren:

```
~$ sudo apt install mariadb-client
```

Wenn das geschehen ist, dann können Sie damit zum Beispiel eine neue Datenbank im Container anlegen:

```
~$ mariadb -hlocalhost -uroot -pmypw --port 3306 --protocol=tcp
    -e "CREATE DATABASE kunden;"

~$ mariadb -hlocalhost -uroot -pmypw --port 3306 --protocol=tcp
    -e "SHOW DATABASES;"
+--------------------+
| Database           |
+--------------------+
```

```
| information_schema |
| kunden             |
| mysql              |
| performance_schema |
| sys                |
+--------------------+
```

docker container rm

So funktionieren in Grundzügen Container als Vehikel der Auslieferung von Anwendungen. Beenden Sie diesen Abschnitt des Workshops, indem Sie MariaDB-Container anhalten und danach mit `docker container rm` auch wieder löschen.

Beachten Sie, dass beim Löschen des Containers die Datenbanken mit allen Ergänzungen verloren gehen, weil das interne Dateisystem (der Read-Write-Layer über dem Image) verworfen wird. Wie Sie beim Einsatz hinzugefügte Datenbanken und Daten erhalten und in anderen Container-Instanzen wiederverwenden können, wird in Abschnitt 2.3.6 erklärt.

2.3.5 Docker Compose

Grundsätzlich werden Container immer so konfektioniert, dass ein einzelnes Exemplar nur eine ganz bestimmte einzelne Anwendung zur Verfügung stellt. Für komplexere Applikationen, die aus mehreren Komponenten bestehen, müssen Sie also mehrere Container aufeinander bezogen in Betrieb nehmen. WordPress als kombinierte Webapplikation besteht aus zwei Containern: aus dem WordPress-Container und aus einem MySQL- oder MariaDB-Container, wie er gerade besprochen wurde. Unter den von Docker Inc. selbst gepflegten Images gibt es auch WordPress als gute, zuverlässige Hauptkomponente (*https://hub.docker.com/_/wordpress*). Das CMS ist ein PHP-Programm und läuft in diesem Container auf einem Apache-Webserver. Solche Details brauchen Sie beim Dockern aber eigentlich gar nicht zu kümmern.

docker-compose

Das Docker-Ökosystem bietet für die Definition und die Steuerung von komplexen Applikationen auf Containerbasis das Werkzeug `docker-compose` (*https://docs.docker.com/compose/*). Das Tool wird separat von der Engine (dem Server und dem dazugehörigen Standard-Client) entwickelt, und Sie müssen es separat auf Ihren Arbeitsrechner installieren. Es wird als monolithisches Binary angeboten, für das Sie praktischerweise keine weiteren Abhängigkeiten benötigen.

Das Projekt wird unter *https://github.com/docker/compose* auf GitHub gehostet. Dort finden Sie unter RELEASES die jeweils aktuelle Version (bei Abfassung dieses Abschnitts war dies 2.29.2) für Linux, Windows und macOS. Benutzen Sie auf Ihrem

Linux-Arbeitsrechner zum Beispiel `curl`, um das Executable in das von Ihnen benutzte Verzeichnis (*/usr/local/bin* oder *~/bin*) herunterzuladen. Machen Sie es danach noch ausführbar, dann können Sie Docker Compose direkt einsetzen (Ausgabe gekürzt):

```
~$ curl -L https://github.com/docker/compose/releases/download/v2.29.2/
docker-compose-linux-aarch64 \
   -o ~/bin/docker-compose

~$ chmod +x ~/bin/docker-compose

~$ docker-compose --version
docker-compose version 1.29.2
```

[«]

Hinweis

Laden Sie das richtige Binary für Ihre Architektur herunter. Die anderen Binarys finden Sie auf GitHub unter *https://github.com/docker/compose/releases*.

Sie können natürlich auch einfach einen Paketmanager nutzen:

```
~$ sudo apt install docker-compose
```

Compose-Sheets

Docker Compose erwartet für die Definition von Applikationen spezielle Compose-Dateien (*https://docs.docker.com/compose/compose-file/*), die Sie Compose-Sheets oder Templates nennen können. Der Begriff *Template* bedeutet dabei wie oftmals in DevOps nicht »universelle Vorlage mit Platzhaltern« (etwa für eine Templatesprache), sondern einfach nur »Steuerdatei«. Ein solches Compose-Sheet können Sie mit einem einfachen Editor als Textdateien schreiben, denn es handelt sich um YAML-Markup.

YAML

YAML (*https://yaml.org*) ist eine weitverbreitete Markup-Sprache (*Yet Another Markup Language*), die noch häufiger in diesem Buch Thema sein wird. Im Gegensatz zur ebenso wichtigen Markup-Sprache JSON, die Klammerkonstruktionen für ihre Elemente verwendet, hat YAML weniger Kontrollzeichen und arbeitet hauptsächlich mit Einrückungen. Die Einrücktiefe ist beliebig, meistens werden YAML-Dokumente aber mit 2 oder 4 Leerzeichen für diesen Zweck geschrieben.

YAML erkennt Ganzzahlen, Floats und Strings. Strings können auch ohne Anführungsstriche geschrieben werden, auch wenn sie Leerzeichen enthalten. Komplexe Datentypen in YAML sind Arrays und Dictionarys (assoziative Listen mit Key/Value-Paaren), die beliebig ineinander verschachtelt werden können.

YAML-Dateien können Sie als normale Textfiles mit beliebigen Editoren schreiben. Komfortabler ist es aber, wenn YAML explizit unterstützt wird, etwa durch einen speziellen Modus, der Syntax-Highlighting bietet und auf einheitliche Einrücktiefe und andere Dinge achtet.

Als Cloud-Engineer sollten Sie sich eine eigene Toolchain für die Arbeit an YAML-Dateien zusammenstellen. Nützliche Werkzeuge für YAML sind zum Beispiel der eigenständige Verifier *Yamllint* (*https://github.com/adrienverge/yamllint*) und der Kommandozeilenparser *Shyaml* (*https://github.com/0k/shyaml*).

Formatversion

Docker Compose wird laufend weiterentwickelt, und es gibt immer mehr Elemente, die Sie für Ihre Applikationsdefinitionen verwenden können. Welche Formatversion für ein Compose-Sheet auf Ihrem Arbeitsrechner funktioniert, ergibt sich immer aus der Kombination der Version von Docker Compose mit der Version des auf dem Arbeitsrechner installierten Docker-Servers.

Mit dem neuesten Docker aus dem Linux-Repositorium von *download.docker.com* und der neuesten Version von *docker-compose* aus dem GitHub sind Sie immer auf der sicheren Seite. Sie müssen sich dann nicht eventuell auf eine veraltete Template-Formatversion beschränken und bei jedem Element prüfen, ob es bereits unterstützt wird.

docker-compose.yaml

Das Tool `docker-compose` verarbeitet standardmäßig ein Template mit dem Dateinamen *docker-compose.yaml* (oder auch *.yml*). Es ist also immer ein Compose-Sheet für ein bestimmtes Projekt in einem bestimmten Arbeitsverzeichnis vorgesehen.

Eine Definition von WordPress als kombinierte Webapplikation in einem Template für Docker Compose sieht so aus:

```
# docker-compose.yaml
---
services:
    mariadb:
        image: mariadb:latest
        restart: always
        environment:
            MYSQL_RANDOM_ROOT_PASSWORD: '1'
            MYSQL_DATABASE: wpdb
            MYSQL_USER: wpuser
            MYSQL_PASSWORD: wppw
```

```
wordpress:
    image: wordpress:latest
    restart: always
    ports:
        - 8080:80
    environment:
        WORDPRESS_DB_NAME: wpdb
        WORDPRESS_DB_USER: wpuser
        WORDPRESS_DB_PASSWORD: wppw
        WORDPRESS_DB_HOST: mariadb:3306
```

Listing 2.1 Template für Docker Compose

Gehen wir dieses Template von oben nach unten der Reihe nach durch:

- Beginnen Sie YAML-Dokumente immer sauber mit drei Minuszeichen, auch wenn `docker-compose` und andere Tools sich nicht darüber beschweren, wenn diese Trennzeile fehlt. Sie zeigt den Beginn des Haupttextes an.
- Eine grundlegende Kategorie (ein *Top-Level-Keyword*) in einem Compose-Sheet ist `services`. Dieses Sheet legt darunter eine Applikation mit zwei Services beziehungsweise mit zwei Containern an: eine WordPress-Installation, die aus dem CMS mit Webserver (`wordpress`) und aus einem Datenbankserver (`mariadb`) besteht.

  Die Namen der einzelnen Services sind beliebig. Diese Elemente entsprechen nicht denjenigen beim Schalter `--name` von `docker run`. Dieser bestimmt den Containernamen, hier wird der DNS-Name des Service im Docker-internen Netzwerk für die Applikation festgelegt.
- Mit `image` geben Sie an, welche Container-Images aus dem Docker Hub gezogen werden sollen. Das Tag `latest` kann hier als Default auch wegfallen. Praktisch: Sie können aus einem Compose-Sheet heraus auch einen neuen Container lokal bauen und einbinden.
- Das Element `restart` bestimmt die Wiedereinschaltungs-Policy für inaktive Container. Der Standardwert ist `no`. Die Einstellung `always` startet ihn immer neu, bei einem Zusammenbruch des Containers und auch nach einem Neustart des Hosts.
- Das Element `ports` funktioniert wie die Port-Weiterleitung bei `docker run`. Der Zielport ist hier genauso der Port des Hosts. Auf den MariaDB-Server müssen Sie eigentlich nicht vom Host aus zugreifen. Der Webserver hingegen ist auf Port 80 durchgeschleift. Wäre das nicht so, könnte niemand auf das laufende WordPress im Container zugreifen.
- Die Zeilen unter `environment` sind wieder Umgebungsvariablen für die Konfiguration der Container. Der MariaDB-Server wird durch ein Zufallskennwort für den Admin geschützt. Außerdem wird eine Datenbank für WordPress eingerichtet und

ein normaler User mit Kennwort. Der WordPress-Container benötigt dieselben Werte, um auf diese Datenbank zugreifen zu können. Und um den Datenbank-Server zu finden, braucht er den Namen des MariaDB-Service.

docker-compose up

Legen Sie für dieses WordPress-Projekt ein eigenes Verzeichnis an, und wechseln Sie dort hinein. Speichern Sie das Template dort unter *docker-compose.yaml*. Sie können die in diesem Verzeichnis definierte Applikation dann einfach mit `docker-compose up` hochfahren:

```
~/wp$ docker-compose up
Creating network "wp_default" with the default driver
Pulling wordpress (wordpress:latest)...
latest: Pulling from library/wordpress
```

docker-compose erzeugt zunächst ein virtuelles Netzwerk für den Containerverbund. In diesem Netzwerk können sich alle beteiligten Services beziehungsweise Container uneingeschränkt untereinander erreichen. Diese sind im Netzwerk wie eigene Server aufgestellt, die sich über einen internen DNS gegenseitig finden können.

> **Gut zu wissen**
>
> Wie beim Starten von einzelnen Docker-Containern wird mit dem Befehl `docker-compose up` die Kommandozeile blockiert, und Sie müssen eine zweite Konsole öffnen. Mit der Tastenkombination [Strg] + [C] können Sie den Prozess abbrechen. Die Applikation wird dann zunächst erst mal nur gestoppt.
>
> Mit dem Flag `-d` können Sie `docker-compose` im Hintergrund starten und weitere Befehle in der Kommandozeile ausführen.

Wenn das Netzwerk aufgespannt ist, launcht `docker-compose` die Container. Sie können sich diese dann wie gehabt mit `docker ps` anzeigen lassen:

```
~/wp$ docker ps
CONTAINER ID   IMAGE              PORTS                 NAMES
a8ca446e0b46   mariadb:latest     3306/tcp              wp_mariadb_1
a46f4bbd7073   wordpress:latest   0.0.0.0:80->80/tcp    wp_wordpress_1
```

`docker-compose` verwendet als Bestandteil für die Namen des Netzwerkes und der Container den Namen des Arbeitsverzeichnisses, aus dem Sie die Applikation gestartet haben (im Beispiel *wp*). Das macht es etwa bei einem längeren oder kryptischen Verzeichnisnamen umständlicher, einen Container zu designieren. Das Präfix im Namen können Sie aber mit dem Schalter `-p` oder der Umgebungsvariablen `$COMPOSE_PROJECT_NAME` in der Shell auf Ihrem Arbeitsrechner selbst festlegen.

Applikationssteuerung

Die laufende Applikation können Sie mit `docker-compose stop` anhalten und mit `docker-compose start` wieder fortsetzen. Der Befehl `docker-compose down` stoppt die Applikation und löscht alle beteiligten Container zusammen mit dem Netzwerk:

```
~/wp$ docker-compose down
Stopping wp_mariadb_1   ... done
Stopping wp_wordpress_1 ... done
Removing wp_mariadb_1   ... done
Removing wp_wordpress_1 ... done
Removing network wp_default
```

2.3.6 Volumes

»Das ist ja alles ganz prima«, werden Sie vielleicht denken. Es gibt dabei aber noch ein grundsätzliches Problem.

Wie bereits beschrieben, setzen Sie diese Technik optimal ein, wenn Sie Container nicht nur als einfacher zu konfigurierende Alternative für feste Softwareinstallationen betrachten. Das wollen sie vom Konzept her ja auch nicht sein! Softwarecontainer sind vielmehr wiederkehrende und austauschbare Einheiten. Zum Beispiel: Wenn es ein Update für eine von Ihnen eingesetzte Anwendung gibt, dann spielen Sie einen neuen Container ein und starten Ihre definierte Applikation einfach damit anstatt mit dem alten.

Was ist aber mit den Betriebsdaten, die generiert werden, und den Konfigurationseinstellungen aus dem Setup, das Sie beim ersten Ansprechen von WordPress vornehmen? Diese befinden sich dann eventuell eingekapselt in alten inaktiven Containern, und wenn Sie diese löschen, dann ist die Datenbank mit WordPress-Usern und Blogpostings weg.

Einfache Volumes

Sie können sich aufwendige Skripte basteln, die vor einem Containeraustausch die MariaDB-Datenbank und die Konfiguration auf den Host sichern und wieder neu einspielen. Docker regelt das aber viel besser mit den sogenannten *Volumes*.

Es handelt sich dabei um Verzeichnisse, die im Container verfügbar sind, die aber auf dem Host gehalten werden – also nicht im Container. Die Anwendung im Container speichert darin ihre Daten auf dem Host. Und das Verzeichnis kann bei jedem neuen Launch mit `docker run` einfach wieder verbunden werden.

Volumes sind verhältnismäßig einfach zu handhaben, allerdings brauchen Sie dafür ein wenig Erfahrung. Denn es gibt dabei ein paar Fallen, in die man anfangs schon mal tappt.

Autovolumes

Das Datenverzeichnis des MariaDB-Servers in seinem Container ist */var/lib/mysql*. Dort befindet sich die Datenbank, außerdem werden Logging- und Transaktionsdaten hier abgelegt:

```
root@bbb8268d7d35:/# ls -F /var/lib/mysql
aria_log.00000001  ib_buffer_pool  ib_logfile1  ibtmp1    mysql/
aria_log_control   ib_logfile0     ibdata1        multi-
master.info     performance_schema/
```

Für dieses Verzeichnis hat der Hersteller des Containers bereits ein Volume eingerichtet, wie Sie der Ausgabe von `docker inspect` entnehmen können. Der praktische Schalter `-f` für diesen Befehl ermöglicht es Ihnen, aus dem langen JSON-Dokument, das zurückgegeben wird, gezielt spezielle Datenfelder wie `Volumes` zu filtern:

```
~$ docker inspect -f '{{.Config.Volumes}}' mymariadb
map[/var/lib/mysql:{}]
```

Für dieses Volume ist kein bestimmter korrespondierender Ordner auf dem Host eingestellt. Das ausgelagerte Verzeichnis befindet sich deshalb in dem Ordner */var/lib/docker*, in dem auf dem Host alle Docker-Interna abgelegt sind:

```
~$ docker inspect -f '{{.Mounts}}' mymariadb
[{volume 0626d06a9fc5890b8c60837572c76c /var/lib/docker/volumes/
0626d06a9fc5890b8c60837572c76c/_data
/var/lib/mysql local true}]
```

Unter */var/lib/docker/volumes* finden Sie unter der UUID des aktuellen MariaDB-Containers das ausgelagerte Verzeichnis mit dem Datenverzeichnis aus dem Container:

```
~$ sudo ls /var/lib/docker/volumes/0626d06a9fc5890b8c60837572c76c/_data
aria_log.00000001  ib_buffer_pool  ib_logfile1  ibtmp1    mysql
aria_log_control   ib_logfile0     ibdata1        multi-
master.info     performance_schema
```

Diese Art eines Volume (*Autovolume* genannt) bleibt erhalten, wenn der korrespondierende Container mit `docker container rm` gelöscht wird, außer Sie geben den Schalter `-r` explizit mit an.

/var/lib/docker/volumes

Als Effekt haben Sie an diesem Ort irgendwann viele verwaiste (*dangling*) Volumes. Das geschieht vor allem, nachdem Sie sehr viel mit dem MariaDB-Container herumexperimentiert und ihn oft gelöscht und wieder gestartet haben:

```
~$ sudo ls /var/lib/docker/volumes/
02ad51675b068d77fa13cf96ac9e130a9533dc6e7be83dc2be5c61f34d6296a2
02e27aee40dad4f69319125690e9b268b1ad9522e312c1d80cb3d112285d3797
0626d06a9fc5890b8c60837572c76c203e3afafcf46d02bf6c55cc59193677c8
0ee9200779228cd34aba9e75e4a5725a7033be719e5e74aba18dec2f78efcc6e
```

Mit dem folgenden Befehl können Sie alle zurückgelassenen Autovolumes löschen. Machen Sie das aber nur, wenn Sie sich sicher sind, dass Sie daraus nichts mehr benötigen:

```
~$ docker volume prune
WARNING! This will remove anonymous local volumes not used by at
least one container.
Are you sure you want to continue? [y/N] y
Deleted Volumes:
56c25d5a7cce0682340b55734cf8620342f7c269c59f8ca1bac00bdd595f9983
baf78a0e9901c2d97e612379783ce19b3d855dda31e05e75b37f9227618986b0
e2145c19bcb5d905b466ec117fb1e28a24e4d6c4e63a04f03c824c401d9ae8d4
{...}
Total reclaimed space: 3.535GB
```

Sie können das als Housekeeping-Maßnahme auch regelmäßig ausführen.

Individuelle Volumes

Sie können aber auch selbst ein ganz bestimmtes Verzeichnis auf dem Host als Volume mit einem Ordner in einem Container verknüpfen. Dieses Verzeichnis geben Sie bei `docker run` mit dem Schalter `-v` oder `--volume` als Option mit an:

```
~$ docker run -d \
   --name mymariadb \
   -e MYSQL_ALLOW_EMPTY_PASSWORD=1 \
   -v $(pwd)/mysql:/var/lib/mysql \
   mariadb
6e3a627b6eb504de0f0d38ace231f9214e79c68bbd0193f991e399de0ea96e91

~$ ls mysql
aria_log.00000001  ddl_recovery.log  ibdata1  mariadb_upgrade_
info  performance_schema/  tc.log   undo002  aria_log_control   ib_
logfile0        ibtmp1   mysql/  sys/  undo001  undo003
```

Diesen Schalter können Sie mehrfach anwenden, denn mehrere Volumes gleichzeitig sind möglich.

Bei diesen individuellen Volumes gibt es ein paar Kleinigkeiten zu beachten:

- Wenn einem Container per Voreinstellung ein UUID-Autovolume für ein bestimmtes Verzeichnis zugeordnet wurde, wird es nicht mehr erzeugt, falls bei `docker run` ein benutzerdefiniertes Volume angegeben wird.
- Geben Sie immer den vollständigen Pfad zum Volume auf dem Host an. Nur mit einem Namen und ohne einen Pfad wird dieses Verzeichnis sonst in */var/lib/docker/volumes* erzeugt. Relative Pfadangaben wie *./mysql* akzeptiert `docker run` nicht.
- Wenn Sie das angegebene Verzeichnis vorher nicht händisch erzeugen, dann generiert Docker es. Bei von Docker erzeugten Volume-Verzeichnissen gibt es allerdings oftmals unerwünschte Effekte bezüglich Besitzer und Gruppe. Wenn *mysql/* vom MariaDB-Container erzeugt wird, dann gehört es zum Beispiel etwa `systemd-coredump:root`. Wie das zustande kommt, müssen Sie oftmals extra recherchieren. In diesem Fall liegt es daran, dass der User *mysql* im Container die User-ID 999 hat, die dann *systemd-coredump* auf diesem Arbeitsrechner entspricht. Diese Übereinstimmung kann auf einem anderen System und besonders bei einer anderen Distribution jedoch anders aussehen. Fazit: Legen Sie am besten das gewünschte Volume-Verzeichnis vorher mit Ihrem Default-Benutzer auf dem Arbeitsrechner selbst an.

Dateien im Container überlagern

Lassen Sie das mal einen Augenblick wirken: Dateien im Container werden überschrieben beziehungsweise überlagert, falls sie im verknüpften Volume auf dem Host bereits vorhanden sind, wenn das Volume angebunden wird.

Das ist ein konstituierender Mechanismus bei Docker-Volumes. Sie können nur deshalb das von einem MariaDB-Container geschriebene Datenverzeichnis einfach mit einem neuen MariaDB-Container verwenden, der ja sein eigenes frisches Datenverzeichnis enthält. Sonst würden Sie Ihr Volume mit diesem Schritt überschreiben.

Diese Technik können Sie ganz gezielt einsetzen, um im Container vorhandene Konfigurationsdateien durch eine Variante zu ersetzen, die bereits auf dem Host liegt. Das ist eine weitere Möglichkeit, um eine Anwendung im Container von außen zu konfigurieren.

Volumes bei docker-compose

Volumes können Sie natürlich auch mit Docker Compose einrichten. Um Autovolumes wie beim MariaDB-Container zu benutzen (und übrigens auch beim WordPress-Container, der */var/www/html* sichert), müssen Sie erst einmal gar nichts machen. Diese Funktionalität ist beim Bau der Container konfiguriert worden und muss deshalb nicht noch extra von Ihnen eingerichtet werden.

Individuelle Volumes hingegen legen Sie einfach mit dem Template-Element `volumes` an. Sie können für `docker-compose` auch relative Pfadangaben im Compose-Sheet verwenden:

```
services:
    mariadb:
        image: mariadb:latest
        restart: always
        volumes:
            - ./mysql:/var/lib/mysql
```

Volumes auf IaaS-Instanzen

Noch eine Bemerkung zum Abschluss dieses Abschnitts: Beim Cloud Computing gibt es auf der Ebene des Hosts noch einmal dieselbe wiederholte Situation: IaaS setzen Sie optimal ein, wenn Sie Cloud-Server nicht als feststehende Instanzen ansehen, was sie vom Konzept her ja ganz deutlich unterstrichen auch nicht sein wollen. Es handelt sich dabei vielmehr um wiederkehrende und austauschbare Einheiten.

Sie haben sich vielleicht die Datenbanken und andere Betriebsdaten aus Containern in Volumes auf dem Host gesichert. Aber eine Cloud-Instanz, die nicht als bloßer Ersatz für einen statischen Server herhält, fällt wiederum in dieselbe systematische Kategorie wie ein Container. Vielleicht werden Cloud-Instanzen, die Sie sich zugeteilt haben, ja schnell immer wieder zu klein, und Sie möchten gerne jederzeit mit einem Knopfdruck auf einen anderen Zuschnitt umsteigen können, ohne für jeden Umzug händisch mit Backups auf dem Arbeitsrechner hantieren zu müssen.

Die Antwort auf die Frage, wo Sie denn nun Ihre Geschäftsdaten dauerhaft ablegen sollten, lautet: Setzen Sie dafür nicht flüchtige Storage-Volumes oder Objektspeicherdienste ein (siehe zum Beispiel Amazon-EBS-Volumes in Abschnitt 3.1.4). Diese stellen Cloud-Provider unabhängig von bestimmten Cloud-Instanzen zur Verfügung.

2.3.7 Rootless Docker

Sie haben jetzt das Prinzip von Docker kennengelernt und auch eigene Container gestartet. Zudem haben Sie gesehen, dass der Prozess im Container lediglich ein isolierter Prozess auf dem Host-System ist. Wenn ein Container von Schadcode befallen wird und nicht richtig abgeschottet ist, dann kann das zu einem Befall des Host-Systems führen, man spricht von einem Ausbruch aus dem Container. Aus diesem Grund ist es wichtig, die Privilegien minimal zu halten.

Mit *Rootless Docker* haben Sie die Möglichkeit, Docker-Daemon und Container ohne Root-Rechte zu betreiben. Diese Konfiguration erhöht die Sicherheit erheblich, indem sie die Angriffsfläche reduziert. Da der Docker-Daemon nicht als Root läuft, wird das Risiko von Privilegieneskalationen reduziert. Selbst wenn ein Container kompromittiert wird, kann der Angreifer nicht auf Root-Ebene des Hosts agieren.

Gut zu wissen

Rootless Docker ist ein Baustein für einen sicheren Betrieb, doch verlassen Sie sich wie immer nicht nur auf diesen einen Baustein. Auch Ihre Container sollten Sie entsprechend absichern.

Ein nützliches Tool, das Sie dabei unterstützt, Schwachstellen in Ihren Container-Images zu identifizieren, ist *Docker Scout*. Es analysiert die Inhalte Ihrer Docker-Images und erstellt detaillierte Berichte über enthaltene Pakete sowie erkannte Sicherheitslücken. Es bietet Ihnen gezielte Empfehlungen zur Behebung der entdeckten Probleme und hilft Ihnen so, Ihre Anwendungen kontinuierlich mit den neuesten Sicherheitspatches zu versorgen. Solche Schwachstellen-Scanner werden typischerweise im Build-Prozess eingesetzt, damit Schwachstellen nicht produktiv gehen. Dieser Abschnitt soll Ihnen ein Gefühl für diese Art von Schwachstellenscan geben. Mehr zu Docker Scout und ein Anwendungsbeispiel finden Sie unter:

https://docs.docker.com/scout/quickstart/

Neben Docker Scout gibt es auch andere Tools wie Trivy oder Clair, die Ihnen das Scannen nach Schwachstellen ermöglichen. Sie sind dafür also nicht auf das Produkt von Docker angewiesen.

Lassen Sie uns direkt in ein Beispiel einsteigen und *Rootless Docker* installieren. Dazu benötigen Sie folgende Pakete:

```
~$ sudo apt install uidmap dbus-user-session fuse-overlayfs
```

Da auf unserem Rechner bereits eine Docker-Installation mit Root-Rechten vorhanden ist, müssen wir sie zunächst deaktivieren, um *Rootless Docker* verwenden zu können.

```
~$ sudo systemctl disable --now docker.service docker.socket
Synchronizing state of docker.service with SysV service script with /lib/
systemd/systemd-sysv-install.
Executing: /lib/systemd/systemd-sysv-install disable docker
~$ sudo rm /var/run/docker.sock
Removed /etc/systemd/system/sockets.target.wants/docker.socket.
Removed /etc/systemd/system/multi-user.target.wants/docker.service.
```

Nachdem Docker deaktiviert wurde, können Sie nun mit der Installation von *Rootless Docker* fortfahren. Der Prozess ist relativ unkompliziert und erfordert lediglich das Ausführen eines speziellen Setup-Skripts, das von Docker bereitgestellt wird. Dieses

Skript ist schon auf Ihrer Maschine vorhanden, wenn Sie Docker wie in Abschnitt 2.3.1 installiert haben.

```
~$ dockerd-rootless-setuptool.sh install
```

```
[INFO] Creating /home/kevinwelter/.config/systemd/user/docker.service
[INFO] starting systemd service docker.service
+ systemctl --user start docker.service
+ sleep 3
+ systemctl --user --no-pager --full status docker.service
? docker.service - Docker Application Container Engine (Rootless)
```

Fügen Sie danach folgende Variablen zu Ihrer *.bashrc* hinzu, damit bei jeder neuen Kommandozeile auch die richtigen Umgebungsparameter gesetzt sind:

```
export PATH=/usr/bin:$PATH
export DOCKER_HOST=unix:///run/user/$(id -u)/docker.sock
```

Nachfolgend können Sie Docker jetzt starten:

```
systemctl --user start docker
systemctl --user enable docker
sudo loginctl enable-linger $(whoami)
```

Um sicherzustellen, dass Docker erfolgreich im Rootless-Modus läuft, können Sie den folgenden Befehl ausführen:

```
~$ systemctl --user status docker
```

```
? docker.service - Docker Application Container Engine (Rootless)
```

Zudem können Sie sicherstellen, dass der Docker-Daemon-Prozess nicht als `root` läuft. Die Ausgabe sollte zeigen, dass der Prozess von Ihrem Benutzer und nicht von `root` ausgeführt wird:

```
~$ ps -ef | grep dockerd
```

```
kevinwelter  271169  271146  2 20:18 ? 00:00:29 dockerd
```

Ab jetzt läuft Docker ohne Root-Berechtigung. Um zu prüfen, ob Docker auch wie gehabt funktioniert, können Sie beispielsweise `docker-compose` für WordPress erneut ausführen.

Rootless Docker ist ein wichtiger Schritt in Richtung eines sichereren und robusteren Container-Betriebs. Es ist jedoch wichtig, dass Sie sich im Vorfeld ganzheitlich Gedanken darüber machen, wie Sie Ihre produktiven Anwendungen betreiben möchten, welche Security-Risiken entstehen könnten und wie diese mitigiert werden.

2.4 Kubernetes

Oliver Liebel schreibt in seinem großen Container-Handbuch, dass »keine Container-Technologie heutzutage ohne einen entsprechenden Orchestrierungs-Layer darüber wirklich Sinn ergibt«. Recht hat er damit!

Wie in Abschnitt 1.4.5 dargestellt wurde, handelt es sich bei Kubernetes (*https://kubernetes.io/*) um den modernen Standard für den verteilten Betrieb von containerisierten Applikationen auf Infrastrukturen aus der Public Cloud. In den folgenden Kapiteln wird es bei Gelegenheit darum gehen, wie Sie selber einen Kubernetes-Cluster auf IaaS-Instanzen aufsetzen. Ein Grundwissen darüber, wie Sie einen solchen Cluster auch benutzen können, wird in diesem Abschnitt vermittelt.

Der Hype um Kubernetes (gängige Abkürzung »K8s«) ist meiner Meinung nach durchaus berechtigt. Es handelt sich um ein starkes, produktionsreifes Werkzeug, das aktuell in Version 1.30 vorliegt. Es wurde von Google natürlich in der eigenen Haussprache Google Go implementiert und sorgt für die moderne, containerbasierte Anwendungsbereitstellung. Die Vorteile von Hochverfügbarkeit, Lastverteilung und Skalierung sowie modularer Softwarearchitektur wurden in der Einführung bereits dargestellt.

Eine der Stärken von K8s ist seine Flexibilität. Diese spiegelt sich allerdings in einer nicht minder starken und berüchtigten Komplexität wider, die den Einstieg schwer macht. Ein übersichtlicher Einsteigerkurs über die grundlegende Verwendung von K8s ist aber auch im kleinen Rahmen möglich. Im Folgenden soll gezeigt werden, wie Sie eine einfache Applikation damit betreiben. Dabei stelle ich die wichtigsten Grundbegriffe vor. Als Demonstrationsobjekt dient dabei wieder das im vorigen Abschnitt als kombinierte Container-Applikation vorgestellte WordPress mit MariaDB als Datenbank-Backend. Docker ist als Default-Container-Engine die grundlegende Technik für diesen Cluster-Manager. Deshalb sollten Sie zuerst Abschnitt 2.3 durcharbeiten, falls Kenntnisse darüber noch nicht vorhanden sind.

Wenn Sie IT wegen der komplexen Welten mögen, die dieses Arbeitsgebiet bietet, dann sind Sie mit K8s auf ein spannendes Spielzeug gestoßen, das keine Langeweile aufkommen lässt. Es ist eine echte Herausforderung, diese Software und ihre Add-ons zu beherrschen; und alles produktiv einzusetzen, stellt eine nicht zu unterschätzende Aufgabe dar. Dabei ist es bereits eine Challenge, das gesamte Ökosystem von Erweiterungen und zugehörigen Applikationen zu überschauen.

Für die tiefer gehende Beschäftigung mit »the Kube« verweise ich Sie auf die mittlerweile reichhaltig vorhandene Literatur über dieses Thema, die Sie nicht lange suchen müssen. Es gibt auf dem inländischen Buchmarkt einige ausführlichere Titel in deutscher Sprache. Der an anderer Stelle bereits erwähnte Titel »Skalierbare Container-Infrastrukturen« von Oliver Liebel (Rheinwerk Computing, ISBN 978-3-8362-9753-0) aus derselben Reihe wie dieses Handbuch sei Ihnen in diesem Zusammenhang noch einmal wärmstens empfohlen. Er beschäftigt sich sehr tiefgehend und ausführlich mit der Technologie von Container-Clustern und damit, wie diese aufgebaut werden. Eine etwas leichtere Einführung in die Verwendung von Kubernetes finden Sie auch in meinem Buch »Kubernetes. Das Praxisbuch für Entwickler und DevOps-Teams« (Rheinwerk Computing, ISBN 978-3-8362-9883-4). Außerdem finden Sie auf YouTube (*https://www.youtube.com/*) eine Fülle von englischsprachigen Tutorials, etwa im Kanal der CNCF (*Cloud Native Computing Foundation*).

K8s benötigt eine Applikation, die in einen Container gepackt wurde oder die sogar aus einer Kombination von mehreren Containern besteht. Wie bereits besprochen wurde, ist der Docker Hub die bei der Docker Engine voreingestellte Registry für Container-Images. Deshalb übernimmt sie diese Rolle auch bei K8s. Der Cluster-Manager ist unter der Apache-Lizenz in Version 2.0 frei lizenziert.

2.4.1 kubectl

Egal, wo Sie K8s betreiben, ob auf Instanzen aus einem IaaS-Dienst, in einem Cloud-Service wie der Google Kubernetes Engine, im Minikube oder auf eigenen Servern: Den Cluster steuern Sie immer mit dem Tool `kubectl`.

Grundsätzlich können Sie auch das in K8s eingebaute API direkt ansprechen. Diese Möglichkeit ist aber eher dafür gedacht, sich eigene Werkzeuge aufzusetzen. Und auch in diesem Fall würden Sie vielleicht eher zu einer der verfügbaren Bibliotheken greifen, die Ihnen eine zusätzliche Vereinfachungsschicht über dem API für eigene Steuerungslösungen anbietet. Das ist hier aber für den Einstieg erst einmal ganz bestimmt nicht das Thema, denn die Steuerung von Kubernetes ist bereits komplex genug, wenn Sie die dafür vorgesehenen Tools nutzen. Gutes Grundlagenwissen im Umgang mit `kubectl` ist die Voraussetzung für alle Arbeiten mit Kubernetes.

Mit `kubectl` nehmen Sie alle Handgriffe vor, die für den Betrieb eines K8s-Clusters notwendig sind. Sie installieren das Kommandozeilenprogramm auf Ihrem Arbeitsrechner. Das Tool spricht den Cluster über das auf dem Master laufende API an, setzt Steuerungsanweisungen an diesen ab und ruft daraus Informationen über den Status des Clusters ab. Der Master hingegen steuert alle angeschlossenen Worker-Nodes und setzt die vom Anwender gewünschten Veränderungen am Cluster um. K8s an sich läuft also im Cluster und nicht auf Ihrem Arbeitsrechner.

Achten Sie darauf, dass die Version Ihres `kubectl` nicht zu stark unter die Version des von Ihnen eingesetzten K8s im Cluster gerät. Sonst gibt es eventuell zu starke Diskrepanzen zwischen der Clustersoftware und dem Steuerungstool. Halten Sie es deshalb immer aktuell.

Minikube

Minikube ist ein minimaler K8s-Cluster für Tests, Schulungen und andere Zwecke, die keinen ausgewachsenen Cluster benötigen. Sie betreiben diese Lösung lokal auf Ihrem eigenen Arbeitsrechner.

Das Minikube-Setup besteht nur aus einem einzigen Knoten, der gleichzeitig als Master und als Worker fungiert. Er beherbergt alle für einen Cluster benötigten Komponenten: *Apiserver, Scheduler, Controller-Manager* und *etcd* für den Master sowie *Kubelet, Kube-Proxy* und *Container-Runtime* für den Worker. Der Skalierung von Applikationen ist dabei natürlich eine enge Grenze gesetzt; im Grunde funktioniert hier aber alles genauso wie bei komplexeren Clustern. Für erste und vom Netz unabhängige Gehversuche mit K8s ist *Minikube* auf jeden Fall zu empfehlen.

Der Minikube ist sehr einfach aufzusetzen und funktioniert einwandfrei »out of the box«. Die Installationsanleitung dafür finden Sie hier:

https://minikube.sigs.k8s.io/docs/start/

Die Installation und die Steuerung des fertig installierten Clusters übernimmt ein eigenes kleines Tool. Der Cluster wird auf Ihrem Rechner selbst als Container ausgeführt, oder Sie können ein Tool wie VirtualBox nutzen.

kubectl einspielen

`kubectl` ist als Golang-Programm ein einfach einzusetzendes, monolithisches Binary (Größe aktuell ca. 44 MB). Sie können es händisch einspielen und sofort verwenden, ohne dass zusätzliche Abhängigkeiten erfüllt sein müssen. Die aktuelle K8s-Version können Sie aus einer bestimmten Textdatei bei Google auslesen. Verwenden Sie diese für den korrekten Pfad zu dem aktuellen Binary bei *storage.googleapis.com*. Dieses können Sie wieder mit `curl` auf Ihren Arbeitsrechner herunterladen. Der Ablageort ist eines der für selbst hinzugefügte Binarys vorgesehenen Verzeichnisse (*/usr/local/bin* für alle User auf dem Rechner oder *~/bin* nur für Sie selbst):

```
~$ curl -L -s https://dl.k8s.io/release/stable.txt
v1.30.3

~$ curl -LO "https://dl.k8s.io/release/$(curl -L -s https://dl.k8s.io/release/
stable.txt)/bin/linux/amd64/kubectl"

~$ sudo mv kubectl ~/bin/kubectl

~$ sudo chmod +x /bin/kubectl
```

Die offizielle Installationsanleitung enthält Hinweise, wie Sie `kubectl` für Windows und macOS installieren:

https://kubernetes.io/de/docs/tasks/tools/install-kubectl/

Das Tool ist dann natürlich noch nicht für die Zusammenarbeit mit einem Cluster konfiguriert. Der Befehl `kubectl version` wirft Ihnen deshalb lediglich die eigene Version aus. Ein Cluster beziehungsweise eine K8s-API wird noch nicht einmal unter dem als Default eingestellten Port auf dem Localhost gefunden:

```
~$ kubectl version
Client Version: v1.30.3
Kustomize Version: v5.0.4-0.20230601165947-6ce0bf390ce3
The connection to the server localhost:8080 was refused -
 did you specify the right host or port?
```

Das API wäre unter dieser Adresse verfügbar, wenn Sie `kubectl` direkt auf einem K8s-Master-Node ausführen würden. Eine spezielle Konfiguration des Steuertools mit der Verbindung zu einem Cluster ist in diesem Fall nicht nötig. Der alltägliche Anwendungsfall ist aber eher, den Master von einem Arbeitsrechner aus zu steuern.

kubectl als Linux-Paket

Das Tool `kubectl` ist aus dem offiziellen Repositorium für Linux-Pakete bei Google *packages.cloud.google.com* verfügbar. Wenn Sie die *Google Cloud Platform* benutzen, dann haben Sie es vielleicht bereits als Paketquelle für Ihre Linux-Distribution hinzugefügt, um auf diesem Wege das *google-cloud-sdk* mit dem Steuerprogramm `gcloud` zu beziehen (siehe Abschnitt 3.3). Dann empfiehlt es sich auf jeden Fall, auch den *Kubecontroller* auf diesem Weg zu installieren. Sie haben das Werkzeug daraufhin mit im zentralen Update-Kanal Ihrer Distribution. Außerdem erscheint die Software mit auf der Liste der installierten Pakete, die Sie mit dem Paketmanager abrufen können.

Beachten Sie, dass nach der Reihenfolge in *$PATH* normalerweise die Verzeichnisse für »wilde« Binarys (*~/bin* und */usr/local/bin*) beim Absetzen von Befehlen *vor* den Verzeichnissen berücksichtigt werden, in denen der Inhalt von Paketen abgelegt wird. Wenn Sie auf das Linux-Paket für `kubectl` umsteigen, dann löschen Sie also besser ein vorher händisch eingespieltes Binary, damit es sich nicht weiter vordrängelt. Wundern Sie sich nicht, wenn Ihnen die Shell nun erst mal die Ausführung des Kommandos versagt, weil die aktuelle Terminal-Session `kubectl` weiter an dem bisherigen Ort danach sucht. Öffnen Sie dann einfach ein neues Terminal-Fenster. Oder setzen Sie kurz `hash kubectl` ab, um den Cache für den Pfad des vorher schon mal als Kommando ausgelösten Binary zu aktualisieren.

Tab-Vervollständigung

Die vielen Funktionen von `kubectl` sind wie bei vielen aktuellen Kommandozeilen-Tools aus dem Cloud- und DevOps-Bereich nach Subbefehlen sauber getrennt und auf verschiedenen Ebenen organisiert. Die Tab-Vervollständigung in der Linux-Shell kommt dabei als praktische Einrichtung auf Ihrem Arbeitsrechner gut zupass. Damit können Sie auf jeder Ebene nach einem zweimaligen Druck auf die [⇆]-Taste mit einem Blick übersehen, was an weiteren Befehlen dort überhaupt zur Verfügung steht. Das ist nicht nur bei der anfänglichen Beschäftigung mit neuen Werkzeugen meist sehr willkommen.

Das für die Tab-Vervollständigung benötigte Profil kann `kubectl` selbst generieren. Sie müssen aber, um das auch anwenden zu können, eventuell erst einmal den Grundmechanismus dafür in Betrieb nehmen. Das für die Tab-Vervollständigung benötigte Paket *bash-completion* gehört bei Ubuntu 22.04 und anderen Distributionen mit zur Basisinstallation. Die Vervollständigung ist aber nicht immer überall direkt auch aktiviert. Sie können das testen, indem Sie den Befehl `type _init_completion` eingeben. Wird nun anstatt einer langen Shellfunktion eine Fehlermeldung »nicht bekannt« zurückgegeben, dann ist das bei Ihnen zunächst nicht der Fall. Ergänzen Sie anschließend in der versteckten Datei *.bashrc* in Ihrem Heimatverzeichnis die Zeile `source /usr/share/bash-completion/bash_completion`. Geben Sie jetzt `source ~/.bashrc` ein, um die Vervollständigung unmittelbar zu aktivieren. Oder Sie beenden die Terminal-Session und starten eine neue.

Das Profil für die Tab-Vervollständigung für `kubectl` in der allgemeinen Standard-Shell-Bash generieren Sie mit dem Befehl `kubectl completion bash`. Sie können dieses Profil mit dem Befehl `source <(kubectl completion bash)` unmittelbar in Betrieb nehmen. Möchten Sie das fest einstellen, dann ergänzen Sie diesen Befehl auch noch in Ihrer *.bashrc*-Datei. Ein bisschen sauberer ist es aber, das Profil auch in dem vom System vorgesehenen Verzeichnis für Vervollständigungsprofile abzulegen. Sie stellen es damit auch anderen Usern auf dem Rechner zur Verfügung (falls vorhanden). Setzen Sie dafür den Befehl `kubectl completion bash | sudo tee /etc/bash/bash_completion.d/kubectl` ab. Diese Vorgehensweise verlangt allerdings eventuell ein erneutes Auslösen, wenn es neue Versionen von `kubectl` mit einem neuen Completion-Profil gibt.

Mit aktiviertem Profil können Sie sich dann direkt anzeigen lassen, was zum Beispiel unter dem Subbefehl `kubectl create` so alles zur Verfügung steht, und auch, für welche anderen Shells Vervollständigungsprofile generiert werden können:

```
~$ kubectl create <TAB><TAB>
clusterrole          deployment           priorityclass  secret
clusterrolebinding   job                  quota          service
configmap            namespace            role           serviceaccount
cronjob              poddisruptionbudget  rolebinding

~$ kubectl completion <TAB><TAB>
bash  fish  powershell  zsh
```

2.4.2 Kubernetes auf der GKE

Für diese Einführung ist die Wahl eines Vorführ-Clusters für K8s anstatt auf den Minikube auf die *Google Kubernetes Engine* (GKE) gefallen. Die GKE ist ein einfach einzusetzender, abstrahierter Service. Er bietet an, mit wenigen Handgriffen einen vollständigen K8s-Cluster mit mehreren Worker-Nodes zu bekommen. Die in Abschnitt 1.4.5 vorgestellten anderen KaaS-Dienste bieten vergleichbare Merkmale an.

Der Kubernetes-Hersteller Google hat allerdings mit der bewährten GKE als dem ältesten K8s-Cloud-Service einen gewissen Vorrang. Da dies aber ein Handbuch über Cloud-Infrastruktur ist und gerade die IaaS-Dienste von Cloud-Anbietern im Mittelpunkt stehen sollen, spielt die GKE hier als ein reines Beispiel für einen Cluster nur ganz am Rande eine Rolle.

Wenn Sie die folgenden Beispiele auch auf der GKE nacharbeiten möchten, dann müssen folgende Bedingungen dafür erfüllt sein:

- Sie haben sich bei der Google Cloud Platform angemeldet, haben einen freigeschalteten Nutzeraccount und können Services daraus anwenden.
- Sie haben das Google Cloud SDK und damit das Tool `gcloud` auf Ihrem Arbeitsrechner installiert.
- `gcloud` ist initialisiert und konfiguriert (Google-User verknüpft, gewünschtes Projekt und Lokation ausgewählt) und damit bereit, eingesetzt zu werden.

Wie Sie das erreichen, ist im Kapitel über die Google Compute Engine (siehe in Abschnitt 3.3) ausführlich thematisiert.

Eine weitere Bedingung ist, dass Sie das Kubernetes Engine API erst noch gesondert freischalten müssen. Melden Sie sich dafür auf der Weboberfläche der Google Cloud an, gehen Sie auf folgende Seite, und klicken Sie dort auf AKTIVIEREN:

https://console.cloud.google.com/apis/library/container.googleapis.com

[«]

Hinweis

Die Knoten der GKE sind »unter der Haube« Instanzen der Google Compute Engine und werden dementsprechend berechnet. Mit der voreingestellten Größe eines neuen Clusters mit drei Knoten und dem eher kleinen Zuschnitt der voreingestellten Maschinen bleiben Sie zunächst aber innerhalb des Freikontingents für neue Kunden und müssen keine zusätzlichen Kosten einplanen. Produktive Setups mit einer Vielzahl von Knoten und hoher Auslastung sind aber nicht billig! Behalten Sie den Verbrauch daher im Auge.

Es sei hier schon vorweg genommen, dass der richtige Zuschnitt des Clusters und der beteiligten Nodes die schwierigste Aufgabe des Cloud-Setups ist. Informieren Sie sich genau, welche Ressourcen Sie im Produktiveinsatz brauchen und seien Sie bei Tests vorsichtig: Durch die automatische Skalierung kann es schnell vorkommen, dass neue Nodes gestartet werden, was die Rechnung in die Höhe treibt.

Cluster generieren

Einen neuen K8s-Cluster in der GKE erzeugen Sie mit folgendem Befehl:

```
~$ gcloud container clusters create mycluster
Creating cluster mycluster in europe-west3-a...
Cluster is being health-checked (master is healthy)...done.
Created [https://container.googleapis.com/v1/projects/macro-
   precinct-258522/zones/europe-west3-a/clusters/mycluster].
To inspect the contents of your cluster, go to:
https://console.cloud.google.com/kubernetes/workload_/gcloud/
   europe-west3-a/mycluster?project=macro-precinct-258522
kubeconfig entry generated for mycluster.
```

[!]

Fehlendes Plug-in

Es ist möglich, dass zunächst folgender Fehler auftritt:

```
ACTION REQUIRED: gke-gcloud-auth-plugin, which is needed for continued use
of kubectl, was not found or is not executable. Install gke-gcloud-auth-
plugin for use with kubectl
```

Es fehlt ein zusätzliches Plug-in, um `kubectl` verwenden zu können. Dieses können Sie einfach mit folgendem Befehl nachinstallieren.

```
gcloud components install gke-gcloud-auth-plugin
```

Die Zugangsdaten für `kubectl` generieren Sie dann mit diesem Befehl noch mal neu:

```
gcloud container clusters get-credentials mycluster
```

Der Vorgang dauert ungefähr zwei bis drei Minuten. Die Ausgabe von diesem Befehl enthält außerdem eine Informationszeile mit Details über den generierten Cluster. Diese können Sie sich mit folgendem Befehl jederzeit noch einmal ausgeben lassen:

```
~$ gcloud container clusters list
NAME       LOCATION        MACHINE_TYPE  NODE_VERSION   NUM_NODES
mycluster  europe-west3-a  e2-medium     1.29.6-gke     3
```

Der Cluster beinhaltet als Standardeinstellung drei Knoten. Damit sind die Worker-Nodes gemeint. Der Maschinentyp der aus der Google Compute Engine verwendeten Instanzen ist `e2-medium` mit zwei virtuellen CPU und 4 GB RAM. Das aufgespielte Betriebssystem ist übrigens das Linux-basierte *Container-Optimized OS* (COS) von Google.

Den Cluster können Sie mit dem folgenden Befehl zum Beispiel auf vier Worker-Nodes erweitern:

```
~$ gcloud container clusters resize --num-nodes=4 mycluster
Pool [default-pool] for [mycluster] will be resized to 4.
Do you want to continue (Y/n)? Y
Resizing mycluster...done.
Updated
[https://container.googleapis.com/v1/projects/macro-precinct-258522/zones/
europe-west3-a/clusters/mycluster].
```

Mit demselben Befehl können Sie ihn natürlich auch schrumpfen. Sie brauchen dabei keine Angst zu haben, den Cluster damit zu beschädigen oder zu korrumpieren. Denn K8s baut die durch abgebaute Knoten plötzlich verloren gehenden *Pods* (zu dem Begriff sage ich später mehr) dann auf den verbleibenden einfach wieder auf, wenn noch Ressourcen verfügbar sind. Es ist quasi die Grundaufgabe eines Cluster-Managers, mit plötzlichen Ausfällen zurechtzukommen.

Wenn Sie den Cluster irgendwann nicht mehr benötigen, dann können Sie ihn mit `gcloud container clusters delete mycluster` auch wieder einstampfen. Das hat dann allerdings eine destruktive Wirkung, die sich nicht mehr auffangen lässt, und ist unumkehrbar.

kubectl anbinden

Der `create`-Subbefehl von `gcloud` erstellt den Cluster und konfiguriert darauf Ihre lokale Installation von `kubectl`, damit Sie mit ihr auf den Cluster zugreifen können. Sie können die aktuelle Konfiguration danach in *~/.kube/config* überprüfen.

Diesen Konfigurationsschritt können Sie auch händisch ausführen und jederzeit wiederholen:

```
~$ gcloud container clusters get-credentials mycluster
Fetching cluster endpoint and auth data.
kubeconfig entry generated for mycluster.
```

Eine vorher eventuell vorhandene Konfiguration für Minikube oder einen anderen Cluster wird dabei überschrieben. `kubectl` hat für seine Konfiguration das Mittel der *Kontexte*, mit dem Sie das Tool für verschiedene Cluster verwenden können. Es gibt auch noch zusätzliche Lösungen wie *Kubectx* (*https://github.com/ahmetb/kubectx*), mit dem Sie zwischen verbundenen Clustern umschalten können.

Cluster-Informationen ausgeben

Wenn es ordentlich angebunden ist, können Sie `kubectl` jetzt auf den in der GKE laufenden Cluster anwenden. Der Subbefehl `version` wirft Ihnen nun auch Informationen über das in der GKE laufende K8s aus:

```
~$ kubectl version
Client Version: v1.30.2
Kustomize Version: v5.0.4-0.20230601165947-6ce0bf390ce3
Server Version: v1.29.6-gke.1038001
```

Der Subbefehl `cluster-info` gibt Ihnen weitere Grundinformationen über den angebundenen Cluster aus. Und zwar sind das die Netzadressen, über die API-Endpunkte angesprochen werden können:

```
~$ kubectl cluster-info
Kubernetes control plane is running at https://34.159.10.48
GLBCDefaultBackend is running at https://34.159.10.48/api/v1/namespaces/kube-
system/services/default-http-backend:http/proxy
KubeDNS is running at https://34.159.10.48/api/v1/namespaces/kube-system/
services/kube-dns:dns/proxy
Metrics-server is running at https://34.159.10.48/api/v1/namespaces/kube-
system/services/https:metrics-server:/proxy
To further debug and diagnose cluster problems, use 'kubectl cluster-
info dump'.
```

Die genauen Details dieser Konfigurationsparameter sind für den normalen Anwender eher unerheblich. Wenn eine solche Liste von Endpunkten für interne Dienste ausgegeben wird, dann können Sie daran aber sehen, dass Sie einen gesunden Cluster vor sich haben.

Der Subbefehl `get nodes` gibt Ihnen Informationen über die angeschlossenen Worker-Nodes aus. Dazu gehören vor allem auch die intern vergebenen Namen der Knoten:

```
~$ kubectl get nodes
NAME                                        STATUS   AGE     VERSION
gke-mycluster-default-pool-ed4ca488-84s4    Ready    2m59s   v1.29.6-gke.1038001
gke-mycluster-default-pool-ed4ca488-8g8g    Ready    6m14s   v1.29.6-gke.1038001
gke-mycluster-default-pool-ed4ca488-995s    Ready    6m15s   v1.29.6-gke.1038001
gke-mycluster-default-pool-ed4ca488-sc9v    Ready    6m15s   v1.29.6-gke.1038001
```

Mit dem Schalter `--output=wide` wirft dieser Befehl noch mehr Informationen aus. Dazu gehören bei Knoten unter anderem auch die Cluster-interne und die externe IP-Adresse, das OS-Image, die Linux-Kernelversion und die auf den Knoten verfügbare Docker-Version. Ein anderes ausführliches Ausgabeformat von `kubectl get` ist der Schalter `--output=json`.

2.4.3 Objekte

Eine wichtige Grundkategorie in K8s sind die sogenannten *Objekte*. Das ist ganz allgemein gesprochen eine Reihe von verschiedenartigen Dingen, die Sie im Cluster betreiben können. Die Objekte, die in diesem kurz gefassten Crashkurs vorgestellt werden, sind *Deployment*, *Pod*, *Service* und *ReplicaSet*. Es gibt noch eine ganze Reihe von weiteren Objekten, zum Beispiel das *Secret*. Das sind an Container andockbare Schutzbehälter, die für geheime Informationen wie SSL-Zertifikate, SSH-Schlüssel und Login-Credentials vorgesehen sind.

Deployment

Ein Deployment in K8s macht genau das, was sein Name vermuten lässt: Sie installieren damit etwas im Cluster, um es dort laufen zu lassen. Die Einheit beziehungsweise der Gegenstand, der mit diesem Objekt deployt wird, sind Container beziehungsweise Pods.

Da ein Deployment viele Parameter kennt, handelt es sich um ein relativ komplexes Objekt, wie Sie weiter unten noch sehen werden. Ein standardmäßiges, unmittelbar lauffähiges Ad-hoc-Deployment generieren Sie aber einfach mit diesem Befehl:

```
~$ kubectl create deployment mynginx --image=nginx:latest
deployment.apps/mynginx created
```

Es ist nicht besonders schwer, nachzuvollziehen, was dieser Befehl bewirkt: Der Container *nginx:latest* aus dem Docker-Hub als Container-Quelle wird damit in Ihrem K8s-Cluster installiert. Beachten Sie aber, dass der Nginx-Webserver damit aber noch nicht erreichbar ist, und zwar weder von außerhalb des Clusters noch von innerhalb. Das benötigt eine weitergehende Konfiguration des Clusters mit noch anderen K8s-Objekten.

Informationen über ein Deployment können Sie mit `kubectl get deployment` abrufen. Auch bei der Anwendung von `kubectl get` auf ein Deployment bekommen Sie mit dem bereits erwähnten `output`-Schalter einige zusätzliche Details ausgeworfen:

```
~$ kubectl get deployment mynginx -o wide
NAME     READY  UP-TO-DATE  AVAIL AGE   CONTAINERS IMAGES       SELECTOR
mynginx  1/1    1           1     5m58s nginx      nginx:latest app=mynginx
```

Die bei einem Ad-hoc-Deployment gültigen Standardwerte sind zum Beispiel die Anzahl der Replikationen (per Default 1) und das Label für neue Pods (das aus dem Deployment-Namen abgeleitete `app=mynginx`). Wenn Sie sich selbst ein Deployment als Template definieren, dann können Sie diese und auch alle anderen Parameter direkt von Anfang an selbst festlegen.

Eine noch informativere Übersicht über ein aktives Deployment können Sie sich mit `kubectl describe deployment` ausgeben lassen:

```
~$ kubectl describe deployment mynginx
Name:                   mynginx
Namespace:              default
CreationTimestamp:      Tue, 30 Jul 2024 09:55:18 +0200
Labels:                 app=mynginx
Annotations:            deployment.kubernetes.io/revision: 1
Selector:               app=mynginx
Replicas:               1 desired | 1 updated | 1 total | 1 available |
                        0 unavailable
StrategyType:           RollingUpdate
MinReadySeconds:        0
RollingUpdateStrategy:  25% max unavailable, 25% max surge
```

Pod

Ein weiterer zentraler Begriff bei K8s ist der *Pod*. Pods sind kleine Organisationseinheiten, deren Aufgabe es ist, Container zu enthalten. Denn K8s hantiert mit Containern nicht direkt, sondern grundsätzlich immer nur als Bestandteil eines Pods. Dementsprechend wurde beim Ad-hoc-Deployment auch nicht der Nginx-Container unmittelbar im Cluster installiert, sondern es wurde ein Pod generiert, der diesen Webserver enthält. Pods sind Objekte, die vervielfältigt werden können, um die darin enthaltene Applikation im Cluster zu skalieren.

Die im Cluster bereits laufenden Pods können Sie sich mit folgendem Befehl anzeigen lassen:

```
~$ kubectl get pods
NAME                      READY   STATUS    RESTARTS   AGE
mynginx-966867c46-4kxfj   1/1     Running   0          37m
```

Die Ausgabe von `kubectl get pods -o wide` zeigt Ihnen bei einem Pod auch seine IP-Adresse im Cluster an und auf welchen Knoten er läuft (vergleichen Sie das mit der Ausgabe von `kubectl get nodes`, oben). Für `kubectl` gibt es auch den Subbefehl `describe pod`, der Ihnen noch mehr Detailinformationen über einen Pod auswirft.

Es erfüllt einen ganz bestimmten Zweck, mit Pods eine zusätzliche Schicht um die im Cluster laufenden Container zu haben. Ein Pod kann einen Container (wie im Beispiel), aber auch mehrere unterschiedliche Container enthalten. Diese teilen sich dadurch denselben Netzwerk-Namespace und sind unter der gleichen IP-Adresse erreichbar. Sie teilen sich im Pod einen gemeinsamen Isolationsraum und können unmittelbar über Localhost miteinander kommunizieren. Das ist zum Beispiel dafür gedacht, dass Logfetching- und Monitoring-Komponenten in einem zweiten Container neben der Hauptkomponente als Sidecar nebenherlaufen. Mit der Hauptkomponente zusammen bilden sie als Pod dann eine monolithische und untrennbare Einheit mit demselben Schicksal. Die Komponenten einer kombinierten Applikation wie Frontend und Backend gehören allerdings nicht zusammen in einen Pod, weil sie dann nämlich nicht mehr unabhängig voneinander skaliert werden können.

Service

Wenn Sie den bisher unerreichbaren Nginx-Webserver im Pod zugänglich machen wollen, dann benötigen Sie dafür im Cluster einen Service. Pods in einem Deployment über einen bestimmten Port von außen erreichbar machen können Sie mit dem Befehl `kubectl expose`:

```
~$ kubectl expose deployment mynginx --type=NodePort --port=80
service/mynginx exposed
```

Dieser Befehl erzeugt einen Service. Die im Cluster laufenden Services können Sie sich mit folgendem Befehl ausgeben lassen:

```
~$ kubectl get services
NAME        TYPE       CLUSTER-IP    EXTERNAL-IP  PORT(S)       AGE
kubernetes  ClusterIP  10.15.240.1   <none>       443/TCP       14h
mynginx     NodePort   10.15.242.121 <none>       80:32246/TCP  80s
```

Der Service `kubernetes` wird standardmäßig bei der Einrichtung des Clusters automatisch aufgesetzt. Er ist vom Typ her eine *ClusterIP*, die nur innerhalb des internen Cluster-Netzwerks erreichbar ist (dazu weiter unten mehr). Der neu eingerichtete Service hingegen ist ein *NodePort*. Dieser schaltet den Port 80 des Nginx-Pods an einen Port auf dem Knoten durch und macht damit den Webserver von außen erreichbar. Der äußere Port des Knotens wird dabei im Bereich von 30000 bis 32767 durch Zufall ausgewählt.

Sie können nun direkt aus dem Internet auf den Webserver zugreifen. Allerdings benötigen Sie dafür vorher noch eine Firewall-Freischaltung für die GKE (beziehungsweise die darunterliegende Compute Engine). Diese bekommen Sie mit folgendem Befehl (die Portnummer entnehmen Sie der Ausgabe von `kubectl get services`):

```
~$ gcloud compute \
   firewall-rules create mynodeport \
   --allow tcp:32246

Creating firewall.. Created [https://www.googleapis.com/compute/v1/projects/
macro-precinct-258522/global/firewalls/mynodeport].
```

```
Creating firewall... done.
NAME        NETWORK  DIRECTION  PRIORITY  ALLOW      DENY  DISABLED
mynodeport  default  INGRESS    1000      tcp:32246        False
```

Ermitteln Sie dann die externe IP-Adresse des Knotens, auf dem der Nginx-Pod läuft. Die Ausgabe von `kubectl get pod -o wide` enthält wie gesagt den Namen des aktuellen Knotens, und die Ausgabe von `kubectl get node gke-mycluster-default-pool-ed4ca488-84s4 -o wide` liefert seine externe IP-Adresse. Sie können dann mit einem Webbrowser oder `curl` auf diese Webadresse zugreifen und so den Webbrowser ansprechen:

```
~$ curl 35.242.196.154:32246
<!DOCTYPE html>
<html>
<head>
<title>Welcome to nginx!</title>
```

Das ist ein Erfolg, aber wenn Sie K8s ausschließlich so verwenden, dann bleiben Sie weit unter den Möglichkeiten, die der Cluster bietet. Außerdem haben Sie so keinen signifikanten Mehrwert gegenüber der Lösung, Docker pur, also ohne darüber liegenden Clustermanager, einzusetzen. Im Zusammenhang mit Services von Knoten nur im Singular zu sprechen, war auch nicht ganz richtig. Die Services in K8s sind nämlich nicht dafür da, einen bestimmten Pod auf einem bestimmten Knoten aus dem Internet erreichbar zu machen. Folgendes Phänomen verdeutlicht das: Sprechen Sie mit `curl` einfach einen der anderen drei im Cluster eingebundenen Knoten über diesen Port an:

```
~$ curl 35.198.97.3:32246
<!DOCTYPE html>
<html>
<head>
<title>Welcome to nginx!</title>
```

Sie werden vielleicht anmerken, dass der Nginx-Pod auf diesem Knoten doch gar nicht läuft. Stimmt, und genau das ist hierbei der springende Punkt! Der Service spannt sich über alle Knoten und spricht gleichzeitig alle Pods an, die das Label `app=mynginx` tragen, wo immer der nächste auch greifbar ist. Der Clustermanager abstrahiert eine beliebige Mehrzahl von Knoten, auf denen – wie auch immer verteilt – eine beliebige Mehrzahl von reduplizierten Pods laufen kann. Dabei spielt es grundsätzlich keine Rolle, auf welchem eingebundenen Worker ein Pod gerade läuft.

ReplicaSet

Wenn Sie mit dem Befehl `kubectl create deployment` oder auf einem anderen Wege ein Deployment erstellen, dann richtet K8s im selben Vorgang ein neues *ReplicaSet* mit ein. Die aktuell vorhandenen Replica-Sets können Sie sich mit folgendem Befehl ausgeben lassen:

```
~$ kubectl get replicasets
NAME                DESIRED   CURRENT   READY   AGE
mynginx-966867c46   1         1         1       3h55m
```

Das Set überwacht die über ein bestimmtes Label (im Beispiel wieder `app=mynginx`) designierten Pods daraufhin, dass immer die gewünschte Anzahl davon im Cluster vorhanden ist. Die Ausgabe von `get replicaset` bestätigt, dass in einem Deployment per Default nur eine Replikation läuft und damit auch nur eine Instanz des deployten Pods vorgesehen ist.

Mit folgendem Befehl können Sie händisch skalieren und die Anzahl der gewünschten Replicas erhöhen:

```
~$ kubectl scale --replicas=6 deployment mynginx
deployment.extensions/mynginx scaled
```

Sie können dann feststellen, dass sich das Deployment geändert hat:

```
~$ kubectl get deployment mynginx
NAME      READY   UP-TO-DATE   AVAILABLE   AGE
mynginx   6/6     6            6           4h12m
```

Der Befehl `kubectl scale` ist, wie zu erwarten war, erfolgreich abgearbeitet worden, und sechs Nginx-Pods sind nun im Cluster vorhanden:

```
~$ kubectl get pods
NAME                      READY   STATUS    RESTARTS   AGE
mynginx-966867c46-4kxfj   1/1     Running   0          4h13m
mynginx-966867c46-8tj5f   1/1     Running   0          115s
mynginx-966867c46-d2ss5   1/1     Running   0          115s
mynginx-966867c46-jw7sg   1/1     Running   0          116s
mynginx-966867c46-jwrfg   1/1     Running   0          115s
mynginx-966867c46-pzxjz   1/1     Running   0          115s
```

Das *ReplicaSet* stellt, wie gesagt, die gewünschte Anzahl der Pods automatisch sicher. Sie können zum Beispiel einen der Pods abschießen und sehen dann, dass dafür sofort ein anderer Pod erzeugt wird:

```
~$ kubectl delete pod mynginx-966867c46-pzxjz
pod "mynginx-966867c46-pzxjz" deleted

~$ kubectl get pods
NAME                       READY   STATUS    RESTARTS   AGE
mynginx-966867c46-4kxfj    1/1     Running   0          4h15m
mynginx-966867c46-8tj5f    1/1     Running   0          3m52s
mynginx-966867c46-d2ss5    1/1     Running   0          3m52s
mynginx-966867c46-jw7sg    1/1     Running   0          3m53s
mynginx-966867c46-jwrfg    1/1     Running   0          3m52s
mynginx-966867c46-qnj87    1/1     Running   0          8s
```

2.4.4 Rollout

Ein Rollout ist der Prozess des Ausrollens von Pods aus einem Deployment im Cluster. Dabei werden von der Docker Engine auf den Workern das oder eventuell (wenn ein Pod mehr als einen Container enthalten soll) auch die gewünschten Container-Images heruntergezogen, die Container von K8s in einen Pod verpackt und dort in Betrieb genommen. Für das Management dieses Prozesses gibt es in K8s eingebaute Funktionen, für die die Parameter bereits stattgefundener Rollouts protokolliert werden. Sie können sich die bei einem bestimmten Deployment bereits stattgefundenen Rollouts mit folgendem Befehl ausgeben lassen:

```
~$ kubectl rollout history deployment/mynginx
deployment.extensions/mynginx
REVISION  CHANGE-CAUSE
1         <none>
```

In diesem Deployment hat bisher nur ein Rollout stattgefunden, und zwar dasjenige des Containers *nginx:latest* beim Befehl `kubectl create deployment mynginx`.

Neues Rollout

Ein weiteres Rollout findet zum Beispiel statt, wenn Sie das in diesem Deployment verwendete Container-Image ersetzen. Das machen Sie etwa bei einem Update mit einer neueren Version eines bestimmten Containers, wenn diese im Docker-Hub oder einer anderen benutzten Registry zur Verfügung steht. Sie können genauso aber auch downgraden, also etwa von der in diesem Beispiel mit *nginx:latest* gezogenen Nginx-Version 1.17.5 zurückspringen auf die vorherige Stable-Version 1.16.1.

Das aktuelle Container-Image im Deployment können Sie mit folgendem Befehl ändern – und damit ein neues Rollout auslösen:

```
~$ kubectl set image deployment/mynginx nginx=nginx:1.16.1 --record
deployment.extensions/mynginx image updated
```

Den Status des jeweils aktuellen Rollouts können Sie mit `kubectl rollout status` überprüfen. Entweder ist der Ausrollprozess noch in Arbeit, dann werden Ihnen Fortschrittsinformationen ausgegeben. Oder das Rollout ist bereits beendet, was bei diesem kleinen Beispiel-Deployment sehr zügig geschieht:

```
~$ kubectl rollout status deployment/mynginx
deployment "mynginx" successfully rolled out
```

Dass jetzt das neu angegebene Image auch wirklich im Deployment aktiv ist, können Sie unter anderem in der Ausgabe von `kubectl describe` überprüfen:

```
~$ kubectl describe deployment mynginx | grep Image:
    Image:          nginx:1.16.1
```

Wenn Sie einem Befehl wie `kubectl set image` den Schalter `--record` mitgeben, dann wird dieser in der Rollout-History auch mitverzeichnet:

```
~$ kubectl rollout history deployment/mynginx
deployment.extensions/mynginx
REV  CHANGE-CAUSE
1    <none>
2    kubectl set image deployment/mynginx nginx=nginx:1.16.1 --record=true
```

kubectl edit

Aktive Deployments und andere Objekte können Sie auch mit dem Befehl `kubectl edit` manipulieren, also etwa mit `kubectl edit deployment mynginx`. Das stellt Ihnen die bereits besprochenen Parameter wie die Anzahl der Replikas und das eingebundene Container-Image zur Verfügung, aber auch alle anderen Konfigurationseinstellungen. Der Befehl öffnet auf Ihrem Arbeitsrechner einen Editor mit allen Details eines Deployments als YAML-Datei, die Sie dann nach Bedarf verändern können. Beim Abspeichern werden die vorgenommenen Änderungen dann im Cluster automatisch umgesetzt. Das ist vielleicht ein bequemerer Weg, als mit Kommandozeilenbefehlen wie `kubectl scale` und `kubectl set` zu hantieren.

Welcher Editor dabei geöffnet wird, können Sie mit der Umgebungsvariablen `$EDITOR` in der Shellumgebung Ihres Arbeitsrechners einstellen. Die Umgebungsvariable können Sie auf der Kommandozeile dem Befehl `kubectl` auch einfach voranstellen und also etwa `EDITOR=gedit kubectl edit deployment mynginx` absetzen.

Gescheitertes Rollout

K8s kennt verschiedene Rollout-Typen, die zum Setup eines Deployments gehören und als *Strategy* bezeichnet werden. Die Standardeinstellung ist *RollingUpdate*, bei dem die Pods einer nach dem anderen durch einen neuen Pod mit dem gewünschten neuen Container ersetzt werden. (Andere Deployment-Strategien sind *ramped*, *A/B*, *blue/green* und *canary*.) Das Ziel ist dabei, eine im Cluster laufende Applikation auch während eines Rollouts am Laufen zu halten. Aus diesem Grund werden nicht alle Pods gleichzeitig ausgetauscht.

Interessant ist, zu beobachten, was passiert, wenn ein Rollout scheitert. Das ist zum Beispiel der Fall, wenn es ein angegebenes Container-Image gar nicht gibt. Wenn Sie eine nicht existierende Image-Version angeben, dann bleibt das neue Rollout an einem bestimmten Punkt stehen:

```
~$ kubectl set image deployment/mynginx nginx=nginx:99.99 --record
deployment.extensions/mynginx image updated

~$ kubectl rollout status deployment/mynginx
Waiting for deployment "mynginx" rollout to finish: 3 out of 6 new replicas
have been updated...
^C
```

Wenn Sie das Deployment dann überprüfen, stoßen Sie auf folgende Situation:

```
~$ kubectl get deployment mynginx
NAME      READY   UP-TO-DATE   AVAILABLE   AGE
mynginx   5/6     3            5           6h56m
```

Es gibt fünf aktive Pods und drei inaktive, die mit einem Image-Pullfehler hängen geblieben sind und sich nicht richtig aufbauen können:

```
~$ kubectl get pods
NAME                        READY   STATUS         RESTARTS   AGE
mynginx-7d4c859b6d-2wlp5    1/1     Running        0          136m
mynginx-7d4c859b6d-cddbv    1/1     Running        0          137m
mynginx-7d4c859b6d-h7jtl    1/1     Running        0          137m
mynginx-7d4c859b6d-qwhsz    1/1     Running        0          136m
mynginx-7d4c859b6d-x7952    1/1     Running        0          137m
mynginx-8c49b8f95-7x5gk     0/1     ErrImagePull   0          115s
mynginx-8c49b8f95-jh64b     0/1     ErrImagePull   0          115s
mynginx-8c49b8f95-lvxcg     0/1     ErrImagePull   0          115s
```

K8s hat also erst mal drei neue Pods erzeugt. Das diente als Vorbereitung, um die anderen Pods damit zu ersetzen. Diese wurden erst einmal in Reserve behalten, damit Ihr Dienst trotz des laufenden Rollouts immer erreichbar bleibt. Während dieser Aktion wurde also nur einer der laufenden Pods gelöscht, die anderen arbeiten normal weiter, während das Rollout läuft. Dann wurde aber festgestellt, dass die neuen Pods nicht sauber hochkommen, und deshalb nicht weiter fortgefahren.

Rollout zurücknehmen

Der Rollout-Mechanismus bietet Ihnen für eine solche Situation eine praktische Lösung. Denn Sie können das aktuelle Rollout ungeschehen machen und zum vorherigen Stand zurückkehren. Die Rücknahme funktioniert auch, wenn das Rollout erfolgreich gewesen ist.

Zusammen mit dem aktuellen gescheiterten Rollout sieht die History im Beispiel mittlerweile so aus:

```
~$ kubectl rollout history deployment/mynginx
deployment.extensions/mynginx
REV  CHANGE-CAUSE
1    <none>
2    kubectl set image deployment/mynginx nginx=nginx:1.16.1 --record=true
3    kubectl set image deployment/mynginx nginx=nginx:99.99 --record=true
```

Benutzen Sie dann den Befehl `kubectl rollout undo`, um auf das vorherige Rollout Nummer zwei zurückzuspringen:

```
~$ kubectl rollout undo deployment/mynginx
deployment.extensions/mynginx rolled back
```

Dieses Rollout wird dann erneut ausgeführt und deshalb als weitere Nummer in der History neu eingeordnet:

```
~$ kubectl rollout history deployment/mynginx
deployment.extensions/mynginx
REV  CHANGE-CAUSE
1    <none>
3    kubectl set image deployment/mynginx nginx=nginx:99.99 --record=true
4    kubectl set image deployment/mynginx nginx=nginx:1.16.1 --record=true
```

Das Beispiel-Deployment ist nach dieser Aktion wieder in Ordnung:

```
~$ kubectl get deployment mynginx
NAME     READY  UP-TO-DATE  AVAILABLE  AGE
mynginx  6/6    6           6          7h15m
```

Beispiel abbauen

Im weiteren Verlauf des Crashkurses arbeiten wir in eine andere Richtung weiter. Löschen Sie deshalb das Beispiel-Deployment, den eingerichteten Service und die Firewall-Freischaltung wieder. Die Reihenfolge spielt dabei keine Rolle:

```
~$ gcloud compute firewall-rules delete mynodeport
~$ kubectl delete service mynginx
service "mynginx" deleted
```

Wenn Sie das Deployment löschen, zieht das auch das von ihm erzeugte Replika-Set und die Pods mit runter. Hinterher ist der Cluster wieder in demselben Zustand wie am Anfang:

```
~$ kubectl delete deployment mynginx
deployment.extensions "mynginx" deleted

~$ kubectl get all
NAME                TYPE       CLUSTER-IP   EXTERNAL-IP  PORT(S)  AGE
service/kubernetes  ClusterIP  10.15.240.1  <none>       443/TCP  20h
```

2.4.5 WordPress auf Kubernetes

Im Folgenden soll es darum gehen, wie Sie eine kombinierte Applikation – und nicht nur einen einzelnen Container – in K8s ans Laufen bekommen.

Die Beispiel-App ist die Contentmanagement- und Bloggingplattform WordPress – so wie sie bereits im vorherigen Abschnitt als Kombination aus zwei Containern vorgestellt worden ist. Wir benutzen dafür weiterhin die Container ohne weitere Veränderungen, so wie sie aus dem Docker Hub beziehbar sind.

Um diese Applikation im K8s-Cluster betreiben zu können, benötigen Sie vier Objekte: jeweils ein Deployment für MariaDB und WordPress und für beide einen eigenen Service. Ein Service sorgt dafür, dass der Datenbank-Server im Cluster gefunden werden kann, und ein anderer Service macht WordPress von außen aus dem Internet zugänglich.

Und anstatt wieder mit Kommandozeilenbefehlen zu hantieren, setzen wir diese Objekte als Manifeste beziehungsweise Templates auf. Das Setup einer Applikation in Templates zu beschreiben und diese dann in den Cluster einzuspielen, ist der normale Weg, wie so etwas bei K8s professionell gehandhabt wird. In diesem Abschnitt geht es also hauptsächlich darum, Templates für K8s zu besprechen.

Objektbeschreibung

Sie werden es bereits vermutet haben: K8s-Templates schreiben Sie auch wieder in YAML als einfache Textdateien. JSON ist hierbei auch möglich, YAML ist aber erfahrungsgemäß etwas einfacher zu handhaben. Es gibt in K8s keine Vorgaben für die Dateinamen von Templates mit Objektbeschreibungen. Gewöhnlich werden aber die Endungen *.yml* oder *.yaml* verwendet, um sie damit als YAML-Dateien zu kennzeichnen.

Egal welches Objekt (im K8s-Sprech »welche *Ressource*«) Sie damit anlegen wollen, ein K8s-Template hat immer vier Grundelemente:

```
apiVersion:
kind:
metadata:
spec:
```

Die Details unter `spec` richten sich nach dem jeweiligen Objekt, das ein bestimmtes Template beschreibt. Deshalb lässt sich darüber allgemein nichts weiter aussagen, sondern es bedarf konkreter Beispiele mit einem bestimmten Objekttyp dafür. Für die anderen drei allgemeinen Elemente gilt:

- Mit `kind` definieren Sie, welchen Objekttyp das Template beschreibt. Tragen Sie hier zum Beispiel `Deployment` oder `Service` ein. Sie können aber auch unabhängig von einem Deployment einen `Pod` oder ein `ReplicaSet` und andere Dinge mit einem Template generieren.
- Das API von K8s bietet verschiedene Versionen gleichzeitig an, und Sie müssen deshalb mit `apiVersion` eine geeignete Fassung für das Zielobjekt auswählen. Aber Achtung: Das definiert den Endpunkt, über den das Objekt hinterher die API anspricht, und nicht, welcher Spezifikation das Template folgt (wie `version` bei `docker-compose`). Für den Hausgebrauch richtet sich der Wert immer nach dem verwendeten Objekttyp: Bei einem `Deployment` tragen Sie unter K8s in der Version 1.6 `apps/v1` ein, bei einem Service `v1`.
- Im Feld `metadata` können Sie verschiedenartige Metadaten eintragen, die das Objekt im Cluster hinterher auszeichnen und kennzeichnen. Wichtig ist natürlich `name`.

  Gewöhnlich werden aber auch `labels` mitgegeben (in den folgenden Beispielen weggelassen, damit es einfach und übersichtlich bleibt). Diese sind in K8s-Templates Key/Value-Paare, die Sie in der Form `foo:bar` schreiben.

  Hier sind aber auch zum Beispiel `annotations` möglich. Das Tool Kompose schreibt viele Metadaten in seine generierten Templates. Unter anderem finden Sie darunter auch Felder wie `creationTimestamp`.

Vor allem bei größeren K8s-Projekten mit komplexen Applikationen, die mit Dutzenden Objekten definiert sind, sollten Sie das Deployment mit ausführlichen Metadaten klassifizieren. Dann müssen Sie ein einzelnes Objekt nicht immer nur anhand des Namens identifizieren.

Kompose

Kompose (*https://github.com/kubernetes/kompose*) ist ein nützliches Tool, mit dem Sie von Templates für `docker-compose` (in Abschnitt 2.3.5 *Compose-Sheets* genannt) automatisch Templates für Kubernetes-Ressourcen generieren können. Es handelt sich um ein offizielles Kubernetes-Projekt, was für aktuelle Standards, gute Qualität der Ergebnisse und die Einhaltung bewährter Praktiken spricht. Sie können `kompose` einfach ohne weitere Parameter in einem Compose-Projektverzeichnis auslösen, in dem sich *docker-compose.yaml* befindet. Sie sollten das aber besser nicht als Möglichkeit betrachten, um die Beschäftigung mit K8s-Templates zu meiden.

MariaDB-Deployment

Folgendes Template beschreibt ein geeignetes Deployment für den MariaDB-Datenbankserver als Backend einer kombinierten Applikation:

```
# mariadb-deployment.yaml
apiVersion: apps/v1
kind: Deployment
metadata:
  name: mariadb-deployment
spec:
  template:
    metadata:
      labels:
        name: mariadb-pod
    spec:
      containers:
      - name: mariadb
        image: mariadb:latest
        ports:
        - containerPort: 3306
        env:
        - name: MYSQL_DATABASE
          value: wpdb
        - name: MYSQL_PASSWORD
          value: wppw
        - name: MYSQL_RANDOM_ROOT_PASSWORD
```

```
        value: "1"
      - name: MYSQL_USER
        value: wpuser
replicas: 1
selector:
  matchLabels:
    name: mariadb-pod
```

Listing 2.2 MariaDB-Deployment für Kubernetes

Vergleichen Sie dieses Template mit dem bereits dargestellten Compose-Sheet für die WordPress-Applikation mit `docker-compose` (siehe Listing 2.2). Dann sehen Sie, dass dies hier nur eine andere Art und Weise ist, diesen MariaDB-Container mit denselben Parametern in Betrieb zu nehmen.

Die allgemeinen Elemente unter `apiVersion`, `kind` und `metadata` sind bereits besprochen worden. Hier und bei den folgenden konkreten Templates geht es also hauptsächlich darum, was unterhalb des Top-Level-Elements `spec` steht. Für ein Deployment benötigen Sie drei weitere Elemente unterhalb von `spec`, nämlich `template`, `replicas` und `selector`. (Es spielt übrigens keine Rolle, in welcher Reihenfolge Elemente im Template vorkommen.) Gehen wir diese und die darunter liegenden Elemente in der Reihenfolge durch, wie sie in diesem Template vorkommen:

- Unter `template` ist ein Pod beschrieben, den dieses Deployment erzeugen kann. Hier finden Sie auf einer eingerückten Ebene, sozusagen als neues eingebettetes Template, wiederum `metadata` und `spec`.
- Das Label `name: mariadb-pod`, das Sie hier unter `metadata` finden, ist dasjenige, was ein solcher von diesem Deployment generierter Pod tragen wird.
- Unter dem eingebetteten `spec` stehen unter `containers` weitere Elemente. Diese beschreiben, welcher Container mit welchen Parametern in einen von diesem Deployment generierten Pod eingebaut werden soll.
- Der `name` ist der Name des Containers im Pod (er spielt bei einem Pod mit nur einem Container keine so große Rolle). Unter `image` findet sich der Name des Container-Images, das aus dem Repository gezogen wird, wenn der Pod generiert wird.
- Unter `ports` müssen Sie die Ports eintragen, die exponiert werden müssen, um die Applikation im Container benutzen zu können. Der Port Nummer 3306 ist, wie es bereits vorgekommen ist, derjenige, unter dem der MariaDB-Server angesprochen wird.
- Unter `env` finden Sie Umgebungsvariablen, mit denen der MariaDB-Server im Container konfiguriert wird. Das sind dieselben Variablen, die im Zusammenhang mit Docker Compose bereits besprochen worden sind.

- Das Feld `replicas` erklärt sich von selbst: Hier können Sie eintragen, mit wie vielen replizierten Pods das Deployment starten soll. Dieser Wert wird für das Replika-Set verwendet, das dieses Deployment generiert. Wir benutzen hier nur eine Replika, weil MySQL-Datenbanken nur mit großem Aufwand reduplizierbar sind.
- Das Element `selector` enthält unter `matchLabels` dasjenige Label von Pods, das das zugehörige Replika-Set überwachen soll. Das ist dasselbe Label, das unter `labels` für von diesem Deployment neu generierten Pods mitgegeben wird (`mariadb-pod`). Es ergibt keinen Sinn, hier ein anderes Label anzugeben.

Service für MariaDB

Ohne einen eigenen Service kann der MariaDB-Server in seinem Pod im Cluster vom Frontend gar nicht gefunden werden. Das ist einer der wichtigsten Unterschiede zwischen dem Setup, das Docker Compose generiert, und K8s. Und auch der Begriff *Service* wird von beiden Lösungen verschiedenartig verwendet. In einem Docker-Netzwerk wird jeder Service (also jeder Container) automatisch über einen DNS-Namen exponiert, über den er von anderen Services (also Containern) gefunden werden kann. Bei K8s hingegen gibt es für diesen Zweck den bereits erwähnten Service vom Typ *ClusterIP*.

Ein geeigneter Service für den MariaDB-Pod, der vom gerade vorgestellten Deployment erzeugt wird, hat folgende Form:

```
# mariadb-service.yaml
apiVersion: v1
kind: Service
metadata:
  name: mariadb
spec:
  type: ClusterIP
  ports:
  - port: 3306
    targetPort: 3306
  selector:
    name: mariadb-pod
```

Listing 2.3 MariaDB-Service für Kubernetes

Dieses Template ist ein bisschen übersichtlicher. Gehen wir auch hier die Elemente unter `spec` in der Reihenfolge ihres Vorkommens durch:

- Bei einem Service geben Sie unter `type` den Service-Typ an. `ClusterIP` ist dabei die Default-Einstellung. Diese Zeile können Sie also auch weglassen.

- Unter `ports` geben Sie an, welcher Port aus dem Container (`targetPort`) unter welchem Port im Cluster (`port`) exponiert werden soll. Da beide angegebenen Ports identisch sind, könnten Sie das Element `targetPort` (nicht `port`!) eigentlich auch wegfallen lassen.
- Unter `selector` geben Sie das Label von Pods an, nach dem der Service Ausschau halten soll. Das entspricht dem Label, das oben in *mariadb-depoyment.yaml* als `metadata` unter `template` festgelegt worden ist. Die Technik der Designation von Zielobjekten über deren Label ist genial: Das betrifft auch bei höherer Skalierung als nur mit einer Replika immer alle Pods, die dieses Label tragen.

Die Funktionsweise dieses Service ist nicht kompliziert und lässt sich einfach nachvollziehen: Der Service hält Ausschau nach Pods mit dem Label *mariadb-pod* und exponiert deren Port 3306 als Port 3306 unter einer IP-Adresse im Cluster, die unter dem Namen dieses Service `mariadb` gefunden werden kann. Beachten Sie, dass der Name des Service dem Wert der Umgebungsvariablen *$WORDPRESS_DB_HOST* für die Konfiguration des WordPress-Containers entsprechen muss (das kommt als Nächstes). Sie können also nicht einen beliebigen Namen wie zum Beispiel *mariadb-service* ansetzen, außer Sie ändern das auch an der anderen Stelle.

WordPress-Deployment

Das Deployment für das WordPress-Frontend sieht folgendermaßen aus:

```
# wordpress-deployment.yaml
apiVersion: apps/v1
kind: Deployment
metadata:
  name: wordpress-deployment
spec:
  template:
    metadata:
      labels:
        name: wordpress-pod
    spec:
      containers:
      - name: wordpress
        image: wordpress:latest
        ports:
        - containerPort: 80
        env:
        - name: WORDPRESS_DB_HOST
          value: mariadb
        - name: WORDPRESS_DB_NAME
```

```
          value: wpdb
        - name: WORDPRESS_DB_USER
          value: wpuser
        - name: WORDPRESS_DB_PASSWORD
          value: wppw
  replicas: 6
  selector:
    matchLabels:
      name: wordpress-pod
```

Listing 2.4 WordPress-Deployment für Kubernetes

Das Template ist genauso aufgebaut wie das MariaDB-Deployment. Es gibt lediglich andere Konfigurationseinstellungen für den Container, und die Anzahl der gewünschten Replicas ist höher angesetzt. Das geht im Gegensatz zum MySQL-Backend beim Frontend ohne Probleme. Alle User greifen dann auf dieselbe Datenbank zu, gleich über welchen Pod sie auf die geclusterte WordPress-Installation zugreifen.

Service für WordPress

Nun fehlt nur noch ein weiterer Service, und zwar derjenige, mit dem Sie das WordPress-Frontend der Außenwelt zur Benutzung bereitstellen. Das geht mit dem Service-Typ *NodePort*, den wir bereits besprochen haben. Es gibt allerdings noch eine bessere Lösung, denn es gibt auch noch einen Service vom Typ *LoadBalancer*.

Beim Node-Port müssen Sie einen der eingebundenen Worker-Knoten auswählen und seine öffentliche IP-Adresse für den Zugang zur Applikation publizieren. Die durch den Cluster erreichbare Hochverfügbarkeit und Lastverteilung findet dabei über den Selector-Mechanismus statt. Diese Lösung hat gegenüber einem richtigen Load Balancer aber einige Nachteile. Der *LoadBalancer*-Service macht es besser und nutzt einfach den Load Balancer der Infrastruktur, in der der Cluster läuft. Dieser Servicetyp von K8s funktioniert bei einer Reihe von Cloud-Diensten, und die GKE gehört als KaaS-Vorreiter des K8s-Herstellers selbst natürlich auch dazu.

Das Template für einen Load-Balancer-Service für das WordPress-Frontend sieht so aus:

```
# wordpress-service.yaml
apiVersion: v1
kind: Service
metadata:
  name: wordpress-service
spec:
  type: LoadBalancer
  ports:
```

```
  - port: 80
    targetPort: 80
  selector:
    name: wordpress-pod
```

Listing 2.5 WordPress-Service für Kubernetes

Die vorkommenden Elemente sind soweit alle bereits besprochen worden. Der exponierte Port ist beim Webserver natürlich Nummer 80 für den Zugriff über das HTTP-Protokoll.

Templates einspielen

Für den Launch der WordPress-Applikation im K8s-Cluster auf der GKE haben wir also alles zusammen, und Sie können loslegen. Der Befehl, um ein Template in den Cluster einzuspielen, lautet `kubectl create -f foo.yaml`. Um sich Tipparbeit zu sparen, könnten Sie sich zum Beispiel ein Makefile für GNU Make aufsetzen, das Ihnen alle Objekte nacheinander einspielt (und auch eine Funktion für das Abräumen der gesamten Applikation beinhaltet).

Sie können aber auch mit dem Parameter `kubectl create -f .` alle Templates, die in einem bestimmten Verzeichnis liegen, in einem Rutsch einspielen. Die Reihenfolge, in der Sie die vorgestellten Objekte installieren, spielt grundsätzlich keine Rolle. Deshalb müssen Sie, wenn Sie diese Möglichkeit nutzen möchten, auch nicht auf die alphabetische Reihenfolge der Template-Dateien in Ihrem Projektverzeichnis achten:

```
~/wp-k8s$ kubectl create -f .
deployment.apps/mariadb-deployment created
service/mariadb created
deployment.apps/wordpress-deployment created
service/wordpress-service created
```

Überprüfen Sie dann vielleicht zunächst erst einmal die Deployments:

```
~/wp-k8s$ kubectl get deployments
NAME                  READY   UP-TO-DATE   AVAILABLE   AGE
mariadb-deployment    1/1     1            1           84s
wordpress-deployment  6/6     6            6           83s
```

Und danach die installierten Services. Der *LoadBalancer*-Service benötigt einen Moment, um sich fertig mit externer IP-Adresse aufzubauen:

```
~/wp-k8s$ kubectl get services
NAME                TYPE          CLUSTER-IP     EXTERNAL-IP   PORT(S)
kubernetes          ClusterIP     10.15.240.1    <none>        443/TCP
mariadb             ClusterIP     10.15.253.216  <none>        3306/TCP
wordpress-service   LoadBalancer  10.15.244.207  34.89.222.71  80:30606/TCP
```

Überprüfen Sie dann die erzeugten Pods:

```
~/wp-k8s$ kubectl get pods
NAME                                    READY   STATUS    RESTARTS   AGE
mariadb-deployment-744df698dc-jrsj7     1/1     Running   0          3m29s
wordpress-deployment-669b4d7589-9qf8d   1/1     Running   0          3m28s
wordpress-deployment-669b4d7589-d8b9k   1/1     Running   0          3m28s
wordpress-deployment-669b4d7589-jgbg8   1/1     Running   0          3m28s
wordpress-deployment-669b4d7589-lnqqg   1/1     Running   0          3m28s
wordpress-deployment-669b4d7589-qddwp   1/1     Running   0          3m28s
wordpress-deployment-669b4d7589-r9n2r   1/1     Running   0          3m28s
```

Das sieht alles so aus wie geplant. Lassen Sie Ihre Besucher dann die externe IP-Adresse des Load-Balancers `34.89.222.71` vom Internet aus ansprechen, um WordPress zu nutzen.

Die sechs Replicas des Frontends sollten einem ganz respektablen Besucheransturm standhalten. Das ist aber natürlich noch kein produktionsreifes Setup, vor allem wegen des unreduplizierten Datenbank-Backends und fehlender persistenter Volumes. So viel aber vielleicht erst mal bis hierhin.

Gut zu wissen

Neben dem Deployment-Objekt gibt es von Kubernetes auch das Objekt *StatefulSet*, das eher für den Betrieb von Datenbanken ausgelegt ist. Falls Sie tiefer in die Kubernetes-Objekte einsteigen wollen, dann denken Sie an die Buchempfehlungen vom Anfang.

Infrastruktur-Anbieter in der Cloud betreiben ihre Hardware nicht in Racks aus Bananenkartons, sodass zweimal am Tag ein Server rausrutscht und auf den Boden knallt. Und es laufen auch keine Netzwerkkabel unter Paketband über den Boden, sodass der Pizzabote über sie stolpert und sie herausreißt. Und gegen allgemeine Gefährdungen wie technisches und menschliches Versagen und immer stärker werdendes Extremwetter treffen die Betreiber von Rechenzentren Vorkehrungen. Trotzdem sollten Sie bei Cloud-Instanzen kategorisch immer von Maschinen ausgehen, die jederzeit verschwinden können.

Es gibt typische Gefahren, wie das versehentliche Löschen durch den Kunden, oder ein Tippfehler in einem Automatisierungsskript, der die Instanzen ins Nichts reißt.

Aber auch zum Beispiel Autoscaling terminiert plötzlich Maschinen. Einige Anbieter haben sehr günstige Kontingente von nicht dauerhaften Instanzen im Angebot, die nur aufrechterhalten werden, solange die Kapazitäten nicht für andere Dinge benötigt werden.

K8s kommt mit dem plötzlichen Ausfall von Maschinen vom Design her zurecht und eignet sich daher sehr gut für den Einsatz in der Cloud. Die Applikation, die damit als Plattform betrieben wird, muss das aber natürlich unterstützen.

Kapitel 3
IaaS-Anbieter verwenden

»Our computers have become windows through which we can gaze upon a world that is virtually without boundaries.«
– Joseph B. Wirthlin

Nachdem Sie im letzten Kapitel die wichtigsten Programmiersprachen und Container-Werkzeuge kennengelernt haben, liegt der Fokus nun noch eine Ebene tiefer: Es geht um die Cloud-Anbieter, die Ihnen die Rechenleistung und den Speicherplatz zur Verfügung stellen, mit dem Sie in der Praxis arbeiten.

Drei Anbieter müssen Sie unbedingt kennen: AWS (siehe Abschnitt 3.1), Microsoft Azure (siehe Abschnitt 3.2) und die Google Compute Engine (siehe Abschnitt 3.3). Diese Hyperscaler sind die Marktführer und internationalen Platzhirsche.

Clouds aus Asien

Wichtig im internationalen Kontext sind zudem asiatische Anbieter wie Baidu Wangpan (*https://pan.baidu.com/*) und besonders das Cloudangebot von Alibaba (*https://us.alibabacloud.com/*). Diese Dienste spielen in Europa jedoch nicht die dieselbe Rolle wie die US-amerikanischen Anbieter, und daher werde ich in diesem Buch nicht auf sie eingehen. Hinzu kommt, dass die Weboberflächen, Tools und Dokumentation im Allgemeinen eher schlecht übersetzt sind, und auch im Supportfall werden Sie es schwer haben, dort einen direkten Ansprechpartner zu finden.

Daneben stelle ich Ihnen mit DigitialOcean auch einen kleineren Anbieter vor, der sich von den drei großen leicht abhebt und einen etwas anderen Ansatz verfolgt (siehe Abschnitt 3.4). Im deutschsprachigen Raum ist Hetzner beliebt, das stellvertretend für andere kleinere inländische Anbieter beschrieben wird (siehe Abschnitt 3.5).

Auf dieser Basis sollten Sie eigentlich bereits eine informierte Entscheidung treffen können, wenn es um die Frage geht, welche Cloud die richtige für Sie ist. Diese Wahl kann ich Ihnen nicht abnehmen, denn die Ansprüche und Voraussetzungen sind zu unterschiedlich und individuell. Dabei hilft es, dass Sie alle Angebote günstig ausprobieren können. Und letztendlich zwingt Sie ja auch niemand, sich auf das Angebot eines Dienstes zu beschränken. In Abschnitt 3.6 geht es daher darum, wann eine solche Kombination sinnvoll sein kann und was Sie dabei bedenken sollten.

3.1 Amazon Elastic Compute Cloud

Die *Elastic Compute Cloud* (*EC2*) ist der IaaS-Dienst von Amazon Web Services (AWS). Der vollständige Titel lautet *Amazon Elastic Compute Cloud* (einige AWS-Services haben »Amazon« im Titel, andere »AWS«).

Mit dem Dienst EC2 für Rechenleistung und dem Objektspeicherdienst *Amazon Simple Storage Service* (*S3*) hat Amazon im Jahr 2006 den damals noch neuen Markt für das Public Cloud Computing mehr oder weniger begründet. Beides sind bewährte Lösungen, mit denen das beliebte Internet-Kaufhaus damals zunächst Hardware-Kapazitäten flexibel vermietete, die außerhalb des Weihnachtgeschäfts brachlagen. Daraus entwickelte sich eines der wichtigsten IT-Angebote der Gegenwart und stellte eine echte Revolution dar. Inzwischen macht dieses Geschäft einen großen Teil des Umsatzes aus, sodass die »Vermietung« von Ressourcen inzwischen zum Kerngeschäft von Amazon geworden ist. EC2 bietet virtuelle Server, auf denen entweder eine Linux-Distribution oder Windows-Server laufen und die stunden- oder minutenweise abgerechnet werden. Das Anwendungsspektrum für EC2 beinhaltet jede Software, die auf den angebotenen Betriebssystemen läuft.

Wie in Abschnitt 1.1.9, »Infrastructure-as-a-Service«, bereits ausgeführt wurde, handelt es sich bei dem IaaS-Dienst EC2 nicht um einen benutzerfreundlichen *Managed Service* wie bei anderen AWS-Angeboten (z. B. bei dem VPS-Service *Amazon Lightsail*). EC2 ist vielmehr wie ein Baumarkt, in dem sich der Benutzer die angebotenen Einzelteile zusammenstellen und anschließend in einer von ihm benötigten Art und Weise selbst zusammenbauen muss. Das umfasst das Erstellen von virtuellen Maschinen (VMs), das Aufsetzen von virtuellen Netzwerken und deren Konfiguration, das Aufsetzen von Storage-Devices und Load-Balancern, die Konfiguration von Autoscaling und das Sicherstellen der Verfügbarkeit.

Vom Service her spielt es bei EC2 genauso wie bei den IaaS-Diensten anderer Anbieter keine Rolle, ob Sie auf einer gemieteten Instanz überhaupt eine Applikation aufgespielt haben oder nicht. Und es ist auch egal, ob diese vom Internet aus zugänglich ist oder ob Sie beim Konfigurieren von Netzwerkeinstellungen einen blöden Fehler gemacht haben.

Um sich aus diesem IaaS-Dienst heraus ein eigenes virtuelles Rechenzentrum aufzubauen, brauchen Sie neben Engineering-Qualitäten auch einiges an Spezialwissen darüber, wie EC2 funktioniert. Und Informationen dazu sind weit gestreut: Auf dem Buchmarkt gibt es nicht viel Umfassendes über AWS EC2, sondern nur einige wenige, teilweise schon ältere englischsprachige Titel. Allgemeine Titel über AWS enthalten normalerweise auch ein Kapitel über EC2 als einen Core-Service; diese Kategorie ist allerdings genauso dünn vertreten. Die Schulungsliteratur für die Zertifikatsprüfungen zum *AWS Certified Solutions Architect Associate* und *AWS Certified SysOps Administrator Associate* aus dem US-amerikanischen Buchmarkt füllt diese Lücke zum Teil auf.

AWS und damit auch EC2 sind aber vom Anbieter sehr gut dokumentiert, und die online angebotenen Dokumente sind normalerweise auch auf Deutsch verfügbar. Die mechanisch eingedeutschten Fassungen sind manchmal ein bisschen umständlich formuliert, aber bei der Masse der angebotenen Texte ist es schlicht nicht anders möglich, als diese automatisiert zu übersetzen.

Von AWS selbst zur Verfügung gestellte Informationsquellen sind zum Beispiel:

- Die AWS-Dokumentation finden Sie unter *https://docs.aws.amazon.com/index.html*.
- Dort finden Sie unter anderem ebenfalls die AWS General Reference unter *https://docs.aws.amazon.com/general/latest/gr/aws-general.pdf*.
- Sehr informativ sind auch die AWS-Whitepapers. Das sind technische Broschüren, die Sie unter *https://aws.amazon.com/de/whitepapers/* finden.
- Nützlich sind auch die gesammelten *Frequently Asked Questions* unter *http://aws.amazon.com/faqs/*.

Nutzen Sie diese Dokumentationen, um konkrete Fragen zu lösen und sich mit den Details vertraut zu machen. Und natürlich können Sie sich einfach auch in die Praxis stürzen und nach Herzenslust in EC2 herumprobieren. Kaputtmachen können Sie dabei nichts, und alle Ihre Kunstwerke aus EC2-Elementen können Sie immer auch direkt wieder plattmachen. Denn wenn Sie für zeitlich begrenzte Experimente immer die kleinsten Instanzen in geringer Anzahl wählen und nur Testkontingente an Daten bewegen, dann fallen auch über das Freikontingent hinaus auf jeden Fall keine hohen Kosten an. Aber passen Sie auf, wenn Sie sich Instanzen größeren Zuschnitts bestellen: Dann wird es ganz schnell teuer.

Gut zu wissen

Ich führe Sie durch ein zusammenhängendes Beispiel, was Ihnen eine gute Übersicht über AWS geben soll. Am besten spielen Sie die Anleitungen direkt mit durch, damit Sie selbst ein Gefühl für die AWS-Services bekommen.

Nehmen Sie sich genug Zeit, um die Anleitung am Stück durchzuspielen. Dadurch bauen Sie die Instanzen auf, probieren sich aus und können zum Schluss alles wieder abbauen.

3.1.1 Anmeldung und Usereinrichtung

Wenn Sie EC2 oder einen anderen Service von Amazon nutzen möchten, dann benötigen Sie natürlich zunächst ein Nutzerkonto bei Amazon Web Services. Das bekommen Sie, wenn Sie den kurzen Anmeldeprozess durcharbeiten:

- Gehen Sie zunächst auf die Webseite *https://aws.amazon.com/de/* (siehe Abbildung 3.1). Klicken Sie dort entweder auf den Button AWS-KONTO ERSTELLEN oben rechts oder auf KOSTENFREIER EINSTIEG in der Mitte. Das »kostenfrei« bezieht sich dabei auf das Freikontingent, den *Free Tier* (dazu weiter unten mehr). Das ist hier ein bisschen verwirrend, aber das Kontingent bekommen Sie auf jeden Fall, auch wenn Sie den anderen Button wählen.

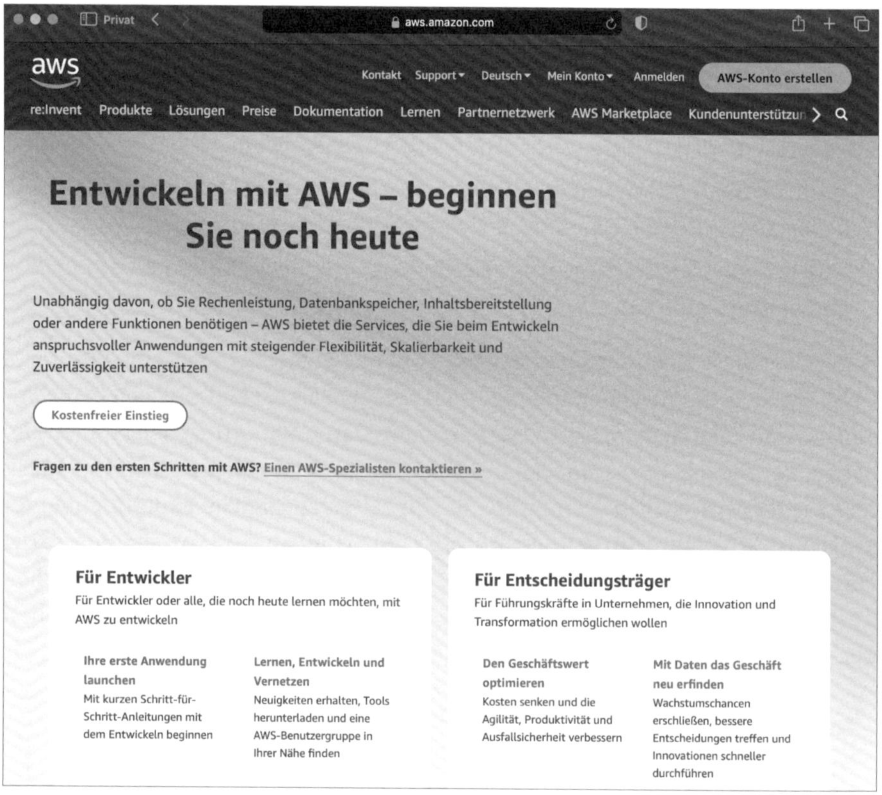

Abbildung 3.1 Das Cloud-Angebot von Amazon

- Sie landen dann auf der Seite mit dem Titel CREATE AN AWS ACCOUNT. Geben Sie hier Ihre E-Mail-Adresse, ein Wunschkennwort und einen beliebigen Kontonamen an, und klicken Sie dann auf CONTINUE.
- Auf der nächsten Seite werden einige Kundendaten abgefragt. Dazu gehört auch eine Telefonnummer. Sie haben hier die Wahl zwischen PERSONAL ACCOUNT und PROFESSIONAL ACCOUNT. Die Auswirkung davon ist aber nur, ob eine zusätzliche Zeile für den Firmennamen eingeblendet wird. Unter POSTAL CODE verlangt Amazon die reine fünfstellige Postleitzahl ohne das Internationalisierungspräfix »D«. Bestätigen Sie das CUSTOMER AGREEMENT, klicken Sie auf BESTÄTIGUNG, und folgen Sie der weiteren Anmeldeprozedur.

- Sie werden dann nach Informationen bezüglich der Bezahlmethode gefragt, und zwar konkret nach den Daten einer Kreditkarte. Ein Lastschriftverfahren ist bei AWS nicht möglich. Andere Anbieter nehmen bei Bezahlung über Lastschrift zunächst eine Testüberweisung mit einem kleinen Cent-Betrag vor, der im Verwendungszweck einen Bestätigungscode trägt. Sie müssen dann also erst mal abwarten, bevor die Bezahlmethode aktiviert werden kann. Die Gültigkeit der eingegebenen Kreditkartennummer hingegen kann der Anbieter unmittelbar überprüfen und Sie können nach der Anmeldung sofort loslegen.
- Die eingegebene Telefonnummer wird daraufhin durch einen maschinellen Testanruf bestätigt. Dabei wird eine PIN übermittelt, die Sie danach eingeben müssen. Alternativ können Sie das auch mithilfe einer SMS erledigen lassen, falls Sie eine Handynummer angegeben haben.
- Dann werden Sie nach dem gewünschten Support-Plan, also dem gewünschten Support-Level, gefragt. Der Standard-Level BASIC PLAN ist kostenfrei und bietet keine aktive Unterstützung durch AWS-Mitarbeiter. Darüber hinaus gibt es auch noch den DEVELOPER PLAN, der einen grundlegenden Support beinhaltet und für Projekte gedacht ist, die noch nicht in Produktion sind. Der große BUSINESS PLAN umfasst eine kurze Reaktionszeit auf Supportanfragen und direkten Kontakt zu AWS-Mitarbeitern.

Root Credentials

Nach dem Abschluss der Anmeldeprozedur gelten die von Ihnen eingangs angegebene E-Mail-Adresse und das Kennwort als sogenannte *Root-Credentials*. Verwahren Sie diese Information sehr sorgfältig, und gehen Sie behutsam damit um (vor allem mit dem Kennwort). Denn mit diesen Anmeldedaten haben Sie uneingeschränkten Zugriff auf das gesamte System. Geraten sie in falsche Hände, dann kann jemand mit nur wenigen zielsicheren Klicks eine nicht unerhebliche Summe an Kosten für Sie erzeugen. Es genügt zum Beispiel, dass das Softlimit für die Anzahl von EC2-Instanzen zuerst außer Kraft gesetzt wird und anschließend Dutzende extrem große Server erstellt werden, die dann über Nacht unbemerkt laufen.

Man kann immer wieder von Fällen lesen, in denen Unternehmen aus Versehen einschlägige AWS-Credentials irgendwo in IaC-Skripten öffentlich auf GitHub hochgeladen haben. Die Folge davon war, dass diese Unternehmen nur Stunden danach schwer angeschlagen waren, weil irgendwelche Trolle oder vielleicht auch ein aufmerksamer Mitbewerber mit diesen Informationen die Produktionsinfrastruktur zerstört und einen schweren Kostenschaden verursacht hat.

Genauso wenig eignen sich die Root-Credentials für die tägliche Arbeit mit AWS und EC2. Das Erste und vielleicht auch das Einzige, was Sie mit den Credentials machen sollten, ist, sich damit einzuloggen und dann direkt einen neuen Default-User einzurichten, der eingeschränktere Zugriffsrechte besitzt. Wenn Sie mit einem solchen neuen Benutzer mit eingeschränkten Rechten und nicht als Root arbeiten, dann schützen Sie auch nicht zuletzt sich selbst vor unangenehmen Auswirkungen etwaiger Fehler.

AWS schlägt als zusätzlichen Sicherheitsfaktor die *Multi-Factor-Authentication* (*MFA*) vor, für die verschiedene Verfahren angeboten werden. Sie können zum Beispiel Benutzerkonten mit der Handy-App *Google Authenticator* und damit kompatiblen Applikationen verbinden, um für die Anmeldung auf der Webkonsole immer auch noch zusätzliche One-Time-Passwörter daraus zu verlangen. Ein potenzieller Angreifer, der Ihr Kennwort herausbekommen hat, muss dann zumindest auch noch Ihr Handy in die Finger bekommen. Dieses Verfahren sollten Sie zumindest für den Root-Account, aber besser auch für alle von Ihnen eingerichteten Benutzer mit Webzugang einsetzen. Wie Sie das bewerkstelligen, erklärt Ihnen dieser Abschnitt der Dokumentation:

https://docs.aws.amazon.com/de_de/IAM/latest/UserGuide/id_credentials_mfa_enable_virtual.html

Identity and Access Management (IAM)

Um AWS zu nutzen, loggen Sie sich mit den Root-Credentials zunächst unter *https://console.aws.amazon.com* ein. AWS ist nach Services organisiert, und in dem Eingangs-Dashboard finden Sie diese alle thematisch gruppiert aufgeführt. Amazon hat mittlerweile eine große Anzahl von Services zusammengestellt, und jedes Jahr kommen neue hinzu. Dementsprechend gibt es hier auch eine Suchfunktion für Service-Namen. Den Service für das Management von Authentifizierung (*Wer sind Sie?*) und Autorisierung (*Was dürfen Sie machen?*) finden Sie unter der Überschrift SICHERHEIT, IDENTITÄT & COMPLIANCE. Klicken Sie auf den Namen IAM, und Sie kommen auf das Dashboard dieses Service (siehe Abbildung 3.2).

Das wird weiter unten noch unser Thema werden, aber beachten Sie vielleicht hier schon mal, dass Sie in der oberen Leiste unter GLOBAL keine Region auswählen können, weil IAM einer der AWS-Services mit weltweiter Gültigkeit ist (das gilt auch für S3).

Auf dem Dashboard finden Sie unter der Überschrift den Anmeldelink für Ihre normalen Benutzer, der die 12-stellige ID Ihres Kontos beinhaltet. Diese finden Sie hier auch noch einmal ganz unten links unter AWS ACCCOUNT ID angegeben (es gibt hier einen Mix aus Deutsch und Englisch). Sie sollten sich diesen Link direkt als Bookmark in Ihrem Browser speichern, denn das wird Ihr alltäglicher Zugang zu AWS sein.

Der Service braucht ein bisschen Einarbeitung, das IA-Management in AWS ist aber sehr klar strukturiert. Auf der linken Seite sehen Sie unter ACCESS MANAGEMENT die vier Grundelemente von IAM: *Gruppen*, *Benutzer*, *Rollen* und *Richtlinien* (*Policys*). Einen neuen Default-Benutzer sollten Sie anlegen; dazu gleich mehr.

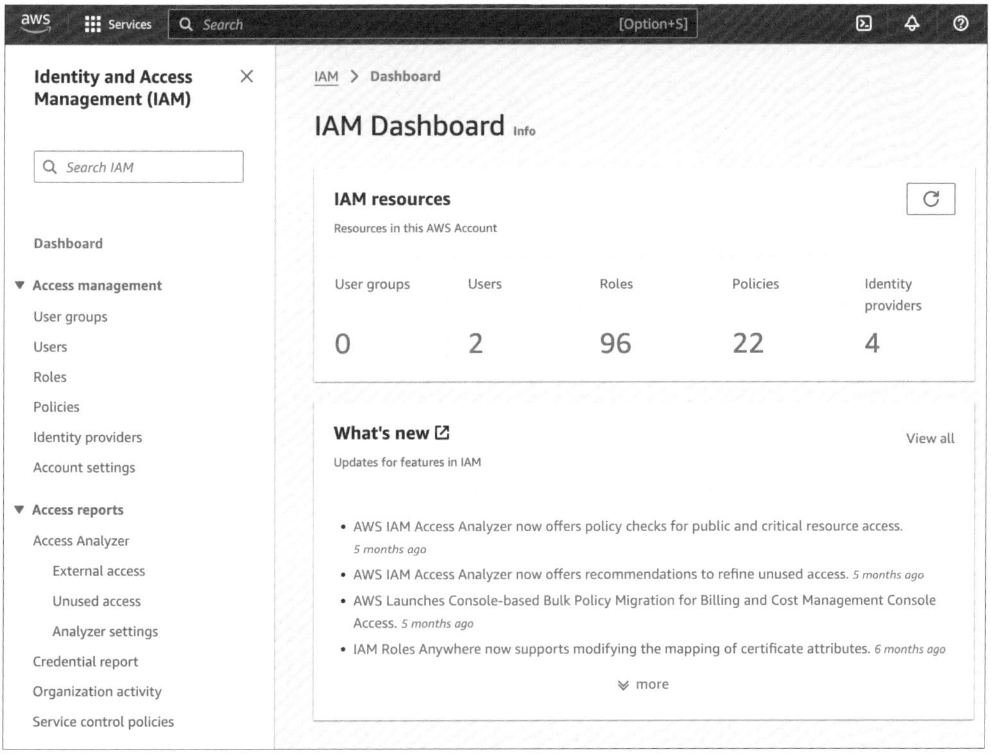

Abbildung 3.2 Das »Identity and Access Management (IAM)«

Die weiteren Elemente sind folgendermaßen definiert:

- Mit *Gruppen* sind Benutzergruppen gemeint. Diese können Sie anlegen, um Benutzer zusammenzufassen, für die dieselben Einstellungen gelten sollen.
- *Richtlinien* beinhalten konkrete Zugriffsberechtigungen. Eine Policy legt also zum Beispiel fest, dass man auf EC2 oder den Objektspeicherdienst S3 zugreifen darf und was man dort genau tun darf. AWS ist sehr komplex und von feinkörnigen Autorisierungsregeln durchzogen. In jedem Service können Sie viele einzelne Funktionen über Richtlinien referenzieren und den Zugriff darauf gewähren oder durch Nichtfreigabe verhindern. Sie können sich selbst eine Policy definieren oder sich aus der großen Anzahl von vordefinierten Policys ein bestimmtes Rechteprofil zusammenstellen. Das ist am Anfang eher der übliche Weg. IAM-Policys selbst zu schreiben, benötigt eine Einarbeitung speziell in dieses Thema.
- Eine oder mehrere Richtlinien können Sie dann einem *Benutzer* oder aber auch einer Rolle zuweisen. Und mit dieser Rolle können Sie dann Objekte in AWS versehen, zum Beispiel eine EC2-Instanz. Diese Instanz bekommt damit die Zugriffsrechte, die in den der Rolle zugeordneten Policys festgelegt worden sind. Damit machen Sie es zum Beispiel überflüssig, dass konkrete Credentials eines Pseudo-

Users auf einer Instanz abgelegt werden müssen, wenn die in ihr laufende Applikation auf einen anderen AWS-Service zugreifen können soll. (Ein Anwendungsbeispiel folgt weiter unten.)

Benutzer einrichten

Einen neuen Benutzer einzurichten, ist wiederum ein Prozess mit mehreren Schritten. Dazu klicken Sie zuerst auf BENUTZER und dann auf BENUTZER HINZUFÜGEN. Das Verfahren läuft folgendermaßen ab:

- Zunächst wird ein Benutzername benötigt. Auf derselben Seite müssen Sie dann den Zugriffstyp für den neuen User aussuchen. Dabei stehen PROGRAMMGESTEUERTER ZUGRIFF (mit Programmen, die APIs ansprechen) und/oder KONSOLENZUGRIFF (Steuerung über Dashboards im Browser) zur Verfügung. Wählen Sie hier erst mal ruhig beides aus. Für den Webzugriff (über den Sie gerade mit dem Root-User eingeloggt sind) wird noch nach einem Kennwort gefragt. Alternativ können Sie auch eines generieren lassen.
- Auf der nächsten Seite geht es um BERECHTIGUNGEN. Sie können hier eine neue Gruppe für diesen Benutzer erstellen, das Berechtigungsprofil (welche Policys zugeordnet worden sind) von einem anderen User kopieren oder im Pool verfügbare Richtlinien hinzufügen. Wählen Sie den letzten Punkt aus. Ihnen werden dann alle definierten Policys angezeigt. Die können Sie durchscrollen oder das Suchfeld benutzen, um eine bestimmte Policy zu finden. Bei der Abfassung dieses Abschnitts gab es allein 504 Standard-Policys, die von AWS angeboten werden. Selbst definierte IAM-Richtlinien tauchen dort dann zusätzlich auf.

  Ganz oben finden Sie die Policy `AdministratorAccess`, die gerne ausgewählt wird, um für den Default-Benutzer einen möglichst breiten Umfang an Zugriffsberechtigungen zu bekommen. Das hat den Vorteil, dass Sie Ihrem User nicht für jeden einzelnen Service, den Sie in AWS benutzen wollen, immer wieder neue Policys hinterher noch hinzufügen müssen. Wenn ein User keinen Zugriff auf IAM hat, dann müssen Sie sich dafür dann auch immer wieder mit dem Root-User einloggen. Die alternative Strategie ist es, anstelle maximaler Rechte (die dem Root-User nahekommen) als Sicherheitsmerkmal immer nur eingeschränkte Rechte zu vergeben. Die Policy `AmazonEC2FullAccess` zum Beispiel eignet sich dafür, erst einmal nur mit EC2 zu arbeiten. Es gibt noch speziellere Policys für EC2, die es Ihnen zum Beispiel erlauben, Instanzen zu launchen, aber nicht, sie zu terminieren. Ein `FullAccess` hat dabei einen Vorteil für den Komfort auf Kosten der Sicherheit. Die kleinteiligeren Richtlinien eignen sich eher für größere Projektteams mit verteilten Aufgaben bei einem Service.
- Auf der nächsten Seite können Sie Ihrem User noch Tags hinzufügen. Dann gibt es noch mal eine Übersichtsseite, die Ihnen die ausgewählten Dinge übersichtlich anzeigt. Klicken Sie dann auf BENUTZER ERSTELLEN.

- Die folgende Seite zeigt Ihnen eine Zeile mit Ergebnissen, in denen Sie drei wichtige Dinge finden: Vorne stehen eine Zugriffsschlüssel-ID und ein geheimer Zugriffsschlüssel. Die werden hier ausgegeben, weil Sie vorher den programmgesteuerten Zugang ausgewählt haben. Diese beiden benötigen Sie, um mit dem CLI-Tool (darum geht es als Nächstes), dem Python-SDK oder etwas anderem über die AWS-APIs auf Services zuzugreifen. Weiter hinten in der Zeile steht das für Sie generierte Kennwort des neuen Users für den Konsolen- beziehungsweise den Webzugriff auf AWS.

  Kopieren Sie diese Daten, und legen Sie sie irgendwo ab. Verwahren Sie vor allem das generierte Kennwort und den geheimen Schlüssel gut, denn AWS zeigt beide aus Sicherheitsgründen bei keiner anderen Gelegenheit mehr an. Gehen sie verloren, dann müssen Sie den Benutzer noch mal anlegen.

Loggen Sie sich dann mit dem Root-User aus und mit Ihrem neuen User wieder ein. EC2 finden Sie auf dem allgemeinen Dashboard unter der Überschrift DATENVERARBEITUNG. Sie können genauso wie bei IAM daraufklicken und kommen dann auf das Dashboard von diesem Service (siehe Abbildung 3.3).

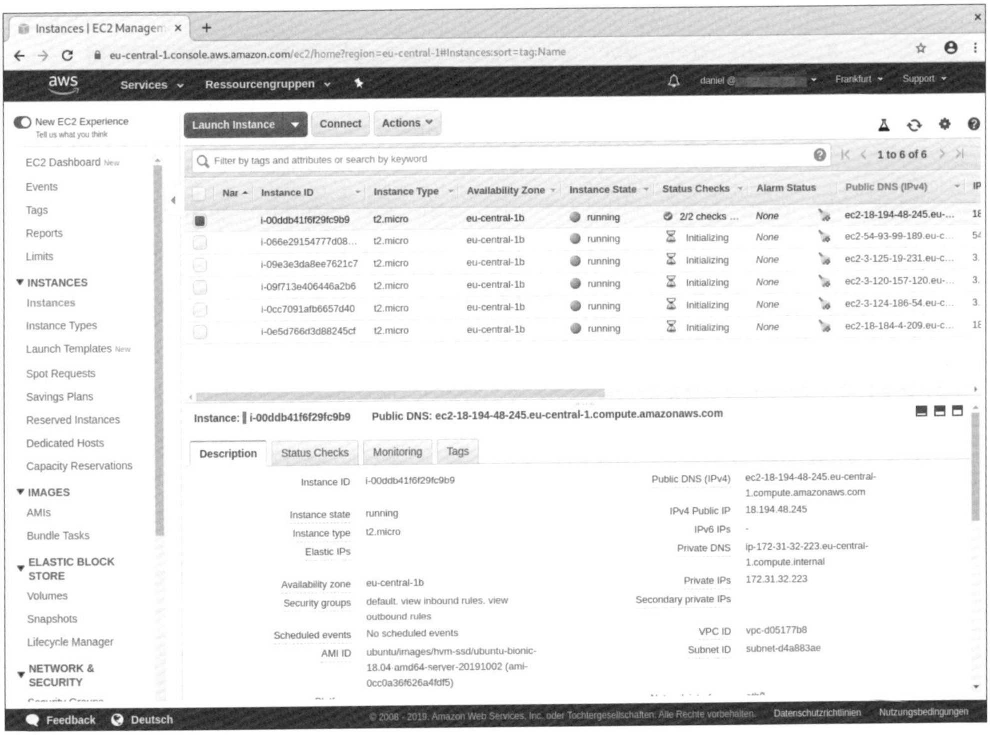

Abbildung 3.3 Das Dashboard von EC2

3.1.2 aws-cli

Die Webkonsole von AWS ist ziemlich gediegen: Die Frontend-Designer bei Amazon beherrschen inzwischen die hohe Kunst, die Fülle von Informationen und Konfigurationselementen übersichtlich anzuordnen.

Ein anderer Weg ist es, EC2 mit dem offiziellen Kommandozeilen-Werkzeug `aws-cli` von Ihrem Arbeitsrechner aus anzusprechen, mit dem Sie AWS vollständig steuern können. Diese Methode hat durchaus Nachteile: Die Laufzeit-Informationen werden auf der Kommandozeile nicht gerade benutzerfreundlich ausgegeben, und Sie müssen immer wieder mit seitenlangen JSON-Dokumenten herumhantieren. Außerdem müssen Sie Informationen, die auf dem Dashboard manchmal über mehrere Fenster hinweg abgefragt werden, alle mit langen Befehlen übermitteln, was bei zeilenlangen Bandwürmern schnell frickelig wird.

Trotzdem sollten Sie bei Ihrer Arbeit mit EC2 und AWS allgemein nicht auf der Weboberfläche kleben bleiben. Die Kommandozeile Ihres Arbeitsrechners bietet Ihnen viele gute Bordmittel für einen funktionsreichen Workflow, der weit über das Zusammenklicken hinausgeht: Da haben Sie zum Beispiel die Tab-Vervollständigung. Sie zeigt Ihnen mit einem Tastendruck, was Sie mit einem bestimmten Subbefehl wie `ec2 create` in diesem Service überhaupt alles erzeugen können. Und außerdem stehen hier Kommando-History und Shellvariablen zur Verfügung.

Die Methode, jenseits von raffinierten Oberflächen über das offizielle CLI-Werkzeug die APIs anzusprechen, zeigt Ihnen, wie diese strukturiert sind. Das zu wissen, spielt eine Rolle, wenn Sie mit selbst geschriebenen Tools programmgesteuert auf EC2 zugreifen möchten. Außerdem gibt es hier sehr gute, ausführliche Hilfeseiten. Ein Tipp: Die `aws-shell` ist eine praktische Lösung, die es Ihnen abnimmt, bei langen Maschinen-IDs und ARNs (*Amazon Resource Names*) auf der Kommandozeile mit Copy-and-paste hantieren zu müssen.

aws-shell

Die `aws-shell` (*https://pypi.org/project/aws-shell*) ist ein nützlicher Aufsatz für `aws-cli`. Sie stattet den Kommandozeilen-Client für AWS mit einer Reihe von nützlichen zusätzlichen Features für eine bessere Bedienbarkeit aus. Die Shell ist vergleichbar mit der IPython-Shell für den Python-Interpreter. Sie bietet eine Reihe von Eingabehilfen wie bei einem IDE, z. B. umfassende Auto-Vervollständigung und kontextbezogene Auswahlmenüs. Wenn Sie dabei sind, Optionen zu Subbefehlen zu schreiben, werden Ihnen alle dafür möglichen Parameter angezeigt.

Das Highlight hierbei ist, dass die Vervollständigung auch jeweils aktuelle Laufzeitparameter wie die IDs der aktuellen laufenden Instanzen, die IDs der verwendeten Maschinenimages und anderes beinhaltet. Das erspart Ihnen eine Menge Tipparbeit und umständliches Cut-and-paste in der Kommandozeile. Das Tool funktioniert aber nicht ganz sauber *out of the box*, beispielsweise ist die Taste [F10] zum Beenden eventuell schon von Ihrem Terminalfenster belegt. Sie müssen die Shell also an Ihre Arbeitsumgebung individuell anpassen.

Das Ziel und der Anspruch für anspruchsvolles Cloud-Engineering sollten sowieso sein, Infrastrukturen grundsätzlich zu coden (etwa mit CloudFormation, siehe Abschnitt 4.1). Die Vorteile davon sind in der Einleitung bereits besprochen worden.

Im Folgenden geht es zunächst darum, wie Sie EC2 und assoziierte Services mit `aws-cli` steuern. Das tun wir nicht zuletzt, um hier eine überbordende Beschreibung von Screenshots zu vermeiden, die sich schnell auch mal ändern können. Wenn Sie gerne parallel mit Dashboard und Kommandozeile arbeiten, gilt auf jeden Fall: Wenn Sie wissen, wie Sie EC2 auf der Kommandozeile bedienen, dann können Sie das auch in der Webkonsole. Im weiteren Verlauf des Buches werden wir dann Cloud-Werkzeuge vorstellen, mit denen Sie diesen, aber auch andere IaaS-Dienste auf höherem Niveau benutzen können.

aws-cli installieren

Das Tool `aws-cli` ist ein Python-Programm. Sie können es also einfach mit `pip3` aus dem Python-Package Index (PyPi, *https://pypi.org/project/awscli*) installieren. Viele Linux-Distributionen bieten dieses Werkzeug auch als Paket aus den offiziellen Paketquellen an (auf Ubuntu heißt das Paket auch *awscli*). Es stellt sich hier also wieder die Frage, wozu Sie greifen sollten. Die in diesem Buch propagierte Regel lautet, dass Sie besser den vom Hersteller angebotenen Vertriebsweg benutzen (wie bei `docker-compose`), auch wenn das vielleicht ein bisschen aufwendiger ist. Open-Source-Software zeichnet sich durch häufige Releases aus, und die jeweils aktuelle Version ist meist nicht als Linux-Paket aus Ihrer Distribution erhältlich (wie bei *docker*). Die Gründe dafür sind, dass normale Stable-Releases naturgemäß veralten und dass der Veröffentlichung immer ein Freeze-Zeitraum vorausgeht. Sollte der Hersteller neben einem reinen Binary oder einem Python-Programm aus dem PyPi allerdings auch eigene, selbst gepflegte Linux-Pakete anbieten (wie bei `kubectl`), dann sollten Sie zu dieser Form der Auslieferung greifen. Sie haben das Tool dann ordentlich im Paketmanagement – mit allen Vorteilen, die das bietet (zum Beispiel automatische Aktualisierung). Das steht bei `aws-cli` aber nicht zur Verfügung.

Den Python-Installer selbst installieren Sie als Paket aus den offiziellen Paketquellen Ihrer Distribution. Bei Ubuntu heißt das Paket *python3-pip* (siehe Abschnitt 2.1.13). Den AWS-Client holen Sie dann mit dem Befehl `pip3 install awsci` aus dem Python Package Index. Root-Rechte benötigen Sie hierfür nicht, weil `pip3` auf Ubuntu per Default in Ihrem lokalen Verzeichnis arbeitet. Es werden alle benötigten Abhängigkeiten dabei mitgezogen. Dies ist vor allem `botocore` mit der Kernfunktionalität der Python-

Bibliothek für *AWS Boto 3*, das offizielle Python-SDK (Software Development Kit). Entwickler installieren sich ihre Python-Software gerne auch mit `virtualenv` in eine abgetrennte virtuelle Python-Umgebung.

Der Kommandozeilenbefehl von `aws-cli` ist schlicht `aws`. Das Programm liegt nach der Installation in dem Verzeichnis *~/.local/bin*. Es ist zwar bereits ausführbar, Sie können es aber zunächst nicht aufrufen, indem Sie auf der Kommandozeile `aws` eingeben. Der Grund dafür ist, dass dieses Verzeichnis per Default in Ihrer Shellumgebung nicht Bestandteil der Umgebungsvariablen `$PATH` ist. Diese enthält die Verzeichnisse, in denen beim Eingeben von Befehlen nach der passenden ausführbaren Datei gesucht wird. Fügen Sie den Pfad aber einfach hinzu, indem Sie den Befehl `export PATH="~/.local/bin:$PATH"` absetzen. Ergänzen Sie danach diesen Befehl auch noch in der Datei *.bashrc* in Ihrem Heimatverzeichnis, damit die Ergänzung auch in neuen Terminalfenstern und nach einem Reboot wirksam ist. Wenn der `$PATH` auf diese Weise angepasst worden ist, dann können Sie direkt loslegen:

```
~$ echo $PATH
/home/vagrant/.local/bin:/home/vagrant/bin:/usr/local/bin:/usr/bin:
  /bin:/usr/local/games:/usr/games

~$ aws -version
aws-cli/1.35.2 Python/3.12.7 Linux/6.11  botocore/1.35.36
```

Aktualisieren Sie `aws-cli` von Zeit zu Zeit, indem Sie den Befehl `pip3 install awscli --upgrade` absetzen.

aws-cli für Windows

Der Client `aws-cli` ist selbstverständlich auch für Windows verfügbar. Um ihn zu installieren, laden Sie die Setup-Datei *https://s3.amazonaws.com/aws-cli/AWSCLI-Setup.exe* herunter und führen diese aus. Sie können danach im Terminalfenster zum Beispiel `aws --version` ausführen.

Wenn das nicht der Fall ist, dann müssen Sie wahrscheinlich zunächst die Umgebungsvariablen aktualisieren. Führen Sie dafür folgende Schritte aus (das Referenzsystem ist Windows 10 Pro):

- Überprüfen Sie zunächst in der Eingabeaufforderung mit `where /R c:\ aws`, wo sich das Programm befindet. Das Ergebnis müsste normalerweise *C:\Program Files\Amazon\AWSCLI\bin\aws.exe* sein.
- Vergewissern Sie sich dann mit `echo %PATH%`, dass der Pfad wirklich noch nicht Bestandteil der aktiven Umgebungsvariablen ist.
- Ist das nicht der Fall, dann drücken Sie [Windows] + [Pause] und klicken in dem Fenster, das nun erscheint, auf ERWEITERTE SYSTEMEINSTELLUNGEN (siehe Abbildung 3.4).

Unter dem Reiter ERWEITERT finden Sie unten UMGEBUNGSVARIABLEN. Unter SYSTEMVARIABLEN finden Sie dort den PATH. Den können Sie dort mit BEARBEITEN entsprechend ergänzen.

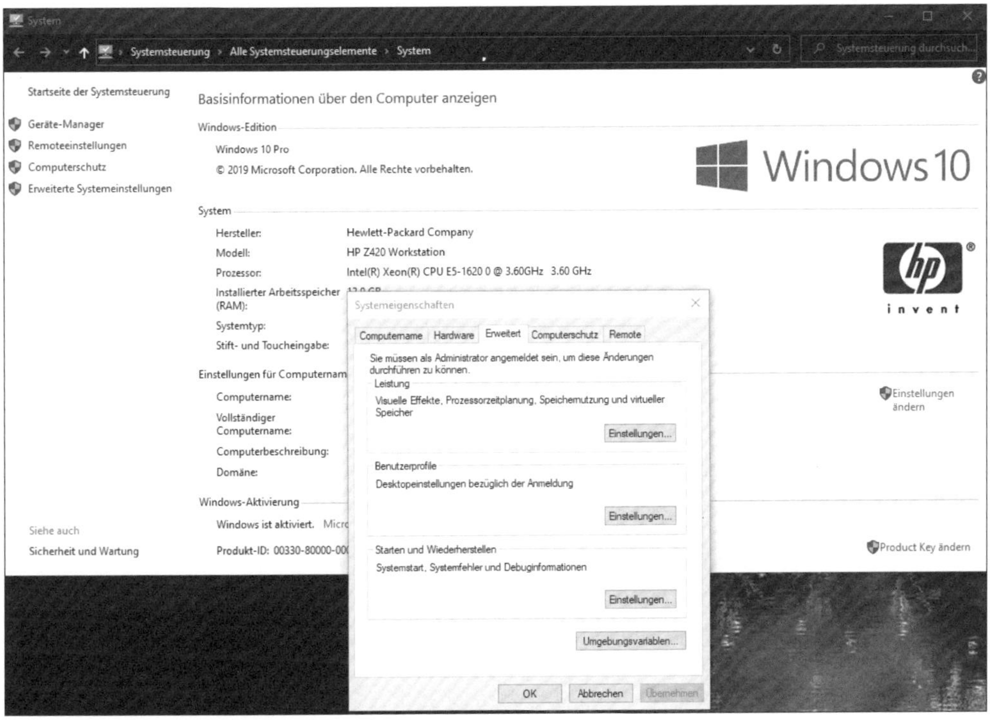

Abbildung 3.4 Die Umgebungsvariablen unter Windows 10

Tab-Vervollständigung

Wenn sich die Tab-Vervollständigung irgendwo richtig lohnt, dann bei `aws`. Sie können damit Amazon Web Services insgesamt steuern, und dementsprechend kennt dieses Tool einige Hundert Sub- und Subsub-Befehle. Voraussetzung dafür ist, dass der Completion-Mechanismus in der Shell auf Ihrem Arbeitsrechner auch aktiviert ist (siehe Abschnitt 2.4.1).

Sie müssen dieses Feature von `aws-cli` aber erst in noch in Betrieb nehmen. Nach der Installation mit `pip3` befinden sich im Verzeichnis *~/.local/bin* neben `aws` die dafür benötigten `completer`-Dateien:

```
~$ ls -1 ~/.local/bin/aws*
/home/vagrant/.local/bin/aws
/home/vagrant/.local/bin/aws_bash_completer
/home/vagrant/.local/bin/aws_completer
/home/vagrant/.local/bin/aws_zsh_completer.sh
```

Bei Ubuntu und vielen anderen Linux-Distributionen ist die Bash die Standardshell. Sie können das mit dem Befehl `echo $SHELL` überprüfen. Sie haben zwei verschiedene Möglichkeiten, um die Vervollständigung für `aws` in Betrieb zu nehmen:

- Entweder kopieren Sie die Datei *aws_bash_completer* in das Verzeichnis */etc/bash_completion.d* (das benötigt `sudo`). Diese Variante stellt die Vervollständigung allen Usern auf Ihrem Arbeitsrechner (falls vorhanden) zur Verfügung. Es handelt sich bei dieser Datei praktischerweise anders als bei `kubectl` nicht um explizite Completion-Patterns, die Sie bei einem Update von `aws-cli` eventuell aktualisieren müssen.
- Oder Sie fügen ersatzweise den Befehl `complete -C aws_completer aws` in der Datei *.bashrc* in Ihrem lokalen Verzeichnis hinzu. Dieser Befehl wird dann jedes Mal ausgeführt, wenn eine neue Shellsession gestartet wird, wenn Sie etwa ein Terminal-Fenster öffnen.

Egal welche Methode Sie wählen: Führen Sie direkt danach erst mal den `complete`-Befehl aus, um die Vervollständigung direkt zu aktivieren, ohne ein neues Terminalfenster dafür öffnen zu müssen. Dann steht Ihnen die Tab-Completion für `aws` zur Verfügung:

```
~$ aws ec2 create-<TAB><TAB>
create-capacity-reservation        create-route-table
create-client-vpn-endpoint         create-security-group
create-client-vpn-route            create-snapshot
create-customer-gateway            create-snapshots
create-default-subnet              create-spot-datafeed-subscription
create-default-vpc                 create-subnet
create-dhcp-options                create-tags
```

aws initialisieren

Der nächste Schritt für die Inbetriebnahme von `aws` ist die Initialisierung. Der Client weiß, wo sich die AWS-APIs befinden. Er benötigt allerdings noch Zugangsdaten, um mit Ihrem Benutzer auf sie zugreifen zu können:

```
~$ aws s3 ls
Unable to locate credentials. You can configure credentials by
running "aws configure".
```

Die hier verlangten Credentials sind der geheime Zugriffsschlüssel und die zugehörige ID. Beide haben Sie beim Anlegen Ihres Default-Users für den programmgesteuerten Zugriff bekommen.

AWS-Regionen und -Zonen

Amazon Web Services ist ein weltweit präsenter Public-Cloud-Anbieter, der sein Angebot in Regionen organisiert:

https://docs.aws.amazon.com/de_de/AWSEC2/latest/UserGuide/using-regions-availability-zones.html

Bei der ersten Abfassung dieses Kapitels waren es 18 Stück: Eine Region gab es in Kanada, vier in den USA, eine in Südamerika, fünf in Europa, eine im Nahen Osten und sechs im asiatisch-pazifischen Raum. Während ich dieses Kapitel überarbeite, sind es schon 33 Regionen. Die Regionen werden durch Kürzel bezeichnet, *eu-central-1* zum Beispiel ist der Raum Frankfurt a. M. Bei der Auswahl einer Region spielen für Kunden verschiedene Parameter eine Rolle, z. B. die Latenz und welche rechtlichen Vorgaben dort gelten. Wenn Sie einen AWS-Service wie EC2 einsetzen wollen, dann machen Sie das immer in einer bestimmten Region. Bei der Auswahl sind Sie völlig frei, und Sie können von jedem Internetanschluss weltweit Services in jeder Region nutzen. Aber nicht restlos alle Services sind in allen Regionen verfügbar. Zudem können die Kosten für Services je nach Region unterschiedlich sein. Kleiner Tipp: In Nord-Virginia (*us-east-1*) sind in der Regel immer die neuesten Services sofort verfügbar.

Innerhalb einer Region existieren immer mehrere Verfügbarkeitszonen (*Availability Zones*, kurz AZ). Diese werden durch Buchstaben hinter dem Regionenkürzel bezeichnet, also zum Beispiel *eu-central-1a*, *eu-central-1b* usw. Im Raum Frankfurt zum Beispiel gibt es bereits drei AZs. Sie sind räumlich und operationell voneinander getrennt, sodass der Ausfall einer ganzen Verfügbarkeitszone (etwa durch eine räumlich noch eng begrenzte Katastrophe) keine Auswirkungen auf die anderen Zonen in einer Region hat. Sie können in EC2 Ihre Instanzen in unterschiedliche AZs launchen und so selbst für eine über mehrere Knoten verteilte Applikation eine erhöhte physische Ausfallsicherheit sicherstellen. Die Rechenzentren innerhalb einer AZ sind optimal untereinander angebunden, und unter ihnen findet eine automatische Datenreplikation statt, damit der Anbieter den Ausfall eines Rechenzentrums abfangen kann.

Bei der Initialisierung fragt `aws` auch nach der Region, in der Sie per Default arbeiten möchten, und nach dem Format, in dem die Rückgaben von Befehlen ausgegeben werden sollen. Geben Sie `json` an, wenn Sie die folgenden Beispiele exakt nacharbeiten möchten. Es gibt auch noch die Rückgabeformate `text` (durch Tabstopps getrennter Text) und `table` (Tabellen im ASCII-Format).

Das Format `text` ist für Rückgaben ein bisschen kompakter als JSON (siehe den Kasten *JSON* in Abschnitt »Rückgabe-Querying« zu diesem Format). Allerdings gibt es aus Dictionarys nur Values aus und nicht die dazugehörigen Keys. Aus diesem Grund eignet es sich nur für die gezielte Ausgabe von ganz bestimmten Werten.

Beide Defaults, die Sie bei der Initialisierung für Region und Rückgabeformat wählen (und die Sie auch leer lassen können), lassen sich bei jedem eingegebenen Befehl mit den Optionen `--region` und `--output` erneut bestimmen.

Nehmen Sie dann die Initialisierung von `aws` vor. Die eingegebenen Defaults finden Sie dann hinterher in zwei Dateien unterhalb von *~/.aws*, in denen Sie die Werte jederzeit händisch abändern können:

```
~$ aws configure
AWS Access Key ID [None]: AKIAR4Z44I4NQZSTXOEB
AWS Secret Access Key [None]: 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
Default region name [None]: eu-central-1
Default output format [None]: json

~$ cat ~/.aws/credentials
[default]
aws_access_key_id = AKIAR4Z44I4NQZSTXOEB
aws_secret_access_key = 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

~$ cat ~/.aws/config
[default]
region = eu-central-1
output = json
```

Wenn es noch andere User auf Ihrem Linux-System gibt, dann sollten Sie die Datei *credentials* mit dem Key mithilfe des Befehls `chmod 600 ~/.aws/credentials` gegen sie absichern.

Gut zu wissen

Sie können `aws` auch unter unterschiedlichen Profilen konfigurieren und entsprechend benutzen. Das Standard-Profil `default` gilt immer, wenn Sie bei Befehlen für `aws` mit `--profile` kein bestimmtes Profil angeben.

Nun können Sie `aws` direkt ausprobieren. Lassen Sie sich damit zum Beispiel im IAM den neu angelegten Benutzer anzeigen (den Sie auch gleichzeitig dafür benutzen):

```
~$ aws iam list-users
    "Users": [
        {
            "Path": "/",
            "UserName": "daniel",
            "UserId": "AIDAR4Z44I4NXOJHAU2Z4",
            "Arn": "arn:aws:iam::130587313947:user/daniel",
            "CreateDate": "2019-11-26T13:49:58Z",
```

```
            "PasswordLastUsed": "2019-12-04T23:17:50Z"
        }
    ]
```


Das funktioniert aber natürlich nur, weil dieser Benutzer die Richtlinie `Administrator-Access` zugewiesen bekommen hat, die auch den Zugriff auf IAM beinhaltet. Oder aber mit expliziten Zugriffsrechten auf IAM. Wenn Sie Ihrem Default-User aber erst mal nur `AmazonEC2FullAccess` mitgegeben haben wie vorgeschlagen, dann funktioniert der Zugriff auf IAM natürlich nicht:

```
~$ aws iam list-users
An error occurred (AccessDenied) when calling the ListUsers operation:
User: arn:aws:iam::130587313947:user/daniel is not authorized to perform:
iam:ListUsers on resource: arn:aws:iam::130587313947:user/
```

Rückgabe-Querying

Wenn Sie `json` als Ausgabeformat gewählt haben, dann gibt `aws` Ihnen wohlformatiertes, eingerücktes JSON zurück. Das kann wegen der in ihm enthaltenen Datenfelder gut von Menschen gelesen werden. Ein Problem ist aber, dass oftmals seitenlange JSON-Dokumente als *Dump* ausgeworfen werden, in denen Sie wild herumscrollen müssen, um bestimmte Informationen zu finden.

Wenn Sie nur ganz bestimmte Daten anzeigen wollen, dann brauchen Sie eine Möglichkeit, die Ausgabe dieses Befehls zu filtern. In der Linux-Shell geht das natürlich einfach, indem Sie spezielle JSON-Werkzeuge wie `jq` zusammen mit `aws` in einer Kommando-Pipe auslösen. Oder Sie verwenden das Standard-Texttool `grep` dafür, um bestimmte Textzeilen herauszufiltern. `aws` selbst bietet für die gezielte Auswertung aber selbst die Option `--query`. Sie funktioniert ähnlich wie der Schalter `-f` für `docker inspect` (siehe in Abschnitt 2.3.7).

Mit dieser Option können Sie aus den Rückgaben von `aws` ein bestimmtes Datenfeld auswählen, um es isoliert anzuzeigen. Benutzen Sie für den Pfad dahin den Asterisk als Wildcard, um über die Elemente eines Arrays zu iterieren (das im Beispiel nur ein Dictionary enthält):

```
~$ aws iam list-users --query 'Users[*].Arn'
[
    "arn:aws:iam::130587313947:user/daniel"
]
```

Sie können dann auch `text` als Output-Format wählen, um die reinen Datenfelder unformatiert zurückzubekommen:

```
~$ aws iam list-users --output text --query 'Users[*].Arn'
arn:aws:iam::130587313947:user/daniel
```

JSON

Die *JavaScript Object Notation* (*http://json.org*) ist eine wichtige Markupsprache. JSON ist als leichtgewichtiges Protokoll für die Kommunikation zwischen Server und Browser entstanden. Es hat sich dann auf breiter Front als strukturiertes Format für die Übertragung und die Speicherung von Daten durchgesetzt (Stichwort: *Serialisierung*). JSON ist von JavaScript unabhängig, und Parser gibt es für alle gängigen Programmiersprachen. Es spielt eine zentrale Rolle im NoSQL-Datenbankbereich und kommt im Cloud Computing unter anderem als ein wichtiger Standard für die Kommunikation mit APIs vor. Eine RESTful-HTTP-Schnittstelle, wie zum Beispiel diejenige von AWS S3, können Sie ganz grundlegend ansprechen, indem Sie zum Beispiel mit `curl` JSON-Strukturen als einfache HTTP-Anfrage an das API absetzen.

Das Format verwendet Klammerkonstruktionen als Modellierungselemente für Datenstrukturen, die beliebig verschränkt werden können. Die Klammern machen es schwieriger als bei YAML, Dokumente selbst zu schreiben. Leerzeichen zwischen Elementen, Zeilenumbrüche und Einrückungen sind beliebig. Verwenden Sie auf jeden Fall einen Editor, der bei JSON-Dateien auf korrekte Klammerpaare achtet und für bessere Lesbarkeit einheitlich einrückt. Unaufbereitetes JSON ohne Newlines und Einrückungen ist hochgradig kompakt, aber kaum menschenlesbar.

Die beiden wichtigsten Elemente in JSON sind Arrays (Listen) in eckigen Klammern sowie Collections von Key/Value-Paaren in geschwungenen Klammern. Strings stehen in Anführungsstrichen. Ein konformes Dokument ist ebenso rund eingeklammert. Ein Beispiel:

```
{
    "Name" : "Max Mustermann",
    "Wohnhaft" : "Wolfenbüttel",
    "Sozialversicherungsnummer" : "31494482911",
    "Hobbys" : [ "Gartenarbeit", "Schützenverein" ],
    "Kinder" : { "Sohn" : "Manfred", "Tochter" : "Sibylle" },
    "Telefonnummern" : [
        { "Kategorie" : "Zuhause", "Nummer" : "7778912" },
        { "Kategorie" : "Arbeit", "Nummer" : "2823442" }
    ]
}
```

Ein gutes Tool für die strukturierte Auswertung von JSON-Dateien oder Rückgaben ist `jq` (*https://stedolan.github.io/jq*). Es bietet Ihnen deutlich mehr Möglichkeiten als `aws --query`.

3.1.3 Instanzen

Eine Instanz in EC2 ist immer ein virtueller Server von einem bestimmten Typ, der von einem Maschinenimage mit einer bestimmten ID gestartet wurde.

Amazon Machine Image

EC2 arbeitet mit einem eigenen Format von Maschinenimages, den *Amazon Machine Images* (*AMI*). Es handelt sich dabei nicht um rein virtuelle Festplatten, sondern um komplexe Vorlagen für das Erzeugen von virtuellen Maschinen. Eine AMI beinhaltet das Root-Volume mit Betriebssystem und Applikationen, aber daneben auch noch andere Dinge. Mit der dahinterstehenden Technik kommen Sie beim Umgang mit Instanzen aber nicht in Berührung. Bevor Sie eine Instanz launchen können, müssen Sie lediglich die ID einer AMI recherchieren, die Sie einsetzen möchten.

In EC2 und im AWS Marketplace (*https://aws.amazon.com/marketplace*) werden Hunderte von AMIs mit BSD-Varianten, Linux-Betriebssystemen und Windows-Server-Versionen angeboten. Es gibt Varianten mit vorinstallierter Open-Source-Software; aber auch proprietäre Software für EC2-Instanzen wird angeboten, deren Gebrauch zusammen mit einer Instanz minutengenau abgerechnet werden kann. Hersteller von AMIs sind AWS selbst, als vertrauenswürdig eingestufte Partner und die Community. Seien Sie beim Einsatz von EC2-AMIs aus der Community genauso vorsichtig wie bei Container-Images aus dem Docker Hub (siehe Abschnitt 2.3.3). AMIs können Sie auch selbst herstellen, wie später im Zusammenhang mit Packer (siehe Abschnitt 5.1) noch erläutert wird.

Eine solide Grundauswahl von AMIs erhalten Sie, wenn Sie noch einmal auf dem EC2-Dashboard unter INSTANCES auf LAUNCH INSTANCE klicken. Dann werden Ihnen zunächst 40 standardmäßig benutzte AMIs angezeigt, die AWS selbst hergestellt hat. Darunter ist auch das anbietereigene *Amazon Linux*, das von Red Hat Enterprise Linux abstammt. Für die Beispiele benutze ich allerdings *Ubuntu Server 24.04 LTS* für 64-Bit-x86-Instanzen, dessen AMI die ID `ami-01e444924a2233b07` trägt. Diese AMI und einige andere in dieser Grundauswahl sind im Rahmen des *Free Tier*-Freikontingents für ein Jahr kostenlos. Darunter gibt es auch Windows-Server-Varianten.

> **Gut zu wissen**
>
> AMIs werden regelmäßig aktualisiert und mit Patches versorgt. Dafür wird immer ein neues AMI mit einer neuen ID erzeugt. Ältere AMIs werden irgendwann gelöscht und stehen nicht mehr zur Verfügung. AWS kümmert sich also darum, dass die Images der Cloud-Instanzen gewartet und aktualisiert werden und dass sich veraltete Versionen (mit möglichen Sicherheitslücken) überhaupt nicht mehr als Basis für Installationen nutzen lassen. Das bedeutet, dass die AMI ID, die ich verwende, möglicherweise nicht mehr existiert, wenn Sie dieses Buch lesen.

Nicht jede AMI können Sie für jeden der zur Verfügung stehenden Instanzentypen einsetzen. AMIs sind vorkonfiguriert etwa für

- immer nur eine bestimmte Architektur (`x86`, `i386` oder `ARM`),
- einen bestimmten Typ von Wurzellaufwerk (`ebs` oder `instance store`)
- und entweder für die Hardware-Virtualisierung (`hvm`) oder für die Paravirtualisierung (`pvm`).

Das Ubuntu-Image (wie alle anderen aus der Grundauswahl) eignet sich für die gängigsten Instanzen mit EBS-Rootdevice und `hvm`. Zu dem Unterschied zwischen EBS- und instanzenzugehörigen Wurzellaufwerken komme ich in Abschnitt 3.1.4.

Paravirtualisierte Typen werden ohne die Erweiterungen `INTEL-VT` oder `AMD-V` gestartet. Sie kommen dann zur Anwendung, wenn Sie etwa eine ausgefallene Geschäftsapplikation betreiben möchten, die auf einer andersartigen Maschine nicht läuft.

Instanzentyp

In EC2 können Sie für Ihre Instanzen nicht selbst eine beliebige Kombination aus Rechenkernen, RAM-Speicher, direkt angebundenem Blockspeicher und Netzwerkkapazität zusammenstellen. Der Service bietet hingegen eine ganze Reihe von verschiedenen Zuschnitten an, aus denen Sie ein konkretes Angebot für Ihren konkreten Anwendungsfall auswählen müssen.

[»]

Hinweis

Größere Instanzen mit höheren Leistungswerten sind natürlich teurer in der Miete. Sie optimieren Ihre Kosten, wenn es Ihnen gelingt, die ausgewählten Instanzentypen möglichst nah an Ihrem tatsächlichen Kapazitätsbedarf auszurichten – und zwar in Bezug auf alle beteiligten Kategorien. Darin besteht eine der Schwierigkeiten bei der Benutzung dieses Service.

Die verfügbaren Instanzentypen finden Sie in der Dokumentation (*https://aws.amazon.com/de/ec2/instance-types/*) aufgelistet oder, wenn Sie den Launch-Wizard auf dem EC2-Dashboard benutzen, auf der direkt folgenden Seite nach der Auswahl der gewünschten AMI. Als dieser Abschnitt geschrieben wurde, waren bereits mehr als 750 Instanzentypen in verschiedenen Zuschnitten von Kapazitäten verfügbar.

Ein Instanzentyp in EC2 ist immer durch das Kürzel *Klasse.Größe* bezeichnet, wie zum Beispiel *i2.xlarge*. Die Klassen sind wiederum in Familien zusammengefasst, je nach ihrem primären Anwendungszweck. Die Familien sind *General purpose*, *Compute optimized*, *Memory optimized* und *Storage optimized*.

Zu der Familie *Storage optimized* gehört die Klasse *I2*. Dort liegt der Schwerpunkt auf der Kapazität der unmittelbar angebundenen Blockspeicher-Devices (Stichwort: *instance store*).

Die Größentypen sind *nano, micro, small, medium, large, xlarge, 2xlarge* usw. Entlang dieser Typen steigen die angebotenen Kapazitäten an:

- Der Einstiegstyp für die M5-Klasse *m5a.large* (allgemeiner Verwendungszweck) zum Beispiel verfügt über 2 Rechenkerne, 8 GB RAM und eine Netzwerkkapazität bis 10 Gigabit.
- Am anderen Ende der Skala befindet sich der Typ *m5a.24xlarge* mit 96 Rechenkernen, 386 GB RAM und 20 Gigabit Netzwerkleistung.
- Die *metal*-Instanzen wie zum Beispiel *m5.metal* (allgemeiner Verwendungszweck) und *r5.metal* (RAM-optimiert) sind *Bare Metal*-Server. Das sind pure physische Server ohne Virtualisierung beziehungsweise Hypervisor. Es gibt meistens keinen zwingenden Grund, auf den Hypervisor zu verzichten, es sei denn, Sie müssen ganz spezielle CPU- bzw. GPU-Anforderungen erfüllen.

Je höher die Zahl ist, desto neuer ist auch der Typ. T3 ist also eine neuere Version des T2. Mit dem Versionssprung kommen meist auch eine Leistungssteigerung oder eine Kostenersparnis daher. Es lohnt sich also, immer auf die neuesten Versionen umzusteigen.

Ein weiteres Merkmal im Namen ist der Buchstabe hinter der Versionsnummer, wie M5**a** oder M6**g**. Diese stehen in diesem Fall für eine besondere CPU wie die von AMD oder der ARM basierte Graviton-Prozessor, der von AWS selbst entwickelt wird. Diese Instanzentypen kosten deutlich weniger als Instanzen mit Intel-Prozessoren. Wie bereits erwähnt, benötigen Sie jedoch für jeden Prozessortyp ein anderes AMI.

Unter den Instanzentypen gibt es nur einen, der im Rahmen des Free-Tier-Freikontingents für ein Jahr kostenlos benutzbar ist. Das ist *t2.micro* mit nur einem Rechenkern beziehungsweise Anteilen davon, 1 GB RAM-Speicher und keinem direkt angebundenen Blockspeicher. Die Netzwerkkapazität ist *low to moderate*.

T2/T3-Instanzen

Die beliebten T2 und T3-Klasse haben ein besonderes Merkmal: Bei ihnen handelt es sich um Typen, die ihre eigentlich zugewiesene Rechenkapazität auch überdehnen können (Stichwort: *burstable perfomance instances*).

Das findet auf Basis eines Leistungskontos statt. Auf diesem werden automatisch Guthabenpunkte angesammelt, wenn die Leistungsanforderung über einen Zeitraum hinweg unterhalb der Vollauslastung bleibt. Steigt die Auslastung auf Spitzenwerte an, dann kann so lange Rechenleistung auch oberhalb des Basislimits (bei *t2.micro* sind das 10 % einer vollständigen Kernleistung) zur Verfügung gestellt werden, bis die Guthabenpunkte wieder aufgebraucht sind.

Sollten Sie zum Beispiel bei einer Webpräsenz mit häufigen Leerlaufzeiten und nur gelegentlichen Lastspitzen rechnen, dann bietet Ihnen dieser sehr günstige Instanzentyp eine gute Möglichkeit, Ihre EC2-Ressourcenkosten noch weiter zu drücken.

SSH-Schlüssel einspielen

Wenn Sie auf einer gelaunchten Instanz hinterher per SSH-Protokoll in einer übertragenen Shell Dinge inspizieren möchten, dann müssen Sie vorher ein Schlüsselpaar dafür generieren. Den privaten Schlüssel bewahren Sie dann auf Ihrem Arbeitsrechner auf; den korrespondierenden öffentlichen Schlüssel spielen Sie zunächst bei EC2 ein. Er wird beim Launch mit in die Instanz eingebunden, wenn Sie das möchten, sodass Sie sich mit dem privaten Schlüssel für den Zugriff per SSH authentisieren können. Einen Login über SSH per Kennwort unterstützt EC2 in der Default-Konfiguration nicht.

Benutzen Sie auf Ihrem Arbeitsrechner `ssh-keygen` um ein neues Schlüsselpaar zu generieren. Auf Ubuntu gehört dieses Tool zum Paket *openssh-client*, das Bestandteil der Grundausstattung ist. Geben Sie folgenden Befehl ein, um ein neues Schlüsselpaar zu generieren (der Name **aws-key** ist dabei beliebig):

```
~$ ssh-keygen -t rsa -b 4096 -f ~/.ssh/aws-key
Generating public/private rsa key pair.
Enter passphrase (empty for no passphrase): meinepassphrase
Enter same passphrase again: meinepassphrase
Your identification has been saved in /home/vagrant/.ssh/aws-key.
Your public key has been saved in /home/vagrant/.ssh/aws-key.pub.
The key fingerprint is:
SHA256:guajl5YtOuhoUhiY+PiTIXrvRZfIUtEi7onHkUwOB5M vagrant@ubuntu
```

Wenn Sie keine Passphrase angeben, dann fragt SSH auf Ihrem Arbeitsrechner nicht danach als Kennwort, wenn Sie den Schlüssel benutzen, um sich auf eine Instanz einzuloggen. Kein Benutzerkennwort festzulegen, bietet sich bei SSH vor allem an, wenn Sie Schlüsselpaare generieren, die für die Kommunikation von Maschinen untereinander vorgesehen sind. Sie können das aus Bequemlichkeit für Ihren eigenen Workflow so verwenden, allerdings handelt es sich dabei natürlich um einen Sicherheitsnachteil. Gar kein SSH-Zugriff ist möglich, wenn Sie Instanzen ganz ohne die Angabe eines SSH-Schlüssels launchen. Für Produktivsysteme bietet es sich als Sicherheitsmaßnahme durchaus an, auf den SSH-Zugang zu verzichten.

Das Schlüsselpaar liegt dann im Unterverzeichnis *~/.ssh/* in Ihrem Heimatverzeichnis. Der öffentliche Teil hat die Dateiendung *.pub*, und der private Teil, so wie er erzeugt worden ist, hat keine:

```
~$ ls -1 ~/.ssh/aws-key*
/home/vagrant/.ssh/aws-key
/home/vagrant/.ssh/aws-key.pub
```

Benutzen Sie dann `aws`, um den *öffentlichen* Teil des Schlüssels bei EC2 einzuspielen: Sie können einen beliebigen Namen angeben, unter dem der Schlüssel dann im Service aufbewahrt wird:

```
~$ aws ec2 import-key-pair \
    --key-name myawskey \
    --public-key-material file:///home/vagrant/.ssh/aws-key.pub
{
    "KeyFingerprint": "bd:6b:46:52:dc:8b:9d:c7:f0:0c:17:a3:4f:8a:7a:f5",
    "KeyName": "myawskey"
}
```

Wenn Sie bei aws Dateinamen als Parameter von Optionen angeben, dann benötigt diese immer das Präfix file://. Beachten Sie, dass absolute Pfadangaben in Linux immer mit einem Slash beginnen. Also müssen Sie hinter file: drei Slashes schreiben, wenn eine Zieldatei nicht in dem Verzeichnis liegt, in dem Sie aws aufrufen, oder in einem Unterverzeichnis davon (oder falls Sie einfach den absoluten Pfad angeben möchten). Wenn Sie den Client in Ihrem Heimatverzeichnis aufrufen, dann können Sie als relativen Pfad zu dem öffentlichen Schlüssel also auch einfach file://.ssh/aws-key.pub als Parameter absetzen.

Mit dem Unterbefehl describe-key-pairs von aws ec2 können Sie sich die installierten Schlüsselpaare ausgeben lassen, also ermitteln, von welchen Schlüsselpaaren der öffentliche Schlüssel dort vorliegt:

```
~$ aws ec2 describe-key-pairs \
    --output text \
    --query 'KeyPairs[*].KeyName'
myawskey
```

Anstatt mit ssh-keygen können Sie sich aber auch mit dem Befehl aws ec2 create-key-pair von AWS ein neues Schlüsselpaar generieren lassen. Als Ergebnis bekommen Sie dann den privaten Schlüssel ausgegeben. Dieser ist aber nicht so stark, sondern nur ein 2048-Bit-RSA-Schlüssel. Selbst generierte SSH-Schlüssel vom Typ *ec25519* sind sicherer als RSA, leider akzeptiert AWS diese beim Einspielen aktuell noch nicht. Und einem lokal generierten Schlüssel können Sie einfach besser vertrauen. Zwar ist nicht davon auszugehen, dass AWS bei der Erstellung schlampt oder sogar den privaten Schlüssel kopiert, aber eigentlich widerspricht es dem Prinzip der asymmetrischen Verschlüsselung, Keys nicht selbst zu erstellen.

Instanz launchen

Mit der AMI-ID, dem Typschlüssel für den gewünschten Zuschnitt und dem eingespielten SSH-Key haben Sie alles, was Sie für den Launch einer neuen Instanz in EC2 benötigen.

Geben Sie folgenden Befehl dafür ein:

```
~$ aws ec2 run-instances \
   --image-id ami-01e444924a2233b07 \
   --instance-type t2.micro \
   --key-name myawskey
```

Der Startvorgang ist recht schnell abgeschlossen, und schon nach einigen Sekunden wird Ihnen ein langes Dokument mit allen für diese Instanz geltenden Parametern ausgegeben. Die Instanz baut sich in diesen Moment noch weiter auf, was ungefähr ein bis zwei Minuten dauert.

Das Datenblatt mit den Laufzeitwerten können Sie sich auch hinterher jederzeit mit `describe-instances` noch einmal auswerfen lassen. Sie können darin zum Beispiel untersuchen, in welcher Verfügbarkeitszone die Instanz erzeugt worden ist. Wichtig für den Umgang mit einer aktiven Instanz ist auch Ihre ID, die Sie auch auf diesem Weg ermitteln können:

```
~$ aws ec2 describe-instances --output text \
   --query 'Reservations[*].Instances[*].Placement.AvailabilityZone'
eu-central-1b

~$ aws ec2 describe-instances --output text \
   --query 'Reservations[*].Instances[*].InstanceId'
i-073f80954b04e09e1
```

Wenn Sie nichts weiter angeben, dann wird eine Instanz mit einer ganzen Reihe von standardmäßigen Einstellungen aktiviert. Dazu gehört zum Beispiel die Größe des angebundenen EBS-Wurzellaufwerks, das im Default-Subnetz der Verfügbarkeitszone steht und zur Default-Sicherheitsgruppe gehört (zu allen Begriffen komme ich noch im Verlauf dieses Abschnitts). Mit den entsprechenden Schaltern können Sie eine Instanz auch mit Einstellungen starten, die vom Standard abweichen. Sie können zum Beispiel einen anderen Laufwerkszuschnitt festlegen, ein anderes Subnetz auswählen (falls vorher eingerichtet) und Ihre Instanz in andere Sicherheitsgruppen stellen (falls vorher eingerichtet). Einige Parameter lassen sich auch noch zur Laufzeit manipulieren.

Die ausführliche Hilfeseite von `run-instances` können Sie mit `aws ec2 run-instances help` aufrufen. Die sehr guten Hilfeseiten sind wie Linux-Manpages aufgebaut und eine der ganz großen Stärken des Kommandozeilen-Clients von AWS. Dort finden Sie alle Schalter besprochen, die für diesen Subbefehl von `aws ec2` zur Verfügung stehen. Dazu gehört zum Beispiel auch `--count`, mit dem Sie gleichzeitig mehr als nur eine Instanz launchen können.

aws CLI-Skeleton

Mit der Option `--generate-cli-skeleton` wirft `aws` Ihnen von jedem Subbefehl zweiter Ordnung ein bis auf eventuelle Reste unausgefülltes JSON-Template aus. Das können Sie dann mit `aws ec2 run-instances --generate-cli-skeleton > myskeleton.json` in eine Datei umlenken. Dieses Dokument enthält alle Parameter, die ein Subbefehl jeweils akzeptiert. Sie können das Template dann ausfüllen und es beim Auslösen des Subbefehls über den Schalter `--cli-input-json` als Datei wieder mitgeben. Setzen Sie also zum Beispiel `aws ec2 run-instances --cli-input-json file://myskeleton.json` ab, um eine neue Instanz mit auf diese Weise mitgegebenen Parametern zu launchen.

Sie können das Template auch vorher auf das Notwendigste reduzieren und zum Beispiel nur die AMI-ID, den Instanzentyp und den Schlüsselnamen stehen lassen. Achten Sie darauf, dass der Instanzentyp im Skeleton vorausgefüllt ist, denn teilweise stehen hier große und teure Instanzentypen. (Übrigens erscheint aus irgendeinem Grund bei jedem neuen Auslösen des `generate`-Befehls ein anderer Instanzentyp.)

Ein Tipp in diesem Zusammenhang: Allen Optionen, die Sie mit `file://` als Parameter bedienen können, lässt sich auch reiner JSON-Code mitgeben. Das eignet sich gut, um `aws`-Kommandos aus Shellskripten heraus auszulösen. Indem Sie JSON-Templates auf diese Weise einbetten, können Sie sich separate Dateien ersparen. Schauen Sie sich dazu ein Beispiel an:

```
$ aws ec2 run-instances --cli-input-json '{
  "ImageId": "ami-01e444924a2233b07",
  "InstanceType": "t2.micro",
  "KeyName": "myawskey"
  }'
```

Das ist nicht nur ein reiner Ersatz für Kommandozeilenoptionen, sondern es eignet sich besonders gut etwa für IAM-Policys und Rollen (siehe Abschnitt 3.1.4, Kasten »Simple Storage Service« für ein Anwendungsbeispiel).

Die Sicherheitsgruppe

Bevor Sie die Instanz über das Internet von Ihrem Arbeitsrechner aus per SSH ansprechen können, müssen Sie zunächst die Sicherheitsgruppe, zu der sie gehört, für eingehenden SSH-Verkehr freischalten. Eine Sicherheitsgruppe bzw. *Security Group* ist eine virtuelle Firewall, die Regeln für das Durchlassen von Ein- und Ausgangsverkehr zu und von Instanzen beinhaltet.

Jede Instanz kann einer oder mehreren Sicherheitsgruppen angehören. Jede Verfügbarkeitszone besitzt eine per Default eingerichtete Sicherheitsgruppe, die nicht gelöscht werden kann. Zu dieser werden neue Instanz automatisch hinzugefügt, falls Sie beim Launch keine andere angegeben haben. Sie können das folgendermaßen überprüfen:

```
~$ aws ec2 describe-security-groups --output text \
   --query 'SecurityGroups[*].GroupId'
sg-c9a9b7a2

~$ aws ec2 describe-instances --output text \
   --query 'Reservations[*].Instances[*].SecurityGroups[*].GroupId'
sg-c9a9b7a2
```

Diese Gruppe ist per Default so konfiguriert, dass jede ausgehende Netzwerkanfrage (Stichwort: *Egress*) freigegeben ist – und die darauf eingehenden Antworten damit auch. Für eingehende Anfragen (Stichwort: *Ingress*) ist per Default allerdings keine Freigaberegel eingerichtet. Das bedeutet, dass jede ankommende Anfrage durch die Sicherheitsgruppe blockiert wird. Aus diesem Grund erreichen Sie Ihre Instanz über das SSH-Protokoll, aber auch mit HTTP und anderen Protokollen zunächst nicht.

Um diese Instanz in dieser Verfügbarkeitszone zu erreichen, müssen Sie lediglich der Sicherheitsgruppe eine neue entsprechende Ingress-Regel hinzufügen. So legen Sie fest, dass über den SSH-Port `22` Anfragen von jeder IPv4-Internet-Adresse (in CIDR-Notation `0.0.0.0/0`) zugelassen werden:

```
~$ aws ec2 authorize-security-group-ingress \
   --group-id sg-c9a9b7a2 \
   --protocol tcp \
   --port 22 \
   --cidr 0.0.0.0/0
```

Das war's. Sie brauchen dann nichts weiter tun, weil Regeländerungen von Sicherheitsgruppen immer unmittelbar gültig werden.

Aktivierung der Änderungen

Es gibt hierbei allerdings eine kleine Falle: Zum Zeitpunkt einer Regeländerung betroffene, existierende Verbindungen werden nicht abgebrochen, sondern bleiben zunächst einmal bestehen. Das spielt eine Rolle, wenn Sie einen aktuellen sicherheitsrelevanten Vorfall haben, dem Sie mit einer Regeländerung begegnen.

Virtual Private Cloud (VPC)

Der nicht gerade triviale Hintergrund von Sicherheitsgruppen ist folgender:

Ihr virtuelles Netzwerk in EC2, die *Virtual Private Cloud*, in der sich eine neue Instanz befindet, ist per Voreinstellung so konfiguriert, dass der Internetverkehr uneingeschränkt zu dieser Instanz durchgelassen wird. Das ist wahrscheinlich so, um neue Kunden ohne Admin-Zertifikat nicht restlos zu überfordern. Es sind nämlich eine ganze Reihe von Komponenten dran beteiligt, z. B. das Default-Subnetz der aktuellen Verfügbarkeitszone, die *Route Tables* und die *Network Access Control Lists* (*NACL*). Darauf gehe ich nicht ausführlich ein – schauen Sie bei Bedarf in die ausführliche AWS-Dokumentation.

AWS-Profis konfigurieren das VPC-Setup für ein Produktivsystem aber anders, als voreingestellt ist, und lassen gar keinen uneingeschränkten Internetverkehr innerhalb des eigenen virtuellen Rechenzentrums in EC2 zu.

Es ist aber auf jeden Fall so, dass eine Instanz in EC2 grundsätzlich nicht unmittelbar am Internet hängt, auch wenn es bei durchgelassenem Verkehr zunächst diesen Eindruck macht. Aus diesem Grund macht eine Firewall auf einem Host selbst, die Sie auf einem dort laufenden Betriebssystem konfigurieren müssten (als Konzeptfilter), in EC2 gar keinen Sinn. Wenn Sie in Ihrem virtuellen Rechenzentrum in der Cloud Anfragen aus dem Internet blockieren wollen, dann schränken Sie den zugelassenen Internetverkehr innerhalb Ihres virtuellen Netzwerks ein.

In eine Instanz einloggen

Sie können die neue Instanz dann über SSH betreten und sich ein bisschen umsehen.

Sie benötigen für den Zugriff auf die Instanz ihre IP-Adresse, und zwar die öffentliche Adresse und nicht die Cloud-interne IP-Adresse (die »private« Adresse). Die öffentliche Adresse fragen Sie auf folgende Weise ab:

```
~$ aws ec2 describe-instances \
   --instance-ids i-073f80954b04e09e1 --output text \
   --query 'Reservations[*].Instances[*].PublicIpAddress'
3.122.192.62
```

Benutzen Sie den Schalter `--instance-ids` mit einer Instanz-ID, wenn Sie die Information nur von einer bestimmten Instanz geliefert bekommen wollen. EC2 vergibt standardmäßig IPv4-Adressen, IPv6-Adressen zu bekommen ist aber auch möglich.

Loggen Sie sich dann von Ihrem Arbeitsrechner aus in diese Instanz ein. Der Standard-User des Ubuntu-Servers ist `ubuntu`, der von Amazon Linux und anderen in EC2 angebotenen Distributionen ist `ec2-user`. Verwenden Sie für die Authentifizierung den privaten Teil des SSH-Schlüssels, mit dem die Instanz gelauncht wurde:

```
~$ ssh -i ~/.ssh/aws-key ubuntu@3.122.192.62
The authenticity of host '3.122.192.62 (3.122.192.62)' can't be established.
ECDSA key fingerprint is SHA256:ZimP7/XwIOpTOsknxdTJouaswl9U1CFulie6IWyG4zE.
Are you sure you want to continue connecting (yes/no)? yes
Warning: Permanently added '3.122.192.62' (ECDSA) to the list of known hosts.
```

```
Welcome to Ubuntu 24.04 LTS (GNU/Linux 6.8.0-1051-aws x86_64)
To run a command as administrator (user "root"), use "sudo <command>".
See "man sudo_root" for details.
ubuntu@ip-172-31-39-166:~$
```

EC2 generiert für jede neue Instanz gleichzeitig einen öffentlichen DNS-Namen. Den können Sie ersatzweise verwenden, um von außen auf den Server zuzugreifen. Er enthält als Unterscheidungsmerkmal zu anderen generierten DNS-Namen die Region und die korrespondierende öffentliche IPv4-Adresse. Sie können den DNS-Namen der neuen Instanz folgendermaßen abfragen:

```
~$ aws ec2 describe-instances \
   --instance-ids i-073f80954b04e09e1 \
   --output text \
   --query 'Reservations[*].Instances[*].PublicDnsName'
ec2-3-122-192-62.eu-central-1.compute.amazonaws.com
```

[»]

Hinweis

Konfigurationsmaßnahmen (wie Pakete installieren, einen Webserver aufsetzen, den Default-User weiteren Gruppen hinzufügen usw.) sollten Sie, wie in der Einleitung dieses Abschnitts bereits thematisiert wurde, nicht über SSH eingeloggt vornehmen. Setzen Sie eines der professionellen Konfigurationsmittel ein, die in diesem Buch noch ausführlich besprochen werden, um *Infrastructure-as-Code*-Prinzipien wie Automatisierung, Reproduzierbarkeit und Dokumentation zu verwirklichen. Im Bedarfsfall können Sie sich auch eine eigene Variante der zugrunde liegenden AMI anfertigen (siehe Abschnitt 5.1, »Hashicorp Packer«).

Lebenszyklus einer Instanz

Eine EC2-Instanz kann verschiedene Zustände annehmen. Sie können Zustandswechsel von der Instanz aus mit Systembefehlen auslösen, wenn Sie darin eingeloggt sind. Aber da das natürlich keine Bedingung sein kann (der SSH-Zugang ist wie gesagt auch nur optional), können Sie diese Zustandswechsel natürlich auch von außen über `ec2`-Steuerkommandos vornehmen. Folgende Zustandswechsel können Sie bei einer Instanz auslösen:

- Sie können eine Instanz mit dem Befehl `aws ec2 reboot-instances` neu starten. Sinnvollerweise benötigt dieser Subbefehl von `ec2` per Default den Schalter `--instance-ids`. Daher ist es nicht möglich, mit einem einfachen Befehl alle vorhandenen Instanzen zu rebooten. Ein Flottenreboot ist ja meistens nicht nötig, und die Gefahr, ihn aus Versehen auszulösen, ist einfach zu hoch. Bei einem Neustart bleiben die

IP-Adressen und der DNS-Name erhalten sowie auch die direkt angebundenen Volumes (dazu in Abschnitt 3.1.4 im Kasten »EC2 Instance store« mehr). Ein Reboot startet übrigens keine neue Abrechnungsperiode, was vor allem bei stundenweise abgerechneten Servern besonders zum Tragen kommt.

- Mit dem Befehl `aws ec2 stop-instances` können Sie eine Instanz anhalten. Auch dieser Subbefehl benötigt die Option `--instance-ids`. Derselbe Instanzen-Stopp tritt auch ein, wenn Sie in der Instanz `halt` oder `poweroff` triggern, entweder mit `systemctl` oder mit dem Befehl `shutdown`. Schlafen gelegte Instanzen werden nicht berechnet, allerdings läuft der Kostenzähler für angebundene EBS-Laufwerke weiter. (Zu EBS folgt im nächsten Abschnitt gleich mehr.)

  Sie können die Instanz dann mit `aws ec2 start-instances` wieder neu starten. Eine wichtige Tatsache dabei ist allerdings, dass ein neu gestarteter Server meistens eine neue öffentliche IP-Adresse und damit auch einen neuen öffentlichen DNS-Namen bekommt, der ja die IP-Adresse als Bestandteil enthält.

- Mit dem Befehl `aws ec2 terminate-instance --instance-ids` können Sie eine Instanz beenden. Terminierte Instanzen werden im System immer noch eine Weile vorgehalten, sodass Sie in der Ausgabe von `describe-instances` dann mehr Server angezeigt bekommen, als aktuell tatsächlich laufen. Die Information darüber, dass sie beendet sind, findet sich dort aber natürlich. Terminierte Instanzen können nicht wiederhergestellt werden.

  Sie können übrigens beim Launchen einer Instanz auch festgelegen, dass diese mit `poweroff` oder `halt` nicht gestoppt wird, sondern direkt terminiert. Der Schalter für `run-instances`, der das bewirkt, ist `--instance-initiated-shutdown-behavior terminate`. Damit ist eine Möglichkeit gegeben, mit der sich eine Instanz auch selbst beenden kann.

3.1.4 Elastic Block Store

Der *Amazon Elastic Block Store* (EBS) ist eine Einrichtung innerhalb von EC2, die virtuelle Blockspeicher-Laufwerke für Instanzen zur Verfügung stellt. Die Volumes aus dem EBS werden technisch über das Netzwerk im Rechenzentrum des Anbieters an Instanzen gebunden. Sie stellen sich einer Instanz aber wie normale Hardware-Festplatten dar, die mit gewöhnlichen Dateisystemen betrieben werden können. Die Bedingung dafür, dass EBS-Volumes angebunden werden können, ist, dass sich eine Instanz in derselben Verfügbarkeitszone befindet.

Zentrale Merkmale von EBS sind:

- In EBS können Sie – anders als bei Instanzen – die Parameter für ein Volume stufenlos einstellen. Das betrifft die Speichergröße, aber beim EBS-Typ *io1* auch die IOPS-Rate (Input/Output-Operationen pro Sekunde).

- Einmal erstellte Volumes können – auch nachdem sie erstellt worden sind – im Hinblick auf ihre Parameter verändert werden.
- EBS-Volumes werden im Hintergrund vom Anbieter automatisch redupliziert, um für erhöhte Ausfallsicherheit zu sorgen.
- Die vom Hersteller verwendeten physischen Laufwerke unter einem gelöschten EBS-Volume werden, bevor sie neu zugewiesen werden, Software-geschreddert (mit Nullen und Zufallswerten überschrieben), sodass ein neuer Benutzer nicht die Dateien des vorangegangenen Kunden wiederherstellen kann.
- Als weiteres Sicherheitsmerkmal bietet EBS Verschlüsselung mit AES-256 an. Dabei werden sowohl die Daten auf den virtuellen Devices als auch die übertragenen Daten verschlüsselt.

Im Folgenden geht es in den Beispielen darum, wie die virtuellen Laufwerke aus der Cloud von EBS mit Linux-Instanzen in EC2 zusammenarbeiten.

EC2 Instance store

Einige größere Instanzentypen verfügen über fest angebundene Blockspeicherdevices, die sogenannten *Instance store volumes*. (Im AWS-Jargon bedeutet »store« immer »storage«.) Das sind SSD-Laufwerke, die anders als bei EBS unmittelbar an den Server angeschlossen sind, auf dem eine EC2-Instanz mit diesem Merkmal betrieben wird. Sowohl die Größe dieser Volumes als auch ihre Anzahl variiert je nach Instanzentyp. Vor allem die Typen der Familie *Storage optimized* weisen dieses Ausstattungsmerkmal auf.

Fest angebundene Instanzenvolumes bieten exzellente Performance, ihr Lebenszyklus als Cloud-Devices ist allerdings mit der Laufzeit der angebundenen Instanz verbunden: Ein darauf angelegtes Dateisystem mit gespeicherten Daten übersteht zwar einen Reboot, aber kein Stoppen der zugehörigen Instanz mit darauffolgendem Neustart. Aus diesem Grunde gibt es für diese Laufwerksklasse nur einen engen Anwendungsrahmen für temporär benötigte Daten wie beim Caching usw.

Sie können das Wurzeldateisystem einer Instanz von einem *Instance store volume* starten lassen und dabei völlig auf den Einsatz eines EBS-Laufwerks verzichten. Die eingesetzte AMI muss allerdings dafür vorgesehen sein, sodass Sie vorher geeignete Varianten Ihrer üblicherweise eingesetzten Maschinenimages recherchieren müssen.

Standard-Volume

Wenn Sie beim Launch einer neuen Instanz nichts Besonderes angeben, dann wird per Default ein neues EBS-Volume mit 8 GB Speicherkapazität (bei Windows-AMIs 30 GB) erzeugt und angebunden. Der standardmäßig verwendete EBS-Typ ist `General Purpose SSD` (gp2). Der Datendurchsatz von so einem Device liegt nach meinen Messungen bei ungefähr 90 MB/s.

EBS-Volumes sind grundsätzlich selbstständige Einheiten. Aus diesem Grund finden Sie in der Ausgabe von describe-instances keine bestimmten Daten über das angebundene Volume, sondern hauptsächlich nur die Volume-ID:

```
~$ aws ec2 describe-instances \
  --instance-ids i-073f80954b04e09e1 \
  --query 'Reservations[*].Instances[*].BlockDeviceMappings'
[
    {
        "DeviceName": "/dev/sda1",
        "Ebs": {
            "AttachTime": "2024-12-07T17:33:06.000Z",
            "DeleteOnTermination": true,
            "Status": "attached",
            "VolumeId": "vol-02fc77468b03bd964"
        }
    }
]
```

Die ID können Sie benutzen, um sich mit describe-volumes die ausführlichen Daten dieses EBS-Volumes ausgeben zu lassen:

```
~$ aws ec2 describe-volumes --volume-ids vol-02fc77468b03bd964
{
    "Volumes": [
        {
            "Attachments": [
                {
                    "AttachTime": "2024-12-07T17:33:06.000Z",
                    "Device": "/dev/sda1",
                    "InstanceId": "i-073f80954b04e09e1",
                    "State": "attached",
                    "VolumeId": "vol-02fc77468b03bd964",
                    "DeleteOnTermination": true
                }
            ],
            "AvailabilityZone": "eu-central-1b",
            "CreateTime": "2024-12-07T17:33:06.549Z",
            "Encrypted": false,
            "Size": 8,
            "SnapshotId": "snap-0cbf006a93852fd22",
            "State": "in-use",
            "VolumeId": "vol-02fc77468b03bd964",
            "Iops": 100,
```

```
            "VolumeType": "gp2"
        }
    ]
}
```

Die Verfügbarkeitszone ist als Grundvoraussetzung für die Anbindung natürlich dieselbe, in der sich auch die verknüpfte Instanz befindet. Unter `Attachments` finden Sie hier noch einmal die Daten der aktuellen Anbindung an die Instanz.

Unter den Einstellungen sehen Sie auch, dass der Schalter `DeleteOnTermination` auf `true` eingestellt ist. Das bewirkt, dass dieses EBS-Volume auch wieder automatisch mitgelöscht wird, wenn die angebundene Instanz terminiert. Ein zusammen mit einer neuen EC2-Instanz generiertes EBS-Laufwerk können Sie aber auch mit einem anderen Termination-Verhalten und mit anderen Werten als denen in den Default-Einstellungen erzeugen (siehe den Abschnitt »Eigene Launchparameter«, der gleich folgt).

Wenn Sie sich auf dieser Instanz per SSH einloggen, dann können Sie das angebundene Wurzellaufwerk genauer untersuchen. Hier fällt auf, dass die Gerätedatei */dev/xvda1* heißt und nicht */dev/sda1*, wie es in der Ausgabe von `describe-volumes` unter Attachment angegeben wird:

```
ubuntu@ip-172-31-39-166:~$ mount | grep ^/dev
/dev/xvda1 on / type ext4 (rw,relatime,discard,errors=remount-ro,commit=30)
```

Der Grund dafür ist, dass der Linux-Kernel dieses Device über den `xvd`-Treiber für virtuelle Laufwerke aus dem Xen-Hypervisor ansteuert. Das ist typisch für eine Instanz vom Virtualisierungstyp `hvm`. Es ist aber kein Problem, und das Laufwerk verhält sich genauso, wie sich ein Wurzellaufwerk mit der Gerätedatei */dev/sda* auf Instanzen vom Typ `pvm` verhalten würde.

Das von AWS verwendete Dateisystem ist das (derzeit noch aktuelle) Linux-Standarddateisystem *ext4*. Das 8-GB-Laufwerk ist mit der Ubuntu-Basisinstallation zu 24 % belegt:

```
ubuntu@ip-172-31-39-166:~$ df -m /dev/root
Filesystem     1M-blocks  Used Available Use% Mounted on
/dev/root           6870  1600      5254  24% /
```

EBS-Volume erzeugen

Sie können natürlich ohne Probleme ein weiteres, zunächst einmal von einer Instanz unabhängiges EBS-Volume erzeugen. Der dafür benötigte Befehl braucht lediglich die gewünschte Verfügbarkeitszone und die Größe. Als EBS-Typ wird dann standardmäßig wieder `gp2` mit dem fest eingestellten IOPS-Level von 100 ausgewählt:

```
~$ aws ec2 create-volume \
   --availability-zone eu-central-1b \
   --size 8
{
    "AvailabilityZone": "eu-central-1b",
    "CreateTime": "2024-12-08T23:17:10.000Z",
    "Encrypted": false,
    "Size": 8,
    "SnapshotId": "",
    "State": "creating",
    "VolumeId": "vol-0e998b50b4a368fa6",
    "Iops": 100,
    "Tags": [],
    "VolumeType": "gp2"
}
```

Haben Sie bei der Verfügbarkeitszone direkt auch immer die Instanz im Blick, an die Sie das neue Volume hinterher anhängen wollen: Ein EBS-Volume mit einer Instanz in einer anderen Verfügbarkeitszone zu verbinden, funktioniert nicht. Und wo wir gerade dabei sind: Die zwar virtuelle, aber konforme PC-Festplatte gleichzeitig an mehrere Instanzen anzubinden, geht natürlich auch nicht.

Verbinden Sie das neue Volume dann einfach als weiteres Laufwerk mit der bereits bestehenden Instanz. Mit folgendem Befehl lässt sich das bewerkstelligen:

```
~$ aws ec2 attach-volume \
   --volume-id vol-0e998b50b4a368fa6 \
   --instance-id i-073f80954b04e09e1 \
   --device /dev/sdd
{
    "AttachTime": "2024-12-08T23:30:11.703Z",
    "Device": "/dev/sdd",
    "InstanceId": "i-073f80954b04e09e1",
    "State": "attaching",
    "VolumeId": "vol-0e998b50b4a368fa6"
}
```

Loggen Sie sich dann auf die Instanz ein. Sie sehen nun, dass die neu angebundene virtuelle Festplatte unter den anderen angebundenen Blockdevices aufgetaucht ist:

```
ubuntu@ip-172-31-39-166:~$ lsblk
NAME     MAJ:MIN RM  SIZE RO TYPE MOUNTPOINT
loop0      7:0    0 55.7M  1 loop /snap/core18/2812
loop1      7:1    0 25.2M  1 loop /snap/amazon-ssm-agent/7983
```

```
loop2       7:2    0 38.7M  1 loop /snap/snapd/21465
xvda      202:0    0    8G  0 disk
??xvda1   202:1    0    7G  0 part /
??xvda14  202:14   0    4M  0 part
??xvda15  202:15   0  106M  0 part /boot/efi
??xvda16  259:0    0  913M  0 part /boot
xvdd      202:48   0    8G  0 disk
```

Gut zu wissen

EC2 akzeptiert das neue Volume nicht als */dev/sdb* (der Befehl `attach-volume` gibt dann eine Fehlermeldung aus), sondern erst als */dev/sdd*. Das erscheint im vollvirtualisierten System dann wieder als */dev/xvdd*. Die beiden darunter liegenden freien Schächte für Laufwerke (*/dev/sdb* und */dev/sdc*) sind für eventuelle Instanzenlaufwerke reserviert.

Gehen Sie dann weiter vor, wie Sie auch bei einem physischen PC mit neuer unformatierter Festplatte vorgehen würden. Das Laufwerk wird zunächst partitioniert (das kann bei reinen Datenlaufwerken mit 100 % Belegung auch wegfallen) und dann formatiert.

Setzen Sie folgende Befehle ab, um das neue Device zu partitionieren:

```
ubuntu@ip-172-31-39-166:~$ sudo parted /dev/xvdd mklabel msdos
```

```
ubuntu@ip-172-31-39-166:~$ sudo parted /dev/xvdd mkpart primary 0% 100%
```

Der Partitionierer `parted` ist auf anderen Linux-Systemen eventuell nicht Bestandteil des Basissystems, sodass Sie das Tool gegebenenfalls nachinstallieren müssen.

Lassen Sie sich von der Meldung `Information: You may need to update /etc/fstab.` nicht irritieren. Der Befehl wurde trotzdem erfolgreich durchgeführt.

Formatieren Sie dann das partitionierte Laufwerk. Sie können auch für das Datenlaufwerk ext4 als physikalisches Dateisystem verwenden. Die anderen von Linux unterstützten Dateisysteme (BtrFS, XFS, ZFS u. a.) stehen hier je nach AMI aber grundsätzlich auch zur Verfügung. Es gibt erste Linux-Distributionen, die ZFS als Default-Dateisystem einsetzen. Die Wahl des Dateisystems richtet sich aber vor allem nach dem konkreten Anwendungsfall und will gut überlegt sein. ext4 ist ein guter Allrounder; ob die Vor- und Nachteile der anderen Dateisysteme für Sie relevant sind, müssen Sie prüfen.

Mit ext4 formatieren Sie das Laufwerk wie folgt:

```
ubuntu@ip-172-31-39-166:~$ sudo mkfs.ext4 -m 0 /dev/xvdd1
mke2fs 1.44.1 (24-Mar-2018)
Creating filesystem with 2096896 4k blocks and 524288 inodes
Filesystem UUID: 19064b4a-bdb0-493f-b76b-82d21335d1f6
Superblock backups stored on blocks:
    32768, 98304, 163840, 229376, 294912, 819200, 884736, 1605632
Allocating group tables: done
Writing inode tables: done
Creating journal (16384 blocks): done
Writing superblocks and filesystem accounting information: done
```

Reservierte Blöcke bei ext4

Ein Tipp für `mkfs.ext4`: Der Schalter `-m 0` reduziert den prozentualen Anteil der ausschließlich für den Root-User des Linux-Systems reservierten Blöcke auf 0 %. Das ist ein Sicherheitsmechanismus, der immer noch ein bisschen Platz für vom System generierte Dateien zurückhält, wie zum Beispiel für Systemlogs. Beim Wurzel-Dateisystem bietet es sich an, es beim Default von 5 % zu belassen, aber bei zusätzlichen Datenlaufwerken ist das nicht unbedingt notwendig. Das bringt also mehr freien Festplattenplatz.

Sie können die Festplatte dann mounten:

```
ubuntu@ip-172-31-39-166:~$ sudo mount /dev/xvdd1 /mnt

ubuntu@ip-172-31-39-166:~$ df -m /dev/root /dev/xvdd1
Filesystem     1M-blocks  Used Available Use% Mounted on
/dev/root           6870  1600      5254  24% /
/dev/xvdd1          7963     1      7947   1% /mnt
```

Sie sollten so etwas ja eigentlich händisch gar nicht machen, aber fügen Sie doch gerade mal experimentell das neue Laufwerk auch noch in der Verwaltungsdatei */etc/fstab/* hinzu. Es wird dann auf dieser Instanz nach einem Reboot automatisch wieder eingebunden.

Das Wurzellaufwerk */dev/xvda1* wird in der Mount-Tabelle mithilfe seines Labels designiert. Sie können für das neue Device (für das noch kein Label eingestellt worden ist) aber auch einfach die Gerätedatei verwenden. Kopieren Sie einfach die relevante Zeile aus */etc/mtab* herüber:

```
ubuntu@ip-172-31-39-166:~$ grep ^/dev/xvdd /etc/mtab
/dev/xvdd1 /mnt ext4 rw,relatime 0 0

ubuntu@ip-172-31-39-166:~$ grep ^/dev/xvdd /etc/mtab | sudo tee -a /etc/fstab
```

```
ubuntu@ip-172-31-39-166:~$ cat /etc/fstab
LABEL=cloudimg-rootfs  /          ext4  discard,commit=30,errors=remount-ro  0 1
LABEL=BOOT             /boot      ext4  defaults                             0 2
LABEL=UEFI             /boot/efi   vfat    umask=0077                        0 1
/dev/xvdd1             /mnt       ext4  rw,relatime                          0 0
```

[!]

Anhängen, nicht überschreiben!

Vergessen Sie bei tee nicht den Schalter -a (--append), wenn Sie damit eine Zeile hinzufügen wollen! Der in einer Zieldatei bereits vorhandene Text wird sonst überschrieben. Im konkreten Fall kommt die Instanz beim nächsten Reboot dann nicht mehr hoch und bleibt während des Bootvorgangs hängen.

Parameter verändern

Es gibt einen aws-Befehl, mit dem Sie die Parameter eines existierenden und auch angebundenen EBS-Volumes verändern können. Sie können damit zum Beispiel die Größe des Volumes auf 120 GB erhöhen. Sie können auch den EBS-Typ auf io1 (*Provisioned IOPS SSD*) umstellen und dann den IOPS-Wert auf 3000 hochfahren. Das geht aber nur bei diesem Typ. Die höheren Leistungsmerkmale ziehen natürlich höhere Mietkosten nach sich.

Mit folgendem Befehl erreichen Sie diese Modifikationen:

```
~$ aws ec2 modify-volume \
   --volume-id vol-0e998b50b4a368fa6 \
   --size 120 \
   --volume-type io1 \
   --iops 3000
{
    "VolumeModification": {
        "VolumeId": "vol-0e998b50b4a368fa6",
        "ModificationState": "modifying",
        "TargetSize": 120,
        "TargetIops": 3000,
        "TargetVolumeType": "io1",
        "OriginalSize": 8,
        "OriginalIops": 100,
        "OriginalVolumeType": "gp2",
        "Progress": 0,
        "StartTime": "2024-12-09T00:33:15.000Z"
    }
}
```

Laufwerk verkleinern

Die Dateisystemgröße anzupassen geht mit gerechtfertigtem Aufwand und ohne Risiko von Datenverlust nur, wenn das darunterliegende Medium vergrößert worden ist. Und auch nicht alle Dateisysteme unterstützten die Verkleinerung. Aus diesem Grund verweigert AWS bei EC2 alle Befehle, die ein EBS-Volume verkleinern.

Loggen Sie sich dann wieder per SSH auf die Instanz ein, an der dieses Volume in EC2 angebunden ist. Sie stellen dort nach der Änderung zunächst einmal fest, dass sich zwar die Größe des Laufwerks verändert hat, die Größe der Partition und des Dateisystems auf ihr aber wie gesagt erst einmal nicht:

```
ubuntu@ip-172-31-39-166:~$ lsblk /dev/xvdd
NAME     MAJ:MIN RM  SIZE RO TYPE MOUNTPOINT
xvdd     202:48   0  120G  0 disk
??xvdd1  202:49   0    8G  0 part
```

Benutzen Sie dann `growpart` oder eine Alternative, um die Partition an die Größe des darunterliegenden Mediums anzupassen:

```
ubuntu@ip-172-31-39-166:~$ sudo growpart /dev/xvdd 1
CHANGED: partition=1 start=2048 old: size=16775168 end=16777215 new: size=
251656159 end=251658206
```

Der Linux-Befehl, um ein ext4-Dateisystem automatisch an eine vergrößerte darunterliegende Partition anzupassen, heißt `resize2fs`. Wenden Sie diesen Befehl einfach ohne irgendwelche Optionen an:

```
ubuntu@ip-172-31-39-166:~$ sudo resize2fs /dev/xvdd1
resize2fs 1.44.1 (24-Mar-2018)
Filesystem at /dev/xvdd1 is mounted on /mnt; on-line resizing required
old_desc_blocks = 1, new_desc_blocks = 15
The filesystem on /dev/xvdd1 is now 31457019 (4k) blocks long.
```

Et voilà, nun haben Sie Ihre Cloud-Festplatte vergrößert:

```
ubuntu@ip-172-31-39-166:~$ df -m /dev/xvdd1
Filesystem     1M-blocks  Used Available Use% Mounted on
/dev/xvdd1        120828     1    120812   1% /mnt
```

Das Device muss für diese Operation nicht einmal ausgehängt werden, und die ganze Operation funktioniert genauso auch für das Wurzellaufwerk.

Das Vergrößern eines EBS-Volumes ist also eine Sache, die ein paar Handgriffe an dem angehängten Device erfordert. Ein konkreter Anwendungsfall wäre zum Beispiel ein vollgelaufenes Datenlaufwerk. Das Vergrößern benötigt zumindest eine kleine Maintenance-Instanz, an die das Volume angehängt wird, um die Operation abzuschließen. Dort können Befehle für das Device abgesetzt werden, um die notwendigen Anpassungen vorzunehmen. Dann kann das Device auch wieder verwendet werden. Die gesamte Prozedur ließe sich aber durchaus auch automatisieren.

In Tabelle 3.1 sind die verschiedenen Operationen und Befehle zusammengefasst.

Ebene	Operationen	Befehle	Zeichen

EBS-Volume	erzeugen
	anhängen
	abhängen
		`aws ec2 create-volume`
		`aws ec2 attach-volume`
		`aws ec2 detach-volume`
			Volume-ID

Blockdevice	taucht auf	`lsblk`	*/dev/sda* */dev/xvdd*
Partition	anlegen	`parted /dev/xvdd` `blkid`	*/dev/sda1* */dev/xvdd1* */dev/xvdd2*

Dateisystem	formatieren
	einhängen
	aushängen
		`mkfs.ext4 /dev/xvdd1`
		`mount /dev/xvdd1 /mnt`
		`umount /mnt`
			/
			/mnt

Tabelle 3.1 Technische Ebenen beim Umgang mit EBS-Volumes

Die Möglichkeit, ein EBS-Volume zu verändern, ist auf »einmal alle sechs Stunden« beschränkt:

```
~$ aws ec2 modify-volume \
   --volume-id vol-0e998b50b4a368fa6 \
   --iops 4000
An error occurred (VolumeModificationRateExceeded) when calling the Modify-
Volume operation: You've reached the maximum modification rate per volume
limit. Wait at least 6 hours between modifications per EBS volume.
```

Die Leistungsmerkmale eines existierenden EBS-Volumes können Sie also nicht laufend an den aktuellen Bedarf anpassen, um Kosten zu sparen.

EBS-Volume abhängen und löschen

Wenn Sie ein EBS-Volume löschen wollen, dann müssen Sie es zunächst detachen, wenn es aktuell an eine Instanz angebunden ist. Sie können es also nicht einfach herausreißen:

```
~$ aws ec2 delete-volume --volume-id vol-0e998b50b4a368fa6
An error occurred (VolumeInUse) when calling the DeleteVolume operation:
Volume vol-0e998b50b4a368fa6 is currently attached to i-073f80954b04e09e1
```

Mit folgendem Befehl hängen Sie das Volume von der aktuell verbundenen Instanz ab:

```
~$ aws ec2 detach-volume --volume-id vol-046fb666bde1c3344
{
    "AttachTime": "2024-12-09T02:30:01.000Z",
    "Device": "/dev/sdd",
    "InstanceId": "vol-0e998b50b4a368fa6",
    "State": "detaching",
    "VolumeId": "vol-0e998b50b4a368fa6"
}
```

EC2 wartet mit dem konkreten Abhängen übrigens so lange, bis das Device auf dieser Instanz mit `umount` ordentlich ausgehängt wird. Diese Operation erzeugt also keinen Datenverlust und lässt kein unsauberes Dateisystem zurück.

Eigene Launchparameter

Der Schalter für `ec2 run-instances`, mit dem Sie eigene Parameter dem für die neue Instanz erzeugten EBS-Volume mitgeben können, heißt `--block-device-mappings`. Diese Option verarbeitet ein JSON-Objekt mit Parametern. Dessen vollständige Struktur können Sie ganz oben in der Ausgabe von `aws ec2 run-instances --generate-cli-skeleton` unter dem Schlüssel `BlockDeviceMappings` finden.

Die Hilfeseite von `run-instances` führt dieselbe Struktur inklusive der in ihr möglichen Datenfelder auf:

```
{
      "DeviceName": "string",
      "VirtualName": "string",
      "Ebs": {
        "DeleteOnTermination": true|false,
        "Iops": integer,
        "SnapshotId": "string",
        "VolumeSize": integer,
        "VolumeType": "standard"|"io1"|"gp2"|"sc1"|"st1",
        "Encrypted": true|false,
        "KmsKeyId": "string"
      },
      "NoDevice": "string"
}
```

Sie können zum Beispiel folgenden Befehl absetzen, um mit einer neuen Instanz ein EBS-Wurzellaufwerk mit 120 MB Speicher zu bekommen, das beim Terminieren der Instanz nicht automatisch mitgelöscht wird:

```
~$ aws ec2 run-instances \
   --image-id ami-01e444924a2233b07 \
   --instance-type t2.micro \
   --key-name myawskey \
   --block-device-mappings \
'DeviceName="/dev/sda1",Ebs={DeleteOnTermination=false,VolumeSize=120}'
```

Das ist zugegebenermaßen nicht besonders tippfreundlich, aber so funktioniert es auf jeden Fall auf der Kommandozeile und lässt sich daher problemlos automatisieren. Die Webkonsole bietet Ihnen entsprechende Klickfelder an.

Simple Storage Service (S3)

Der *Amazon Simple Storage Service* ist ein Objektspeicherdienst in AWS. Er nimmt beliebige Dateien auf, die vom Anwender in einer Art logischem Dateisystem in Ordnern (den sogenannten *Buckets*) abgelegt werden können. In S3 können Dateien nicht verändert, sondern nur überschrieben werden. Deshalb eignet sich der Service für Daten, die entweder gar nicht oder nicht oft geändert werden, also etwa für Logdateien, statische Inhalte von Webseiten usw.

S3 lässt sich auch mit günstigen Preisen für beträchtliche Mengen an Daten einsetzen. Der Service hat praktische Features, zum Beispiel eine Funktion, um statische Webseiten in ihm hosten zu können. S3 ist nicht an Regionen gebunden, sondern global in AWS verfügbar. Aus diesem Grunde wird S3 gerne für den Transfer von Daten zwischen Regionen verwendet.

Wenn Sie von einer EC2-Instanz aus S3 als nichtflüchtigen Speicher für Geschäfts- oder Systemdaten verwenden möchten, dann muss diese Instanz mit einer Rolle ausgestattet werden, die ihr den Zugriff auf S3 ermöglicht. Eine solche Rolle mit der benötigten Richtlinie (`AmazonS3FullAccess`) erstellen Sie mit folgenden Kommandos:

```
~$ aws iam create-role --role-name use-s3 \
   --assume-role-policy-document '{
  "Version": "2012-10-17",
  "Statement": [ {
    "Effect": "Allow",
    "Principal": { "Service": "ec2.amazonaws.com" },
    "Action": "sts:AssumeRole"
    } ]
}'

~$ aws iam attach-role-policy --role-name use-s3 \
   --policy-arn arn:aws:iam::aws:policy/AmazonS3FullAccess
```

Sie können eine Rolle nicht unmittelbar mit Instanzen verknüpfen, sondern müssen den Umweg über ein sogenanntes Instanzenprofil gehen. Erzeugen Sie zunächst ein neues Profil, und fügen Sie ihm dann die Rolle hinzu:

```
~$ aws iam create-instance-profile \
   --instance-profile-name myprofile

~$ aws iam add-role-to-instance-profile \
   --instance-profile-name myprofile --role-name use-s3
```

Weisen Sie dieses Profil dann einer bestimmten Instanz zu. Sie haben nun von dieser Instanz aus Zugriff auf AWS S3, ohne Credentials auf der Instanz einspielen zu müssen:

```
~$ aws ec2 associate-iam-instance-profile \
   --instance-id i-0013b6fdef66aa7dc \
   --iam-instance-profile Name=myprofile

~$ ssh -i ~/.ssh/aws-key ec2-user@18.185.126.119

[ec2-user@ip-172-31-46-112 ~]$ aws s3 ls
2024-12-12 20:52:29 cf-templates-dzyt1vdbe1zl-eu-central-1
```

Als Beispiel befindet sich hier bereits ein Bucket, der bei anderer Gelegenheit automatisch angelegt worden ist. Mit `aws ec2 run-instances --iam-instance-profile Name=myprofile` können Sie ein Instanzenprofil direkt beim Launch einer neuen virtuellen Maschine mitgeben.

3.1.5 Amazon CloudWatch

Amazon CloudWatch (*https://aws.amazon.com/de/cloudwatch*, siehe Abbildung 3.5) ist der Monitoring-Service von AWS. Das Monitoring ist eine der Domänen von Open Source, und es gibt viele sehr gediegene Lösungen, die Sie ohne Lizenzkosten einsetzen können. Der Funktionsumfang von CloudWatch kann es mit Sicherheit nicht mit dem des Platzhirschs *Nagios* (*https://www.nagios.org/*) aufnehmen. Eine andere freie Monitoring-Lösung, die sich gut für das Cloud-Computing eignet, ist *Prometheus*. Diese Software wird in Kapitel 8 noch ausführlich besprochen.

Warum also hier ein Abschnitt über CloudWatch? Weil sich CloudWatch natürlich hervorragend in AWS integriert ist! Der Service arbeitet zum Beispiel mit dem *Simple Notification Service* (SNS) zusammen, ohne dass Sie das irgendwie vorher konfigurieren müssten. Die Anbindung an EC2 ist nahtlos, und die Überwachung von Instanzen und EBS-Laufwerken mit CloudWatch ist per Default bereits eingerichtet.

Darüber hinaus sind CloudWatch-Alarme der unmittelbarste Weg, um Events für das Autoscaling auszulösen. Autoscaling in EC2 wird in Abschnitt 3.1.6 unser Thema sein, und CloudWatch eignet sich besonders gut, um die Grundlagen des Autoscalings im vertretbaren Rahmen mit einem rudimentären Anwendungsbeispiel vorzustellen.

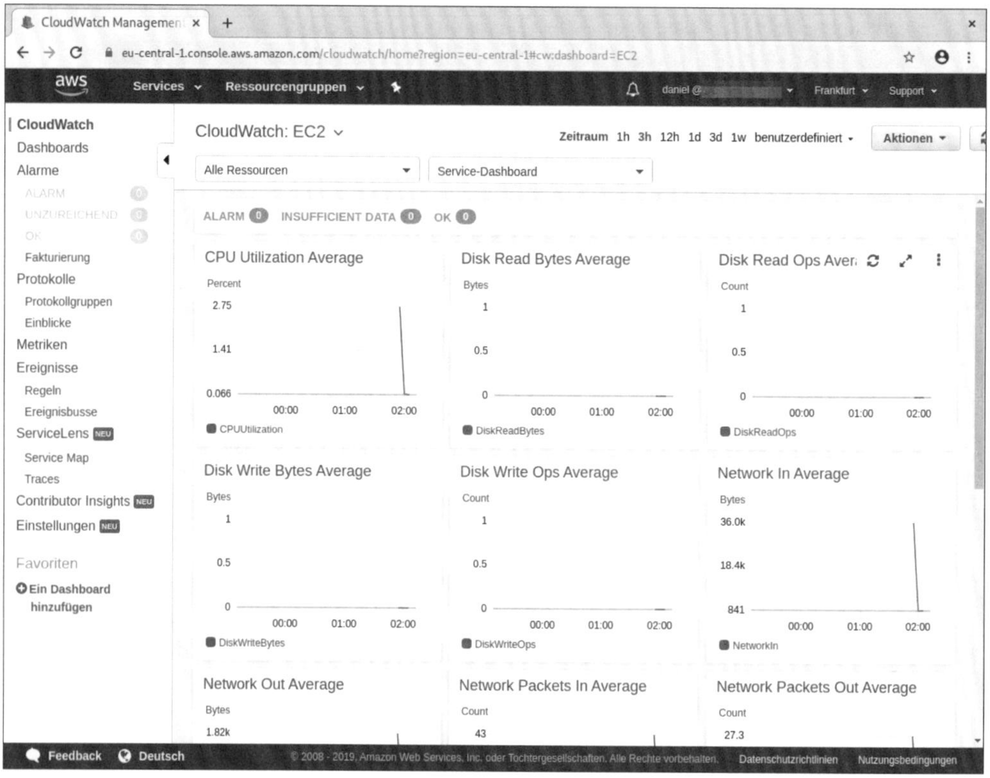

Abbildung 3.5 Das Dashboard von CloudWatch

Detailed monitoring

Die Überwachung von EC2-Instanzen findet bei CloudWatch per Voreinstellung als *Basic monitoring* im 5-Minuten-Intervall statt. Darüber hinaus wird für einen Aufpreis auch eine bessere Überwachung im 1-Minuten-Rhythmus angeboten, das sogenannte *Detailed monitoring*.

Diese bessere Stufe ist in EC2 generell mit `monitoring` gemeint, wenn Sie zum Beispiel dessen Status in Bezug auf eine bestimmte Instanz abfragen:

```
~$ aws ec2 describe-instances \
   --output text \
   --instance-ids i-06adbb89163554f52 \
   --query 'Reservations[*].Instances[*].Monitoring.State'
Disabled
```

Der Schalter, mit dem Sie das Monitoring beziehungsweise das detailliertere Monitoring beim Launch einer Instanz mit `run-instances` aktivieren können, ist `--monitoring Enabled=true`.

Für eine bereits laufende Instanz aktivieren Sie es mit dem Befehl `aws ec2 monitor-instances`. Um dieses Beispiel ohne minutenlange Reaktionszeiten des Systems gut nachvollziehen zu können, sollten Sie es auf jeden Fall aktivieren:

```
~$ aws ec2 monitor-instances --instance-ids i-06adbb89163554f52
{
    "InstanceMonitorings": [
        {
            "InstanceId": "i-06adbb89163554f52",
            "Monitoring": {
                "State": "pending"
            }
        }
    ]
}
```

Warten Sie einen Augenblick, dann findet das Monitoring von CloudWatch in kürzeren Überprüfungsintervallen statt:

```
~$ aws ec2 describe-instances \
   --output text \
   --instance-ids i-06adbb89163554f52 \
   --query 'Reservations[*].Instances[*].Monitoring.State'
Enabled
```

Metriken

Ein Schlüssel für das Monitoring ist natürlich, welche *Metriken*, also welche Überwachungsparameter bei einem Monitoring-System überhaupt zur Verfügung stehen. Alle von CloudWatch in EC2, also auch von EBS-Volumes abgefragten Metriken können Sie sich mit dem Befehl `aws cloudwatch list-metrics --namespace AWS/EC2` ausgeben lassen. Sie bekommen daraufhin allerdings ein seitenlanges JSON-Dokument zurückgegeben, das nicht mehr durch Scrollen bewältigt werden kann. Dessen Verwendbarkeit ohne maschinengesteuerte Auswertung geht praktisch gegen null.

Viel sinnvoller ist es, wenn Sie sich ausgeben lassen, welche Metriken konkret für ein ganz bestimmtes Objekt in EC2, z. B. für eine laufende Instanz, zur Verfügung stehen. Die anhand der verfügbaren Metriken eingesammelten Daten sind mit sogenannten Dimensionen versehen (wie das übrigens auch bei Prometheus der Fall ist). Zu ihnen gehört auch die ID derjenigen EC2-Instanz, von der ein konkreter Wert stammt. Diese

Dimension können Sie einsetzen, um sich eine Liste von für eine bestimmte Instanz angewendeten Metriken ausgeben zu lassen:

```
~$ aws cloudwatch list-metrics \
   --namespace AWS/EC2 \
   --dimensions 'Name=InstanceId,Value=i-06adbb89163554f52' \
   --query 'Metrics[*].MetricName'
[
    "NetworkPacketsIn",
    "NetworkPacketsOut",
    "CPUUtilization",
    "MetadataNoToken",
    "NetworkIn",
    "NetworkOut",
    "DiskReadBytes",
    "DiskWriteBytes",
    "DiskReadOps",
    "DiskWriteOps",
    "CPUCreditUsage",
    "CPUCreditBalance",
    "CPUSurplusCreditBalance",
    "CPUSurplusCreditsCharged",
    "StatusCheckFailed_Instance",
    "StatusCheckFailed",
    "StatusCheckFailed_System"
]
```

Es ist nur eine geringe Anzahl von Metriken, die in EC2 in Bezug auf Instanzen von außen erhoben werden. Dazu gehören hier die `CPUCredit`-Metriken, die mit dem Leistungskonto der T2-Instanz zu tun haben. Sie können Sie Anzahl der Metriken erhöhen, indem Sie einen speziellen Agenten auf Instanzen installieren (Stichwort: *Instrumentierung*). Dieser kann CloudWatch dann auch weitere Daten aus dem Inneren der Instanz liefern. Wie der Agent zu installieren ist, das ist allerdings eine der unausgereiftesten Sachen, die ich bisher gesehen habe.

Die Metrik, die im weiteren Verlauf des Beispiels zur Anwendung kommen wird, ist hier aber schon dabei. Es handelt sich um `CPUUtilization`, die CPU-Auslastung einer Instanz.

Werte abfragen

Sie können die von CloudWatch erhobenen Metriken mit `aws` abfragen, und zwar mit `cloudwatch get-metric-statistics`. Die Rückgabe von diesem Befehl können Sie über Zeitstempel eingrenzen, die `aws` im Format ISO 8101 erwartet. Wenn Sie also die CPU-

Auslastung einer bestimmten EC2-Instanz in einem bestimmten Zeitraum abfragen möchten, dann erreichen Sie das mit folgendem Konstrukt:

```
~$ aws cloudwatch get-metric-statistics \
   --metric-name CPUUtilization \
   --namespace AWS/EC2 \
   --start-time 2024-12-10T02:25:00 \
   --end-time 2024-12-10T02:29:00 \
   --period 60 \
   --statistics Average \
   --dimensions Name=InstanceId,Value=i-06adbb89163554f52
{
    "Label": "CPUUtilization",
    "Datapoints": [
        {
            "Timestamp": "2024-12-10T02:25",
            "Average": 0.0,
            "Unit": "Percent"
        },
        {
            "Timestamp": "2024-12-10T02:28",
            "Average": 0.0,
            "Unit": "Percent"
        },
        {
            "Timestamp": "2024-12-10T02:27",
            "Average": 0.0,
            "Unit": "Percent"
        },
        {
            "Timestamp": "2019-12-10T02:26",
            "Average": 0.0,
            "Unit": "Percent"
        }
    ]
}
```

Sie können an der Ausgabe schön sehen, dass das *Detailed monitoring* mit dem Intervall von einer Minute aktiv ist. Sie sehen an den Werten von 0,0 % auch, dass der Server gerade nicht beschäftigt ist (abgefragt um 2:29 Uhr). Eine weitere Sache ist, dass die Rückgabe von `get-metric-statistics` die ausgegebenen Datenfelder nicht sortiert: Das ist reiner *Data Dump*.

Sie sehen, dass die Befehle länger werden, je tiefer Sie in AWS eindringen. Mit `period` stellen Sie bei diesem Subbefehl in Sekunden die Ausgabegranularität innerhalb der angegebenen Zeitperiode ein. Beim Wert von `180` (3 Minuten) werden Ihnen zwei dieser Datensätze ausgeworfen, nämlich der von 2:25 und der von 2:28 Uhr.

Cloudwatch und UTC

Beachten Sie, dass CloudWatch die Daten in UTC (*Universal Coordinated Time*, vormals »Greenwich Time«) abspeichert. Es gibt also von Deutschland aus zur Winterzeit eine Verschiebung von –1 Stunde und von der Sommerzeit von –2.

Eine Bemerkung am Rande

Mir fällt gerade auf, dass Sie an den Zeitstempeln in den Beispielen in diesem Buch wunderschön seine Entstehung nachvollziehen können. Dazu natürlich kein weiterer Kommentar.

Gehen Sie doch einfach mal per SSH auf diese Instanz, und setzen Sie sie unter Volllast. Sie können das zum Beispiel mit dem Befehl `sha1sum /dev/zero &` erreichen. Wenn Sie es später wieder stoppen möchten, dann setzen Sie `killall sha1sum` ab.

Sie können den Anstieg der CPU-Auslastung auf dieser virtuellen Maschine anschließend wunderschön in den Daten aus CloudWatch nachvollziehen:

```
~$ aws cloudwatch get-metric-statistics \
   --metric-name CPUUtilization \
   --namespace AWS/EC2 \
   --start-time 2024-05-31T12:15:00 \
   --end-time 2024-05-31T12:30:00 \
   --period 60 \
   --statistics Average \
   --dimensions Name=InstanceId,Value=i-06adbb89163554f52
{
    "Label": "CPUUtilization",
    "Datapoints": [
        {
            "Timestamp": "2024-05-31T10:16:00+00:00",
            "Average": 0.3087301587301594,
            "Unit": "Percent"
        },
        {
            "Timestamp": "2024-05-31T10:21:00+00:00",
            "Average": 0.1973903685768084,
            "Unit": "Percent"
```

```
        },
        {
            "Timestamp": "2024-05-31T10:26:00+00:00",
            "Average": 0.4333518569973152,
            "Unit": "Percent"
        }
    ]
}
```


SNS-Notifikation einrichten

Im nächsten Abschnitt wird es darum gehen, in CloudWatch einen Alarm einzurichten. Dieser benötigt aber irgendetwas, das ihn auslösen soll. Ein ganz praktisches Feature ist, dass Sie sich vom System automatisch benachrichtigen lassen können, falls irgendwelche bestimmten Zustände in Ihrer Cloud-Infrastruktur eintreten. Der in AWS dafür zur Verfügung stehende Service ist SNS (*Simple Notification Service*).

Damit der Benachrichtigungsservice Sie verständigen kann, müssen Sie zuerst ein SNS-Thema einrichten. An dieses wird dann in einem weiteren Schritt ein oder mehrere konkrete Notifikationskanäle angebunden, z. B. die Benachrichtigung per E-Mail. Ein neues SNS-Thema richten Sie mit folgendem Befehl ein. Den Namen können Sie beliebig festlegen. Als Rückgabe erhalten Sie dann einen ARN (*Amazon Resource Name*), der auf dieses Thema als AWS-internes Objekt eindeutig verweist:

```
~$ aws sns create-topic --name ServerBurnsDown
{
    "TopicArn": "arn:aws:sns:eu-central-1:130587313947:ServerBurnsDown"
}
```

Einen Benachrichtigungskanal richten Sie sich dann mit dem Subbefehl `subscribe` von `aws sns` ein. Eine der von SNS dafür angebotenen Methoden ist die Benachrichtigung per E-Mail. Verlangt wird dabei der ARN des SNS-Themas, das Sie auf diese Weise bestellen:

```
~$ aws sns subscribe \
    --topic-arn arn:aws:sns:eu-central-1:130587313947:ServerBurnsDown \
    --protocol email \
    --notification-endpoint daniel@danielstender.com
{
    "SubscriptionArn": "pending confirmation"
}
```

Sie erhalten dann zunächst eine E-Mail, in der Sie aufgefordert werden, die Subskription des Themas zu bestätigen:

```
You have chosen to subscribe to the topic:
arn:aws:sns:eu-central-1:130587313947:ServerBurnsDown
To confirm this subscription, click or visit the link below (If this was in
error no action is necessary): Confirm subscription
Please do not reply directly to this email. If you wish to remove yourself
from receiving all future SNS subscription confirmation requests please send
an email to sns-opt-out
```

Bestätigen Sie das, um die Einrichtung dieses Notifikationskanals abzuschließen.

CloudWatch-Alarm

Sie können jetzt mit dem Subbefehl `put-metric-alarm` von `aws cloudwatch` einen Alarm einrichten. Dieser verlangt dafür zunächst die Kombination aus Name und Namespace (der Abteilung, zu der eine Metrik gehört) der konkreten Metrik, die Sie dafür verwenden wollen. Mit einer konkreten Dimension können Sie eine ganz bestimmte EC2-Instanz auswählen, für die der Alarm gelten soll. Und als `alarm-action` geben Sie den ARN des SNS-Themas an, das Sie im vorherigen Abschnitt neu angelegt haben:

```
~$ aws cloudwatch put-metric-alarm \
   --alarm-name CPULimit \
   --alarm-description "CPU-Auslastung erreicht" \
   --metric-name CPUUtilization \
   --namespace AWS/EC2 \
   --dimensions Name=InstanceId,Value=i-06adbb89163554f52 \
   --alarm-actions arn:aws:sns:eu-central-1:130587313947:ServerBurnsDown \
   --statistic Average \
   --period 60 \
   --threshold 95 \
   --comparison-operator GreaterThanThreshold \
   --evaluation-periods 1
```

Dieser Alarm wird ausgelöst, wenn in einem Zeitraum von 60 Sekunden (`period`) auch nur einmal (`evaluation-periods`) der Wert der angegebenen Metrik (`CPUUtilization`) über 95 % (`threshold`) ansteigt (`GreaterThanThreshold`).

Sie wissen schon, worauf das alles hinausläuft: Gehen Sie wieder per SSH auf diese Instanz, und legen Sie sie mit dem bereits beschriebenen Befehl erneut unter Volllast. Es dauert dann eine kleine Weile, und die im SNS-Benachrichtigungskanal angegebene E-Mail-Adresse erhält folgende Nachricht:

```
You are receiving this email because your Amazon CloudWatch Alarm "CPULimit"
in the EU (Frankfurt) region has entered the ALARM state, because "Threshold
Crossed: 1 datapoint [100.0 (10/12/24 03:59:00)] was greater than the
threshold (95.0)." at "Tuesday 10 December, 2024 04:01:15 UTC".
```

```
Alarm Details:
- Name:                       CPULimit
- Description:                CPU-Auslastung erreicht
- State Change:               OK -> ALARM
- Reason for State Change:    Threshold Crossed: 1 datapoint
                              [100.0 (10/12/24 03:59:00)] was greater
                              than the threshold (95.0).
- Timestamp:                  Tuesday 10 December, 2024 04:01:15 UTC
- AWS Account:                130587313947
```

3.1.6 Autoscaling

Als Finale dieser EC2-Einführung möchte Ihnen jetzt zeigen, wie der Autoscaling-Mechanismus dieses IaaS-Dienstes funktioniert. Wie bereits in der Einleitung thematisiert, ist Autoscaling eines der hervorstechendsten Merkmale von Infrastruktur in der Cloud. Wenn die Kapazität der Ressourcen, die Sie sich für den Betrieb einer Geschäftsapplikation zugewiesen haben, erschöpft oder nahezu erschöpft ist, dann merkt der Service das und stellt automatisch weitere Instanzen zur Verfügung. Das ist natürlich interessant für den Betrieb von Web-Applikationen, die skalieren müssen, wenn die Anfragen aus dem Internet zunehmen und so die eingesetzten Server an ihr Limit bringen. Aber grundsätzlich funktioniert das genauso für jede Art von Workload. Ein anderer Anwendungsfall ist die Überwachung von Servern durch einen *Health Check*. Stürzt die Applikation ab oder wird festgestellt, dass die Anwendung nicht mehr rund läuft, dann kann Autoscaling diese Instanz mit einer neuen ersetzen.

Hinweis

Die Autoskalierung ist hier erst mal nur als tief liegender Mechanismus und nur im Hinblick auf die eingesetzte Cloud-Infrastruktur das Thema. Ob die eingesetzte Applikation dafür geeignet ist und diesem Mechanismus auch nutzen kann, das ist nicht die Angelegenheit von EC2, sondern hängt allein davon ab, wie Sie die Ressourcen aus diesem Service für sich einsetzen. Wenn Sie einen Webserver auf einer Instanz betreiben, dieser an sein Limit gerät und dann neue Instanzen für Sie generiert werden, dann sind diese virtuellen Server leer bis auf das Betriebssystem auf ihnen – und damit erst einmal nutzlos.

Sie müssen sich also das gesamte System so vorkonfigurieren, dass Ihre Applikation beziehungsweise das Frontend automatisch auf die neuen virtuellen Server repliziert wird. Oder dass diese als Worker-Nodes einem Cluster hinzufügt werden. Es gibt verschiedene Wege, wie das bewerkstelligt werden kann. Sie können zum Beispiel mit einer dafür präparierten AMI arbeiten. Mittel dafür werden in diesem Buch noch vorgestellt.

Um einen Autoscaling-Mechanismus in EC2 einzurichten, benötigen Sie drei Dinge:

- eine Launch-Konfiguration (oder alternativ ein Launch-Template)
- eine Autoscaling-Gruppe
- eine Skalierungsrichtlinie

Launch-Templates in AWS können hier allerdings aus Platzgründen nicht vorgestellt werden. Das trifft auch für den in EC2 eingebauten Load-Balancer zu. Befassen wir uns also als Erstes mit der Launch-Konfiguration.

Launch-Konfiguration

Eine Launch-Konfiguration in EC2 legt fest, welche Instanzen der Autoscaling-Mechanismus selbstständig starten soll. Sie benötigen dafür, genau wie bei `ec2 run-instances`, die ID der AMI, die Sie verwenden wollen, und den gewünschten Instanzentyp. Der Autoscaling-Mechanismus ist dafür ausgelegt, immer Instanzen von demselben Typ zu starten.

Außerdem verlangt die Launch-Konfiguration eine Angabe darüber, welcher Sicherheitsgruppe die von ihr neu generierten Instanzen hinzugefügt werden sollen. Sie können auch die Default-Sicherheitsgruppe verwenden (die hier mittlerweile für den SSH-Zugriff freigeschaltet ist). Diese müssen Sie aber konkret angeben. Zusätzlich können Sie auch hier wieder einen in EC2 abgelegten SSH-Schlüssel benennen, der beim Launch mit in die Instanzen eingebaut werden soll.

Mit folgendem Befehl generieren Sie eine neue Launch-Konfiguration. Die verwendeten Parameter sind dieselben wie aus dem Anwendungsbeispiel von `run-instances`:

```
~$ aws autoscaling create-launch-configuration \
   --launch-configuration-name mylaunchconfig \
   --image-id ami-01e444924a2233b07 \
   --instance-type t2.micro \
   --key-name myawskey \
   --security-groups sg-c9a9b7a2
```

Der Befehl gibt bei Erfolg nichts zurück. Sie können das Ergebnis aber mit diesem Subbefehl von `autoscaling` überprüfen. Die Ausgaben sind umbrochen, um die Lesbarkeit zu verbessern.

```
~$ aws autoscaling describe-launch-configurations
{
    "LaunchConfigurations": [
        {
            "LaunchConfigurationName": "mylaunchconfig",
            "LaunchConfigurationARN": "arn:aws:autoscaling:
             eu-central-1:130587313947:launchConfiguration:
```

```
            0e48eb39-3780-4549-a958-90132b66f8c9:
            launchConfigurationName/mylaunchconfig",
            "ImageId": "ami-01e444924a2233b07",
            "KeyName": "myawskey",
            "SecurityGroups": [
                "sg-c9a9b7a2"
            ],
            "ClassicLinkVPCSecurityGroups": [],
            "UserData": "",
            "InstanceType": "t2.micro",
            "KernelId": "",
            "RamdiskId": "",
            "BlockDeviceMappings": [],
            "InstanceMonitoring": {
                "Enabled": true
            },
            "CreatedTime": "2024-12-10T21:56:52.588Z",
            "EbsOptimized": false
        }
    ]
}
```

Der entscheidende Punkt hierbei ist, dass die Launch-Konfiguration selbst keine Instanzen startet, sondern nur das Schema dafür bereitstellt. Sie können sich dessen ja direkt noch einmal vergewissern (alle Instanzen aus den vorherigen Beispielen sind terminiert):

```
~$ aws ec2 describe-instances
{
    "Reservations": []
}
```

Autoscaling-Gruppe

Eine *Auto Scaling Group* (ASG) definiert eine logische Einheit, in der eine Skalierung stattfindet. Die ASG ist also diejenige Gruppe von Servern, zu der die neuen Instanzen vom Autoscaling dann eben hinzugefügt werden.

Mit folgendem Befehl können Sie sich eine neue ASG aufsetzen. Verlangt wird dabei der Name der Launch-Konfiguration, die Sie mit dieser Gruppe verknüpfen möchten. Eine notwendige Einstellung ist auch, die Verfügbarkeitszone konkret anzugeben, in der Sie die Gruppe installiert haben möchten. Dabei ist es auch möglich, mehrere Zonen aus der Region anzugeben, wenn Sie die Instanzen in dieser Gruppe als physisches Sicherheitsmerkmal verteilt haben möchten:

```
~$ aws autoscaling create-auto-scaling-group \
  --auto-scaling-group-name myasg \
  --launch-configuration-name mylaunchconfig \
  --availability-zones eu-central-1a \
  --min-size 1 \
  --max-size 3
```

Mit den Optionen `min-size` und `max-size` legen Sie die Mindest- und die Maximalanzahl von Instanzen fest, die es in dieser Gruppe geben kann. Das mit der Mindestanzahl ist hierbei übrigens schon ganz konkret. Denn kurz nachdem Sie diesen Befehl abgesetzt haben, generiert diese neue ASG bereits eine neue Maschine, um die Anforderung von mindestens einer Instanz in ihr zu erfüllen:

```
~$ aws ec2 describe-instances --output text \
   --query 'Reservations[*].Instances[*].InstanceId'
i-0faa9e2ee863415bb
```

Sie können mal ausprobieren, diese Instanz zu terminieren. Dann generiert die ASG sofort eine neue.

Ein schönes kleines Detail ist hierbei, dass das detaillierte Monitoring mit 5-Minuten-Intervall für Instanzen in einer ASG per Default bereits aktiviert ist:

```
~$ aws ec2 describe-instances --output text \
   --query 'Reservations[*].Instances[*].Monitoring.State'
Enabled
```

Scaling Policy (Skalierungsrichtlinie)

Dann benötigen Sie noch eine Richtlinie für das Autoscaling, das in dieser Gruppe stattfinden soll. Wie Ihnen vielleicht bereits aufgefallen ist, war von Skalierung bisher nirgendwo die Rede. Es wurde nur festgelegt, welche Maschinen automatisch gestartet werden sollen und dass die Gruppe immer mindestens eine und maximal drei Instanzen beinhalten soll. Das Skalieren selbst legen Sie mit einer neuen Autoscaling-Policy für diese Gruppe fest.

Mit folgendem Befehl richten Sie diese Policy ein:

```
~$ aws autoscaling put-scaling-policy \
   --policy-name myscalingpolicy \
   --auto-scaling-group-name myasg \
   --scaling-adjustment 1 \
   --adjustment-type ChangeInCapacity
{
    "PolicyARN": "arn:aws:autoscaling:eu-central-1:
                  130587313947:scalingPolicy:75e9510b-438e-46b2-ad78-
```

```
                87a578171b01:autoScalingGroupName/myasg:
                policyName/myscalingpolicy",
    "Alarms": []
}
```

Es handelt sich hierbei wirklich nur um den einfachsten Typ einer solchen Richtlinie (der Policy-Typ ist *SimpleScaling*). Festgelegt wird schlichtweg, dass jeweils eine neue Instanz hinzugefügt werden soll. Es gibt für diesen Subbefehl von `autoscaling` eine Reihe von anspruchsvollen Optionen. Unter anderem ist anstatt einer nominalen auch eine prozentuale Aufstockung möglich; welche Maschinen beim Herunterskalieren zuerst terminiert werden sollen, lässt sich verschiedenartig festlegen, und vieles mehr. Ausführlicher darauf einzugehen, sprengt den Rahmen dieses Grundkurses. Wenn Sie tiefer in dieses Thema einsteigen wollen, ist die informative Hilfeseite von `aws` zu diesem Subsubbefehl wieder ein guter Einstiegspunkt.

Upscaling

Die Autoscaling-Gruppe ist mit diesen drei Elementen fertig eingerichtet. Es fehlt nur noch ein Ereignis, das eine Skalierung letztendlich auslöst. Hierbei kommt wieder CloudWatch ins Spiel. Sie können das Skalieren einer Gruppe auch durch einen anderen Event auslösen lassen. Aber ein CloudWatch-Alarm, der in Bezug auf eine ganz bestimmte Metrik ausgelöst wird, eignet sich sehr gut dafür.

Es gibt bei diesem Anwendungsfall für einen Alarm zwei Unterschiede zu dem vorherigen Anwendungsbeispiel von CloudWatch: Erstens geben Sie als Dimension nicht mehr die ID einer bestimmten Instanz an, sondern den Namen der ASG. Und zweitens ist die `alarm-action`, die der Alarm auslösen soll, nicht mehr ein bestimmtes SNS-Thema für die Benachrichtigung über einen bestimmten Kanal, sondern die neue Autoscaling-Policy.

Stellen Sie hier als Schwellenwert hier doch mal 60 % statt 95 % CPU-Auslastung ein. Das ist praktikabler, da es ja um den Gesamtwert von mehreren Instanzen geht:

```
~$ aws cloudwatch put-metric-alarm \
   --alarm-name UpscalingNeeded \
   --metric-name CPUUtilization \
   --namespace AWS/EC2 \
   --dimensions Name=AutoScalingGroupName,Value=myasg \
   --alarm-actions arn:aws:autoscaling:eu-central-
1:130587313947:scalingPolicy:75e9510b-438e-46b2-ad78-
87a578171b01:autoScalingGroupName/myasg:policyName/myscalingpolicy \
   --statistic Average \
   --period 60 \
```

```
    --threshold 60 \
    --comparison-operator GreaterThanThreshold \
    --evaluation-periods 1
```

Der Alarm wird im CloudWatch-Dashboard ganz gut beschrieben mit »Wenn Alarm, die Richtlinie *myscalingpolicy* (1 Instanz hinzufügen) für die Gruppe *myasg* verwenden«. Schön.

Sie können dann das ganze Konstrukt direkt mal ausprobieren und händisch einen Funktionstest durchführen. Gehen Sie über SSH auf die von der ASG bereits neu erstellte Instanz, und setzen Sie diese mit dem Befehl `sha1sum /dev/zero &` wieder unter Volllast. Nicht so lange danach wird dann der Alarm ausgelöst, weil die Auslastung auf der Instanz – und damit auch die Gesamtauslastung der Gruppe – auf 100 % und damit über 60 % ansteigt. Sie bekommen dann automatisch eine weitere Instanz zugewiesen:

```
~$ aws ec2 describe-instances --output text \
    --query 'Reservations[*].Instances[*].InstanceId'
i-0faa9e2ee863415bb
i-0b714949e2542d11f
```

Die Gesamtauslastung der Gruppe, zu der nun bereits zwei Instanzen gehören, sinkt mit 50 % unter den Schwellenwert und der Alarm beendet sich wieder.

Gehen Sie dann auf die zuletzt neu gelaunchte zweite Instanz, und lösen Sie dort denselben Befehl aus, um auch diese unter Volllast zu bekommen. Die Gesamtauslastung der Gruppe steigt dann wieder über 60 % an, worauf mit einer weiteren Instanz reagiert wird:

```
~$ aws ec2 describe-instances --output text \
    --query 'Reservations[*].Instances[*].InstanceId'
i-0775ad1b174a2ebdd
i-0faa9e2ee863415bb
i-0b714949e2542d11f
```

Das läuft also wunderbar! Beenden Sie dann das Experiment, indem Sie mit `killall sha1sum` die Arbeit der beiden ersten Instanzen beenden.

Downscaling

Nach einer Zeit sinkt die Gesamtauslastung der aktuellen Autoscaling-Gruppe wieder auf 0 %, die drei Instanzen bleiben aber bestehen. Das Downscaling ist ja auch nirgendwo festgelegt. Es wird ja nur gesagt: »Wenn die Auslastung der Gruppe über den Schwellenwert steigt, füge eine neue Instanz hinzu.« Und dass diese Gruppe mindestens eine und maximal drei gleiche Instanzen beinhalten kann.

Sie werden hier aber nun mit Recht anführen, dass in der Einleitung doch lang und breit von elastischer horizontaler Skalierung die Rede gewesen sei und dies als das Killer-Feature der Cloud angekündigt worden wäre. Ja, ein Downscaling für die Gruppe ist ohne Probleme möglich, und zwar mit einer weiteren Policy und einem weiteren Alarm, die beide eine entgegengesetzte Funktion erfüllen.

Sie können ohne Weiteres eine weitere Skalierungsrichtlinie aufsetzen, die auf dieselbe ASG angewendet werden kann. Sie unterscheidet sich hier von der anderen Policy nur durch den einen Punkt, dass nicht eine Instanz hinzugefügt, sondern abgebaut wird:

```
~$ aws autoscaling put-scaling-policy \
   --policy-name myscaledown \
   --auto-scaling-group-name myasg \
   --scaling-adjustment -1 \
   --adjustment-type ChangeInCapacity
{
    "PolicyARN": "arn:aws:autoscaling:eu-central-
                 1:130587313947:scalingPolicy:32466f1d-5ebf-
                 4848-8a3a-ff24c79f0f6f:autoScalingGroupName/
                 myasg:policyName/myscaledown",
    "Alarms": []
}
```

Setzen Sie dann einen weiteren Alarm auf, der diese neue Richtlinie auslöst, wenn die Gesamtauslastung der Gruppe in Bezug auf die gesamte CPU-Auslastung unter den Schwellenwert 25 % sinkt (`LessThanThreshold`):

```
~$ aws cloudwatch put-metric-alarm \
   --alarm-name DownscalingNeeded \
   --metric-name CPUUtilization \
   --namespace AWS/EC2 \
   --dimensions Name=AutoScalingGroupName,Value=myasg \
   --alarm-actions arn:aws:autoscaling:eu-central-
1:130587313947:scalingPolicy:32466f1d-5ebf-4848-8a3a-
ff24c79f0f6f:autoScalingGroupName/myasg:policyName/myscaledown \
   --statistic Average \
   --period 60 \
   --threshold 25 \
   --comparison-operator LessThanThreshold \
   --evaluation-periods 1
```

Sie brauchen sich dann nur zurückzulehnen und das Setup arbeiten lassen. Die Gesamtauslastung ist 0 %, da zurzeit wieder nichts Besonderes auf den Servern läuft. Dadurch wird der neue Alarm ausgelöst. Die Downscaling-Policy löscht dann eine erste Instanz aus der Gruppe. Danach bleibt der Alarm aber aktiv, weil die Gesamtauslastung der beiden verbleibenden Instanzen weiter nur bei 0 % liegt. Die Skalierungsrichtlinie terminiert dann nach einer kleinen Dauer des Abwartens (die sogenannte *Cooldown-Phase* ist per Default fünf Minuten lang) auch noch die zweite Instanz. Der Alarm bleibt aktiv, aber mit einer Instanz ist dann die Untergrenze der Gruppe erreicht.

3.1.7 Ausklang

Sie haben jetzt in einem durchgängigen Beispiel die wichtigsten AWS-Services rund um *IaaS* kennengelernt. Sie wissen nun, wie Sie eine virtuelle Maschine auf Basis von EC2 aufbauen können und welche Komponenten wie AMI, Security Groups oder EBS-Volumes Sie benötigen. Auch haben Sie Services kennengelernt, die Ihnen beim Monitoring oder der Autoskalierung helfen können.

Sehen Sie diese Einführung als Start. Sie haben jetzt das Fundament gelegt, um in späteren Kapiteln tiefer in *IaC* für AWS einzusteigen. Die Services von AWS bieten riesige Möglichkeiten, und wenn Sie zukünftig mehr damit arbeiten, dann werden Sie immer wieder auf neue Möglichkeiten oder Probleme stoßen. Seien Sie mutig, probieren Sie aus, doch denken Sie immer wieder daran, sich im Vorfeld Gedanken zu den Kosten zu machen. Prüfen Sie, welche Komponenten im Free Tier enthalten sind, und terminieren Sie Instanzen, die Sie nicht mehr benötigen.

3.2 Microsoft Azure

Der IT-Konzern Microsoft aus Redmond im US-Bundesstaat Washington braucht keine große Vorstellung: Bei ihm handelt es sich um eines der bekanntesten Unternehmen weltweit. Microsoft steht mit einem umfangreichen Portfolio an Produkten in Konkurrenz zu vielen anderen Soft- und Hardwareherstellern. Eine herausragende Stellung hat dabei immer das Desktop-Betriebssystem Microsoft Windows gehabt.

In den letzten Jahren hat sich bei Microsoft ein kräftiger Wandel vollzogen, dessen treibende Kraft der CEO Satya Nadella ist, der im Jahr 2014 die Nachfolge von Steve Ballmer antrat. Die Neuausrichtung des Konzerns hat unter anderem dazu geführt, dass sich Microsoft mittlerweile zu einem der größten Public-Cloud-Anbieter entwickelt hat. Microsoft ist zwar erst relativ spät in dieses Geschäftsfeld eingestiegen, hat dafür aber massiv und in kurzer Zeit aufgeholt. Sein Cloud-Computing-Produkt *Microsoft Azure* (wörtlich »hellblau«) hat aktuell das zweitgrößte Ressourcenvolumen und ist die klare Nummer zwei hinter Amazon Web Services: Auch für Microsoft erweist sich die Cloud somit als profitabler Geschäftszweig. Microsoft hat eine jahrzehntelange Erfahrung damit, endbenutzerfreundliche Produkte herzustellen (abgesehen von den Kacheln in ... Sie wissen schon), was sich auch bei Azure bemerkbar macht. Meiner Interpretation nach verfolgt Microsoft bei Azure in vielen Dingen das Best-Practice-Prinzip, während Amazon Web Service oftmals eher wie ein reiner Baukasten daherkommt. Der Unterschied macht sich beim IaaS allerdings noch nicht so stark bemerkbar.

Wie bei anderen Public Clouds auch, ist IaaS bei Azure nur einer unter vielen Services. Das Infrastruktur-Angebot trägt hier allerdings keinen eigenen Namen. Die Cloud-Server werden von Microsoft als *Virtual Machines* (VMs) bezeichnet. Microsoft hat natürlich Windows-Maschinen im Angebot, Linux spielt hier aber eine absolut gleichberechtigte Rolle. Das IaaS-Angebot aus Azure lässt sich mit AWS EC2 vergleichen, und beide Anbieter spielen auf demselben technischen Niveau: Die generelle Herangehensweise daran, virtuelle Infrastrukturressourcen als Cloud anzubieten, ist mehr oder weniger dieselbe. Es sind ja auch die gleichen technischen Details, die dabei eine Rolle spielen, und insgesamt weichen die beiden Anbieter mit ihren Lösungen nur gelegentlich voneinander ab. Wenn Sie sich vorher mit AWS EC2 beschäftigt haben, dann werden Sie den IaaS-Dienst von Azure ohne Probleme begreifen, und in die andere Richtung funktioniert das genauso.

Azure ist gut dokumentiert, und auch die deutschen Texte sind meistens von wirklich guter Qualität. Die Seiten zum Thema Linux-VMs finden Sie hier:

https://docs.microsoft.com/de-de/azure/virtual-machines/linux/

3.2.1 Anmeldung

Für den Zugriff auf Azure benötigen Sie zunächst ein allgemeines Konto bei Microsoft. Das können Sie sich unter der Webadresse *https://www.microsoft.com/de-de/* anlegen (siehe Abbildung 3.6). Wenn Sie bereits ein Microsoft-Konto haben, z. B. weil Sie Office 365 benutzen, dann können Sie direkt zur Azure-Startseite wechseln und sich dort gezielt für Azure beziehungsweise das Azure-Abonnement anmelden.

Anmeldung bei Microsoft

Klicken Sie, um sich zu registrieren, oben rechts auf den Schalter BEI IHREM KONTO ANMELDEN. Auf der dann erscheinenden Anmeldeseite klicken Sie hinter der Frage SIE HABEN NOCH KEIN KONTO? auf den Link DANN ERSTELLEN SIE JETZT EINS!. Folgen Sie anschließend einfach der unkomplizierten Anmeldeprozedur. In deren Verlauf werden Sie nach Ihrer E-Mail-Adresse gefragt, einem Kennwort, Ihrem Namen und dem Geburtsdatum. Dann müssen Sie zur Bestätigung einen Code eintippen, der Ihnen per E-Mail zugeschickt wird. Eine Bezahlmethode wird bei dieser Prozedur noch nicht abgefragt.

Sie sind danach automatisch angemeldet und wieder zurück auf der Startseite von Microsoft. Hier können Sie wie in einem Webshop die ganze Palette von Microsoft-Produkten kaufen. Dazu gehören auch Office 365, Hardware-Devices wie Tablets und die Xbox. Um hier Dinge kaufen zu können, müssen Sie zunächst in einer separaten Prozedur eine Bezahlmethode einrichten. Für Azure wird diese allerdings hier nicht benötigt.

Auf der Navigationsleiste oben finden Sie unter dem Reiter ALLES VON MICROSOFT und dort unter der Überschrift UNTERNEHMEN auch Microsoft Azure. Klicken Sie auf den Link, und Sie gelangen auf die Startseite von Azure. Die können Sie über ihre Internet-Adresse *https://azure.microsoft.com/de-de/* natürlich auch direkt ansteuern. Wenn Sie von der allgemeinen Seite dorthin wechseln, dann nehmen Sie eine eventuell bereits erfolgte Anmeldung über Browsercookies mit.

Gut zu wissen

Wenn Sie sich über Ihren Office-365-Account anmelden möchten, dann müssen Sie nicht den Weg über die Microsoft-Website nehmen. Sie können sich auch auf der Azure-Seite direkt über ANMELDEN bei Ihrem Konto einloggen.

Sie können auch den Umweg über *https://www.office.com/* gehen.

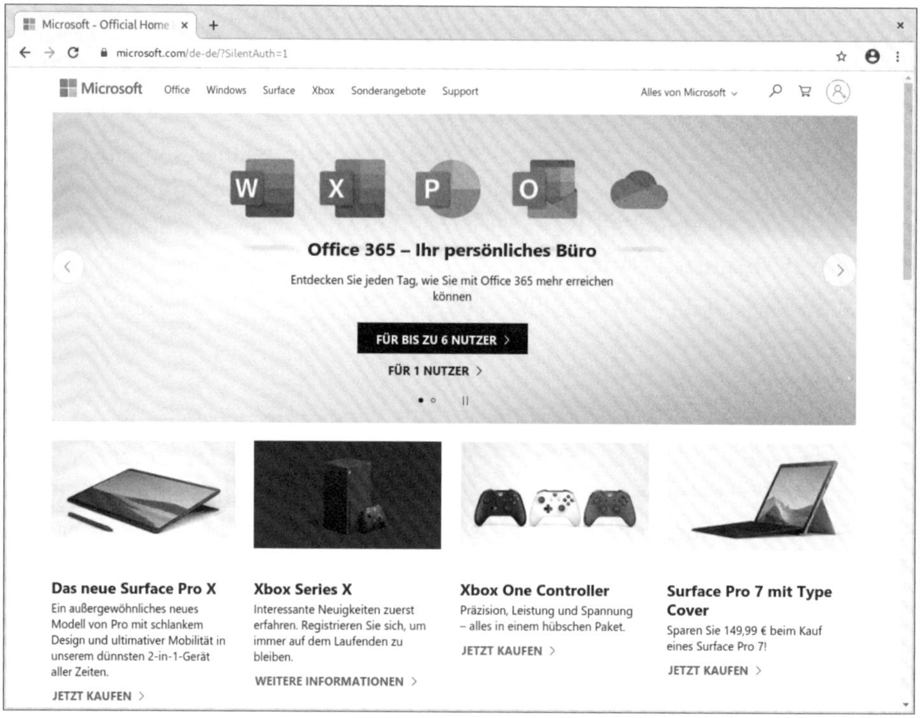

Abbildung 3.6 Legen Sie sich auf der Website von Microsoft ein Konto an.

Azure-Abonnement

Auf der Seite *https://azure.microsoft.com/de-de/* finden Sie oben in der Navigationsleiste den Link KOSTENLOSES KONTO und weiter unten auf der Seite den Link KOSTENLOS STARTEN. Beide Links führen Sie auf dieselbe Seite *https://azure.microsoft.com/de-de/free/*. Sie können hier wiederum auf ein Feld KOSTENLOS STARTEN klicken. Alternativ dazu gibt es hier aber auch noch den Link ODER JETZT KAUFEN.

Mit der Bezeichnung »kostenlos« ist das Freikontingent gemeint, das Microsoft bei Azure als Einstiegs- und Lockangebot für neue Kunden bereithält. Dieses besteht aus folgendem Angebot:

- Für eine Dauer von 12 Monaten sind bestimmte Kontingente von Azure-Diensten kostenlos verfügbar. Dazu gehören unter anderem eine kleine *B1S*-VM für 750 Stunden und über die gesamte Laufzeit zweimal 64 GB SSD-Speicher und eine SQL-Datenbank bis 32 GB. Darüber hinaus werden 25 weitere Dienste beziehungsweise Kontingente von Diensten bereitgestellt, die auch über diesen Zeitraum hinaus kostenlos sind. Dazu gehören der *Azure Kubernetes Service* (AKS) und zum Beispiel auch eine Million Anfragen pro Monat an den Serverless-Dienst *Azure Functions*.
- Damit Sie auch andere Services testweise benutzen können, die nicht zu diesen Gruppen von freien Diensten gehören, richtet Ihnen Microsoft zusätzlich ein Guthaben von 200 USD ein. Dieses Guthaben wird zum Beispiel angezapft, wenn Sie sich größere VMs als von dem kleinen Zuschnitt *B1S* anlegen.
- Ist dieses Guthaben aufgebraucht oder spätestens nach 30 Tagen, müssen Sie ein Upgrade auf die nutzungsbasierte Bezahlung durchführen. Nur wenn Sie dieses Upgrade durchführen, können Sie auch die Dienste aus den beiden kostenlosen Gruppen weiterbenutzen.

Alternativ dazu bietet Ihnen Azure die Möglichkeit, das Freikontingent auszuschlagen und unmittelbar die nutzungsbasierte Bezahlung ohne Gutschrift und freie Dienste für 12 Monate zu erwerben. In diesem Fall müssen Sie kein Upgrade nach 30 Tagen beziehungsweise nach verbrauchter Gutschrift mehr durchführen. Diese Möglichkeit ist für Kunden interessant, die Azure nicht erst noch ausprobieren möchten und die sich nicht im engen Rahmen der im Freikontingent kostenlos angebotenen Dienste bewegen. Und wenn, etwa bei Firmenkunden, 200 USD Gutschrift ohnehin nicht ins Gewicht fallen, dann wählt man vielleicht eher diese Option aus. Bei privaten Usern gibt es aber wohl keinen vernünftigen Grund, das Freikontingent nicht in Anspruch zu nehmen.

Wählen Sie also KOSTENLOS STARTEN aus, und führen Sie dann die Anmeldeprozedur für das Freikontingent aus. Microsoft fragt Sie während dieser Prozedur nach Ihrer Telefonnummer. Diese müssen Sie dann mit einem Prüfcode bestätigen, der Ihnen entweder per SMS oder per Sprachnachricht übermittelt wird. Danach werden die Nummer und Daten der Kreditkarte verlangt, die Sie als Bezahlmethode für Azure verwenden möchten. Die Validität der Karte wird direkt nach der Eingabe automatisch überprüft. Kosten fallen nicht an, bis Sie in die nutzungsbasierte Zahlung gewechselt sind.

Wenn diese Prozedur abgeschlossen ist, können Sie direkt mit Azure starten. Das *Portal*, den Webzugang zu Azure, erreichen Sie über die Webadresse *https://portal.azure.com/* (siehe Abbildung 3.7). Sie können das Portal auch direkt betreten, ohne vorherige Anmeldeprozedur auf *azure.microsoft.com*. Allerdings können Sie keine Dienste benutzen, ohne sich vorher für ein Abonnement (das Freikontingent oder die nutzungsbasierte Bezahlung) angemeldet zu haben. Die dafür notwendige Prozedur können Sie auch von dieser Seite aus starten, falls das noch nicht geschehen ist.

Tutorial: Erste Schritte

Wenn Sie sich zum ersten Mal anmelden, wird Ihnen das Tutorial »Erste Schritte mit Azure« angezeigt. Hier finden Sie Links zu weiterführendem Lernmaterial, das Ihnen den Einstieg erleichtern soll.

Sie können hierauf auch später über die Kachel SCHNELLSTARTCENTER zugreifen.

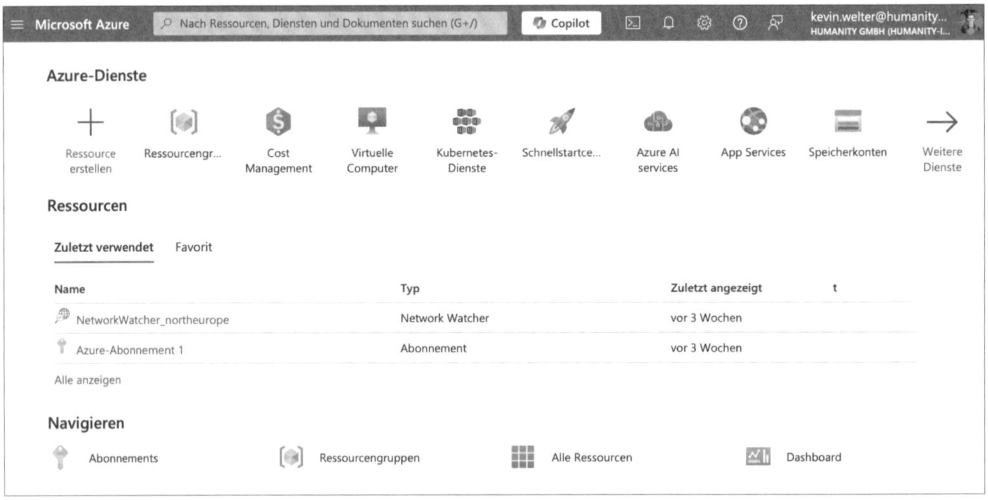

Abbildung 3.7 Das Webportal von Microsoft Azure

3.2.2 azure-cli

Wie die anderen Cloud-Anbieter auch bietet Microsoft für die Benutzung seines Angebots einen Kommandozeilen-Client an. Er heißt `azure-cli`. Wie bei anderen Public Clouds auch ist mit diesem benutzerfreundlichen Tool ein vereinfachter Zugriff auf die eigene REST-API möglich.

Microsoft ist bei der Azure-API und den dazugehörigen Client-Bibliotheken sehr fortschrittlich aufgestellt, denn man verwendet hier dafür das Toolkit *Swagger* mit dem Beschreibungsformat *OpenAPI* (*https://swagger.io/*). Mit Swagger generiert der Anbieter die Bibliotheken aus den Definitionen für das API, was über alle angebotenen Fassungen beziehungsweise Sprachen hinweg eine hohe Kompatibilität gewährleistet.

Der Client `azure-cli` ist in Version 2 mittlerweile in Python aufgesetzt, während Version 1 noch in Node.js implementiert worden war. Das Tool steht für Linux, macOS und natürlich für Windows zur Verfügung. Wenn Sie Windows auf Ihrem Arbeitsrechner benutzen, dann haben Sie auch die Möglichkeit, die PowerShell für die Steuerung von Azure einzusetzen. Mit der *Azure Cloud Shell* (*https://shell.azure.com/*) bietet Microsoft eine als Browserfenster aufgesetzte Kommandozeilenumgebung an, in der `azure-cli` für Ihr Abonnement bereits fertig konfiguriert zur Verfügung steht.

[«]

Hinweis

Um die Cloud Shell nutzen zu können, müssen Sie diese zuvor in Azure als Ressourcenanbieter registrieren. Eine Anleitung dazu finden Sie unter:
https://learn.microsoft.com/de-de/azure/cloud-shell/get-started/classic?wt.mc_id=searchAPI_azureportal_inproduct_rmskilling&sessionId=7df2a6acc3c64574b-c29cb1a19d13e79&tabs=azurecli

Installieren

In diesem Buch verwenden wir in den Beispielen einen Cloud-Computing-Arbeitsrechner mit Linux-Distribution, und zwar mit Ubuntu 22.04. Der Client `azure-cli` steht für Ubuntu aus einem von Microsoft betriebenen Paket-Repositorium zur Verfügung. Die Installationsprozedur entspricht damit derjenigen von Docker, die bereits in Abschnitt 2.3.1 beschrieben wurde. Die hier gezeigten Schritte für die Installation von `azure-cli` gelten auch für andere Ubuntu-Versionen und sind auf andere von Debian abstammende Distributionen mit dem *deb*-Paketformat übertragbar.

[«]

Hinweis

Der Client `azure-cli` steht unter Windows als MSI-Installationsprogramm, aber auch für das Windows-Subsystem für Linux (WSL) zur Verfügung – außerdem auch als Docker-Container.

Die Installationsanleitungen für `azure-cli`, die über die hier dargestellte Installation unter Ubuntu hinausgehen, finden Sie unter folgender Webadresse:
https://docs.microsoft.com/de-de/cli/azure/install-azure-cli

Um azure-cli zu installieren, laden Sie als ersten Schritt den öffentlichen GPG-Schlüssel von Microsoft herunter. Dieser wird benötigt, um Pakete aus dem Microsoft-Repositorium mit dem Paketmanager APT installieren zu können, die mit diesem Schlüssel signiert sind:

```
~$ sudo mkdir -p /etc/apt/keyrings

~$ curl -sLS https://packages.microsoft.com/keys/microsoft.asc |
    sudo gpg --dearmor -o /etc/apt/keyrings/microsoft.gpg
~$ sudo chmod go+r /etc/apt/keyrings/microsoft.gpg
```

Fügen Sie dann das Repositorium hinzu:

```
~$ AZ_DIST=$(lsb_release -cs)
~$ echo "Types: deb
        URIs: https://packages.microsoft.com/repos/azure-cli/
        Suites: ${AZ_DIST}
        Components: main
        Architectures: $(dpkg --print-architecture)
        Signed-by: /etc/apt/keyrings/microsoft.gpg"
        | sudo tee /etc/apt/sources.list.d/azure-cli.sources
```

Aktualisieren Sie danach zuerst die Liste der verfügbaren Pakete. Installieren Sie anschließend das Paket azure-cli:

```
~$ sudo apt-get update
Hit:1 http://azure.archive.ubuntu.com/ubuntu jammy InRelease
Hit:2 http://azure.archive.ubuntu.com/ubuntu jammy-updates InRelease
Hit:3 http://azure.archive.ubuntu.com/ubuntu jammy-backports InRelease
Hit:4 http://azure.archive.ubuntu.com/ubuntu jammy-security InRelease
Ign:5 https://packages.microsoft.com/repos/azure-cli | InRelease
Get:6 https://packages.microsoft.com/repos/azure-cli jammy InRelease [3596 B]
Err:7 https://packages.microsoft.com/repos/azure-cli | Release
Get:8 https://packages.microsoft.com/repos/azure-cli jammy/
main amd64 Packages [1620 B]
Get:9 https://packages.microsoft.com/repos/azure-cli jammy/main all Packages
[1099 B]
Reading package lists... Done

~$ sudo apt-get -y install azure-cli
Reading package lists... Done
Building dependency tree... Done
Reading state information... Done
The following NEW packages will be installed:
  azure-cli
```

```
0 upgraded, 1 newly installed, 0 to remove and 23 not upgraded.
Need to get 56.4 MB of archives.
After this operation, 698 MB of additional disk space will be used.
Get:1 https://packages.microsoft.com/repos/azure-cli jammy/main amd64 azure-
cli amd64 2.61.0-1~jammy [56.4 MB]
Fetched 56.4 MB in 1s (108 MB/s)
```

Wie Sie sehen, benötigt das Paket keinerlei Abhängigkeiten und bringt alles mit, was für den Betrieb benötigt wird. Beinahe das gesamte ausgepackte Paket mit dem Python-Interpreter (Version 3.6) und allen Bibliotheken befindet sich in */opt/az*. Andere Tools sind tiefer in die jeweiligen Distributionen eingebettet, für die sie angeboten werden, und greifen unter anderem auf die offiziell eingebundenen Python-Bibliotheken zurück. Das hierbei verfolgte Prinzip, die Abhängigkeiten auch als Linux-Paket grundsätzlich zu integrieren, hat aber gewisse Vorteile: Es gibt damit zwar auf dem Arbeitsrechner unter Umständen dieselben Bibliotheken an verschiedenen Stellen im Verzeichnisbaum, dafür ist das Paket aber stärker portierbar.

Nach der Installation steht Ihnen der Azure-Client als Befehl `az` auf der Kommandozeile Ihres Arbeitsrechners zur Verfügung:

```
~$ az --version
azure-cli                          2.61.0
core                               2.61.0
telemetry                           1.1.0
Dependencies:
msal                               1.28.0
azure-mgmt-resource                23.1.1
Python location '/opt/az/bin/python3'
Extensions directory '/home/myuser/.azure/cliextensions'
Python (Linux) 3.11.8 (main, May 16 2024, 03:47:28) [GCC 11.4.0]
Legal docs and information: aka.ms/AzureCliLegal
Your CLI is up-to-date.
```

Tab-Vervollständigung

Der Client wird im Linux-Paket mit einer Tab-Vervollständigung der verfügbaren Subbefehle und Kommandozeilenoptionen ausgeliefert. Diese Funktionalität steht zur Verfügung, wenn der grundlegende Completion-Mechanismus für Ihre Shell, z. B. die Bash, aktiviert ist (vergleichen Sie dazu in Abschnitt 2.4.1 den Punkt »Tab-Vervollständigung«).

Direkt nachdem Sie das Paket installiert haben, müssen Sie zunächst die Shell noch einmal neu starten, etwa indem Sie ein neues Terminalfenster öffnen oder alternativ `source ~/.bashrc` auslösen. Dann steht Ihnen bei `az` die Tab-Vervollständigung für Befehle auf allen Ebenen zur Verfügung. Der Unterbefehl vm zum Beispiel ist für die Steuerung des IaaS-Dienstes beziehungsweise der virtuellen Maschinen zuständig:

```
$ az vm <TAB><TAB>
--help               encryption           list-usage               secret
-h                   extension            list-vm-resize-options   show
availability-set     generalize           monitor                  start
boot-diagnostics     get-instance-view    nic                      stop
capture              host                 open-port                unmanaged-disk
convert              identity             perform-maintenance      update
create               image                reapply                  user
deallocate           list                 redeploy                 wait
delete               list-ip-addresses    resize
diagnostics          list-sizes           restart
disk                 list-skus            run-command
```

find

Der Client bietet eine gute und ausführliche englische Hilfeseite, die Sie auf jeder Ebene (bei jedem Sub- und Subsubbefehl) jeweils mit der Kommandozeilenoption -h/--help aufrufen können. Die Hilfeseiten der untergeordneten Ebenen (wie zum Beispiel von az vm create) beinhalten auch Anwendungsbeispiele, und bei Unterbefehlen mit vielen Optionen sind das dann auch einige mehr.

Eine weitere gute Hilfe für die Benutzung von az ist der eingebaute Unterbefehl find, denn mit ihm können Sie gezielt Beispiele für bestimmte Operationen suchen. Diese eingebaute Funktion besitzt eine gewisse Intelligenz, denn Sie können hier, anstatt Ausschnitte von bestimmten az-Aufrufen wie vm create anzugeben, auch allgemeine Begriffe aus dem gesamten Funktionsumfang als Suchanfrage absetzen. Die dann ausgeworfenen Beispiele führen Sie meist zu dem konkreten Befehl, mit dem Sie die mit diesem Begriff gesuchte Aktion bewerkstelligen können.

So führt der Befehl az find 'create machine' Sie unter anderem zu einem Anwendungsbeispiel für az vm create, mit dem Sie eine virtuelle Maschine erstellen können. Die Abfrage az find 'create group' liefert Ihnen Anwendungsbeispiele für az group create (Ressourcengruppe erzeugen), az pgp create (Näherungsgruppe erstellen) und az ad group create (Verzeichnisgruppe erstellen). Praktisch!

Initialisieren

Bevor Sie die Azure-Cloud mit az steuern können, müssen Sie diesen Client zunächst initialisieren. Das ist eine Prozedur, bei der er sich mit Ihrem Konto und Ihrem Azure-Abonnement darin verbindet.

Geben Sie den Befehl `az login` ein, um diese Initialisierung auszulösen. Das Tool öffnet dann den auf Ihrem Arbeitsrechner als Default eingestellten Browser und öffnet darin eine Seite. Im Browserfenster werden Sie dann nach dem Microsoft-Konto gefragt, das Sie für die Initialisierung verwenden möchten.

Die dem Browser bekannten Microsoft-Konten, die er etwa vom Einloggen auf *microsoft.com* her bereits kennt, werden Ihnen dabei zur Auswahl angeboten. Wählen Sie hier das Konto aus, mit dem Sie sich bei Azure angemeldet haben beziehungsweise mit dem Sie Ihr Azure-Abonnement (Freikontingent oder direkt nutzungsabhängige Bezahlung) erworben haben. Wenn Sie noch nicht oder nicht mehr eingeloggt sind, dann werden Sie erneut nach Ihrem Kennwort für dieses Konto gefragt. Danach ist die Initialisierung abgeschlossen, und Sie können das Browserfenster wieder schließen.

Mit dem Befehl `az account show` wird Ihnen auf der Kommandozeile noch einmal ein JSON-Dokument ausgeworfen, dass zur Gegenkontrolle die Informationen über das durch diese Aktion verbundene Azure-Abonnement enthält:

```
~$ az account show
{
  "environmentName": "AzureCloud",
  "homeTenantId": "79d756a2-1bff-4f16-b415",
  "id": "5c4e4bdb-7956-47cf-8d94",
  "isDefault": true,
  "managedByTenants": [],
  "name": "Azure subscription 1",
  "state": "Enabled",
  "tenantDefaultDomain": "humanity-it.com",
  "tenantDisplayName": "HumanITy GmbH",
  "tenantId": "79d756a2-1bff-4f16-b415",
  "user": {
    "name": "kevin.welter@humanity-it.com",
    "type": "user"
  }
}
```

Tenant auswählen

Es kann sein, dass Sie nach dem Bestätigen im Browser zusätzlich auf der Kommandozeile Ihren Tenant auswählen müssen. In meinem Fall habe ich mit der Eingabe von `1` bestätigt.

```
[Tenant and subscription selection]
No     Subscription name     Subscription ID                Tenant
-----  --------------------  -----------------------------  -------------
[1] *  Azure subscription 1  5c4e4bdb-7956-47cf-8d94        HumanITy GmbH
```

```
The default is marked with an *; the default tenant is 'HumanITy GmbH' and
subscription is 'Azure subscription 1' (5c4e4bdb-7956-47cf-8d94).
Select a subscription and tenant (Type a number or Enter for no changes): 1
```

Ressourcengruppe erzeugen

Ressourcen in Azure sind einzelne Elemente etwa des Infrastruktur-Dienstes, die individuell verwaltet werden. Eine erzeugte VM, die CPU- und Arbeitsspeicherressourcen bereithält, ist zum Beispiel eine *Ressource*. Aber beim Erzeugen einer VM werden auch noch andere Ressourcen generiert, die für ihren Betrieb benötigt werden. Und zwar sind das ein virtueller Datenträger, eine Netzwerksicherheitsgruppe, ein virtuelles Netzwerk sowie eine Netzwerkschnittstelle, und auch die zugeordnete öffentliche IPv4-Adresse ist eine Ressource. Das alles sind einzelne Ressourcen, die systemintern aber auch von Ihnen als Benutzer individuell referenziert werden können. Eine grundlegende Eigenschaft von einer Ressource in Azure ist, dass sie immer Bestandteil einer Ressourcengruppe ist. Deshalb müssen Sie immer zuerst eine Ressourcengruppe einrichten, bevor Sie eine oder mehrere virtuelle Maschinen mit den zugehörigen Infrastrukturelementen darin launchen können.

Eine *Ressourcengruppe* ist also ein Behälter für verschiedene Ressourcen. Jede Ressource wird immer in einer Gruppe erzeugt und kann immer nur zu einer Gruppe gehören. Sie kann jederzeit aus der Gruppe gelöscht oder in eine andere Ressourcengruppe verschoben werden. Eine Ressourcengruppe bietet Ihnen die administrative Kontrolle über alle Elemente, die in ihr enthalten sind. Sie können zum Beispiel alle in ihr enthaltenen Ressourcen gleichzeitig abräumen, indem Sie die gesamte Gruppe löschen. Es ist natürlich möglich, immer nur eine Ressourcengruppe für Ihre gesamte Infrastruktur zu verwenden. Das Konzept der Ressourcengruppe lässt sich aber auch gut einsetzen, um verschiedene Infrastrukturumgebungen voneinander zu trennen und Ressourcen mit demselben Lebenszyklus zu einer Gruppe zusammenzufassen.

Eine neue Ressourcengruppe erzeugen Sie mit dem Befehl `az group create`. Dieser Unterbefehl benötigt als Parameter den gewünschten Namen für die neue Gruppe und eine Azure-Region, in der sie angesiedelt sein soll:

```
~$ az group create --name MeineRG --location northeurope
{
  "id": "/subscriptions/54c6f7b7-3c3f-4068-a1b8-
         51bddf711d33/resourceGroups/MeineRG",
  "location": "northeurope",
  "managedBy": null,
  "name": "MeineRG",
  "properties": {
    "provisioningState": "Succeeded"
```

```
  },
  "tags": null,
  "type": "Microsoft.Resources/resourceGroups"
}
```

Ein wichtiges Merkmal der Ressourcengruppen in Azure ist, dass die darin enthaltenen Elemente auch in verschiedenen Regionen lokalisiert sein können. Was ist also der Sinn davon, für die Gruppe einen bestimmten Standort zu verlangen? Es ist nicht so, dass die unter `location` für die Gruppe eingestellte Region nur als Voreinstellung fungiert, die immer gilt, wenn Sie beim Erzeugen einer neuen Ressource in dieser Gruppe keine andere Region explizit angeben. Es ist vielmehr so, dass die Region einer Gruppe festlegt, an welchem Standort von Azure die Metadaten aller der in der Gruppe enthaltenen Ressourcen aufbewahrt werden. Das kann aus Compliance-Gründen eine wichtige Rolle spielen.

Regionen

Azure bietet mit mehr als 60 Regionen weltweit die größte Anzahl von Standorten unter allen großen Public-Cloud-Anbietern an. In jeder der angebotenen Azure-Regionen gibt es eine Reihe von untereinander optimal angebundenen Rechenzentren. Die in Azure angebotenen Ressourcen stehen nicht in allen Typen überall zur Verfügung, und die Regionen unterscheiden sich auch preislich voneinander. Wenn Sie also nicht aus gesetzlichen, Compliance-bezogenen oder steuerrechtlichen Gründen gezwungen sind, eine bestimmte Region zu benutzen, dann empfiehlt es sich deshalb eventuell, Alternativen zu prüfen.

Sie können sich die Liste der innerhalb Ihres Abonnements verfügbaren Regionen mit dem Befehl `az account list-locations` ausgeben lassen. Die dabei ausgegebenen Längen- und Breitenkoordinaten sind aber nicht die Daten von Rechenzentren (deren genaue Position wird in der Regel geheim gehalten), sondern sind rein willkürliche Punkte, die als Zentrum einer Azure-Region angegeben werden. So weisen zum Beispiel die Koordinaten bei *germanywestcentral* auf das Zentrum von Frankfurt am Main. Die Region *germanynorth* hat Bremen als Mittelpunkt, und *northeurope* ist die Region Dublin.

Die Azure-Regionen sind in Verfügbarkeitszonen unterteilt. Das sind physisch getrennte Standorte innerhalb einer Region, die mindestens aus einem Rechenzentrum bestehen. Sie können zum Beispiel die Knoten, die zu einem Cluster gehören, auf verschiedene Verfügbarkeitszonen verteilen und damit eine erhöhte Ausfallsicherheit sicherstellen.

3.2.3 VMs erzeugen

Bevor Sie einen virtuellen Cloud-Server in Azure erstellen können, müssen Sie sich entscheiden, welches Betriebssystem-Image Sie dafür verwenden möchten. Um ein bestimmtes Betriebssystem oder eine bestimmte Version davon einsetzen zu können, müssen Sie recherchieren, unter welcher URN sein Image innerhalb von Azure verfügbar ist.

Image recherchieren

Der Befehl `az vm image list` gibt Ihnen eine kurze Liste von Maschinenimages aus, die am häufigsten verwendet werden. Diese Liste wird nicht aus dem API abgefragt, wenn Sie den Befehl auslösen, sondern ist fest in `azure-cli` eingebaut:

```
~$ az vm image list
You are viewing an offline list of images, use --all to retrieve an
up-to-date list
[
  {
    "offer": "CentOS",
    "publisher": "OpenLogic",
    "sku": "7.5",
    "urn": "OpenLogic:CentOS:7.5:latest",
    "urnAlias": "CentOS",
    "version": "latest"
  },
  {
    "offer": "CoreOS",
    "publisher": "CoreOS",
    "sku": "Stable",
    "urn": "CoreOS:CoreOS:Stable:latest",
    "urnAlias": "CoreOS",
    "version": "latest"
  },
```

Sie finden auf dieser Liste die Linux-Serverdistributionen CentOS, CoreOS, Debian, openSUSE Leap, Red Hat Enterprise Linux, Suse Enterprise Server und Ubuntu Server sowie verschiedene Versionen von Windows Server. Bei der Benutzung von Windows-VMs fallen zusätzlich zum Mietpreis Lizenzgebühren an.

Beachten Sie die bei Imageinformationen vorkommenden Datenfelder, die sich überwiegend selbst erklären. Das Datenfeld `sku` (*stock keeping unit*) enthält bei einer Linux-Distribution die Veröffentlichungsnummer eines Stable Release. Das Feld `version` hingegen transportiert entweder untergeordnete Release-Nummern wie *weekly builds*, bei den Stücken in dieser Liste allerdings alternativ das Tag `latest`. Die URN ist immer in der Form von `Publisher:Offer:Sku:Version` eine Kombination der anderen Felder. Für die Stücke in dieser Kurzliste ist jeweils ein praktischer kurzer `urnAlias` verfügbar, den Sie bei der Erzeugung einer VM alternativ zu einer URN angeben können.

Eine Liste *aller* in Azure im sogenannten Marketplace verfügbaren Images können Sie sich mit demselben Befehl ausgeben lassen, an den Sie einfach die Option `--all` anhängen. Beachten Sie, dass es bei der Gesamtabfrage mit diesem Schalter ohne weitere Eingrenzung immer eine ganze Weile (bis zu einigen Minuten) dauern kann, bis Sie ein Ergebnis erhalten. Das ausgeworfene JSON-Dokument sollten Sie unbedingt in eine Datei umleiten, denn schon bei Abfassung dieses Kapitels enthielt es die Daten von insgesamt 12.388 verfügbaren Images.

Es ist also empfehlenswert, die Suche im Marketplace mit `--all` immer einzuschränken, und dafür stehen Ihnen unter anderem die weiteren Schalter `--offer`, `--publisher` und `--sku` zur Verfügung. Darüber hinaus sollten Sie immer auch noch `--location` einsetzen, um sich wirklich nur die Images ausgeben zu lassen, die in der Region verfügbar sind, in der Sie eine VM aufsetzen wollen. Setzen Sie also zum Beispiel folgenden Befehl ab, um sich alle Images mit Ubuntu 22.04 anzeigen zu lassen, die in der Region Dublin verfügbar sind:

```
~$ az vm image list --all --publisher Canonical --sku 22_04 \
      --location northeurope
[
  {
    "architecture": "x64",
    "offer": "0001-com-ubuntu-server-jammy",
    "publisher": "Canonical",
    "sku": "22_04-lts-gen2",
    "urn": "Canonical:0001-com-ubuntu-server-jammy:22_04-lts-
gen2:22.04.202312060",
    "version": "22.04.202312060"
  },
  {
    "architecture": "x64",
    "offer": "0001-com-ubuntu-server-jammy",
    "publisher": "Canonical",
    "sku": "22_04-lts-gen2",
    "urn": "Canonical:0001-com-ubuntu-server-jammy:22_04-lts-
gen2:22.04.202401191",
    "version": "22.04.202401191"
  },
  {
    "architecture": "x64",
    "offer": "0001-com-ubuntu-server-jammy",
```

```
    "publisher": "Canonical",
    "sku": "22_04-lts-gen2",
    "urn": "Canonical:0001-com-ubuntu-server-jammy:22_04-lts-
gen2:22.04.202401250",
    "version": "22.04.202401250"
  },
```

Hinweis

Für Ihre Abfrage sollten Sie sich das Format der SKU genau ansehen. Nach der Version 19.04 wurde das Format auf die Form 24_04 angepasst. Auch in Zukunft können sich die Inhalte dieser Felder verändern.

Suchen Sie am besten immer nach einem der aktuellen Betriebssysteme, um auch alle Security-Updates zu erhalten.

Ausgabeformate

Das Standard-Ausgabeformat von `azure-cli` ist JSON, wie Sie bereits gesehen haben. Der Client bietet aber noch einige andere Formate, die Sie alternativ über den Schalter `-o/--output` auswählen können. Hier gibt es beispielsweise `jsonc` für farbigen JSON-Output.

Mit dem Argument `table` können Sie sich die Rückgabe von Befehlen als Alternative aber auch noch in einem Tabellenformat ausgeben lassen. Das Ergebnis ist eine wesentlich übersichtlichere Darstellung, die viele Informationen auf kleinem Raum anzeigt (in der Ausgabe fehlt hier aus Platzgründen `Version`):

```
~$ az vm image list --all --publisher Canonical --sku 22_04 \
   --location northeurope --output table
Offer         Publisher   Sku    Urn
------------  ---------   -----  -----------------------------------------
UbuntuServer  Canonical   22_04  Canonical:UbuntuServer:19.04:19.04.201904170
UbuntuServer  Canonical   22_04  Canonical:UbuntuServer:19.04:19.04.201905140
UbuntuServer  Canonical   22_04  Canonical:UbuntuServer:19.04:19.04.201906040
UbuntuServer  Canonical   22_04  Canonical:UbuntuServer:19.04:19.04.201906050
UbuntuServer  Canonical   22_04  Canonical:UbuntuServer:19.04:19.04.201906190
UbuntuServer  Canonical   22_04  Canonical:UbuntuServer:19.04:19.04.201906270
UbuntuServer  Canonical   22_04  Canonical:UbuntuServer:19.04:19.04.201906280
```

Hinweis

Beachten Sie, dass die Ausgabe im `table`-Format nicht in jedem Fall die genaue Repräsentation des Dokuments ist, die Ihnen bei `json` als Standard-Ausgabe von `az` zurückgegeben wird. In manchen Fällen findet auch eine Reduzierung der Informationen auf

Kernelemente statt, die als maßgeblich angesehen werden. Ein Beispiel dafür ist die Rückgabe von az group:

```
~$ az group list
[ {
    "id": "/subscriptions/54c6f7b7-3c3f-4068-a1b8
            -51bddf711d33/resourceGroups/MeineRG",
    "location": "northeurope",
    "managedBy": null,
    "name": "MeineRG",
    "properties": {
      "provisioningState": "Succeeded"
    },
    "tags": null,
    "type": "Microsoft.Resources/resourceGroups"
  } ]
~$ az group list --output table
Name     Location     Status
-------  -----------  ---------
MeineRG  northeurope  Succeeded
```

Ein weiteres Ausgabeformat von azure-cli ist tsv (*tab-separated values*). Diese Ausgabe ist das Format der Wahl, wenn Sie zum Beispiel in einem Shellskript az-Befehle absetzen und ihre Rückgaben etwa mit awk automatisiert auswerten wollen:

```
~$ az vm image list --output tsv | head -n 7
You are viewing an offline list of images, use --all to
retrieve an up-to-date list
CentOS  OpenLogic   7.5 OpenLogic:CentOS:7.5:latest CentOS  latest
CoreOS  CoreOS  Stable  CoreOS:CoreOS:Stable:latest CoreOS  latest
debian-10   Debian  10  Debian:debian-10:10:latest  Debian  latest
openSUSE-Leap   SUSE    42.3    SUSE:openSUSE-Leap:42.3:latest  openSUSE-Leap
RHEL    RedHat  7-LVM   RedHat:RHEL:7-LVM:latest    RHEL    latest
SLES    SUSE    15  SUSE:SLES:15:latest SLES    latest
UbuntuServer    Canonical   18.04-LTS   Canonical:UbuntuServer:18.04-
LTS:latest  UbuntuLTS   latest

~$ az vm image list --output tsv 2>/dev/null | \
      awk '/Ubuntu/{print $(6)}'
Ubuntu2204
```

Die tsv-Ausgabe ist auch nützlich, wenn Sie zurückgegebene JSON-Dokumente direkt bei der Ausgabe mit --query auswerten und nur einen bestimmten Wert ohne Formatierung ausgeworfen bekommen möchten. Im Folgenden sehen wir uns eine Reihe von Beispielen für diesen Anwendungsfall an.

az vm create

Eine neue VM erstellen Sie mit dem Befehl `az vm create`, zum Beispiel auf folgende Weise:

```
~$ az vm create \
    --name MeineVM \
    --resource-group MeineRG \
    --image Ubuntu2204 \
    --admin-username myuser \
    --verbose
Use existing SSH public key file: /home/vagrant/.ssh/id_rsa.pub
{
  "fqdns": "",
  "id": "/subscriptions/54c6f7b7-3c3f-4068-a1b8-51bddf711d33/resourceGroups/
        MeineRG/providers/Microsoft.Compute/virtualMachines/MeineVM",
  "location": "northeurope",
  "macAddress": "00-0D-3A-B1-7A-39",
  "powerState": "VM running",
  "privateIpAddress": "10.0.0.4",
  "publicIpAddress": "65.52.67.224",
  "resourceGroup": "MeineRG",
  "zones": ""
}
command ran in 35.383 seconds.
```

Folgende Kommandozeilenoptionen sind hier zum Einsatz gekommen:

- Notwendige Optionen für den Subbefehl `vm create` sind `-n`/`--name` für den Namen des virtuellen Servers und `-g`/`--resource-group` für die gewünschte Ressourcengruppe.
- Mit `--image` wählen Sie das gewünschte Betriebssystem aus. Diese Option verlangt als Argument eine Image-URN oder wie im Beispiel einen URN-Alias. Dieser Alias stammt aus der Liste der häufig verwendeten Betriebssysteme als Rückgabe von `az image list` ohne den Schalter `--all`.
- Die im Anwendungsbeispiel verwendete Option `--admin-username` ist nicht unbedingt notwendig. Den Usernamen für den Default-User auf der VM (die Option müsste deswegen eher auch `default-username` heißen) extra anzugeben, empfiehlt sich aber auf jeden Fall. Sonst wird nämlich der Username verwendet, den Sie als Linux-User auf Ihrem Arbeitsrechner haben (den Sie mit `whoami` abfragen können),

was meistens eher nicht erwünscht ist. Die Usernamen *root* und *admin* zu verwenden, ist nicht möglich; der Client bricht beim Versuch mit einer Fehlermeldung ab.

Darüber hinaus kennt der Befehl `az vm create` noch eine ganze Reihe von optionalen Kommandozeilenoptionen mehr. Darunter finden sich zum Beispiel die folgenden Schalter:

- Die Größe einer neuen VM ist per Voreinstellung `Standard_DS1_v2`. Diesen Default-Wert können Sie mit der Kommandozeilenoption `--size` überschreiben, zum Beispiel also `--size Standard_DS5_v2` mitgeben. Beachten Sie, dass die Default-Maschinengröße vom Freikontingent her nur über das eingeräumte Guthaben abgedeckt ist, aber nicht zum kostenfreien Angebot gehört.
- Mit der Option `--custom-data` können Sie Userdaten für *Cloud-Init* mitgeben (siehe Abschnitt 5.2). Microsoft setzt, wie viele andere IaaS-Anbieter auch, Cloud-Init ein. Ob das als Konfigurationsmöglichkeit jeweils verfügbar ist, hängt aber natürlich von dem eingesetzten Image ab.
- Ein weiterer optionaler Schalter ist `--admins-password`, mit dem Sie ein Kennwort für die Anmeldung auf der VM einstellen können. Es muss zwischen 12 und 72 Zeichen lang sein und einige andere Bedingungen erfüllen. (Die Bedingungen gibt `az` Ihnen aus, wenn Ihre Eingabe nicht den Vorlagen entspricht.) Dafür müssen Sie allerdings auch noch mit `--authentication-type` entweder `all` (beide Verfahren sind alternativ möglich) oder `password` (nur Kennwort-Authentifizierung) mitgeben. Die Voreinstellung bei Linux-VMs für diesen Schalter ist `ssh`, was die Public-Key-Authentication bezeichnet. Eine Kennwort-Authentifizierung empfiehlt sich für Produktivsysteme aber auf keinen Fall, auch wenn das bei Azure auf diese Weise möglich ist.
- Der Client wartet normalerweise so lange, bis die VM endgültig erstellt ist, bevor er sich beendet. Dieses Verhalten können Sie mit `--no-wait` dahingehend ändern, dass kein Warten stattfindet. Das ist ganz nützlich, wenn Sie einen `az`-Befehl von einem Shellskript aus absetzen möchten und nachfolgende Befehle nicht unbedingt auf das Ergebnis warten müssen oder wenn Sie schon einmal an etwas anderem weiterarbeiten möchten.

Maschinengröße

Wie bei anderen IaaS-Anbietern auch, so besteht ebenfalls bei Azure nicht die Möglichkeit, sich eine virtuelle Maschine mit beliebigen Werten in den Kategorien »Anzahl der CPU-Kerne«, »Größe des Arbeitsspeichers« und »Netzwerkperformance« selbst zusammenzustellen. Stattdessen wird Ihnen auch bei Azure eine Reihe von Zuschnitten angeboten, aus denen Sie sich ein für Ihre Zwecke geeignetes Angebot heraussuchen müssen. Wählen Sie also den *Maschinentyp*, der sich für Ihre Zwecke am besten eignet, und zwar in einer Größe, die der erwarteten Arbeitsleistung möglichst genau entspricht.

Die verfügbaren Maschinentypen sind in Klassen organisiert. Einige Typen bieten als eine Klasse ein ausgewogenes Verhältnis von CPU zu Arbeitsspeicher und sind damit für allgemeine Zwecke vorgesehen. Aber es gibt in Azure auch rechenleistungsoptimierte Typen mit vielen Kernen, arbeitsspeicheroptimierte und speicheroptimierte (für hohen Blockspeicherdurchsatz ausgelegte) Maschinen. Außerdem gibt es Typen mit GPU-Grafikhardware und aus dem Bereich High Performance Computing.

Maschinentypen in Azure sind immer durch ihre Familie und meistens auch noch durch eine Version bezeichnet. Die generelle Klasse enthält zum Beispiel die Typen *Bs*, *A-v2*, *D-v2*, *D-v3*, *DS-v2*, *Ds-v3*, *Da-v4*, *Das-v4* und *DC*. Die Typen unterscheiden sich unter anderem dadurch, welcher Prozessortyp zum Einsatz kommt (Intel Xeon oder AMD Epyc) und ob Premium-Storage-Devices angedockt werden können. *Bs*-Maschinen sind besonders preisgünstige *burstable* virtuelle Maschinen für geringe Grundlast, wie etwa bei wenig besuchten Webseiten.

Die jeweilige Größenbezeichnung wird auf Grundlage dieser Typenbezeichnungen gebildet. So sind beim Typ *A-v2* die Größen *A1-v2*, *A2-v2*, *A2m-v2*, *A4-v2*, *A4m-v2* usw. verfügbar. Die Leistungswerte steigen dabei kontinuierlich an:

- *DS-v2* zum Beispiel beginnt mit einer vCPU und 3,5 GB RAM (*DS1-v2*) und steigert sich bis zu 16 Kernen und 56 GB RAM (*DS5-v2*).
- Der Typ *Ds-v3* steigt mit 2 vCPUs und 8 GB RAM ein *(D2s-v3*) und geht hoch bis 64 vCPUs und 256 GB RAM (*D64s-v3*).

Eine von Microsoft benutzte Maßeinheit für die Bewertung der Leistung von virtuellen Maschinen sind ACUs (*Azure Compute Unit*).

Sie können sich die in einer bestimmten Region verfügbaren Maschinentypen und -größen mit dem Befehl `az vm list-sizes -location foo` anzeigen lassen. Die Typenklassen spielen hierbei keine Rolle. In *northeurope* waren es bei Abfassung dieses Artikels 261 Stück, in *germanywestcentral* 133.

Im standardmäßigen nutzungsbasierten Preismodell werden die Maschinen minutenweise abgerechnet. Zu dem Mietpreis für den jeweiligen Maschinentyp kommen immer noch Kosten für Blockspeicher und für Netzwerkverkehr hinzu.

SSH-Schlüssel

Azure unterstützt zurzeit SSH-Schlüsselpaare vom Typ *RSA* mit einer Mindestlänge von 2048 Bits, aber (wie andere Anbieter auch) noch nicht die Typen *ed25519*.

Beim Einbinden von öffentlichen SSH-Schlüsseln in die erzeugte VM verfährt `azure-cli` auf folgende Weise:

- Wie Sie im Beispiel einer der zusätzlichen Informationszeilen entnehmen können (die ausgegeben werden, wenn Sie den `create`-Befehl mit dem Schalter `--verbose` auslösen), wird der öffentliche SSH-Schlüssel für den Zugriff auf die VM hier automatisch eingebunden. Der Dateiname *~/.ssh/id_rsa.pub* ist der Default-Dateiname für den öffentlichen Teil eines RSA-Schlüsselpaares, wenn Sie ihn mit `ssh-keygen` generieren. Der Client bindet ihn automatisch in die VM ein, wenn eine solche Schlüsseldatei auf Ihrem Arbeitsrechner bereitliegt und Sie nichts anderes angeben.
- Wenn Sie einen anderen Schlüssel für die neu erzeugte VM verwenden möchten, dann können Sie ihn mit der Kommandozeilenoption `--ssh-key-values` für `az vm create` angeben. Diese Option kann mehrere öffentliche Schlüssel einbinden, und zwar einfach durch ein Space getrennt. Sie müssen hierbei allerdings immer den kompletten Pfad zu den Schlüsseldateien angeben, also zum Beispiel `--ssh-key-values ~/.ssh/myazurekey.pub`.
- Sollte noch kein SSH-Schlüsselpaar bereitliegen, wenn Sie eine VM erzeugen möchten, dann erzeugt `azure-cli` eines automatisch für Sie, wenn Sie beim Erzeugen einer VM die Option `--generate-ssh-keys` mitgeben.

In VM einloggen

Ein unmittelbarer Weg, um sich noch einmal die IP-Adressen einer laufenden virtuellen Maschine ausgeben zu lassen, ist die Tabellen-Ausgabe des Unterbefehls `list-ip-adresses`. Er verlangt nur den Namen der VM, von der Sie diese Informationen haben möchten:

```
~$ az vm list-ip-addresses --name MeineVM --output table
VirtualMachine    PublicIPAddresses    PrivateIPAddresses
----------------  -------------------  --------------------
MeineVM           65.52.67.224         10.0.0.4
```

Sie können sich damit per SSH-Protokoll in die Instanz einloggen. Wie `az vm create` verwendet auch `ssh` die Datei *~/.ssh/id_rsa.pub* als öffentlichen Schlüssel, wenn diese vorhanden ist. Beachten Sie, dass `myuser` als Username des Default-Users beim Erzeugen der VM eingestellt wurde. Um sich auf diese VM einzuloggen, genügt also folgender Befehl:

```
~$ ssh myuser@65.52.67.224
Welcome to Ubuntu 22.04.4 LTS (GNU/Linux 6.5.0-1021-azure x86_64)
Last login: Tue Jun 4 12:47:43 2024 from 87.175.118.44
To run a command as administrator (user "root"), use "sudo <command>".
See "man sudo_root" for details.
myuser@MeineVM:~$
```

Hier können Sie jetzt zum Ausprobieren einfach mal mit `sudo apt-get update && sudo apt-get install -y nginx` den Webserver Nginx als Linux-Paket installieren. Den benötigen wir später.

Port freischalten

Bei Azure-VMs ist per Default der TCP-Port 22 für SSH-Verbindungen freigeschaltet. Für andere Ports gilt das aber nicht. Wenn Sie also zum Beispiel den gerade installierten Webserver auf der VM ansprechen wollen, funktioniert das ohne Weiteres erst einmal nicht.

Mit dem Unterbefehl `open-port` von `az` können Sie das bewerkstelligen. Setzen Sie folgenden Befehl ab, um etwa den Port 80 für HTTP-Verbindungen für diese laufende VM freizuschalten:

```
~$ az vm open-port --port 80 --resource-group MeineRG --name MeineVM
{
  "defaultSecurityRules": [
    {
      "access": "Allow",
      "description": "Allow inbound traffic from all VMs in VNET",
      "destinationAddressPrefix": "VirtualNetwork",
      "destinationAddressPrefixes": [],
      "destinationApplicationSecurityGroups": null,
      "destinationPortRange": "*",
      "destinationPortRanges": [],
      "direction": "Inbound",
      "etag": "W/\"3f97fd10-69f2-49dc-8eea-4c958ccaa478\"",
      "id": "/subscriptions/54c6f7b7-3c3f-4068-a1b8-51bddf711d33/
          resourceGroups/MeineRG/providers/Microsoft.Network/
          networkSecurityGroups/MeineVMNSG/defaultSecurityRules/
          AllowVnetInBound",
      "name": "AllowVnetInBound",
      "priority": 65000,
      "protocol": "*",
      "provisioningState": "Succeeded",
      "resourceGroup": "MeineRG",
      "sourceAddressPrefix": "VirtualNetwork",
      "sourceAddressPrefixes": [],
      "sourceApplicationSecurityGroups": null,
      "sourcePortRange": "*",
      "sourcePortRanges": [],
      "type": "Microsoft.Network/networkSecurityGroups/defaultSecurityRules"
    },
```

Als Rückgabe erhalten Sie (in Form eines mehrseitigen JSON-Dokuments) noch einmal alle aktuell für diese VM gültigen Sicherheitsregeln. Das sind Regeln, die nicht nur die Kommunikation mit dem Internet betreffen, sondern auch den Verkehr innerhalb des zugrunde liegenden virtuellen Netzwerks (VNET).

Mit freigeschaltetem Port 80 können Sie nun den Nginx-Webserver auf diesem VM vom Internet aus ansprechen:

```
~$ curl -s 65.52.67.224 | tail -n 4
<a href="http://nginx.com/">nginx.com</a>.</p>
<p><em>Thank you for using nginx.</em></p>
</body>
</html>
```

3.2.4 VMs verändern

Der Client `az` kennt eine Reihe von Unterbefehlen, mit denen Sie die Daten von laufenden virtuellen Maschinen überprüfen können:

- Mit `az vm list` können Sie sich die Datensätze aller in Ihrem Abonnement laufenden Maschinen als ein großes JSON-Dokument ausgeben lassen. Mit dem Schalter `--resource-group` lässt sich die Suche auf eine bestimmte Ressourcengruppe eingrenzen.
- Der Befehl `az vm show` gibt Ihnen ein Datenblatt einer bestimmten Maschine aus, wofür es notwendig ist, die Optionen `--resource-group` und `--name` mitzugeben.

  Das Format `table` als Ausgabe zeigt als informationellen Mehrwert hier aber lediglich *Location* und *Zones* (falls eingesetzt) an.
- Eine umfangreichere Sammlung von Informationen über eine bestimmte Maschine bekommen Sie aber mit dem Befehl `az vm get-instance-view`.

  Die gekürzte Ausgabe im Format `table` beinhaltet hier neben der Location auch noch die Statusinformationen `ProvisioningState` und `PowerState`. In bestimmten Situationen ist es ganz praktisch, eine solche Kurzübersicht zu haben.

Rückgabe-Querying

Das CLI-Tool `az` hat eine gute Eigenschaft, mit der Sie die von `get-instance-view` und anderen Unterbefehlen zurückgegebenen JSON-Dokumente bewältigen können, die zum Teil mehrere Bildschirmseiten lang sind. Und zwar ist das die Option `--query` mit der dahinterstehenden Bibliothek.

Diesen Schalter besitzt der CLI-Client von Amazon Web Services `aws` zwar auch (vergleiche Abschnitt 3.1.2), Microsoft legt hier allerdings noch einen drauf und hat hierfür eine Bibliothek für die JSON-Abfragesprache *JMESpath* eingebaut. Das bietet Ihnen eine Fülle von Möglichkeiten, um von `az` zurückgegebene JSON-Dokumente direkt bei der Ausgabe auszuwerten. Diese Möglichkeiten gehen weit über die Fähigkeit hinaus, nur bestimmte Datenfelder zu isolieren. Sie können auch mehrere Datenfelder zusammen ausgeben lassen, beliebig arrangieren, für die Ausgabe umbenennen und vieles mehr. Aber es gibt sogar auch eingebaute Funktionen, mit denen Sie etwa in einem Array Datenfelder mit den höchsten numerischen Werten suchen können. Der Funktionsumfang von `az` übertrifft damit sogar die Vielfalt des JSON-Parsers `jq`, wodurch es sich erübrigt, diesen in einer Pipe auf der Kommandozeile zusammen mit `az` einzusetzen.

Einige Beispielabfragen sollen die Stärke der Option `--query` verdeutlichen. Um die Übersichtlichkeit zu wahren, verwenden die Beispiele einen Alias `viewMeineVM`, der den statischen Teil eine Abfrage der Laufzeitdaten der bereits erstellten virtuellen Maschine `MeineVM` enthält.

Folgende Abfrage gibt Ihnen gezielt die Maschinengröße der VM aus, die per Default von `az vm create` ausgewählt worden ist:

```
~$ alias viewMeineVM="az vm get-instance-view -g MeineRG -n MeineVM -o tsv"

~$ viewMeineVM --query 'hardwareProfile.vmSize'
Standard_DS1_v2
```

Mit diesem Befehl zum Beispiel können Sie sich gleichzeitig mehrere Datenfelder mit Informationen zum verwendeten Maschinenimage ausgeben lassen:

```
~$ viewMeineVM --query 'storageProfile.imageReference.[offer, sku,
     exactVersion]'
0001-com-ubuntu-server-jammy
22_04-lts-gen2
22.04.202405140
```

Diese Abfrage gibt Ihnen den gegenwärtigen `PowerStatus` aus. Die JMESpath-Abfrage sucht sich dabei das richtige Datenfeld selbst:

```
~$ viewMeineVM --query "instanceView.statuses
     [?starts_with(code,'PowerState/')].displayStatus"
VM running
```

Und diese Abfrage schließlich wirft Ihnen die Größe des eingebundenen Blockspeicher-Device für das Wurzeldateisystem aus sowie die dafür eingestellte Caching-Methode. Die JMESpath-Abfrage ist so geschrieben, dass die beiden Datenfelder für die Ausgabe umbenannt werden:

```
~$ viewMeineVM --query "storageProfile.osDisk.
       {cachingmethode: caching,groesse: diskSizeGb}" --output json
{
```

```
  "cachingmethode": "ReadWrite",
  "groesse": 30
}
```

Im von der API zurückgegebenen JSON-Dokument gibt es schlichtweg keine deutschsprachigen Datenfelder.

JMESpath

JMESpath (*http://jmespath.org/*) ist eine umfangreiche Abfragesprache für JSON, deren Funktionalität und Umfang mit XPath für XML vergleichbar ist. Die Sprache ist gediegen und vollständig spezifiziert:

http://jmespath.org/specification.html

Der Umgang mit ihr benötigt ein wenig Einarbeitung, die sich angesichts der Tatsache, dass man es beim Cloud-Engineering ständig mit JSON-Dokumenten zu tun hat, aber auf lange Sicht durchaus auszahlt. JMESpath ist auf der Kommandozeile mit dem CLI-Tool `jp` für allgemeine Zwecke verfügbar.

Für den Einstieg empfiehlt es sich, das Tutorial auf der Produktwebseite durchzuarbeiten (*http://jmespath.org/tutorial.html*). Außerdem ist für das Experimentieren mit JMESpath ein interaktives Terminal verfügbar (*https://github.com/jmespath/jmespath.terminal*).

Powerstatus ändern

Mit dem Befehl `az vm stop` können Sie eine bestimmte VM anhalten. Sie können danach den Powerswitching-Status einfach mit der Tabellenausgabe von `get-instance-view` überprüfen:

```
~$ az vm stop --resource-group MeineRG --name MeineVM
About to power off the specified VM...
It will continue to be billed. To deallocate a VM, run: az vm deallocate.

~$ az vm get-instance-view --resource-group MeineRG --name MeineVM \
    --output table
Name      ResourceGroup  Location     ProvisioningState  PowerState
-------   -------------  -----------  -----------------  ------------
MeineVM   MeineRG        northeurope  Succeeded          VM stopped
```

Die VM wird beim Anhalten ordentlich heruntergefahren und dann gestoppt. Wie Sie in der Ausgabe des `stop`-Befehls lesen können, wird die Maschine in diesem Zustand aber weiter berechnet. Denselben Zustand erreichen Sie, wenn Sie in der VM `systemctl poweroff` auslösen. Bei `systemctl halt` wird zwar das Linux heruntergefahren, die Maschine ist danach aber noch als `running` gekennzeichnet.

Mit dem Befehl `az vm start` können Sie eine angehaltene VM wieder starten. Diese Aktion hat bei einer VM, auf der vorher `systemctl halt` ausgeführt worden ist, keine Wirkung.

Der Befehl `az vm restart` übernimmt die Funktion der beiden anderen hintereinander ausgeführten Befehle `start` und `stop`. Hierbei ist der Schalter `--no-wait` wieder ganz praktisch, der die Kommandozeile direkt wieder freigibt, nachdem der Befehl abgesetzt worden ist.

Die *Disallokation* (Freigabe, Aufhebung der Zuordnung) einer VM reicht weiter, als diese nur anzuhalten. Einer der tiefer gehenden Effekte der Freigabe ist, dass eine VM in diesem Status nicht weiterberechnet wird. Um aus diesem Zustand herauszukommen, kann sie einfach wieder gestartet werden. Beide, die private und auch die öffentliche IPv4-Adresse haben sich danach aber verändert (hier sehen Sie noch mal ein Beispiel für die Abfrage mit `--query`):

```
~$ az vm list-ip-addresses -g MeineRG -n MeineVM \
    --query '[].virtualMachine.network.publicIpAddresses[].ipAddress' -o tsv
65.52.67.224

~$ az vm deallocate -g MeineRG -n MeineVM

~$ az vm start -g MeineRG -n MeineVM

~$ az vm list-ip-addresses -g MeineRG -n MeineVM \
    --query '[].virtualMachine.network.publicIpAddresses[].ipAddress' -o tsv
40.69.32.151
```

VM löschen

Mit dem Befehl `az vm delete` können Sie eine VM löschen. Sie muss dafür weder angehalten noch freigegeben sein:

```
~$ az vm delete --resource-group MeineRG --name MeineVM
Are you sure you want to perform this operation? (y/n): y
```

Eine Sache ist dabei aber, dass hinterher zwar die VM nicht mehr existiert, die mit ihr erzeugten Ressourcen aber weiterhin in der Ressourcengruppe vorhanden sind (Tabellen-Ausgabe stark verkürzt):

```
~$ az resource list --resource-group MeineRG --output table
Name                               Type
---------------------------------  -------------------------------------
MeineVM_disk1_6c9b0ef82e634c8fb5da Microsoft.Compute/disks
MeineVMVMNic                       Microsoft.Network/networkInterfaces
```

```
MeineVMNSG                      Microsoft.Network/networkSecurityGroups
MeineVMPublicIP                 Microsoft.Network/publicIPAddresses
MeineVMVNET                     Microsoft.Network/virtualNetworks
```


Sie können die verwaisten Ressourcen dann zwar nacheinander mit `az resource delete` löschen, das ist aber eine aufwendige Prozedur. Sie könnten sich zwar einen Shell-Loop basteln, der über die verbleibenden Ressourcen in dieser Gruppe mit `delete` iteriert. Allerdings verlangt `resource delete` außer dem Namen oder der ID einer Ressource immer auch mit `--resource-type` ihren jeweiligen Typ, was die Sache schwieriger macht:

```
~$ az resource delete --resource-group MeineRG --name MeineVMVNET
--resource-type is required
```

Ein bisschen einfacher ist es, mit `az resource delete` gleich die gesamte Ressourcengruppe einzustampfen:

```
~$ az group delete --resource-group MeineRG --verbose
Are you sure you want to perform this operation? (y/n): y
command ran in 216.179 seconds.
```

Maschinengröße ändern

Sie können die Größe einer VM ohne Probleme nachträglich ändern. Und zwar funktioniert das in Azure zur Laufzeit – ohne dass die Maschine dafür freigegeben werden muss und bei dem Wechsel ihre bisherigen IP-Adressen verliert. Allerdings gibt es dabei folgende Einschränkungen:

- Die gewünschte Größe muss mit der aktuellen Konfiguration kompatibel sein. (So muss geklärt werden, ob etwa Premium-Blockspeicher-Devices eingebunden sind, die nicht von allen Maschinentypen unterstützt werden.)
- Die gewünschte Größe muss im aktuellen Hardwarecluster im Rechenzentrum verfügbar sein.

Welche Optionen Sie haben, um die Größe einer bestimmten VM zu ändern, können Sie sich mit dem Subbefehl `list-vm-resize-options` ausgeben lassen. Der Befehl gibt Ihnen also eine Liste mit allen Größenkonfigurationen zurück, zu denen Sie mit einer bestimmten VM unmittelbar wechseln können:

```
~$ az vm list-vm-resize-options -g MeineRg -n MeineVM -o table
Memory  Name                  Cores  OsDiskSize  ResourceDiskSize
------  --------------------  -----  ----------  ----------------
3584    Standard_DS1_v2       1      1047552     7168
7168    Standard_DS2_v2       2      1047552     14336
14336   Standard_DS3_v2       4      1047552     28672
```

```
28672    Standard_DS4_v2       8     1047552    57344
57344    Standard_DS5_v2       16    1047552    114688
14336    Standard_DS11-1_v2    2     1047552    28672
14336    Standard_DS11_v2      2     1047552    28672
28672    Standard_DS12-1_v2    4     1047552    57344
28672    Standard_DS12-2_v2    4     1047552    57344
28672    Standard_DS12_v2      4     1047552    57344
57344    Standard_DS13-2_v2    8     1047552    114688
```

Sie können dann den Unterbefehl `resize` von `az vm` verwenden, um auf eine andere Maschinengröße zu wechseln. Damit können Sie zum Beispiel von der als Standard eingestellten Größe `Standard_DS1_v2` auf die nächste verfügbare Größe `D2-v2` wechseln. Sie haben danach einen virtuellen Kern mehr zur Verfügung:

```
~$ ssh myuser@13.74.248.225 lscpu | head -n 4 | tail -n 1
CPU(s):                1

~$ az vm resize -g MeineRG -n MeineVM --size Standard_DS2_v2

~$ ssh myuser@13.74.248.225 lscpu | head -n 4 | tail -n 1
CPU(s):                2
```

Der Vorgang des Wechselns dauert einen Augenblick. Die virtuelle Maschine wird bei dieser Aktion natürlich neu gestartet.

[»]

Hinweis

Wenn Sie auf eine Maschinengröße wechseln wollen, die zwar in derselben Region vorhanden ist, aber nicht im aktuellen Hardwarecluster verfügbar ist, dann können Sie den Wechsel vornehmen, indem Sie die Maschine zunächst freigeben. Setzen Sie dafür die Subbefehle `deallocate`, `resize` und `start` hintereinander ab.

3.2.5 Image anpassen

Eine sehr praktische Einrichtung bei Azure ist die Möglichkeit, sich aus einer laufenden VM heraus ein angepasstes Image für die Weiterverwendung mit anderen neuen VMs zu generieren. Das ist nützlich, wenn man schnell etwas Bestimmtes als Image anfertigen möchte, ohne sich vorher dazu aufwendig ein Template für Packer (siehe Abschnitt 5.1) schreiben zu müssen.

Die Funktionalität dieser Operation ist vergleichbar mit dem Befehl `commit` bei Docker, mit dem ein aktueller Änderungsstand in einem Docker-Container als neuer Layer auf das zugrunde liegende Image gelegt wird. Der technische Hintergrund ist jedoch ein anderer.

[«] 3

> **Hinweis**
>
> Gegenüber der Vorgehensweise, ein neues Image mit Packer zu bauen, hat diese Methode, in der Sie »heiße« Änderungen in ein Image abspeichern, einige Nachteile. Beim Einsatz von Buildern sind die Änderungen durch das dafür aufgesetzte Template dokumentiert, und die Ergebnisse sind reproduzierbar. Außerdem müssen Sie die ganze unautomatisierte Methode immer aufwendig händisch wiederholen, wenn Sie hinterher feststellen, dass Sie bei den Änderungen einen Fehler gemacht haben. Wenn Sie einen »Vertipper«-Tag haben und das zum dritten Mal wieder von vorne machen müssen, dann bereuen Sie es, die Arbeitszeit nicht direkt in ein Packer-Template gesteckt zu haben.
>
> Deshalb empfiehlt es sich, die hier dargestellte Methode eher nur für Experimente und nur weit abseits davon für Produktivumgebungen einzusetzen. Nutzen Sie sie auch nicht als Krücke für bisher noch nicht eingerichtete Automatisierungskomponenten!

Um zu zeigen, wie Sie sich in Azure ein angepasstes Image von Änderungen erzeugen, die Sie an einer laufenden VM vorgenommen haben, genügt ein einfaches Beispiel.

Wenn Sie die obigen Beispiele für das Erzeugen einer VM nachgearbeitet haben, dann verfügen Sie über eine VM mit einem laufenden Ubuntu 22.04 LTS. Darauf ist ein Nginx-Webserver als Linux-Paket aus den voreingestellten Paketquellen installiert. Die dabei eingestellte Standard-Begrüßungsseite ist die Datei */var/www/html/index.nginx-debian.html*, die einen englischen »Welcome to nginx«-Begrüßungstext auswirft, wenn der Server auf dem HTTP-Port 80 angesprochen wird.

Überschreiben Sie einfach diese Standarddatei mit einem beliebigen HTML-Text:

```
~$ echo '<html><body><p>Das ist ein angepasstes Image!</p></body></html>' | \
   sudo tee /var/www/html/index.nginx-debian.html
<html><body><p>Das ist ein angepasstes Image!</p></body></html>

~$ curl localhost
<html><body><p>Das ist ein angepasstes Image!</p></body></html>
```

VM generalisieren

Den gegenwärtigen Zustand dieser VM mit Ubuntu, dem installierten Webserver und der neuen einfachen Begrüßungsseite, die sich aber eindeutig zuordnen lässt, können Sie nun mit wenigen Handgriffen in ein neues Maschinenimage für Azure-VMs umwandeln.

Als ersten Schritt müssen Sie dafür die laufende Maschine generalisieren. Das erreichen Sie, indem Sie auf der VM (!) folgenden Befehl auslösen:

```
myuser@MeineVM:~$ sudo waagent -deprovision+user -force
WARNING! The waagent service will be stopped.
WARNING! Cached DHCP leases will be deleted.
WARNING! root password will be disabled.
         You will not be able to login as root.
WARNING! /etc/resolv.conf will NOT be removed, this is a behavior
         change to earlier versions of Ubuntu.
WARNING! myuser account and entire home directory will be deleted.
```

WA Linux Agent

Das Tool `waagent` ist ein spezielles Konfigurationstool für Linux-Maschinen in Azure, das Microsoft mit in alle Images für Linux-VMs einbaut. Die Dokumentation für dieses Werkzeug finden Sie im GitHub-Repositorium unter *https://github.com/Azure/WA-LinuxAgent*.

Der Schalter `-force` bewirkt lediglich, dass Sie zur Bestätigung nicht mehr gefragt werden, ob die gewünschte Aktion auch wirklich ausgeführt werden soll. Das Ergebnis davon ist ziemlich drastisch, und aus der Rückgabe dieses Befehls (aus gutem Grund sind das alles Warnungen) können Sie ein paar der Operationen herauslesen, die im Hintergrund stattgefunden haben. Die Maschine zu generalisieren, bedeutet nämlich, dass

- der Hostname von `MeineVM` auf die allgemeine Einstellung `localhost.localdomain` zurückgesetzt wird und
- das Root-Kennwort gelöscht wird. (Mit ihm kommen Sie normalerweise nicht in Berührung, aber dennoch ist ein Root-Kennwort eingestellt.)
- Außerdem bewirkt die Option `+user` darüber hinaus, dass der Default-User gelöscht wird, und zwar zusammen mit seinem ganzen Heimatverzeichnis.

Wenn Sie möchten, dann können Sie direkt danach einmal ein paar Checks vornehmen, und das Ergebnis dieser Operationen untersuchen:

```
myuser@MeineVM:~$ hostname
localhost.localdomain

myuser@MeineVM:~$ tail -n 1 /etc/passwd
pollinate:x:110:1::/var/cache/pollinate:/bin/false

myuser@MeineVM:~$ ls /home/myuser
ls: cannot access '/home/myuser': No such file or directory
```

Diese VM ist nach dieser Operation für den weiteren Gebrauch ungeeignet, und Sie können sie, wenn Sie einmal ausgeloggt sind, auch nicht mehr betreten.

3

Image generieren

Um von dieser generalisierten VM ein Image zu erzeugen, müssen Sie nun folgende Schritte ausführen;

1. Verlassen Sie zuerst die VM wieder, und geben Sie sie dann zunächst einmal mit `deallocate` frei. Danach kennzeichnen Sie die VM mit dem Unterbefehl `generalize` von `az vm` auch noch als generalisiert:

   ```
   ~$ az vm deallocate --resource-group MeineRG --name MeineVM
   ~$ az vm generalize --resource-group MeineRG --name MeineVM
   ```

2. Die VM zu generalisieren, zieht unter anderem nach sich, dass Sie sie hinterher gar nicht mehr starten können:

   ```
   ~$ az vm start --resource-group MeineRG --name MeineVM
   Operation 'Start VM' is not allowed on VM 'MeineVM' since the VM is general
   ized.
   ```

3. Von der VM in diesem Zustand können Sie dann mit dem Unterbefehl `create` von `az image` ein neues Maschinenimage erzeugen:

   ```
   ~$ az image create --resource-group MeineRG --source MeineVM \
      --name MeinImage
   ```

4. Das Image steht Ihnen danach in der angegebenen Ressourcengruppe zur Verfügung:

   ```
   ~$ az image list --resource-group MeineRG --query '[].id' --output tsv
   /subscriptions/54c6f7b7-3c3f-4068-a1b8-51bddf711d33/
      resourceGroups/MeineRG/providers/Microsoft.Compute/images/MeinImage
   ```

Packer für Azure

Mit dem Builder `azure-arm` für Hashicorp Packer (siehe Abschnitt 5.1) können Sie angepasste Images für VMs in Azure auch Template-basiert anfertigen. Infos über diese Packer-Builder finden Sie hier:

https://packer.io/docs/builders/azure-arm.html

Der Builder benötigt eine im Rahmen der *Role Based Access Control* (*RBAC*) erzeugte Identität (Stichwort: *Dienstprinzipal*), die aus drei Komponenten besteht: `client_id`, `client_secret` und `tenant_id`. Sie können einen solchen Prinzipal mit dem Befehl `az ad sp create create-for-rbac` generieren. Darüber hinaus benötigt der Builder auch noch die ID Ihres Abonnements, die Sie sich mit `az account show` ausgeben lassen können.

Ein geeignetes Packer-Template für Azure sieht etwa so aus:

```
{ "builders" : [ {
      "type" : "azure-arm",
```

```
      "client_id" : "875578e7-f332-42ed-97d7-cf9fa346e454",
      "client_secret" : "0a7383da-a343-4224-a7a8-66555a5110c2",
      "tenant_id" : "77ac67a3-f5e2-4d73-8ee4-3d35f54da7e5",
      "subscription_id" : "54c6f7b7-3c3f-4068-a1b8-51bddf711d33",
      "managed_image_name" : "MeinImage2",
      "managed_image_resource_group_name" : "MeineRG3",
      "location" : "northeurope",
      "vm_size" : "Standard_DS1_v2",
      "image_offer" : "UbuntuServer",
      "image_publisher" : "Canonical",
      "image_sku" : "Ubuntu2404",
      "os_type" : "Linux"
    } ],
  "provisioners" : [ {
      "type" : "shell",
      "execute_command" : "sudo {{ .Path }}",
      "inline" : [
        "apt-get update",
        "apt-get -y install nginx",
        "/usr/sbin/waagent -deprovision+user -force -verbose" ]
  } ] }
```

Der Builder setzt auf denselben Azure-Mechanismus zur Erzeugung von Images auf, der in diesem Unterkapitel vorgestellt wird. Wenn Sie den Shell-Provisioner einsetzen, dann schließen Sie das Skript mit der Generalisierung durch den `waagent` ab, wie im Beispiel-Template. Die Ressourcengruppe, in der das Image erzeugt wird (im Beispiel `"MeineRG3"`), muss vor dem Bauvorgang bereits existieren. Packer kümmert sich um das Handling des *Build Cruft* selbstständig. Er baut das Image in einer selbst angelegten, temporären Ressourcengruppe, die nach dem Build-Vorgang wieder gelöscht wird.

Image kopieren

Ein Problem ist, dass Sie nach dieser Aktion zusammen mit dem Image eine Menge nicht mehr benutzte Reste in der Ressourcengruppe stehen haben. Dabei handelt es sich um die generalisierte VM mit allen anderen Ressourcen, die mit ihr zusammen erzeugt wurden und jetzt nicht mehr zu gebrauchen sind:

```
~$ az resource list --query '[].name'
[
  "MeineVM_disk1_197f179f6aa94ec3bf9a889bbe23fb1c",
  "MeinImage",
  "MeineVM",
```

```
  "MeineVMVMNic",
  "MeineVMNSG",
  "MeineVMPublicIP",
  "MeineVMVNET",
  "NetworkWatcher_northeurope"
]
```

`--resource-group` von `az image create` bezieht sich auf `--source`. Mit ihm geben Sie an, in welcher Ressourcengruppe sich die Quell-VM befindet. Es ist bei diesem Befehl also nicht möglich, ein Image direkt in eine andere Gruppe hinein zu generieren. Aber Sie können es mit `az image copy` in eine andere Ressourcengruppe kopieren.

Allerdings handelt es sich dabei um eine Extension von `azure-cli`, die zunächst einmal nicht zur Verfügung steht. Sie können sich mit dem Unterbefehl `list-available` von `az extension` alle verfügbaren CLI-Erweiterungen anzeigen lassen:

```
~$ az extension list-available --output table | grep ^image-copy
image-copy-extension    0.2.3    Support for copying managed vm images
between regions
```

Mit dem Subbefehl `add` können Sie dann die benötigte Erweiterung `cli-copy-extension` installieren. Nach dieser Operation liegt sie in dem Verzeichnis *~/.azure/cliextensions* und ist automatisch eingebunden:

```
~$ az extension add --name image-copy-extension

~$ ls -1 -F ~/.azure/cliextensions/image-copy-extension/
azext_imagecopy/
image_copy_extension-0.2.3-py2.py3-none-any.whl
image_copy_extension-0.2.3.dist-info/

~$ az image copy
az image copy: error: the following arguments are required: --source-resource-
group, --source-object-name, --target-location, --target-resource-group
```

Mit der eingebundenen Erweiterung können Sie dann das neu erzeuge Image in eine andere, vorher neu erzeugte Ressourcengruppe kopieren. Der Kopiervorgang dauert bis zu ein paar Minuten:

```
~$ az group create --resource-group MeineRG2 --location northeurope

~$ az image copy \
    --source-resource-group MeineRG \
    --source-object-name MeinImage \
    --target-location northeurope \
    --target-resource-group MeineRG2
```

```
Getting os disk id of the source vm/image
Creating source snapshot
Getting sas url for the source snapshot with timeout: 3600 seconds
Creating resource group: image-copy-rg
Target location count: 1
northeurope - Creating target storage account (can be slow sometimes)
northeurope - Creating container in the target storage account
northeurope - Copying blob to target storage account
northeurope - Copy progress: 0%
northeurope - Copy progress: 1%
northeurope - Copy progress: 2%
northeurope - Copy progress: 3%
northeurope - Copy progress: 4%
northeurope - Copy progress: 5%
northeurope - Copy progress: 6%
northeurope - Copy progress: 7%
northeurope - Copy progress: 100%
northeurope - Copy time: 0:03:50.677845
northeurope - Creating snapshot in target region from the copied blob
northeurope - Creating final image

~$ az resource list --resource-group MeineRG2 --query '[].name' --output tsv
MeinImage-northeurope
```

[»]

Hinweis

Die alte Ressourcengruppe mit den Resten, die nach dem Generieren des Images nicht mehr benötigt werden (Stichwort: *Build Cruft*), können Sie dann einfach löschen.

Der erfolgreichen Ausführung des Befehls `az group delete` steht allerdings ein Image-Snapshot im Weg, das von der `image-copy`-Erweiterung angelegt worden ist. Der Snapshot ist nach Beendigung des Kopiervorgangs weiterhin als `shared` gekennzeichnet (offensichtlich ein kleiner Bug in der Extension) und lässt sich deshalb nicht löschen.

Diese Kennzeichnung können Sie aber mit dem Unterbefehl `revoke-access` von `az snapshot` wegnehmen:

```
~$ az snapshot revoke-access --name MeinImage_os_disk_snapshot \
    -g MeineRG
```

Danach können Sie die Ressource dann gezielt löschen – oder direkt die ganze Ressourcengrupppe:

```
~$ az resource delete -g MeineRG -n MeinImage_os_disk_snapshot \
    --resource-type Microsoft.Compute/snapshots
```

Image verwenden

Sie wissen schon, wie dieser Abschnitt zu Ende geht. Sie können nun einfach eine neue VM mit dem angepassten Image in der neuen Ressourcengruppe erstellen:

```
~$ az vm create \
    --name MeineVM2 \
    --resource-group MeineRG2 \
    --image MeinImage-northeurope\
    --admin-username myuser
{
  "fqdns": "",
  "id": "/subscriptions/54c6f7b7-3c3f-4068-a1b8-51bddf711d33/
          resourceGroups/MeineRG2/providers/Microsoft.Compute/
          virtualMachines/MeineVM2",
  "location": "northeurope",
  "macAddress": "00-0D-3A-D7-BC-DB",
  "powerState": "VM running",
  "privateIpAddress": "10.0.0.4",
  "publicIpAddress": "13.74.136.225",
  "resourceGroup": "MeineRG2",
  "zones": ""
}
```

Schalten Sie dann zunächst Port 80 auf dieser VM frei. Wenn Sie anschließend auf die VM über HTTP zugreifen, wird Ihnen die angepasste HTML-Seite ausgegeben:

```
~$ az vm open-port --port 80 --resource-group MeineRG2 --name MeineVM2

~$ curl http://13.74.136.225
<html><body><p>Das ist ein angepasstes Image!</p></body></html>
```

3.2.6 Blockspeicher

Jede Linux-VM in Azure ist standardmäßig mit zwei Blockspeicher-Devices ausgestattet. Eines trägt das Wurzeldateisystem und die Bootpartition, und das andere fungiert als schnellerer Zwischenspeicher für beliebige Zwecke.

os-disk

Das virtuelle Laufwerk, von dem das Linux auf der VM gebootet wird, ist als */dev/sda* eingebunden:

```
ubuntu@MeineVM:~$ lsblk /dev/sda
NAME    MAJ:MIN RM  SIZE RO TYPE MOUNTPOINT
```

```
sda       8:0    0   30G  0 disk
??sda1    8:1    0 29.9G  0 part /
??sda14   8:14   0    4M  0 part
??sda15   8:15   0  106M  0 part /boot/efi
```

Wie Sie in der Ausgabe sehen können, handelt es sich um eine virtuelle Festplatte mit insgesamt 30 GB Speicherkapazität. Mit welchem physikalischen Dateisystem die Partition */dev/sda1* mit dem Wurzeldateisystem formatiert ist, hängt immer von der verwendeten Distribution ab. In Ubuntu 22.04 ist das standardmäßig *ext4*. Die virtuellen Maschinen sind mit einem UEFI-BIOS (*Unified Extensible Firmware Interface*) ausgestattet, und das benötigt zum Booten eine eigene Partition, die mit VFAT formatiert sein muss. Die Boot-Partition ist hier */dev/sda15*.

Die einer VM zugewiesenen Datenträger mit dem Wurzeldateisystem werden intern immer als `os-disk` bezeichnet. Sie können von Ihrem Arbeitsrechner aus die genauen Daten dieses Devices aus der Rückgabe von `get-instance-view` ermitteln:

```
~$ az vm get-instance-view -g MeineRG -n MeineVM \
   --query 'storageProfile.osDisk'
{
  "caching": "ReadWrite",
  "createOption": "FromImage",
  "deleteOption": "Detach",
  "diffDiskSettings": null,
  "diskSizeGb": 30,
  "encryptionSettings": null,
  "image": null,
  "managedDisk": {
    "diskEncryptionSet": null,
    "id": "/subscriptions/54c6f7b7-3c3f-4068-a1b8-51bddf711d33/
            resourceGroups/MEINERG/providers/Microsoft.Compute/disks/
            MeineVM_disk1_3dd684792fd6460ab6b6237df7256dcc",
    "resourceGroup": "MEINERG",
    "storageAccountType": "Premium_LRS"
  },
  "name": "MeineVM_disk1_3dd684792fd6460ab6b6237df7256dcc",
  "osType": "Linux",
  "vhd": null,
  "writeAcceleratorEnabled": null
}
```

Sie können die Standardgröße der `os-disk` direkt beim Erzeugen der VM mit dem Schalter `--disk-disk-size-gb` für `az vm create` verändern. Maximal sind 2 Terabyte möglich. Außerdem ist es möglich, das bereits zugewiesene und konfektionierte Laufwerk auch nachträglich noch zu verändern und die Größe dabei zu ändern. Die Basisinstallation von Ubuntu Server belegt das Device zu 5 %, also haben Sie hier auch ohne Vergrößerung (eine Verkleinerung ist nicht möglich) eine Menge Spielraum für das Installieren von Applikationspaketen. Als Speicherort für Geschäftsdaten ist das Default-Laufwerk mit dem Wurzeldateisystem nicht vorgesehen.

Speichertypen

Die `os-disk` dieser VM ist dem `managed disks`-Speicherkontotyp `Premium_LRS` zugeordnet. Die Bezeichnung *Premium* zeigt an, dass es sich um ein hochwertig ausgestattetes SSD-Laufwerk handelt, das im Mietpreis teurer ist als die Laufwerke auf Standard-Niveau.

Premium-Laufwerke sind nur bei den VMs vom Maschinentyp *DS*, *DSv2*, *GS* und *FS* verfügbar. Wenn Sie einen anderen Maschinentyp auswählen als diese, dann sind dafür normale SSDs (`StandardSSD_LRS`) oder HDD-Devices (`Standard_LRS`) vorgesehen. Wenn Sie eine VM mit angebundenem Premium-Laufwerk betreiben, dann werden Ihnen als Rückgabe von `list-vm-resize-options` (wenn die VM nicht freigegeben ist) auch nur die aktuell im selben Hardwarecluster verfügbaren Maschinengrößen angezeigt, die Premium-Laufwerke unterstützen.

Der Redundanztyp dieser eingebundenen Cloud-Festplatte ist LRS (*Locally Redundant Storage*). Dieser Typ für die Ausfallsicherheit fängt den Ausfall eines Hardware-Devices innerhalb eines Rechenzentrums ab. Das ist der einzige Redundanztyp, der zurzeit für Premium-Laufwerke angeboten wird.

/dev/sdb

Jede Linux-VM verfügt immer über noch einen weiteren Datenträger, der unter dem Mountpoint */mnt* eingebunden ist. Es handelt sich um das Blockdevice */dev/sdb*:

```
ubuntu@MeineVM:~$ lsblk /dev/sdb
NAME   MAJ:MIN RM SIZE RO TYPE MOUNTPOINT
sdb      8:16   0   7G  0 disk
??sdb1   8:17   0   7G  0 part /mnt
```

Dahinter steht ein leistungsfähiges SSD-Laufwerk, das sich immer auf dem gleichen Hardwarehost wie die VM befindet. Dieses Laufwerk beziehungsweise der zugewiesene Anteil davon wird beim ersten Hochfahren vom WA-Agenten (`waagent`) mit ext4 formatiert.

Diese Bereitstellungsmethode von Blockspeicher fungiert als temporärer Datenträger für die kurzfristige Speicherung von Daten im Zusammenhang mit einem Verarbeitungsprozess. Das Laufwerk ist nicht besonders groß, und es ist basierend auf der Größe der zugehörigen VM dimensioniert. Dieses Device übersteht zwar einen Neustart der VM, aber keine Freigabe (`deallocation`). Deshalb ist es von Azure ganz deutlich als nur temporär gekennzeichnet – in */mnt* gibt es einen Warnungstext. Der Sinn der Sache ist wahrscheinlich, bei der standardmäßigen Bereitstellung überhaupt irgendein kleines Datenlaufwerk mit anzubieten, da das andere Device als `os-disk` ja ganz explizit nicht für Geschäftsdaten vorgesehen ist. Vielleicht verwenden Sie das */mnt*-Verzeichnis als etwas robustere (d. h. einen Neustart überlebende) Alternative zu */tmp*. Allerdings hat per Default nur root Zugriff darauf.

data-disk

Sie können weitere Volumes jeweils als *data-disk* zu einer VM hinzufügen. Die Anzahl der zusätzlichen anhängbaren Datenträger ist allerdings beschränkt und richtet sich immer nach dem Typ und der Größe der eingesetzten VM. Die Default-Maschinengröße *Standard_DS1_v2* zum Beispiel erlaubt bis zu vier angehängte Datenvolumes gleichzeitig. Die Maschinengröße bestimmt auch die maximal verfügbare Speicherkapazität für den virtuellen Blockspeicher für eine VM.

Die Laufwerke des Premium- und des Standardangebotes sind in Bezug auf ihre Leistungswerte (Größe, IOPS, Datendurchsatz) und auch in Bezug auf ihren Mietpreis gemeinsam in Stufen als Klassen gestaffelt. Wenn Sie für ein neues virtuelles Blockspeicherdevice eine Größe auswählen, wird Ihnen immer eine dieser Größenklassen mit ihren Werten präsentiert. Die Größe ist also die einzige bestimmende Kategorie auch in Bezug auf die anderen Leistungswerte eines zugewiesenen virtuellen Laufwerks. Und bei den übergeordneten Klassen *Standard-HDD*, *Standard-SSD* und *Premium-SSD* gibt es kategoriale Leistungsunterschiede zwischen gleichgroßen Laufwerken.

Datenlaufwerke gemeinsam erzeugen

Sie können eines oder mehrere Datenlaufwerke direkt beim Zuweisen einer neuen VM miterzeugen. Der dafür benötigte Schalter ist `--data-disk-sizes-gb`. Geben Sie hier einfach die gewünschte Größe in Gigabyte an. Mehrere Laufwerke schreiben Sie hier einfach als mehrere Größen nacheinander, und zwar getrennt durch ein Leerzeichen:

```
~$ az vm create -g MeineRG -n MeineVM --image UbuntuLTS \
   --admin-username ubuntu --data-disk-sizes 100 100

~$ az vm get-instance-view -g MeineRG -n MeineVM \
  --query "storageProfile.dataDisks[].{diskSizeGb: diskSizeGb,
       name: name, id: managedDisk.id}"
[
  {
    "diskSizeGb": 100,
    "id": "/subscriptions/54c6f7b7-3c3f-4068-a1b8-51bddf711d33/
```

```
            resourceGroups/MEINERG/providers/Microsoft.Compute/disks/
            MeineVM_disk2_a6afada35f0d43b48f47d6c77880f9db",
    "name": "MeineVM_disk2_a6afada35f0d43b48f47d6c77880f9db"
  },
  {
    "diskSizeGb": 100,
    "id": "/subscriptions/54c6f7b7-3c3f-4068-a1b8-51bddf711d33/
            resourceGroups/MEINERG/providers/Microsoft.Compute/disks/
            MeineVM_disk3_ec70869af38443a2a3898b25aa8e9fdc",
    "name": "MeineVM_disk3_ec70869af38443a2a3898b25aa8e9fdc"
  }
]
```

Die beiden virtuellen Festplatten stehen Ihnen dann in der VM als Blockdevices zur Verfügung:

```
$ lsblk
NAME    MAJ:MIN RM  SIZE RO TYPE MOUNTPOINT
sda       8:0    0   30G  0 disk
??sda1    8:1    0 29.9G  0 part /
??sda14   8:14   0    4M  0 part
??sda15   8:15   0  106M  0 part /boot/efi
sdb       8:16   0    7G  0 disk
??sdb1    8:17   0    7G  0 part /mnt
sdc       8:32   0  100G  0 disk
sdd       8:48   0  100G  0 disk
```

Hinweis

Um sie benutzen zu können, müssen Sie die neu erscheinenden Devices zuerst partitionieren (dieser Schritt kann auch wegfallen, wenn Sie die Laufwerke nicht aufteilen möchten), und mit einem physikalischen Dateisystem formatieren. Danach können Sie sie mit `mount` in das logische Dateisystem, also den Verzeichnisbaum einhängen. Wie Sie diese Schritte bewerkstelligen, habe ich bereits in Abschnitt 3.1.4 über AWS EC2 dargestellt.

Beim Erzeugen anbinden

Wie bereits in anderem Zusammenhang dargestellt worden ist, bleiben die mit einer VM zusammen separat erzeugten Ressourcen – und damit auch die Datenlaufwerke – erhalten, wenn Sie die VM löschen. Sie können sich diese einmal mit dem Befehl `az resource list` innerhalb Ihrer Ressourcengruppe anzeigen lassen oder mit `az disk list` auch als die in Ihrem Abonnement verfügbaren Laufwerke:

```
$ az vm delete -g MeineRG -n MeineVM
Are you sure you want to perform this operation? (y/n): y

$ az disk list --output table
Name                                         Sku          SizeGb
-------------------------------------------  -----------  ------
MeineVM_disk1_d1743dbce4be4a96b2168e813710fb5a  Premium_LRS  30
MeineVM_disk2_a6afada35f0d43b48f47d6c77880f9db  Premium_LRS  100
MeineVM_disk3_ec70869af38443a2a3898b25aa8e9fdc  Premium_LRS  100

~$ az resource delete -g MeineRG \
   --name MeineVM_disk1_d1743dbce4be4a96b2168e813710fb5a \
   --resource-type Microsoft.Compute/disks
```

Es ist nun überhaupt kein Problem, bereits vorhandene und nicht angebundene Laufwerke als Devices beim Erzeugen einer neuen VM (wieder) mit anzubinden. Dafür gibt es für `az vm create` den Schalter `--attach-data-disk`. Dieser benötigt als Argument entweder die ID oder den Namen des gewünschten Laufwerks; mehrere können Sie einfach durch ein Leerzeichen getrennt hintereinanderschreiben. Die Namen dieser Art von Ressourcen, die eine `uniqueID` beinhalten, sind auch nicht gerade kurz, aber ein bisschen einfacher zu verwenden als die sperrig langen Azure-internen IDs:

```
~$ az vm create \
  --resource-group MeineRG \
  --name MeineNeueVM \
  --image UbuntuLTS \
  --admin-username ubuntu \
  --attach-data-disks \
      MeineVM_disk2_a6afada35f0d43b48f47d6c77880f9db \
      MeineVM_disk3_ec70869af38443a2a3898b25aa8e9fdc
```

Unabhängige Volumes

Sie können virtuelle Laufwerke natürlich auch unabhängig von einer VM erzeugen. In diesem Fall haben Sie auch die volle Kontrolle über den dabei verwendeten Kontotyp. Sie können also auch Volumes vom Typ `Standard_LRS` (virtuelle Laufwerke auf Grundlagen von HDD-Laufwerken) und `StandardSSD_LRS` (günstigere SSDs mit schlechteren Leistungswerten) für sich generieren. Eine wichtige Einschränkung ist, dass eine virtuelle Festplatte immer in derselben Ressourcengruppe stehen muss wie die VM, an die Sie sie hinterher anbinden möchten.

Der Befehl für die unabhängige Erzeugung eines Volumes ist `az disk create`. Sie können also zum Beispiel folgenden Befehl für diesen Zweck absetzen:

```
~$ az disk create -g MeineRG \
   --name NeueDataDisk \
   --sku StandardSSD_LRS \
   --size-gb 150
{
  "creationData": {
    "createOption": "Empty",
    "imageReference": null,
    "sourceResourceId": null,
    "sourceUniqueId": null,
    "sourceUri": null,
    "storageAccountId": null,
    "uploadSizeBytes": null
  },
  "diskIopsReadWrite": 500,
  "diskMbpsReadWrite": 60,
  "diskSizeBytes": 161061273600,
  "diskSizeGb": 150,
  "diskState": "Unattached",
  "encryption": {
    "diskEncryptionSetId": null,
    "type": "EncryptionAtRestWithPlatformKey"
  },
  "encryptionSettingsCollection": null,
  "hyperVgeneration": "V1",
  "id": "/subscriptions/54c6f7b7-3c3f-4068-a1b8-51bddf711d33/
          resourceGroups/MeineRG/providers/Microsoft.Compute/
          disks/NeueDataDisk",
  "location": "northeurope",
  "managedBy": null,
  "name": "NeueDataDisk",
  "osType": null,
  "provisioningState": "Succeeded",
  "resourceGroup": "MeineRG",
  "sku": {
    "name": "StandardSSD_LRS",
    "tier": "Standard"
  },
  "tags": {},
  "timeCreated": "2020-02-15T14:36:52.648650+00:00",
  "type": "Microsoft.Compute/disks",
```

```
  "uniqueId": "8fa68ef4-568d-4d1d-83f9-c34e21dd8dd2",
  "zones": null
}
```

Sie können dieses Volume dann mit dem Unterbefehl attach an eine laufende VM anbinden. Die Option -n/--name dieses Subbefehls benötigt entweder den Namen oder die ID der virtuellen Festplatte, die angebunden werden soll. Sie haben hierbei den Vorteil, nicht mit den sperrigen von Azure generierten Namen der Volumes umgehen zu müssen: Sie können den meist viel kürzeren Namen verwenden, den Sie beim unabhängigen Erzeugen selbst eingestellt haben.

Folgender Befehl hängt das neu erzeugte Volume als mittlerweile drittes Datenlaufwerk an MeineNeueVM an:

```
~$ az vm disk attach -g MeineRG --vm-name MeineNeueVM --name NeueDataDisk

~$ az vm get-instance-view -g MeineRG -n MeineNeueVM  \
   --query "storageProfile.dataDisks[].name"
[
  "MeineVM_disk3_ec70869af38443a2a3898b25aa8e9fdc",
  "MeineVM_disk2_a6afada35f0d43b48f47d6c77880f9db",
  "NeueDataDisk"
]
```

[»]

Hinweis

Mit dem Schalter --new für attach können Sie ein neues Volume unabhängig erzeugen und »in einem Rutsch« direkt an eine bereits laufende VM anbinden. Sie ersparen es sich damit, die Befehle az disk create und az disk attach hintereinander ausführen zu müssen. Verwenden Sie --new zusammen mit den Optionen --size-gb und --sku auch für diesen Subbefehl:

```
~$ az vm disk attach -g MeineRG \
   --vm-name MeineNeueVM \
   --name NeueDataDisk2 \
   --size-gb 50 \
   --sku Standard_LRS \
   --new
```

Mit dem Subbefehl detach können Sie ein Volume von einer laufenden VM auch wieder abhängen:

```
~$ az vm disk detach -g MeineRG --vm-name MeineNeueVM -n NeueDataDisk2
```

Das Dateisystem muss dabei nicht ausgehängt sein.

Größe ändern

Wir sind hier in der Cloud und Sie hantieren mit virtuellen Laufwerken. Diese haben zwar physische Hardware als Grundlage, stellen aber eine Abstraktionsschicht über diesen Geräten dar. Wie Sie wissen, bietet das einen Zugewinn an Flexibilität, nämlich dass Sie die Größe einer virtuellen Festplatte verändern können, auch nachdem sie bereits erstellt worden ist.

Gemeinhin bedeutet das, ein Volume vergrößern zu wollen, wenn man etwa mit Geschäftsdaten an eine Kapazitätsgrenze stößt. Auf der Ebene des Betriebssystems ist es zwar möglich, ein Blockdevice auch zu verkleinern, das ist aber mit einem ziemlichen Aufwand verbunden. So müssen unter anderem die Daten erst alle in den vorderen Bereich der Festplatte verschoben werden, bevor das Dateisystem verkleinert wird. Außerdem gibt es bei der ganzen Aktion ein hohes Risiko von Datenverlust, und schließlich ist auch nicht bei allen physikalischen Dateisystemen ein Verkleinern möglich. Aus diesem Grund verweigert Azure es auch, ein Volume zu verkleinern. Sie erhalten beim Versuch den Hinweis:

```
Reducing disk/snapshot size is not supported in Azure to prevent data loss
```

Der Befehl, mit dem Sie die Größe eines Volumes in Azure nachträglich vergrößern können, lautet `az disk update`. Damit lässt sich zum Beispiel die gerade abhängte Disk `NeueDataDisk2` auf 200 GB vergrößern:

```
~$ az disk update -g MeineRG --name NeueDataDisk2 --size-gb 200
{
  "creationData": {
    "createOption": "Empty",
    "imageReference": null,
    "sourceResourceId": null,
    "sourceUniqueId": null,
    "sourceUri": null,
    "storageAccountId": null,
    "uploadSizeBytes": null
  },
  "diskIopsReadWrite": 500,
  "diskMbpsReadWrite": 60,
  "diskSizeBytes": 214748364800,
  "diskSizeGb": 200,
  "diskState": "Unattached",
  "encryption": {
    "diskEncryptionSetId": null,
    "type": "EncryptionAtRestWithPlatformKey"
  },
```

Damit ist das Volume in *Standard_LRS* in die Kategorie *S15* gerutscht (256 GB, 500 IOPS, bis zu 60 MB/s).

Sie können das Volume dann erneut anhängen. Dann ist zwar das Blockdevice größer, das auf ihm liegende Dateisystem ist aber noch nicht von selbst gewachsen. Sie müssen dann zuerst die eventuell dazwischenliegende Partition auf die neue Größe nachziehen, und danach das physikalische Dateisystem. In Abschnitt 3.1.4 über EBS in Amazon Web Services EC2 wurde das bereits ausführlich darstellt.

Sie können auch die `os-disk` vergrößern, falls das einmal aus irgendeinem Grund nötig sein sollte. Dafür müssen Sie die VM zuerst freigeben. Der Rest der Prozedur funktioniert auf dieselbe Weise.

3.3 Google Compute Engine

Wenn Sie sich bisher noch nicht mit Public-Cloud-Computing beschäftigt haben, dann ist Ihnen Google mit Sicherheit vor allem als eine Internet-Suchmaschine bekannt. Die jüngeren Leser und Leserinnen erinnern sich nicht mehr daran, aber als Google Ende der 90er-Jahre auf den Markt kam, überzeugte es sofort mit seiner klaren Oberfläche und vor allem sehr guten Suchergebnissen. Heute handelt es sich bei *www.google.com* um die meistbesuchte Website der Welt.

Aus dem Erfolg dieses Produkts hat sich über die Jahre ein großer Datenkonzern gebildet – ein Gigant, der sich einen Namen als Innovations-Powerhouse gemacht hat. Vielleicht ist Ihnen aufgefallen, wie oft der Name in diesem Buch in anderen Zusammenhängen vorgekommen ist: *Golang*, *Kubernetes* und *Prometheus* sind alle nach einem internen Vorbild bei Google implementiert worden, und es gibt noch mehr Beispiele. Google hat sie unter eine freie Lizenz gestellt und so der Open-Source-Community übergeben.

Google steht auch hinter Massenprodukten wie Android, dem Betriebssystem für Mobiltelefone, aber auch hinter weniger bekannten Dingen wie *Tensor Processing Units* (*TPU*), Spezialprozessoren für das maschinelle Lernen mit neuronalen Netzen. Auch mit Dingen wie dem Map-Reduce-Programmiermodell für die Verarbeitung von Massendaten hat sich Google immer wieder als technologischer Wegbereiter mit hoher technischer Kompetenz bewiesen. Unter IT-Fachleuten mit internationaler Perspektive ist der Datenkonzern *Alphabet* mit dem Stammsitz Mountain View im Silicon Valley einer der Arbeitgeber, zu dem alle gerne möchten.

Im Cloud-Bereich ist Google mittlerweile auch Anbieter von Public-Cloud-Services. Wie Amazon, dessen weltweit erreichbare Webshops mittlerweile vollständig auf derselben Cloud-Infrastruktur laufen, die auch Ihnen als Endbenutzer vermietet wird, so betreibt auch Google seine eigenen Produkte wie *Google Search* (die Suchmaschine) und *YouTube* in der eigenen Cloud. Das Cloud-Produkt heißt *Google Cloud Platform* (GCP) und steht als den Globus umspannendes Netzwerk von Rechenzentren zur Verfügung. Dafür verfügt Google unter anderem über ein eigenes Datenkabel im Pazifik zwischen den USA und Asien.

Google bietet in der Cloud ein marktführendes Portfolio von Services an, die besonders in den Bereichen künstliche Intelligenz, Analytics und Machine Learning stark sind. Wenn Sie technisch weit fortgeschrittene Services in diesem Bereich suchen, dann sollten Sie sich unbedingt ansehen, was Google auf der GCP dafür anbietet.

Der IaaS-Dienst in der Google-Cloud heißt *Google Compute Engine* (GCE).

Ich muss aus eigener Erfahrung sagen, dass es wirklich ein positives Erlebnis ist, wenn man anfängt, sich mit der GCE zu beschäftigen. Diese Cloud ist performant, sie reagiert zügig auf Befehle, die man mit dem Tool `gcloud` absetzt, und die Operationen vollziehen sich schnell. Die Performance der Instanzen macht einen genauso guten Eindruck. Auch recht komplexe Dinge, wie ein Load-Balancer und ein Autoskalierungsmechanismus, lassen sich mit wenigen, recht kurzen Befehlen schnell aufsetzen. Lassen Sie uns mal einen kleinen Walkthrough unternehmen, vielleicht spricht Sie das alles an. Wenn Sie sich tiefer einarbeiten möchten, finden Sie die Dokumente der GCE unter dieser Webadresse:

https://cloud.google.com/compute/docs

Bevor Sie loslegen können, müssen Sie sich erst auf *https://cloud.google.com/* anmelden. Auch Google bietet Ihnen ein Freikontingent in Höhe von 300 EUR, das für eine Dauer von 90 Tagen gilt. Die Webkonsole der GCP, das sogenannte *Portal*, sehen Sie in Abbildung 3.8.

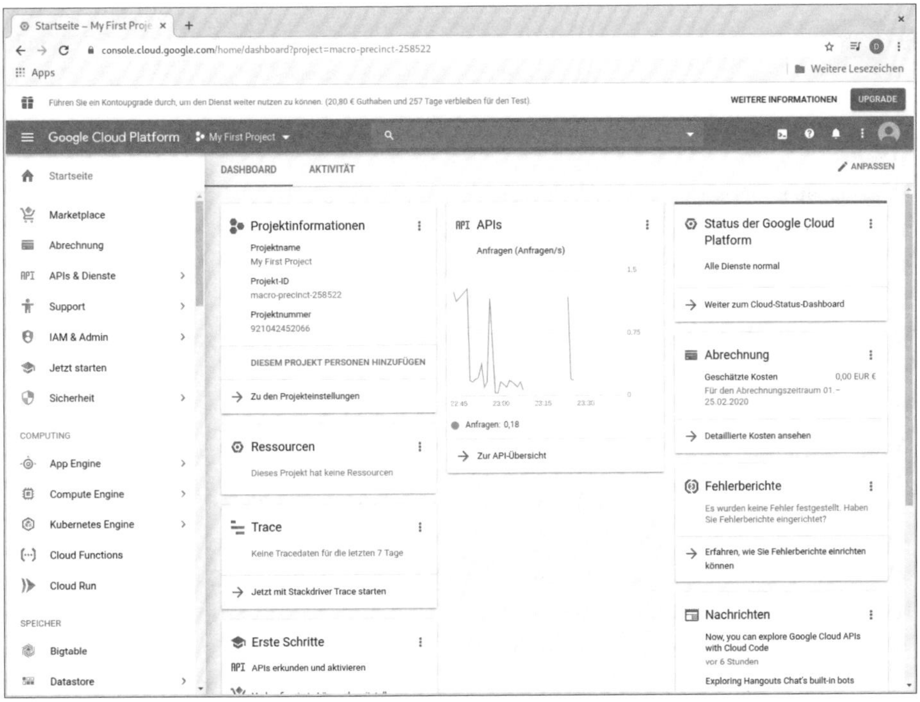

Abbildung 3.8 Das Webportal der Google Cloud Platform

Leider sind Sie, wenn Sie sich hier einloggen, auch gleichzeitig wieder vollständig in Google angemeldet, was Sie im Chrome-Browser oben rechts an dem aktiven User-Icon erkennen können. Das ist ein Argument mehr dafür, hier auch wieder das CLI-Utility bereits für die Einarbeitung einzusetzen, und das nicht auf der Webkonsole zu tun.

3.3.1 gcloud

Um die Google Compute Engine über die Kommandozeile zu steuern, gibt es das Utility `gcloud`. Dieses ist Bestandteil des Cloud-SDK (*Software Development Kit*), das eine Reihe von CLI-Tools und Programmbibliotheken beinhaltet. Die mit dem Cloud SDK ausgelieferten Tools sind neben `gcloud` unter anderem `gsutil` für Cloud Storage und `bq` für BigQuery. Die enthaltenen Programmbibliotheken werden beispielsweise benötigt, wenn Sie die *Google App Engine* (GAE, den PaaS-Service der GCP) verwenden und Applikationen dort einspielen möchten. Das Cloud-SDK beinhaltet auch Komponenten wie das CLI-Tool `kubectl` für Kubernetes. Weitere Komponenten können Sie bei Bedarf mit `gcloud components install` nachinstallieren, wenn das SDK bereits einmal auf Ihrem Arbeitsrechner installiert ist.

Für Ubuntu, Debian und andere Distributionen, die für Pakete im Format *deb* ausgelegt sind und mit dem Paketmanager APT arbeiten, bietet Google das SDK über Paketarchive unter *packages.cloud.google.com* an. Die Installationsprozedur ist also dieselbe wie bei Docker (siehe Abschnitt 2.3.1) und `azure-cli` (siehe Abschnitt 3.2.2):

```
~$ curl https://packages.cloud.google.com/apt/doc/apt-key.gpg | \
      sudo gpg --dearmor -o /usr/share/keyrings/cloud.google.gpg

~$ echo "deb [signed-by=/usr/share/keyrings/cloud.google.gpg]
       https://packages.cloud.google.com/apt cloud-sdk main" | \
       sudo tee -a /etc/apt/sources.list.d/google-cloud-sdk.list

~$ sudo apt-get update && sudo apt-get install google-cloud-sdk

~$ gcloud --version
Google Cloud SDK 483.0.0
```

Die Tab-Vervollständigung steht nach der Installation des Pakets automatisch zur Verfügung, wenn der allgemeine Completion-Mechanismus aktiviert ist (siehe Abschnitt 2.4.1 unter »Tab-Vervollständigung«). Eventuell müssen Sie zuerst ein neues Terminalfenster öffnen oder sich noch einmal neu per SSH verbinden, um die Tab-Vervollständigung nutzen zu können.

3.3.2 Initialisieren

Sie müssen `gcloud` dann zunächst einmal initialisieren. Das lösen Sie mit dem Befehl `gcloud init` aus, und dabei werden vier Schritte unternommen: Zuerst wird der Client mit Ihrem Konto verbunden, dann ein Default-Projekt ausgewählt, danach eine Region und schließlich eine Zone. Jeden dieser Schritte können Sie auch individuell durchführen, wenn Sie `init` nicht verwenden möchten. Der Assistent führt Sie jedoch übersichtlich durch die einzelnen Schritte und sorgt dafür, dass alles eingerichtet wird.

Mit Konto verbinden

Alternativ können Sie den Befehl `gcloud auth login` nutzen, um Ihren Client mit Ihrem Google-Konto zu verbinden. Dabei wird eine Webadresse ausgegeben, die Sie mit einem Browser ansteuern müssen. Benutzen Sie den Schalter `--no-launch-browser`, wenn Sie nicht möchten, dass der Browser dabei automatisch geöffnet wird. Das ist zum Beispiel notwendig, wenn Sie über SSH auf dem Arbeitsrechner eingeloggt sind.

```
$ gcloud auth login --no-launch-browser
Go to the following link in your browser:
https://accounts.google.com/o/oauth2/auth?code_challenge=4-
LFagkqBGFrYbaMjNT o8d8x8tXXWOPTAZj6dEmo-UA&prompt=select_account&code_
challenge_method=S256&access_type=offline&redirect_uri=
urn%3Aietf%3Awg%3Aoauth%3A2.0%3Aoob&response_type=code&client_id=
32555940559.apps.googleusercontent.com&scope=
https%3A%2F% 2Fwww.googleapis.com%2Fauth%2Fuserinfo.email+https%3A%2F%2Fwww.go
ogleapis.com% 2Fauth%2Fcloud-
platform+https%3A%2F%2Fwww.googleapis.com%2Fauth%2Fappengine. admin+https%3A%2
F%2Fwww.googleapis.com%2Fauth%2Fcompute+https%3A%2F%2Fwww. googleapis.com%2Fau
th%2Faccounts.reauth
Enter verification code:
```

Folgen Sie den Anweisungen im Browser: Loggen Sie sich bei Google ein, und geben Sie das SDK frei. Im Verlauf der Prozedur wird Ihnen eventuell als Sicherheitsabfrage ein Code auf das Mobiltelefon gesendet, das Sie bei der Anmeldung angeben mussten. Am Ende erhalten Sie einen längeren Code, den Sie dann für den Abschluss des Vorgangs auf der Kommandozeile eingeben.

Projekt auswählen

Danach müssen Sie ein Projekt einstellen, in dem Sie standardmäßig arbeiten möchten. In Google nimmt ein Projekt ungefähr die Rolle ein, die Ressourcengruppen bei Microsoft Azure spielen (siehe Abschnitt 3.2.2 unter »Ressourcengruppe erzeugen«): Es dient als ein Behälter für die Cloud-Ressourcen, die Sie anlegen.

Es gibt immer ein Default-Projekt, das direkt nach der Anmeldung bei der Google Cloud zunächst einmal natürlich leer ist. Sie können ein Projekt mit `gcloud config set project foo` einstellen, wobei `foo` die entsprechende ID ist. Die ID Ihres Standardprojekts sehen Sie wie in Abbildung 3.8 im Begrüßungs-Dashboard auf der Konsole oben links unter PROJEKTINFORMATION. Wenden Sie folgenden Befehl an:

```
~$ gcloud config set project macro-precinct-258522
Updated property [core/project].
```

Region auswählen

Wenn Sie in einer bestimmten Region arbeiten möchten, dann sollten Sie diese als Standardwert für `gcloud` einstellen. Die verfügbaren Regionen können Sie sich mit folgendem Befehl ausgeben lassen:

```
~$ gcloud compute regions list
NAME              CPUS  DISKS_GB  ADDRESSES  RESERVED_ADDRESSES  STATUS
asia-east1        0/8   0/2048    0/8        0/1                 UP
asia-east2        0/8   0/2048    0/8        0/1                 UP
asia-northeast1   0/8   0/2048    0/8        0/1                 UP
asia-northeast2   0/8   0/2048    0/8        0/1                 UP
asia-northeast3   0/8   0/2048    0/8        0/1                 UP
asia-south1       0/8   0/2048    0/8        0/1                 UP
```

Mit dem Befehl `gcloud compute regions describe <foo>` können Sie sich detaillierte Informationen zu jeder der aufgeführten Regionen ausgeben lassen. Wählen Sie eine Region aus, zum Beispiel *europe-west3* (Frankfurt am Main), und stellen Sie diese als Ihre Default-Region für `gcloud` ein:

```
~$ gcloud config set compute/region europe-west3
Updated property [compute/region].
```

Zone auswählen

Auch bei Google gibt es das Konzept der Zonen, die Standorte innerhalb einer Region sind. Die verfügbaren Zonen innerhalb einer Region können Sie sich mit folgendem Befehl anzeigen lassen:

```
~$ gcloud compute zones list | grep ^europe-west3
europe-west3-c            europe-west3            UP
europe-west3-a            europe-west3            UP
europe-west3-b            europe-west3            UP
```

Auch für Zonen gibt es die Option `describe`, und Sie können sich mit `gcloud compute zones describe foo` Informationen über eine bestimmte Zone ausgeben lassen. Wählen Sie eine Zone aus, und geben Sie auch diese als Standardzone an, indem Sie `gcloud config set compute/zone europe-west3-a` absetzen.

Die Standardeinstellungen für Projekt, Region und Zone können Sie bei Bedarf jederzeit mit den Schaltern `--project`, `--region` und `--zone` für `gcloud` überschreiben. Sie können die Default-Werte dafür auch ganz weglassen und grundsätzlich mit diesen Optionen arbeiten.

Wenn Sie fertig sind, geben Sie die Konfiguration beziehungsweise Initialisierung dann mit `gcloud config list` noch einmal aus und überprüfen die Werte. Der CLI-Client `gcloud` ist jetzt fertig für den Einsatz.

3.3.3 Instanz bereitstellen

Sie können mit dem Befehl `gcloud compute instances create` eine neue Instanz launchen. Für den Launch benötigt wird ein Maschinenimage. Sie können sich die verfügbaren Images auf folgende Weise ausgeben lassen:

```
~$ gcloud compute images list | grep ubuntu
ubuntu-2204-jammy-v20240701          ubuntu-os-cloud   ubuntu-2204-lts
ubuntu-2310-mantic-arm64-v20240701   ubuntu-os-cloud   ubuntu-2310-arm64
ubuntu-2404-noble-amd64-v20240701a   ubuntu-os-cloud   ubuntu-2404-lts-amd64
ubuntu-2404-noble-arm64-v20240701a   ubuntu-os-cloud   ubuntu-2404-lts-arm64
```

Die Einträge fallen unter die Kategorien `name`, `project` und `family`.

Mit folgendem Befehl können Sie sich die Instanz mit einem dieser Images dann bereitstellen:

```
~$ gcloud compute instances create meinevm \
    --image ubuntu-2204-jammy-v20240701 --image-project ubuntu-os-cloud
Created [https://www.googleapis.com/compute/v1/projects/integral-server-
428220-s5/zones/europe-west3-a/instances/meinevm].
NAME     ZONE            MACHINE_TYPE  INTERNAL_IP  EXTERNAL_IP  STATUS
meinevm  europe-west3-a  e2-micro      10.156.0.2   34.159.32.9  RUNNING
```

Zwei Dinge sind hierbei zu beachten: Die GCE mag keine Großbuchstaben in Ressourcennamen, und bei einem Maschinenimage muss immer auch das jeweilige Projekt angegeben werden, aus dem das Image stammt.

Der Maschinentyp ist der Standardeinstellung *n1-standard-n1*. Die anderen verfügbaren Typen können Sie sich mit `gcloud compute machine-types list` ausgeben lassen. Einen aus dieser Liste geben Sie dann beim Erzeugen mit `--machine-type` an.

Detaillierte Informationen über eine laufende Instanz können Sie sich mit dem Befehl `gcloud compute instances describe` ausgeben lassen, wobei als zusätzliches Argument der Maschinenname benötigt wird.

[»]

Hinweis Die Cloud ist voll

Das Erstellen einer neuen Instanz ist bei mir mehrfach mit folgender Fehlermeldung gescheitert:

```
ERROR: (gcloud.compute.instances.create) Could not fetch resource:
---
code: ZONE_RESOURCE_POOL_EXHAUSTED
```

Dieser Fehler deutet darauf hin, dass für den angeforderten Instanz-Typ keine Ressourcen frei sind, das jeweilige Rechenzentrum also ausgelastet ist. Sie können dann entweder eine andere Zone auswählen oder auf einen anderen Typ wechseln. Es kommt auch schon mal vor, dass ältere Instanz-Typen abgelöst werden.

3.3.4 SSH-Zugriff

Sie loggen sich auf die Instanz mit dem Befehl `gcloud compute ssh` ein, der als Wrapper um `ssh` fungiert. Wenn Sie ihn das erste Mal auslösen, dann wird zunächst einmal ein neuer SSH-Schlüssel generiert und dann in die Instanz eingespielt:

```
~$ gcloud compute ssh meinevm
WARNING: The public SSH key file for gcloud does not exist.
WARNING: The private SSH key file for gcloud does not exist.
WARNING: You do not have an SSH key for gcloud.
WARNING: SSH keygen will be executed to generate a key.
Generating public/private rsa key pair.
Enter passphrase (empty for no passphrase): meinepassphrase
Enter same passphrase again: meinepassphrase
Your public key has been saved in /home/vagrant/.ssh/google_compute_
engine.pub.
The key fingerprint is:
SHA256:rDqpuLxij9XWPOkp7zl1gTMGInAWALyiOZeiiPMQoWQ vagrant@ubuntu-disco
Updated [https://www.googleapis.com/compute/v1/projects/macro-precinct-
258522].
Updating project ssh metadata...done.
Waiting for SSH key to propagate.
Warning: Permanently added 'compute.6440298622087594618' (ECDSA)
to the list of known hosts.

Welcome to Ubuntu 22.04 LTS (GNU/Linux6.8-1031-gcp x86_64)
vagrant@meinevm:~$
```

Der erzeugte SSH-Schlüssel auf Ihrem Arbeitsrechner ist *~/.ssh/google_compute_engine*. (Der öffentliche Teil endet auf *.pub*.) Der Schlüssel wird beim Erzeugen einer neuen Instanz automatisch mit eingespielt, wenn er nach dem ersten Auslösen dieses Befehls dann vorhanden ist. Das macht das Management von SSH-Schlüssel sehr einfach und sorgt dafür, dass Sie sich nicht darum kümmern müssen, die richtigen Schlüssel von Hand in die Cloud-Instanzen zu kopieren.

3.3.5 Firewall

Wenn Sie auf der Instanz einen Webserver, zum Beispiel Nginx, installieren, dann müssen Sie zuerst eine Freischaltung der Firewall vornehmen, die die Instanz in der Cloud umgibt. Das erreichen Sie mit dem Unterbefehl `create` von `gcloud compute firewall-rules`. Dabei müssen Sie das Internet-Protokoll und den Port angeben:

```
~$ gcloud compute firewall-rules create myfwrule --allow tcp:80
Creating firewall...Created [https://www.googleapis.com/compute/v1/projects/
macro-precinct-258522/global/firewalls/myfwrule].
Creating firewall...done.
NAME      NETWORK  DIRECTION  PRIORITY  ALLOW   DENY  DISABLED
myfwrule  default  INGRESS    1000      tcp:80        False
```

Wenn Sie beim Erstellen einer Regel keine Instanz angeben, dann gilt diese Regel für alle Ihre Instanzen. Alle aktuellen Regeln – also alles, was von Ihnen angelegt wurde und per Default voreingestellt ist (der Zugriff über Port 22 für SSH ist zum Beispiel standardmäßig möglich) – können Sie sich mit folgendem Befehl ausgeben lassen:

```
~$ gcloud compute firewall-rules list
NAME                    NETWORK  DIRECTION  PRIORITY  ALLOW
default-allow-icmp      default  INGRESS    65534     icmp
default-allow-internal  default  INGRESS    65534     tcp:0-65535,
                                                      udp:0-65535,icmp
default-allow-rdp       default  INGRESS    65534     tcp:3389
default-allow-ssh       default  INGRESS    65534     tcp:22
myfwrule                default  INGRESS    1000      tcp:80
```

Wie Sie sehen, ist das ICMP-Protokoll durchgeschaltet, das unter anderem das Linux-Tool `ping` benutzt, um einen Verbindungscheck durchzuführen. Wenn Sie das aus irgendeinem Grunde nicht möchten: Mit `delete` können Sie bestimmte Firewall-Regeln löschen. Das erreichen Sie mit dem Befehl `gcloud compute firewall-rules delete default-allow-icmp`.

Die Beschreibung einer bestimmten Firewall-Regel können Sie sich mit `gcloud compute firewall-rules describe foo` anzeigen lassen. Für weitere Informationen konsultieren Sie bitte die Hilfeseiten der jeweiligen Unterbefehle, die Sie sich immer mit dem Schalter `--help` ausgeben lassen können.

3.3.6 Load-Balancer

Mit der GCE können Sie sich mit einfachen Mitteln einen netzwerkbasierten Load-Balancer aufsetzen. Er besteht aus drei Komponenten:

- einem *Health Check*
- einem *Target Pool*
- einer *Forwarding Rule*

Dazu erzeugen Sie für dieses Beispiel eine weitere identische Instanz und installieren auf der einen Nginx und auf der anderen Apache2. Ein Load-Balancer ist eigentlich dafür da, vervielfältigte Instanzen derselben Applikation anzusprechen – die Besucher sollen ja nicht merken, dass im Hintergrund etwas umgebaut wird.

Nur zu Demonstrationszwecken werden hier unterschiedliche Webserver aufgesetzt, damit Sie sehen, dass sie sich bei den Anfragen abwechseln. Die einzige zusätzliche Voraussetzung ist, dass der Port 80 für HTTP erreichbar ist, aber er ist als allgemeine Regel für beide freigeschaltet.

Dann benötigen Sie zuerst einen Health Check. Den richten Sie mit folgendem Befehl ein:

```
~$ gcloud compute http-health-checks create mycheck
Created [https://www.googleapis.com/compute/v1/projects/macro-
    precinct-258522/global/httpHealthChecks/mycheck].
NAME     HOST  PORT  REQUEST_PATH
mycheck        80    /
```

Dieser Check ist die Voraussetzung für den Pool, den Sie mit folgendem Befehl aufsetzen:

```
~$ gcloud compute target-pools create mypool --http-health-check mycheck
Created [https://www.googleapis.com/compute/v1/projects/macro-
    precinct-258522/regions/europe-west3/targetPools/mypool].
NAME    REGION        SESSION_AFFINITY  BACKUP  HEALTH_CHECKS
mypool  europe-west3  NONE                      mycheck
```

Fügen Sie die beiden Instanzen dann zu dem neuen Pool hinzu:

```
~$ gcloud compute target-pools add-instances mypool --instances meinevm
Updated [https://www.googleapis.com/compute/v1/projects/macro-
    precinct-258522/regions/europe-west3/targetPools/mypool].

~$ gcloud compute target-pools add-instances mypool --instances meinevm2
Updated [https://www.googleapis.com/compute/v1/projects/macro-
    precinct-258522/regions/europe-west3/targetPools/mypool].
```

Richten Sie dann eine Weiterleitungsregel ein, die auf diesen Pool mit den beiden Instanzen rekurriert. Die Regel benötigt einen Standort, für den Sie auch wieder die Region *europe-west3* auswählen können. (Sie können Instanzen und alle Komponenten natürlich auch für eine erhöhte Ausfallsicherheit auf Hardware-Ebene der verschiedenen Zonen verteilen.)

```
~$ gcloud compute forwarding-rules create myfwrule --ports 80 \
     --target-pool mypool --region europe-west3
Created [https://www.googleapis.com/compute/v1/projects/macro-precinct-258522/
regions/europe-west3/forwardingRules/myfwrule].

~$ gcloud compute forwarding-rules list
NAME      REGION        IP_ADDRESS     IP_PROTOCOL  TARGET
myfwrule  europe-west3  35.242.238.41  TCP          europe-west3/targetPools/
                                                    mypool
```

Diese Regel fungiert dann als Load-Balancer. Unter seiner IP-Adresse können Sie die dahinter liegenden Instanzen mit den darauf laufenden Webservern ansprechen:

```
~$ curl -s 35.242.238.41 | head -n 5
<!DOCTYPE html>
<html>
<head>
<title>Welcome to nginx!</title>
<style>

$ curl -s 35.242.238.41 | head -n 5
<!DOCTYPE html PUBLIC "-//W3C//DTD XHTML 1.0 Transitional//EN" "http://
www.w3.org/TR/xhtml1/DTD/xhtml1-transitional.dtd">
<html xmlns="http://www.w3.org/1999/xhtml">
  <!--
    Modified from the Debian original for Ubuntu
```

Sie sehen einmal die Default-Startseite von Nginx und das andere Mal die Default-Startseite von Apache2. Wenn Sie das kleine Beispiel ausprobieren, kann es sein, dass Ihnen auch mehrmals hintereinander die Apache-Seite oder die Nginx-Seite ausgegeben wird, aber irgendwann findet dann aber ein Wechsel statt. Mehr Hintergrundinformationen zu diesem Thema und auch zum eingesetzten Lastenverteilungsalgorithmus finden Sie auf dieser Webseite:

https://cloud.google.com/load-balancing/docs

3.4 DigitalOcean

Das Unternehmen DigitalOcean wurde im Jahre 2011 als Startup in New York gegründet. Die Gründer betrachteten sich damals noch nicht als Cloud-Anbieter, was auch vielleicht die Namenswahl beeinflusst hat: Meer statt Wolken. Damals verstand sich DigitalOcean vorrangig als Anbieter von Webservern, den sogenannten *virtuellen privaten Servern* (*Virtual Private Server*, VPS). Diese unterscheiden sich im Gegensatz zu Compute-Instanzen von Cloud-Anbietern wie Amazon Web Services dadurch, dass es sich grundsätzlich um vollständig im Internet verankerte Server handelt, die für Webapplikationen und Webhosting vorgesehen sind.

Der Markt für das Anbieten von Webservern war damals zwar bereits von virtuellen Maschinen dominiert, allerdings wurden diese üblicherweise noch monatlich abgerechnet, und die Kunden mussten Verträge mit langen Laufzeiten von meistens einem Jahr abschließen. DigitalOcean hat diesen Markt revolutioniert, indem es das Mietmodell aus dem damals aufkommenden Cloud Computing in den VPS-Bereich übertragen hat. Es gab hier virtuelle Server, die stundenweise abgerechnet wurden, mit einem Kampfpreis von fünf Dollar pro Monat für einen kleineren Maschinenzuschnitt.

Am Anfang besaß DigitalOcean noch keine eigenen Rechenzentren, sondern mietete Kapazitäten von Anbietern wie Equinix und Telx an. Mittlerweile verfügt die Firma aber über 12 Rechenzentren in New York und San Francisco, Toronto, London, Amsterdam und Frankfurt am Main, Singapur und Bangalore. DigitalOcean bietet mittlerweile auch gemanagte Datenbanken an, schlüsselfertige Kubernetes-Cluster (das gehört heute für einen echten Infrastrukturdienstleister einfach dazu) und einen Load-Balancer.

Anbieter wie DigitalOcean haben einen ganz eigenen Kundenkreis, und das Unternehmen kann als der Branchenprimus bei Kennwerten wie der Anzahl der gestarteten virtuellen Maschinen im Monat durchaus mit großen Cloud-Anbietern mithalten. Für viele Anwender fungieren Anbieter wie DigitalOcean als Einstieg in das Cloud Computing, denn die erste Hürde ist niedrig und der Dienst ist einfach zu handhaben – es wird praktisch keinerlei Wissen über den technischen Hintergrund verlangt. Bei AWS werden beim Launchen einer neuen Instanz auf der Webkonsole einen Haufen Dinge abgefragt: Ob Spotinstanzen gewünscht werden, welches virtuelle Netzwerk benutzt werden soll, welches Subnet, ob eine Placement-Gruppe eingesetzt werden soll, welche IAM-Rolle usw. Und auch wenn es für jedes Feld eine Voreinstellung gibt, die für den einfachen Gebrauch richtig und sinnvoll ist, gibt es bei DigitalOcean weniger Abfragefelder. Gerade für erste Ausflüge in die Cloud und für ganz einfache Setups ist das sehr angenehm.

DigitalOcean spricht mit seinem einfachen und hippen Design eine trendige Generation an. Wie viel Wert auf das Produktdesign gelegt wird, zeigt sich etwa an der preiswürdigen Bezeichnung von virtuellen Maschinen mit der Wortschöpfung *Droplet*. Auf Deutsch könnte man vielleicht »Wegwerfchen« sagen.

DigitalOcean richtet sich mit seinem Angebot an Entwicklungsteams. Wenn bei Software-Start-ups die Cloud als technische Grundlage genutzt werden soll, dann bieten Anbieter, die wie DigitalOcean aus dem VPS-Bereich kommen, mit dem vereinfachten Administrationsaufwand eine attraktive Alternative. Der operative Aufgabenbereich kann so – ganz im Sinne der DevOps-Philosophie – von den Entwicklern übernommen werden. Dadurch wird auf (rares) Administrationspersonal verzichtet, das sich noch dazu mit der Cloud auskennen müsste. Mit Sicherheit ist das ein Teil des Erfolgsrezeptes von DigitalOcean. Hinzu kommt, dass DigitalOcean (wie auch die meisten anderen VPS-Anbieter) ein einfach zu durchschauendes Preismodell hat.

Vom administrativen Standpunkt muss man allerdings sagen, dass der Aspekt »Sicherheit der virtuellen Server« bei DigitalOcean und ähnlicher Anbieter nicht unproblematisch ist. Die Droplets befinden sich nach dem Launch ohne Schutz vollständig im Internet, was ja auch das Geschäftsmodell von VPS-Anbietern ist. Es besteht bei DigitalOcean zwar die Möglichkeit, sich eine äußere Cloud-Firewall einzurichten, diese ist in der Standardeinstellung aber zunächst nicht eingeschaltet.

Hinzu kommt, dass unabhängig von der jeweils eingesetzten Linux-Distribution per Default immer der User `root` Zugriff auf die Maschine hat. Das ist auch als normaler Weg vorgesehen, um die Maschine anzusprechen. Diese beiden Konfigurationsmerkmale vereinfachen den Einsatz dieser Server für ein breiteres Publikum, das bei AWS vielleicht schnell wieder aussteigt, wenn der installierte Webserver zunächst einmal nicht direkt aus dem Internet erreichbar ist.

Sie müssen daher selbst über das Know-how verfügen, wie die Linux-Systeme so abgesichert werden, dass sie (mehr oder weniger) gefahrlos im Internet stehen können. Das erfordert aber doch wieder administratives Wissen, von dem zunächst suggeriert wurde, dass es gar nicht notwendig sei.

Ein anderer wichtiger Punkt bei der Benutzung ist, dass die Mietkosten von DigitalOcean bei höherer Ausstattung von virtuellen Maschinen überproportional stark steigen. So kosten 20 kleine virtuelle Server mit nur einem virtuellen Kern insgesamt wesentlich weniger als ein größerer Maschinenzuschnitt mit 20 Kernen. Sie müssen hier sehr auf die Kosten achten und dürfen sich nicht allzu unbedarft größere Maschinen einrichten, auch wenn kleinere Einheiten den Eindruck vermitteln, dass es hier die Server zum Taschengeldpreis gibt. Zwar gibt es bei den klar kalkulierbaren monatlichen Preisen eigentlich keine Missverständnisse, aber wenn Sie zum Beispiel Provisionierungswerkzeuge ausprobieren, müssen Sie darauf achten, dass es schnell teuer werden kann. Und das auch, wenn größere Instanzen nur temporär gelauncht werden und diese immer nur kurz ein paar Minuten für einen Durchlauf in Gebrauch sind. Einen ganzen Cluster aus vielen Knoten mit mehreren Kernen ein paarmal zu generieren, endet bei den Maschinen, die ja jeweils für eine Stunde abgerechnet werden, dann schnell mit Kosten im zweistelligen Eurobereich.

Auf jeden Fall ist DigitalOcean ein starker Anbieter auf hohem technischem Niveau. Der Service reagiert schnell, und DigitalOcean war einer der ersten Anbieter, die SSD-Laufwerke eingesetzt haben. DigitalOcean ist daher aus guten Gründen bei Cloud-Einsteigern sehr beliebt: Sie werden mit den technischen Hintergründen der virtuellen Server nicht konfrontiert, während man bei AWS und Azure bereits kurz nach dem Einstieg einen Eindruck von den Abgründen bekommt, die sich auf der technischen Seite des Cloud Computing auftun. So kann man sich bei DigitalOcean in Ruhe erst mal mit allgemeinen Themen wie der Benutzung von SSH beschäftigen und mit einem Linux-Server im Netz herumexperimentieren. Erfahrungen damit haben ja auch angehende Cloud-Engineers nicht schon mit der Muttermilch aufgesogen ...

Nicht durch Zufall kommen DigitalOcean-Droplets in diesem Buch genau dann als Beispiel vor, wenn der Fokus von dem Anbieter weg auf das jeweils im Cloud-Computing eingesetzte Werkzeug gerichtet wird. Wenn Sie also eher Lust haben, die in diesem Buch vorgestellten Werkzeuge auszuprobieren, als sich tiefer gehend mit einem der großen Cloud-Anbieter zu beschäftigen, dann kann ich DigitalOcean dafür sehr empfehlen. Wenn Sie die Instanzen allerdings produktiv einsetzen wollen und dazu auch private Netzwerke einrichten müssen, dann ist das auch bei DigitalOcean eine nicht zu unterschätzende, anspruchsvolle Aufgabe. Und bei dem VPS-Anbieter stehen Ihnen hierzu weniger Features zur Verfügung als bei AWS, Azure & Co.

3.4.1 Anmeldung und API-Token

Die Anmeldung bei DigitalOcean lässt sich schnell erledigen; es gibt keine besonderen Hürden dabei. Führen Sie dafür folgende Schritte aus:

1. Gehen Sie auf die Seite *https://www.digitalocean.com/*, und klicken Sie dort oben rechts auf SIGN UP.
2. Möglicherweise kommen Sie dann zunächst auf eine Seite, auf der Sie einer reCAPTCHA-Box beweisen müssen, dass Sie kein Roboter sind; lassen Sie die bekannte Prozedur mit dem Erkennen von Gegenständen auf Bildern über sich ergehen. Sie kennen das bereits von anderen Seiten im Internet. Damit will der Anbieter sich dagegen absichern, dass ein Bot automatisiert eine massenhafte Anmeldung vornimmt, etwa mit Listen von gestohlenen Kreditkartendaten aus dem Darknet.
3. Dann kommen Sie auf eine Seite mit der Box CREATE YOU ACCOUNT (siehe Abbildung 3.9). Klicken Sie dort auf SIGN UP WITH EMAIL. Es stehen hier außerdem die Methoden zur Verfügung, sich mit einem bereits vorhandenen Google- oder GitHub-Account anzumelden.

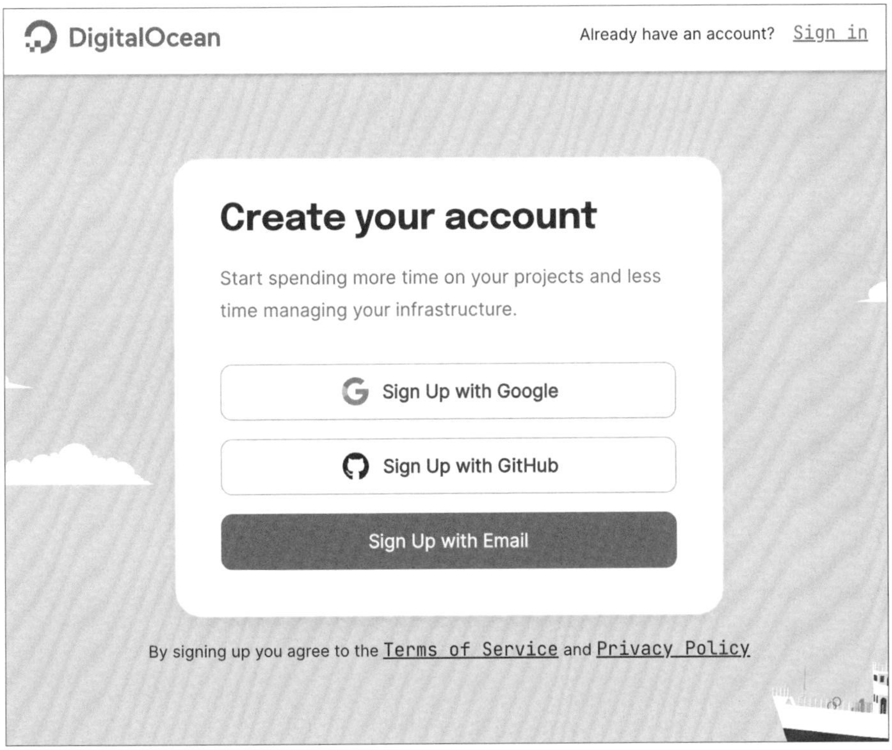

Abbildung 3.9 Sie können sich mit einer E-Mail-Adresse oder einem Google- oder GitHub-Konto anmelden.

4. Auf der nächsten Seite werden Sie nach Ihrem Namen, einer E-Mail-Adresse und einem Kennwort gefragt. Geben Sie diese Daten ein, und klicken Sie auf SIGN UP.
5. Als nächsten Schritt schickt DigitalOcean Ihnen zur Bestätigung der angegebenen E-Mail-Adresse eine E-Mail mit einem Link zu. Öffnen Sie diese Mail, und klicken Sie auf den Link.
6. Auf der nächsten Seite wird die gewünschte Bezahlmethode abgefragt. Es stehen hier die Möglichkeiten zur Verfügung, eine Kreditkarte anzugeben oder PayPal als Bezahlungsmethode auszuwählen. Für PayPal als Methode verlangt DigitalOcean eine direkt stattfindende Anweisung von mindestens 5 USD, die dann als Guthaben für Sie geführt wird. Ohne ein gewisses Guthaben können Sie keine Droplets starten. Es gibt hier einen Link CONTINUE TO PAYPAL, wo Sie dann die Transaktion vornehmen können.

Sie sind dann bei DigitalOcean angemeldet und befinden sich auf dem Dashboard (siehe Abbildung 3.10).

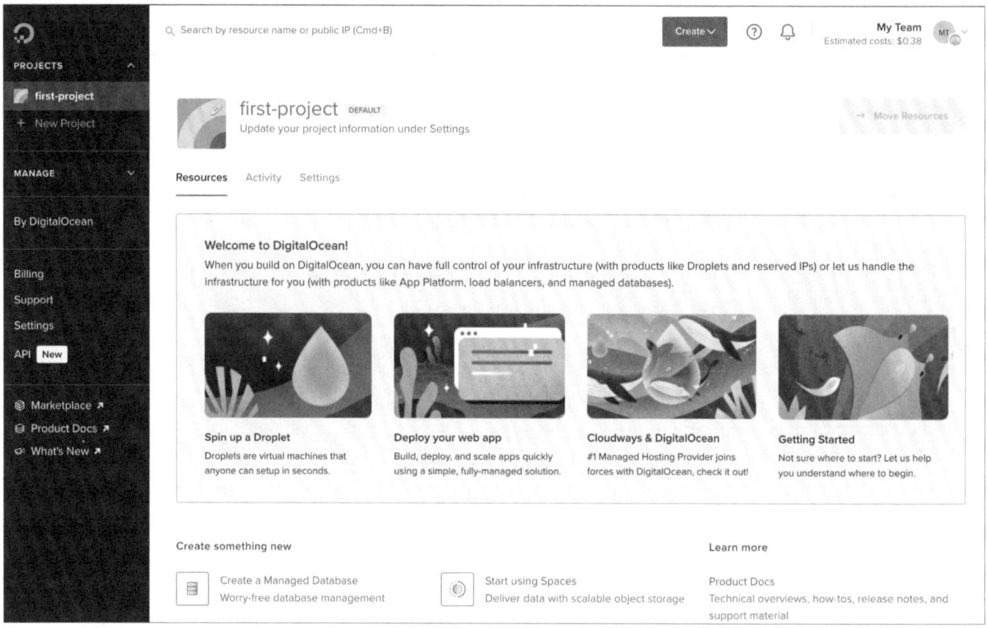

Abbildung 3.10 Das Webinterface von DigitalOcean

Der programmgesteuerte Zugriff auf das API von DigitalOcean erfolgt mit einem einfachen Zugriffstoken. (Amazon verlangt an dieser Stelle einen zweiteiligen Zugriffsschlüssel für einen User, der im *Identity and Access Management* eingerichtet wurde; und bei Microsoft Azure müssten Sie einen Dienstprinzipal in Active Directory verwenden.) Einen neuen Token können Sie sich ganz einfach generieren. Führen Sie dafür folgende Schritte aus:

1. Klicken Sie auf dem Dashboard in der linken Seitenleiste zunächst auf das Feld API.
2. Sie befinden sich dann direkt im Bereich für PERSONAL ACCESS TOKENS. Klicken Sie hier auf das Feld GENERATE NEW TOKEN.
3. Geben Sie dann einen Namen für den Token ein. Entscheiden Sie dann, wie Sie mit dem Token auf die API zugreifen möchten. Wenn Sie auch schreibend auf das API zugreifen wollen, dann setzen Sie entweder FULL ACCESS oder wählen über CUSTOM SCOPES die Rechte im Einzelnen aus. Schließen Sie dann mit GENERATE TOKEN ab.
4. Der Token wird Ihnen ausschließlich in diesem Fenster ein einziges Mal angezeigt. Sie benötigen ihn, um den CLI-Client für den Zugriff auf DigitalOcean von der Kommandozeile auf ihrem Arbeitsrechner aus zu initialisieren. Halten Sie diese Seite daher erst einmal geöffnet, ohne andere Aktionen auf dem Dashboard vorzunehmen.

Alternativ speichern Sie den Token temporär irgendwo zwischen. Benutzen Sie dafür das Klick-Icon COPY, das erscheint, wenn Sie den Mauszeiger rechts neben den Token bewegen. Speichern Sie den Token dann in einer Datei, aber achten Sie darauf, dass er verschlüsselt an einem sicheren Ort abgelegt wird.

Gut zu wissen

Für die Aufgaben, die Sie in diesem Buch erledigen, ist der *Full Access Token* die einfachste Wahl. Für ein produktives Umfeld sollten Sie jedoch nach dem Least-Privilege-Prinzip handeln.

3.4.2 doctl

Den Kommandozeilen-Client `doctl` für DigitalOcean finden Sie auf GitHub unter *https://github.com/digitalocean/doctl*.

Alternativ können Sie das Werkzeug auch aus dem Docker Hub einspielen, wo es von DigitalOcean offiziell gepflegt wird. Richtig sinnvoll ist diese Option allerdings nicht, denn ein Docker-Container ist ja dafür da, alle benötigten Abhängigkeiten direkt mitzuliefern. In einem Golang-Tool wie `doctl` sind alle Abhängigkeiten jedoch bereits in einem monolithischen Binary statisch kompiliert, daher löst ein Docker-Container in diesem Fall keine echten Probleme. Man sieht aber mal wieder, wie wichtig Docker heutzutage ist ...

Gehen Sie aber lieber auf die GitHub-Seite, und sehen sich dort in der README die Installationsanleitung für Ihr System an.

Wenn alle nötigen Schritte erfolgt sind, dann können Sie folgenden Befehl erfolgreich auslösen:

```
~$ doctl version
doctl version 1.110.0-release
```

Tab-Vervollständigung

Die Tab-Vervollständigung für `doctl` einzurichten, ist ein Kinderspiel. Der Befehl `doctl completion bash` wirft Ihnen ein Completion-Pattern für die Bash aus, das praktischerweise ein passend formatiertes Shellskript ist, das Sie direkt einlesen können. Mit dem Befehl `source <(doctl completion bash)` aktivieren Sie dieses Pattern unmittelbar. Ergänzen Sie diese Konstruktion auch noch in der Datei *~/.bashrc* in Ihrem Heimatverzeichnis, damit die Vervollständigung auch in einem neuen Terminalfenster und nach einem Reboot automatisch wieder zur Verfügung steht.

Das Tool ist mit seinen Befehlen und Unterbefehlen längst nicht so komplex wie Amazons `aws-cli` oder `az` für Azure. Aber trotzdem ist es immer ganz praktisch, diese

Funktionalität bei der Hand zu haben, um sich die an einem Punkt zur Verfügung stehenden Möglichkeiten ausgeben zu lassen:

```
~$ source <(doctl completion bash)

~$ doctl compute ssh-key <TAB><TAB>
create      delete      get         import      list        update

~$ doctl compute droplet <TAB><TAB>
actions     create      get         list        snapshots   untag
backups     delete      kernels     neighbors   tag
```

Initialisieren

Bevor Sie DigitalOcean mit dem Tool steuern und sich ein Droplet einrichten können, müssen Sie den Client erst noch einmal initialisieren. Dafür benötigen Sie den vorher auf der Weboberfläche vom Anbieter generierten API-Token.

Lösen Sie folgenden Befehl auf der Kommandozeile aus, und setzen Sie den Token hier ab:

```
~$ doctl auth init

DigitalOcean access token: d3ea747f9847d96985263cdf38e689a3beb811ecb3433a9f34f
3bc004e548d5e
Validating token... OK
```

Sie können `doctl` jetzt einsetzen und den Service damit in vollem Umfang benutzen. Die einzelnen Konfigurationsparameter dieses Tools finden Sie in der Datei *~/.config/doctl/config.yaml*. Ausführlich dokumentiert ist das Werkzeug unter:

https://docs.digitalocean.com/reference/doctl/

Ansible für DigitalOcean

In diesem Buch kommt DigitalOcean an einigen Stellen als Beispielanbieter vor.

In Abschnitt 4.3 dient der DigitalOcean als Demonstrationsgegenstand für das Infrastructure-a-Code-Framework Terraform. Im Kapitel über Cloud-Init (siehe Abschnitt 5.2) wird Ihnen gezeigt, wie Sie ein Droplet beim Launchen automatisch umkonfigurieren, sodass kein Root-Zugriff mehr möglich ist.

Auch der Provisionierer Ansible verfügt über einen gut ausgebauten Satz an Cloud-Modulen für DigitalOcean. (Dieses Thema behandele ich in Kapitel 6 ausführlich.)

3.4.3 Ein Droplet bereitstellen

Als ersten Schritt müssen Sie auch bei DigitalOcean ein SSH-Schlüsselpaar generieren und den öffentlichen Teil davon in Ihrem Konto einspielen. Der Befehl zum Erzeugen eines neuen Schlüsselpaares auf der Linux-Kommandozeile ist `ssh-keygen`. DigitalOcean akzeptiert fortschrittliche Schlüssel im Signatur-Schema *ed25519*, was Sie auch nutzen sollten.

Spielen Sie den Schlüssel dann mit `doctl compute ssh-key` ein:

```
~$ ssh-keygen -t ed25519 -f mydokey
Generating public/private ed25519 key pair.
Enter passphrase (empty for no passphrase): meinepassphrase
Enter same passphrase again: meinepassphrase
Your identification has been saved in mydokey.
Your public key has been saved in mydokey.pub.
The key fingerprint is:
SHA256:z1sfDIpM1cRqrHOrsPN16FPpJDm9bcVF2v1o6aHBOkE vagrant@ubuntu

~$ doctl compute ssh-key import mydokey --public-key-file mydokey.pub
ID          Name       FingerPrint
26743332    mydokey    2c:2c:67:4c:f9:1f:e6:08:09:81:ec:9c:0b:7e:6d:e1
```

Images

Die für ein Droplet verfügbaren Images können Sie sich mit `doctl compute image list` anzeigen lassen.

Mit dem Unterbefehl `list-application` werden die Images ausgegeben, die neben einer Basisinstallation eines Linux-Betriebssystems auch noch bestimmte Applikationen wie beispielsweise Docker oder RabbitMQ beinhalten.

Die Variante `list-distribution` hingegen gibt Ihnen die Images mit reinen Betriebssystemen aus, die bei DigitalOcean für neue Droplets zur Verfügung stehen. DigitalOcean hat nicht nur Linux-Distributionen im Angebot, sondern auch verschiedene BSD-Varianten:

```
~$ doctl compute image list-distribution | head
ID           Name              Distribution    Slug                    Public
112929454      20.04 (LTS) x64  Ubuntu           ubuntu-20-04-x64          true
119703732      AlmaLinux 8      AlmaLinux        almalinux-8-x64           true
135125666      9 Stream x64     CentOS           centos-stream-9-x64       true
135509519      9 x64            Rocky Linux      rockylinux-9-x64          true
135565397      11 x64           Debian           debian-11-x64             true
143033872      AlmaLinux 9      AlmaLinux        almalinux-9-x64           true
143033891      8 x64            Rocky Linux      rockylinux-8-x64          true
```

```
145090142   39 x64              Fedora    fedora-39-x64       true
159287290   40 x64              Fedora    fedora-40-x64       true
159651797   22.04 (LTS) x64     Ubuntu    ubuntu-22-04-x64    true
160232537   24.04 (LTS) x64     Ubuntu    ubuntu-24-04-x64    true
160232556   12 x64              Debian    debian-12-x64       true
```

Außerdem können Sie eigene Images erzeugen und gegen eine geringe Gebühr online speichern und nutzen. Detaillierte Informationen dazu finden Sie unter:

https://www.digitalocean.com/docs/images/custom-images/

Maschinengröße

Die zur Verfügung stehenden Maschinengrößen können Sie sich mit dem Subbefehl `list` von `doctl compute size` anzeigen lassen:

```
~$ doctl compute size list | head
Slug                      Memory   VCPUs   Disk   Price Monthly   Price Hourly
s-1vcpu-512mb-10gb        512      1       10     4.00            0.005950
s-1vcpu-1gb               1024     1       25     6.00            0.008930
s-1vcpu-1gb-amd           1024     1       25     7.00            0.010420
s-1vcpu-1gb-intel         1024     1       25     7.00            0.010420
s-1vcpu-1gb-35gb-intel    1024     1       35     8.00            0.011900
s-1vcpu-2gb               2048     1       50     12.00           0.017860
s-1vcpu-2gb-amd           2048     1       50     14.00           0.020830
s-1vcpu-2gb-intel         2048     1       50     14.00           0.020830
s-1vcpu-2gb-70gb-intel    2048     1       70     16.00           0.023810
```

Alles ist schön sauber in aufsteigender Reihenfolge sortiert, inklusive Monats- und Stundenpreis. Das Kürzel (`Slug`) beinhaltet immer die Anzahl der Kerne und den RAM-Speicherplatz. Kein Wunder, dass dieser Anbieter so beliebt ist.

doctl compute droplet create

Wenn Sie sich ein Image und eine Maschinengröße ausgesucht haben, dann launchen Sie ein neues Droplet mit diesen Informationen.

Als Region verwende ich hier *fra1* (Frankfurt am Main). Die Regionen unterscheiden sich von den Preisen her nicht. Geben Sie als `ssh-keys` die ID des vorher eingespielten öffentlichen Schlüssels an:

```
~$ doctl compute droplet create mydroplet \
  --image ubuntu-22-04-x64 \
  --region fra1 \
  --size s-1vcpu-512mb-10gb \
```

```
  --ssh-keys 26743332
ID          Name        Public IPv4  Public IPv6  Memory  VCPUs  Disk  Region
438638022   mydroplet                             512     1      10    fra1
```

Die Maschineninformationen, die unmittelbar darauf zurückgegeben werden, enthalten noch keine IP-Adresse, weil sich das Droplet gerade noch im Aufbau befindet.

Warten Sie einen Augenblick, und lassen Sie sich dann noch einmal mit dem Unterbefehl `droplet list` die nun vollständigen Informationen ausgeben:

```
~$ doctl compute droplet list
ID          Name        Public IPv4     Public IPv6  Memory  VCPUs  Disk  Regio
438638022   mydroplet   104.248.22.187               512     1      20    fra1
```

Einloggen

Sie können anschließend über SSH auf das Droplet zugreifen. Benutzen Sie den User `root` dafür:

```
~$ ssh -i ./mydokey root@104.248.22.187
The authenticity of host 104.248.22.187 (104.248.22.187) can't be established.
ECDSA key fingerprint is SHA256:LTz4n5YyFEboOF+bgnTaUOsPlqKnGCBTVgeD2PTtbkM.
Are you sure you want to continue connecting (yes/no)? yes
Warning: Permanently added 104.248.22.187 (ECDSA) to the list of known hosts.
Enter passphrase for key './mydokey': meinepassphrase

Welcome to Ubuntu 22.04.4 LTS (GNU/Linux 5.15.0-113-generic x86_64)
System information as of Mon Aug 12 19:54:13 UTC 2024

root@mydroplet:~# apt-get update && apt-get install -y nginx

root@mydroplet:~# exit
```

Der Server befindet sich – wie bereits ausgeführt – vollumfänglich im Netz. Sie können ihn deshalb ohne eine vorherige Freischaltung direkt mit `curl` ansprechen, um etwa auf den Webserver zuzugreifen:

```
~$ curl -s 104.248.22.187 | head -n 5
<!DOCTYPE html>
<html>
<head>
<title>Welcome to nginx!</title>
<style>
```

Droplet löschen

Wenn Sie das Droplet wieder löschen wollen, nutzen Sie den Unterbefehl `delete` von `compute droplet`:

```
~$ doctl compute droplet delete 438638022
Warning: Are you sure you want to delete 1 droplet(s) (y/N) ? y
```

3.5 Hetzner Cloud

Die Hetzner Online GmbH (*https://www.hetzner.de*) mit Sitz in Gunzenhausen in Mittelfranken wurde 1997 gegründet. Der Internetdienstleister hatte bisher vor allem dedizierte physische Server im Angebot und ist auf Webhosting spezialisiert. Das Unternehmen verfügt über drei eigene Rechenzentren: eines in Nürnberg, eines in Falkenstein im Vogtlandkreis in Sachsen und eines in Tuusula in der Nähe von Helsinki. Der Standort in Finnland wurde eingerichtet, weil die Strompreise und das Klima dort für den Betrieb eines Rechenzentrums ideal sind. Für eine optimale Anbindung hat sich Hetzner als Co-Investor am See-Glasfaserkabel C-Lion von Rostock nach Helsinki beteiligt.

2018 hat die Hetzner Online GmbH mit der Hetzner Cloud (*https://www.hetzner.de/cloud*) ein eigenes Cloud-Angebot gestartet. Innerhalb dieses Dienstes können Sie sich virtuelle Server in stundengenauer Abrechnung einrichten. Die Hetzner Cloud überzeugt durch gute Performance bei der Serverbereitstellung und Netzwerkanbindung und ist klar und übersichtlich arrangiert. Der Funktionsumfang ist allerdings eher noch rudimentär. In den letzten Jahren hat sich hier einiges getan, doch im Vergleich zu AWS, Azure oder Google ist Hetzner eher auf die Basics fokussiert.

Auffällig ist, dass die Hetzner Cloud in viele aktuelle Cloud-Werkzeuge integriert ist und dass die Module und Plug-ins überwiegend bereits zum offiziellen Bestand gehören. So gibt es in Terraform (siehe Abschnitt 4.3) einen Hetzner-Provider, Hashicorp Packer (siehe Abschnitt 5.1) besitzt einen Hetzner-Builder, und auch Ansible verfügt über eine Reihe von Modulen für die Steuerung des Hetzner-Cloud-Service (siehe Kapitel 6). Hetzner steht maßgeblich hinter der Entwicklung dieser Komponenten. Mit diesen Integrationen erfüllt Hetzner mit seinem noch begrenzten Cloud-Angebot bereits den aktuellen Standard der Technik und erweist sich als alles andere als provinziell.

Außerdem gibt es mit dem Community-Portal (*https://community.hetzner.com/*) eine gute Sammlung von Tutorials, die zeigen, wie verschiedene aktuelle Projekte in dieser Cloud umgesetzt werden. Das Portal ist vollständig auf Englisch gehalten, und genauso muss man das meiner Meinung nach auch machen.

Wie in Abschnitt 6.8.2 noch ausgeführt werden wird, bietet Hetzner in GitHub unter dem Account *hetznercloud* eine Python-Bibliothek (`hcloud-python`) und eine Golang-

Bibliothek für die Benutzung der API an. Die Go-Variante (`hcloud-go`) ist gleichzeitig der Grundstock für den CLI-Client `hcloud`.

3

hcloud als Vorbild

Mein Tipp, um tiefer in die Cloud-orientierte Programmierung mit Python und Google Go einzusteigen, lautet, sich mit dem Quellcode der Hetzner-Programmierbibliotheken zu beschäftigen. Wenn Sie zum Beispiel schauen möchten, wie mit Python oder Go APIs angesprochen werden und Zugriffe als Funktionen in einer Bibliothek konfektioniert werden, dann kommt Ihnen die Übersichtlichkeit des Service entgegen. Außerdem sind die Bibliotheken sauber und vorbildlich implementiert, und die API ist ausführlich dokumentiert (*https://docs.hetzner.cloud/*).

Die Hetzner Cloud ist wohl am ehesten mit dem VPS-Anbieter DigitalOcean vergleichbar (siehe Abschnitt 3.4). Wie dort stehen virtuelle Server nach dem Launch vollständig im Internet und sind mit Root-Zugang konfiguriert. Zwar gilt auch hier die SSH-Authentifizierungsmethode mit Schlüsselpaar als Standard; produktive Systeme sollten aber auf jeden Fall grundsätzlich nicht von außen als `root` erreichbar sein. Wie Sie Cloud-Init benutzen, um direkt bei der Bereitstellung automatisch den SSH-Zugriff für Root zu verhindern, erkläre ich Ihnen in Abschnitt 5.2.2.

Es gibt aber auch noch andere Merkmale, die zu dem Eindruck beitragen, dass Sie es hier mit einer deutschen Alternative zu DigitalOcean zu tun haben: Im Vergleich zu den Hyperscalern AWS oder Azure gibt es ein wesentlich kleineres Inventar der verfügbaren Maschinengrößen und Images. Und auch bei der Webkonsole und dem CLI-Client gibt es eine mehr als deutliche Anlehnung an die Werkzeuge von DigitalOcean.

3.5.1 Anmeldung und API-Token

Sie melden sich für die Hetzner Cloud auf folgende Weise an:

1. Gehen Sie auf die Webseite *https://accounts.hetzner.com/login*, und klicken Sie dort auf den Kasten JETZT REGISTRIEREN.
2. Sie gelangen dann auf die Seite REGISTRIERUNG. Geben Sie hier Ihre E-Mail-Adresse und ein Kennwort für den Zugang zu Ihrem Account ein.
3. Die Anmeldeprozedur gelangt zum Punkt VERIFIZIERUNG. Ihnen wird dann eine Bestätigungs-E-Mail zugesendet. Diese enthält einen Link. Klicken Sie darauf, um zu bestätigen, dass Sie auch im Besitz dieser E-Mail-Adresse sind.
4. Dann gelangen Sie zum Punkt REGISTRIERUNG. Geben Sie hier Ihren Vornamen und Ihren Nachnamen an, und wählen Sie eine Anrede aus. Sie können sich auch als Organisation registrieren. Dann gibt es ein zusätzliches Textfeld für deren Namen.
5. Unter dem nächsten Punkt KONTAKT werden Sie nach Ihrer Adresse gefragt.

6. Am Ende wird die gewünschte Zahlungsmethode abgefragt. Es ist möglich, mit Kreditkarte zu bezahlen oder mittels PayPal oder mit einer Überweisung ein Guthaben anzulegen.
7. Wenn Sie PayPal als Bezahlungsmethode wählen, dann wird die Anmeldung zunächst abgeschlossen. Sie landen dann im Administrationsbereich Ihres Kontos, also in der Benutzerverwaltung. Hier werden Sie aufgefordert, eine Account-Verifizierung vorzunehmen. Dafür stehen zwei Möglichkeiten zur Verfügung:
   - Sie können einen bestimmten Betrag per PayPal überweisen, der dann als Guthaben geführt wird. (Wenn Sie die PayPal-Option auswählen, gelangen Sie automatisch auf die PayPal-Seite.)
   - Oder Sie laden den Scan eines amtlichen Identifikationsdokuments (Personalausweis, Reisepass) hoch, der dann von einem Hetzner-Mitarbeiter überprüft wird. Wenn Sie die erste Methode wählen, können Sie direkt danach ihre ersten Cloud-Ressourcen zusammenklicken. Diese zweite Methode benötigt einen Werktag, um bearbeitet zu werden. Letztendlich haben Sie dann immer noch kein Guthaben bei Hetzner, sodass sich zwischen diesen beiden Möglichkeiten PayPal als Bezahlungsmethode anbietet. Oder Sie geben bei Schritt 6 der Anmeldeprozedur eine Kreditkarte an; dann haben Sie auch sofort vollen Zugriff auf das Angebot.

Wenn die Zahlungsmethode bestätigt beziehungsweise die Account-Verifizierung vollzogen ist, landen Sie auf der Webkonsole der Hetzner Cloud. Hier müssen Sie zunächst ein neues Projekt anlegen, bevor Sie vom Dashboard aus einen Server launchen können (siehe Abbildung 3.11).

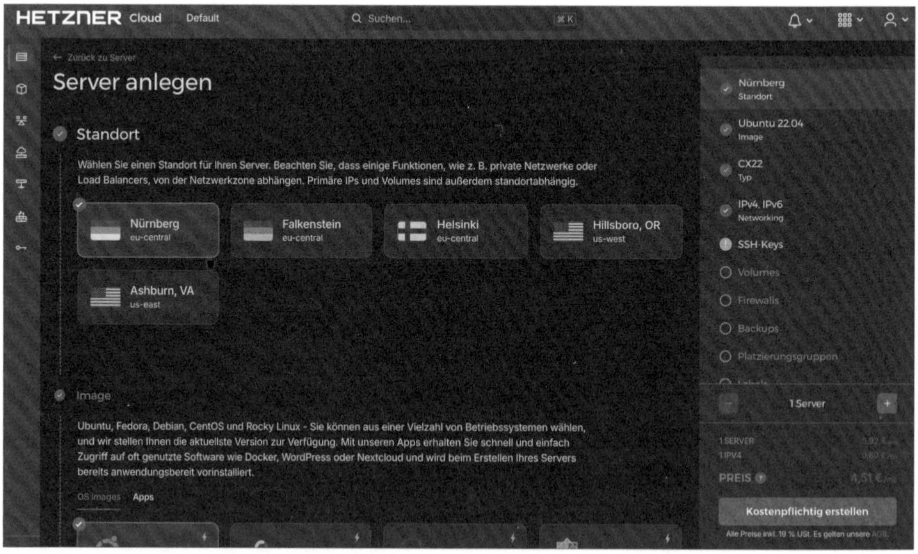

Abbildung 3.11 Die Webkonsole der Hetzner Cloud

Um mit dem CLI-Tool `hcloud` auf die API der Hetzner Cloud zugreifen zu können, benötigen Sie einen Zugriffstoken. Diesen können Sie sich generieren, indem Sie folgende Schritte ausführen:

1. Innerhalb eines Projekts – dort, wo Sie neue Server, Volumes und die anderen zur Verfügung stehenden Dinge generieren können (wie auf Abbildung 3.11) – gibt es links in der Seitenleiste das Feld SICHERHEIT. Klicken Sie darauf.
2. Auf der nächsten Seite finden Sie den Reiter API-TOKENS. Klicken Sie hier auf das Feld API-TOKEN HINZUFÜGEN.
3. Nun erscheint eine Box mit dem gleichen Titel. Sie finden unter anderem die Warnung, dass Tokens bei diesem Anbieter alle immer Schreib- und Leserechte haben. In dem Feld BESCHREIBUNG können Sie für den Token einen Namen eingeben, unter dem dieser hinterher im Dashboard aufgeführt wird. Klicken Sie nun in dieser Box auf das Feld API-TOKEN HINZUFÜGEN, um einen neuen Token zu generieren.
4. Daraufhin erscheint eine Box API-TOKEN WURDE HINZUGEFÜGT, in der Ihnen der Token ausgegeben wird. Wie bei DigitalOcean ist es das einzige Mal, dass der Token vollständig angezeigt wird. Kopieren Sie ihn hier heraus, und bewahren Sie ihn sicher auf. Sie benötigen ihn gleich für die Initialisierung des CLI-Clients. Klicken Sie dann auf OK, und die Box schließt sich wieder.

Den Token können Sie auf dieser Seite jederzeit auch wieder löschen und einen neuen generieren.

3.5.2 hcloud

Den Kommandozeilen-Client `hcloud` für die Hetzner Cloud finden Sie auf GitHub unter der Adresse *https://github.com/hetznercloud/cli*. Es handelt sich auch bei ihm um ein Google-Go-Programm, das als monolithisches Binary ausgeliefert wird.

Installation

Das Tool ist für Windows (32 und 64 Bit), für FreeBSD und Linux verfügbar (beide jeweils für i386, amd64 und verschiedene ARM-Varianten). Suchen Sie sich das für Ihren Arbeitsrechner geeignete Archiv heraus, und laden Sie es herunter.

Wenn Sie wie vorgeschlagen ein Linux-System als Arbeitsrechner benutzen, dann müssen Sie das Tool in ein *bin*-Verzeichnis verschieben. Die Vorgehensweise ist genau dieselbe wie beim CLI-Tool `doctl` für DigitalOcean. Schauen Sie bitte in Abschnitt 3.4.2 für weitere Details bezüglich der dafür notwendigen Prozedur.

Der Client funktioniert, wenn Sie seine Version abrufen können:

```
~$ hcloud version
hcloud v1.44.2
```

Tab-Vervollständigung

Auch die Tab-Vervollständigung für `hcloud` wird auf die gleiche Weise wie bei `doctl` in Betrieb genommen, hier mit dem Befehl `hcloud completion`. Ein Vervollständigungspattern für die Bash steht hier genauso zur Verfügung. Auch hier finden Sie die Anleitung auf GitHub.

Mit aktivierten Patterns können Sie sich dann alle für einen bestimmten Befehl und Unterbefehl zur Verfügung stehenden Optionen ausgeben lassen:

```
~$ hcloud server <TAB><TAB>
add-label           describe              enable-rescue       reset
attach-iso          detach-from-network   ip                  reset-password
attach-to-network   detach-iso            list                set-rdns
change-alias-ips    disable-backup        poweroff            shutdown
change-type         disable-protection    poweron             ssh
create              disable-rescue        reboot              update
create-image        enable-backup         rebuild
delete              enable-protection     remove-label
```

Initialisieren

Bevor Sie die `hcloud` für Ihr Konto bei der Hetzner Cloud nutzen können, müssen Sie das Tool zunächst noch initialisieren. Und zwar geschieht das mit dem Befehl `hcloud context`.

Kontexte sind eine grundlegende Organisationsstruktur dieses CLI-Clients. Bevor Sie sich Ressourcen einrichten können, müssen Sie zunächst einen neuen Kontext erzeugen und diesen mit einem API-Token initialisieren:

```
~$ hcloud context create mycontext
Token: mAxL4WAsK8Ep3A3G48yZniWCwId7DcG37dfZwUEOgRo8Um6xlxy8bZL53RiRZJol
Context mycontext created and activated
```

Sie können auch mehrere Kontexte betreiben und dann zwischen diesen hin und her wechseln. Das entspricht gewissermaßen der Funktion der *Ressourcengruppen* bei Microsoft Azure und den *Projekten* bei der Google Compute Engine. Wenn der neue Kontext aktiviert ist, dann können Sie Volumes und virtuelle Server darin generieren.

3.5.3 Server bereitstellen

Wenn Sie sich einen neuen virtuellen Server in der Hetzner Cloud einrichten wollen, dann geben Sie immer Folgendes an: die Maschinengröße, das Maschinenimage, das Sie verwenden wollen, sowie das Rechenzentrum, in dem der Server laufen soll.

Und für die *Public Key*-Methode zur Authentifizierung bei SSH geben Sie an, welcher SSH-Schlüssel auf dem Volume eingespielt werden soll.

SSH-Schlüssel

Sie müssen vorher einen SSH-Schlüssel generieren, der beim Launchen des Servers automatisch auf ihm eingespielt wird, sodass Sie hinterher über dieses Protokoll ohne Kennwortabfrage auf den Server zugreifen können.

Das Erzeugen des Schlüssels unterscheidet sich nicht von Ablauf bei DigitalOcean, der in Abschnitt 3.4 beschrieben ist. Hetzner unterstützt wie DigitalOcean SSH-Schlüssel im Signatur-Schema *ed25519*. Damit sind die beiden Anbieter fortschrittlicher aufgestellt als die Hyperscaler AWS und Microsoft Azure – zumindest galt das, als ich diese Zeilen geschrieben habe.

Mit dem Unterbefehl `create` von `hcloud ssh-key` spielen Sie den Schlüssel in Ihrem Konto bei Hetzner ein:

```
$ hcloud ssh-key create \
  --name myhetznerkey \
  --public-key-from-file ~/.ssh/myhetznerkey.pub
SSH key 1297847 created
```

Sie können ihn sich danach noch einmal mit `ssh-key` anzeigen lassen:

```
~$ hcloud ssh-key list
ID         NAME            FINGERPRINT
1297847    myhetznerkey    bc:69:b0:e8:ce:1f:1d:ec:50:06:ca:8c:30:2a:84:1a
```

Image

Die zur Verfügung stehenden Maschinenimages können Sie sich mit dem Befehl `hcloud image list` ausgeben lassen:

```
~$ hcloud image list
ID         TYPE     NAME           DESCRIPTION   DISK SIZE   CREATED
1039080    system   ubuntu-20.04   Ubuntu 20.04  5 GB        Mon Mar 20 2023
1039081    system   ubuntu-22.04   Ubuntu 22.04  5 GB        Mon Mar 20 2023
1615472    system   ubuntu-24.04   Ubuntu 24.04  5 GB        Thu Apr 25 2024
114690387  system   debian-12      Debian 12     5 GB        Tue Jun 13 2023
161490993  system   fedora-40      Fedora 40     5 GB        Thu Apr 25 2024
...
```

Wie Sie sehen, handelt es sich hier um eine reine Grundausstattung, die deutlich hinter dem Angebot anderer Cloud-Dienstleister zurückbleibt, mit der sich aber durchaus etwas anfangen lässt. Sie finden die »normalen« Debian- und Ubuntu-Distributionen, die auf dem Paketformat *.deb* basieren, sowie CentOS und Fedora als Abkömmlinge von Red Hat Linux auf der Basis des Paketformats *.rpm*. Diese beiden Paketformate teilen die Welt der Linux-Distributionen unter sich auf, und es finden sich hier für jedes »Lager« zwei einschlägige Vertreter.

Das Angebot erweckt allerdings den Eindruck, dass die Linux-Images hier ein wenig stiefmütterlich behandelt werden. So ist zum Beispiel angegeben, dass das Image *ubuntu-22.04* über ein Jahr alt ist. Die Altersangabe bezieht sich jedoch darauf, wann das Image unter diesem Namen erzeugt wurde, und nicht darauf, wann es zum letzten Mal aktualisiert wurde. Allerdings können Sie Ihren Server natürlich jederzeit über den Paketmanager aktualisieren. Wenn Sie beispielsweise das ganz neue Dot-Release von Ubuntu nutzen wollen, nehmen Sie das Image als Ausgangspunkt und führen ein vollständiges Upgrade durch.

Maschinengrößen

Die verfügbaren Maschinengrößen können Sie sich mit dem Befehl `hcloud server-type` ausgeben lassen:

```
~$ hcloud server-type list
ID   NAME    CORES  CPU TYPE    ARCHITECTURE  MEMORY    DISK    STORAGE TYPE
1    cx11    1      shared      x86           2.0 GB    20 GB   local
3    cx21    2      shared      x86           4.0 GB    40 GB   local
5    cx31    2      shared      x86           8.0 GB    80 GB   local
7    cx41    4      shared      x86           16.0 GB   160 GB  local
22   cpx11   2      shared      x86           2.0 GB    40 GB   local
23   cpx21   3      shared      x86           4.0 GB    80 GB   local
24   cpx31   4      shared      x86           8.0 GB    160 GB  local
45   cax11   2      shared      arm           4.0 GB    40 GB   local
93   cax21   4      shared      arm           8.0 GB    80 GB   local
94   cax31   8      shared      arm           16.0 GB   160 GB  local
95   cax41   16     shared      arm           32.0 GB   320 GB  local
96   ccx13   2      dedicated   x86           8.0 GB    80 GB   local
97   ccx23   4      dedicated   x86           16.0 GB   160 GB  local
98   ccx33   8      dedicated   x86           32.0 GB   240 GB  local
99   ccx43   16     dedicated   x86           64.0 GB   360 GB  local
100  ccx53   32     dedicated   x86           128.0 GB  600 GB  local
```

Vier Klassen von Maschinentypen sind hier abgebildet. Da ist einmal die Standard-Klasse mit geteilter Intel-CPU `cx`, die Standard-Klasse mit geteilter AMD-CPU `cpx`, die Klasse mit geteilter CPU und ARM-Architektur `cax` und die Klasse mit dedizierter CPU `ccx`.

Bei den teureren virtuellen Servern mit dedizierter CPU müssen Sie sich die gemieteten Kerne nicht mit anderen Benutzern der Hetzner Cloud teilen. Das kann Performance-Vorteile bieten; der eigentliche Sinn dahinter ist jedoch die erhöhte Sicherheit. Denn damit ist es ausgeschlossen, dass bei einem Hackerangriff über geteilte CPU-Ressourcen ein Zugriff auf benachbarte virtuelle Maschinen stattfindet. Dieses Thema wurde bereits in Abschnitt 1.2.6 erörtert. Wie realistisch und relevant ein solcher Angriff ist und ob dieses Risiko die höheren Kosten rechtfertigt, müssen Sie selbst entscheiden.

hcloud server create

Sie können sich nun mit dem Unterbefehl `create` von `hcloud server` einen neuen virtuellen Server erstellen. Ich verwende im Beispiel mit *fsn1* das Rechenzentrum in Falkenstein. Nürnberg hat das Kürzel *nbg1* und Helsinki hat das Kürzel *hel1*. Das Image ist wieder Ubuntu 22.04 LTS:

```
$ hcloud server create \
  --name meinserver \
  --type cx22 \
  --location fsn1 \
  --image ubuntu-22.04 \
  --ssh-key myhetznerkey
Waiting for server 4848441 to have started ... done done
Server 4848441 created
IPv4: 116.203.255.232
```

Wenn Sie keinen SSH-Schlüssel angeben, dann wird der SSH-Server mit kennwortgeschütztem Zugriff konfiguriert. Das Kennwort wird Ihnen dann per E-Mail zugeschickt. Diese Konfigurationsoption sollten Sie für produktive Systeme generell nicht verwenden.

Mit dem Unterbefehl `list` können Sie sich Informationen zu dem Server ausgeben lassen:

```
~$ hcloud server list
ID        NAME         IPV4              IPV6                     DATACENTER
4848441   meinserver   116.203.255.232   2a01:4f8:c17:895c::/64   fsn1-dc14
```

Sie können sich nun per SSH in den Server einloggen. Benutzen Sie dafür den privaten Teil desjenigen SSH-Schlüssels, dessen öffentlichen Teil (*.pub*) Sie in Ihr Konto bei Hetzner hochgeladen haben.

Wenn Sie den virtuellen Server nicht mehr benötigen, dann können Sie ihn mit `hcloud server delete` wieder löschen.

3.6 Multi-Cloud- und Hybrid-Cloud-Computing

3.6.1 Multi-Cloud Computing

Beim *Multi-Cloud Computing* gibt es einen engeren und einen weiteren Definitionsrahmen:

- Im engeren Sinne bedeutet es die gleichzeitige oder alternative Nutzung von Cloud-Services unterschiedlicher öffentlicher Cloud-Provider.
- Im weiteren Sinne definiert es die gemeinsame Nutzung verschiedener Bereitstellungsmodelle (Public und Private Cloud).

Beim weiteren Begriff verschwimmt die Abgrenzungslinie zur Hybrid Cloud, deshalb möchte ich mich im Folgenden auf den engeren Begriff von Multi-Cloud Computing beschränken.

Das Konzept, das hinter Multi-Cloud Computing steht, leuchtet schnell ein, wenn wir noch einmal zu dem Vergleich von Public Cloud Computing mit einem Carsharing-Angebot zurückkehren (siehe die Einleitung von Kapitel 1). Wenn Sie diesen Service intensiv benutzen, dann wird es Ihnen den Alltag bestimmt einfacher machen, wenn Sie sich nicht nur bei einem Anbieter anmelden, sondern auch noch bei einem oder mehreren Konkurrenten. Denn es handelt sich ja um Mietangebote, die keine Kosten verursachen, wenn Sie Ressourcen nicht benutzen. Deshalb entstehen durch das Anmelden bei verschiedenen Anbietern erst einmal keine zusätzlichen Ausgaben (es sei denn, ein Carsharing-Anbieter erhebt eine Anmeldegebühr).

Sie haben dann mehrere Benutzerkarten im Portemonnaie und können die Angebote alternativ oder kombiniert nutzen. Das bietet Ihnen mehr Flexibilität und Sie haben eine größere Auswahl. Vielleicht hat der eine Anbieter größere Autos im Angebot, die sich für gelegentliche Transportfahrten besser eignen. Ein anderer Anbieter bietet hauptsächlich kleine Modelle an, die bei der Parkplatzsuche einen Vorteil bieten. Außerdem haben Sie auf diese Weise mehr Autos in Ihrer Nähe stehen, die Sie nutzen könnten.

Beim Multi-Cloud Computing verfolgt man dieselbe Vorgehensweise: Sie stellen sich dabei so auf, dass Sie nicht nur die Services eines bestimmten Anbieters benutzen, sondern zwei weitere oder auch mehr Anbieter mit in Ihre IT-Strategie aufnehmen. Mit dieser Methode werden verschiedene Zwecke verfolgt:

- Der *Best-of-Breed*-Ansatz ist eine Strategie innerhalb des Multi-Cloud Computings, bei dem versucht wird, von der kombinierten Innovationskraft aller integrierten Cloud-Anbieter zu profitieren. Jeder Anbieter hat bestimmte Features, die ihn auszeichnen, und innerhalb seiner Services besitzt er im Vergleich mit Konkurrenten bestimmte Stärken und Schwächen. Sie versuchen mit dieser Methode also, sich gerade diese Vorzüge herauszupicken und sie in Kombination zu Ihrem eigenen

Vorteil zu benutzen. Es gibt dabei verschiedene Taktiken; Sie können etwa einen Haupt-Provider festlegen und dessen Dienste bei Bedarf um die Services von Wettbewerbern ergänzen.

- Eine grundsätzliche Motivation dafür, Multi-Cloud Computing zu betreiben, ist ja die Absicht, damit zur Verfügung stehende Ressourcen für die *Kostenersparnis* zu nutzen. So können Sie etwa kurzzeitig anfallende Workloads wie Analysen oder Computing-Batchjobs in der jeweils günstigsten Cloud laufen lassen und dort temporäre Worker-Nodes nutzen. Große Anbieter betreiben nämlich Börsen für kurzzeitig zur Verfügung stehende, sonst brachliegende Instanzen, die Sie dann kostengünstig nutzen können und die sich ja durchaus auch kombinieren lassen. Es ist in der Praxis allerdings meistens so, dass die Einsparung von den zusätzlichen Kosten aufgesogen wird, die der Mehraufwand beim eigenen Multi-Cloud Computing erzeugt. Das rechnet sich dann erst ab einem bestimmten Nutzungsvolumen. Ansonsten stecken Sie viel Energie in eine Optimierung, die Ihnen wenig bringt.
- Letztendlich wird Multi-Cloud Computing auch als Strategie verfolgt, um dem berüchtigtem *Vendor-Lock-in* zu entkommen (siehe Abschnitt 1.2.9). Dazu müssen Sie die Flexibilität Ihrer Prozesse erhöhen, damit sie unabhängig von einem Anbieter funktionieren und möglichst austauschbar sind. Falls Ihr Hauptanbieter dann die Preise erhöht, steht Ihnen zumindest die Option offen, die Services der Konkurrenz zu nutzen. Und nicht zuletzt gibt es auch einen Sicherheitsaspekt: Indem Sie sich mit einer universellen Provisionierung aufstellen, die nicht mehr nur auf einen ganz bestimmten Cloud-Provider zugeschnitten ist, können Sie bei eventuell vorkommenden technischen Problemen auf Anbieterseite schnell zu einem alternativen Service wechseln.

In dem Zusammenhang wird die grundsätzliche Problematik von Multi-Cloud Computing jedoch besonders deutlich: In diesem IT-Bereich existieren kaum einheitliche Schnittstellen und Standards. Und, um es mal ganz deutlich zu sagen: Die Anbieter haben auch kein besonderes Interesse daran, übergreifende Standards zu etablieren, die einen leichten Wechsel möglich machen. Deshalb muss die Abstraktionsebene, die Sie für erfolgreiches Multi-Cloud Computing benötigen, immer auf Anwenderseite hergestellt werden. Dafür geeignete Mittel zu finden und in die eigene Toolchain zu integrieren, ist eine nicht ganz einfache Aufgabe.

Verdeutlichen Sie sich zum Beispiel die Funktionsweise von Terraform, dem Framework für Infrastructure-as-Code, das in Abschnitt 4.3 vorgestellt wird. Es handelt sich dabei um ein universelles Framework, das eine ganze Reihe von Anbietern von Cloud-Ressourcen ansprechen kann, von denen viele Infrastruktur-Ressourcen im Angebot haben.

Terraform ist insofern schon ein Multi-Cloud-Werkzeug, als Sie damit in einem Projekt Cloud-Ressourcen von Amazon und Azure aufspannen und diese miteinander kombiniert zum Einsatz bringen können. Was allerdings nicht geht, ist dieselbe Infrastruktur, die Sie mit Terraform definiert haben, einmal in AWS EC2 und danach einmal in Azure und bei anderen unterstützten Anbietern zu generieren. Der Grund dafür ist, dass die jeweils zur Verfügung stehenden Ressourcen heterogen definiert sind und nur zum jeweils eingesetzten Provider passen. Das ist auch der Fall bei allgemein vorhandenen und theoretisch durchaus übergreifend definierbaren Cloud-Ressourcen wie virtuellen Servern und Volumes oder auch Load-Balancern und Sicherheitsgruppen. Diese machen ja bei allen Anbietern immer dasselbe.

Es gibt einige Ansätze, um verschiedene Infrastruktur-Services in eine einheitliche Oberfläche zu integrieren. Dabei spielt zum Beispiel das *Open Cloud Computing Interface* (OCCI) eine Rolle sowie das Meta-Modell *Topology and Orchestration Specification for Cloud Application* (TOSCA).

Eine starke integrative Kraft für den von Plattformen unabhängigen Betrieb von Applikationen entfaltet aber nicht zuletzt auch Kubernetes (siehe Abschnitt 1.4.5). Bestandteile wie Operatoren und Definitionen lassen sich jeweils anpassen. Kubernetes ist ja eigentlich auch eine vom Anwender eingesetzte Abstraktion, die auf der ziemlich einfachen Ebene der Cloud-Infrastruktur verankert ist und die besser mit derselben Ebene bei anderen Anbietern korrespondiert, als das auf einem höheren Niveau der Fall ist. Das entfaltet einen positiven Effekt, der hilft, ein Vendor-Lock-in so weit wie möglich zu vermeiden. IaaS ist aus dieser Perspektive auch kein Dinosaurier, wie etwa manche Serverless-Computing-Anwender mit reduziertem Administrationsaufwand das manchmal behaupten.

3.6.2 Hybrid Cloud Computing

Das hybride Cloud Computing habe ich bereits in der Einleitung in Abschnitt 2.1.7 einmal erwähnt. Dabei handelt es sich um eines der vier »klassischen« Bereitstellungsmodelle nach der Definition des *National Institute of Standards and Technology* (NIST). *Hybrid Cloud Computing* ist die Kombination von privater und öffentlicher Cloud, um lokale Rechenzentrumsressourcen und Services aus der Public Cloud zu integrieren. Gewissermaßen handelt es sich dabei um eine Unterabteilung oder eine Vorstufe von Multi-Cloud Computing (im weiteren Sinne).

Mit hybridem Cloud Computing werden verschiedene Ziele verfolgt:

- Es ist ein Mittel, um mit Lastüberläufen zurechtzukommen und eine *Burst Capacity* zur Verfügung zu haben. Dabei wird eine planbare Grundlast von den eigenen Servern zur Verfügung gestellt, während ein Cloud-Provider einen vorübergehend entstehenden Bedarf an Verarbeitungskapazität abdecken kann. Das ist vor allem für Unternehmen interessant, deren Bedarf an Rechenleistung stark schwankt.

Große Public-Cloud-Provider halten dazu riesige Kapazitäten bereit, sodass es nicht nur eine zweite Anforderungsstufe gibt, die ab einem gewissen Punkt auch wieder erschöpft ist. Sie können zumindest kurzfristig so viele Ressourcen verbrauchen, wie Sie wollen.

- Unternehmen, die von starken Compliance-Anforderungen eingeschränkt werden, nutzen Hybrid-Cloud-Modelle, um ihrer unproblematischen Workloads in die Cloud zu schieben. Anders können sie die Public Cloud überhaupt nicht nutzen.
- Andere Anwender möchten mithilfe der hybriden Cloud neue Produkte und Geschäftsmodelle verwirklichen. Die geografische Verteilung in der Public Cloud wird dann als Mittel eingesetzt, um näher an Kunden heranzukommen. So kann auch ein deutsches Unternehmen Kunden in den USA hoch performante Dienste anbieten.
- Die hybride Cloud ist extrem nützlich, wenn nur bestimmte Rechnerzuschnitte benötigt werden (z. B. Maschinen mit GPU-Karten für das *Machine Learning*), es aber wirtschaftlich nicht sinnvoll ist, diese selbst zu betreiben. (Gerade im professionellen KI-Bereich kann spezialisierte Hardware ganz leicht mehrere Millionen Euro kosten. Darin sind die laufenden Kosten, beispielsweise durch den immensen Stromverbrauch, noch gar nicht einberechnet.) Wenn diese Leistungen nur punktuell benötigt werden, können sie aus der Public Cloud vollständig integriert genutzt werden.

Das Problem beim Einsatz einer hybriden Cloud ist, dass die eigene IT viel komplexer wird, was technische, organisatorische und rechtliche Aspekte betrifft: Einfach alles wird viel, viel komplizierter! Ihr Einsatz ist nur dann empfehlenswert, wenn eine vollständige Integration gelingt und als Ergebnis ein nahtloser Zugang zu Ressourcen aus der Public Cloud existiert, ohne dass man sich bei jedem Übergang erneut Gedanken über Richtlinien, Preise und technische Probleme machen muss. Bei der Integration sind verschiedene Ebenen der Verschmelzung im Spiel:

- Auf der Datenebene möchten Sie die externe Cloud als Erweiterung von Speicher- und Datenbankressourcen nutzen.
- Auf der Netzwerkebene möchten Sie lokale und öffentliche Cloud-Ressourcen wie einen Objektspeicher eventuell gern über ein gemeinsames Netzwerk nutzen. Um einen langfristigen und intensiven Betrieb zu gewährleisten, bieten sich dedizierte Verbindungen wie *AWS Direct Connect* oder *Microsoft ExpressRoute* an.
- Für viele ist die Integration von Identitäts- und Zugriffsmanagement wünschenswert. Dabei kann bei bestimmten Lösungen eine einheitliche Benutzerverwaltung über das Active Directory oder einen anderen LDAP-Dienst implementiert werden. Diese Benutzerverwaltung ermöglicht es, Rechte sowohl für interne Zugänge als auch für die Nutzung von Ressourcen aus der Public Cloud festzulegen.

- Ein Ziel für die Integration kann auch die Verschmelzung von Virtualisierungsumgebungen sein. Wenn so eine Funktionalität gut implementiert ist, dann lassen sich damit virtuelle Maschinen auch unterbrechungsfrei zwischen lokalen und externen Ressourcen hin- und herschieben.

Es gibt eine Reihe von Lösungen für das Hybrid Cloud Computing auf dem Markt. *Open Stack* erlaubt es zum Beispiel, Ressourcen von externen Cloud-Anbietern zu integrieren.

Ein Schlüssel für eine gelungene hybride Infrastruktur ist es aber vor allem, bei der Public Cloud auf dieselbe Plattform zu setzen, die auch für die private Cloud genutzt wird. Eine Lösung aus diesem Bereich ist zum Beispiel *VMWare Cloud on AWS* (*https://www.vmware.com/products/vmc-on-aws.html*).

Außerdem hat Microsoft mit *Azure Stack* eine starke hybride Cloud-Lösung im Angebot. Diese bietet eine lokale Installation einer Azure-Umgebung, deren Funktionsumfang weitgehend der Azure-Cloud entspricht. Diese lässt sich dann mit Azure-Ressourcen aus der Public Cloud flexibel erweitern. Das System setzt allerdings ausschließlich auf vorkonfigurierte Systeme von zertifizierten Hardware-Partnern und ist dementsprechend aufwendig zu installieren und zu betreiben.

Sie sehen schon: Es gibt viele Optionen und fast genauso viele Entscheidungen, die Sie dabei treffen müssen. Meine Empfehlung kann daher nur lauten, dass Sie die Vor- und Nachteile sowie Ihre eigenen Anforderungen und Bedingungen sehr genau prüfen und sorgfältig evaluieren. Man kann in der Cloud viel ausprobieren, aber das sollte gutes Planen und viel Nachdenken nicht ersetzen.

Kapitel 4
Cloud-Infrastruktur automatisiert ausrollen

»There is one other very important, and often overlooked, reason for why you should use Infrastructure-as-code: happiness.«
– Yevgeniy Brikman

In Kapitel 3 habe ich die Anwendung von Infrastruktur-Services verschiedener Anbieter vorgestellt. Sie haben gesehen, dass jeder von ihnen ein eigenes CLI-Werkzeug anbietet, mit dem Sie die Services bedienen können und sich Ressourcen daraus bereitstellen können. Wenn Sie eine ganze komplexe Infrastruktur mit eingespieltem SSH-Schlüssel, virtuellen Maschinen, privatem Netzwerk, Autoskalierung, Blockspeicher, einem Datenbank-Service und anderen Dingen einrichten, dann müssen Sie eine ganze Reihe von einzelnen Operationen nacheinander als eine bestimmte Prozedur ausführen. Auch wenn Sie sich in das Cloud-Computing einarbeiten, dann werden Sie irgendwann darauf kommen, dass es besser ist, solche Prozeduren gar nicht mehr händisch abzusetzen, sondern zu programmieren.

Das bringt eine Menge von Vorteilen, unter denen der gewichtigste wohl ist, dass Sie die Prozedur dann vollständig automatisiert ausführen lassen können, was bequemer ist und Sie vor Tippfehlern und Versehen schützt. Es gibt noch einige andere Vorteile: Ein Code kann als Dokumentation der mit ihm eingerichteten Infrastruktur dienen; er kann wiederholt angewendet werden, um dieselbe Infrastruktur wiederherzustellen, und vieles mehr. Diese ganze Thematik gehört zur Idee *Infrastructure-as-Code* (IaC), die in diesem Buch implizit und explizit propagiert wird und an der Sie sich orientieren sollten, wenn Sie Cloud-Computing professionell betreiben.

Die Frage ist nun, welches Mittel Sie verwenden können, um das Ziel der automatischen und reproduzierbaren Erzeugung von Infrastruktur-Landschaften aus der Cloud auf Basis von Code zu erreichen. Da Sie es bei den Steuerwerkzeugen von IaaS-Diensten mit CLI-Werkzeugen zu tun haben, bietet sich erst einmal das Shellskripting an. Das ist schon mal besser, als alle für das Aufspannen einer Cloud-Infrastruktur benötigen Befehle auf der Kommandozeile einzutippen und direkt abzusetzen. Richtige Shellskripting-Ninjas können mit diesem universellen Mittel praktisch alles machen, wobei die ganzen unter Linux zur Verfügung stehenden CLI-Tools zum Einsatz kommen. Allerdings sollten Sie für ein IaC-Projekt zu einem speziell dafür zur Verfügung stehenden Framework greifen. Diese Frameworks sind extra für diesen Zweck aufgesetzt worden und bieten Ihnen bereits für ein ganz einfaches Projekt mit nur wenigen Codezeilen eine Funktionalität an, die Sie als Shellskript erst einmal aufwendig selbst implementieren müssten.

In diesem Kapitel werden Ihnen vier Frameworks für IaC vorgestellt. Zwei stammen von großen Cloud-Anbietern selbst: *AWS CloudFormation* stammt von Amazon Web Services und der *Azure Resource Manager* von Microsoft. Dazu kommt noch ein universelles Tool, das Sie für eine Mehrzahl von verschiedenen Anbietern einsetzen können (unter anderem auch für AWS und Azure), nämlich *Terraform* von HashiCorp. Als viertes Framework gehen wir auf das *AWS Cloud Development Kit (CDK)* ein, das eine Besonderheit darstellt, da es sich vor allem für Softwareentwickler anbietet. Alle vier sind nicht nur für die Benutzung von IaaS-Diensten gedacht, sondern können auch Ressourcen aus anderen Diensten bereitstellen. Das Miteinander von Ressourcen steht bei allen im Fokus, was ja auch der Sinn des Begriffs »Infrastruktur« ist.

Überlegen Sie, welche Lösung wohl die richtige für Sie ist? Wenn Sie Azure einsetzen, dann ist der Resource Manager mit Sicherheit die beste Wahl. Dieses Framework ist umfangreich ausgebaut und vollständig in Azure integriert. Außerdem gibt es sehr viele fertige Templates dafür, die an zentraler Stelle gesammelt werden. AWS CloudFormation und AWS CDK spielen dieselbe Rolle bei AWS, allerdings gibt es gegenüber dem ARM noch einen Entwicklungsrückstand, der wiederum durch CDK wettgemacht wird. Für CDK benötigen Sie zwar Know-how in einer Programmiersprache wie Python, doch dafür erhalten Sie auch zusätzliche Flexibilität und Freiheit. Sich tiefer in Terraform hineinzuarbeiten, bietet sich natürlich an, wenn Sie einen anderen Cloud-Anbieter verwenden, der kein eigenes IaC-Werkzeug anbietet. Terraform als IaC-Lösung für AWS ist meiner Meinung nach ebenfalls ein sinnvolles Einsatzszenario, da es für komplexere Setups etwas mehr Flexibilität bringt. Am Ende kommt es auf die Erfahrung und das Projekt an, welches Framework am besten geeignet ist. Wir werden uns jetzt jedes Framework genauer ansehen, und am Ende können Sie selbst die Entscheidung treffen.

Gut zu wissen

Durch die eingebauten Cloud-Module könnte auch Ansible die Rolle einer IaC-Lösung ausfüllen, doch dazu mehr in Kapitel 6.

4.1 AWS CloudFormation

CloudFormation ist ein Service in Amazon Web Services, mit dem Sie beliebig komplexe Zusammenstellungen von Cloud-Ressourcen dieses Anbieters definieren können. Sie schreiben das gewünschte Setup von Services und deren Konfiguration dafür als ein Template (hier auch wieder im Sinne von »Konfigurationsvorlage« und nicht im Sinne von »Vorlage für eine Konfigurationsdatei«) im JSON- oder YAML-Format. CloudFormation ist hochgradig in AWS integriert, und Sie können beinahe die gesamte Palette der verfügbaren Dienste mit diesem Werkzeug ansprechen.

Die *Elastic Compute Cloud* (EC2) gehört als einer der klassischen Core-Services natürlich auch dazu. In einem Template für CloudFormation definieren Sie also zum Beispiel eine gesamte EC2-Umgebung mit virtuellen Servern, Blockspeicherlaufwerken, komplexer Netzwerkkonfiguration sowie Autoscaling- und Load-Balancer-Konfiguration. Sie spielen dieses Template dann im Dashboard dieses Service ein oder laden es mit dem CLI-Client hoch. CloudFormation generiert dann alle darin beschriebenen Komponenten automatisch für Sie in einem sogenannten Stack. Die angelegten Komponenten erscheinen dann ganz normal in EC2, sie sind aber gleichzeitig Komponenten des aktuellen CloudFormation-Stacks. Sie können sie also auch gemeinsam alle wieder abräumen, indem Sie den Stack löschen. CloudFormation können Sie kostenlos verwenden, und die von diesem Service generierten Ressourcen haben ihre üblichen Mietpreise.

Ein konformes CloudFormation-Template muss bestimmten statischen Vorgaben folgen, wie etwa welche Ressourcen in ihm zu beschreiben sind. Darüber hinaus steht aber auch noch eine Reihe von frei einsetzbaren Funktionen zur Verfügung, die vom Service-Backend ausgewertet werden, wenn die Vorlage verarbeitet wird. Diese als Programmierelemente zu bezeichnen, trifft die Sache vielleicht nicht ganz, weil Sie keine eigene Logik damit umsetzen können. Bei DevOps-Tools werden in Templates vorkommende Sprachelemente für einen bestimmten Prozessor gemeinhin als domänenspezifische Sprache (*Domain Specific Language, DSL*) bezeichnet. Es handelt sich hierbei aber vielmehr wirklich um eine Templatesprache im Sinne von »Template« als einem Gerüst, das erst noch in ein voll ausgefülltes Dokument mit hart gecodeten Werten umgewandelt wird.

Hinweis

[«]

Bevor Sie sich in diesem Kapitel mit AWS CloudFormation auseinandersetzen, sollten Sie unbedingt die Einführung in EC2 aus Abschnitt 3.1 durchgearbeitet haben. CloudFormation ist nämlich keine Abstraktionsebene. Sie benötigen für den Einsatz deshalb detailliertes Wissen über den Service, den Sie damit ansprechen möchten. Dies ist ein IaaS-Buch, und deshalb steht hier auch wieder AWS EC2 als konkreter Anwendungsfall für CloudFormation im Mittelpunkt. Diese Einführung bezieht sich mit ihren Beispielen darüber hinaus aber auch auf bestimmte Anwendungsdetails, die in der EC2-Einführung aus Kapitel 3 explizit thematisiert worden sind. So gesehen schließt dieses Kapitel als Fortsetzung nahtlos daran an.

Lassen Sie uns direkt mit einem konkreten Anwendungsbeispiel beginnen. Folgendes JSON-Template definiert ein einfaches EC2-Setup mit einer Instanz, einer Sicherheitsgruppe und einem zusätzlichen EBS-Volume:

```
# nginx-simple.json
{
  "AWSTemplateFormatVersion" : "2010-09-09",
  "Description" : "Nginx-Webserver",
  "Resources" : {
    "MyWebServer" : {
      "Type": "AWS::EC2::Instance",
      "Properties" : {
        "ImageId" : "ami-01e444924a2233b07",
        "InstanceType" : "t2.micro",
        "KeyName": "myawskey",
        "SecurityGroups" : [ { "Ref" : "MySecurityGroup" } ],
        "UserData": { "Fn::Base64" : { "Fn::Join" : ["\n" , [
          "#!/bin/bash",
          "set -o errexit",
          "apt update && apt -y install nginx",
          "while [ ! -e /dev/xvdd ]; do sleep 10; done",
          "parted /dev/xvdd mklabel msdos",
          "parted /dev/xvdd mkpart primary 0% 100%",
          "mkfs.ext4 -m 0 /dev/xvdd1 && mount /dev/xvdd1 /mnt"
        ]]}}
      }
    },
    "MySecurityGroup" : {
      "Type" : "AWS::EC2::SecurityGroup",
      "Properties" : {
        "GroupDescription" : "SSH und HTTP-Zugang",
        "SecurityGroupIngress" : [
        { "IpProtocol" : "tcp", "FromPort" : 22, "ToPort" : 22,
          "CidrIp" : "0.0.0.0/0" },
        { "IpProtocol" : "tcp", "FromPort" : 80, "ToPort" : 80,
          "CidrIp" : "0.0.0.0/0" }
        ]
      }
    },
    "MyVolume" : {
      "Type" : "AWS::EC2::Volume",
      "Properties" : {
        "Size" : "80",
```

```
        "AvailabilityZone" : { "Fn::GetAtt" : [
                                  "MyWebServer", "AvailabilityZone" ] }
      }
    },
    "MyAttachment" : {
      "Type" : "AWS::EC2::VolumeAttachment",
      "Properties" : {
        "Device" : "/dev/sdd",
        "InstanceId" : { "Ref" : "MyWebServer" },
        "VolumeId" : { "Ref" : "MyVolume" }
      }
    }
  }
}
```

Listing 4.1 Beispiel-Template für CloudFormation

Das sieht beim ersten Hinsehen vielleicht komplizierter aus, als es tatsächlich ist. Lassen Sie uns Listing 4.1 mal Stück für Stück durchgehen. Sie werden mir hinterher zustimmen, dass dies kein komplexes Beispiel ist.

AMIs regelmäßig überprüfen

Denken Sie daran, dass Maschinenabbilder wie AMIs regelmäßig erneuert werden und dadurch veralten. Es kann also sein, dass das Image in den Code-Beispielen nicht mehr zur Verfügung steht. Wie in Kapitel 3 beschrieben, können Sie sich das aktuelle Image in der AWS-Konsole aussuchen.

Ein CloudFormation-Template verlangt standardmäßig immer die beiden Datenfelder `AWSTemplateFormatVersion` und `Description` sowie den Abschnitt `Resources`. Die hier beschriebenen vier EC2-Ressourcen werden wir gleich der Reihe nach einzeln durchgehen. Über die beiden anderen Grundelemente kann man schon einmal Folgendes sagen:

- Das Feld für die Formatversion dient dazu, eine bestimmte Version der CloudFormation-API anzusprechen. Es gibt bisher aber noch keine unterschiedlichen Versionen bei diesem Service. Deshalb ist `2010-09-09` hier zurzeit immer der richtige Wert.
- Mit `Description` wird der Stack beschrieben, der mit diesem Template erzeugt wird. Dieses Feld ist zwingend vorgeschrieben.

  Diese Vorgabe ist meiner Meinung nach vollkommen gerechtfertigt, da es sinnvoll ist, vom Infrastruktur-Entwickler irgendeine Angabe darüber zu verlangen, welchen Zweck ein bestimmtes Setup erfüllt. Sie können beinahe alle AWS-Services mit CloudFormation ansprechen und beliebig kombinieren, und da erschließt sich eine Konstruktion nicht auf den ersten Blick. Wenn sich in diesem Service immer nur kategorial festgelegte Templates schreiben ließen, etwa für den Serverless-Dienst AWS Lambda oder für EC2 mit dazugehörigen Services wie CloudWatch und RDS (*Amazon Relational Database Service*), dann würde der Sinn ja vielleicht noch aus dem Anwendungsbereich selbst hervorgehen.

Beim Einspielen eines Templates wird zunächst immer erst mal ein Name für den Stack verlangt, was aber nur eine Basisinformation ist. Die zusätzliche Information in diesem Feld ist vor allem bei einer Mehrzahl von Stacks und Kollegen sehr nützlich.

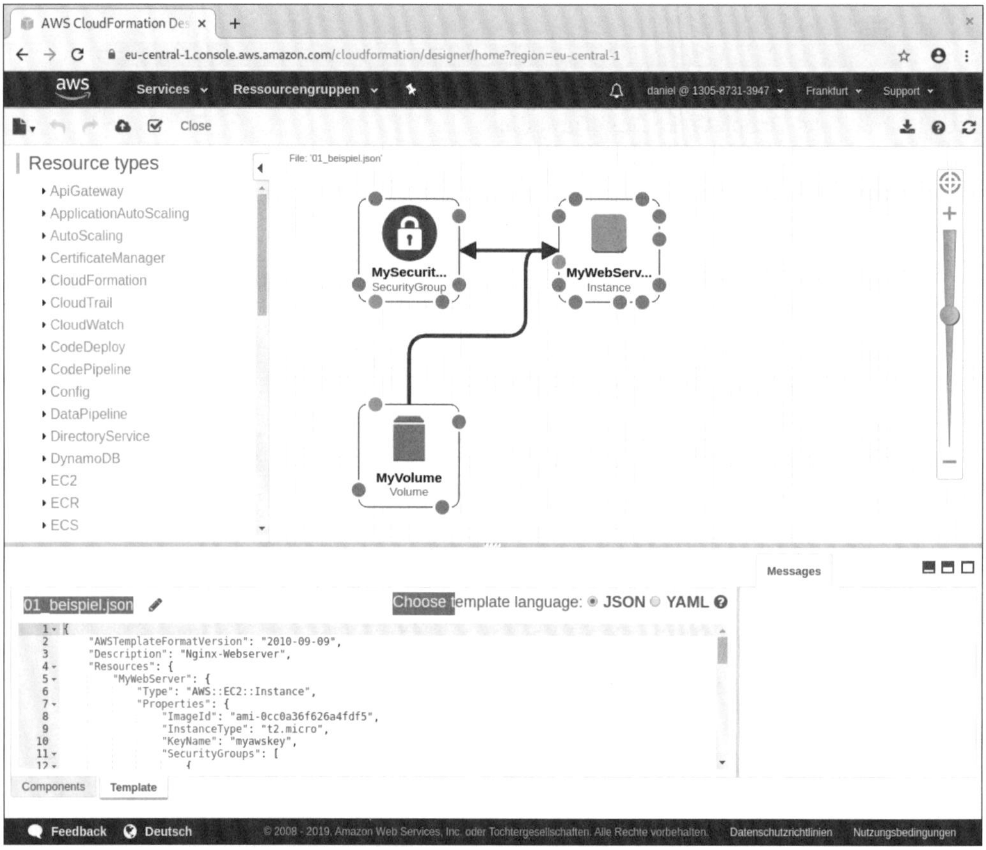

Abbildung 4.1 Der »CloudFormation Designer«

CloudFormation Designer

CloudFormation bietet Ihnen auf dem Dashboard unter *https://console.aws.amazon.com/cloudformation/designer* einen grafischen Designer. Mit ihm können Sie sich Vorlagen auf einer Drag-and-drop-Oberfläche mit visuellen Konstruktionshilfsmitteln zusammenstellen und bearbeiten (siehe Abbildung 4.1).

Der Designer präsentiert Ihnen gleichzeitig den Quellcode des Templates in einem eingebauten Editor sowie die grafische Repräsentation davon. Sie können dabei gleichzeitig auf beiden Ebenen arbeiten.

Auch wenn Sie keine grafische Darstellung benötigen, eignet sich diese Einrichtung zum Beispiel gut, um bei neuen Projekten ein Grundgerüst für ein Template zu erzeugen.

4.1.1 Ressourcen

Gehen wir jetzt die vier in dem Beispiel-Template definierten EC2-Ressourcen der Reihe nach durch. Wenn Sie den EC2-Einführungskurs in diesem Buch gelesen haben, dann erkennen Sie die bereits besprochenen Elemente von EC2 hier auf den ersten Blick wieder. Ein CloudFormation-Template ist nur eine spezielle Art, sich diese einzurichten.

Der Übersichtlichkeit halber behalte ich bei den nun folgenden Ausschnitten aus dem Gesamtbeispiel in Listing 4.1 die jeweiligen Einrücktiefen bei.

EC2::Instance

Die erste angeforderte Ressource im Beispiel-Template ist eine EC2-Instanz:

```
"Resources" : {
  "MyWebServer" : {
    "Type": "AWS::EC2::Instance",
    "Properties" : {
      "ImageId" : "ami-01e444924a2233b07",
      "InstanceType" : "t2.micro",
      "KeyName": "myawskey",
      "SecurityGroups" : [ { "Ref" : "MySecurityGroup" } ],
```

Egal aus welchem AWS-Service Sie mit CloudFormation eine Ressource für sich anlegen, diese braucht zunächst immer einen bestimmten Namen. Hier lautet er `MyWebServer`. Ein Ressourcenname ist beliebig, darf aber keine Leer- und Sonderzeichen beinhalten. Sie können in einem Template nicht denselben Namen für zwei oder mehr Ressourcen verwenden. Der Zweck des Namens ist es, innerhalb des Templates auf eine andere Ressource zu referenzieren. Darüber hinaus finden Sie `MyWebServer` hinterher in den Tags der erzeugten Instanz wieder (siehe weiter unten die Rückgabe von `aws ec2 describe-instances`).

Das nächste Element im Beispiel ist der Typ für diese Ressource. Die in CloudFormation verfügbaren Ressourcentypen repräsentieren einzelne Elemente von AWS-Services. Sie haben hier im Beispiel den Typ `AWS::EC2::Instance`, der eine EC2-Instanz generiert. Es kommen in dem Beispiel auch noch andere EC2-Elemente als Typen von Ressourcen vor. Deren Schreibweise folgt immer demselben Muster: `AWS::<Service>::<Element>`.

Aus EC2 stehen in CloudFormation 54 Elemente als Ressourcentypen für Templates zur Verfügung. Eine Ressource aus S3 zum Beispiel ist `AWS::S3::Bucket`.

Der jeweilige Ressourcentyp bestimmt auch die für ihn verfügbaren Eigenschaften, die `Properties`. Einige sind notwendige Werte, andere sind optional. Viele der optionalen Werte dienen dazu, im Bedarfsfall Standardeinstellungen abzuändern. Die beiden ersten Propertys im Beispiel sind notwendig und werden auch vom CLI-Befehl `aws ec2 run-instances` mindestens verlangt: die ID des gewünschten AMI (*Amazon Machine Image*) und der gewünschte Instanzentyp. Wenn Sie zusätzlich einen `KeyName` angeben wie hier, dann wird der unter diesem Namen in EC2 vorher abgelegte SSH-Schlüssel beim Generieren der Instanz auf ihr installiert.

Im Unterschied zu `aws run-instances` müssen Sie hier aber wieder mindestens eine Sicherheitsgruppe angeben, die der Instanz zugeordnet wird. Eine Sicherheitsgruppe ist, wie bereits besprochen, eine Sammlung von Firewall-Regeln für eine Instanz. In dem für Sie eingerichteten virtuellen Netzwerk gibt es immer eine Default-Sicherheitsgruppe. Die können Sie hier verwenden. Dafür wird allerdings genau wie bei einer Launch-Konfiguration für die Autoskalierung ihre konkrete ID benötigt. Die Default-Sicherheitsgruppe wird also nicht automatisch zugeordnet, wenn Sie nichts angeben.

Das Beispiel-Template geht aber einen anderen Weg und legt als weitere Ressource weiter unten unter dem Namen `MySecurityGroup` eine neue Sicherheitsgruppe an. Auf die ID dieser Gruppe können Sie hier mit der eingebauten Funktion `Ref` referenzieren. Diese Funktion gibt immer die ID einer bestimmten Ressource zurück, also die ID einer Instanz, eines EBS-Volumes, einer Sicherheitsgruppe usw. Die konkrete ID dieser neuen Gruppe können Sie an dieser Stelle ja auch gar nicht angeben, sondern Sie müssen mit `Ref` auf ihren Namen referenzieren. Der Grund dafür ist, dass die Gruppe ja noch gar nicht erstellt ist, noch gar nicht existiert, und dass es deshalb noch keine ID für sie gibt. Das geschieht erst, wenn ein konkreter Stack aus diesem Template aufgebaut wird.

Der springende Punkt ist hierbei, dass die aufgebaute Sicherheitsgruppe mit ihrer ID für das Generieren dieser Ressource (der EC2-Instanz) benötigt wird, sie in diesem Template aber erst weiter unten definiert ist. Da haben wir eine der entscheidendsten Eigenschaften von CloudFormation-Templates: Es spielt keine Rolle, in welcher Reihenfolge Sie Ihre Ressourcen darin definieren. Die hinter dem Service stehende

Engine analysiert das Template zunächst, wenn Sie einen neuen Stack daraus erzeugen wollen, und generiert die darin definierten Ressourcen in der notwendigen Reihenfolge. Die Sicherheitsgruppe beziehungsweise ihre ID wird für den Launch der definierten Instanz benötigt, also wird sie von CloudFormation vorher angelegt. Sie müssen dabei nicht auf die korrekte Reihenfolge der Ressourcendefinitionen in einem Template achten.

UserData

Bei `UserData` handelt es sich um eine weitere optionale Property des Ressourcentyps `AWS::EC2::Instance`:

```
"UserData": { "Fn::Base64" : { "Fn::Join" : ["\n" , [
  "#!/bin/bash",
  "set -o errexit",
  "apt update && apt -y install nginx",
  "while [ ! -e /dev/xvdd ]; do sleep 10; done",
  "parted /dev/xvdd mklabel msdos",
  "parted /dev/xvdd mkpart primary 0% 100%",
  "mkfs.ext4 -m 0 /dev/xvdd1 && mount /dev/xvdd1 /mnt"
]]}}
```

Der in diesem Feld eingestellte Text ab dem Hash-Zeichen wird als Shellbefehl mit Root-Rechten auf der neuen Instanz ausgelöst, direkt nachdem das Betriebssystem auf ihr hochgefahren ist. Das ist also ein Weg, um beim Generieren einer EC2-Instanz bestimmte Anweisungen auf ihr auszulösen, um sie zu konfigurieren.

»Nutzerdaten« in diesem Sinne stehen Ihnen auch bei `aws ec2 run-instances` zur Verfügung. Dafür gibt es den Schalter `--user-data`. Der dabei mitgegebene Text muss aber Base64-kodiert sein, damit EC2 ihn korrekt verarbeitet. Diese Kodierung können Sie hier im Template mit der eingebauten CloudFormation-Funktion `Fn::Base64` erreichen.

Bei `UserData` kommt meistens auch die Templatefunktion `Fn::Join` zum Einsatz. Diese setzt ein JSON-Array mit mehreren einzelnen Textzeilen als Strings zu einem mehrzeiligen Text zusammen. Dabei kann ein *Delimiter* angegeben werden, der an jede einzelne Zeile angehängt wird. Im Beispiel ist das der Zeilenumbruch `\n`.

Was geschieht also in diesem Template unter der Property `UserData`? Mit Templatefunktionen wird hier ein kleines Shellskript zusammengebaut, das beim Generieren einer neuen Instanz im Stack aus diesem Template direkt nach dem Hochfahren mit Root-Rechten auf ihr ausgelöst wird. Und dieses Skript besteht aus folgenden, eigentlich ganz einfachen Elementen:

- Es beginnt mit der sogenannten Shebang-Zeile `#!/bin/bash`. Diese Konstruktion wählt den Interpreter aus, mit dem das Skript gestartet wird. Bei Python-Skripten finden Sie hier `#!/bin/env python3` (siehe Abschnitt 2.1.1). Der für dieses Shellskript vorgesehene Interpreter ist also die Default-Shell Bash.
- Mit dem Befehl `set -o errexit` legen Sie fest, dass das Shellskript bei einem Fehler sofort abbricht. Die Kurzschreibweise dafür ist, `/bin/bash` in der Zeile darüber die Option `-e` mitzugeben.
- Als Nächstes wird mit dem Ubuntu-Paketmanager APT der Webserver Nginx als Linux-Paket aus dem offiziellen Paket-Repositorium installiert. Dafür wird zunächst mit `apt update` die Liste der verfügbaren Pakete aktualisiert. Beide Befehle sind mit `&&` verknüpft. Das bedeutet, dass der nachstehende Befehl nur ausgeführt wird, wenn der vorherige erfolgreich abgeschlossen wurde.

  Es gibt hier wegen dem Schalter `-e` für die Bash eigentlich keinen zwingenden Grund, diese beiden Kommandos fehlersensibel miteinander zu verknüpfen. Das ist hier nur ein Mittel, um zwei kürzere Befehle mit demselben Effekt in einer Zeile schreiben zu können.

  Ein Hinweis: Der systemd-Service für Nginx ist nach der Installation des Pakets sofort aktiv. Bei anderen Applikationen ist das auch schon einmal nicht der Fall. Bei derselben Applikation auf anderen Distributionen kann das auch anders sein, sodass Sie die Einstellung also am besten jeweils vorab testen.
- Die `while`-Schleife in der nächsten Zeile wartet mit unendlichen Wiederholungen immer 10 Sekunden darauf, dass die Gerätedatei */dev/xvdd* auftaucht. Weiter unten im Template ist ein zunächst unabhängiges EBS-Volume definiert, das im Verlauf der Installation eines Stacks aus diesem Template später als Datenlaufwerk an diese Instanz angebunden wird.

  Der Inhalt von `UserData` entfaltet bezüglich der Reihenfolge, in der Ressourcen im Stack generiert werden müssen, grundsätzlich keine Wirkung. Es gibt im Beispiel-Template also keinen Hook für CloudFormation, das EBS-Volume unbedingt vor dieser Instanz zu generieren.

  Sie können das mit `DependsOn` händisch festlegen, aber es gibt einen bestimmten Grund, warum es andersherum sein muss. Die Instanz muss vor dem EBS-Volume erzeugt werden, wie Sie gleich sehen werden. Bis das Volume fertig erzeugt und angebunden ist, muss auf der bereits vorher entstandenen Instanz also abgewartet werden. Und das Shellskript fährt mit dieser Schleife in dieser Zeile so lange auch nicht fort.
- Die folgenden Zeilen partitionieren und formatieren dieses Laufwerk und binden es dann unter */mnt* ein. Die dafür notwendigen Schritte wurden bereits in Abschnitt 3.1.4 besprochen. Sie können das Laufwerk wie gesagt auch ohne vorherige Partitionierung formatieren.

Linux-Shellskripting

Linux-Shellumgebungen besitzen exquisite Skripting-Features. Diese stehen vom Umfang her ausgewachsenen Programmiersprachen in kaum etwas nach. Wenn es nicht notwendig ist, Bibliotheken einzusetzen, dann sind Shellskripte für das programmgesteuerte Ausführen von CLI-Befehlen auch gegenüber Skriptsprachen wie Python durchaus die bessere Wahl. Sie können dieses Mittel für die Konfiguration von neuen virtuellen Servern einsetzen. Bringen Sie ein Shellskript auf die entfernte Maschine, und lassen Sie es dort ausführen.

Die auf einem Linux-System verfügbaren Shells (wörtlich »Muschel«, »Gehäuse« oder »Ummantelung«) finden Sie in der Datei */etc/shells* aufgelistet. Die aktive Shell können Sie sich mit `echo $0` ausgeben lassen. Die Bash (*Bourne Again Shell*) ist heutzutage der weithin verbreitete Standard bei Linux. Sie ist vollständig abwärtskompatibel zu ihrem Vorgänger `sh` (der *Bourne-Shell*), die von S.L. Bourne für die Unix-Version 7 entwickelt wurde. Die sehr umfangreiche Dokumentation der Bash können Sie sich mit `man -t bash | ps2pdf - bash.pdf` als PDF-Datei generieren lassen.

Mein Vorschlag ist allerdings, auf dem Arbeitsrechner oder einem Kontrollknoten möglichst wenig mit Shellskripten zu arbeiten. Sie können sich durchaus ein ganzes komplexes Deployment in solchen Skripten selbst schreiben und dabei ein Steuertool wie `aws` zusammen mit `curl` und anderen als Kern-Utilitys einsetzen. Das erspart es Ihnen, sich Kenntnisse über IaC-Werkzeuge aneignen zu müssen. Und es bietet Ihnen, wenn Sie das Werkzeug beherrschen, auch ganz prinzipiell immer mehr Freiheiten, als sich den Vorgaben eines Frameworks wie CloudFormation oder Ansible unterwerfen zu müssen. Allerdings werden Sie dabei viel Zeit darauf verwenden müssen, Funktionalitäten selbst zu implementieren, die bei den speziell für Orchestrierung, Provisionierung und Deployment entwickelten Tools bereits eingebaut sind. Sie brauchen schon gute Gründe, wenn Sie das Rad noch einmal erfinden wollen ...

EC2::SecurityGroup

Als weitere EC2-Ressource für den Stack wird in diesem Template eine neue Sicherheitsgruppe angelegt:

```
"MySecurityGroup" : {
  "Type" : "AWS::EC2::SecurityGroup",
  "Properties" : {
    "GroupDescription" : "SSH und HTTP-Zugang",
    "SecurityGroupIngress" : [
    { "IpProtocol" : "tcp", "FromPort" : 22, "ToPort" : 22,
      "CidrIp" : "0.0.0.0/0" },
    { "IpProtocol" : "tcp", "FromPort" : 80, "ToPort" : 80,
      "CidrIp" : "0.0.0.0/0" }
    ]
```

Der dafür notwendige Ressourcentyp ist `AWS::EC2::SecurityGroup`. Wie eine Sicherheitsgruppe funktioniert, wurde bereits in Abschnitt 3.1.3 in der EC2-Einführung besprochen.

Hier werden zwei Eingangsregeln (`SecurityGroupIngress`) festgelegt: einmal für den SSH-Zugriff über Port 22 und einmal für den HTTP-Zugriff auf den Webserver über Port 80. Der Zugriff ist von jeder IPv4-Adresse aus erlaubt (`0.0.0.0/0`).

Ein Punkt hierbei ist, dass dieser Ressourcentyp eine `GroupDescription`, also eine Beschreibung dieser Gruppe von Regeln zwingend verlangt.

EC2::Volume

Zusammen mit der von diesem Template gelaunchten Instanz wird auch ohne weitere Definitionen in diesem Template bereits ein EBS-Volume erzeugt. Dieses wird als Wurzellaufwerk an die Instanz angebunden, um sie darauf zu booten. Das ist durch die verwendete AMI so festgelegt:

```
~$ aws ec2 describe-images \
   --image-ids ami-01e444924a2233b07 \
   --query 'Images[*].BlockDeviceMappings'
        {
            "DeviceName": "/dev/sda1",
            "Ebs": {
                "DeleteOnTermination": true,
                "SnapshotId": "snap-0dcdba3c0928d3bfe",
                "VolumeSize": 8,
                "VolumeType": "gp3",
                "Encrypted": false
            },
        },
```

In diesem Beispiel-Template für CloudFormation wird aber auch noch ein weiteres, zunächst unabhängiges EBS-Volume angelegt:

```
"MyVolume" : {
  "Type" : "AWS::EC2::Volume",
  "Properties" : {
    "Size" : "80",
    "AvailabilityZone" : { "Fn::GetAtt" : [ "MyWebServer",
                                            "AvailabilityZone" ] }
  }
```

Die Größe ist mit 80 GB eingestellt. Wenn Sie keinen EBS-Typ explizit angeben, gilt immer der Standardtyp `gp2` (*General Purpose SSD*) mit festem IOPS-Level.

Wie in der Einführung in EC2 (ich glaube sogar mehrmals) erwähnt worden ist, muss sich ein EBS-Volume in derselben Verfügbarkeitszone (*Availability Zone*, AZ) befinden wie die Instanz, an die es angehängt werden soll. Nun ist im Template bei der Definition der Instanz aber gar keine Verfügbarkeitszone aus der Region *eu-central-1* (Frankfurt a.M.), die bei diesen Beispielen verwendet wird, explizit angegeben worden. Der Effekt ist derselbe, wie wenn diese Angabe bei dem Befehl `aws ec2 run-instances` fehlt – nämlich, dass die neue Instanz in einer AZ praktisch durch Zufall erzeugt wird, je nachdem, wie die Cloud das gerade favorisiert. Es werden hier also Information darüber benötigt, in welcher AZ sich die Instanz dann konkret befindet, um das EBS-Volume in derselben Zone erzeugen zu können.

Welche AZ das hinterher im Stack konkret sein wird, können Sie sich mit der CloudFormation-Funktion `Fn::GetAtt` als Rückgabewert `Availability Zone` von der Instanz zurückgeben lassen. Das ist der Grund, warum CloudFormation dieses Volume nach der Instanz `MyWebServer` erzeugen wird und warum das auch so sein muss. Deshalb muss die erzeugte Instanz mit der `while`-Schleife im initialen Konfigurationsskript darauf warten, bis das Volume zur Verfügung steht.

EC2::VolumeAttachment

Die vierte definierte EC2-Ressource ist ein `VolumeAttachment`:

```
    "MyAttachment" : {
      "Type" : "AWS::EC2::VolumeAttachment",
      "Properties" : {
        "Device" : "/dev/sdd",
        "InstanceId" : { "Ref" : "MyWebServer" },
        "VolumeId" : { "Ref" : "MyVolume" }
      }
    }
  }
}
```

Wie bereits in der AWS-Einführung in Bezug auf dieses für die Instanz verwendete AMI ausgeführt worden ist, sind die Laufwerksschächte */dev/sdb* und */dev/sdc* bereits reserviert. Der erste freie Schacht für das `Device` ist also */dev/sdd*. (Das Volume erscheint in der Instanz dann als */dev/xvdd*, weil diese AMI Instanzen vom Typ *hvm* erzeugt.)

Dieser Ressourcentyp verlangt als `Properties` Informationen darüber, welches Volume an welche Instanz angehängt werden soll. Beide IDs können Sie auch hier wieder mit der CloudFormation-Funktion `Ref` ermitteln.

Da `MyWebServer` und `MyVolume` für die Definition verwendet worden sind, wird das Attachment an dritter Stelle in der Reihenfolge nach der Instanz und dem Volume erzeugt werden (die Instanz wird wie gesagt für das Volume benötigt). Das macht für ein Attachment anders ja auch gar keinen Sinn, und eine andere Erzeugungsreihenfolge ist hierbei ausgeschlossen.

4.1.2 Template anwenden

AWS CloudFormation können Sie mit dem Befehl `aws cloudformation` steuern. Um den gesamten Lebenszyklus eines Stacks zu kontrollieren, gibt es einige Unterbefehle.

Shell-Aliase

Die Linux-Kommandozeile bietet Ihnen einen einfachen eingebauten Mechanismus, um Kurzschreibweisen von Befehlen festzulegen. So können Sie zum Beispiel auf Ihrem Arbeitsrechner `awscf` als einen Alias für das sperrige `aws cloudformation` anlegen. Der Befehl, mit dem Sie das einstellen können, lautet `alias`:

```
~$ alias awscf="aws cloudformation"
~$ type awscf
awscf is aliased to 'aws cloudformation'
```

Achten Sie darauf, keine bereits vorhandenen Befehle damit zu überschreiben (prüfen Sie das vorher mit `which`). Tragen Sie den Befehl, mit dem Sie den Alias erzeugen, in Ihre *~/.bashrc*-Datei ein. Dann haben Sie diese Ersetzung auch bei einem Reboot und in einem neuen Terminalfenster zur Verfügung. Mit `unalias` lösen Sie einen Alias bei Bedarf wieder auf.

validate-template

Ein nützlicher Subbefehl von `aws cloudformation` ist `validate-template`. Damit können Sie ein CloudFormation-Template auf etwaige Fehler hin überprüfen, bevor Sie einen Stack daraus generieren möchten. Die Validation erkennt allerdings keine inhaltlichen Fehler wie einen nicht vorhandenen EC2-Instanzentyp, sondern nur formale Fehler.

Die Validation findet nicht wohlgeformtes JSON, also etwa ein vergessenes Komma oder eine Klammer:

```
~$ aws cloudformation validate-template \
   --template-body file://nginx-simple.json
An error occurred (ValidationError) when calling the ValidateTemplate
operation: Template format error: JSON not well-formed. (line 44, column 4)
```

Beanstandet werden auch ungültige Vorlagen, die gegenüber dem korrekten Schema für CloudFormation-Templates nicht bestehen. Ein Tippfehler im Schlüsselfeld `Resources` zum Beispiel ergibt folgende Fehlermeldung:

```
~$ aws cloudformation validate-template \
   --template-body file://nginx-simple.json
An error occurred (ValidationError) when calling the ValidateTemplate
operation: Template format error: At least one Resources member must be defined.
```

create-stack

Einen neuen Stack aus einem Template generieren Sie mit dem Subbefehl `create-stack`. Die einzige notwendige Option dabei ist allein der Stackname, der im Template nicht festgelegt ist. So lassen sich aus einem Template auch mehrere Stacks generieren.

Generieren Sie einen neuen Stack mit folgendem Befehl. Zurückgegeben wird Ihnen dann sofort sein ARN (*Amazon Resource Name*), mit dem der Stack intern eindeutig designiert ist:

```
~$ aws cloudformation create-stack \
   --stack-name mystack \
   --template-body file://nginx-simple.json
{
    "StackId": "arn:aws:cloudformation:
                eu-central-1:130587313947:
                stack/mystack/06537dd0-2204-11ea-8e29-02f9d8bbd456"
}
```

Der Beispiel-Stack mit seinen vier Ressourcen benötigt ungefähr zwei bis drei Minuten, um sich vollständig aufzubauen.

Sie können mit dem Subbefehl `describe-stacks` jederzeit Informationen über die aktuell installierten CloudFormation-Stacks abrufen. Und mit dem Schalter `--stack-name` erhalten Sie auch Informationen über einen ganz bestimmten Stack:

```
~$ aws cloudformation describe-stacks --stack-name mystack
 "Stacks": [
     {
         "StackId": "arn:aws:cloudformation:eu-central-
                    1:130587313947:stack/mystack/06537dd0-2204-
                    11ea-8e29-02f9d8bbd456",
         "StackName": "mystack",
         "Description": "Nginx-Webserver",
         "CreationTime": "2024-12-19T02:05:27.037Z",
         "RollbackConfiguration": {},
         "StackStatus": "CREATE_IN_PROGRESS",
         "DisableRollback": false,
         "NotificationARNs": [],
```

```
            "Tags": [],
            "EnableTerminationProtection": false,
            "DriftInformation": {
                "StackDriftStatus": "NOT_CHECKED"
            }
        }
]
```

Die vom Stack erstellten Ressourcen (wie die EC2-Instanz) finden Sie in ihren entsprechenden Services aufgeführt. Die Information, dass sie zu einem CloudFormation-Stack gehören, finden Sie in den Tags, die zu der Ressource gehören, unter mehreren Keys. Folgende Tags sind zum Beispiel bei der EC2-Instanz von CloudFormation angelegt worden:

```
~$ aws ec2 describe-instances \
   --instance-ids i-03874ffce8c6fc03a \
   --query 'Reservations[*].Instances[*].Tags'
 [
    {
        "Key": "aws:cloudformation:stack-name",
        "Value": "mystack"
    },
    {
        "Key": "aws:cloudformation:stack-id",
        "Value": "arn:aws:cloudformation:eu-central-
                  1:130587313947:stack/mystack/06537dd0-
                  2204-11ea-8e29-02f9d8bbd456"
    },
    {
        "Key": "aws:cloudformation:logical-id",
        "Value": "MyWebServer"
    }
 ]
```

Events

Die einzelnen Schritte, die CloudFormation benötigt, um den Stack vollständig aufzubauen, ihn bei Bedarf zu verändern und auch abzubauen, werden als *Events* bezeichnet. Einzelne Events zu überprüfen wird zum Beispiel beim Troubleshooting notwendig, falls es bei einer Operation wie dem Stackaufbau zu einem Fehler kommt.

Welche Events auf einem Stack stattgefunden haben, können Sie sich mit dem Subbefehl `describe-stack-events` ausgeben lassen. Wenn der Beispiel-Stack erfolgreich aufgebaut ist, dann haben diese Schritte dabei stattgefunden:

```
~$ aws cloudformation describe-stack-events \
   --stack-name mystack | \
   jq '.StackEvents[] | .LogicalResourceId + " " + .ResourceStatus + " "
        + .ResourceStatusReason'
"mystack CREATE_COMPLETE"
"MyAttachment CREATE_COMPLETE"
"MyAttachment CREATE_IN_PROGRESS Resource creation Initiated"
"MyAttachment CREATE_IN_PROGRESS"
"MyVolume CREATE_COMPLETE"
"MyVolume CREATE_IN_PROGRESS Resource creation Initiated"
"MyVolume CREATE_IN_PROGRESS"
"MyWebServer CREATE_COMPLETE"
"MyWebServer CREATE_IN_PROGRESS Resource creation Initiated"
"MyWebServer CREATE_IN_PROGRESS"
"MySecurityGroup CREATE_COMPLETE"
"MySecurityGroup CREATE_IN_PROGRESS Resource creation Initiated"
"MySecurityGroup CREATE_IN_PROGRESS"
"mystack CREATE_IN_PROGRESS User Initiated"
```

Das Anwendungsbeispiel benutzt das Tool jq für die kombinierte Auswertung von mehreren JSON-Feldern. Die hier in den Beispielen angegebenen Feldnamen erleichtern es Ihnen, bestimmte Informationen in den zurückgegebenen JSON-Dokumenten zu finden, auch wenn es Ihnen zu kompliziert sein sollte, die jq-Anwendungsbeispiele abzutippen.

Die Events werden in der Reihenfolge, in der sie im Speicher auftreten, im CloudFormation-Service abgelegt. Sie können hier wunderschön die bei der Besprechung des Templates angekündigte Reihenfolge sehen, in der die Ressourcen erzeugt worden sind: Zuerst wurde die Sicherheitsgruppe angelegt, dann der Webserver, dann das EBS-Volume und zuletzt die Volume-Anbindung.

Sie können mit JSON-Tools wie jq ganz gezielt auf bestimmte Events zugreifen:

```
~$ aws cloudformation describe-stack-events \
   --stack-name mystack | \
   jq '.StackEvents[9]'
{
  "StackId": "arn:aws:cloudformation:eu-central-1:130587313947:
              stack/mystack/06537dd0-2204-11ea-8e29-02f9d8bbd456",
  "EventId": "MyWebServer-CREATE_IN_PROGRESS-2019-12-19T02:05:36.499Z",
  "StackName": "mystack",
  "LogicalResourceId": "MyWebServer",
  "PhysicalResourceId": "",
  "ResourceType": "AWS::EC2::Instance",
```

```
  "Timestamp": "2024-12-19T02:05:36.499Z",
  "ResourceStatus": "CREATE_IN_PROGRESS",
  "ResourceProperties": "{\"KeyName\":\"myawskey\",\"SecurityGroups\:"
                        [\"mystack-MySecurityGroup-5NNGOCOQUT8C\"],
                        \"UserData\":\"IyEvYmluL2Jhc2ggLWUKYXBOIHVwZGF0
                        ZSAxmJiBhcHQgLXkgaW5zdGFsbCBuZ2lueAp3aGlsZSBbIC
                        EgLWUgL2Rldi94dmRkIF07IGRvIHNsZWVwIDEwOyfwdfBkb
                        25lCnBhcnRlZCAvZGV2L3h2ZGQgbWtsYWJlbCBtc2RvcwpwY
                        JOZWQgL2Rldi94dmRkIG1rcGFydCBwcmltYXJ5IDAlIDEwMs
                        CUKbWtmcy5leHQ0IC1tIDAgL2Rldi94dmRkM SAmJiBtb3df
                        VudCAvZGV2L3h2ZGQxIC9tbnQ=\",\"ImageId\":
                        \"ami-01e444924a2233b07\",\"InstanceType\":
                        \"t2.micro\"}"
}
```

Hier finden Sie unter `ResourceProperties` übrigens auch die Base64-kodierte Fassung des unter `UserData` mitgegebenen Mini-Shellskripts. Diese Kodierung müssen Sie aufwendig selbst herstellen, wenn Sie `UserData` mit `aws ec2 run-instances` mitgeben möchten.

update-stack

CloudFormation verfügt über einen Mechanismus, mit dem Sie bereits installierte Stacks auch verändern können. Der dafür benötigte Subbefehl ist `update-stack`. Er lässt sich mit einem veränderten Template als Gegenstück zu `create-stack` einsetzen.

Ändern Sie zum Beispiel einfach den Instanzentyp im Template (im Beispiel mit dem Linux-Textool `sed`), und lösen Sie dann diesen Befehl mit der veränderten Fassung aus:

```
~$ aws ec2 describe-instances \
   --output text --query 'Reservations[*].Instances[*].InstanceType'
t2.micro

~$ sed -i 's/t2.micro/t2.small/' nginx-simple.json

~$ aws cloudformation update-stack --stack-name mystack \
   --template-body file://nginx-simple.json

~$ aws cloudformation describe-stacks --stack-name mystack \
   --output text --query 'Stacks[*].StackStatus'
UPDATE_COMPLETE
```

```
~$ aws ec2 describe-instances \
   --output text --query 'Reservations[*].Instances[*].InstanceType'
t2.small
```

Ein ganz spannendes Detail ist dabei, dass CloudFormation die zu diesem Stack gehörige Instanz nicht austauscht, sondern ihren Typ verändert. Bestimmte Attribute einer EC2-Instanz (wie ihr Typ) lassen sich verändern, dafür muss diese aber angehalten werden.

Sie können das auf der Instanz von systemd aufbewahrte Protokoll der stattgefundenen Systemboots daraufhin überprüfen, ob tatsächlich ein Reboot beziehungsweise ein Neustart stattgefunden hat:

```
ubuntu@ip-172-31-41-77:~$ journalctl --list-boots
-1 6250b33c83f14c22a891c93a691f7277 Thu 2024-12-19 02:06:06 UTC—
   Thu 2024-12-19 02:13:47 UTC
 0 8e8432a2a2a14ddd82e0e65582fd719a Thu 2024-12-19 02:14:32 UTC—
   Thu 2024-12-19 02:21:26 UTC

~$ aws cloudformation describe-stack-events \
   --stack-name mystack | \
   jq '.StackEvents[2] | .LogicalResourceId + " " + .ResourceStatus + " "
       + .Timestamp'
"MyWebServer UPDATE_COMPLETE 2024-12-19T 02:14:41.256Z"
```

Hinweis

Damit Sie sich auf einem Linux-System das Protokoll der bisherigen Boots auf diese Weise ausgeben lassen können, muss das systemd-Logging aktiviert sein. Die dafür relevante Konfiguration findet in */etc/systemd/journald.conf* statt.

Der Standardwert für den Konfigurationsschalter `Storage` ist `auto` (er gilt also, wenn für den Schalter nichts anderes eingestellt ist). Die Einstellung bewirkt, dass persistentes Logging stattfindet (nur in dem Fall werden die Daten vorheriger Boots aufbewahrt), wenn das Verzeichnis */var/log/journal* existiert. Bei Ubuntu ist das per Default so der Fall, wie Sie im Beispiel sehen können.

Vielleicht werden allerdings bei einer anderen Distribution, die Sie einsetzen möchten, auch bei derselben Einstellung `auto` nur flüchtige Logs im Arbeitsspeicher abgelegt. Dann gibt es im Protokoll der vorherigen Boots immer nur einen Eintrag. In dem Fall genügt es, dieses Verzeichnis einfach anzulegen. Lösen Sie danach den Befehl `systemctl -signal=USR1 kill systemd-journal` aus, um die im Speicher vorhandenen Logs aus dem aktuellen Betrieb direkt zu sichern. Nach einem Reboot oder nach `systemctl restart systemd-journald` werden die Logs dann auf der Festplatte abgespeichert.

Rollback

Eine gute Eigenschaft von CloudFormation sind Rollbacks. Das ist ein Mechanismus, der – wenn etwa bei einem Update Fehler auftreten – dafür sorgt, dass der vorherige Zustand automatisch wiederhergestellt wird.

Wenn Sie zum Beispiel versuchen, die Größe des separat angelegten EBS-Volumes zu verkleinern (nehmen wir an, von den voreingestellten 80 GB auf 60 GB), dann gibt es während eines Updates mit diesem Wert einen Fehler. Denn bereits erläutert wurde, kann die Größe eines EBS-Volumes zwar heraufgesetzt, aber (trotz des coolen »Elastic« im Titel) nicht verringert werden:

```
~$ aws cloudformation describe-stack-events \
   --stack-name mystack | \
   jq '.StackEvents[4] | .LogicalResourceId + " " + .ResourceStatus + " "
       + .ResourceStatusReason'
"MyVolume UPDATE_FAILED New size cannot be smaller than existing size
(Service: AmazonEC2; Status Code: 400; Error Code: InvalidParameterValue;
Request ID: d17cce9c-8235-40a4-ad25-1305ce5f3afa)"
```

CloudFormation löst sofort einen Rollback aus, falls es während eines Updates zu einem Fehler kommt:

```
~$ aws cloudformation describe-stacks \
   --stack-name mystack \
   --output text --query 'Stacks[*].StackStatus'
UPDATE_ROLLBACK_IN_PROGRESS
```

Bei diesem Rollback werden auch alle anderen Änderungen rückgängig gemacht, die durch die neue, gescheiterte Fassung des Templates ausgelöst worden sind.

Also befindet sich zum Beispiel die EC2-Instanz hinterher wieder im alten Zustand, falls zusammen mit der Größe des EBS-Volumes auch noch eine weitere Änderung an ihm vorgenommen wurde und diese Änderung während des Update-Prozesses auch bereits stattgefunden hat.

delete-stack

Einen Stack komplett abbauen können Sie einfach mit dem Subbefehl `delete-stack`:

```
~$ aws cloudformation delete-stack --stack-name mystack

~$ aws cloudformation describe-stacks \
   --stack-name mystack \
   --output text --query 'Stacks[*].StackStatus'
DELETE_IN_PROGRESS
```

Die zugehörigen Eventdaten bleiben dabei aber nur so lange erhalten, wie ein Stack existiert. Wenn der Stack gelöscht ist, dann ist keine Retrospektive der dabei ausgeführten Schritte mehr möglich:

```
~$ aws cloudformation describe-stack-events --stack-name mystack
An error occurred (ValidationError) when calling the DescribeStackEvents
operation: Stack [mystack] does not exist
```

S3 als Template-Ablage

Der Launch-Wizard für neue Stacks auf dem Dashboard von AWS CloudFormation speichert die hochgeladenen Templates automatisch in einem Bucket im Objektspeicher S3:

```
~$ aws s3 ls
2024-12-19 23:39:21 cf-templates-dzyt1vdbe1zl-eu-central-1
```

Das bietet eine zusätzliche Möglichkeit für die Wiederverwendung, weil Sie bei der Erzeugung eines Stacks als Template anstatt einer lokalen Datei auch die S3-Adresse angeben können:

```
~$ aws cloudformation create-stack \
  --stack-name mystack --template-url \
  http://s3.amazonaws.com/cf-templates-dzyt1vdbe1zl-eu-central-1/
      2024353no8-nginx-simple.json
```

Das funktioniert natürlich auch mit selbst eingespielten Dateien in S3.

Je nachdem, wie häufig Sie den Wizard benutzen, wird der Bucket allerdings immer voller. Und auch wenn Sie jedes Mal dieselbe lokale Datei einspielen, wird immer eine neue Kopie davon dort abgelegt:

```
~$ aws s3 ls cf-templates-dzyt1vdbe1zl-eu-central-1
2024-12-19 23:39:58    1421 20243536dr-nginx-simple.json
2024-12-19 23:39:50    1421 2024353kBV-nginx-simple.json
2024-12-19 23:39:21    1421 2024353no8-nginx-simple.json
```

Als Housekeeping-Maßnahme möchten Sie den Inhalt dieses Buckets vielleicht mal löschen. Das erreichen Sie mit diesem Befehl:

```
~$ aws s3 rm --recursive s3://cf-templates-dzyt1vdbe1zl-eu-central-1
delete: s3://cf-templates-dzyt1vdbe1zl-eu-central-1/20243536dr-nginx-simple.json
delete: s3://cf-templates-dzyt1vdbe1zl-eu-central-1/2024353no8-nginx-simple.json
delete: s3://cf-templates-dzyt1vdbe1zl-eu-central-1/2024353kBV-nginx-simple.json
```

4.1.3 Ein- und Ausgabe

Sie sehen, das funktioniert alles prima. Sie haben im Beispiel-Template einen Mix aus festen Werten (wie das AMI und den Typ für die EC2-Instanz) und Referenzen auf Platzhalter, die erst beim Erstellen des Stacks konkrete Werte erhalten. CloudFormation-Templates haben aber auch noch Funktionen, die darüber hinaus gehen.

Nutzerparameter

CloudFormation bietet für seine Vorlagen auch noch die Möglichkeit, beim Launch eines Stacks vom Anwender bestimmte Werte abzufragen. Für diese Werte können Sie in Ihrem Template bestimmte Platzhalter einrichten. Das macht es überflüssig, bestimmte Werte wie den Instanzentyp hart zu kodieren. Aus einem One-Trick-Pony, das nur einen ganz bestimmten Stack erzeugen kann, wird mit diesen Hilfsmitteln ein universelles Template für verschiedene Ressourcenzuschnitte mit unterschiedlichen Kennwerten. Diese Methode eignet sich für EC2-Instanzentypen, das verwendete AMI, die gewünschte Verfügbarkeitszone, die Anzahl von Instanzen als Worker-Nodes usw.

Die vom Anwender eines Templates verlangten Werte definieren Sie in der Abteilung `Parameters`. Diese steht auf einer Stufe mit `Description` und `Resources`. An welcher Stelle eines Templates Sie diese Abteilung anlegen, spielt dabei keine Rolle. Für jeden Nutzerparameter müssen Sie einen eigenen Namen definieren. Die Vorgaben bei diesen Parameternamen sind genauso eng wie bei den Namen von Ressourcen.

Im folgenden Beispiel werden zwei Nutzerparameter definiert. Diese Ergänzung für das Beispiel-Template verlangt vom Benutzer die Angabe eines SSH-Keys in EC2 und die Angabe eines Instanzentyps für die zu erzeugende Instanz:

```
{
    "AWSTemplateFormatVersion" : "2010-09-09",
    "Description" : "Nginx-Webserver",
    "Parameters" : {
        "SSHSchluessel" : {
            "Type": "AWS::EC2::KeyPair::KeyName"
        },
        "Instanzentyp" : {
            "Type" : "String",
            "Default" : "t2.micro",
            "AllowedValues" : [ "t2.micro", "t2.small", "t2.medium" ]
        }
    },
```

AWS-unterstützte Parameter

Es gibt in der Template-Sprache von CloudFormation zwei Typen von Nutzerparametern: von AWS unterstützte Parameter und frei definierbare Parameter.

Der hier als `SSHSchluessel` abgefragte Wert ist ein AWS-Parameter. Als Typ ist `AWS::EC2::KeyPair::KeyName` angegeben, und das ist der Name, unter dem der öffentliche Teil eines SSH-Schlüssels in EC2 abgelegt worden ist. CloudFormation gleicht die Eingabe des Benutzers für diesen Parameter beim Launch eines neuen Stacks mit den tatsächlich vorhandenen Schlüsseln in EC2 ab. Eine gültige Eingabe wäre auch hier also der in allen vorherigen Beispielen benutzte SSH-Schlüssel `myawskey` (siehe Abschnitt 3.1.3).

Nutzerparameter	Beschreibung
`AWS::EC2::AvailabilityZone::Name`	Verfügbarkeitszone
`AWS::EC2::Image::Id`	ID eines AMI
`AWS::EC2::Instance::Id`	ID einer bereits existierenden Instanz
`AWS::EC2::Volume::Id`	ID eines bereits existierenden EBS-Volumes

Tabelle 4.1 AWS-unterstützte Nutzerparametertypen bei CloudFormation (Auswahl)

Für diese Parameter als Typen ist teilweise auch die Variante `List<Typ>` verfügbar, mit der der Template-Anwender auch mehrere gleichartige Werte für einen bestimmten Parameter mitgeben kann:

- So ist die Variante `List<AWS::EC2::AvailabilityZone::Name>` zum Beispiel bei dem AWS-unterstützten Parametertyp »Verfügbarkeitszone« möglich (siehe Tabelle 4.1). Es gibt ja auch Ressourcen, die bei einer Property mehrere Verfügbarkeitszonen akzeptieren (eine Launch-Konfiguration bei der Autoskalierung zum Beispiel, siehe in Abschnitt 3.1.6). Also gibt es auch eine Liste von Verfügbarkeitszonen als AWS-unterstützter Nutzerparameter.
- Eine Liste von Werten ist aber zum Beispiel bei `AWS::EC2::KeyPair::KeyName` nicht möglich. Das macht für die Instanzen-Property `KeyName` ja auch keinen Sinn, weil Sie bei diesem Anbieter immer nur einen der im Service abgelegten SSH-Schlüssel als Konfigurationsmerkmal für eine Instanz mitgeben können. Eine Liste von SSH-Schlüsseln mit `List<AWS::EC2::KeyPair::KeyName>` ist also nicht verfügbar.

Freie Parameter

Der in der Ergänzung für das Template von Benutzer verlangte Parameter Instanzentyp hingegen ist ein *freier Parameter* (auch *general parameter* genannt). Und der Typ dieses Parameters im Beispiel ist `String`. Vom Anwender wird für diesen Wert also eine Zeichenfolge abgefragt. Andere Typen für einen freien Parameter sind `Number`, `List<Number>` und `CommaDelimitedList`.

Sie können bei beiden Kategorien von Nutzerparametern – für einen AWS-unterstützten und auch für einen freien Parameter – einen Standardwert festlegen. Im Beispiel ist der `Default` für den Instanzentyp der Wert `t2.micro`. Das macht aus diesem Nutzerparameter einen optionalen Parameter, für den beim Launch eines Stacks vom Anwender dieses Templates ein bestimmter Wert mitgegeben werden kann, aber nicht mitgegeben werden muss. Wenn für den Instanzentyp vom Benutzer nichts mitgegeben wird, dann wird eine Instanz vom Typ `t2.micro` generiert. Sie könnten für `AWS::EC2::KeyPair::KeyName` also zum Beispiel auch `myawskey` als standardmäßigen Wert festlegen, der bei Bedarf überschrieben werden kann.

Für einen freien Parameter können Sie, wie im Beispiel gezeigt, mit `AllowedValues` eine Liste mit möglichen Werten angeben. Sie beschränken damit die Anzahl aller inhaltlich möglichen Eingaben von EC2-Instanzentypen und überprüfen die Eingabe auf Schreibfehler hin.

Mit dem Feld `AllowedPatterns` steht übrigens auch die praktische Möglichkeit zur Verfügung, die Eingabe anhand eines regulären Ausdrucks zu validieren. Damit können Sie zum Beispiel bei einer abgefragten IP-Adresse die Eingabe daraufhin überprüfen, ob sie wohlgeformt ist.

Referenzieren

Gleich geht es darum, wie Sie Nutzerparameter anwenden und wie die Abfrage nach Werten dafür konkret stattfindet. Zunächst ist aber erst noch die Frage zu klären, wie Sie auf diese Parameter im Template referenzieren.

Die Funktion für CloudFormation-Templates, die dabei zum Einsatz kommt, ist auch hierbei wieder `Ref`. Sie referenzieren auf die Nutzerparameter genauso wie auf interne Parameter (wie die ID der generierten Instanz) und auf die Parameter des generierten Volumes, die sich aus den Ressourcennamen `MyWebServer` und `MyVolume` entnehmen lassen. Genauso können Sie also zum Beispiel auf `SSHSchluessel` referenzieren, um den Schlüsselnamen zu bekommen, den der Benutzer dieses Templates mitgeben muss.

Das entsprechend umgebaute Beispiel-Template könnte unter Verwendung der beiden unter `Parameters` neu deklarierten Nutzerparameter etwa folgende Form annehmen:

```
"Resources" : {
        "MyWebServer" : {
            "Type": "AWS::EC2::Instance",
            "Properties" : {
                "ImageId" : "ami-01e444924a2233b07",
```

```
        "InstanceType" : { "Ref" : "Instanzentyp" },
        "KeyName": { "Ref": "SSHSchluessel" },
        "SecurityGroups" : [ { "Ref" : "MySecurityGroup" } ],
```

Änderungen gibt es hier bei den Propertys `InstanceID` und `KeyName`. Vergleichen Sie das mit der ursprünglichen Fassung weiter vorne.

Anwendung

Der Schalter für `aws cloudformation create-stack`, mit dem Sie Nutzerparameter mitgeben, ist `--parameter`. Diese Option verlangt Paare von `ParameterKey` und `ParameterValue`. Wenn Sie bei dem umgebauten Beispiel-Template jetzt keine Parameter mitgeben, dann gibt es sofort eine Fehlermeldung. Der `SSHSchluessel` zumindest wird verlangt, weil kein Default-Wert dafür festgelegt worden ist:

```
~$ aws cloudformation create-stack --stack-name mystack \
   --template-body file://nginx-param.json
An error occurred (ValidationError) when calling the CreateStack operation:
Parameters: [SSHSchluessel] must have values
```

Geben Sie also den gewünschten Schlüssel als Parameter beim Aufruf mit – und auch direkt einen Instanzentyp. Die Texteingabe muss aber einem der vorgesehenen Instanzentypen entsprechen, sonst gibt es eine weitere Fehlermeldung:

```
~$ aws cloudformation create-stack --stack-name mystack \
   --template-body file://nginx-param.json \
   --parameter ParameterKey=SSHSchluessel,ParameterValue=myawskey \
               ParameterKey=Instanzentyp,ParameterValue=t2.large
An error occurred (ValidationError) when calling the CreateStack operation:
Parameter 'Instanzentyp' must be one of AllowedValues
```

Outputs

CloudFormation ermöglicht es Ihnen darüber hinaus auch, für einen Stack eine Ausgabe zu definieren. Der dafür notwendige Abschnitt in Templates heißt `Outputs`. Er befindet sich auch auf derselben Stufe wie `Description`, `Parameters` und `Resources`.

Benutzen Sie folgendes Beispiel, um sich als Ergebnis des aufgebauten Stacks die IPv4-Adresse und den öffentlichen DNS-Namen der darin erzeugten Instanz zurückgeben zu lassen:

```
"Outputs" : {
      "IP" : {
          "Value" : { "Fn::GetAtt" : [ "MyWebServer", "PublicIp" ] }
      },
      "URL" : {
```

```
        "Value" : {
            "Fn::Join" : [ "", [ "http://", { "Fn::GetAtt" : [
                                    "MyWebServer", "PublicDnsName" ] } ] ]
        }
    }
}
```

Die Funktion für CloudFormation-Templates, die hierbei wieder zum Einsatz kommt, ist `Fn::GetAtt`. Diese ist bereits schon einmal zur Sprache gekommen. Damit wurde als Rückgabewert von `MyWebServer` die Verfügbarkeitszone gewonnen, in der sich die neu aufgesetzte Instanz befindet. Sie können die Funktion für einen Output einsetzen, um sich von derselben Instanz auch noch die `PublicIp` (die IPv4-Adresse) zurückmelden zu lassen. Dieser Output hat den Namen `IP` bekommen. Als URL gibt der Stack hinterher noch den `PublicDnsName` zurück, der auf demselben Weg gewonnen wird.

Als kleines Extra wird hier auch wieder die Funktion `Fn::Join` eingesetzt, um den zurückgegebenen DNS-Namen mit der Zeichenfolge `http://` zu einer zusammengesetzten Zeichenfolge zusammenzustellen. Diese Funktion war auch schon einmal das Thema, dort als Hilfsmittel, um das unter `UserData` abgesetzte Shellskript zusammenzusetzen. Das Feld für den Delimiter wird hierbei aber leer gelassen.

Tabelle 4.2 zeigt weitere Funktionen für CloudFormation-Templates.

Funktion	**Beispiel**
`Ref` (Werte/ID evaluieren)	`{ "Ref" : "AWS::Region" }` `{ "Ref" : "MyWebServer" }`
`Fn::GetAtt` (Attribute evaluieren)	`{ "Fn::GetAtt" : [ "Objekt", "Attribut" ] }`
`Fn::Base64` (String in Base64 kodieren)	`{ "Fn::Base64" : "foo" }`
`Fn::Join` (Textstücke kombinieren)	`{ "Fn::Join" : [ ";", [ "foo", "bar", "baz" ] ] }`
`Fn::FindInMap` (Mapping auswerten)	`{ "Fn::FindInMap" : [ "Map" , "Name", "Wert" ] }`

Tabelle 4.2 Funktionen für CloudFormation-Templates

Ergänzen Sie diesen Abschnitt auch noch im Beispiel-Template, vielleicht ganz unten als letzten Abschnitt. Erzeugen Sie dann einen neuen Stack daraus (unter der konkreten Angabe eines SSH-Schlüssels und eventuell auch noch mit einem anderen Instanzentyp als `t2.micro`). Warten Sie dann, bis sich alles aufgebaut hat. Die definierten Outputs des Stacks können Sie dann aus der Rückgabe des Befehls `aws cloudformation describe-stacks` entnehmen:

```
~$ aws cloudformation describe-stacks --stack-name mystack \
  --query 'Stacks[*].Outputs'
[
    {
        "OutputKey": "IP",
        "OutputValue": "54.93.225.141"
    },
    {
        "OutputKey": "URL",
        "OutputValue": "http://ec2-54-93-225-141.eu-central-
1.compute.amazonaws.com"
    }
]
```

Sie können zum Beispiel `URL` benutzen, um den Webserver auf der Instanz im Stack anzusprechen:

```
~$ SERVERURL=$(aws cloudformation describe-stacks --stack-name mystack \
   --query 'Stacks[*].Outputs' \
   | jq -r '.[0][1].OutputValue')

~$ curl $SERVERURL
<!DOCTYPE html>
<html>
<head>
<title>Welcome to nginx!</title>
```

Oder verwenden Sie `IP`, um sich in die Instanz einzuloggen und zu überprüfen, ob das zusätzlich EBS-Volume korrekt als Datenlaufwerk eingebunden worden ist:

```
~$ SERVERIP=$(aws cloudformation describe-stacks --stack-name mystack \
   --query 'Stacks[*].Outputs' \
   | jq -r '.[0][0].OutputValue')

~$ ssh -i ~/.ssh/aws-key ubuntu@$SERVERIP
ubuntu@ip-172-31-45-1:~$ lsblk
NAME    MAJ:MIN RM SIZE RO TYPE MOUNTPOINT
xvda    202:0    0   8G  0 disk
```

```
??xvda1 202:1    0   8G  0 part /
xvdd    202:48   0  80G  0 disk
??xvdd1 202:49   0  80G  0 part /mnt
```

Mappings

Eine weitere Einrichtung in CloudFormation-Templates sind `Mappings`. Darin enthalten sind Konstrukte, die einem Schlüsselwert einen oder mehrere mit unterschiedlichen Namen bezeichnete Werte zuzuordnen. Mappings eignen sich dafür, ein Template noch universeller zu gestalten. Abhängig von einem bestimmten Wert, zum Beispiel den Namen der verwendeten Region, können Sie damit bestimmte Einstellungen zur Anwendung bringen.

Das lässt sich gut einsetzen, um zum Beispiel AMI-IDs zu mappen. Die ID eines bestimmten AMI ist immer nur in einer bestimmten AWS-Region gültig. Dasselbe AMI (zum Beispiel der in den Beispielen verwendete Ubuntu-Server) ist auch in anderen Regionen verfügbar, allerdings dort unter anderen IDs. Der Grund dafür ist, dass AMIs zwischen den Regionen kopiert werden. Bei diesem Vorgang erhalten sie in einer anderen Region immer eine neue ID, obwohl es sich um identische Maschinenabbilder handelt. Wenn Sie in AWS-Einführungsliteratur Beispiele nacharbeiten wollen und nach der angegebenen AMI-ID recherchieren, dann schauen Sie auch immer, in welcher Region das Beispiel stattfindet, sonst finden Sie das AMI nicht.

Ein Mapping, das AMI-IDs auf AWS-Regionen abbildet, sieht zum Beispiel folgendermaßen aus:

```
"Mappings" : {
  "RegionAMIs" : {
  "eu-central-1" : { "AMI" : "ami-01e444924a2233b07" },
  "eu-west-1" : { "AMI" : "ami-02df9ea15c1778c9c" },
  "eu-west-3" : { "AMI" : "ami-087855b6c8b59a9e4" }
  } }
```

Benutzen Sie dann die CloudFormation-Funktion `Fn::FindInMap`, um von der Region, in der das Template jeweils verwendet wird, auf die dafür jeweils voreingestellte AMI-ID zu kommen:

```
"Resources" : {
  "MyWebServer" : {
  "Type": "AWS::EC2::Instance",
  "Properties" : {
    "ImageId" : { "Fn::FindInMap" : [ "RegionAMIs", { "Ref" :
                  "AWS::Region" }, "AMI" ] },
```

Mit `Ref` können Sie dabei aus `AWS::Region` die jeweils aktuelle Region ermitteln, in der das Template ausgelöst worden ist.

4.1.4 CloudFormation in der Praxis

Sie haben jetzt CloudFormation kennengelernt und erfahren, wie Sie Ressourcen durch IaC aufbauen können. In diesem Abschnitt möchte ich Ihnen noch ein paar Tools aus der Praxis sowie Best Practices mitgeben, die Ihnen helfen werden, sobald Sie tiefer in CloudFormation einsteigen werden. Diese Tools sind vor allem dann relevant, wenn Sie AWS produktiv nutzen wollen.

Wir werden hierzu keine tiefgehenden Beispiele behandeln, doch ich stelle Ihnen die grundlegenden Konzepte vor. Dadurch können Sie bei Bedarf tiefer einsteigen und wissen, wo Sie anfangen können.

Design von CloudFormation-Templates

CloudFormation-Templates können schnell mehrere Hundert bis Tausend Zeilen Code umfassen. Das wird schnell unübersichtlich und wird Sie vor allem in der Weiterentwicklung oder bei der Wartung Zeit kosten. Je größer das Template, desto schwieriger wird es, den Überblick über die Beziehungen und Abhängigkeiten zwischen den verschiedenen Ressourcen zu behalten.

Ein Lösungsansatz ist es, die Templates zu modularisieren. Sie können in CloudFormation *Nested Stacks* verwenden, um das Template in kleinere, verwaltbare Einheiten zu unterteilen. So können Sie einzelne Teile der Infrastruktur unabhängig voneinander updaten und verwalten. Ein VPC werden Sie beispielsweise selten bis nie anpassen müssen. EC2-Maschinen werden da schon häufiger angefasst. Wichtig bei *Nested Stacks* ist: Übertreiben Sie es nicht mit der Optimierung. Lagern Sie wirklich nur Ressourcen aus, die sich wenig verändern, ansonsten könnten Sie an der ein oder anderen Stelle Schwierigkeiten beim Updaten der Abhängigkeiten bekommen.

Ein weiteres Problem bei großen Templates ist, dass sie schwierig wiederverwendbar sind. Oft enthalten sie fest codierte Werte oder Konfigurationen, die an spezifische Umgebungen (wie Staging oder Produktion) gebunden sind. Verwenden Sie Parameter und Mappings, um Ihre Templates flexibler zu gestalten. Geben Sie die Parameter während des Rollouts mit.

Gut zu wissen

Es gibt einige Tools, die Ihnen die Arbeit mit CloudFormation erleichtern können. Ich persönlich habe *Sceptre* (*https://github.com/Sceptre/sceptre*) sehr intensiv und vor allem in größeren Projekten verwendet. Sceptre unterstützt Sie beispielsweise beim Konfigurationsmanagement für verschiedene Umgebungen oder ermöglicht es Ihnen, mehrere CloudFormation-Stacks einfacher miteinander zu verknüpfen.

Sicheres Rollout von Änderungen

CloudFormation gibt Ihnen mit ChangeSets ein gutes Werkzeug an die Hand, um vor einem Stack-Update zu prüfen, welche Änderungen durchgeführt werden. Änderungen an einer laufenden Infrastruktur bringen immer das Risiko unerwarteter Auswirkungen mit sich. Eine falsche Konfiguration kann auf einmal dazu führen, dass eine EC2-Maschine neu aufgebaut wird. Wenn das unerwarteterweise passiert, dann gibt es einen ungeplanten Systemausfall, und im schlimmsten Fall gehen Daten verloren.

Wenn Sie im Vorfeld ein *ChangeSet* anlegen, dann zeigt Ihnen CloudFormation an, welche Ressourcen angepasst werden. Es unterteilt die Änderungen in

- Erstellen,
- Aktualisieren,
- Löschen.

Dadurch sehen Sie sofort, ob die Änderungen dem entsprechen, was Sie erwarten. Manchmal gibt es unangenehme Abhängigkeiten, die Sie dadurch aufdecken können. Für einen Kunden habe ich diesen ChangeSet-Prozess als Pipeline mit manueller Freigabe für die Produktion implementiert. Seien Sie also kreativ, wenn es darum geht, solche Sicherheitsmechanismen in Ihre Unternehmensprozesse einzubauen.

Gut zu wissen

Manchmal ist trotz ChangeSet nicht zu 100 % klar, was CloudFormation mit der Ressource macht. Wenn Sie beispielsweise das `UserData` einer EC2-Maschine anpassen und ein Update einspielen, dann wird die EC2-Maschine lediglich neu gestartet. Dadurch wird aber das `UserData` nicht erneut ausgeführt.

Aus diesem Grund ist es so wichtig, die Änderungen in Umgebungen zu testen, die keinen Einfluss auf die Produktion haben.

Langsame Updates und Rollbacks

Bei großen und komplexen Stacks kann das Durchführen von Updates oder Rollbacks sehr zeitaufwendig werden, da CloudFormation sich größtenteils sequenziell durch die Ressourcen arbeitet. Je mehr Ressourcen Ihr Stack enthält, die voneinander abhängig sind, desto langsamer wird der Prozess sein. Einen spannenden Aspekt davon werden Sie kennenlernen, wenn Sie beispielsweise Autoscaling für EC2 implementieren. Die Frage, die Sie sich dann stellen müssen, lautet: Wann ist der CloudFormation-Stack erfolgreich aufgebaut?

Typischerweise sorgt CloudFormation dafür, dass die AWS-Ressourcen korrekt aufgebaut werden, doch das garantiert Ihnen noch nicht, dass auch Ihre Anwendung auf der EC2-Maschine einwandfrei installiert und gestartet wurde. Um diese Überwachung zu implementieren, können Sie mit *cfn-signal* arbeiten. Im `UserData` senden Sie als letzten Befehl ein Signal an CloudFormation. Somit ist klar, dass die virtuelle Maschine vollständig aufgebaut ist. Kommt dieses Signal nicht innerhalb eines definierten Zeitraumes, dann wird das Update abgebrochen und der Stack auf den letzten Stand zurückgerollt.

Auch hier haben Sie wieder mehrere Lösungsansätze: Sie können, wie schon oben erwähnt, dafür sorgen, dass Sie die Stacks separieren. Auch sollten Sie dafür sorgen, dass nur wenig innerhalb des `UserData` passiert. Die Installation von Paketen und andere langlaufende Skripte können Sie schon im Vorfeld durchführen. Das Stichwort ist *Golden Image* oder *Prebaking*. Durch das Vorbereiten von fertigen Images sparen Sie sich beim Rollout sehr viel Zeit. Das beschleunigt in einem Autoscaling-Prozess auch das Provisionieren von neuen Maschinen.

Rollback-Falle: Was tun bei einem fehlgeschlagenen Rollback?

In der Praxis ist eines der größten Risiken, dass ein Update nicht nur fehlschlägt, sondern auch der anschließende Rollback-Prozess ebenfalls Fehler verursacht. Ein typisches Beispiel dafür ist ein Rollback, bei dem eine Ressource wie beispielsweise ein altes AMI nicht mehr verfügbar ist oder Ressourcen manuell abgebaut wurden und deswegen der automatische Rollback ins Straucheln kommt. Das hat mich schon das eine oder andere Mal beschäftigt und für graue Haare gesorgt. Der Stack bleibt in einem inkonsistenten Zustand, weil CloudFormation den alten Stand nicht mehr wiederherstellen kann.

Die Wiederherstellung ist sehr mühsam. Ehrlicherweise sorgt das in den allermeisten Fällen dafür, dass Sie den Stack komplett löschen und neu aufbauen müssen. Nicht elegant, aber das ist meistens der schnellste Weg. Allerdings ist das in der Produktion häufig nicht einfach so möglich. Alternativ können Sie versuchen, die nicht verfügbaren Ressourcen zu überspringen, später aus dem Stack zu entfernen und danach wieder neu aufzubauen.

Sie sollten einen solchen Fall zur Übung provozieren und versuchen, die Misere zu lösen. Einen guten Einstiegspunkt dazu finden Sie hier:

https://repost.aws/knowledge-center/cloudformation-update-rollback-failed

Das beste Rollback ist der, der nicht stattfinden muss, zumindest nicht in Produktion. Achten Sie deshalb immer darauf, dass Sie

- stabile und getestete Ressourcen aufbauen,
- auf CI/CD-Pipelines setzen, die in mehrere Umgebungen deployen können,
- bei besonders kritischen Ressourcen eine Backup-Strategie implementieren, um schnell auf eine vorherige Version zurückgreifen zu können.

[»]

Hinweis

Versuchen Sie spätestens in Produktion, die Regel *IaC only* einzuführen. Ressourcen dürfen nur als Code aufgebaut werden und sollten nur in dringenden Notfällen manuell manipuliert werden – am besten nie. In einer komplexen Umgebung verlieren Sie sonst zwangsläufig den Überblick; Sie werden viel besser schlafen können, wenn alle Ressourcen sauber aufgebaut und per Code gemanagt sind.

4.2 AWS CDK

Die *AWS Cloud Development Kit (CDK)* wurde im Juli 2019 allgemein verfügbar gemacht, nachdem sie zuvor ab August 2018 als Developer Preview erhältlich war. AWS CDK erlaubt es, Cloud-Infrastrukturen in gängigen Programmiersprachen wie TypeScript, Python, Java und C# zu definieren und daraus CloudFormation zu generieren.

Doch wieso wurde neben CloudFormation ein zusätzliches Framework entwickelt? AWS CDK bietet den Vorteil, dass Entwickler AWS-Infrastrukturen mit bekannten Programmierkonzepten und Sprachen modellieren können, wodurch die Notwendigkeit entfällt, YAML- oder JSON-basierte CloudFormation-Templates zu schreiben, wie Sie diese in Abschnitt 4.1 kennengelernt haben. Doch nicht nur die vertraute Programmiersprache ist für Entwickler ein Vorteil:

- CDK erleichtert die Wiederverwendbarkeit durch modulare Bausteine.
- Komplexität wird besser abstrahiert.
- Sie können viel schneller entwickeln.
- Sie können fertige Infrastrukturen »Out of he Box« nutzen.

Meiner persönlichen Erfahrung nach stoßen Sie mit CloudFormation bei komplexen Infrastrukturen schnell an eine Grenze. Terraform bietet, wie Sie in Abschnitt 4.4 erfahren werden, schon sehr gute Möglichkeiten, den Code einfach zu schreiben. Mit AWS CDK können Sie diese Schwächen wieder ausgleichen und trotzdem Infrastruktur über CloudFormation verwalten lassen. Doch machen Sie sich in dieser kleinen Einführung selbst ein Bild davon.

Gut zu wissen

Wenn Sie Erfahrung in der Softwareentwicklung haben, dann werden Sie AWS CDK lieben. Doch wie immer hat alles seine Berechtigung. Ich bevorzuge AWS CDK nicht per se gegenüber CloudFormation. Es kommt auf Sie als Anwender an. Wenn Sie sich eher in YAML oder JSON zurechtfinden, dann sollten Sie darauf aufbauen.

In CDK sind *Constructs* die grundlegenden Bausteine. In einem AWS-CDK-Projekt werden alle Ressourcen – sei es eine EC2-Instanz, ein S3-Bucket oder eine Lambda-Funktion – über Constructs definiert.

Es gibt drei Haupttypen von Constructs, die in Abstraktionslevel aufgeteilt sind. Je höher die Abstraktion vom eigentlichen CloudFormation, desto höher auch das Level. Eine ähnliche Unterscheidung gibt es auch im AWS SDK für Python, das Sie später in Kapitel 9 kennenlernen werden.

- `L1 Constructs`: Diese basieren direkt auf AWS CloudFormation-Ressourcen und spiegeln 1:1 die CloudFormation-Spezifikationen wider. Sie erlauben Ihnen die volle Kontrolle über jede CloudFormation-Eigenschaft.
- `L2 Constructs`: Diese sind auf L1 Constructs aufgebaut, bieten aber schon sinnvolle Standardwerte. Dadurch vereinfachen sie die Ressourcenerstellung, indem die AWS-Best-Practices schon eingebaut sind. Zum Beispiel kann ein L2 Construct für einen S3-Bucket standardmäßig Versionierung aktivieren und Berechtigungen setzen.
- `L3 Constructs`: Die höchste Abstraktionsebene, die oft mehrere Services zusammen aufbaut. L3 Constructs kapseln häufig komplette Infrastrukturmuster, wie beispielsweise ein vollständig konfiguriertes AWS Fargate Service auf Basis von AWS ECS mit einem Loadbalancer. In der Entwicklung haben Sie dadurch minimalen Aufwand und können es direkt nutzen.

4.2.1 CDK installieren und initialisieren

AWS CDK wurde in Node.js entwickelt, daher benötigen Sie auch die Pakete `nodejs` und den dazugehörigen Paketmanager `npm`. Beide Pakete installieren Sie mit:

```
~$ sudo apt install nodejs npm
```

Danach können Sie das `aws-cdk` Paket installieren:

```
~$ npm install -g aws-cdk
~$ cdk --version
2.140.0 (build 46168aa)
```

Für das Beispiel erstelle ich einen neuen Ordner mit dem Namen `humanity-infra`, den ich für das CDK-Projekt nutzen werde, und wechsle mit `cd humanity-infra` dorthin. Wir nutzen Python als Programmiersprache und können mit einem einfachen Befehl das Projekt und die Grundstruktur initialisieren:

```
~$ cdk init sample-app --language python

Applying project template sample-app for python
```

```
# Welcome to your CDK Python project!

You should explore the contents of this project. It demonstrates a CDK app
with an instance of a stack (`humanity_infra_stack`) which contains an Amazon
SQS queue that is subscribed to an Amazon SNS topic.

The `cdk.json` file tells the CDK Toolkit how to execute your app.
```

[!]

Vorsicht bei der Namenswahl

Nennen Sie den Ordner, in dem Sie CDK initialisieren, auf keinen Fall *aws-cdk*, denn sonst kommt Python mit den Namen der Pakete durcheinander und findet das eigentliche aws-cdk-Paket nicht.

Glauben Sie mir: Sie können sich dadurch viel Zeit bei der Fehlersuche sparen ;-).

Die generierte Ordnerstruktur sollte aussehen wie in Listing 4.2

```
.
├── README.md
├── app.py
├── cdk.json
├── cdk.out
│   ├── HumanityInfraStack.assets.json
│   ├── HumanityInfraStack.template.json
│   ├── cdk.out
│   ├── manifest.json
│   └── tree.json
├── humanity_infra
│   ├── __init__.py
│   ├── __pycache__
│   │   ├── __init__.cpython-312.pyc
│   │   └── humanity_infra_stack.cpython-312.pyc
│   └── humanity_infra_stack.py
├── requirements-dev.txt
├── requirements.txt
├── source.bat
└── tests
    ├── __init__.py
    └── unit
        ├── __init__.py
        └── test_humanity_infra_stack.py
```

Listing 4.2 Ordnerstruktur des CDK-Projekts

Von hier aus werden wir uns jetzt Stück für Stück vorarbeiten, die Dateien anpassen, damit wir am Ende die gleiche Infrastruktur generieren, wie Sie dies in Abschnitt 4.1 gemacht haben. Gehen wir die wichtigsten Dateien und ihre Bedeutung kurz durch:

- *app.py* ist der Einstiegspunkt der CDK-Anwendung. Hier instanziieren Sie die CDK-Anwendung, in unserem Beispiel also den `HumanityInfraStack`. Dieser Code ist entscheidend, um festzulegen, welche Cloud-Ressourcen bereitgestellt werden sollen. Durch den folgenden Import-Befehl weiß Python dann, wo die Ressourcen definiert werden:

  ```
  from humanity_infra.humanity_infra_stack import HumanityInfraStack
  ```
- *cdk.json* ist die Konfigurationsdatei für die CDK-Anwendung. Dort definieren Sie, wie CDK ausgeführt wird, und geben beispielsweise mit, welche Datei als Einstiegspunkt verwendet wird (*app.py*).
- Der Ordner *cdk.out* enthält die von AWS CDK generierten Ausgabedateien, die vor der Bereitstellung der Anwendung erstellt werden. Dazu gehört beispielsweise die Datei *HumanityInfraStack.template.json*, die das generierte CloudFormation-Template enthält. Die anderen Dateien speichern Meta-Informationen, die für das Ausrollen wichtig sind.
- Der Ordner *humanity_infra* enthält die eigentlichen Ressourcen, die von CDK aufgebaut werden sollen. Es handelt sich hier um ein Python-Paket und ist auch entsprechend mit einer *__init.py__* aufgebaut.
- Das *tests*-Verzeichnis enthält, wie der Name schon verrät, Unit-Tests für die CDK-Anwendung. Dort können Sie Tests schreiben, die prüfen, ob die Ressourcen auch wunschgemäß generiert wurden. Diese werden wir uns jedoch nicht genauer ansehen.

Damit Sie alle Python-Abhängigkeiten installieren können, wird beim Initialisieren bereits eine virtuelle Umgebung (`venv`) für Sie erstellt. Dort können Sie dann die notwendigen Pakete installieren. Die Befehle dazu sehen folgendermaßen aus, wobei Sie den ersten Befehl nur brauchen, wenn Sie das `cdk-init` nicht ausführen:

```
~$ python3 -m venv .venv
~$ source .venv/bin/activate
~$ pip install -r requirements.txt
```

Führen Sie dann den Befehl `cdk synth` aus. Dieser wird aus dem Python-Code CloudFormation generiert und direkt auf der Kommandozeile ausgeben.

Wenn Sie sich das generierte CloudFormation genauer ansehen, dann finden Sie dort eine SQS-Queue und ein SNS-Topic. Wenn Sie sich die Datei *./humanity_infra/humanity_infra_stack.py* ansehen, stoßen Sie dort den Code aus. Hier werden die Ressourcen definiert und miteinander verknüpft. Das Ergebnis aus den wenigen Zeilen Code ist das komplexe CloudFormation-Template, das Sie eben generiert haben.

```
class HumanityInfraStack(Stack):
    def __init__(self, scope: Construct, construct_id: str,
                 **kwargs) -> None:

        super().__init__(scope, construct_id, **kwargs)
        queue = sqs.Queue(
            self, "HumanityInfraQueue",
            visibility_timeout=Duration.seconds(300),
        )

        topic = sns.Topic(
            self, "HumanityInfraTopic"
        )

        topic.add_subscription(subs.SqsSubscription(queue))
```

Listing 4.3 humanity_infra_stack.py

Gut zu wissen

Damit Sie mit CDK auf Ihren AWS-Account zugreifen können, müssen Sie die Zugangsdaten wie in Abschnitt 3.1 beschrieben einrichten. CDK funktioniert mit den Zugangsdaten so wie die `aws-cli`. Wenn Sie damit also auf Ihren Account zugreifen können, dann sind Sie bereit zum Loslegen.

4.2.2 CDK-Projekt für den Nginx-Server anpassen

Nun wollen wir das Standard-Template nutzen und umbauen. Wir beginnen mit der Datei *app.py*. Wir fügen ein CDK-Environment hinzu, damit CDK weiß, in welchem Account und in welcher AWS-Region unsere Ressourcen aufgebaut werden sollen. Dazu ergänzen Sie die Datei wie folgt und ersetzen die Account-ID mit Ihrer ID:

```
env_EU = cdk.Environment(account="1111111111", region="eu-central-1")
app = cdk.App()
HumanityInfraStack(app, "HumanityInfraStack", env=env_EU)
```

Account-ID herausfinden

Falls Sie Ihre Account-ID gerade nicht zur Hand haben, dann können Sie diese mit folgendem Befehl abfragen:

```
aws sts get-caller-identity --query Account --output text
```

Als Nächstes passen wir die Ressourcen in der Datei *humanity_infra_stack.py* an. Die vollständige Datei finden Sie in Listing 4.4. Wenn Sie die Anleitung in Abschnitt 4.1 durchgeführt haben, dann wird Ihnen das alles sehr bekannt vorkommen. Es gibt einige Stellen, die Sie mit Ihren Werten anpassen müssen. Diese habe ich Ihnen markiert.


```
from constructs import Construct
import aws_cdk as core
from aws_cdk import (
    Stack,
    aws_ec2 as ec2,
)

class HumanityInfraStack(Stack):

    def __init__(self, scope: Construct, construct_id: str,
                 **kwargs) -> None:
        super().__init__(scope, construct_id, **kwargs)

        # VPC Import
        vpc = ec2.Vpc.from_lookup(self, "ImportedVPC",
              vpc_id="vpc-21437d4a")

        sg = ec2.SecurityGroup(
            self, "MySecurityGroup",
            description="SSH und HTTP-Zugang",
            allow_all_outbound=True,
            vpc=vpc
        )

        sg.add_ingress_rule(
            peer=ec2.Peer.any_ipv4(),
            connection=ec2.Port.tcp(22)
        )
        sg.add_ingress_rule(
            peer=ec2.Peer.any_ipv4(),
            connection=ec2.Port.tcp(80)
        )

        # Define the UserData
        user_data = ec2.UserData.for_linux()
        user_data.add_commands(
            "#!/bin/bash",
            "set -o errexit",
```

```
        "apt update && apt -y install nginx",
        "while [ ! -e /dev/xvdd ]; do sleep 10; done",
        "parted /dev/xvdd mklabel msdos",
        "parted /dev/xvdd mkpart primary 0% 100%",
        "mkfs.ext4 -m 0 /dev/xvdd1 && mount /dev/xvdd1 /mnt"
    )

    # Create EC2 Key Pair
    key_pair = ec2.KeyPair.from_key_pair_attributes(
        self, "KeyPair",
        key_pair_name="myawskey"
    )

    # Create EC2 Instance
    instance = ec2.Instance(
        self, "MyWebServer",
        instance_type=ec2.InstanceType("t2.micro"),
        machine_image=ec2.MachineImage.generic_linux({"eu-central-1":
           "ami-01e444924a2233b07"}),
        vpc_subnets=ec2.SubnetSelection(
                        subnet_type=ec2.SubnetType.PUBLIC),
        key_pair=key_pair,
        security_group=sg,
        user_data=user_data,
        vpc=vpc
    )

    # Create EBS Volume
    volume = ec2.Volume(
        self, "MyVolume",
        size=core.Size.gibibytes(80),
        availability_zone=instance.instance.availability_zone,
        removal_policy=core.RemovalPolicy.DESTROY
    )

    # Attach EBS Volume to Instance
    ec2.CfnVolumeAttachment(
        self, "MyAttachment",
        device="/dev/sdd",
        instance_id=instance.instance_id,
        volume_id=volume.volume_id
    )
```

Listing 4.4 Angepasste humanity_infra_stack.py

Gehen wir Block für Block durch, damit Sie auch verstehen, was hier genau passiert.

```
from constructs import Construct
import aws_cdk as core
from aws_cdk import (
    Stack,
    aws_ec2 as ec2,
)
```

In diesem Abschnitt werden die notwendigen Module für das AWS CDK importiert. `Construct` ist die Basisklasse für alle CDK-Konstrukte. `Stack` ist die Basisklasse für die CloudFormation-Stacks, und `aws_ec2` enthält alle EC2-spezifischen Konstrukte, die wir für das Erstellen und Verwalten von EC2-Instanzen, Sicherheitsgruppen, VPCs brauchen.

```
class HumanityInfraStack(Stack):
    def __init__(self, scope: Construct, construct_id: str,
                 **kwargs) -> None:
        super().__init__(scope, construct_id, **kwargs)
```

Hier wird die Klasse `HumanityInfraStack` definiert und initialisiert. Sie erbt von der Klasse `Stack` und ist unsere Hauptklasse für den CloudFormation-Stack, den wir aufbauen wollen.

```
vpc = ec2.Vpc.from_lookup(self, "ImportedVPC", vpc_id="vpc-21437d4a")
```

Jetzt importieren wir das VPC und legen es in der Variablen `vpc` ab. Das brauchen wir später, um es der EC2-Maschine beim Aufbau mitgeben zu können. Hier müssen Sie Ihre `vpc_id` eintragen.

```
sg = ec2.SecurityGroup(
    self, "MySecurityGroup",
    description="SSH und HTTP-Zugang",
    allow_all_outbound=True,
    vpc=vpc
)
sg.add_ingress_rule(
    peer=ec2.Peer.any_ipv4(),
    connection=ec2.Port.tcp(22)
)
sg.add_ingress_rule(
    peer=ec2.Peer.any_ipv4(),
    connection=ec2.Port.tcp(80)
)
```

Als Nächstes definieren wir eine Sicherheitsgruppe und fügen mit sg.add_ingress_rule zwei Regeln hinzu. Dadurch können wir die EC2-Maschine später auch über HTTP und SSH erreichen.

```
user_data = ec2.UserData.for_linux()
user_data.add_commands(
    "#!/bin/bash",
    "set -o errexit",
    "apt update && apt -y install nginx",
    "while [ ! -e /dev/xvdd ]; do sleep 10; done",
    "parted /dev/xvdd mklabel msdos",
    "parted /dev/xvdd mkpart primary 0% 100%",
    "mkfs.ext4 -m 0 /dev/xvdd1 && mount /dev/xvdd1 /mnt"
)
```

Das UserData kennen Sie schon. Hier installieren wir nach dem Aufbau der EC2-Maschine das nginx Paket und mounten das EBS-Volume.

```
key_pair = ec2.KeyPair.from_key_pair_attributes(
    self, "KeyPair",
    key_pair_name="myawskey"
)
```

In diesem Abschnitt definieren wir den AWS KeyPair, den wir für die EC2-Maschine verwenden wollen. Dieser sollte aus Abschnitt 4.1 schon angelegt sein. Prüfen Sie noch einmal, ob Ihr Key den gleichen Namen hat, oder passen Sie Ihr Skript entsprechend an.

```
instance = ec2.Instance(
    self, "MyWebServer",
    instance_type=ec2.InstanceType("t2.micro"),
    machine_image=ec2.MachineImage.generic_linux({"eu-central-1":
                "ami-01e444924a2233b07"}),
    vpc_subnets=ec2.SubnetSelection(subnet_type=ec2.SubnetType.PUBLIC),
    key_pair=key_pair,
    security_group=sg,
    user_data=user_data,
    vpc=vpc
)
```

Jetzt kommt die eigentliche EC2-Maschine. Hier sehen Sie schon, dass wir die Ressourcen zusammenstecken und die Parameter in das EC2-Objekt einfügen.

```
volume = ec2.Volume(
    self, "MyVolume",
    size=core.Size.gibibytes(80),
    availability_zone=instance.instance.availability_zone,
    removal_policy=core.RemovalPolicy.DESTROY
)
ec2.CfnVolumeAttachment(
    self, "MyAttachment",
    device="/dev/sdd",
    instance_id=instance.instance_id,
    volume_id=volume.volume_id
)
```


Zu guter Letzt definieren wir noch ein zusätzliches EBS-Volume und erstellen ein Attachement zur EC2-Maschine.

Wenn Sie sich den Python-Code Block für Block ansehen, werden Sie merken, wie einfach der Aufbau ist. Wir haben zwar viele Dateien, die für CDK zusätzlich gebraucht werden, doch im Kern sind es wenige Zeilen Code, die für die Ressourcen notwendig sind.

4.2.3 CDK Bootstrap

Jetzt haben wir den Code angepasst und CloudFormation generiert. Wie können wir jetzt deployen?

Dazu brauchen Sie zuerst ein paar Vorbereitungen, damit CDK deployen kann. CDK benötigt dazu nämlich einige Ressourcen in Ihrem Account, wie beispielsweise ein S3-Bucket und passende IAM-Policys, um dort die generierten CloudFormation-Skripte abzulegen. Auch das geht sehr einfach und kann mit folgendem Befehl erledigt werden:

```
~$ cdk bootstrap
Bootstrapping environment aws://1111111111/eu-central-1...
Trusted accounts for deployment: (none)
Trusted accounts for lookup: (none)
Using default execution policy of 'arn:aws:iam::aws:policy/
AdministratorAccess'
Pass '--cloudformation-execution-policies' to customize.
CDKToolkit: creating CloudFormation changeset...
Environment aws://1111111111/eu-central-1 bootstrapped.
```

In Ihrem Account finden Sie jetzt ein CloudFormation-Stack mit dem Namen `CDK-Toolkit`. Sie können sich gerne ansehen, was dort genau aufgebaut wurde. In Abbildung 4.2 sehen Sie einen Ausschnitt davon.

[!]

AdministratorAccess

CDK warnt Sie beim Bootstrapping schon davor, dass als Standard Policy `AdministratorAccess` verwendet wird. Wir machen es uns in diesem Beispiel also etwas einfach. In einem produktiven Umfeld sollten Sie für AWS CDK eine eigene Policy anlegen, die genau darauf zugeschnitten ist, was CDK aufbauen darf. Denken Sie immer an die *Least-Privilege*-Regel.

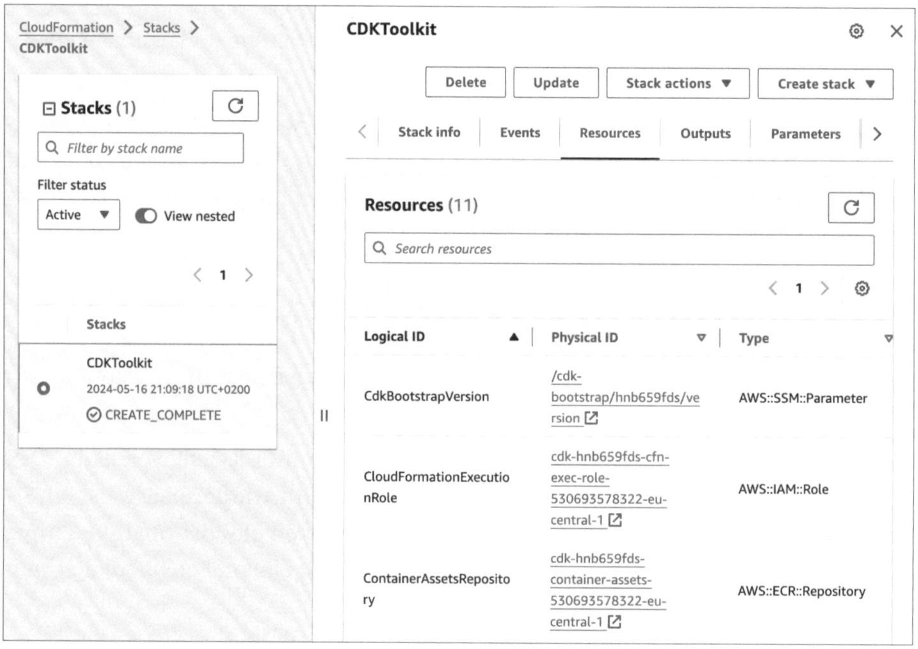

Abbildung 4.2 CloudFormation-Stack CDKToolkit

4.2.4 CDK Deployment

Jetzt sind wir vorbereitet, um unseren CDK-Stack zu deployen. Dafür führen Sie den folgenden Befehl aus:

```
~$ cdk deploy
```

Dann erhalten Sie eine Warnung und müssen diese bestätigen:

```
Security Group Changes
┌───┬──────────────────────────────┬─────┬────────────┬─────────────────┐
│   │ Group                        │ Dir │ Protocol   │ Peer            │
├───┼──────────────────────────────┼─────┼────────────┼─────────────────┤
│ + │ ${MySecurityGroup.GroupId}   │ In  │ TCP 22     │ Everyone (IPv4) │
│ + │ ${MySecurityGroup.GroupId}   │ In  │ TCP 80     │ Everyone (IPv4) │
│ + │ ${MySecurityGroup.GroupId}   │ Out │ Everything │ Everyone (IPv4) │
└───┴──────────────────────────────┴─────┴────────────┴─────────────────┘
Do you wish to deploy these changes (y/n)? y
```

Das ist für mich tatsächlich ein sehr schönes Feature, denn das sind Informationen über sicherheitsrelevante Änderungen. Änderungen an der Sicherheitsgruppe sorgen in unserem Beispiel dafür, dass aus der ganzen Welt auf unsere VM zugegriffen werden kann. Es ist sinnvoll, diese noch mal bestätigen zu lassen. Nach der Bestätigung wird das Deployment ein paar Minuten dauern, und Sie sehen dann folgende Ausgabe:

```
HumanityInfraStack: deploying... [1/1]
HumanityInfraStack: creating CloudFormation changeset...

HumanityInfraStack

Deployment time: 210.89s

Stack ARN:
arn:aws:cloudformation:eu-central-1:530693578322:stack/HumanityInfraStack/
272ab900-13be-11ef-afcc-0623917992ed
Total time: 213.06s
```

Der Stack wurde erfolgreich deployt, und Sie sollten auch die Ressourcen in Ihrem Account vorfinden. Ein kurzer Test zeigt, ob die VM richtig hochgefahren wurde:

```
~$ curl 52.59.251.46
<!DOCTYPE html>
<html>
<head>
<title>Welcome to nginx!</title>
```

Gut zu wissen

Es kann einige Minuten dauern, bis die VM hochgefahren und das `UserData` vollständig ausgeführt wurde. Sollte etwas nicht wie erwartet funktionieren, dann können Sie sich mit Ihrem SSH-Key auf der EC2-Maschine einloggen und die Output Logs des `UserData` prüfen.

4.2.5 Veränderungen durch CDK Diff prüfen

Ein weiteres schönes Feature von CDK ist, dass Sie einfach Änderungen mit `cdk diff` überprüfen können. Wenn Sie Updates durchführen, dann sehen Sie auf einen Blick, was sich verändern wird. CloudFormation hat mit den ChangeSets auch eine Funktion, um die Änderungen anzeigen zu lassen, doch die Integration in die CDK-CLI lässt Sie das schneller und einfacher ausführen.

Für das Beispiel passen Sie den `InstanceType` von `t2.micro` auf `t3.micro` an. Die Ausgabe sieht dann wie folgt aus:

~$ cdk diff

```
Stack HumanityInfraStack
Hold on while we create a read-only change set to get a diff with accurate
replacement information (use --no-change-set to use a less accurate but
faster template-only diff)
Resources
[~] AWS::EC2::Instance MyWebServer MyWebServer626F3380 may be replaced
 ?? [~] InstanceType (may cause replacement)
     ?? [-] t2.micro
     ?? [+] t3.micro
```

Wenn Sie die Sicherheitsgruppe von HTTP auf HTTPS umstellen, dann sieht das `cdk diff` wie folgt aus:

```
Resources
[~] AWS::EC2::SecurityGroup MySecurityGroup MySecurityGroupAC8D442C
 └─ [~] SecurityGroupIngress
     └─ @@ -8,9 +8,9 @@
        [ ]   },
        [ ]   {
        [ ]     "CidrIp": "0.0.0.0/0",
        [-]     "Description": "from 0.0.0.0/0:80",
        [-]     "FromPort": 80,
        [+]     "Description": "from 0.0.0.0/0:443",
        [+]     "FromPort": 443,
        [ ]     "IpProtocol": "tcp",
        [-]     "ToPort": 80
        [+]     "ToPort": 443
        [ ]   }
        [ ] ]
```

Sie sehen, wie einfach und übersichtlich diese Ausgabe ist. Dadurch können Sie vor jedem Deployment die Änderungen noch einmal genauer prüfen.

Gut zu wissen

Der Befehl `cdk diff` ist in einem produktiven Umfeld sehr wichtig und nützlich. Empfehlenswert ist zudem, ihn innerhalb einer CI/CD-Pipeline als zusätzlichen manuellen Freigabeschritt einzubauen. Dadurch schützen Sie Ihre Produktion vor fehlerhaften Konfigurationen, indem Sie ein zusätzliches Review einführen.

4.2.6 CDK Destroy

Das Löschen eines CDK-Stacks funktioniert sehr einfach. Sie brauchen lediglich folgenden Befehl und bestätigen noch einmal mit `y`.

```
~$ cdk destroy
Are you sure you want to delete: HumanityInfraStack (y/n)? y
HumanityInfraStack: destroying... [1/1]
HumanityInfraStack: destroyed
```

4.3 Azure Resource Manager

Der Service für Infrastructure-as-Code bei Microsoft Azure heißt *Azure Resource Manager* (ARM). Es handelt sich dabei um ein vielseitiges und umfangreich ausgebautes Werkzeug, mit dem Sie das Aufspannen einer Infrastrukturumgebung und die Zuweisung von Ressourcen aus Azure für sich automatisieren können. Bei ARM gibt es viele Parallelen zu AWS CloudFormation des Konkurrenten Amazon Web Services, und es handelt sich um vergleichbare Implementierungen derselben Technik. Beide Einrichtungen setzen auf Templates (Konfigurationsvorlagen) im JSON-Format, und auch mit dem Resource Manager können Sie Azure umfassend ansprechen und nicht nur das IaaS-Angebot als kleinen Ausschnitt daraus.

Man mag sich darüber streiten, wie groß der Abstand ist, aber der ARM hat mit seiner Fülle an eingebauten Hilfsfunktionen und anderen Merkmalen zurzeit eindeutig einen gewissen Entwicklungsvorsprung gegenüber AWS CloudFormation. Wenn man die Möglichkeiten dieses Werkzeuges ansieht, dann denkt man kaum noch darüber nach, ob es noch andere IaC-Werkzeuge gibt, die sich für Azure einsetzen lassen.

Die verfügbaren hochwertigen Quickstart-Templates sind ein guter Einstiegspunkt für die tiefer gehende Beschäftigung mit dem Resource Manager und damit auch für die weitergehende Erkundung von Azure insgesamt. Die Informationsdichte dieser Templates kann von einem beschreibenden Dokumentationstext in natürlicher Sprache kaum erreicht werden. Hier finden Sie Informationen darüber, welche Ressourcen es beim IaaS-Dienst und darüber hinaus in Azure gibt, wie diese miteinander verknüpft sind und welche Konfigurationsparameter (*Properties*) dafür jeweils im

Spiel sind. Bei komplexen Vorlagen, die etwa auch das Deployment von zusätzlicher Software auf VMs beinhalten, ist es immer wieder interessant zu lesen, wie Cloud-Admins damit auf Azure wie auf einer Klaviatur spielen, um praktisch beliebige Anforderungsprofile zu erfüllen.

Die Quickstart-Templates finden Sie unter:

https://learn.microsoft.com/en-us/samples/browse/?expanded=azure&products=azure-resource-manager

Der Resource Manager ausgiebig dokumentiert. Die Einstiegsseite zu Anleitungen und Nachschlagedokumenten zu diesem Thema finden Sie hier:

https://docs.microsoft.com/de-de/azure/azure-resource-manager

4.3.1 ARM-Templates

Templates für den Azure Resource Manager sind in JSON geschriebene, deklarative Vorlagen für ein beliebig komplexes Setup von Ressourcen in Azure. Deklarativ bedeutet, dass Sie als Benutzer definieren, welche Ressourcen Sie benötigen, aber nicht aufgefordert sind, anzugeben, wie diese erstellt werden. Der Anbieter ist beim Einsatz eines solchen Templates beziehungsweise des Deployments einer Infrastruktur daraus dafür verantwortlich, dass die Ressourcen hinterher ordnungsgemäß bereitstehen. Aus diesem Grund benötigen Sie bei ARM für ein Deployment auch keine Schleifen oder Abfragen wie zum Beispiel, ob Kapazitäten für Ressourcen überhaupt zur Verfügung stehen.

[»]

Hinweis

Die Technik von deklarativen Templates zur Beschreibung von Ressourcen für das automatisierte Aufspannen von Infrastruktur und zur Inbetriebnahme von Cloud-Services ist dieselbe wie auch beim IaC-Werkzeug AWS CloudFormation von Amazon Web Services. Aus diesem Grund empfiehlt es sich, für das Verständnis der grundsätzlichen Herangehensweise (und eventuell auch für den Vergleich von Details) von ARM auch noch einmal zunächst Abschnitt 4.1 zu lesen, in dem dieses Werkzeug ausführlich vorgestellt wird.

Darüber hinaus empfehle ich, vorher den Einführungsabschnitt 3.2 zu dem mit diesem Werkzeug bedienten IaaS-Dienst durchzuarbeiten, um alle vorkommenden Begriffe im Zusammenhang mit Azure abgeklärt zu haben. In gewisser Weise ist dies hier ein Anhang zu der Azure-Einführung.

Ein voll ausgebautes Template für ARM, das alle dafür verfügbaren funktionalen Abschnitte enthält, hat folgende grundlegende Struktur:

```
{
    "$schema": "http://schema.management.azure.com/schemas/
               2019-04-01/deploymentTemplate.json#",
    "contentVersion": "1.0.0.0",
    "parameters": { },
    "variables": { },
    "functions": [ ],
    "resources": [ ],
    "outputs": { }
}
```

Die notwendigen Komponenten für eine funktionierende ARM-Vorlage sind die Datenfelder `$schema` und `contentVersion` sowie – irgendwie selbstverständlich – der Abschnitt `resources`. Der anderen Abschnitte sind optional. Sie können Parameter, Variablen, Funktionen und Outputs einsetzen, um ein bereits funktionierendes Template versatiler und flexibler zu gestalten. Die Reihenfolge der Elemente ist unerheblich für den Parser, der das Template in Azure hinterher liest. Die hier dargestellte Reihenfolge ist eine logische Ordnung, die als bewährte Praxis allgemein eingehalten wird.

Lassen Sie uns diese grundlegenden Konstruktionselemente eines ARM-Templates erst einmal der Reihe nach durchgehen. Ich kann ja schon einmal verraten, dass die hier vorgestellten Codeschnipsel als konkrete Beispiele für die Definition von Parametern, Variablen und Ressourcen aus einem umfassenden Anwendungsbeispiel stammen, das in Abschnitt 4.3.2 vorgestellt wird. Lassen Sie unaufgelöste Querbezüge aber hier erst einmal ohne ihren Gesamtzusammenhang so stehen. Das Folgende gilt auf jeden Fall für die hier im Vorfeld thematisierten, grundlegenden strukturellen Elemente.

$schema

Unter `$schema` ist die URL einer Schema-Datei angegeben, gegen die sich das Template erfolgreich validieren lassen muss. Der Ablageort für die JSON-Schemata bei Microsoft beinhaltet, wie Sie sehen, einen Datumsstempel. Dieser ist für die alternative Verwendung von unterschiedlichen Versionen eines Schemas vorgesehen.

Die Schemaversion vom `2019-04-01` ist die bis heute immer noch aktuelle Fassung für ARM-Templates. Sie können dieses Datenfeld mit dieser URL also unverändert in Ihre ARM-Projekte für Ressourcengruppen übernehmen.

contentVersion

Das Datenfeld `contentVersion` ist ein mehr oder weniger freies Datenfeld, das immer eine Versionsnummer enthält. Das Feld bietet Ihnen die Möglichkeit, verschiedene Fassungen Ihres Templates unterschiedlich zu versionieren.

Sie können hier `1.0.0.0` einstellen wie im Beispiel, wenn Sie mit einem neuen ARM-Projekt starten. Aber wenn Sie Ihre Entwicklung etwa mit einer Beta-Phase beginnen möchten, können nach Belieben auch mit einer Versionsnummer darunter starten, die mit einer Null beginnt.

parameters

Unter `parameters` legen Sie fest, welche Werte beim Ausführen einer Vorlage konfigurierbar sind. Diese können dann auf der Kommandozeile als Option für den Befehl `az deployment group create` mitgegeben werden, wenn Sie oder ein anderer Benutzer das Template anwendet. Alternativ können die Werte für diesen Zweck durch den Einsatz einer Parameter-Datei bereitgestellt werden.

Parameter machen ein Template flexibler und machen es unnötig, dass bestimmte für das Erzeugen von Ressourcen benötigte Werte hart eincodiert werden. Parameter lassen sich zum Beispiel einsetzen für die Maschinengröße von VMs, die Information, in welcher Region Ressourcen erstellt werden sollen, welches Image verwendet werden soll usw.

Eine konkrete Parameterdefinition hat etwa folgende Form:

```
"parameters": {
    "vmName": {
        "type": "string",
        "defaultValue": "simpleLinuxVM",
        "metadata": {
            "description": "The name of you Virtual Machine."
        }
    },
```

Der Anwender dieses Templates kann also als `vmName` als String einen beliebigen Maschinennamen mitgeben. Tut er dies nicht, dann wird der Default-Wert `simpleLinuxVM` verwendet.

Die in diesem Abschnitt definierten Parameter können im weiteren Verlauf des Templates mit der Funktion `parameters()` beliebig oft ausgewertet werden.

variables

Unter `variables` können Sie Variablen definieren, die Sie dann im weiteren Verlauf des Templates in beliebigen Zusammenhängen genauso wie die Werte von Parametern wiederholt auswerten können. Und zwar geschieht das mit der Funktion `variables()`. Im Unterschied zu Werten, die als Parameter vom Template-Anwender evaluiert werden, handelt es sich bei Variablen um an dieser Stelle fest eingestellte Werte.

Der Sinn davon ist, dass damit bestimmte als Variablen eingestellte Werte an einer zentralen Stelle (normalerweise oben im Template) aufgeführt und festgelegt sind. Das erleichtert die Pflege der Vorlagen und macht die Arbeit daran einfacher, wenn etwa bestimmte Werte irgendwann angepasst werden müssen. Für das Anlegen und die Verwendung von Variablen als Anordnungsmittel gibt es nicht nur bei ARM-Templates unterschiedliche Strategien (Werte grundsätzlich als Variablen, nur mehrmals vorkommende Werte als Variablen). Sie können dieses Ihnen zur Verfügung stehende Mittel ganz nach eigenem Geschmack verwenden.

Ein konkretes Anwendungsbeispiel für Variablendefinitionen hat etwa diese Form:

```
"variables": {
    "publicIPAddressName": "[concat(parameters('projectName'), '-ip')]",
    "networkInterfaceName": "[concat(parameters('projectName'), '-nic')]",
    "osDiskType": "Standard_LRS",
    "subnetAddressPrefix": "10.1.0.0/24",
    "addressPrefix": "10.1.0.0/16",
```

Die Variable `publicIpAddressName` ist eine Zusammensetzung aus dem Parameter `projectName` und dem String `-ip`, die mit der Hilfsfunktion `concat()` angefertigt wird. Die Variable `networkInterfaceName` wird hier parallel dazu mit dem String `-nic` konstruiert.

functions

Unter `functions` können Sie sich eigene Funktionen definieren, die im weiteren Verlauf des Templates dann angewendet werden können.

Funktionen machen Sinn, um zum Beispiel regelbasiert zusammengesetzte Werte zu erzeugen. Die dafür benötigten Konstrukte, wie etwa mit der eingebauten Hilfsfunktion `concat()` und `uniqueString()`, können unter Umständen recht lang werden. Um für Lesbarkeit zu sorgen, empfiehlt es sich dann, dafür eine eigene Funktion zu definieren – vor allem, wenn dieselbe Konstruktion mehr als einmal im Code (hier: im Template) vorkommt, was ja eigentlich immer die Überlegung beim Aufsetzen von eigenen Funktionen sein sollte.

Userfunktionen vs. Hilfsfunktionen

Ein wichtiger Punkt für das Verständnis von ARM-Templates beziehungsweise der dafür aufgesetzten Sprache ist, dass der optional einsetzbare Abschnitt `functions` nichts mit den eingebauten Hilfsfunktionen wie `resourceId()`, `reference()` usw. zu tun hat. Diese stehen Ihnen immer zur Verfügung, auch wenn Sie `functions` als Definitionsabschnitt gar nicht verwenden, wie im Anwendungsbeispiel weiter unten.

resources

Der Abschnitt resources ist ein notwendiger Bestandteil eines vollständigen ARM-Templates. Dieses JSON-Array enthält eine Ressource oder eine Reihe von Ressourcen, aus denen die Bereitstellung besteht, die das Template beschreibt. Auch wenn es noch keinen Sinn macht, können Sie ein Template bereits erfolgreich deployen, wenn es darin gar kein Element gibt.

Hier sehen Sie ein konkretes Anwendungsbeispiel für das Erstellen einer neuen virtuellen Maschine:

```
"resources": [
  {
        "type": "Microsoft.Compute/virtualMachines",
        "apiVersion": "2021-11-01",
        "name": "[parameters('vmName')]",
        "location": "[parameters('location')]",
        "dependsOn": [
            "[resourceId('Microsoft.Network/networkInterfaces/',
              variables('networkInterfaceName'))]"
        ],
        "properties": {
            "hardwareProfile": {
                "vmSize": "[parameters('vmSize')]"
            },
                "imageReference": {
                        "publisher": "Canonical",
                        "offer": "0001-com-ubuntu-server-jammy",
                        "sku": "22_04-lts-gen2",
                        "version": "latest"
                    },
            },
```

Die hier repräsentierte Grundstruktur gilt so für alle unter resources stehenden Elementes, egal um welchen Ressourcentyp es sich handelt. Lassen Sie uns die Elemente in der Reihenfolge ihres Vorkommens (die JSON-Grundlage schreibt Ihnen keine Reihenfolge vor) von oben nach unten durchgehen:

- Unter type geben Sie immer den Typ der Ressource an, die Sie gerade generieren möchten. Dieser ist immer zusammengesetzt und besteht aus dem Namespace des jeweiligen resource providers (Microsoft.Network, Microsoft.Compute, Microsoft.Storage usw.) und der darunter jeweils konkret verfügbaren Ressource (networkInterfaces, virtualMachines, storageAccounts usw.). Der Typ für eine neue virtuelle Maschine ist wie hier im Beispiel Microsoft.Compute/virtualMachines.

- Unter `apiVersion` geben Sie an, welche Fassung der API des `resource providers` Ihr Template unterstützen soll. Bei neuen Projekten wählen Sie am besten immer die aktuelle Fassung und orientieren sich auch beim Lesen der Azure-Dokumentation daran. Die Methode von Microsoft, die vorhandenen APIs alle auf diese Weise zu versionieren, sichert Ihnen ein funktionierendes Template, auch wenn es in Zukunft Änderungen an der API gibt. Wenn Sie Beispiele lesen und die Definition von bestimmten Ressourcen dort ein bisschen anders ist, als Sie es kennen, dann achten Sie darauf, ob nicht eine ältere Fassung der API eingesetzt wird und es sich damit eventuell um ein etwas älteres Beispiel handelt.

  In der Dokumentation sind die vom Resource Manager unterstützten Ressourcentypen nach `resource provider` und API-Version sortiert. Sie finden Erläuterungen dazu in der Dokumentation unter folgender Adresse: *https://docs.microsoft.com/de-de/azure/templates/*

- Unter `name` geben Sie den Namen an, den diese Ressource tragen soll. Im Beispiel finden Sie hier den ausgewerteten Parameter `vmName`, dessen Definition im Beispiel für den `parameters`-Abschnitt bereits vorgekommen ist.

- Während `type`, `apiVersion` und `name` notwendige Datenfelder für eine Ressourcenbeschreibung sind, gilt das für die folgenden Felder (wie `location`) nicht. Wie bei dem Befehl `az vm create` von `azure-cli` gilt hierbei auch, dass bei fehlender Angabe einer Region die neue Ressource immer in der Region der Ressourcengruppe (RG) erstellt wird. (Ein ARM-Template wird immer auf eine bestimmte RG angewendet.)

  Der Entwickler dieses Templates verwendet hierbei auch wieder einen Parameter. Man müsste jetzt also unter `parameters` schauen, wie die Abfrage von `location` vom Template-Anwender dort geregelt ist – also ob (wie bei `vmName`) hierfür auch ein Standardwert eingestellt ist und welcher das ist.

- Unter `DependsOn` können Sie Abhängigkeiten zwischen Ressourcen festlegen. Ein wichtiger Unterschied zwischen dem Azure Resource Manager und AWS CloudFormation ist, dass der ARM Abhängigkeiten nicht automatisch feststellt. Sie müssen also alle Abhängigkeiten unter Ressourcen selbst festlegen.

  Hier im Beispiel ist eingestellt, dass Azure mit der Erzeugung der VM darauf warten soll, dass das im selben Template definierte Netzwerkinterface (`Microsoft.Network/networkInterfaces`) bereitsteht. Für die Ermittlung der Ressourcen-ID benutzt der Entwickler die für diesen Zweck in der Sprache für ARM-Templates eingebaute Hilfsfunktion `resourceId()`. Der Name des Interfaces stammt aus der Variablen `networkInterfaceName`.

- Unter `properties` können Sie bestimmte Eigenschaften für die zu erzeugende Ressource einstellen. Welche Propertys genau zur Verfügung stehen, richtet sich dabei immer nach dem verwendeten Ressourcentyp. Hinter der Eigenschaft `hardware-`

Profile steckt die gewünschte Maschinengröße, die hier unter Verwendung des Parameters vmSize eingestellt wird.

Mit imageReference lässt sich festlegen, welches Image verwendet werden soll. Sie sehen hier, dass eine VM mit einem Ubuntu-Image erzeugt wird.

output

Im Abschnitt output können Sie Rückgaben definieren, die Ihnen aus einem stattgefundenen Deployment bestimmte Informationen zurückliefern.

Ein Beispiel für die Definition eines Outputs hat diese Form:

```
"outputs": {
    "adminUsername": {
        "type": "string",
        "value": "[parameters('adminUsername')]"
    },
```

Dieser Output gibt Ihnen den Parameter adminUsername als Rückgabe aus. Das macht so vor allem Sinn, wenn der vom Anwender dieses Templates abgefragte beziehungsweise abfragbare Username für eine VM nur ein optionaler Parameter ist. Wenn der Anwender keinen eigenen Usernamen mitgibt, dann wird normalerweise immer ein Default-Wert verwendet. Diesen müssen Sie dann kennen, wenn Sie die VM etwa über SSH betreten möchten. Den Usernamen noch einmal kurz als Output auszuwerfen, ist also eine gute Sache, auch wenn der Anwender einen eigenen Namen mitgegeben hat (und in dem Fall bereits kennt). Auf diese Weise brauchen Sie nicht im Template nachzuschauen, was der Default-Wert für den Usernamen ist, falls der Nutzer keinen eigenen Namen angibt.

4.3.2 Beispielprojekt

Sie haben jetzt das Grundrüstzeug zusammen, um auch dann nicht unterzugehen, wenn ich Ihnen im Folgenden ein etwas umfangreicheres Beispiel für ein komplettes ARM-Template präsentiere. Sie werden damit auf den ersten Blick erkennen, wie das Gebilde strukturiert ist. Bei der Beispielanwendung handelt es sich um Schnellstarter-Templates von Azure. Das Beispiel, das wir nutzen, finden Sie unter:

https://learn.microsoft.com/en-us/azure/virtual-machines/linux/create-ssh-secured-vm-from-template

Sicherheitshalber finden Sie diese Datei auch noch einmal unter den Codebeispielen zu diesem Buch, da sich auch die Schnellstarter-Templates verändern.

Das Template nicht besonders komplex, denn im Grunde wird mit ihm nur eine virtuelle Maschine mit Ubuntu-Linux generiert. Allerdings ist es zu lang, um es hier im

Buch abdrucken zu können. Der Grund dafür ist, dass es ähnlich wie bei einer guten Rolle aus der Ansible Galaxy (siehe Abschnitt 6.7.1) voll ausgebaut ist. Das bedeutet, dass es eine große Anzahl von Parametern besitzt, die es flexibel einsetzbar machen.

Darüber hinaus sind einige der beteiligten Ressourcen voll ausdefiniert, die im Zuge der Bereitstellung einer VM in einer Ressourcengruppe sonst automatisch mitgeneriert werden. Diese explizit mitzugenerieren, macht es möglich, sie detaillierter zu konfigurieren. So findet hier zum Beispiel eine detaillierte Konfiguration statt von:

- der virtuellen Netzwerkkarte (`Microsoft.Network/networkInterfaces`)
- der beteiligten Sicherheitsgruppe (`networkSecurityGroup`)
- des virtuellen Netzwerks, in dem sich die VM befindet (`virtualNetworks`)
- der öffentlichen IP-Adresse (`publicIpAdresses`), die (wie in der Einleitung in Azure in Abschnitt 3.2 bereits vorgekommen ist) eine eigene Ressource ist

Das Template wird genutzt, um Ihnen übersichtlich die wichtigsten Punkte zu veranschaulichen. Es stellt eine hervorragende Ausgangspostion dar, von der Sie sich selbstständig noch weiter in den IaaS-Dienst von Azure einarbeiten können. Sie finden dort auch Themen, die in diesem Buch ausgespart wurden, wie etwa eine Beschreibung von privaten Netzwerken in IaaS-Diensten.

4.3.3 Anwendung

Die Frage ist nun, wie Sie ein Template für den Azure Resource Manager einsetzen beziehungsweise anwenden können. Azure bietet Ihnen wie bei allen Operationen dafür dieselben Wege an, und Sie können das Portal dafür verwenden, `azure-cli` oder die Power Shell einsetzen. Wenn Ihr Arbeitsrechner unter Windows läuft, dann ist die Power Shell, eines der Juwelen von Microsoft, bestimmt die beste Wahl.

In `azure-cli` gibt es eine Reihe von Unterbefehlen für `az deployment group`, die für den Umgang mit ARM-Templates vorgesehen sind.

[!]

Veraltete Befehle

Der alte Befehl zum Umgang mit ARM-Templates war `az group deployment`. Dieser ist jedoch als *Deprecated* markiert und wird in einem zukünftigen Release entfernt.

Ein wichtiger Punkt ist, dass die Ressourcengruppe, in der Sie ein bestimmtes Setup von Ressourcen mit dem ARM hochziehen wollen, dabei vorher immer schon vorhanden sein muss. Die Vorgehensweise ist also dieselbe wie bei `az vm create`: Sie müssen mit `az group create` vorher eine neue Ressourcengruppe erzeugen, falls noch keine zur Verfügung steht. Zu Ressourcengruppen und damit verbunden zur Frage danach, welche Default-Region Sie verwenden wollen, siehe die allgemeine Azure-Einleitung in Abschnitt 3.2.2.

Parameterdatei

Das Beispiel-Template kann fünf verschiedene Parameter verarbeiten. Stand Herbst 2024 waren es `projectName`, `location`, `adminUsername`, `adminPublicKey` und `vmSize`.

Lediglich `location` hat einen Standardwert gesetzt. Alle anderen Parameter müssen dem Template also übergeben werden.

Es gibt jetzt zwei verschiedene Wege, wie Sie Parameter bei der Anwendung eines ARM-Templates mitgeben können. Wie ich bereits erwähnt habe, steht für die Unterbefehle unter `az deployment group` die Option `--parameters` zur Verfügung. Diese akzeptiert konkrete Parameter als Key/Value-Paare, sodass dies ein Weg ist. Der Befehl akzeptiert als Argument aber auch eine spezielle Datei, in der Sie die Parameter angeben können, die Sie mit diesem Template anwenden möchten.

Eine geeignete Parameterdatei ist genau wie ein ARM-Template aufgebaut, enthält aber lediglich den Abschnitt `parameters`. Sie müssen also auch hier `$schema` und `contentVersion` hinzufügen. In dem `parameters`-Abschnitt geben Sie für jeden Parameter dann aber nicht `type` an, um ihn zu definieren, sondern `value`, um die bereits eingerichteten Parameter aus dieser Datei heraus zu bedienen. Hier sehen Sie ein Beispiel für eine Parameterdatei (`myarmdeployment.parameters`), mit der Sie das Beispieltemplate anwenden können. Den Code habe ich lesbar formatiert und Umbrüche eingefügt:

```
{
    "$schema": "https://schema.management.azure.com/schemas/
                2019-04-01/deploymentParameters.json#",
    "contentVersion": "1.0.0.0",
    "parameters": {
        "projectName": {
            "value": "myProject"
        },
        "adminUsername": {
            "value": "ubuntu"
        },
        "adminPublicKey": {
            "value": "ssh-rsa AAAAB3NzaC1yc2E..."
        },
        "vmSize": {
            "value": "Standard_B1s"
        }
    }
}
```

Es bleibt Ihnen nichts anderes übrig, als hier den voll ausgeschriebenen öffentlichen Teil eines SSH-Schlüssels einzutragen. Hier einen SSH-Schlüssel des Typen *ed25519* anzugeben, der sicherer, technologisch fortschrittlicher und dazu auch noch kürzer ist, ist leider nicht möglich. Dieser Schlüssel passiert zwar noch die Validation des ARM-Templates in Verbindung mit dieser Parameterdatei (siehe unten), fliegt beim Deployment aber raus. Denn Azure akzeptiert (wie in der allgemeinen Azure-Einführung bereits gesagt worden ist) nur RSA-Schlüssel.

Template validieren

Bevor Sie ein Deployment auslösen, sollten Sie das vorliegende Template zusammen mit der Parameterdatei, die Sie einsetzen möchten, erst einmal validieren. Dafür gibt es für `az deployment group` den Unterbefehl `validate`.

Auch für die Validierung muss die gewünschte Ressourcengruppe, in die Sie Ihr im Template definiertes Setup von Azure-Ressourcen hineingenerieren wollen, bereits vorhanden sein (im Beispiel ist das `MeineRG`). Lösen Sie dann folgenden Befehl aus, um die Überprüfung vorzunehmen:

```
~$ az deployment group validate \
   --resource-group MeineRG \
   --template-file azuredeploy.json \
   --parameters myarmdeployment.parameters
{
  "error": null,
  "id": "/subscriptions/.../resourceGroups/MeineRG/
             providers/Microsoft.Resources/deployments/azuredeploy",
  "name": "azuredeploy",
  "properties": {
    "correlationId": "43623100-8daa-43c3-a7df-309964015b7d",
    "debugSetting": null,
    "dependencies": [
...
```

Als Ergebnis der Überprüfung gibt Ihnen `azure-cli` beziehungsweise die Azure-API ein langes JSON-Dokument mit dem Ergebnis der Validation zurück. Es haben dann verschiedene Checks stattgefunden, nämlich ob die Parameter korrekt bedient werden und ob die JSON-Dokumente der beiden verwendeten Dateien gegenüber dem angegebenen Schema gültig sind. Außerdem findet ein `dry run` statt, der Ihnen zurückgibt, wie das Ergebnis des Deployments im Detail aussehen würde. Wie Sie in dem Beispiel am Ausschnitt aus der Rückgabe sehen, werden dafür alle erzeugten Ressourcen separat aufgeführt.

Die Überprüfung mit `deployment validate` hat allerdings gewisse Grenzen. Wie gesagt, ergibt ein falscher SSH-Schlüssel, der von Azure nicht verarbeitet werden kann, hier noch keinen Fehler.

Deployment auslösen

Mit der Variante `create` können Sie das Deployment dann konkret anstoßen:

```
~$ az deployment group create \
   --resource-group MeineRG \
   --template-file azuredeploy.json \
   --parameters myarmdeployment.parameters
```

Die Rückgabe dieses Befehls ist dieselbe wie bei `validate`. Nur handelt es sich dabei jetzt um keinen reinen Testlauf mehr, sondern die Ressourcen sind tatsächlich erzeugt worden.

Das konkrete Ergebnis des Deployments, also die erzeugten Ressourcen, können Sie sich dann wie gehabt etwa mit `az resource list` ausgeben lassen:

```
~$ az resource list --resource-group MeineRG --output table
Name                              Type
--------------------------------  ----------------------------------------
default-nsg                       Microsoft.Network/networkSecurityGroups
myProject-ip                      Microsoft.Network/publicIPAddresses
myProject-nsg                     Microsoft.Network/networkSecurityGroups
myProject-vnet                    Microsoft.Network/virtualNetworks
myProject-nic                     Microsoft.Network/networkInterfaces
myProject-vm                      Microsoft.Compute/virtualMachines
```

Vergleichen Sie einmal, wie die Namen der Ressourcen im Template generiert werden. Der Name der virtuellen Netzwerkkarte zum Beispiel basiert auf der Variablen `networkInterfaceName`. Diese wiederum ist eine Zusammensetzung aus dem Parameter `projectName` und dem String `-nic` (wie bereits thematisiert worden ist). Die Default-Einstellung für den Namenparameter ist `simpleLinuxVM`.

Mit den Unterbefehl `list` von `az deployment group` können Sie sich die stattgefundenen Deployments anzeigen lassen. Wenn Sie `table` als Ausgabeformat wählen, dann bekommen Sie eine praktische kurze Übersicht angezeigt:

```
~$ az deployment group list --resource-group MeineRG --output table
Name         ResourceGroup  State      Timestamp
-----------  -------------  ---------  --------------------------------
azuredeploy  MeineRG        Succeeded  2024-10-10T14:37:11.421408+00:00
```

So viel erst einmal bis hierhin. Wie Sie sich vorstellen können, könnte man über den Azure Resource Manager eine ganze Azure-Einführung schreiben. Ich hoffe, als reiner Crashkurs war das hier einigermaßen nachvollziehbar, und ich hoffe auch, Sie kommen sich nicht wie eine Stopfente vor.

Denken Sie daran, aufzuräumen. Am einfachsten löschen Sie die Ressourcen-Gruppe, dann entstehen auch keine Kosten mehr:

```
~$ az group delete --name MeineRG --yes
```

4.4 Terraform

Das Softwareunternehmen HashiCorp Inc. in San Franscisco wurde im Jahr 2012 von Mitchell Hashimoto und Armon Dadgar gegründet. Es handelt sich um eine hoch innovative Softwareschmiede, die eine ganze Reihe von wirklich gut gemachten DevOps- und Cloud-Computing-Werkzeugen herausgebracht hat. Die Produkte sind meist nach dem Open-Source-Modell frei lizenziert, werden darüber hinaus aber auch noch in kommerziellen Fassungen angeboten. Diese bieten für den Einsatz in Unternehmen noch mehr Funktionalität an, während die Community-Fassungen ohne Lizenzkosten immer nur die reinen Kernkomponenten sind.

Die Applikationen von HashiCorp decken einen Großteil der gesamten Delivery-Pipeline für die DevOps-orientierte Anwendungsbereitstellung ab. Zu den ältesten Produkten gehört das beliebte Vagrant, das als Frontend virtuelle Maschinen als »Boxen« auf eine bequem zu nutzende Weise als alternative Entwicklungsumgebungen zur Verfügung stellt.

Gut zu wissen

Wenn in den Codebeispielen in diesem Buch hier und da mal das Stichwort `vagrant` als Username einer Linux-Installation vorkommt, dann liegt es daran, dass Ubuntu als Beispiel-Distribution für einen Linux-Arbeitsrechner bei Abfassung dieses Buches in einer Vagrant-Box liegt. Vagrant wurde noch in Ruby aufgesetzt; mit dem Aufkommen von Google Go ist man damals sozusagen als Haussprache darauf umgestiegen.

Terraform, aber auch der in diesem Buch auch noch ausführlicher vorgestellte HashiCorp Packer (siehe Abschnitt 5.1), sind Golang-Applikationen. Die Tools von HashiCorp setzen das DevOps-Prinzip vorbildlich um und sind in den letzten Jahren richtungsweisend dafür geworden, wie verwirklichtes DevOps aussieht. Das betrifft gerade auch Aspekte wie die *User Experience*.

Auch bei Terraform (*https://www.terraform.io/*) handelt es sich um ein einfach zu bedienenden, klar strukturiertes und recht schnell zu durchschauendes Framework. Es ist auf der Kommandozeile angesiedelt und lässt sich dadurch einfach in eine umfassendere Toolchain einbetten. Der Funktionsumfang, der sich maßgeblich auf zusätzlich installierbare Plug-ins gründet, ist atemberaubend, und die Fülle der Aufgaben, die Terraform auf Grundlage von ein paar Konfigurationszeilen per Knopfdruck abarbeitet, ist immer wieder faszinierend.

Im Gegensatz zu den in diesem Kapitel vorher vorgestellten Lösungen handelt es sich bei Terraform um ein universelles Werkzeug für Infrastructure-as-Code. Sie können mit Terraform eine Fülle von Cloud-Anbietern bzw. deren IaaS-Dienste und auch andere Services ansprechen und sich deren Ressourcen als Infrastruktur skriptgesteuert bereitstellen. »Universell« bedeutet hier nicht, dass HashiCorp einen Weg gefunden hat, die Server der Cloud-Anbieter alle mit derselben Methode zu steuern. Wie bereits in der Einleitung dargestellt wurde, gibt es in diesem Bereich bisher kaum universelle Schnittstellen, die man benutzen könnte, um ein universelles Framework wie Terraform zu implementieren.

Stattdessen muss jeder einzelne Anbieter eigens unterstützt werden, und dafür gibt es hier die bereits erwähnten vielen Plug-ins. Die Anzahl der offiziellen Plug-ins von HashiCorp und dazu noch derjenigen, die von der Community für Terraform angeboten werden, ist sehr groß, und die gesamte Liste der damit bedienbaren Services ist mittlerweile so lang, dass sie den Rahmen dieser Einleitung sprengen würde. Die Hyperscaler sind natürlich darunter (inklusive Alibaba), aber darüber hinaus auch noch alle anderen in diesem Buch vorgestellten IaaS-Anbieter.

Ähnlich wie bei Ansible (siehe Kapitel 6), womit mittlerweile praktisch alles prozedural konfiguriert werden kann, was sich irgendwie ansprechen lässt, weitet sich bei Terraform die Funktionalität auf alles aus, was irgendwie als Infrastruktur angesehen werden kann. Wenn Sie das Framework beherrschen (wofür Sie wirklich keinen Informatik-Abschluss benötigen), dann haben Sie ein mächtiges Werkzeug an der Hand, mit dem Sie alle diese Dinge kontrollieren und sich für beliebige Anwendungszwecke zusammenstellen können.

Letztendlich – und damit geht Terraform als eines der am weitesten verbreiteten IaC-Frameworks weit über die anbieterspezifischen Lösungen hinaus – bedient Terraform damit auch die Anforderungen von Multicloud-Setups, die die Services von verschiedenen Anbietern in Kombination oder alternativ einsetzen. Auch als universelles Framework befreit Terraform Sie allerdings nicht davon, dass Sie die damit auf universelle Weise angesprochenen Cloud-Dienste und die darin verfügbaren Ressourcen ganz genau kennen müssen. Den gesamten Funktionsumfang maßgeblich zu beherrschen, ist deshalb, trotz der umwerfenden Einfachheit der Bedienung, eine kaum zu bewältigende (und in der Praxis nicht notwendige) Herausforderung.

Terraform ist 2014 erschienen und aktuell in der Version 1.9.4 erhältlich. Es ist mit eingebauten Funktionen und anderen Dingen tief ausgebaut, sodass es sich für den produktiven Einsatz eignet.

Hinter Terraform steht außerdem eine muntere Community, die mithilft, das Produkt immer weiter auszubauen und zu verbessern. Die Software (die freie Community-Fassung wird als *Terraform CLI* bezeichnet) stand bis zur Version 1.5.5 unter der *Mozilla Public License 2.0*. Danach wurde die Lizenz auf die *Business Source License v1.1* geändert, was HashiCorp davor schützt, dass andere Unternehmen in direkte Konkurrenz mit den angebotenen Dienstleistungen gehen.

[!]

Lizenzen beachten

Wenn Sie Terraform als Privatperson verwenden, dann brauchen Sie sich gar keine Gedanken zu machen und können es wie gehabt als OpenSource-Software verwenden. Wenn Sie die HashiCorp-Produkte (darunter auch Packer – siehe Abschnitt 5.1) im Unternehmen einsetzen möchten, dann sollten Sie den Einsatz prüfen lassen. Solange Sie jedoch kommerziell nicht in Konkurrenz zu HashiCorp treten, dürfte der Einsatz der Tools erlaubt sein.

Bei Unsicherheiten bietet HashiCorp sogar an, mit Ihnen in Kontakt zu treten. Dadurch sind Sie dann auf der sicheren Seite.

Terraform insgesamt (und damit auch das hier besprochene Terraform CLI) ist umfassend dokumentiert. Die offizielle Dokumentation finden Sie unter:

https://www.terraform.io/docs/cli-index.html

Es handelt sich bei der Dokumentation allerdings nur um ein Register der Sprachelemente. Dazu gibt es ein Register der Provider und der darin enthaltenen Informationen zu den verfügbaren Ressourcen. Und darüber hinaus existieren Kapitel zu zentralen Themen wie Importing, der Rolle des jeweils aktuellen Status, Modulen usw. Einen Lernpfad für Einsteiger gibt es in der Dokumentation nicht. Auf der übergeordneten Sammelseite ist der Link zu einer allgemeinen Einführung vom Hersteller verfügbar. Diese deckt allerdings eher nur die Grundlagen ab. Ziemlich verloren sind Sie, wenn Sie sich die Grundlagen erarbeitet haben, dann aber auf eine höhere Ebene kommen möchten. Es bleibt Ihnen auf diesem Niveau nichts anderes übrig, als sich selbst Breschen in das Gestrüpp zu schlagen – dabei hilft Ihnen diese Einführung hoffentlich weiter. Oder schauen Sie sich das Buch von Tim Beermann und seinen Kollegen an, das dazu im Rheinwerk Verlag erschienen ist: Beermann et al.: Terraform. Das Praxisbuch für Administratoren und DevOps-Teams, ISBN: 978-3-8362-8913-9.

4.4.1 Installieren

Terraform steht Ihnen als fertig kompiliertes, monolithisches Binary für verschiedene Systeme und Architekturen auf folgender Downloadseite zur Verfügung:

https://www.terraform.io/downloads.html

Versionen gibt es für macOS, FreeBSD, Linux, OpenBSD, Solaris und Windows, jeweils für 64-Bit-Prozessoren. (Teilweise gibt es auch 32-Bit-Binarys sowie ausführbare Dateien für ARM-Architekturen, die Sie in der Praxis aber wahrscheinlich nie brauchen werden.)

Laden Sie sich also zum Beispiel unter dem Link LINUX 64-BIT die Zip-Datei mit der aktuellen Version herunter. Entpacken Sie das Archiv, und verschieben Sie die darin enthaltene Binärdatei entweder in das Verzeichnis *~/bin* in Ihrem Heimatverzeichnis oder in */usr/local/bin*. Den *bin*-Ordner im Heimatverzeichnis müssen Sie eventuell erst noch der Umgebungsvariable `$PATH` hinzufügen, um das darin liegende Binary auf der Kommandozeile aufrufen zu können. Die Vorgehensweise ist dieselbe wie bei HashiCorp Packer (siehe Abschnitt 5.1) und vielen anderen der Tools, die in diesem Buch vorgestellt werden.

Genauso wie für die anderen in Golang programmierten Werkzeuge benötigen Sie für den Betrieb von Terraform keinerlei Abhängigkeiten. Die Provider sind, wie bereits erwähnt, als Plug-ins implementiert, die Terraform sich bei Bedarf automatisch in einen Unterordner im Projektverzeichnis herunterlädt (weiter unten dazu mehr).

4.4.2 Templates

Terraform ist ein Kommandozeilen-Werkzeug, das seine Konfigurationsdateien beziehungsweise Templates in einem Projektordner verarbeitet.

Diese Templates werden von Ihnen als Anwender in der eigenen Konfigurationssprache *HashiCorp Configuration Language* (HCL) aufgesetzt. HCL ist eine Art Mischung aus JSON und YAML, die das Beste der beiden Markup-Sprachen vereint, beziehungsweise die Unannehmlichkeiten von beiden jeweils austilgt. So gibt es in HCL, wie Sie sehen werden, keine Schachtelungen und Klammerungen, es ist keine einheitliche Einrücktiefe notwendig, und Kommentare sind möglich.

Was Sie nun in den in HCL geschriebenen Templates für Terraform einsetzen können, das sind hauptsächlich folgende Elemente:

- Ein `provider` ist ein grundlegendes Element, das sich immer auf einen Anbieter bezieht, der einen oder mehrere Dienste betreibt, aus dem Sie sich Ressourcen zuweisen möchten. Der Provider kennt jeweils den technischen Weg, wie Terraform Ressourcen beziehen kann, was auch die jeweilige Methode der Authentifizierung mit einschließt. Wenn Sie also zum Beispiel EC2 oder auch anderer Services aus

Amazon Web Services einsetzen möchten, dann verwenden Sie den Terraform-Provider `aws`. Provider sind in Terraform »unter der Haube« als Plug-ins organisiert, die bei der Projektinitialisierung automatisch nachgeladen werden.

- Je nachdem, welche Provider Sie in einem Projekt einsetzen, stehen Ihnen daraus jeweils als `resource` bestimmte Infrastrukturressourcen als Objekte zur Verfügung. Die Ressourcen `aws_vpc` und `aws_instance` zum Beispiel sind für ein Projekt verfügbar, wenn Sie den Provider `aws` einsetzen.
- Terraform hat eine Reihe von Provisionierern, um zugewiesene Ressourcen, wie zum Beispiel EC2-Instanzen oder DigitalOcean-Droplets, auch noch zu konfigurieren beziehungsweise zu provisionieren (Middleware und Geschäftsapplikationen aufspielen). Die eingebauten Provisonierer können Shellbefehle absetzen oder Shellskripte auf eine Cloud-Instanz hochladen und dann ausführen. Darüber hinaus sind auch noch Schnittstellen zu den Konfigurationsframeworks Puppet, Chef und Salt als Provisionierer verfügbar. Ansible wird bisher leider nicht unterstützt.
- Eine weitere Rolle spielen Datenquellen (`data sources`) und Outputs, auf die in dieser Einführung leider nicht eingegangen werden kann.

Projektoutline

Der Code eines Terraform-Projekts besteht meistens aus mehreren normalen Textdateien mit der Endung *.tf*. Das sind die Templates, die vom CLI-Tool `terraform` verarbeitet werden. Darüber hinaus gibt es oftmals, und so auch im Beispielprojekt, eine Datei *terraform.tfvars*, in der für Variablen konkrete Werte festgelegt werden.

Es spielt keine Rolle, wie viele *tf*-Dateien es im Projektordner gibt und wie diese heißen. Sie können Ihr Projekt nach eigenem Belieben strukturieren und Ihren Code auf beliebig viele Dateien verteilen, so wie Sie es für sinnvoll halten. Die Dateien werden dann von Terraform zwar in alphanumerischer Reihenfolge eingelesen – in welcher Reihenfolge die verwendeten Elemente wie Provider und Ressourcen im dabei entstehenden Gesamtdokument vorkommen, spielt aber keine Rolle. Genauso können Sie alles in eine einzige Datei packen und es darin vollkommen frei arrangieren. Ein Provider muss zum Beispiel nicht vor dem Einsatz einer Ressource stehen, weil die verwendeten Elemente sich nicht über die Reihenfolge ihres Vorkommens referenzieren (dazu folgt später mehr).

Eine bewährte Praxis ist es, in einem kleineren Projekt die Dateien *main.tf* (Provider, Datenquellen, Ressourcen), *vars.tf* (Variablendeklarationen) und *output.tf* (definierte Outputs) zu verwenden. In dem gleich folgenden Beispielprojekt gibt es zwar eine Datei *main.tf*, der Übersichtlichkeit halber sind einige der verwendeten Codeblöcke aus dem `main`-Bereich aber noch in separate Dateien ausgelagert worden. Das Projekt-Outline spielt aber wie gesagt keine Rolle. Meiner Meinung nach ist das einer der gut gemachten Punkte bei Terraform. Warum sollte man eine Projekt-Outline festlegen, wenn das eigentlich gar nicht nötig ist?

4.4.3 Beispielprojekt

Ich möchte Ihnen Terraform hier anhand eines konkreten Anwendungsbeispiels vorstellen und Sie damit direkt in die Anwendung dieses IaC-Frameworks einführen. Das Beispiel provisioniert Ihnen einen grundfunktionalen Kubernetes-Cluster auf virtuellen Servern von DigitalOcean. Dieser Anbieter wurde in Abschnitt 3.4 bereits vorgestellt. Der Cluster ist möglichst einfach gehalten (d. h., er ist so nicht für die Produktion geeignet) und besteht aus nur einem Master und einer bestimmten Anzahl von Worker-Knoten. Per Voreinstellung sind es drei. Für die Provisionierung wird, anstatt ein Konfigurationsframework einzusetzen, mit einfachen Shellbefehlen beziehungsweise Shellskripten gearbeitet.

[»]

Hinweis

Wie Sie einen Kubernetes-Cluster deployen, wird in Abschnitt 6.10 unser Thema sein, und zwar im Zusammenhang mit dem Provisionierer Ansible. Dort wird dann auch ausführlicher auf die einzelnen Operationen für das Aufsetzen eines solchen Clusters und deren Hintergrund eingegangen werden.

Ich habe den Schwerpunkt so gelegt, weil dort jeder einzelne für das Deployment des Clusters benötigte Schritt einzeln mit Ansible umgesetzt wird. Hier findet die Provisionierung hauptsächlich nur als eine Abfolge von Shellkommandos ein und desselben Skripts als eine thematische Einheit statt. Außerdem steht im Zusammenhang mit Ansible das Deployment des Clusters im Vordergrund, während hier vor allem die Bereitstellung der dafür benötigten Cloud-Ressourcen mit Terraform das Thema ist.

vars.tf

Wir steigen in das Beispielprojekt am besten ganz grundlegend ein, und zwar mit der Deklaration und Definition von Eingabevariablen (`input variables`). Das sind Variablen, für die vom Anwender eines Projekts Werte verlangt werden. Wie bei den anderen IaC-Frameworks auch dienen sie dazu, ein Projekt versatil zu gestalten, indem bestimmte Eckwerte nicht hart kodiert werden.

Die Deklaration der Variablen in diesem Projekt findet in der Datei *vars.tf* statt. (Der Name folgt dabei der bewährten Praxis für kleine Terraform-Projekte.) Sie hat folgende Form:

```
variable "do_token" {
  type        = string
  description = "API-Token für DigitalOcean"
 }
```

```
variable "number_of_workers" {
  type        = number
  description = "Anzahl der gewünschten Workernodes"
}
```


Hier werden mit dem Schlüsselwort `variable` zwei Variablen deklariert, `do_token` und `number_of_workers`. Der Name für eine Variable ist grundsätzlich beliebig. Bestimmte in der Terraform-Sprache vorkommende einfache Schlüsselwörter wie `source` oder `version` dürfen Sie als Variablenname allerdings nicht verwenden, sodass Sie mit komplexen Variablennamen immer richtig liegen.

Mit `type` legen Sie den Typ einer Variablen fest. Neben `string` und `number` stehen Ihnen in HCL auch noch `bool` (Boolean), `list` (Array), `map` (Key/Value-Dictionary) und andere zur Verfügung.

Mit `description` können Sie einen Beschreibungstext festlegen. Der wird ausgegeben, wenn das CLI-Tool beim Anwenden des Projekts einen Wert für eine hier deklarierte Variable verlangt.

Darüber hinaus können Sie in einer Variablendeklaration auch noch mit `default` einen voreingestellten Wert festlegen.

Es gibt vier verschiedene Wege, wie der Anwender eines Projekts beziehungsweise der darin enthaltenen Templates die Werte für Variablen mitgeben kann:

1. Sie können diese Werte entweder als Umgebungsvariablen in der Shellumgebung festlegen, in der `terraform` ausgeführt wird.
2. Ist auf diesem Weg kein bestimmter Wert für eine deklarierte Variable verfügbar, dann fragt Terraform vom Anwender einen konkreten Wert dafür ab, wenn dieser das Projekt anwenden will.
3. Sie können beim Aufruf von `terraform` auch Werte für Variablen als Argumente der Option `-var` mitgeben.
4. Der vierte Weg ist, eine Datei *terraform.tfvars* (dieser Name ist obligatorisch) anzulegen, die bestimmte Werte für die Inputvariablen beinhaltet.

Im Beispielprojekt gibt es eine Datei `terraform.tfvars`, in der folgende konkrete Werte festgelegt sind:

```
# terraform.tfvars
do_token = "0a797c7a8d47145e4b73a11b6a666f8919c7736aa7058f1131e558477863def2"
number_of_workers = 3
```

Der `do_token` ist der Token, der benötigt wird, um mit Ihrem Abrechnungskonto auf die API von DigitalOcean zugreifen zu können. Schauen Sie in Abschnitt 3.4 nach, wie Sie sich einen solchen Token auf dem Web-Dashboard von diesem Anbieter generieren können. Tragen Sie diesen Token dann hier ein, an der Stelle des hier abgedruckten (nicht mehr gültigen) Tokens.

Die gewünschte Anzahl der Worker-Nodes, die für den K8s-Cluster angelegt werden sollen, ist hier als `number_of_workers` konkret mit `3` festgelegt. Sie können die hier eingestellten Werte auch beim Aufruf von `terraform` überschreiben, indem Sie `-var "number_of_workers=4"` mitgeben.

main.tf

Die zum Beispielprojekt gehörende Datei *main.tf* enthält den Aufruf des Providers und bereits eine Ressource von ihm:

```
terraform {
  required_providers {
    digitalocean = {
      source  = "digitalocean/digitalocean"
      version = "~> 2.0"
    }
  }
}
provider "digitalocean" {
  token = var.do_token
}

resource "digitalocean_ssh_key" "mysshkey" {
  name       = "k8s-projekt"
  public_key = file("do_key.pub")
}
```

Der Provider für den IaaS-Anbieter DigitalOcean heißt `digitalocean`. Er benötigt für die Authentifizierung bei der API von DigitalOcean einen Zugriffstoken, der hier mit `var.do_token` aus der vorher besprochenen Variablen `do_token` bezogen wird.

Eine Ressource von diesem Provider, die hier direkt darauf zum Einsatz kommt, ist `digitalocean_ssh_key`. Sie trägt den Namen `mysshkey`. Bei dieser Ressource handelt es sich um einen bei DigitalOcean eingespielten öffentlichen SSH-Schlüssel, der für den Zugriff auf in diesem Dienst erzeugte virtuelle Server (*Droplets* genannt) benötigt wird. Der Name, unter dem der Schlüssel in Ihrem Konto beim Anbieter hinterlegt wird, ist hier fest eingestellt und lautet `k8s-projekt`. (Man könnte den Namen vielleicht auch noch als Variable anlegen.)

Bei dieser Ressource wird unter dem Argument `public_key` mit der in HCL eingebauten Funktion `file()` der Name der Datei angegeben, die beim Anlegen hochgeladen werden soll. Das Schlüsselpaar, das *do_key.pub* beinhaltet, müssen Sie also mit dem

CLI-Befehl ssh-keygen -t RSA -b 2048 -P '' -f do_key (oder einer Variante davon) erzeugen, bevor Sie das Projekt anwenden können. Beachten Sie, dass Terraform nur mit SSH-Schlüsseln ohne eingestellte Passphrase zurechtkommt. Sollte während des Aufspannens ein Schlüssel vorkommen, der eine Passphrase benötigt, um verwendet werden zu können, dann bricht Terraform mit einer Fehlermeldung ab.

Ein Hinweis am Rande: Es wäre auch möglich, das Erzeugen des Schlüssels via ssh-keygen mit dem Provisioner local-exec vorher gegen eine Dummy-Ressource laufen zu lassen, und das Anlegen von digitalocean_ssh_key an den Erfolg dieses Tasks zu binden. Zu der Funktionalität des Meta-Arguments depends_on zur Definition von Abhängigkeiten komme ich aber erst später.

k8s-master.tf

Der Master-Knoten des K8s-Clusters wird in der Datei *k8-master.tf* auf folgende Weise erzeugt:

```
resource "digitalocean_droplet" "master" {
  name     = "k8s-master"
  image    = "ubuntu-22-04-x64"
  region   = "fra1"
  size     = "s-2vcpu-2gb"
  ssh_keys = [digitalocean_ssh_key.mysshkey.id]

  connection {
    type        = "ssh"
    host        = self.ipv4_address
    user        = "root"
    private_key = file("do_key")
  }

  provisioner remote-exec {
    script = "provision-all.bash"
  }

  provisioner remote-exec {
    script = "provision-master.bash"
  }

  provisioner local-exec {
    command = "scp -i do_key -o StrictHostKeyChecking=no
               root@${digitalocean_droplet.master.ipv4_address}:join-command
               join-command"
  }
```

```
  provisioner local-exec {
    command = "scp -i do_key -o StrictHostKeyChecking=no
               root@${digitalocean_droplet.master.ipv4_address}:admin.conf
               admin.conf"
  }
}
```

Sie können an der schließenden Klammer in der letzten Zeile sehen, dass es sich hierbei um ein zusammenhängendes Konstrukt handelt, nämlich um eine Ressource vom Typ `digitalocean_droplet` mit dem Namen `master`, die dann in mehreren Schritten provisioniert wird. Der grundlegende Aufbau von `resource` ist hierbei wieder genau derselbe wie bei `digitalocean_ssh_key`.

Es handelt sich bei der Ressource um ein Droplet von der Größe `2gb` in der Region `fra1` (Frankfurt am Main), die aus dem Maschinenimage `ubuntu-22-04-x64` gestartet wird. Die Maschinengröße ist bei diesem Anbieter die kleinste, die zwei virtuelle CPUs bietet, was von Google als Mindestausstattung für einen Knoten in einem K8s-Cluster angegeben wird.

Der Name, den das Droplet danach tragen wird, und damit auch der Hostname, ist `k8s-master`.

Referenzierung von Attributen

Eine hintergründige Sache ist hierbei der unscheinbar aussehende Ausdruck `digitalocean_ssh_key.mysshkey.id`. Schauen wir uns das einmal genauer an: Die Ressource `digitialocean_droplet` verlangt als Argument unter `ssh_keys` als Array eine oder mehrere IDs (alternativ dazu Key-Fingerprints), die unter dem SSH-Schlüssel in DigitalOcean in Ihrem Konto abgelegt worden sind. Die hier angegebenen Schlüssel werden dann in das Droplet eingespielt, um hinterher über SSH mit der `public` key-Authentifizierungsmethode darauf zugreifen zu können. Die Schlüsseldatei *do_key.pub* (der öffentliche Teil des SSH-Schlüssels `do_key`) wird in *main.tf* als Ressource in DigitalOcean mit dem Namen *k8s-project* angelegt und erhält dann dort eine bestimmte ID.

Der springende Punkt ist hier nun, dass der Schlüssel aber natürlich vorher eingespielt worden sein muss, damit das Droplet als Ressource mit ihm bereitgestellt werden kann. Wie bereits ausgeführt wurde, ist die Projekt-Outline aber vollkommen beliebig, und Sie müssen nicht darauf achten, in welcher Reihenfolge auch diejenigen Ressourcen vorkommen, die aufeinander bezogen sind. Es spielt also keine Rolle, ob die Datei *main.tf*, in der die Ressource `mysshkey` steht, in der alphanumerischen Sortierreihenfolge vor der Datei mit dem Namen *k8s-master.tf* steht oder nicht. Sie können also, wenn Sie alles in einer Datei schreiben, auch den Block mit `digitalocean_droplet` vor den Block mit `digitalocean_ssh_key` stellen: Einen Effekt auf die Ausführungsreihenfolge hat das nicht.

Die notwendige Reihenfolge, in der Ressourcen bereitgestellt werden, also die Abhängigkeit unter den `resource`-Blöcken, entsteht nämlich durch eine Referenzierung wie `digitalocean_ssh_key.mysshkey.id`. Das ist ein dreiteiliger Ausdruck, dessen Bestandteile mit einem Punkt voneinander getrennt sind. Diese Konstruktion sagt: »Gib den Rückgabewert beziehungsweise das Attribut `id` der fertig zugewiesenen Ressource `digitalocean_ssh_key` mit dem Namen `mysshkey` zurück.«

Und indem Sie diesen Ausdruck verwenden, sagen Sie Terraform implizit, dass diese Ressource vor der Ressource `digitalocean_droplet`, für die Sie diesen Ausdruck verwenden, angelegt werden muss – egal in welcher Datei und an welcher Stelle im Projekt die Ressource beschrieben ist.

So funktioniert in Terraform die Festlegung der Ausführungsreihenfolge durch die Referenzierung von Attributen anderer Ressourcen.

Provisionierung

Das hochgezogene Droplet für den Master-Knoten wird dann provisioniert, die für den K8s-Cluster benötigte Software wird aufgespielt und Konfigurationsmaßnahmen werden vorgenommen. Dafür werden Shellskripte eingesetzt.

Der hier eingesetzte Provisionierer `remote-exec` benötigt einen Zugriffsweg zu dem hochgefahrenen Droplet, um dort arbeiten zu können. Diesen Zugriff müssen Sie zunächst konfigurieren. Dafür ist in Terraform die Konstruktion `connection` vorgesehen, die Sie hier im Beispiel angewendet finden.

Mit `type` geben Sie dafür den Typen des Zugangs an, und in dem Fall einer Linux-Maschine ist das normalerweise SSH. Für SSH benötigt Terraform wie auch das Tool `ssh` eine Zieladresse. Diese ist hier wieder als Attribut angegeben, und zwar als `ipv4_address` der Ressource `self`. Das ist ein Platzhalter für die Ressourcenanforderung selbst und steht also für `digitalocean_droplet.master.ipv4_address`.

Die Droplets von DigitalOcean sind per Default für den SSH-Zugriff als Root-User konfiguriert, der hier als `user` eingestellt ist.

Der für die Verbindung benötigte private Teil des SSH-Schlüssels wird auch hier wieder mit der eingebauten Funktion `file()` eingespielt. Da eine Pfadangabe fehlt, wird er im Projektverzeichnis erwartet – dort, wo Sie auch `terraform` auslösen, um das Projekt anzuwenden.

Nun werden mit `remote-exec` zwei Shellskripte eingesetzt, um den Master zu provisionieren. Das Skript *provision-all.bash* beinhaltet diejenigen Operationen, die für alle beteiligten Knoten im Cluster, also später auch für die Worker-Nodes, benötigt werden. Das zweite Skript, *provision-master.bash*, hingegen enthält nur diejenigen Operationen, die für den Master-Knoten benötigt werden.

Beide Skripte werden in zwei Schritten hintereinander ausgeführt. Das Argument `script` von `remote-exec` lädt ein Skript zunächst auf die Ressource, also hier das DigitalOcean-Droplet, hoch und führt es dort dann aus. Die Skripte müssen im Projektverzeichnis bereit liegen, aber hier noch nicht ausführbar sein. Darum kümmert sich Terraform mit diesem Provisionierer.

Provisionierungsskripte

In dem Beispielprojekt für Terraform werden zwei Shellskripte verwendet, die im Zuge des Aufspannens der Infrastruktur beim Anbieter DigitalOcean verwendet werden, um die erzeugten Droplets im selben Vorgang zu provisionieren. Das Shellskript *provision-all.bash* hat folgenden Inhalt:

```
#!/bin/bash

# Swapping generell deaktivieren
echo "0" > /proc/sys/vm/swappiness
echo "vm.swappiness = 0" >> /etc/sysctl.conf
# K8s-Pakete installieren
curl -fsSL https://pkgs.k8s.io/core:/stable:/v1.30/deb/Release.key |
    sudo gpg --dearmor -o /etc/apt/keyrings/kubernetes-apt-keyring.gpg
echo 'deb [signed-by=/etc/apt/keyrings/kubernetes-apt-keyring.gpg]
     https://pkgs.k8s.io/core:/stable:/v1.30/deb/ /'
    | sudo tee /etc/apt/sources.list.d/kubernetes.list
apt update
DEBIAN_FRONTEND=noninteractive apt install -y docker.io kubelet
    kubectl kubeadm
```

Das Skript wird auf allen beteiligten Maschinen ausgeführt. Zuerst wird das Swapping auf den Maschinen deaktiviert – so, wie es für die Installation eines K8s-Clusters verlangt ist. Allerdings ist auf den Droplets gar kein Swapspace vorhanden, und demzufolge findet auch gar kein Swapping statt. Ich habe die Deaktivierung hier aber noch einmal hinzugefügt, damit Sie diese in Shellbefehlen umgesetzte Operation mit der vergleichen können, die im Ansible-Modul `sysctl` vonstattengeht (siehe Kapitel 6).

Das Shellskript *provision-master.bash* hat folgende Form:

```
#!/bin/bash

kubeadm init --pod-network-cidr=192.168.0.0/16
curl -sS https://raw.githubusercontent.com/coreos/flannel/master/Documenta-
tion/kube-flannel.yml -o kube-flannel.yml
KUBECONFIG=/etc/kubernetes/admin.conf kubectl apply -f kube-flannel.yml
kubeadm token create --print-join-command 1>join-command
cp /etc/kubernetes/admin.conf ./
```

Beachten Sie, dass in diesem Skript als die beiden letzten Operationen die beiden Deployment-Artefakte *join-command* und *admin.conf* im Root-Verzeichnis bereitgestellt werden, um dann von dort gezogen werden zu können.

Was die hier vorkommenden Details betrifft, so schauen Sie bitte, was in Abschnitt 2.4 darüber gesagt wird, wie ein K8s-Masterknoten hochgezogen wird. Beide Skripte werden als Root ausgeführt; es erübrigt sich also der Einsatz von `sudo`.

Deployment-Artefakte

Es gibt bei der Ressource noch zwei weitere Läufe von `provision`, und zwar mit dem Provisionierer `local-exec`. Dieser Provisionierer benötigt den unter `connection` konfigurierten Zugang zur Ressource nicht, sondern löst einfach einen bestimmten Befehl auf dem Arbeitsrechner aus.

Das Problem, das sich an dieser Stelle des Hochziehens der im Projekt beschriebenen Infrastruktur stellt, ist, dass der Masterknoten zwei bestimmte Deployment-Artefakte benötigt: zum einem das genaue Kommando, mit dem K8s-Worker-Nodes zum Cluster hinzugefügt werden können, und zum anderen die Konfigurationsdatei, die das lokal installierte `kubectl` auf dem Arbeitsrechner benötigt, um auf den Cluster zugreifen zu können (siehe Abschnitt 2.4.1).

Sie können sich bei Terraform – genau wie auch bei den anderen IaC-Lösungen, die in diesem Kapitel vorgestellt werden – Outputs definieren. Diese sind zwar dafür vorgesehen, erst beim Aufspannen entstehende Ressourcenattribute wie `ipv4_address` oder einen DNS-Namen zurückzugeben. Den Inhalt von Dateien oder die Ausgabe von `STDOUT` von bestimmten auf einer Ressource ausgelösten Befehlen können Sie damit allerdings nicht auswerten. Da ist Ansible als reines Provisionierungstool einfach weiter entwickelt, denn damit ist das alles überhaupt gar kein Problem. Es gibt in Terraform bisher auch keine Möglichkeit, Dateien von einer hochgezogenen Maschine auf den Arbeitsrechner herunterzuladen, und der Provisionierer `file` ist bisher nur für die umgekehrte Operation vorgesehen.

Es gibt zwar Terraform-Module von Drittanbietern, die Ihnen die Rückgabe auf `STDOUT` von beliebigen remote ausgeführten Befehlen als Datenquelle anbieten, die Sie dann wiederum für einen Output abfragen können. Erläuterungen dazu, wie so etwas einzusetzen ist, würden allerdings den Rahmen dieser Kurzeinführung sprengen, sodass das Problem hier mit einem einfacheren Workaround gelöst wird.

Der Workaround besteht einfach darin, das Linux-Tool `scp` zum Kopieren von Dateien über SSH einzusetzen und die beiden vom Provisionierungsskript *provision-master.bash* vorher in */root* bereitgelegten Dateien *join-command* und *admin.conf* auf den Arbeitsrechner und dort ins Projektverzeichnis herunterzuladen. Das Tool benötigt genau wie `ssh` auch die Zieladresse, und dafür können Sie einfach wieder das

Attribut digitialocean_droplet.master.ipv4_address auswerten. Sie können dies hier in der Zeile mit dem scp-Kommando einfach mit der Konstruktion ${} evaluieren. Beachten Sie, dass self als Platzhalter für die aktuelle Ressource nur innerhalb der connection-Konstruktion zur Verfügung steht.

k8s-worker.tf

Das Template *k8s-worker.tf* für die Bereitstellung und die Provisionierung der Worker-Nodes hat folgenden Inhalt:

```
resource "digitalocean_droplet" "worker" {
  name       = "k8s-worker${format("%d", count.index + 1)}"
  image      = "ubuntu-22-04-x64"
  region     = "fra1"
  size       = "s-2vcpu-2gb"
  ssh_keys   = [digitalocean_ssh_key.mysshkey.id]
  count      = var.number_of_workers
  depends_on = [digitalocean_droplet.master]

  connection {
    type        = "ssh"
    host        = self.ipv4_address
    user        = "root"
    private_key = file("do_key")
  }

  provisioner remote-exec {
    script = "provision-all.bash"
  }

  provisioner file {
    source      = "join-command"
    destination = "/root/join-command"
  }

  provisioner remote-exec {
    inline = ["bash join-command"]
  }
}
```

Diese Datei ist eine Abwandlung des Codes für den Masterknoten. Die Maschinengröße für das Droplet ist dieselbe, die Region und das Image auch, und auch die ID des SSH-Schlüssels wird auf dieselbe Weise gewonnen.

Ein Unterschied ist der Einsatz des Meta-Arguments count (das für alle Ressourcentypen zur Verfügung steht), bei dem die Anzahl der von dieser Anforderung bereitgestellten Ressourcen angegeben werden kann. Das ist ein sehr nützliches kleines Feature, worauf Sie zum Beispiel bei AWS CloudFormation bisher verzichten müssen. Die Anzahl beziehen Sie natürlich aus der Variablen number_of_workers, die Sie hier mit einem vorgestellten vars auswerten können.

Mit dem Counter ist die Konstruktion des Namens der Maschinen verbunden, die natürlich nicht alle »k8s-worker« heißen können. Der Ausdruck ${format("%d", count.index + 1)} benutzt die in HCL eingebaute Funktion format(), um dem jeweiligen Maschinennamen die jeweilige Indexnummer (count.index) als einstellige Zahl (%d) hinzuzufügen. Auch in HCL beginnt der Indexcounter bei null, was bei einem number_of_workers von 3 in den Maschinennamen k8s-worker0, k8s-worker1 und k8s-worker2 resultieren würde. Das Inkrementieren des Counters mit +1 korrigiert das, weil der Name k8s-worker0 nicht erwünscht ist. Das soll hier auch ein Hinweis darauf sein, wie weit ausgebaut HCL in Terraform mittlerweile ist.

Wichtig ist hier auch der Einsatz von depends_on. Wenn Sie einen K8s-Cluster hochziehen, dann muss der Masterknoten vor den Workern existieren. Sie benötigen erst einmal ja den Join-Befehl, in dem das Deployment des Masters resultiert. Die Knoten müssen dann aber auch einen funktionierenden Master haben, an den sie sich anbinden können. Sie benötigen vom Master hier kein Attribut, mit dem Sie die Reihenfolge festlegen könnten, also müssen Sie hier mit dem Argument depends_on arbeiten. Schreiben hierbei einfach in einem Array, welche Ressourcen benötigt werden, um eine bestimmte Reihenfolge beim Bereitstellen von Ressourcen sicherzustellen, wenn die Abhängigkeit nicht durch das Referenzieren auf ein Attribut stattfinden kann. Terraform wartet dann so lange, bis die Ressource digitalocean_droplet.master vollständig bereitsteht, bis es mit der Erzeugung der Worker-Nodes fortfährt.

Alle drei nun folgenden Provisionierungsschritte benötigen wieder den mit connection konfigurierten Zugang über SSH. Der erste Schritt verwendet genau wie in *k8s-master.tf* den Provisionierer remote-exec, um das Skript *provision-all.bash* auf die Ressourcen hochzuladen und dort auszuführen.

Der zweite Schritt nutzt den Provisionierer file, um die Datei *join-command*, die als Provisionierungsartefakt von Master geharvestet worden ist, auf die Knoten hochzuladen. Die Datei enthält nur das Join-Kommando aber keine Shebang-Zeile und kann deshalb nicht mit remote-exec als script behandelt werden.

Der dritte Schritt führt *join-command* mit der Bash auf den hochgezogenen DigitalOcean-Droplets aus, die sich dann als Worker in den K8s-Cluster einbinden. Wenn Sie remote-exec nicht mit script ausführen, dann benötigt dieser Provisionierer anders als local-exec ein Array, in dem Sie auch mit Kommata getrennt mehrere Shellbefehle schreiben können, die dann hintereinander ausgeführt werden.

So, das sind die Dateien des Beispielprojektes, das Sie jetzt anwenden können. Denn vielleicht glauben Sie mir noch nicht, dass das ganze Machwerk auch wirklich funktioniert.

4.4.4 Anwendung

Sie können zunächst `terraform validate` auslösen, um die Template-Dateien in Ihrem Projekt von der Syntax her zu überprüfen.

Sehr nützlich ist auch der Befehl `terraform fmt`, der ähnlich wie `go-fmt` in Golang alle zum Projekt gehörenden *tf*-Dateien einheitlich formatiert und dafür sorgt, dass der Style Guide eingehalten wird, den Sie unter *https://developer.hashicorp.com/terraform/language/style* finden.

terraform init

Bevor Sie das Projekt anwenden können, müssen Sie es aber zunächst initialisieren, was mit dem Befehl `terraform init` geschieht. Wenn Sie dieses Kommando ausführen, dann sucht Terraform die Projektdateien nach den Providern, die Sie eingesetzt haben, und lädt diese als Plug-ins herunter.

Sie finden danach im versteckten Verzeichnis *.terraform/* in Ihrem Projektverzeichnis die Binärdatei mit dem Plug-in *terraform-provider-digitalocean_v2.42.0*. Diese ist dann automatisch eingebunden.

terraform apply

Sie können das Projekt dann einfach mit `terraform apply` auslösen. Die benötigten Benutzervariablen, unter anderem der Token für den Zugriff auf die API, werden wie gesagt durch die Variablendatei *terraform.tfvars* zur Verfügung gestellt.

Zunächst gibt Terraform dann einen Plan aus, der beinhaltet, welche fünf neuen Ressourcen (ein Masterknoten, drei Worker und ein SSH-Schlüssel) erzeugt werden, wenn Sie fortfahren, und welche Attribute diese beinhalten (inklusive voraussagbarer Werte). Es gibt an dieser Stelle eine Sicherheitsabfrage, ob Sie wirklich fortfahren möchten. Geben Sie dann **yes** ein, und Terraform zieht Ihnen die gewünschte Infrastruktur schlüsselfertig hoch.

Was dann stattfindet, ist in der Tat wirklich befriedigend, und es ist immer wieder ein Vergnügen, Terraform bei der Arbeit zuzuschauen. Seitenlang werden Statusmeldungen und dann später die Rückgaben von Kommandos aus der Provisionierung detailliert zurückgegeben. So muss das Geschehen am Bildschirm immer aussehen, wenn Sie Ihrem Chef zeigen möchten, dass Sie viel zu tun haben (nämlich 25 Zeilen Code schreiben). Auch eine eher kleine Infrastruktur hochzuziehen macht immer eine Menge Wind.

Terraform zieht zuerst den SSH-Schlüssel, danach den Master und schließlich die drei Worker-Knoten parallel hoch. Nach ungefähr zwei Minuten schließt der Lauf mit folgenden Protokollmeldungen ab:

```
digitalocean_droplet.worker[1] (remote-exec): [kubelet-start] Waiting
   for the kubelet to perform the TLS Bootstrap...
digitalocean_droplet.worker[1]: Still creating... [2m10s elapsed]
digitalocean_droplet.worker[1] (remote-exec): This node has joined
   the cluster:
digitalocean_droplet.worker[1] (remote-exec): * Certificate signing
   request was sent to apiserver and a response was received.
digitalocean_droplet.worker[1] (remote-exec): * The Kubelet was informed
   of the new secure connection details.
digitalocean_droplet.worker[1] (remote-exec): Run 'kubectl get nodes' on
   the control-plane to see this node join the cluster.
digitalocean_droplet.worker[1]: Creation complete after 2m11s [id=181728948]
Apply complete! Resources: 3 added, 0 changed, 0 destroyed.
```

Da im Projekt keine Outputs definiert sind, bleibt es hier bei einer einfachen Abschlusszeile.

Inspektion

Sie können die neuen Ressourcen dann inspizieren. Mit dem CLI-Tool `doctl` von DigitalOcean lassen Sie sich zunächst den von Terraform neu angelegten SSH-Schlüssel anzeigen:

```
~$ doctl compute ssh-key list
ID          Name         FingerPrint
26667450    k8s-projekt  f3:d9:c2:6c:ef:be:f6:4f:6e:78:8d:9d:a2:e2:5b:77
```

Und die neu erzeugten Droplets:

```
~$ doctl compute droplet list
ID         Name         Public IPv4      Region  Image
181728779  k8s-master   46.101.204.90    fra1    Ubuntu 22.04 (LTS) x64
181728948  k8s-worker2  46.101.225.202   fra1    Ubuntu 22.04 (LTS) x64
181728949  k8s-worker1  46.101.171.162   fra1    Ubuntu 22.04 (LTS) x64
181728950  k8s-worker3  46.101.227.174   fra1    Ubuntu 22.04 (LTS) x64
```

Überprüfen Sie anschließend, ob Sie den K8s-Cluster ansprechen können und ob er sich so zusammengebaut hat, wie Sie das vorgesehen haben. Kopieren oder verschieben Sie dafür die vom Master in das Projektverzeichnis heruntergezogene Datei *admin.conf* in *~/.kube/config*. Fragen Sie dann die Knoten ab, die zum Cluster gehören:

```
~$ kubectl get nodes -o wide
NAME         STATUS  ROLES   AGE  VERSION  INTERNAL-IP     OS-IMAGE
k8s-master   Ready   master  12m  v1.17.3  46.101.204.90   Ubuntu 22.04 LTS
k8s-worker1  Ready   <none>  10m  v1.17.3  46.101.171.162  Ubuntu 22.04 LTS
k8s-worker2  Ready   <none>  10m  v1.17.3  46.101.225.202  Ubuntu 22.04 LTS
k8s-worker3  Ready   <none>  10m  v1.17.3  46.101.227.174  Ubuntu 22.04 LTS
```

Perfekt! Wie gesagt, das ist kein Setup für einen produktionsreifen Cluster. Dafür müsste man die Infrastruktur noch viel weiter ausbauen und zum Beispiel den Root-Zugriff auf die Nodes verhindern, ein privates Netzwerk einsetzen und viele andere Dinge mehr. So viel hier erst mal als Einführung in Terraform. Bleibt noch zu sagen, dass Sie mit dem Befehl `terraform destroy` die gesamte erzeugte Infrastruktur inklusive SSH-Schlüssel auch wieder abräumen können.

Das ist Terraform, und so funktioniert Infrastructure-as-Code.

Kapitel 5
Cloud-Instanzen konfektionieren

»Vorsorge ist besser als Nachsorge.«
– Sprichwort

In diesem Kapitel geht es um Werkzeuge, mit denen Sie Cloud-Instanzen konfigurieren können, bevor sie in Betrieb genommen werden. Die beiden hier vorgestellten Werkzeuge, *Hashicorp Packer* und *Cloud-Init*, setzen dabei an verschiedenen Punkten an. Packer dient dazu, das einer Instanz zugrunde liegende Maschinenimage nach den eigenen Bedürfnissen zu gestalten, während Cloud-Init eine neue Instanz direkt beim ersten Hochfahren anhand eines beim Launch mitgegebenen Templates justiert.

Beide Methoden unterscheiden sich von der Maschinenprovisionierung zum Beispiel mit Ansible, das im nächsten Kapitel die Hauptrolle spielen wird. Damit werden bereits gelaunchte Instanzen, die über SSH zugänglich sind, konfiguriert. Ansible können Sie als Einmal-Durchläufer (zu dieser Thematik erfahren Sie in Kapitel 6, »Cloud-Instanzen mit Ansible konfigurieren«, mehr) aber auch für Packer einsetzen, um damit nicht erst die laufende Maschine, sondern das zugrunde liegende Image vorbereitend zu bestücken.

Man kann also sagen, dass Packer und das selbstständig eingesetzte Ansible alternative Werkzeuge für das Deployment einer Geschäftsapplikation sind. Der Funktionsumfang von Packer steht durch die Einbindung von Ansible oder anderer Provisionierer, wozu auch das mächtige Werkzeug des Shellskriptings gehört, aufwendiger konzipierten Werkzeugen in nichts nach. Wenn ein Deployment konzipiert wird, dann spielen eventuell bestimmte IT-Philosophien eine Rolle, zum Beispiel ob man dem Prinzip von unveränderlichen oder veränderlichen Servern den Vorzug gibt. Diese konkurrierenden Konzepte wurden in Abschnitt 1.3.4 bereits thematisiert.

Auf einer pragmatischeren Ebene spielen dann Dinge wie die Abwägung des Zeitaufwands eine Rolle. Braucht die Vorkonfektionierung mehr Zeit beim Deployment oder die Nachkonfektionierung? Wird immer nur eine Maschinenumgebung benötigt, oder braucht man mehrere identische? Auf einer noch anderen Ebene mag aber auch die Geschäftsapplikation ein bestimmtes Verfahren verlangen. Wenn zum Beispiel Services beim Deployment gelauncht sein müssen und sich gegenseitig ansprechen, um sich zu konfigurieren, dann geht es nur mit einer bereits gelaunchten Maschinenlandschaft – und nicht rein auf der Basis von Maschinenimages, die Packer immer nur individuell bestücken kann.

Sie können alle hier vorgestellten Tools zwar auch kombinieren und ein komplexes Deployment auf sie verteilen, um ihre jeweiligen Stärken zu nutzen. Allerdings sollten Sie dem Prinzip folgen, die Anzahl der eingesetzten Werkzeuge möglichst klein zu halten. Ein komplexes Gewebe von Deployment-Schritten auf mehrere Frameworks zu verteilen, bringt eigene Probleme mit sich, und Sie sollten immer darauf hinarbeiten, möglichst viel mit einem einzigen Werkzeug erledigen zu lassen. Denn es handelt sich bei jeder der hier vorgestellten Lösungen um in sich abgeschlossene und umfassende Systeme, die unabhängig voneinander entwickelt werden. Wenn es notwendig wird, etwas zu verbinden, was nicht vorgesehen ist, dann sind Sie meistens auf sich allein gestellt.

Eine Richtschnur für den Einsatz der hier vorgestellten Werkzeuge aufzusetzen, ist sehr schwierig und drückt wahrscheinlich auch persönliche Vorlieben und unbewusste Workflow-Erfahrungen aus. Cloud-Init eignet sich meiner Meinung nach eher für die Konfiguration des zugrunde liegenden Linux als für das Deployment einer Applikation. Das mögen andere Engineers aber vollkommen anders sehen und dieses Tool sehr erfolgreich für diesen Zweck einsetzen.

Letztendlich entscheidet immer der konkrete Anwendungsfall (und das Format der Deployment-Artefakte) darüber, welche der in diesem Buch vorgestellten Mittel sich mit bestimmten Aspekten dafür eignen, eingesetzt zu werden, und welche eher nicht. Werkzeuge in ausgefallenen Situationen kreativ auch »gegen den Strich gebürstet« einzusetzen – das ist gerade auch die hohe Kunst von DevOps- und Cloud-Engineering. Ihr Ziel sollte das allerdings nicht sein: Sparsamer Umgang mit Ressourcen (Zeit, Geld und Nerven), den Administrationsaufwand möglichst niedrig zu halten, alles zu automatisieren, überflüssige Werkzeuge einzusparen und kein für Mitarbeiter und Nachfolger undurchdringliches Dickicht aufzusetzen (manche verfolgen das ganz bewusst als Prinzip, um sich unverzichtbar zu machen), das sind einige der Leitlinien, die auf jeden Fall umfassend gelten.

5.1 Hashicorp Packer

Packer (*https://www.packer.io/*) ist ein starker Vertreter der hoch innovativen Open-Source-Toolchain für DevOps und Cloud-Computing des Software-Herstellers HashiCorp. Dieses kleine, aber versatile Tool dient der automatisierten und reproduzierbaren Herstellung von Maschinenabbildern und Containern. Mit seinen eingebauten Buildern liefert Packer Artefakte für verschiedene Anwendungsbereiche. Packer kann virtuelle Festplattenimages für eine ganze Reihe von Public-Cloud-Anbietern, für verschiedene Private-Cloud-Lösungen und für eine Reihe von Virtualisierungslösungen generieren:

- Die Private-Cloud-Lösungen sind *Open Stack*, *Apache CloudStack* und *Joyent Triton*.
- Die Virtualisierungslösungen, die Packer mit Images versorgen kann, sind *Hyper-V*, *Parallels* für macOS, *Qemu*, *Vagrant*, *VirtualBox*, *vSphere* und die *Proxmox*-Plattform.
- Im Bereich Softwarecontainer schließlich lässt sich Packer auch für *Docker*, *LXC* und *LXD* einsetzen.

Außerdem können Builder von Drittanbietern in Form von Plug-ins verwendet werden, was Packer universell einsetzbar macht.

Die von Packer vorgefertigten Maschinenabbilder enthalten fertig installierte Betriebssysteme und aufgespielte Applikationen. Je nach eingesetztem Builder kann dieses Tool ganz neue Images *from scratch* erzeugen. Für automatisierte Betriebssysteminstallationen können die Skripting-Fähigkeiten etwa des Debian-Installers (Stichwort: *Preseeding*) oder des Red-Hat-Installers (Stichwort: *Kickstarting*) genutzt werden. Andere Builder, wie etwa diejenigen für AWS EC2, funktionieren so, dass ein bereits vorhandenes Image nach eigenem Bedarf weiter ausgebaut wird und ein neues Image aus diesem Vorgang resultiert.

Für die Provisionierung in beiden Verfahren können Sie von Packer aus gesteuert die Konfigurationsmanager Ansible, Chef, Puppet, Salt und Converge einsetzen. Außerdem können Sie hier für die Bestückung von Maschinenimages auch mit Shellskripten arbeiten, wofür die Linux-Shell, die Windows-Shell und die PowerShell unterstützt werden.

Um ein ganz neues Maschinenabbild zu erzeugen oder ein bereits vorhandenes Image mit weiterer Software zu bestücken, werden von Packer selbstständig Cloud-Instanzen oder lokal virtualisierte Maschinen gestartet. Der Zugang zu den virtuellen Maschinen und Boxen, die während des Baus eingesetzt werden, erfolgt dann über SSH oder WinRM.

Packer ist in Google Go geschrieben, wie es typisch ist für DevOps-Werkzeuge im Allgemeinen und HashiCorp-Tools im Speziellen. Es zeigt sich hier wieder, welchen Vorteil Tools in dieser Sprache haben, nämlich dass alle verwendeten Bibliotheken in einem monolithischen Binary eingebunden sind. Denn Packer wird gegen eine stattliche Anzahl von Bibliotheken und SDKs für alle unterstützten Gegenstände kompiliert, wodurch sich der große Funktionsumfang dieses Tools erklärt.

In Bereich Public Cloud kann Packer mit den APIs der Anbieter AWS, Azure, Alibaba, Google Cloud Platform, DigitalOcean, Linode und Oracle kommunizieren und deren IaaS-Dienste für seine Zwecke einsetzen. Die deutschen Anbieter Hetzner Cloud und 1&1 Ionos gehören ebenfalls dazu, da auch sie SDKs für ihre Cloud-Lösungen in Golang anbieten, auf die HashiCorp aufbauen kann. Der Anwender muss nur das Binary für seine Architektur herunterladen und kann loslegen, ohne dass irgendwelche Abhängigkeiten erfüllt sein müssen. Die eingebundenen Bibliotheken vertreten einen signifikanten Ausschnitt der gegenwärtigen Cloud-Computing-, Container- und Virtualisierungsszene im Open-Source-Bereich. Packer selbst stand bis 2023 unter der *Mozilla Public License 2.0* zur Verfügung. Danach wurde die Lizenz auf die *Business Source License v1.1* geändert, was HashiCorp davor schützt, dass andere Unternehmen in direkte Konkurrenz mit den angebotenen Dienstleistungen gehen. Beachten Sie dazu auch die Hinweise zu Terraform in Abschnitt 4.3, das unter der gleichen Lizenz vertrieben wird.

Die Tools von HashiCorp setzen das Designprinzip der DevOps-Idee prototypisch um, und auch Packer stellt seinem enormen Funktionsumfang eine stark ausgeprägte Einfachheit in der Bedienung gegenüber. Es wird lediglich ein Template benötigt, und dann gibt es einen Startknopf. Vom Benutzer werden dabei so wenige Dinge wie möglich verlangt. Das Template, das Sie für ein Packer-Projekt benötigen, setzen Sie in JSON auf und wenden es dann mit dem Kommandozeilen-Tool `packer` an. Die Templates funktionieren hier genauso wie bei anderen DevOps-Tools auch: Sie wenden darin einen oder mehrere der eingebauten Builder an und tragen die für die Ausführung benötigten Konfigurationsdaten als Optionsfelder ein. Für bestimmte Zwecke wie die Generierung von Zeitstempeln und universelle Identifier (UUID) bietet Packer Funktionen in Form einer eigenen Sprache an. Die Syntax dieser eingebauten Sprache ähnelt dabei derjenigen der Template-Engine *Jinja2* für Python.

5.1.1 amazon-ebs

In dieser Einführung steht ein ganz bestimmter Builder im Mittelpunkt, und zwar `amazon-ebs`. Dieser gehört zu der Klasse von Buildern, mit der Sie neue AMIs (*Amazon Machine Images*) für EC2 (*Elastic Compute Cloud*) von Amazon Web Services erzeugen können. Der IaaS-Dienst dieses Anbieters wurde bereits in Abschnitt 3.1 vorgestellt.

Mit `amazon-ebs` können Sie ein Wurzeldateisystem für EBS-Volumes erzeugen, was die Klasse von Devices ist, die in EC2 am meisten genutzt wird. Der Builder launcht eine neue Instanz mit einer Basis-AMI, führt darauf den Provisionierungsvorgang durch und legt dann ein neues, daraus abgeleitetes AMI in Ihrem AWS-Konto ab. Die Instanz wird nur für den temporären Gebrauch zugestellt und wird danach von Packer wieder terminiert.

Zu diesem Builder gibt es in Packer zwei Varianten in Bezug auf den Erzeugungsvorgang: Der Builder `amazon-chroot` erzeugt ein neues AMI unter Einsatz einer bereits vorhandenen Instanz, während `amazon-ebssurrogate` ein AMI lokal auf Ihrem Arbeitsrechner erzeugt. Es gibt in Packer darüber hinaus auch noch den Builder amazon-instance für AMIs mit Wurzeldateisystemen, die direkt an die Laufwerke einer Instanz angebunden sind (Stichwort: *instance store devices*).

5.1.2 Packer installieren

Packer (aktuelle Version: 1.11.2) ist verfügbar für macOS, FreeBSD und OpenBSD, Linux, Solaris und Windows. Laden Sie das Tool einfach von der Homepage des Anbieters (*https://www.packer.io/downloads.html*) auf Ihren Arbeitsrechner herunter.

Die Befehle für die Ubuntu-Instanz, die Sie dort finden, führen Sie einfach folgendermaßen aus, um den Paketmanager einzurichten und Packer zu laden:

```
curl -fsSL https://apt.releases.hashicorp.com/gpg | sudo apt-key add -

sudo apt-add-repository "deb [arch=amd64] https://
apt.releases.hashicorp.com $(lsb_release -cs) main"

sudo apt update && sudo apt install packer
Reading package lists... Done
section in apt-key(8) for details.
Reading package lists... Done
Building dependency tree... Done
Reading state information... Done
The following NEW packages will be installed:
  packer
0 upgraded, 1 newly installed, 0 to remove and 19 not upgraded.
Need to get 15.4 MB of archives.
After this operation, 49.7 MB of additional disk space will be used.
Get:1 https://apt.releases.hashicorp.com jammy/main amd64 packer amd64 1.11.2-
1 [15.4 MB]
Fetched 15.4 MB in 1s (20.4 MB/s)
Selecting previously unselected package packer.
(Reading database ... 98086 files and directories currently installed.)
Preparing to unpack .../packer_1.11.2-1_amd64.deb ...
Unpacking packer (1.11.2-1) ...
Setting up packer (1.11.2-1) ...
```

Ist alles richtig eingerichtet, dann können Sie direkt mit Packer loslegen:

```
~$ packer version
Packer v1.11.2
```

Für ein neues Packer-Projekt müssen Sie zunächst ein neues Template aufsetzen. Die Hauptfunktion des CLI-Tools packer besteht darin, es mit packer build anzuwenden.

5.1.3 Beispielprojekt

Als Beispiel für die Anwendung von Packer soll hier gezeigt werden, wie Sie damit Folgendes anfertigen: eine AMI für AWS EC2 für eine damit gelaunchte Instanz, die einfach nur ihren öffentlichen Hostnamen und ihre öffentliche IPv4-Adresse zurückgibt, wenn Sie sie über das HTTP-Protokoll ansprechen. Ein konkreter Anwendungszweck für ein solches Maschinenimage wäre zum Beispiel, die korrekte Arbeitsweise eines Loadbalancers zu überprüfen. Sie können ein solches Image dann testweise anstelle der Geschäftsapplikation benutzen, um zu überprüfen, von welcher Instanz hinter einem Loadbalancer eine Anfrage beantwortet wird. Oder wenn Sie eine Kette von Anfragen hintereinander abschicken, finden Sie heraus, welche Instanzen vom Loadbalancer bedient werden.

Eine Linux-Installation zu konfigurieren, die als ein solcher einfacher Returnserver arbeitet, ist nicht sonderlich kompliziert. Dafür soll hier das Webapplikations-Framework *Flask* (*https://palletsprojects.com/projects/flask*) für Python zum Einsatz kommen. Beispiele dieser Art setzen oftmals PHP ein, um Webseiten zu generieren, die Informationen über den Server zurückzugeben, von dem sie stammen. Wenn Sie Python aber ohnehin als Werkzeug für das Cloud-Engineering einsetzen, bietet es sich an, praktisch alles in »einem Aufwasch« ohne weitere Sprachen zu erledigen. Sie erfahren also, wie Sie Packer verwenden und mit Python einen kleinen Test- und Antwortserver aufsetzen.

Mit Flask geschriebene Webapps wie `Httpbin` (das wird in Abschnitt 6.7.5 als Beispiel eingesetzt) sind WSGI-Applikationen. Anstatt des WSGI-Servers Gunicorn wie im Ansible-Kapitel soll in diesem Beispiel aber der Webserver Apache verwendet werden, um diese Applikation auszuführen.

Packer wird eingesetzt, um eine neue fertige AMI zu generieren, die mit einem Apache-Webserver ausgestattet ist, der eine WSGI-Webapp betreibt, die den Hostnamen und die IPv4-Adresse der mit diesem Image gelaunchten Instanz zurückgibt.

Die AMI, die in unserem Beispiel als Grundlage für die Bearbeitung mit Packer verwendet wird, hat die ID `ami-01e444924a2233b07`. Es handelt sich um die offiziell von Ubuntu angebotene AMI für Ubuntu 24.04. Und zwar ist das eine AMI für ein EBS-Wurzellaufwerk, für den Prozessor `amd64` und `hvm`-Virtualisierung – also der gewöhnliche Anwendungsfall in EC2. Die auch bei diesem Beispiel verwendete AWS-Region ist `eu-central-1` (Region Frankfurt am Main).

IDs der Releases

Die IDs der offiziellen Ubuntu-AMIs für EC2 können Sie mit diesem Locator des Herstellers recherchieren:

https://cloud-images.ubuntu.com/locator/ec2/

Beachten Sie, dass dieselben AMIs in unterschiedlichen Regionen jeweils eigene IDs haben. Zudem werden diese regelmäßig geupdatet und verändern auch mit jedem Release die ID. Die offiziellen Ubuntu-Images sind darüber hinaus aber unter allen Cloud-Anbietern identisch.

Die Frage ist nun, welche Methode der Provisionierung in diesem Beispiel vorgeführt werden soll. Packer kann auch Ansible einsetzen, das in diesem Buch in Kapitel 6 ausführlich vorgestellt wird. Allerdings ist die Wahl hier auf die Methode der Provisionierung mittels Shellskripting gefallen. Anstatt hier vorwegzunehmen, was später im Ansible-Kapitel noch ausführlich besprochen wird, möchte ich hier die Möglichkeit nutzen, auch diese Variante ausführlich vorzustellen. Shellskripte mit ihren umfangreichen Möglichkeiten eignen sich hervorragend für die Provisionierung von Cloud-Instanzen. Und Packer ist ein Weg, solche Skripte für diesen Zweck zur Ausführung zu bringen. Wenn Sie die Ansible-Einführung in diesem Buch durchgearbeitet haben, dann werden Sie dieses Framework auch mit Packer einsetzen und das Beispielprojekt ohne Schwierigkeiten zu einem Playbook umarbeiten können.

Beide Methoden haben ihre Vorteile. Ansible-Projekte sind aufgeräumter und bieten etwa feste Verzeichnisse für Dateien, die installiert werden sollen. Ein Shellskript hingegen lässt sich wie hier im Beispiel auch so kompakt aufsetzen, dass sich auf dem Zielsystem Code- und Konfigurationsdateien mit ihm installieren lassen.

5.1.4 Template

Das Packer-Template (`serverhello.json`) für das Beispielprojekt sieht so aus:

```
{
    "variables": {
        "aws_access_key": "{{ env `AWS_ACCESS_KEY_ID` }}",
        "aws_secret_key": "{{ env `AWS_SECRET_ACCESS_KEY` }}"
    },
    "builders": [
        {
            "type": "amazon-ebs",
            "access_key": "{{ user `aws_access_key` }}",
            "secret_key": "{{ user `aws_secret_key` }}",
            "region": "eu-central-1",
            "source_ami": "ami-01e444924a2233b07",
            "instance_type": "t2.micro",
            "ssh_username": "ubuntu",
            "ami_name": "serverhello {{ timestamp }}"
        }
    ],
```

```
    "provisioners" : [
        {
            "type" : "shell",
            "script" : "provisioner.bash",
            "execute_command" : "sudo {{ .Path }}"
        }
    ]
}
```

Listing 5.1 Das Template serverhello.json

Ich denke, Sie brauchen nicht lange, um die Logik dieses Konstrukts nachzuvollziehen. Es gibt hier mit `variables`, `builders` und `provisioners` drei Hauptabschnitte, die wir uns in den folgenden Abschnitten genauer ansehen.

variables

Unter `variables` werden hier die Credentials vorbereitet, die Sie bei der Konfiguration eines neuen AWS-Users für den programmgesteuerten Zugriff bekommen haben (siehe Abschnitt 3.1.1), also die Zugriffsschlüssel-ID und der geheime Zugriffsschlüssel. Wie auch `aws-cli` benötigt `packer` beides, um auf Services von AWS zugreifen zu können. Der Transfer dieser Werte in das Template findet hier über Umgebungsvariablen statt, die mit der eingebauten Funktion `env` evaluiert werden. Diese müssen Sie also setzen, bevor Sie `packer` anwenden.

Es ist nicht möglich, die Umgebungsvariablen direkt in `builders` unter `access_key` und `secret_key` auszuwerten, sondern nur innerhalb von `variables`. Das lässt die Struktur von `packer` aus Ordnungsgründen nicht zu.

Der Name der Umgebungsvariablen ist im Grunde beliebig, aber die hier verwendeten Namen sind dieselben, die auch das CLI-Tool `aws` auswertet. Unter `variables` können Sie aber selbstverständlich auch andere Variablen anlegen und nicht nur die Vermittlung der AWS-Credentials aus der Shell-Umgebung heraus regeln, in der Sie `packer` aufrufen.

Gut zu wissen

Wenn Sie `aws` initialisiert haben, dann gibt es auf Ihrem Arbeitsrechner eine Datei *~/.aws/credentials*. Wenn diese vorhanden ist, dann kann der hier verwendete Packer-Builder sie auch auswerten. In diesem Fall können Sie hier auf den `variables`-Block und auch auf die beiden Optionen `access_key` und `secret_key` bei den Optionen für den Builder im Abschnitt `builders` verzichten.

builders

Im Abschnitt `builders` wird der Builder `amazon-ebs` eingesetzt. Sie sehen, dass dessen Eigenschaften hier innerhalb eines JSON-Arrays stehen, was auch den Einsatz von verschiedenen Buildern in ein und demselben Projekt möglich macht oder auch den verschiedenartigen Einsatz desselben Builders.

Als ein mit AWS vertrauter Anwender wissen Sie bereits, welchen Zweck die angegebenen Optionen hier erfüllen. Mit `region` geben Sie die AWS-Region an, in der die neue AMI erzeugt werden soll. Die mit `source_ami` definierte Basis-AMI muss sich in derselben Region befinden. Ein konkreter Einsatzzweck, für den Sie den Builder auch mehrfach hintereinander anwenden, wäre also zum Beispiel, eine bestimmte AMI in mehreren AWS-Regionen zu erzeugen.

Mit `instance_type` geben Sie den Typ für die Instanz an, auf dem der Build-Prozess stattfinden soll. Der kleinste Zuschnitt der T2-Klasse `t2.micro` wird vom *Free-Tier*-Freikontigent abgedeckt. Für dieses Beispiel reicht das vollkommen aus, denn um nur kurz ein Shellskript durchlaufen zu lassen, benötigen Sie normalerweise keine größere Maschine.

Packer benötigt dann den Usernamen für den SSH-Zugang. Bei den Ubuntu-Images ist es der User `ubuntu`, wie es schon oftmals in diesem Buch vorgekommen ist.

Unter `ami_name` geben Sie den Namen an, den die erzeugte AMI hinterher bekommen soll. Da jeder Durchlauf dieses Templates eine neue AMI erzeugt, benötigen Sie einen universellen Identifizierer, der einen eindeutigen Klarnamen für die AMI erzeugt. Die eingebaute Funktion `timestamp` erzeugt dabei einen sekundengenauen Zeitstempel. Dies ist ein Zeitstempel in der sogenannten Unix-Epoche, die in Sekunden nach dem 1. Januar 1970 um 0 Uhr gerechnet wird. Es geht hier also nur darum, einen eindeutigen AMI-Namen zu bekommen.

Eine Alternative für einen eindeutigen AMI-Namen ist die Funktion `uuid`, die eine absolut eindeutige Identifizierung als Namensbestandteil generiert.

provisioners

Unter `provisioners` schließlich setzen Sie ein oder mehrere Konfigurationssysteme ein, die von Packer unterstützt werden. Die im Beispiel verwendete Provisionierungsmethode ist `shell`, in Verbindung mit `script`.

Den Pfad zu einem Skript, das auf der Bauinstanz eingespielt und ausgelöst werden soll, können Sie entweder wie im Beispiel weglassen, oder Sie können einen Pfad relativ zum Template angeben. Das Skript `provisioner.bash` befindet sich im Projektverzeichnis auf derselben Ebene wie `serverhello.json`, also benötigen Sie keine Pfadangabe.

Packer spielt das Skript auf der Instanz in */tmp* ein und löst es dort aus. Allerdings besitzt das Tool auf der Instanz keine Root-Rechte, weil es sich über SSH mit dem

Default-User ubuntu anmelden muss. Das Tool sudo für Root-Rechte ist in Ubuntu so, wie es aus der Quell-AMI kommt, aber standardmäßig vorhanden und zudem ist es ohne Kennwort verfügbar. Die Option execute_command im Beispiel-Template überschreibt die Ausführung des Skripts auf der Bauinstanz dahingehend, dass es mit sudo ausgelöst wird. Das verhindert, dass Sie im eingesetzten Shellskript vor jedem dort abgesetzten Befehl, der Root-Rechte benötigt, sudo schreiben müssen – und das betrifft die meisten Befehle. Stattdessen lösen Sie das Skript insgesamt damit aus.

Der Block für die Provisionierer im Packer-Template ist ebenfalls ein Array. Also können Sie für ein Projekt auch mehrere der von Packer unterstützten Provisionierer nacheinander einsetzen. Beispielsweise könnten Sie shell auch nach oder vor einer Provisionierung mit Ansible oder einer der anderen unterstützten Lösungen einsetzen. Dafür muss es aber gute Gründe geben, denn unterschiedliche Provisionierer sorgen natürlich für mehr Komplexität und damit für mehr Fehlerpotenzial. *Keep it simple* gilt auch hier als Richtlinie.

Die Möglichkeit, Provisionierer zu verketten, können Sie aber auch durchaus kreativ einsetzen, um einen bestimmten Zweck damit zu erreichen. Folgendes Beispiel lädt zunächst mit dem eingebauten Hilfs-Provisionierer file eine Datei auf die Instanz in */tmp* hoch. Dazu werden keine Root-Rechte benötigt. Dann wendet es shell mit der Option inline an, um mittels sudo ein Verzeichnis zu erzeugen und dann genauso die Datei dorthin zu kopieren:

```
"provisioners": [
    {
    "type": "file",
    "source": "index.html",
    "destination": "/tmp/index.html"
    },
    {
    "type": "shell",
    "inline": [
        "sudo mkdir /var/www/myhomepage",
        "sudo mv /tmp/index.html /var/www/myhomepage"
    ]
    },
```

5.1.5 provisioner.bash

Das für das Beispielprojekt aufgesetzte Provisionierungsskript gehen wir am besten wieder Stück für Stück durch. Das Skript provisioner.bash besteht aus den folgenden Teilen:

Header

```
#!/bin/bash
set -o errexit
```

In der ersten Zeile steht hier so, wie es sich gehört, die sogenannte Shebang-Zeile. Damit geben Sie an, mit welchem Interpreter das Skript ausgeführt werden soll. Im Beispiel ist das die Bash (*Bourne-Again Shell*).

Die zweite Zeile mit `set` ist hier im Buch bereits vorgekommen, und zwar im Kapitel über AWS CloudFormation (siehe Abschnitt 4.1). Sie könnten diesen Shellparameter `errexit` (das Skript bricht bei einem Fehler sofort ab) auch als Option `-e` in der Shebang-Zeile mitgeben. So ist es aber anschaulicher, und der Parameter dokumentiert sich mit seinem Namen selbst. Beachten Sie, dass Sie einzelne Shellparameter mit `set -o` aktivieren und mit `set +o` deaktivieren. (Das ist übrigens eine beliebte Falle bei Linux-Administratorprüfungen.) Die Liste der verfügbaren Shellparameter inklusive deren aktuellen Status können Sie sich mit `set -o` ausgeben lassen.

Bash für Shellskripte

Bei Linux-Distributionen ist es üblich, dass systeminterne Shellskripte nicht mit der Bash laufen, die für User heutzutage meist standardmäßig eingerichtet wird, sondern mit */bin/sh*. Als distributionsübergreifender Standard gilt für Linux, dass sich unter */bin/sh* entweder die Bourne-Shell (der Vorgänger der Bash) befinden muss oder eine dazu kompatible Shell. Auf Ubuntu und anderen von Debian abstammenden Distributionen ist das die Shell Dash.

Der Funktionsumfang der Bash wurde zwar erheblich erweitert, ist aber vollständig abwärtskompatibel zur Bourne-Shell. Der Grund dafür, nicht die Bash als Default-Shell auch für systeminterne Skripte einzusetzen, besteht darin, dass die Dash schneller ist. Bei Shellskripten, die wie im Beispiel zur Provisionierung eingesetzt werden, können Sie ohne Probleme die Bash verwenden und haben dann die gewohnte Umgebung der Shell auf Ihrem Arbeitsrechner. Sie können auf diese Weise dieselben Schleifenkonstruktionen auf der Kommandozeile ausprobieren usw. Eine andere Shell einzusetzen, ist natürlich auch möglich; sie muss natürlich auf dem Zielsystem vorhanden sein.

Probleme kann es geben, wenn Sie Bash-Code schreiben, aber */bin/sh* in der Shebang-Zeile angeben. Das kommt bei vielen Beispielen im Internet vor, die die Shells nicht sauber trennen. Wenn Sie aus einem bestimmten Grund aber */bin/sh* einsetzen wollen oder müssen (wenn zum Beispiel keine Bash vorhanden ist), dann können Sie ein Skript mit dem Tool *checkbashisms* (auf Ubuntu im Paket *devscripts* verfügbar) auf Inkompatibilitäten hin abklopfen.

Pakete einspielen

```
apt-get update
apt-get install -y apache2 libapache2-mod-wsgi-py3 python3-flask
```

Anschließend wird mit apt-get update zunächst die intern gehaltene Liste der verfügbaren Linux-Pakete aktualisiert. Dann installiert derselbe Befehl mit install die drei benötigten Pakete: den Apache-Webserver, die für Flask benötigte Erweiterung für WSGI-Applikationen und Flask selbst.

Der Schalter -y ist notwendig für den Einsatz im Skript, damit der Befehl durchläuft, ohne nachzufragen, ob auch wirklich installiert werden soll.

apt oder apt-get?

Die einzelnen APT-Tools wurden für die Anwender mittlerweile im Befehl apt zusammengefasst. Das Entwicklerteam gibt allerdings selbst den Hinweis aus, dass diese praktische Zusammenfassung noch nicht zuverlässig in Shellskripten funktioniert und daher mit Bedacht eingesetzt werden sollte. Das ältere apt-get ist zwar etwas umständlicher, funktioniert aber genauso gut.

serverhello.py erzeugen

Das Shellskript für die Provisionierung fährt folgendermaßen fort:

```
cat > /usr/local/lib/python3.12/dist-packages/serverhello.py << 'EOF'
from flask import Flask
from urllib.parse import urljoin
import requests

app = Flask(__name__)

# Metadata URL and token endpoint for IMDSv2
metadata_url = "http://169.254.169.254/latest/meta-data/"
token_url = "http://169.254.169.254/latest/api/token"

# Function to get the token for IMDSv2
def get_token():
    headers = {'X-aws-ec2-metadata-token-ttl-seconds': '21600'}
    token_response = requests.put(token_url, headers=headers)
    return token_response.text

# Function to get metadata using the token
def get_metadata(path, token):
    headers = {'X-aws-ec2-metadata-token': token}
```

```
    response = requests.get(urljoin(metadata_url, path), headers=headers)
    return response.text

@app.route("/")
def serverhello():
    token = get_token()

    ipv4 = get_metadata("public-ipv4", token)
    hostname = get_metadata("public-hostname", token)

    return "Hello from " + hostname + " (" + ipv4 + ")\n"

if __name__ == "__main__":
    app.run(host="0.0.0.0", port=80)
EOF
```

Listing 5.2 Die Flask-Anwendung für unser Beispiel

Diese Konstruktion legt die Flask-Applikation als Quellcodedatei auf der Bauinstanz an. Sie nutzt dafür den Trick, dass Sie mit `cat > /path/to/foo <<'EOF'` von einem Shellskript aus Text in einer Datei ablegen können. Dabei wird die Datei neu erstellt; oder Sie nutzen `cat >>`, um die Inhalte an eine bestehende Datei anzuhängen. Der gesamte nachfolgende Code bis zum Marker `EOF` (der Name ist übrigens beliebig) wird dadurch in der Datei */usr/local/lib/python3.12/dist-packages/serverhello.py* abgelegt. Der Ablageort ist einer der Pfade, aus denen der Python3-Interpreter in dieser Distribution per Default importieren kann:

```
ubuntu@ip-172-31-33-155:~$ python3 -c 'import sys; print(sys.path)'
['', '/usr/lib/python312.zip', '/usr/lib/python3.12',
'/usr/lib/python3.12/lib-dynload', '/usr/local/lib/python3.12/dist-packages',
'/usr/lib/python3/dist-packages']
```

Python-Version

In Ubuntu 24.04 ist Python in der Version 3.12 vorinstalliert. In neueren oder älteren Versionen von Ubuntu sind es andere Versionen, und dadurch verändert sich auch der Pfad. Packer wird dann spätestens beim Ausführen einen Fehler verursachen.

Sind Sie sich nicht sicher, welche Version installiert ist, dann starten Sie einfach eine EC2-Maschine mit dem entsprechenden Image, und schauen Sie nach.

Kommen wir nun zur Flask-Applikation selbst. Eine rudimentäre Webapp mit Flask, die lediglich »Hello world!« zurückgibt, besteht aus den folgenden wenigen Komponenten:

```
from flask import Flask
app = Flask(__name__)

@app.route('/')
def hello():
    return "Hello world!"
```

Diese Bestandteile finden Sie in *helloserver.py* als konstituierende Elemente einer Webapplikation mit Flask wieder.

Die Webapp soll zwei Informationen zurückgeben: erstens (als Returnserver) mit `hostname` den Hostnamen der Instanz, die mit der resultierenden AMI gelauncht wird, und zweitens mit `ipv4` die öffentliche IPv4-Adresse. Hierbei gibt es aber ein Problem.

In Python können Sie den Hostnamen und die IPv4-Adresse des darunterliegenden Servers mit der Bibliothek *socket* ermitteln. Für die IPv4-Adresse benötigen Sie dafür einen kleinen Workaround, damit nicht `127.0.0.1` vom Loopback-Device ausgegeben wird. Aber das funktioniert einwandfrei. Das Problem ist nur, dass dabei auf einer EC2-Instanz die Werte für den *internen* Hostnamen und die *interne* IPv4-Adresse in der Cloud zurückgegeben werden. Das kann durchaus erwünscht sein. Das Ziel des Beispiels ist es aber, die *öffentlichen* Varianten auszugeben. Die öffentliche IP-Adresse etwa ist in der Netzwerkkonfiguration auf einer EC2-Instanz aber gar nicht eingestellt:

```
~$ ssh -i ~/.ssh/aws-key ubuntu@3.124.183.136

ubuntu@ip-172-31-33-155:~$ ip a s eth0
2: eth0: <BROADCAST,MULTICAST,UP,LOWER_UP> mtu 9001 qdisc fq_codel
         state UP group default qlen 1000
    link/ether 06:81:3f:17:b3:7e brd ff:ff:ff:ff:ff:ff
    inet 172.31.33.155/20 brd 172.31.47.255 scope global dynamic eth0
      valid_lft 2160sec preferred_lft 2160sec
    inet6 fe80::481:3fff:fe17:b37e/64 scope link
      valid_lft forever preferred_lft forever
```

Wie also vorgehen, um das Ziel zu erreichen? Der öffentliche Hostname und die öffentliche IPv4-Adresse sind aus den Metadaten verfügbar, die zu einer Instanz gehören. Und die können Sie innerhalb von AWS über eine bestimmte URL abfragen. Unsere Beispielapplikation benutzt für die Abfragen die Python-Bibliothek *Requests* (*https://requests.readthedocs.io/*), die auf Ubuntu mit zur Grundausstattung gehört. Außerdem brauchen Sie noch `urllib.parse.join()`, um zwei verschiedene Endpunkte zusammenzusetzen.

Metadatenserver

Die für eine EC2-Instanz gültigen Metadaten können Sie über die IP-Adresse `169.254.169.254` abrufen, die nur von der Instanz aus erreichbar ist. Es stehen hier (je nach Metadaten-Version) folgende Endpunkte mit Informationen über die Instanz zur Verfügung, von der aus sie abgefragt werden:

```
~$ ubuntu@ip-172-31-33-155:~$ curl http://169.254.169.254/2009-04-04/meta-
data/
ami-id    ami-launch-index    ami-manifest-path
block-device-mapping/ hostname    instance-action
instance-id    instance-type    local-hostname
local-ipv4    placement/    profile
public-hostname    public-ipv4    public-keys/
reservation-id    security-groups
~$ curl http://169.254.169.254/2009-04-04/meta-data/public-ipv4
3.124.183.136
```

Andere IaaS-Anbieter betreiben Metadatenserver genau nach demselben Prinzip und unter derselben IP-Adresse.

Gut zu wissen

In der neuen Version der Metadata-API von AWS wird eine Authentifizierung notwendig. Diese soll vor unberechtigten Zugriffen schützen. In der Flask-App findet das Abrufen des Tokens an folgender Stelle statt:

```
def get_token():
    headers = {'X-aws-ec2-metadata-token-ttl-seconds': '21600'}
    token_response = requests.put(token_url, headers=headers)
    return token_response.text
```

Das zurückgelieferte Token wird dann mit jedem API-Aufruf mitgegeben.

Apache-Webserver

Der dritte Abschnitt des Shellskripts provisioniert Apache dafür, die Flask-Applikation *serverhello.py* bereitzustellen.

```
echo "from serverhello import app as application" > \
  /var/www/serverhello.wsgi
```

Mit Flask geschriebene Apps sind WSGI-(*Web Server Gateway Interface*-)Applikationen, für deren Anwendung mit der WSGI-Erweiterung von Apache (*mod_wsgi*) zunächst ein Starterksript benötigt wird. Dieses enthält nur eine Python-Zeile mit einem bestimmten Import-Statement. Sie können diese Datei einfach mit `echo` wieder aus dem Provisionierungsskript heraus erzeugen, wie in diesem Beispiel.

```
useradd -s /bin/false wsgiuser
```

Danach wird mit `useradd` ein neuer, rein systeminterner Linux-User angelegt. Dieser wird für *mod_wsgi* benötigt, um die Applikation nicht als `root` laufen zu lassen.

```
cat > /etc/apache2/sites-available/serverhello.conf << 'EOF'
<VirtualHost *:80>
 WSGIDaemonProcess serverhello user=wsgiuser group=wsgiuser threads=2
 WSGIScriptAlias / /var/www/serverhello.wsgi
</VirtualHost>
EOF
```

Dann wird wieder mit der Konstruktion `cat > foo << 'EOF'` die für den Betrieb der WSGI-Applikation benötigte Konfigurationsdatei für Apache 2 erzeugt. Die Applikation läuft damit hinterher auf dem HTTP-Port 80.

```
a2dissite 000-default.conf
a2ensite serverhello.conf
```

Schließlich wird die Standardbegrüßungsseite des Apache-Webservers mit dem Hilfsprogramm `a2dissite` deaktiviert. Danach müssen Sie die *serverhello*-Applikation mit `a2ensite` aktivieren. Die Webapp ist danach noch nicht in Betrieb, weil der systemd-Service `apache2.service` zunächst erst einmal neu gestartet oder zumindest neu geladen werden müsste. Bei dieser Provisionierungsmethode spielt das aber, wie gesagt, keine Rolle, und deshalb gibt es dafür keinen Befehl mehr in diesem Skript.

5.1.6 Anwendung

Das Projekt ist damit so weit, dass Sie es mit `packer` anwenden können. Sie können das Template zunächst einmal mit `packer validate serverhello.json` vorab testen. Exportieren Sie dann funktionierende AWS-Credentials, die Zugriff auf AWS EC2 haben, in die vom Template abgefragten Umgebungsvariablen. Lösen Sie Packer dann aus:

```
~$ export AWS_ACCESS_KEY_ID=AKIAR4Z44I4N65US3VLO

~$ export AWS_SECRET_ACCESS_KEY=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

~$ packer build serverhello.json
```

Das beim Durchlauf ausgegebene Log enthält auch die Rückgaben der Befehle, die durch das Shellskript abgesetzt wurden. Reduziert auf die reinen Meldungen, die von

Packer stammen, sieht das Log einer Anwendung unseres Beispielprojekts aber so aus:

```
==> amazon-ebs: Prevalidating any provided VPC information
==> amazon-ebs: Prevalidating AMI Name: serverhello 1579073525
    amazon-ebs: Found Image ID: ami-01e444924a2233b07
==> amazon-ebs: Creating temporary keypair: packer_5e1ebff5-72e2-80c1-
                9ad0-3b40bb62607e
==> amazon-ebs: Creating temporary security group for this instance:
                packer_5e1ebff6-750f-7b83-f184-3c2d5624ef61
==> amazon-ebs: Authorizing access to port 22 from [0.0.0.0/0] in
                the temporary security groups...
==> amazon-ebs: Launching a source AWS instance...
==> amazon-ebs: Adding tags to source instance
    amazon-ebs: Adding tag: "Name": "Packer Builder"
    amazon-ebs: Instance ID: i-0f29dbcb147f33626
==> amazon-ebs: Waiting for instance (i-0f29dbcb147f33626)
                to become ready...
==> amazon-ebs: Using ssh communicator to connect: 18.185.72.51
==> amazon-ebs: Waiting for SSH to become available...
==> amazon-ebs: Connected to SSH!
==> amazon-ebs: Provisioning with shell script:
                provisioner.bash
{...}
==> amazon-ebs: Stopping the source instance...
    amazon-ebs: Stopping instance
==> amazon-ebs: Waiting for the instance to stop...
==> amazon-ebs: Creating AMI serverhello 1579073525 from
                instance i-0f29dbcb147f33626
    amazon-ebs: AMI: ami-0d451d358a689448a
==> amazon-ebs: Waiting for AMI to become ready...
==> amazon-ebs: Terminating the source AWS instance...
==> amazon-ebs: Cleaning up any extra volumes...
==> amazon-ebs: No volumes to clean up, skipping
==> amazon-ebs: Deleting temporary security group...
==> amazon-ebs: Deleting temporary keypair...
Build 'amazon-ebs' finished.
==> Builds finished. The artifacts of successful builds are:
--> amazon-ebs: AMIs were created: eu-central-1:
                ami-0d451d358a689448a
```

Sie können hier sehr schön sehen, welche Schritte Packer unternimmt, um die neue AMI zu erzeugen:

- Das Tool generiert zunächst ein SSH-Schlüsselpaar und dann eine EC2-Sicherheitsgruppe mit dem freigeschalteten Zugang für den SSH-Port 22. Packer kann sich ja nicht darauf verlassen, dass dieser Ingress bei der Default-Sicherheitsgruppe zur Verfügung steht (er ist per Default aktiviert, kann aber geschlossen werden).
- Dann wird die Bauinstanz gelauncht und gewartet, bis der SSH-Zugang darauf verfügbar ist. Packer verbindet sich mit der Instanz, spielt das Provisionierungsskript ein und löst es aus.
- Nach dem Abschluss des Deployments wird die Instanz gestoppt und ein neues AMI daraus erzeugt. Die Instanz wird dann terminiert, und zum Schluss werden das SSH-Schlüsselpaar und die Sicherheitsgruppe wieder gelöscht.

Der gesamte Vorgang dauert etwa 2 bis 3 Minuten. Die neue AMI ist danach in der Region, in der sie angelegt worden ist, für Sie verfügbar. Sie ist zunächst als privat gekennzeichnet, Sie können sie aber auch veröffentlichen. Sie können die von Ihnen erzeugten AMIs mit folgendem Befehl abfragen:

```
$ aws ec2 describe-images --owners 130587313947
{
 "Images": [
     {
         "Architecture": "x86_64",
         "CreationDate": "2020-01-15T07:33:57.000Z",
         "ImageId": "ami-0d451d358a689448a",
         "ImageLocation": "130587313947/serverhello 1579073525",
         "ImageType": "machine",
         "Public": false,
         "OwnerId": "130587313947",
         "State": "available",
```

Die 12-stellige ID Ihres AWS-Kontos finden Sie auf der Webkonsole oben im Dashboard vom IDENTITY AND ACCESS-MANAGEMENT (siehe Abschnitt 3.1.1).

AMI ausprobieren

Wenden Sie die AMI nun einfach an, indem Sie eine neue Instanz mit ihr launchen. Warten Sie dann einen Moment, bis sie komplett hochgefahren ist und der Webserver auf ihr Anfragen entgegennimmt. Sprechen Sie die Instanz über das HTTP-Protokoll an:

```
~$ aws ec2 run-instances --instance-type t2.micro --key-name myawskey \
   --image-id ami-0d451d358a689448a

~$ aws ec2 describe-instances --instance-ids i-005d03b6cf148a609 \
   jq
18.195.76.187
```

```
~$ curl -i 18.195.76.187
HTTP/1.1 200 OK
Date: Wed, 20 Nov 2024 08:08:19 GMT
Server: Apache/2.4.38 (Ubuntu)
Content-Length: 80
Vary: Accept-Encoding
Content-Type: text/html; charset=utf-8

Hello from ec2-18-195-76-187.eu-central-
1.compute.amazonaws.com  (18.195.76.187)
```


Das funktioniert also! JSON-Objekte zurückzugeben anstatt unformatierten HTML-Texts ist mit Flask natürlich auch ohne Weiteres möglich. Dafür steht die Funktion `jsonify` zur Verfügung.

[«]

Hinweis

Beachten Sie beim Ausprobieren des Beispiels, dass die zugeteilte Sicherheitsgruppe (wenn Sie nichts anderes angeben, dann ist das Ihre Default-SG) für den Zugriff auf Port 80 freigeschaltet sein muss!

Nicht mehr benötigte AMIs werden nicht gelöscht, sondern deregistriert. Das erreichen Sie mit dem Befehl `aws ec2 deregister-image`.

5.2 Cloud-Init

Cloud-Init (*https://cloud-init.io/*) kommt aus dem Hause Canonical, dem Unternehmen, das hinter der Linux-Distribution Ubuntu steht. Auch wenn die Software meiner Erfahrung nach nicht allzu bekannt ist, handelt es sich dabei um den De-facto-Standard für die automatische Konfiguration von Linux-Systemen in Cloud-Umgebungen.

Als Initialisierungssystem von Cloud-Instanzen in IaaS-Diensten ist Cloud-Init weit verbreitet. Es wird mittlerweile von Cloud-Anbietern weltweit eingesetzt, die dafür von Cloud-Init unterstützt werden müssen. Die Software ist distributionsübergreifend und funktioniert außer unter Ubuntu auch noch auf dem Suse Linux Enterprise Server (SLES) und openSUSE, Red Hat Enterprise Linux und centOS, Fedora, Debian, Gentoo und Arch Linux sowie FreeBSD.

Cloud-Init ist das Bindeglied zwischen IaaS-Services und Linux-Distributionen. Es ist in Python geschrieben und doppelt lizenziert, d. h., es steht gleichzeitig unter der GNU Public License Version 3 und der Apache License Version 2.0.

Cloud-Init ist clever gemacht, ausgereift (aktuell Version 24.2) und besitzt einen stattlichen Funktionsumfang. Das Konfigurationssystem ist mehrstufig ausgebaut und klinkt sich mittels systemd-Targets in den Bootvorgang einer Linux-Distribution ein. Zunächst erkennt es automatisch, in welcher Cloud-Umgebung sich der Server befindet, auf dem es läuft. Dann bezieht es einen Grundstock von Konfigurationsdaten aus den Metadaten-Services, die die IaaS-Anbieter intern betreiben. Dazu gehören der Hostname und der SSH-Schlüssel, der auf die Instanz eingespielt wird, um über SSH darauf zugreifen zu können. Es stellt die Netzwerkkonfiguration ein und nimmt die Lokalisierung der Cloud-Instanz vor. Darüber hinaus lassen sich Konfigurationstemplates mitgeben, um das Linux beim ersten Booten noch weiter zu konfektionieren. Diese Templates werden, wenn Sie vom Cloud-Anbieter selbst kommen, als *vendor data* bezeichnet, und als *user data*, wenn Sie von Ihnen als IaaS-Benutzer stammen. Geeignete Template-Dateien können Sie bei Anbietern, die Cloud-Init einsetzen, beim Launchen einer neuen Linux-Instanz einfach mitgeben. Diese werden dann automatisch verarbeitet.

Cloud-Init nimmt seine Einstellungen beim ersten Hochfahren einer Instanz vor, also im Zuge ihrer Einrichtung. Es schließt seine Anpassungen ab, ohne dass das Linux-System neu gebootet werden muss. Das Konfigurationssystem steht damit zwischen der Methode der Konfektionierung von Images für IaaS-Instanzen mit Packer und der Methode der Provisionierung von bereits fertig hochgefahrenen und laufenden Instanzen mit Ansible (oder alternativer Software).

Cloud-Init verfügt über eine Reihe von eingebauten Modulen, mit denen bestimmte Konfigurationsmaßnahmen vorgenommen werden können. Ein maßgeblicher Einsatzzweck ist aber auch die Ausführung von universellen Shellbefehlen. Diese können kommandoweise abgesetzt werden, Cloud-Init kann aber auch ganze Shellskripte verarbeiten. Die ausführliche Dokumentation zu dieser Software finden Sie unter folgender Adresse:

https://readthedocs.org/projects/cloudinit/downloads/pdf/latest/

Ein typischer Anwendungsbereich von Cloud-Init sind zum Beispiel die Konfiguration von Paketquellen und Sicherheitseinstellungen. Wenn Sie den bei manchen Anbietern per Default voreingestellten Root-Zugang über SSH umkonfigurieren möchten, dann würden Sie nicht Ansible dafür einsetzen. Denn dann müssten Sie einmal als Root auf die neu gelaunchte Instanz zugreifen, den Zugang deaktivieren, und anschließend die restliche Provisionierung separat mittels `become` vornehmen. Dafür bräuchten Sie zwei Projekte, die Sie strikt nacheinander anwenden müssen. Das entspricht aber nicht der Anwendungsweise von Ansible, die grundsätzlich die gesamte Provisionierung in einem zusammenhängenden Projekt zum Ziel hat. Außerdem sind bei der Methode der nachträglichen Konfiguration die Cloud-Instanzen mit SSH-Zugang für `root` eine Zeit lang im Netz. Das ist bei Produktivsystemen aus Sicherheitsgründen aber überhaupt nicht erwünscht.

5.2.1 Beispielprojekt

Für ein kleines Beispielprojekt zum Einsatz von Userdaten mit Cloud-Init wählen wir folgende Aufgabenstellung: Auf einer gelaunchten Cloud-Instanz wollen wir einen neuen Default-User einrichten und den Root-Zugang über SSH deaktivieren. Die Konfigurationsvorgaben werden dann beim Launchen einer neuen Instanz bei DigitalOcean (siehe Abschnitt 3.4) und bei der Hetzner Cloud (siehe Abschnitt 3.5) eingespielt und verarbeitet. (Beide Anbieter sind per Default über SSH als `root` erreichbar.)

Das Ziel wird hier nicht durch den Einsatz eines Shellskripts erreicht, sondern mit in Cloud-Init eingebauten Modulen. (Einige von ihnen setzen allerdings einzelne Shellbefehle ab.) Diese Module wenden Sie mit einem Template an, das in YAML zu schreiben ist.

Viele der eingebauten Module von Cloud-Init sind Betriebssystem-agnostisch. Es spielt bei ihnen also keine Rolle, für welche Linux-Distribution Sie ein Template einsetzen bzw. in welchem Sie es verwenden. Wenn Sie Shellbefehle absetzen, dann müssen Sie nur genau hinsehen, ob die angesprochenen Konfigurationsschalter in dieser Form auch tatsächlich auf der konkreten Instanz mit der dort jeweils laufenden Distribution in der angenommenen Form zur Verfügung stehen. Das Beispiel, das Sie hier durchspielen, lässt sich mit seinen Shellbefehlen auf verschiedenen Distributionen anwenden.

Template

Das YAML-Template *preconf.yaml* als Beispielanwendung für Cloud-Init hat folgende Form:

```
#cloud-config
users:
  - name: myuser
    ssh-authorized-keys:
      - "ssh-ed25519 AAAAC3NzaC1lZDI1NTE5AAAAII17gMseS+cRPFenhdb6cv1CmfOMq
++VN4ZOjWhZ+q9h my@user.com"
    sudo: "ALL=(ALL) NOPASSWD:ALL"
    shell: /bin/bash

runcmd:
  - sed -i '/^PermitRootLogin/s/^.*$/PermitRootLogin no/' /etc/ssh/sshd_config
  - sed -i '/#PasswordAuthentication/s/^.*$/PasswordAuthentication no/' /etc/
ssh/sshd_config
  - sed -i '$a AllowUsers myuser' /etc/ssh/sshd_config
  - systemctl restart sshd.service
```

Gehen wir die hier vorkommenden Elemente der Reihe nach durch:

Die Kopfzeile `#cloud-config` kennzeichnet diese Textdatei als Konfigurations-Template für Cloud-Init. Das Konfigurationssystem kann eine ganze Reihe von Formaten als Userdaten verarbeiten. Eine Shebang-Zeile mit `#!` an dieser Stelle würde zum Beispiel ein Shellskript anzeigen, das Cloud-Init alternativ verarbeiten kann.

users

Das erste Modul von Cloud-Init, das hier eingesetzt wird, ist *users*. Damit können Sie auf dem hochfahrenden System einen neuen Linux-User einrichten. Folgende Optionen für *users* kommen in diesem Anwendungsbeispiel zum Einsatz:

- Mit `ssh-authorized-keys` spielen Sie einen öffentlichen SSH-Schlüssel für den neuen User ein. Generieren Sie dafür ein neues SSH-Schlüsselpaar mit dem dazugehörigen öffentlichen Teil wie im Beispiel-Template mit dem Befehl `ssh-keygen -t ed25519 -f myuserkey -C "my@user.com" -P ""`. Der Schalter `-P ""` stellt eine leere Passphrase ein, was für Produktivsysteme natürlich nicht empfohlen, für ein kleines Beispiel aber akzeptabel ist. Sie finden den Schlüssel dann hinterher in der Datei */home/myuser/.ssh/authorized_keys* auf der Instanz.

  Die Metadaten der IaaS-Dienste der beiden Zielanbieter transportieren lediglich den SSH-Schlüssel für den Default-User `root`, sodass Sie den Schlüssel für den neuen User auf diesem Wege mitgeben müssen. Den Key auch über die SSH-Schlüsselverwaltung im jeweiligen IaaS-Dienst laufen zu lassen und ihn daraus über noch einen anderen Weg als über den Metadatenserver zu beziehen, ist mit Cloud-Init nicht möglich. Aber grundsätzlich gibt es an dieser Methode nichts auszusetzen.

  SSH-Schlüssel im Format *ed25519* haben gegenüber RSA kürzere Schlüsseltexte. Das ist praktisch, wenn Sie SSH-Schlüssel als Text und nicht als Datei übertragen müssen, wie hier im Beispiel.

- Mit der Option `sudo` richten Sie den neuen User dafür ein, temporäre Superuser-Rechte zu bekommen. Das ist notwendig, um über SSH überhaupt noch administrative Maßnahmen auf der Instanz vornehmen zu können und etwa auch noch Ansible mit seinem `become`-Mechanismus auf ihr einsetzen zu können. Zugriff auf `sudo` für den Default-User kann vielleicht aber auch explizit nicht erwünscht sein. Sie können den *root*-User auf einem Linux-System nicht löschen, aber Sie können als Sicherheitsmaßnahme dafür sorgen, dass mit Bordmitteln zumindest niemand die Root-Rolle annehmen kann. Die hier vorgenommene Einstellung für `sudo` legt aber fest, dass *myuser* den Befehl ohne Kennwortabfrage nutzen kann. Das ist notwendig, weil für diesen neuen Default-User überhaupt kein Kennwort eingerichtet wird.

- Mit der Option `shell` legen Sie die Shell für den neuen User fest. Das ist hier die Linux-Default-Shell für Benutzer */bin/bash*. Fehlt diese Option, dann stellt Cloud-Init */bin/sh* ein.

runcmd

Das nächste eingesetzte Modul von Cloud-Init ist `runcmd`. Es dient dazu, um Shellbefehle auf der Instanz als Konfigurationsmittel abzusetzen. Die Befehle werden mit der Shell */bin/sh* ausgeführt.

Drei der vier hier abgesetzten Befehle benutzen das Linux-Texttool `sed`, um die Konfigurationsdatei */etc/ssh/sshd_config* vom SSH-Server in jeweils einem separaten Schritt zu bearbeiten. `sed` beherrscht reguläre Ausdrücke, was es in Linux zu einem Standardwerkzeug für das skriptgesteuerte Suchen und Ersetzen von Textzeilen macht. Die Option `-i` (`--inplace`) legt fest, dass die jeweilige Operation in der Datei vollzogen werden soll und nicht nur die veränderte Fassung auf `STDOUT` als Ergebnis ausgegeben wird.

Folgende drei Operationen an *sshd_config* finden hier mit `sed` statt:

- Der Ausdruck bei der ersten Anwendung sucht zunächst die Zeile, in der der String `PermitRootLogin` am Anfang der Zeile (`^`) steht. Diese Eingrenzung findet hier statt, weil der Text in dieser Datei auch noch an anderer Stelle im darin eingebetteten Dokumentationstext vorkommt. Dort würde er sonst auch ersetzt werden. Es macht grundsätzlich keine Probleme, wenn zweimal dieselbe Zeile in dieser Konfigurationsdatei vorkommt, nur ganz sauber ist es so nicht. Das Tool ersetzt (`s`) dann die gesamte Zeile (`^.*$`) durch den String `PermitRootLogin no`. Ein Root-Login über SSH ist mit dieser Einstellung nicht mehr möglich.
- Die zweite Anwendung von `sed` sucht die auskommentierte Zeile (`#`) mit dem Ausdruck `PasswordAuthentication` und stellt diesen Konfigurationsschalter aktiv und auf `no`. Auch wenn die User auf diesem System überhaupt keine Kennwörter eingestellt haben, bewirkt die explizite Einstellung dieses Schalters ein etwas saubereres Verhalten vom SSH-Server und die unmittelbare Ablehnung von gesperrten Usern.
- Die dritte Anwendung von `sed` fügt der Datei am Ende (`$a`) den Ausdruck `AllowUsers myuser` hinzu. Obwohl dem User `root` bereits der Zugang verwehrt worden ist, macht das als zusätzliches Hardening-Merkmal hier durchaus Sinn.

Als viertes abgesetztes Kommando wird mit `systemctl` der SSH-Server neu gestartet. Das muss im Gegensatz zu Packer, dessen Anwendung immer mit einem Shutdown abgeschlossen wird, hier ausdrücklich stattfinden. Die Konfigurationsmaßnahmen am SSH-Server bleiben sonst ohne Wirkung, bis der nächste Reboot stattfindet.

5.2.2 Anwendung

Sie können das Template dann anwenden.

DigitalOcean

Um dem CLI-Tool `doctl` von DigitalOcean Userdaten bei der Erzeugung von neuen Droplets mit `droplet create` mitzugeben, nutzen Sie für Cloud-Init die beiden Optionen `--user-data` und `--user-data-file`:

```
~$ doctl compute droplet create myserver \
    --region fra1 \
    --size s-1vcpu-512mb-10gb \
    --image ubuntu-22-04-x64 \
    --ssh-keys 26306748 \
    --user-data-file ./preconf.yaml

~$ doctl compute droplet list
ID        Name     Public IPv4    Memory VCPUs Disk Region Image
176359469 myserver 46.101.169.106 512    1     10   fra1   Ubuntu 22.04 (LTS)
```

Warten Sie einen Moment, bis sich die Instanz vollständig mit einem aktiven SSH-Server aufgebaut hat. Sie stellen dann fest, dass Sie sich nicht mehr mit `root` per SSH dort einloggen können, auch nicht mit dem richtigen SSH-Schlüssel:

```
~$ ssh -i ~/.ssh/id_digitalocean root@46.101.169.106
Warning: Permanently added '46.101.169.106' (ECDSA) to the list of known hosts.
root@46.101.169.106: Permission denied (publickey).
```

Mit dem Benutzer *myuser* und dem privaten Teil des mit Cloud-Init eingespielten Schlüssels funktioniert das Einloggen dann aber doch, genau wie beabsichtigt:

```
~$ ssh -i myuserkey myuser@46.101.169.106
Welcome to Ubuntu 22.04.4 LTS (GNU/Linux 5.15.0-113-generic x86_64)
myuser@myserver:~$
```

Hetzner Cloud

Jetzt dasselbe bei der Hetzner Cloud: Um zu demonstrieren, dass Cloud-Init zwar von Canonical stammt, aber auch von anderen Distributionen eingesetzt wird, launche ich hier eine neue Instanz mit einem aktuellen CentOS Stream 9, das auf Red Hat Enterprise Linux aufbaut.

Die Option dafür, Cloud-Init-Skripte mitzugeben, heißt bei dem CLI-Tool von Hetzner `--user-data-from-file`:

```
~$ hcloud server create \
    --name myserver \
    --type cx11\
    --location nbg1 \
    --image centos-stream-9 \
    --ssh-key myhetznerkey \
    --user-data-from-file ./preconf.yaml
4s [===================================] 100.00%
Waiting for server 4146114 to have started ... done
Server 4146114 created
IPv4: 88.198.90.121
```

Wie zu erwarten war, gibt es hier dasselbe Ergebnis:

```
~$ ssh -i ~/.ssh/hetznerkey root@88.198.90.121
Warning: Permanently added '88.198.90.121' (ECDSA) to the list
of known hosts.
root@88.198.90.121: Permission denied (publickey,gssapi-keyex,
                                       gssapi-with-mic).

~$ ssh -i myuserkey myuser@88.198.90.121
[myuser@myserver ~]$
```

Cloud-Init mit AWS CloudFormation

In Abschnitt 4.1 wurde das IaC-Werkzeug *AWS CloudFormation* für Amazon Web Services mit am Anwendungsfall EC2 vorgestellt. Als Beispiel für ein Konfigurationsmittel wurde dort im Template unter der Option `UserData` in der Ressourcendefinition für eine Instanz ein Shellskript verwendet.

Sie können hier aber genauso gut auch ein Cloud-Init-Template einspeisen, das anstatt mit der Shebang-Zeile `#!/bin/bash` mit der Identifikationszeile `#cloud-init` beginnt. Tatsächlich ist es hier auch bei einem Shellskript schon bereits Cloud-Init, was dies als normale Eingabe anstelle einer Template-Datei verarbeiten kann.

5.2.3 Introspektion

Schauen wir uns einmal die von *preconf.yaml* vorgenommenen Änderungen direkt vor Ort an, und zwar auf der CentOS-Instanz in der Hetzner Cloud.

Neuer User

Der neue User wurde korrekt eingerichtet. Und zwar ohne Kennwort, was das `!!` an zweiter Stelle in der Shadow-Datei anzeigt:

```
[myuser@myserver ~]$ tail -n 1 /etc/passwd
myuser:x:1000:1000::/home/myuser:/bin/bash

[myuser@myserver ~]$ sudo tail -n 1 /etc/shadow
myuser:!!:18281:0:99999:7:::
```

sudo

Wie Sie bereits gesehen haben, funktioniert sudo also auch.

Die für den neuen User notwendige Zeile steht nicht in */etc/sudoers*. Sie wurde sauber als eigene Include-Datei in */etc/sudoers.d* angelegt:

```
[myuser@myserver ~]$ sudo cat /etc/sudoers.d/90-cloud-init-users
# Created by cloud-init v. 24.4 on Mon, 16 Dec 2024 03:05:15 +0000
# User rules for myuser
myuser ALL=(ALL) NOPASSWD:ALL
```

sshd_config

Auch die vorgenommenen Änderungen in */etc/ssh/sshd_config* wurden installiert (die Kommentarzeile ist genau richtig unangetastet geblieben):

```
[myuser@myserver ~]$ sudo grep -n PermitRootLogin /etc/ssh/sshd_config
46:PermitRootLogin no
98:# the setting of "PermitRootLogin without-password".

[myuser@myserver ~]$ sudo tail -n 1 /etc/ssh/sshd_config
AllowUsers myuser
```

Service-Logs

Die systemd-Logs des Service sshd bestätigen den Restart des Servers. Sie zeigen auch noch einmal, dass der User root beim Versuch, sich über SSH einzuloggen, abgewiesen wurde:

```
[myuser@myserver ~]$ sudo journalctl -u sshd
-- Logs begin at Mon 2024-12-16 04:04:57 CET,
   end at Mon 2024-12-16 04:19:22 CET. --
Dec 16 04:05:18 myserver sshd[953]: Received signal 15; terminating.
Dec 16 04:05:18 myserver systemd[1]: Stopped OpenSSH server daemon.
Dec 16 04:05:18 myserver systemd[1]: Starting OpenSSH server daemon...
Dec 16 04:05:18 myserver sshd[990]: Server listening on 0.0.0.0 port 22.
Dec 16 04:05:18 myserver sshd[990]: Server listening on :: port 22.
Dec 16 04:05:18 myserver systemd[1]: Started OpenSSH server daemon.
Dec 16 04:07:07 myserver sshd[1007]: User root from 80.187.114.206 not
```

```
                                            allowed because not listed in AllowUsers
Dec 16 04:07:08 myserver sshd[1007]: Connection closed by invalid user root
                                            80.187.114.206 port 29139 [preauth]
Dec 16 04:07:24 myserver sshd[1009]: Postponed publickey for myuser from
                                            80.187.114.206 port 29225 ssh2 [preauth]
Dec 16 04:07:24 myserver sshd[1009]: Accepted publickey for myuser from
                                            80.187.114.206 port 29225 ssh2:
                       ED25519 SHA256:JhiTLyc02xeaIDAeY1kN6DhwXrCAuKIJCI5wRSGNaOI
Dec 16 04:07:24 myserver sshd[1009]: pam_unix(sshd:session):
                                            session opened for user myuser
                                            by (uid=0)
```

5.2.4 Troubleshooting

Leider bietet in Ihnen Cloud-Init keine Möglichkeit, um zu kontrollieren, ob die Nutzerdaten, die Sie angegeben haben, überhaupt verarbeitet wurden. Dass es ein Problem gab, stellen Sie erst fest, wenn das gewünschte Ergebnis ausbleibt. Das ist zum Beispiel der Fall, wenn es einen Fehler in dem YAML-Template gibt.

Ich habe bei `users` absichtlich den Eintrag `name:` weggelassen und das fehlerhafte Template als Userdaten bei einem neuen DigitalOcean-Droplet angewendet.

Yamllint

Der Linter `yamllint` gibt bereits einen Hinweis darauf, dass nun in der vierten Zeile schon rein formal irgendetwas nicht stimmt:

```
~$ yamllint preconf.yaml
preconf.yaml
  1:2       warning  missing starting space in comment  (comments)
  2:1       warning  missing document start "---"  (document-start)
  4:24      error    syntax error: mapping values are not allowed here
  5:81      error    line too long (100 > 80 characters)  (line-length)
  11:81     error    line too long (92 > 80 characters)  (line-length)
  14:1      error    too many blank lines (1 > 0)  (empty-lines)
```

Wenn das YAML-Markup fehlerhaft ist, kann das gesamte Template auf der Instanz nicht mehr verarbeitet werden. Das resultiert dann darin, dass das anvisierte Ergebnis nicht eintritt und Sie sich hinterher nicht mit *myuser* in den fertig aufgebauten Server einloggen können. Aber immerhin geht das noch einmal per `root`, der ohne Umkonfiguration ja als Default-User für neue DigitalOcean-Instanzen festgelegt ist.

Tun wir einmal so, als würden wir diesen Fehler nicht kennen, und suchen wir nach der Ursache für das Scheitern von Clout-Init bei der neuen Instanz. Das Troubleshooting erfolgt auf folgende Weise mit diesen Untersuchungen auf der Instanz selbst.

Status

Überprüfen Sie zunächst mit dem CLI-Befehl `cloud-init` den aktuellen Systemzustand des Konfigurationswerkzeugs:

```
root@myserver2:~# cloud-init status
status: done
```

Cloud-Init hat sich also erfolgreich beendet und ist nicht hängen geblieben. Das ist ja schon einmal eine wichtige Information.

Mehr Details zu aktuellen Status finden Sie darüber hinaus in */var/run/cloud-init/status.json*. Es finden sich hier allerdings keine Informationen darüber, dass es ein Problem mit den Userdaten gegeben hat.

Metadaten

Im nächsten Schritt der Fehleranalyse sollten Sie überprüfen, ob die Userdaten überhaupt ordentlich beim Serviceprovider angekommen sind. Fragen Sie dafür den entsprechenden Endpunkt vom Metadatenserver von DigitalOcean ab:

```
root@myserver2:~# curl http://169.254.169.254/metadata/v1/user-data
#cloud-config
users:
  - myuser
    ssh-authorized-keys:
      - ssh-ed25519 AAAAC3NzaC1lZDI1NTE5AAAAII17gMseS+
                    cRPFenhdb6cv1CmfOMq++VN4ZOjWhZ+q9h my@user.com
    sudo: "ALL=(ALL) NOPASSWD:ALL"
    shell: /bin/bash

runcmd:
  - sed -i '/^PermitRootLogin/s/^.*$/PermitRootLogin no/'
      /etc/ssh/sshd_config
  - sed -i '/#PasswordAuthentication/s/^.*$/PasswordAuthentication no/'
      /etc/ssh/sshd_config
  - sed -i '$a AllowUsers myuser' /etc/ssh/sshd_config
  - systemctl restart sshd.service
```

Das sieht gut aus. Die Userdaten werden vom Service ordentlich als Metadaten verarbeitet und sind also beim Anbieter angekommen.

user-data.txt

Die Frage ist dann, ob die Userdaten von Cloud-Init auch korrekt übernommen wurden. Überprüfen Sie das anhand der Textdatei */var/lib/cloud/instance/user-data.txt*:

```
root@myserver2:~# diff \
  <(curl -s http://169.254.169.254/metadata/v1/user-data) \
  <(cat /var/lib/cloud/instance/user-data.txt) \
  && echo "gleich"
gleich
```


Es gibt keinen Unterschied zwischen dem Inhalt der Metadaten-Abfrage und dieser Cloud-Init-internen Datei, in die diese Informationen abgelegt werden. Die von Ihnen mitgegebenen Userdaten sind also korrekt in Cloud-Init aufgenommen worden.

Logs

Der nächste Schritt ist, in die Logs von Cloud-Init zu gehen und nach dem Fehler zu suchen. Sie finden die Logs in der Datei */var/log/cloud-init.log*.

Sie stoßen dann auf eine Meldung bezüglich eines Fehlers im YAML-Text der Userdaten:

```
2024-01-16 04:25:26,568 - util.py[DEBUG]: Writing to
      /var/lib/cloud/instances/176368235/user-data.txt - wb: [600] 486 bytes
2024-01-16 04:25:26,569 - util.py[DEBUG]: Attempting to load yaml
      from string of length 486 with allowed root types (<class 'dict'>,)
2024-01-16 04:25:26,569 - util.py[WARNING]: Failed loading yaml blob.
      Invalid format at line 4 column 24:
      "mapping values are not allowed here
  in "<unicode string>", line 4, column 24:
        ssh-authorized-keys:
                           ^"
```

Das ist, wie Sie an der Fehlermeldung sehen können, übrigens der gleiche YAML-Parser wie bei dem Linter. Der Prozess, der diese YAML-Daten verarbeitet, stürzt in der Folge ab. Als Resultat ist die Datei *cloud-init.txt* leer, die eine Zusammensetzung aus Userdaten und Vendordaten ist:

```
root@myserver2:~# cat /var/lib/cloud/instance/cloud-config.txt
#cloud-config

--- {}
...
```

Sie wird im weiteren Verlauf von Cloud-Init dann aber korrekt verarbeitet, allerdings ohne dass die gewünschten Konfigurationsoperationen dabei zur Anwendung kommen können. Deshalb ist die Statusmeldung von Cloud-Init auch sauber.

Anders ist es bei Tippfehlern – wenn Sie zum Beispiel die Option `name` bei `users` als `nome` falsch schreiben. Das Resultat ist korrektes YAML, was dann von Cloud-Init ohne Probleme weiterverarbeitet wird. Allerdings kann das Modul `users` nicht richtig ausgeführt werden, das Modul `runcmd` hingegen schon. Das Ergebnis ist dann, dass Sie gar nicht mehr auf die Instanz kommen, weil der Root-Zugriff über SSH deaktiviert worden ist, der Default-User aber nicht eingerichtet werden konnte.

Kapitel 6
Cloud-Instanzen mit Ansible konfigurieren

»Treat your servers like cattle, not pets.«
– Bill Baker
»If a task can be scripted, script it.«
– Kief Morris

Für Ansible (*https://www.ansible.com/*) gibt es, je nachdem welcher Aspekt hervorgehoben werden soll, unterschiedliche Beschreibungen. Aus Perspektive der »klassischen« Systemadministration ist Ansible ein Konfigurationsframework für Remote-Maschinen und Server in einem Rechenzentrum. Ansible kann die Komponenten einer komplexen Anwendung über mehrere Rechner verteilen und deren Zusammenspiel konfigurieren. In diesem Sinne ist es ein *Orchestrierungswerkzeug*.

Allerdings eignet sich Ansible eher nicht dafür, den Betrieb einer verteilten Applikation zu organisieren, wie es zum Beispiel Kubernetes als Betriebsplattform tut. Aus diesem Grund finde ich die Beschreibung von Ansible als ein *Provisionierungswerkzeug* ganz passend. Unter diesem Aspekt steht die Bestückung von virtuellen Maschinen mit Software im Zuge ihrer Inbetriebnahme im Vordergrund. Die Kernaufgabe ist dabei das Aufspielen einer Geschäftsapplikation auf einen Server oder eine Serverlandschaft (Stichwort: *Deployment*).

Ansible besitzt aber darüber hinaus auch noch eine ganze Reihe von Modulen, mit denen Sie Cloud-Infrastruktur nicht nur bestücken, sondern überhaupt erst aufspannen können. In diesem Hinblick ist Ansible ein wichtiges Tool in der Kategorie Infrastructure-as-Code und kann als »Eier legende Wollmilchsau« Frameworks wie AWS CloudFormation und Terraform ersetzen. Einen großen Anteil machen mittlerweile auch die eingebauten Module für die Steuerung von Netzwerkhardware (Stichwort: *Network Appliances*) aus, was Ansible immer stärker als universelles Werkzeug für die prozedurale Konfiguration von allen möglichen Dingen etabliert.

Der Name »Ansible« stammt übrigens aus der Science-Fiction-Literatur und bezeichnet dort ein Weltraumfunkgerät. Die Software ist in Python implementiert und steht unter der *GNU General Public License v3.0*. Ansible wurde 2012 von Michael DeHaan vorgestellt und im Jahr 2015 vom Open-Source-Riesen Red Hat aufgekauft. Die Lösung wird mittlerweile in kommerziellen Fassungen als *Ansible Tower* und *Ansible Plat-*

form vertrieben. Die weiterhin lizenzfreie, rein kommandozeilenbasierte Fassung ohne grafisches Dashboard wird demgegenüber als *Ansible Engine* bezeichnet. Die Engine ist ausgereift (aktuelle Version ist 2.17.3) und dient hauptsächlich der Steuerung von Linux, BSD- und Unix-Maschinen. Die Provisionierung von Windows-Servern ist demgegenüber nicht so stark ausgebaut, gehört aber mit zum Funktionsumfang von Ansible.

Grundmerkmale

Ansible zeichnet sich gegenüber vergleichbaren Konfigurations- und Provisionierungs-Frameworks maßgeblich durch diese zwei Merkmale aus:

- Es kommt ohne einen Agenten auf den mit ihm gesteuerten Maschinen aus (Stichwort: *agentless*).
- Die Bedienung folgt dem imperativen Paradigma.

Ansible setzt das SSH-Protokoll für die Arbeit auf Zielmaschinen ein. Es nimmt über SSH Kontakt zu einer Maschine auf, spielt eine Kernfassung von sich selbst dort ein, verrichtet seine Aufgaben und entfernt zum Abschluss seine Komponenten wieder. Diese Vorgehensweise verlangt auf dem Zielsystem ein laufendes Betriebssystem mit lediglich einem SSH-Server sowie einem installierten Python-Interpreter. Aus diesem Grunde eignet sich Ansible nicht für den Umgang mit »Bare Metal«-Systemen ohne Betriebssystem, die dies nicht zur Verfügung stellen können. Manche Module verlangen darüber hinaus bestimmte Python-Bibliotheken auf der Zielmaschine. Diese können aber einfach am Beginn eines Provisionierungslaufs von Ansible selbst dort installiert werden.

Die agentenlose Architektur wird von vielen Nutzern als angenehm empfunden. So muss Ansible lediglich auf dem Arbeitsrechner beziehungsweise dem Kontrollknoten vorhanden sein und dort aktuell gehalten werden. Es wird keine eigene Infrastruktur für Ansible benötigt (wie ein eigener Master-Server), was sehr angenehm ist, wenn man an die ganzen Sicherheitsprobleme denkt, die sich bei so einer Lösung immer stellen. Allerdings ist SSH nicht besonders schnell und braucht immer ein bisschen Zeit für einzelne Operationen. Und auch das jeweilige Einspielen der Ansible-Komponenten auf den Zielmaschinen braucht bei jedem Lauf jeweils einen Moment. Diese Verzögerungsquellen können bei komplexeren Deployments auf Enterprise-Niveau, die schon mal zwei Stunden oder länger dauern, nervtötend ins Gewicht fallen.

Imperativ vs. deklarativ

In Projekten, die mit Ansible umgesetzt werden, werden Maschinen mit Prozeduren von einem ganz bestimmten Zustand in einen anderen ganz bestimmten Zustand umkonfiguriert. Der Ausgangszustand ist dabei meistens die Basisinstallation einer bestimmten Linux-Distribution. Das Ziel kann es sein, dass die Maschine anschließend als Webserver, als Datenbankserver, als Frontend oder als Backend einer komplexen Applikation fungiert. Der *imperative Ansatz* verlangt dabei vom Benutzer, dass er die dabei erforderlichen Schritte in Ansible selbst umsetzt. Für diesen Zweck steht in Ansible als reines Framework eine große Anzahl von Modulen zur Verfügung. Diese können zum Beispiel Pakete installieren, Konfigurationsdateien ändern, Dateien einspielen, Benutzer und Gruppen hinzufügen, systemd-Services steuern, Datenbankserver konfigurieren usw.

Konkurrierende Lösungen für das Konfigurationsmanagement folgen dem *deklarativen Ansatz*, bei dem der Benutzer beispielsweise anweist, dass eine Maschine als Webserver fungieren soll. Die dafür benötigten Schritte setzen entsprechende Lösungen dann selbstständig um. Bei diesem Paradigma ist es ohne Weiteres möglich, auch wieder in den Ausgangszustand zurückzuwechseln. Bei Ansible hingegen können Änderungen am Zielsystem nicht automatisch rückabgewickelt werden. Das System in den alten Ausgangszustand zu bringen, verlangt wiederum eine eigene, entgegengesetzte Prozedur. Beim deklarativen Ansatz spielen der Ausgangszustand einer Maschine und die bisher vorgenommenen Operationen nur eine untergeordnete Rolle, was einfacher ist.

Die Anhänger des imperativen Paradigmas und des Selberschreibens von Prozeduren schätzen als Vorteile, dass diese Methode leichter zu debuggen ist und mehr Flexibilität bietet. Allerdings müssen Sie den jeweiligen Ausgangszustand einer Maschine bis ins Detail kennen und tiefgreifendes Wissen darüber haben, welche Konfigurationsschritte notwendig sind, um einen bestimmten Zielzustand zu erreichen. Die erforderlichen Einzelschritte müssen dann in der richtigen Reihenfolge umgesetzt werden, was schnell knifflig werden kann. Außerdem müssen Sie genau mitdenken – sonst implementieren Sie schlechte Provisionierungslogik, die etwa Nebeneffekte von Operationen nicht beachtet. Es ist hier also intensives Basteln angesagt, und der Schwierigkeitsgrad ist mit dem Bauen von Flaschenschiffen vergleichbar.

Ansible passt mit diesen beiden Merkmalen gut zum Cloud Computing als dynamische, nicht statische Infrastruktur. Stehen hier doch immer frische neue Server zur Verfügung, die nicht hin- und her konfiguriert werden, sondern als Lebenszweck einen eng eingegrenzten, ganz bestimmten Zweck erfüllen sollen. Und es handelt sich dabei immer um relative und nicht um absolute Gebilde, die nicht mit Agenten aufwendig allgemein vorbereitet werden sollen, um heterogene Zwecke erfüllen zu können. Ein Cloud-Server wird mit einem bestimmten Betriebssystem gelauncht, so effektiv wie möglich in einen bestimmten Zustand gebracht und arbeitet dann so lange in diesem, bis er komplett wieder terminiert wird: ein perfektes Einsatzszenario für Ansible.

Komponenten

Wie Ansible funktioniert, ist schnell erklärt. Der *Provisionierer* folgt einem leichtgewichtigen Modell, das neben den mitgelieferten Kommandozeilen-Utilitys aus vier Komponenten besteht:

1. In einem Ansible-Projekt werden in einem *Inventar* (*inventory*) diejenigen Maschinen verzeichnet, die provisioniert werden. Diese werden im Ansible-Sprech als *Hosts* bezeichnet. Das Inventar setzen Sie als Benutzer selbst auf.
2. Ansible wird mit Tausenden von offiziellen *Modulen* für verschiedene bestimmte Einsatzzwecke ausgeliefert. Diese Module setzen Sie als Benutzer für die gewünschten Konfigurationsprozeduren ein.
3. Die *Playbooks* sind Ablaufpläne, die ein oder mehrere Prozeduren (*Plays*) enthalten. Plays beinhalten als einzelne Aufgaben/Schritte/Operationen (*Tasks*) Module, die in einer bestimmten Art und Weise angewendet werden. Ansible-Playbooks schreiben Sie als Benutzer in YAML. Die Playbooks erfüllen den Zweck, Module auf Maschinen aus dem Inventar anzuwenden.
4. *Rollen* strukturieren ein komplexes Ansible-Projekt. Eine Rolle ist eine bestimmte Verzeichnisstruktur mit speziellen Verzeichnissen für Dinge wie Konfigurationsskripte, die auf Zielmaschinen hochgeladen werden sollen. Rollen können Sie als Benutzer generieren und dann mit Bestandteilen anreichern. Eine Rolle beinhaltet ein oder mehrere Playbooks.

Viele Begriffe aus dem Ansible-Vokabular stammen aus dem American Football. Nach Quarterbacks und Touchdowns suchen Sie allerdings vergeblich.

Ein kritisierter Punkt an dieser Software ist, dass auch *Minor Releases* oftmals Syntaxänderungen beinhalten.

Die Engine ist umfangreich dokumentiert unter *https://docs.ansible.com/*. Die Dokumentation ist allerdings ein bisschen unübersichtlich, was ihre Funktion als Nachschlagewerk erschwert.

Als IaaS-Provider, mit dem Ansible hier vorgestellt wird und auf dem die Beispiele dieses Kapitels stattfinden sollen, habe ich die Hetzner-Cloud gewählt. Einführende Informationen über diesen Anbieter und eine Anleitung dazu, wie Sie den Client `hcloud` installieren, finden Sie in Abschnitt 3.5.

Disclaimer

Die in Ansible eingebauten Funktionen sind oftmals flexibel einsetzbar. Bei vielen Einzelthemen gibt es unterschiedliche Varianten, alternative Schreibweisen und Anwendungen, die auf einer anderen Ebene laufen. Im Framework heißt es immer wieder: »Das geht auch noch!«

Nicht zuletzt wird Ansible aktuell mit 8885 Modulen ausgeliefert. Eine umfassende Einführung könnte deshalb umfangreicher als dieses ganze Buch werden. Bitte verzeihen Sie also, dass Ansible hier aus Platzgründen nicht erschöpfend behandelt werden kann, wenn Sie Dinge kennen, die unerwähnt geblieben sind. Trotzdem ist dieser Grundkurs vollgepackt mit Informationen, sodass Sie solide Grundkenntnisse bekommen und einen guten Start mit dem Provisionierer haben werden. Alles, was es in Ansible an Schalterchen sonst noch so gibt, subsummiert sich unter die hier vorgestellten Themengebiete.

6.1 Ansible installieren

Ansible ist Python-Software, also können Sie es einfach mit `pip3` aus dem Python Package Index (PyPi) installieren. Sie müssen dafür nur den Befehl `pip3 install ansible` absetzen. `sudo` wird dafür nicht benötigt.

Die Ansible-Binarys befinden sich danach im Verzeichnis *~/.local/bin*. Das müssen Sie der `$PATH`-Umgebungsvariable in Ihrer Shellumgebung hinzufügen, um diese ohne Pfadangabe auf der Kommandozeile als Befehle eingeben zu können. Das funktioniert genauso wie bei `aws` (siehe Abschnitt 3.1.2).

6.1.1 Ansible-PPA

Speziell für Ubuntu-Arbeitsrechner bietet Red Hat auch noch ein PPA-Repositorium für die Installation von Ansible aus einem Linux-Paket an. Dieses *Personal Package Archive* lässt sich bequem mit nur einem Befehl zu den bereits voreingestellten Paketquellen hinzufügen. Diesem Weg, Ansible auf den Arbeitsrechner zu installieren, sollten Sie den Vorzug geben, wenn Sie Ubuntu einsetzen. Sie haben Ansible dann nicht als »wilde« Software auf Ihrem Rechner, sondern ordentlich zusammen mit allen anderen Paketen unter der Kontrolle der systemeigenen Paketverwaltung. Die Software erscheint dadurch mit auf der Liste der installierten Pakete, die Sie sich mit dem Paketmanager ausgeben lassen können, und Sie haben sie auch mit im systemweiten Updatekanal. Für die mitgezogenen Bibliotheken gilt das natürlich auch.

Das funktioniert natürlich nicht, wenn Sie auf Ihrem Arbeitsplatz im Unternehmen keine Root-Rechte beziehungsweise keinen Zugriff auf `sudo` haben, um systemweite Pakete installieren zu können. Dann besteht die brauchbare Alternative darin, Ansible aus dem PyPi mit `pip3` in Ihr eigenes Userverzeichnis zu installieren.

Wenn es etwa auf Ihrem eigenen Arbeitsrechner keine Einschränkungen in Bezug auf die systemweite Installation von Paketen gibt, dann geben Sie folgenden Befehl ein, um das offizielle Ansible-PPA zu der Liste der Paketquellen hinzuzufügen:

```
sudo apt-add-repository --yes --update ppa:ansible/ansible
```

[»]

Hinweis

Ältere Versionen dieses Befehls unterstützen unter Umständen die Kommandozeilenoption `--update` noch nicht. Lassen Sie es in diesem Fall weg, und lösen Sie `apt-get update` als weiteren Befehl danach einfach separat aus.

Bei älteren Ubuntu-Distributionen ist das Paket *software-properties-common*, zu dem *apt-add-repository* gehört, eventuell noch nicht Bestandteil der Basisinstallation. Installieren Sie es in den Fall einfach vorher nach.

Ist die offizielle Paketquelle hinzugefügt, installieren Sie das Paket *ansible* mit folgendem Befehl:

```
~$ sudo apt install --yes ansible
Reading package lists... Done
Building dependency tree
Reading state information... Done
The following NEW packages will be installed:
  ansible ansible-core python3-jmespath python3-kerberos python3-nacl
  python3-ntlm-auth python3-packaging python3-paramiko
  python3-requests-kerberos python3-requests-ntlm python3-resolvelib
  python3-winrm python3-xmltodict sshpass
0 upgraded, 14 newly installed, 0 to remove and 21 not upgraded.
Need to get 18.4 MB of archives.
```

Die benötigten Python-Bibliotheken (die maßgeblichen Komponenten sind der YAML-Parser und die Templatesprache Jinja2) werden dabei aus dem offiziellen Ubuntu-Repositorium gezogen.

6.1.2 Nach der Installation

Das installierte Ansible beinhaltet eine Reihe von Kommandozeilen-Utilitys:

```
~$ dpkg -L ansible | grep ^/usr/bin/
/usr/bin/ansible
/usr/bin/ansible-connection
/usr/bin/ansible-config
/usr/bin/ansible-console
/usr/bin/ansible-doc
/usr/bin/ansible-galaxy
/usr/bin/ansible-inventory
/usr/bin/ansible-playbook
/usr/bin/ansible-pull
/usr/bin/ansible-vault
```

Die wichtigsten davon werden Sie im Laufe dieses Einführungskurses kennenlernen.

Mit dem Befehl ansible können Sie sich die aktuell installierte Version und zur Kontrolle die voreingestellten Suchpfade für die Module ausgeben lassen:

```
~$ ansible --version
ansible [core 2.17.3]
  config file = /etc/ansible/ansible.cfg
  configured module search path = ['/home/vagrant/.ansible/plugins/modules',
     '/usr/share/ansible/plugins/modules']
  executable location = /usr/bin/ansible
  python version = 3.10.12 (main, Jul 29 2024, 16:56:48) [GCC 11.4.0]
  jinja version = 3.0.3
  libyaml = True
```


6.2 ansible

In Ansible kann man sich gut über das mitgelieferte Tool ansible einarbeiten. Der Befehl ist dazu da, ad hoc und ohne ein Playbook vorher aufzusetzen, Module auf Zielmaschinen anzuwenden. Mit einem Trick geht das zunächst auch ohne ein Inventar.

Um das auszuprobieren, benötigen Sie zunächst einmal einen Server als Zielmaschine. Setzen Sie also zunächst einmal eine neue Cloud-Instanz bei Hetzner (oder alternativ bei einem anderen IaaS-Anbieter) auf:

```
~$ hcloud server create \
  --name myserver \
  --type cx22 \
  --location nbg1 \
  --image ubuntu-22.04 \
  --ssh-key myhetznerkey
7s [===================================] 100.00%
Waiting for server 3899377 to have started
 ... done
Server 3899377 created
IPv4: 116.203.201.138
```

Wie bereits in der Einführung zu diesem IaaS-Anbieter besprochen, sind die virtuellen Server hier so konfiguriert, dass Sie über SSH als Root auf sie zugreifen können:

```
~$ ssh -i ~/.ssh/myhetznerkey root@116.203.201.138
The authenticity of host '116.203.201.138' can't be established.
ECDSA key fingerprint is SHA256:yF46lLUWajUDaew3TJ5FbZhwLQ3xnVGXQApoy8ZW5kg.
Are you sure you want to continue connecting (yes/no)? yes
```

```
Warning: Permanently added '116.203.201.138' (ECDSA) to the list
of known hosts.
Welcome to Ubuntu 22.04.4 LTS (GNU/Linux 5.15.0-116-generic x86_64)
root@myserver:~#
```

Ansible operiert genau über diesen Kanal. Es kann, weil der Zugang ohne Root möglich ist, hier ohne den Einsatz von `become` (siehe den Kasten »become«) direkt und vollständig auf dem Zielsystem arbeiten. Als unkomplizierte Demonstrationsgrundlage eignet sich das gut.

6.2.1 ping

Ob die Verbindung zu einem Host funktioniert und Ansible auf ihm operieren kann, können Sie mit dem eingebauten Modul *ping* feststellen. Das Modul hat nichts mit dem Linux-Befehl `ping` zu tun und setzt diesen auch nicht ein. Dieser Linux-Befehl gab diesem Modul nur seinen Namen, weil es der übliche Verbindungstest unter Ansible ist.

Wenden Sie das Modul mit dem Befehl `ansible` auf den neuen Cloud-Server auf folgende Weise an:

```
~$ ansible all \
  --inventory 116.203.201.138, \
  --module-name ping \
  --user root \
  --private-key ~/.ssh/myhetznerkey
116.203.201.138 | SUCCESS => {
    "ansible_facts": {
        "discovered_interpreter_python": "/usr/bin/python3"
    },
    "changed": false,
    "ping": "pong"
```

Die Anwendung dieses Moduls auf dem Host (damit ist immer die Zielmaschine gemeint) war also erfolgreich, und ein `"pong"` ist als Bestätigung zurückgegeben worden. Auf dem Host wurde `python3` als Default-Python3-Interpreter entdeckt und automatisch eingesetzt.

Die im Beispiel abgesetzten Optionen lassen sich folgendermaßen kategorisieren:

- Die Konstruktion `--inventory 116.203.201.138,` bildet das für `ansible` notwendige Maschineninventar. Mit `all` geben Sie an, dass alle Hosts daraus angesprochen werden sollen. Die Verwendung von `-i` bzw. `--inventory` ist hier ein bisschen trickreich: Das Tool erwartet als Argument hierfür entweder den Pfad zu einer Inventar-Datei oder eine Liste von Hosts (oder den Pfad zu einem ausführbaren Programm, siehe dazu weiter unten). Da Sie noch keine Inventardatei angelegt haben, die angegeben werden könnte, wird hier alternativ eine Liste mit nur einem Mitglied abgesetzt, und zwar mit der IPv4-Adresse der einen Zielmaschine. Das konstituierende Merkmal für die erwartete Liste ist dabei das Komma hinter der Adresse, das kein Schreibfehler ist. Fehlt das Komma, dann sucht `ansible` erfolglos eine Inventar-Datei mit der angegebenen IPv4-Adresse als Namen.

- Mit `-m` bzw. `--module-name` geben Sie an, welches Modul auf den ausgewählten Hosts ausgeführt werden soll. In diesem Beispiel ist es das Modul `ping`.
- Mit `-u` bzw. `--user` geben Sie an, unter welchem User sich Ansible mit SSH auf der entfernten Maschine einloggen soll. Die Option `--private-key` (oder alternativ `--key-file`) wählt den privaten SSH-Schlüssel aus, der dafür benutzt werden soll.

  Die SSH-Authentifizierung mittels Kennwort ist auch möglich, wenn der Host entsprechend konfiguriert ist. Die dafür benötigte Option für die Ansible-Tools ist `-k` bzw. `--ask-pass`. Um sie anwenden zu können, müssen Sie allerdings das Paket *sshpass* auf Ihrem Arbeitsrechner installieren.

Die Inventar-Optionen und die Schalter für die SSH-Verbindung gelten so auch für andere CLI-Tools von Ansible.

Für alle Optionen, egal ob in Kurz- oder Langschreibweise, sind zwei Schreibweisen für die Angabe von Parametern möglich: Abtrennung durch Leerzeichen oder durch Gleichheitszeichen. Sie können also alternativ `-u root`, `-u=root`, `--user root` oder `--user=root` schreiben.

become

Ansible braucht für die meisten Operationen auf einem Host Root-Rechte. Ein unmittelbarer Zugang für Root über SSH ist aber bei vielen IaaS-Anbietern nicht per Default voreingestellt, da er ein potenzielles Sicherheitsproblem ist. Falls der SSH-Zugang bei Ihrem Anbieter die Standardeinstellung ist, dann sollten Sie das für Produktivsysteme auf jeden Fall umkonfigurieren und den direkten Root-Zugang über SSH verhindern.

Um auf Zielmaschinen eine *Privilege Escalation* hervorzurufen, also Administrationsrechte zu bekommen, gibt es in Ansible den *become*-Mechanismus. Per Voreinstellung benutzt er `sudo`, um Root-Rechte auf dem Host zu bekommen. Geben Sie den CLI-Tools von Ansible, die `-u` bzw. `--user` verlangen, einfach auch noch den Schalter `--become` mit. Der User, dessen Rechte Sie so erhalten, ist per Voreinstellung root.

Wird auf dem Host für `sudo` ein Kennwort verlangt, können Sie dies beim Auslösen von Ansible-Tools auf dem Arbeitsrechner mit der Option `-K` bzw. `--ask-become-pass` mitgeben. Das folgende Beispiel zeigt dies an der Provisionierung einer lokalen Vagrant-Box:

```
~$ ansible all -i 127.0.0.1:2222, -a 'apt update' -u vagrant \
    --private-key=private_key
```

```
127.0.0.1 | FAILED | rc=100 >>
Reading package lists...
E: Could not open lock file /var/lib/apt/lists/lock -
 open (13: Permission denied)
~$ ansible all -i 127.0.0.1:2222, -a 'apt update' -u vagrant \
    --become --private-key=private_key
127.0.0.1 | FAILED | rc=-1 >>
Missing sudo password

~$ ansible all -i 127.0.0.1:2222, -a 'apt update' -u vagrant \
    --become -ask-become-pass --private-key=private_key
BECOME password: mypassword
127.0.0.1 | CHANGED | rc=0 >>
Hit:1 http://ppa.launchpad.net/ansible/ansible/ubuntu disco InRelease
```

Die Voreinstellungen für *sudo* und *root* können Sie darüber hinaus mit `--become-method` (zur Verfügung steht neben vielen anderen einsetzbaren Methoden auch `su`) und `--become-user` bei Bedarf überschreiben.

Komfortabel wird es, wenn Sie die `become`-Schalter in der Konfigurationsdatei festlegen, die zu einem bestimmten Projekt gehört:

```
~/ansibleproject$ cat ansible.cfg
[privilege_escalation]
become = True
become_ask_pass = True
```

Das macht es überflüssig, auf der Kommandozeile immer `--become` und `--ask-become-pass` mitzugeben.

Die `become`-Einstellungen lassen sich auch im Inventar festlegen, und zwar für einzelne Hosts oder Gruppen von Hosts. Auf Playbook-Ebene können Sie sie für gesamte Playbooks festlegen oder nur für einzelne darin enthaltene Tasks.

6.2.2 command

Ein anderes Modul, das oft mit `ansible` ad hoc ausgelöst wird, ist `command`. Sie können damit einen Befehl auf einer oder mehreren Maschinen gleichzeitig starten, die Sie der Liste in der Eingabezeile oder einer Inventardatei hinzufügen (zur Inventardatei siehe Abschnitt 6.4).

Den abzusetzenden Befehl für `command` ergänzen Sie als weitere Option mit dem Schalter `-a` bzw. `-args`. Hier ist das einfach `uname -a`:

```
~$ ansible all \
  --inventory 116.203.201.138, \
  --module-name command \
  --args 'uname -a' \
  --user root \
  --private-key=~/.ssh/myhetznerkey
116.203.201.138 | CHANGED | rc=0 >>
Linux myserver 5.15.0-116-generic #126-Ubuntu SMP Mon Jul 1 10:14:24 UTC 2024
x86_64 x86_64 x86_64 GNU/Linux
```


Das Modul *command* wird als Standardmodul angesehen. Deshalb können Sie den Schalter `-m command` auch weglassen und als Schnellschreibweise einfach `-a` absetzen.

Bei Bedarf können Sie so Powerswitching-Befehle wie `systemctl poweroff` oder `systemctl reboot` an die gesamte Serverflotte absetzen. Das sollte aber gerade in Produktionsumgebungen eher selten nötig sein ;-).

6.2.3 setup

Bei *setup* handelt es sich um ein Kernmodul von Ansible, das für den spontanen Einsatz mit dem Tool `ansible` gedacht ist. Sie können dieses Modul auf eine Zielmaschine anwenden; als Rückgabe erhalten Sie ein langes JSON-Dokument mit allen Fakten (*facts*), die von dieser Maschine ermittelt wurden:

```
~/myansibleproject$ ansible all \
  --inventory 116.203.201.138, \
  --module-name setup \
  --user root \
  --private-key ~/.ssh/myhetznerkey
116.203.201.138 | SUCCESS => {
    "ansible_facts": {
        "ansible_all_ipv4_addresses": [
            "116.203.201.138"
        ],
        "ansible_all_ipv6_addresses": [
            "2a01:4f8:1c1b:b832::1",
            "fe80::9400:3ff:fea1:26f5"
        ],
        "ansible_apparmor": {
            "status": "enabled"
        },
        "ansible_architecture": "x86_64",
```

```
    "ansible_bios_date": "11/11/2017",
    "ansible_bios_vendor": "Hetzner",
    "ansible_bios_version": "20171111",
```

facts

Während eines Laufs von Ansible werden von allen beteiligten Maschinen umfassende Systeminformationen als sogenannte Fakten gewonnen und in interne Variablen abgelegt. Das sind nicht wenige, und wie Sie sehen, gehören sogar das BIOS-Datum und die BIOS-Version dazu. Auf die Fakten können Sie dann zugreifen, um in einem Playbook eine eigene Provisionierungslogik aufzusetzen. Das nennt man dann *parametrisiertes Deployment*. Sie können es auch nutzen, um eine als Template aufgesetzte Konfigurationsdatei mit konkreten Werten wie etwa IP-Adressen zu bestücken.

Wir werden auf diese Themen noch zurückkommen. Dieses Modul sei hier schon einmal als Mittel vorgestellt, um sich die überhaupt verfügbaren Fakten insgesamt anzeigen zu lassen, und um zu ermitteln, welche Werte von einer bestimmten Maschine konkret zurückgegeben werden. Das ist nützlich für die Entwicklung von Prozeduren.

6.3 Konfiguration

Für Ansible gibt es eine ganze Reihe von einzelnen Konfigurationsparametern. Diese können Sie sich mit folgendem Befehl ausgeben lassen:

```
~$ ansible-config dump
ACTION_WARNINGS(default) = True
AGNOSTIC_BECOME_PROMPT(default) = True
ALLOW_WORLD_READABLE_TMPFILES(default) = False
ANSIBLE_CONNECTION_PATH(default) = None
ANSIBLE_COW_PATH(default) = None
ANSIBLE_COW_SELECTION(default) = default
```

Jede dieser Default-Einstellungen können Sie individuell verändern. Für diesen Zweck können Sie auf verschiedenen Ebenen eine Datei mit dem Namen *ansible.cfg* anlegen und eigene Einstellungen dort eintragen.

Hierarchie

Berücksichtigt werden vorhandene Config-Dateien in aufsteigender Reihenfolge an folgenden Orten:

- eine *ansible.cfg*-Datei an einem beliebigen Ort im Dateisystem, deren Pfad in der Umgebungsvariablen `$ANSIBLE_CONFIG` hinterlegt ist. Es gilt hierbei bereits die gesetzte Variable und nicht die Information, ob die angegebene Datei auch tatsächlich existiert.

- die Datei *ansible.cfg* in einem Projektordner – dort also, wo sich auch die Inventar-Datei, die Playbooks und die Rollen zu einem bestimmten Projekt befinden.
- die versteckte Datei *~/.ansible.cfg* im Benutzerverzeichnis eines Users auf dem Arbeitsrechner.
- die globale Datei */etc/ansible/ansible.cfg*. Sie gilt für alle Projekte von allen Usern auf einem Arbeitsrechner, wenn die anderen nicht vorhanden sind. Diese Datei ist bereits vorhanden, wenn Sie Ansible aus dem Linux-Paket installiert haben. Sie enthält exemplarisch alle Parameterschalter, die zur Verfügung stehen, in auskommentierter Form. Außerdem gibt es hier viele informative Kommentare.

ansible --version

Welche Konfigurationsdatei für Ihr Projekt gerade gültig ist, ermitteln Sie mit `ansible --version`:

```
~/myansibleproject$ ansible --version | grep config\ file
config file = /home/vagrant/myansibleproject/ansible.cfg

~/myansibleproject$ export ANSIBLE_CONFIG=/tmp/ansible.cfg

~/myansibleproject$ ansible --version | grep config\ file
config file = /tmp/ansible.cfg
```

Gültigkeit

Ein wichtiger Punkt ist, dass die aktuell gültige Config-Datei immer absolut gültig ist, mit allen in ihr gesetzten oder nicht gesetzten Konfigurationsparametern. Kommt ein bestimmter Parameterschalter in ihr nicht vor, dann gilt diesbezüglich wieder die Default-Einstellung – und nicht die eventuell vorhandene Einstellung aus einer anderen Konfigurationsdatei eine Hierarchie-Ebene höher, wie man zunächst vielleicht annehmen könnte. Es gibt also keinen *Fallback* auf alternative Konfigurationsdateien.

Sie können also nicht globale eigene Einstellungen in */etc/ansible/ansible.cfg* vornehmen und diese dann mit weiteren, für ein bestimmtes Projekt relevanten Einstellungen in *./ansible.cfg* ergänzen:

```
~/myansibleproject$ grep ^timeout ansible.cfg

~/myansibleproject$ grep ^timeout /etc/ansible/ansible.cfg
timeout = 20
```

```
~/myansibleproject$ ansible-config dump | grep -i default_timeout
DEFAULT_TIMEOUT(default) = 10
```

Konfigurationsschalter

Die unterschiedlichen *ansible.cfg*-Dateien sind Konfigurationen im INI-Format. Dieses Format verlangt, dass jeder Eintrag unter einem bestimmten Header steht. Unter den Header `[defaults]` gehören zum Beispiel:

- mit `timeout` das SSH-Timeout. Der Wert ist per Default auf 10 Sekunden eingestellt.
- Mit `log_path` wird der Pfad zur Logdatei festgelegt. Dieser Parameter ist per Default leer, was bedeutet, dass die Logs bei Ansible-Läufen nur auf `STDOUT` ausgegeben werden.

  Vorgeschlagen wird in */etc/ansible/ansible.cfg* der Wert */var/log/ansible.log*. Dieses Verzeichnis ist für den Default-User auf Ihrem Arbeitsrechner aber normalerweise nicht beschreibbar, was diese Einstellung wirkungslos macht. Geben Sie stattdessen `./ansible.log` in der Konfigurationsdatei in Ihrem Projektverzeichnis ein, um am selben Ort eine Logdatei mit den Ausgaben aller Ansible-Tools zu bekommen.
- Mit `deprecation_warnings` legen Sie fest, ob bei jedem Lauf veraltete Hinweise ausgegeben werden. Dieser Wert steht per Default auf `True`.

Weitere individuelle Konfigurationsparameter werden im Laufe dieses Einführungskurses noch thematisiert werden.

6.4 Statisches Inventar

Ansible entfaltet seine Stärke nicht, wenn Sie damit nur auf eine Maschine zugreifen, um dort Konfigurationsmaßnahmen vorzunehmen. Es wird erst richtig nützlich, wenn Sie bei einem Lauf auf mehrere Rechner zugreifen. Sie müssen deren IP-Adressen oder DNS-Namen aber nicht bei jedem Start in der Kommandozeile immer wieder mitgeben, sondern nutzen dafür das *Inventar*. Das Inventar ist ein Register im INI-Format, in dem Sie Maschinen als Hosts für die Bearbeitung mit Ansible registrieren. YAML und andere Formate werden alternativ auch unterstützt.

Ansible bietet eine ganze Reihe von Mitteln, mit denen Sie Ihr Inventar modellieren können. Dazu gehört zuallererst die Möglichkeit, Hosts zu gruppieren. Damit können Sie Server funktional zusammenstellen, die gemeinsam auf dieselbe Art und Weise provisioniert werden sollen. Inventare nehmen IP-Adressen oder DNS-Namen auf, und für Hosts oder Gruppen von Hosts können Sie individuelle Werte wie Portnummern und Zugangsweisen festlegen.

Der Dateiname von Ansible-Inventaren ist beliebig, denn Sie können als Argument für `--inventory` irgendeinen Dateinamen angeben. Es haben sich aber *hosts* oder *inventory* als bewährte Praxis bei monolithischen Inventardateien durchgesetzt. Sie können anstatt einer bestimmten Datei auch ein Verzeichnis angeben. Die darunter liegenden Inventardateien werden dann zu einem Inventar zusammengefasst.

Inventar per Konfiguration festlegen

Sie können in *ansible.cfg* unter `defaults` mit dem Konfigurationsparameter `inventory` den Pfad zu einer bestimmten Inventardatei fest einstellen:

```
~/myansibleproject$ cat ansible.cfg
[defaults]
timeout = 120
log_path = ./ansible.log
inventory = ./hosts
```

Das sollten Sie besonders auf Projektebene so einrichten, um das Projektinventar festzulegen. Diese Konfiguration erspart Ihnen bei dem Aufruf von Ansible-Tools den Schalter `--inventory`:

```
~/myansibleproject$ cat hosts
116.203.201.138
[all:vars]
ansible_user=root
ansible_ssh_private_key_file=~/.ssh/myhetznerkey

~/myansibleproject$ ansible all -a 'hostname'
116.203.201.138 | CHANGED | rc=0 >>
Myserver
```

Das Inventar lässt sich zudem auch mit der Umgebungsvariable `$ANSIBLE_INVENTORY` festlegen.

Die Inventare von Ansible sind statische Register, was sich für das Cloud Computing als dynamische Infrastruktur eigentlich nicht gut eignet. IP-Adressen und DNS-Namen von Zielmaschinen sind in dieser Spielart des IT-Betriebs Werte, die sich verändern können. Ein Textregister, das dabei immer wieder erst auf den neuesten Stand gebracht werden muss, ist also eher unpassend. Im Cloud Computing wird zwar gerne mit *Floating IPs* gearbeitet, die als unveränderliche IP-Adressen feste Zugänge für eine dahinterliegende, sich verändernde Infrastruktur ermöglichen. Allerdings setzen Sie Floating IPs eher für den Zugriff auf Frontends durch den Anwender ein und nicht unbedingt als Hilfsmittel, um die Unzulänglichkeit von Ansible auszubügeln.

Ansible hat dafür aber eine Antwort bereit, und zwar *dynamische Inventare*. Zu diesem Thema werden wir in Abschnitt 6.8 noch kommen. Für das generelle Verständnis von Ansible ist es erst einmal wichtig, sich mit der grundfunktionalen, statischen Spielart dieser Komponente auseinanderzusetzen.

6.4.1 Gruppen

Gruppen bilden Sie mit beliebigen Bezeichnungen, die Sie in eckige Klammern setzen. Diese werden dann *Header* genannt. Ein Maschineninventar für Ansible kann etwa diese Form annehmen:

```
[loadbalancer]
167.99.250.42:2222

[applikation]
167.99.242.84
node02
167.99.242.237

[datenbank]
node01:2222

[all:vars]
ansible_user=root
ansible_ssh_private_key_file=~/.ssh/myhetznerkey
```

Bei dem Befehl `ansible` können Sie dann mit der Option `all` auf alle Hosts im Inventar zugreifen. Oder Sie nutzen die elegante Alternative und sprechen mit `ansible datenbank` oder `ansible applikation` direkt die Gruppe an, die Sie gerade brauchen. Damit können Sie dann ein Modul auf die Hosts in einer der Gruppen anwenden. Zugriff auf einzelne Hosts aus dem Inventar ist auch möglich.

all

Der Designator `all` ist grundsätzlich immer gültig. Deshalb ist es nicht notwendig, explizit eine Gruppe mit dem Header `[all]` anzulegen, wenn Sie in einem Inventar keine eigenen Gruppen verwenden.

Schreiben Sie, wenn Sie keine Gruppen benötigen, einfach die Hosts ohne einen Gruppenheader in die Inventardatei.

6.4.2 Variablen

In dem letzten Beispiel wurden bereits unter `[all:vars]` Variablen belegt, die so für alle Hosts in diesem Inventar gelten. Die Variablen `ansible_user` und `ansible_ssh_private_key_file` sind in Ansible eingebaute Variablen; das zeigt das `ansible_` im

Namen an. Sie können Variablen im Inventar auch selbst definieren, um sie später in einem Playbook auszuwerten.

Im Beispiel ist eingestellt, dass für alle Hosts des Inventars der Zugang über den User `root` und den angegebenen privaten SSH-Schlüssel verwendet werden soll. Wenn Sie dieses Inventar einsetzen, dann sind die Schalter `--user` und `--private-key` bei den CLI-Tools mit diesen Einstellungen also überflüssig. Das setzt natürlich voraus, dass alle angegebenen Maschinen im Beispiel vom selben IaaS-Anbieter stammen und alle denselben Schlüssel verwenden.

Sie können mit denselben Mitteln auch ein heterogeneres Maschineninventar abbilden und es flexibel verwalten. In der folgenden Abwandlung des Beispiels stammen nicht mehr alle virtuellen Server vom gleichen Anbieter:

```
[gruppe1]
167.99.250.42

[gruppe2]
167.99.242.84
node02
167.99.242.237 ansible_python_interpreter=/usr/local/bin/python

[gruppe3]
node01:2222 ansible_user=root ansible_ssh_private_key_file=~/.ssh/dokey

[gruppe1:vars]
ansible_port=2222
ansible_user=root
ansible_ssh_private_key_file=~/.ssh/myhetznerkey

[gruppe2:vars]
ansible_user=ubuntu
ansible_ssh_private_key_file=~/.ssh/myawskey
ansible_become=yes
```

6.4.3 Gruppen von Gruppen

Für Ansible-Inventorys besteht darüber hinaus die Möglichkeit, mit dem Schlüsselwort `children` eine Gruppe zu bilden, die andere Gruppen beinhaltet:

```
[loadbalancer]
167.99.250.42:2222

[applikation]
167.99.242.84
```

```
node02
167.99.242.237

[datenbank]
node01:2222

[ubuntu:childen]
loadbalancer
datenbank

[ubuntu:vars]
ansible_user=ubuntu
ansible_ssh_private_key_file=~/.ssh/myawskey
ansible_become=yes
```

6.5 Module

Die Module sind das Kernstück von Ansible. Die anderen Komponenten – Inventare, Playbooks und Rollen – sind eigentlich nur dazu da, ein Gerüst für die Anwendung und Ausführung der Module zu bieten. Ein tiefgreifendes Wissen über Ansible ist zu einem maßgeblichen Teil Wissen über die eingebauten Module.

Die Frage ist immer wieder: Welches Modul eignet sich für die Bewältigung eines konkreten Einsatzzwecks? Und wie verhält es sich im Detail? Wenn Sie das oder die relevanten Module für einen bestimmten Zweck noch nicht kennen, dann müssen Sie erst recherchieren, was zur Verfügung steht.

6.5.1 Recherche nach Modulen

Die gesamte Liste aller eingebauten Module können Sie sich mit folgendem Befehl ausgeben lassen:

```
~$ ansible-doc --list
fortios_router_community_list  Configure community lists in Fortinet's Fortio
azure_rm_devtestlab_info       Get Azure DevTest Lab facts
ecs_taskdefinition             register a task definition in ecs
avi_alertscriptconfig          Module for setup of AlertScriptConfig Avi REST
tower_receive                  Receive assets from Ansible Tower
netapp_e_iscsi_target          NetApp E-Series manage iSCSI target configurat
azure_rm_acs                   Manage an Azure Container Service(ACS) instanc
fortios_log_syslogd2_filter    Filters for remote system server in Fortinet's
```

```
junos_rpc                      Runs an arbitrary RPC over NetConf on an Junip
na_elementsw_vlan              NetApp Element Software Manage VLAN
...
```

Zu den offiziell unterstützten Modulen gehören die, die vom Anbieter selbst entwickelt worden sind, und Module aus der Community. Wie gesagt handelt es sich aktuell um beinahe 9000 Stück:

```
~$ ansible-doc --list | wc -l
8992
```


Die ausgegebene Liste ist reiner Datadump, den Sie mit den üblichen Texttools auf der Linux-Kommandozeile bewältigen können. Setzen Sie zum Beispiel `sort` ein, um die Ausgabe alphabetisch zu sortieren. Mit `grep` filtern Sie die Modulnamen und den Beschreibungstext nach bestimmten Begriffen:

```
~$ ansible-doc --list | sort | grep ec2 | head
amazon.aws.ec2_ami                 Create or dest...
amazon.aws.ec2_ami_info            Gather ...
amazon.aws.ec2_eip_info            ...
amazon.aws.ec2_eip                 manages EC2 ...
amazon.aws.ec2_eni                 Create and optionally ...
amazon.aws.ec2_eni_info            Gather information about ...
amazon.aws.ec2_import_image_info   Gather information about ...
```

Da sieht man mal wieder, wie nützlich es ist, wenn man gut mit der Shell umgehen kann ...

Es gibt technische Kriterien, die die Module dieser Sammlung erfüllen müssen. Die formalen Kriterien spielen hingegen nur eine untergeordnete Rolle. Das können Sie bereits an den Beschreibungszeilen sehen, die mal mit Kleinbuchstaben, mal mit Großbuchstaben beginnen. Vor diesem Hintergrund ist ein gewisser Wildwuchs entstanden, der die Recherche nach einem Modul für einen bestimmten Zweck erschwert. Der Titel und die Beschreibung helfen zwar weiter, aber so ganz problemlos funktioniert das leider nicht. So fanden Sie zum Beispiel Module für AWS S3 unter Titeln, die mit *aws_s3* und mit *s3* beginnen. Die Launch-Konfiguration in EC2 wird durchgehend als *lc* abgekürzt, das Modul für das Launch-Template heißt aber *ec2_launch_template*. Vieles hat sich in den letzten Jahren jedoch verbessert, und vor allem die Module von AWS sind jetzt deutlich aufgeräumter. Das kann bei anderen Modulen jedoch noch anders aussehen.

Eine Art Bibliothek finden Sie in der Ansible-Dokumentation. Dort können Sie in den sogenannten Collections stöbern und die einzelnen Module und deren Dokumentation finden:

https://docs.ansible.com/ansible/latest/collections/index.html

Tatsächlich handelt es sich bei der Modul-Sammlung um ein historisch gewachsenes Gebilde, das mehr oder weniger chaotisch entstanden ist: Es finden sich immer wieder alternative Module für denselben Zweck und multifunktionale Module mit sich überschneidenden Aufgabenbereichen. Sie sehen auch anhand der Namen, ob es sich um offizielle Module von AWS oder um von der Community erstellte Module handelt. Manche veralteten Module werden nur noch als Ausscheidekandidaten mitgeführt. Wenn Sie intensiv mit Ansible arbeiten möchten, dann werden Sie wahrscheinlich eine eigene Liste mit den für Sie relevanten Modulen aufsetzen und bei Bedarf auf diese zurückgreifen.

Hilfeseiten

Jedes mitgelieferte Modul beinhaltet eine Hilfeseite ähnlich den Linux-Manpages, die Sie mit `ansible-doc` abrufen können. Sie finden hier eine Kurzbeschreibung, die Optionen des Moduls (alphabetisch sortiert), Anmerkungen, Rückgabewerte und meistens auch Anwendungsbeispiele:

```
~$ ansible-doc amazon.aws.ec2_instance
> MODULE amazon.aws.ec2_instance (/opt/homebrew/Cellar/ansible/10.1.0/libexec/
lib/python3.12/site-packages/ansible_collections/amazon/aws/plugins>

  Create and manage AWS EC2 instances.
  This module does not support creating EC2 Spot instances <https://
aws.amazon.com/ec2/spot/>.
  The amazon.aws.ec2_spot_instance module can create and manage spot
instances.
```

Die Hilfeseiten der eingebauten Module finden Sie auch in der Online-Dokumentation versammelt:

https://docs.ansible.com/ansible/latest/collections/index.html

6.5.2 Module einsetzen

Ein großer Teil der in Ansible verfügbaren Module dient der Administration von Linux-Installationen und darauf betriebener Software. Für beinahe jeden dabei anfallenden Handgriff ist ein Modul verfügbar – und manchmal gibt es auch mehrere Alternativen.

Ein bestimmtes Aufgabengebiet ist zum Beispiel die Paketverwaltung. Unter der Kategorie *Packaging modules* in der Online-Dokumentation finden Sie zum Beispiel folgende Module für die Steuerung von Linux-Paketmanagern:

- Mit dem Modul *apt* können Sie die Paketverwaltung auf Linux-Distributionen steuern, die, von Debian abstammend, das *.deb*-Paketformat benutzen.
- Das Modul *apt_repository* ist dazu da, mit Liste der registrierten Paketquellen zu managen.
- Die Gegenstücke für die Steuerung des Paketmanagers auf Systemen, die auf das Red-Hat-Paketformat *.rpm* setzen, sind die Module *yum* und *yum_repository*.
- Das Modul *package* ist eine neuere Entwicklung. Es versucht die Spaltung von Modulen in diesem Bereich zu überwinden, indem es die Paketmanager beider Systeme ansprechen kann.

Ob Sie *package* oder eines der detaillierteren Module einsetzen möchten, bleibt letztendlich Ihnen überlassen. Mein Tipp ist, generell immer auf das speziellere Modul zu setzen. Ansible bietet Ihnen Mittel, um (unter Einsatz der *facts*) OS-agnostische und universelle Playbooks zu schreiben. Dort suchen Sie dann geeignete Module aus und führen angepasste Provisionierungsschritte aus. Wenn Sie diese Funktionalität benötigen, dann sind universelle Module nur eine Behelfsmaßnahme – eine eigens angepasste Lösung macht zwar mehr Arbeit, wird aber besser funktionieren.

Zielstatus

Grundsätzlich sind Ansible-Module immer statusbasiert aufgesetzt. Es kann also immer ein gewünschter Zielzustand damit erreicht werden. Sie können also anweisen, dass ein Modul den Status sicherstellen soll, dass bestimmte Pakete installiert sind, oder auch, dass sie nicht installiert sind. Das Modul prüft, wenn es auf dem Host eingesetzt wird, zunächst den Istzustand und handelt entsprechend. Die Formulierung »mit Ansible ein Paket installieren« ist also genau genommen nicht ganz richtig. Eigentlich müsste es heißen: »Ansible stellt sicher, dass ein Paket den Status *vorhanden* hat.« Da Praktiker aber selten wie im Puppenland sprechen, finden Sie die erste Redewendung auch hier.

Die Module setzen bei diesem Ansatz eine höherwertige Verhaltenslogik um, als nur bei jedem neuen Durchlauf stoisch immer dieselbe Operation vorzunehmen. Beim zweiten Absetzen des reinen Installationsbefehls sagt ein Paketmanager wie APT, dass die Pakete bereits installiert sind und die Installationsaufforderung daher sinnlos ist. Bei einer eigenen Durchführungslogik, die in Modulen umgesetzt ist, wird der Paketmanager aber gar nicht mehr angewiesen, die Pakete zu installieren, wenn sie bereits vorhanden sind. Das gilt auch für den Austausch von Textzeilen mit regulären Ausdrücken und allen anderen Operationen.

Die Ansible-Module sind also eine Abstraktionsebene der darunterliegenden Systemwerkzeuge und setzen diese statusbasiert ein. Ist dies bei einem Durchlauf notwendig gewesen, dann wird ein CHANGED als Statuswechsel auf dem Zielsystem zurückgegeben.

Dieses Verhalten von Modulen und die Frage nach dem Ergebnis von mehrmaligen Durchläufen gegen denselben Host trägt dem Prinzip der *Idempotenz* Rechnung, dem Ansible per Design her folgt. Dazu gibt es noch einige Hinweise in Abschnitt 6.6.4.

apt

Sie können wieder das Tool `ansible` benutzen, um zum Beispiel das Modul *apt* gegen den Beispielserver aus der Hetzner-Cloud laufen zu lassen, der Ubuntu 22.04 nutzt. Probieren Sie einfach mal, ein oder mehrere bestimmte Pakete wie zum Beispiel den MariaDB-Server und den dazugehörigen Client zu installieren.

Setzen Sie das Modul dafür mit folgenden grundlegenden Optionen ein:

- Geben Sie unter `name` die Namen der gewünschten Pakete an.

  In älteren Tutorials finden Sie in Beispiel-Playbooks für die Verarbeitung von einer Vielzahl von Paketen mit *apt* eine iterative Konstruktion mit dem Element `with_items` (siehe unter Abschnitt 6.6.7). Diese ist seit Ansible 2.11 aber obsolet. Playbooks sind hier noch nicht vorgestellt worden, aber das muss zu *apt* hier unbedingt schon mal gesagt werden, weil Sie das hundertfach im Internet finden. Merken Sie sich das gar nicht erst falsch!
- Der `status` der angegebenen Pakete soll `present` sein. Das ist die Voreinstellung für diesen Schalter, und deshalb ist es eigentlich gar nicht notwendig, die Option mit diesem Parameter explizit abzusetzen.

  Andere mögliche Zustände sind `absent` (ein Paket soll nicht installiert sein) und `latest` (die jeweils aktuelle verfügbare Version dieses Pakets soll installiert sein). Letzteres Argument sorgt dafür, dass das Paket aktualisiert wird, wenn eine neuere Fassung davon in den Paketquellen verfügbar wird. Ein Update ist nicht immer erwünscht, daher gibt es für Installation und Update unterschiedliche Schalter.
- Der optionale Schalter `update-cache` führt zu Beginn erst einmal ein Update der internen Paketlisten auf dem Host aus. Bei frisch gelaunchten Cloud-Servern ist es meistens notwendig, das vorher auszuführen.

  Wenn Sie das Modul *apt* in einem Playbook mehrmals einsetzen, dann implementieren Sie diese Operation besser als separaten Schritt, um Overhead zu vermeiden.

Die bei `ansible` benötigten Optionen für dieses Modul setzen Sie auch wieder mit dem Schalter `-a` ab. Im Anwendungsbeispiel enthält das Inventar mit voreingestellter SSH-Authentifizierung einen Host und ist per Projektkonfiguration festgelegt:

```
~/myansibleproject$ ansible all \
  -m apt \
  -a 'name=mariadb-server,mariadb-client state=present update_cache=yes'
      116.203.201.138 | CHANGED => {
```

```
    " ansible_facts": {
        "discovered_interpreter_python": "/usr/bin/python3.10"
    },
    "cache_update_time": 1724009815,
    "cache_updated": true,
    "changed": true,
    "stderr": "",
    "stderr_lines": [],
    "stdout": "Reading package lists...\nBuilding dependency tree...
              \nReading state information...\nThe following additional
               packages will be installed:\n
```


Das Modul löst für seine Arbeit übrigens nicht die CLI-Befehle `apt` oder `apt get` auf dem Host aus, sondern spricht über die Bibliothek *python3-apt* die hinter APT stehende Systembibliothek `libapt` an. Beide Python-Bibliotheken gehören meistens, und so auch bei Ubuntu, mit zur Basisinstallation. Sie müssen also zum Glück nicht erst mit dem Modul *command* herumhantieren, um diese erst einmal zu installieren, bevor Sie das Modul *apt* einsetzen können.

Wenn Sie denselben Befehl ein zweites Mal absetzen, dann dauert es diesmal nur einen kleinen Moment. Ansible gibt dann zurück, dass das Modul erfolgreich durchgelaufen ist. Diesmal hat kein Statuswechsel auf dem Host stattgefunden:

```
~/myansibleproject$ ansible all \
  -m apt \
  -a 'name=mariadb-server,mariadb-client state=present update_cache=yes'
      116.203.201.138 | SUCCESS => {
    "ansible_facts": {
        "discovered_interpreter_python": "/usr/bin/python3.10"
    },
    "cache_update_time": 1724009936,
    "cache_updated": true,
    "changed": false
}
```

Das verdeutlicht noch mal das statusbasierte Design von Modulen und zeigt auch, warum Sie bei *apt* den `status` angeben müssen und nicht einen Befehl wie »installiere MariaDB-Server« absenden.

Setzen Sie dann das Modul *mysql_db* oder *mysql_user* ein, um die installierte Datenbank zu konfigurieren.

Im Folgenden finden Sie als ein »Survival-Kit« eine kleine Auswahl von gängigen Standardmodulen. Dies soll Ihnen auch noch weiter verdeutlichen, wie Module in Ansible anzuwenden sind.

6.5.3 copy

Bei *copy* handelt es sich um ein wichtiges Basismodul. Sie können damit Dateien vom Arbeitsrechner auf provisionierte Hosts hochladen. Das Gegenstück *fetch* kann Dateien umgekehrt von dem Host auf den Arbeitsrechner kopieren.

Die beiden grundlegenden Optionen von *copy* sind folgende:

- Unter `src` geben Sie eine Ursprungsdatei oder ein Ursprungsverzeichnis an, die bzw. das kopiert werden soll.

  Vorsicht: Wenn ein Verzeichnis mit dem *Trailing Slash* angegeben wird, dann wird der Inhalt des Verzeichnisses kopiert. Gibt es keinen abschließenden Slash, dann wird das gesamte Verzeichnis kopiert. Das ist dasselbe Verhalten wie beim Linux-Befehl `rsync`. Unterscheiden Sie also zwischen *~/Daten* und *~/Daten/*!

  Sie können bei `src` auch einen relativen Pfad angeben. Das Modul sucht dann unter anderem im Verzeichnis, in dem das Modul ausgelöst worden ist (normalerweise das Projektverzeichnis), und in einem dort eventuell vorhandenen Verzeichnis *files* nach der dabei angegebenen Quelle.

- Unter `dest` geben Sie das Ziel auf dem Host an. Ist der Ursprung eine Datei, dann können Sie einen Zieldateinamen (*/path/to/file*) eingeben, unter dem die Datei dort abgelegt wird. Oder Sie geben ein Zielverzeichnis an (*/path/to/folder*), in dem dann der Ursprung (Datei, Verzeichnis, Verzeichnisinhalt) auf dem Host abgelegt wird. Die Autoren dieses Moduls haben die praktische Funktion eingebaut, dass auf dem Host nicht vorhandene Verzeichnisse und Unterverzeichnisse bei der zweiten Verwendungsweise automatisch erzeugt werden.

  Wenn das gewünschte Ziel oder die gewünschten Ziele auf dem Host bereits vorhanden ist bzw. sind, dann findet kein Kopiervorgang statt.

Ein grundlegendes Beispiel zeigt, wie alle Dateien aus dem Verzeichnis *testdir* im Projektverzeichnis auf den Host und dort in das neu anzulegende Verzeichnis */opt/myfiles* kopiert werden:

```
~/myansibleproject$ ansible all -m copy \
  -a 'src=testdir/ dest=/opt/myfiles owner=nobody group=users mode=666'
116.203.201.138 | CHANGED => {
    "changed": true,
    "dest": "/opt/myfiles/",
    "src": "/home/vagrant/myansibleproject/testdir/"
}
```

Besitzer und Rechteschema

Da Ansible mit Root-Rechten operiert, sind der Besitzer und die Gruppe von aufgespielten Dateien und Verzeichnissen normalerweise *root*.

Die Rechte ergeben sich aus der jeweils gültigen *umask*-Einstellung auf dem Host. Auf Ubuntu ist der Wert für *root* per Default auf 0022 eingestellt, was für angelegte Dateien in dem Rechteschema `rw-r-r` (0644) und für neu angelegte Verzeichnisse in `rwx-rx-rx` (0755) resultiert.

Diese Werte können Sie mit den Moduloptionen `owner`, `group` und `mode` (entweder für eine Zieldatei oder ein Zielverzeichnis) manipulieren. Der Nutzer und die Gruppe müssen auf dem Zielsystem vorhanden sein, sonst bricht Ansible hier mit einer Fehlermeldung ab.

Die Dateien und das neue Verzeichnis auf dem Host gehören mit den Schaltern im Beispiel `nobody.users` (*nobody* ist ein auf Ubuntu per Default vorhandener Dummy-User). Der Folder */opt/myfiles* bekommt das Rechteschema `rwx-rx-rx` (0755), und die dort hineinkopierten Dateien erhalten wie gewünscht zu Demonstrationszwecken das Schema `rw-rw-rw` (0666 anstatt 0644):

```
root@myserver:~# ls -ld /opt/myfiles/
drwxr-xr-x 2 nobody users 4096 Dec 29 01:12 /opt/myfiles/

root@myserver:~# ls -l /opt/myfiles/*
-rw-rw-rw- 1 nobody users 0 Dec 29 01:12 /opt/myfiles/testfile1
-rw-rw-rw- 1 nobody users 0 Dec 29 01:12 /opt/myfiles/testfile2
-rw-rw-rw- 1 nobody users 0 Dec 29 01:12 /opt/myfiles/testfile3
```

remote_src

Dateien und Verzeichnisse auf dem Host umzukopieren, ist mit dem Modul *copy* auch möglich. Dafür müssen Sie nur den Schalter `remote_src` auf `True` stellen. Dann können Sie einen Quellordner auf dem Host angeben.

Textdateien erzeugen

Ein praktisches Feature von *copy* ist die Option `content`. Sie können diese alternativ zu `src` einsetzen und damit aus einem Playbook heraus Textdateien, wie etwa kleine Konfigurationsdateien, erzeugen:

```
tasks:
  - copy:
      content: "<html>\n<body>Hello,world!</body>\n</html>"
      dest: /var/www/html/index.html
```

Das erspart Ihnen, diese Datei auf dem Arbeitsrechner extra anlegen zu müssen. Allerdings gibt es hierbei eine kleine Einschränkung: Bei dieser Verwendungsweise des Moduls werden nicht vorhandene Verzeichnisse in `dest` nicht automatisch erzeugt:

```
TASK [copy]
fatal: [116.203.201.138]: FAILED! =
```

```
> {"changed": false, "checksum": "86d49f46804a1705bd98d5bda70f13ff99524635"
, "msg": "Destination directory /var/www/html does not exist"}
```

Das funktioniert, wie bereits erwähnt, aber nur, wenn ein Zielort angegeben wird, keine Zieldatei. Sie müssten das angegebene Verzeichnis also vorher erst noch erzeugen. `content` einzusetzen ist eigentlich nur dann sinnvoll, wenn es das Zielverzeichnis auf dem Host bereits sowieso gibt.

6.5.4 get_url

Mit dem Modul *get_url* können Sie Dateien aus dem Internet auf einen Host herunterladen. Geben Sie dafür mit `src` die Quelle und mit `dest` ein Ziel an. Sie können die Quelldatei auch umbenennen, indem Sie bei `dest` beim Ablegen einen anderen Dateinamen angeben.

Ein konkretes Anwendungsbeispiel sieht etwa so aus:

```
~/myansibleproject$ ansible all \
  -m get_url \
  -a 'url=https://wordpress.org/latest.zip dest=/tmp/wordpress.zip'
116.203.201.138 | CHANGED => {
    "ansible_facts": {
        "discovered_interpreter_python": "/usr/bin/python3.10"
    },
    "changed": true,
    "checksum_dest": null,
    "checksum_src": "800ba87237ee9eb443b920501aff9ea47a4aac33",
    "dest": "/tmp/wordpress.zip",
    "elapsed": 2,
    "gid": 0,
    "group": "root",
    "md5sum": "858de5e7031941020e8381d6f4ecd6e5",
    "mode": "0644",
    "msg": "OK (26138467 bytes)",
    "owner": "root",
    "size": 26138467,
    "src": "/root/.ansible/tmp/ansible-tmp-1724011549.582368-34542-
            93066353151311/tmpy8oosmkx",
    "state": "file",
    "status_code": 200,
    "uid": 0,
    "url": "https://wordpress.org/latest.zip"
}
```

timeout

Das Modul *get_url* verfügt über eine Reihe von weiteren Optionen. Dazu gehört zum Beispiel der timeout für den eigentlichen Download, der bei großen Dateien mit 10 Sekunden per Voreinstellung zu kurz ausgelegt ist.

checksum

Eine andere Option ist checksum. Über diesen Schalter können Sie eine Prüfsumme mitgeben, mit der die Datei nach dem Herunterladen geprüft wird. Sie sollten diese Option auf jeden Fall nutzen, denn mit ihr können Sie sicherstellen, dass die Datei vollständig gezogen worden ist und dass Ihnen keine Schadsoftware untergejubelt wird, weil es jemanden gelungen ist, sich irgendwie zwischen die Quelle und Ihren Host zu setzen.

Der Schalter checksum benötigt eine Angabe darüber, welchem Algorithmus die Prüfsumme folgt. Sie geben das für *sha1* zum Beispiel in der Form checksum=sha1:<Prüfsumme> an.

Anbieter von Software stellen oftmals Dateien mit Prüfsummen zusammen mit korrespondierenden Downloadobjekten auf dieselbe Internetseite. Das erleichtert die Verifikation von Downloads, und das Modul *get_url* kann solche Dateien mit Prüfsummen automatisiert auswerten. Das funktioniert vom Prinzip her dann auf diese Weise:

```
~/myansibleproject$ ansible all -m get_url \
  -a 'url=https://wordpress.org/latest.tar.gz dest=/tmp/wordpress.zip
  checksum=sha1:https://wordpress.org/latest.tar.gz.sha1'
```

6.5.5 template

Was die Provisionierung von Linux-Servern angeht, so ist *template* mit Sicherheit eines der wichtigsten Module in Ansible. Das Modul funktioniert vom Prinzip her genauso wie *copy*, indem Sie nämlich mit src eine Quelle und mit dest ein Ziel angeben. Allerdings ist es nicht dazu da, bereitgelegte statische Konfigurationsdateien auf Hosts einzuspielen, sondern um Templates mit dem dafür eingebauten Prozessor zu verarbeiten, bevor sie abgelegt werden. Der Begriff *Template* wird hier wieder in dem eigentlichen Sinne von »Vorlage für eine Konfigurationsdatei« verwendet.

Die eingebaute Templatesprache von Ansible ist *Jinja2*. Diese bietet Ihnen vielfältige Möglichkeiten im Hinblick auf die Gestaltung von Textvorlagen für Konfigurationsdateien und andere Dinge. Einen maßgeblichen Teil seiner großen Leistungsfähigkeit verdankt Ansible der Einbindung dieses Werkzeugs. Beispielsweise stehen Ihnen in Templates die Fakten zur Verfügung, die bei jedem Provisionierungslauf von jeder Maschine erhoben werden.

Dieses Beispiel-Template evaluiert einfach verschiedene Fakten von der jeweiligen Zielmaschine, auf die es aufgespielt wird:

```
~/myansibleproject$ cat index.html.j2
<html>
  <body>
    Grüße von {{ ansible_hostname }} ({{ ansible_eth0.ipv4.address }})!
    Die Distribution ist {{ ansible_distribution }}
      {{ ansible_distribution_version }}.
  </body>
</html>
```

Selbstverständlich können Sie in Templates auch eigene Variablen auswerten, die Sie etwa im Playbook oder an anderer Stelle definieren.

Die Dateiendung *.j2* für Jinja2-Templates wird nicht verlangt, ist aber bewährte Praxis. Sie können diese Datei dann mit dem Modul `template` auf dem Host einspielen und dabei verarbeiten (oder auch mit `copy` einspielen, nur wird sie dann nicht verarbeitet):

```
  - template:
      src: index.html.j2
      dest: /var/www/html/index.html
```

Das ist wiederum ein Ausschnitt aus einem Playbook. Sie sehen, dass dies nur eine andere Form der Repräsentation der Moduloptionen ist, als diese auf der Kommandozeile mit abzusetzen. Das Modul lässt sich mit dem Tool `ansible` aber nicht erfolgreich anwenden, weil dieser Befehl außer mit dem Modul *setup* keine Fakten evaluiert. In diesen Fall sind die im Template verwendeten Variablen nicht verfügbar, was zu der Fehlermeldung `AnsibleUndefinedVariable` und damit zum Modulabbruch führt.

Nach dem erfolgreichen Aufspielen und der dabei erfolgten Verarbeitung mit dem Templateprozessor bekommt die Datei auf dem Host hinterher diese Form:

```
root@myserver:~# cat /var/www/html/index.html
<html>
  <body>
    Grüße von myserver (116.203.201.138)!
    Die Distribution ist Ubuntu 22.04.
  </body>
</html>
```

Jinja2

Jinja2 (*https://jinja.palletsprojects.com/*) ist eine beliebte und starke Templatesprache für Python. Das eigenständige Projekt wird für viele Applikationen eingesetzt, zum Beispiel auch für das Framework für die Webapplikation Flask.

Bei Ansible können Sie Jinja2 in Vorlagen für Konfigurationsvorlagen schreiben, die mit dem Modul *template* verarbeitet werden. Eine große Rolle spielen dabei die am Anfang jedes Provisionierungslaufs von allen beteiligen Hosts evaluierten Fakten (*facts*).

Jinja können Sie aber auch in Playbooks einsetzen, in denen jeder Task vor der Anwendung durch den Templateprozessor geschickt wird. Das bietet Ihnen eine enorme Flexibilität für die Implementation von parametrisierten, einer jeweiligen Maschinenumgebung angepassten Provisionierungen. Sie können so eine ganze Provisionierungslogik aufsetzen.

Jinja2 bietet eine Art rudimentärer Programmiersprache, die geschwungene Klammern für die Definition ihrer Elemente einsetzt. Doppelte geschwungene Klammern dienen dabei zur Evaluation von Variablen. Im Playbook müssen Sie zu evaluierende Variablen dabei in Anführungsstriche setzen. Leerzeichen zwischen den Klammern und dem eingefassten Variablennamen sind nicht notwendig, haben sich aber als Konvention eingebürgert und sorgen für mehr Lesbarkeit.

Programmierlemente (*control statements*) in Jinja stehen immer in einer Konstruktion von einfachen geschwungenen Klammern und Prozentzeichen: `{% foo %}`. Die `if`-Bedingung können Sie verwenden, um in einem Template bestimmte Abschnitte je nach Deploymentweise (ob zum Beispiel für die Entwicklung oder für die Produktion) ein- und auszuschalten:

```
{% if not produktion %}
listen stats :9000
  mode http
  log global
  maxconn 10
{% endif %}
```

Setzen Sie für ein Deployment dann die selbst definierte Variable `produktion` auf `True` oder `False`, um einen Host angepasst zu konfigurieren.

Mit `for` können Sie über die Elemente eines Arrays (etwa eine Liste mit IP-Adressen) iterieren, um daraus Zeilen für eine Konfigurationsdatei zu generieren:

```
{% for ntp_server in ntp_servers %}
server {{ ntp_server }} iburst
{% endfor %}
```

Jinja2 bietet auch noch vieles mehr, und es gibt unter anderem Datenstrukturen, Makros und Childtemplates.

6.5.6 lineinfile

Mit dem Modul *lineinfile* können Sie Konfigurationsdateien manipulieren, die sich bereits auf dem Host befinden. Dieses Modul arbeitet immer in Hinblick auf eine einzelne Zeile.

Um eine bestimmte Zeile zu finden beziehungsweise herauszustellen, setzt *linefile* reguläre Ausdrücke ein, also Metazeichen, die Text beschreiben. Die Syntax von regulären Ausdrücken in Python unterscheidet sich vom Grundstock her nicht maßgeblich von den POSIX-Regex, die Sie wahrscheinlich schon von den Linux-Texttools `grep` und `sed` her kennen.

Anwendungsbeispiel 1

Im folgenden Beispiel sucht *lineinfile* in der Datei */etc/sudoers* auf dem Host die Zeile, die mit `%sudo` beginnt. Das Caret ^ bedeutet in diesem Zusammenhang »Anfang einer Zeile«.

Das Modul tauscht die gefundene Zeile dann gegen die bei `line` angegebene Konfigurationszeile aus. Diese ermöglicht es den Mitgliedern der Gruppe *sudo*, den Linux-Befehl `sudo` auszuführen, ohne ihr eigenes Kennwort noch einmal eingeben zu müssen:

```
- lineinfile:
    path: /etc/sudoers
    regexp: "^%sudo"
    line: "%sudo ALL=(ALL) NOPASSWD:ALL"
    backup: yes
    validate: "/usr/sbin/visudo -cf %s"
```

[»]

Hinweis

Einige Sonderzeichen (wie zum Beispiel % und :) verlangen, wenn sie als Bestandteile von Strings in YAML auftauchen, dass der String in Anführungsstriche gesetzt wird. Ob Sie einfache oder doppelte Ticks verwenden, ist dabei unerheblich.

Die Beispiele in diesem Buch folgen der einfachen eigenen Konvention, dass YAML-Strings als Argumente für Moduloptionen, die irgendein Zeichen oder auch ein Leerzeichen enthalten (in diesem Fall aus ästhetischen Gründen), in doppelten Anführungsstrichen geschrieben werden.

backup

Nützlich bei diesem Modul ist der Schalter `backup`, der auch bei einigen anderen Modulen zur Verfügung steht. Er sorgt dafür, dass von der veränderten beziehungsweise überschriebenen Konfigurationsdatei immer eine Sicherungskopie im selben Verzeichnis angelegt wird.

Aus einem Diff zwischen der Konfigurationsdatei und dem nach einem Durchlauf vorhandenen Backup können Sie gut den Erfolg der Umkonfigurierungsmaßnahme überprüfen:

```
root@myserver:/etc# diff sudoers sudoers.6352.2024-12-30@04\:24\:31~
26c26
< %sudo ALL=(ALL) NOPASSWD:ALL
---
> %sudo ALL=(ALL:ALL) ALL
```


Das Modul ist übrigens intelligent genug, um bei einem erneuten Durchlauf festzustellen, dass die Änderung bereits stattgefunden hat, und zwar auch ohne Backup-Datei. Und das, obwohl der Regex-Ausdruck genauso auch auf Änderungen zutrifft! Genau das ist der große Vorteil von Ansible und ein gutes Argument dafür, bei der Provisionierung nicht mit Shellskripten zu arbeiten.

[«]

Hinweis

Achten Sie bei der Konstruktion eines regulären Ausdrucks darauf, nicht aus Versehen mit einem zu generellen Ausdruck mehrere Zeilen zu »erwischen«, die unerwünscht alle einen Treffer enthalten (darunter eventuell auch Dokumentationstext). Das Modul *lineinfile* ersetzt in diesem Fall immer die letzte dabei herausgekommene Zeile, was vielleicht nicht unbedingt erwünscht ist.

validate

In der Konfigurationsdatei */etc/sudoers* gibt es den dringenden Warnhinweis, diese Datei nicht unmittelbar mit Textwerkzeugen zu bearbeiten, sondern dafür immer das Tool `visudo` einzusetzen, das in Grundfunktion als Editor-Wrapper arbeitet. Dieser führt vor dem Abspeichern am Ende einer Konfigurationssitzung unter anderem Syntaxchecks durch.

Wenn Sie als normaler Benutzer Zugang zu einem Host haben und das Root-Kennwort nicht kennen, dann ist eine zerschossene *sudoers*-Datei ein sehr effektiver Weg, sich selbst die Root-Rechte zu nehmen.

Als gute Lösung für solche Fälle bietet dieses Modul die Option `validate`. Mit dieser können Sie ein auf dem Host vorhandenes Werkzeug einsetzen, um die vorgenommenen Änderungen zu validieren, bevor das Modul sich beendet und die veränderte Datei stehen lässt. Der Schalter `backup` muss dafür nicht aktiviert sein. Im Beispiel wird `visudo` eingesetzt, um die Änderungen zu überprüfen.

Anwendungsbeispiel 2

Ein weiteres Anwendungsbeispiel konfiguriert einen (diesmal nicht als Container) installierten MariaDB-Server so um, dass auch der Zugriff aus dem Internet darauf möglich ist:

```
- lineinfile:
    path: /etc/mysql/mariadb.conf.d/50-server.cnf
    regexp: "^bind-address(.+)127.0.0.1"
    line: "bind-address = 0.0.0.0"
    backup: yes
```

Die Regex-Konstruktion .+ drückt aus, dass ein oder mehr beliebige Zeichen gemeint sind, zu denen auch Leerzeichen gehören. Das nach dem Lauf entstandene Diff zwischen der Originaldatei und dem Sicherheitsbackup sieht folgendermaßen aus:

```
root@myserver:/etc/mysql/mariadb.conf.d# diff 50-server.cnf 50-server.cnf.
9194.2019-12-30@04\:45\:25~
29c29
< bind-address = 0.0.0.0
---
> bind-address            = 127.0.0.1
```

Sie müssen jetzt nur noch den MariaDB-Server reloaden, damit die Änderung an der Konfigurationsdatei auch wirksam wird. Dafür setzen Sie das Modul für systemd-Services ein, das Sie im Playbook über einen Trigger (Stichwort: *handler*) auslösen, immer wenn das bei einem Ansible-Durchlauf notwendig geworden ist.

Zeilen löschen

Sie können mit `lineinfile` natürlich auch Zeilen löschen, indem Sie eine Kombination von `regexp` und dem Schalter `state: absent` nutzen. Die Default-Funktionalität `state: present` müssen Sie beim Hinzufügen von Zeilen wie immer nicht explizit schreiben. Beim Löschen von Zeilen hingegen ist es nicht nötig, die Austauschzeile `line` anzugeben.

Es gibt noch einige andere Anwendungsmöglichkeiten; konsultieren Sie bei Bedarf einfach die ausführliche Hilfeseite zu diesem Modul aus `ansible-doc`. Das gilt auch für die anderen hier vorgestellten Module.

6.6 Playbook

Bisher haben Sie die Module stets direkt mit `ansible` ausgelöst. Das verdeutlicht gut die Arbeitsweise, ist aber im produktiven Einsatz wenig praktisch. Ein Provisionierungs-Framework ist natürlich für andere Anwendungsfälle gemacht.

Es geht bei Ansible hauptsächlich darum, die Module in komplexen Prozeduren für die Provisionierung von Serverlandschaften einzusetzen. Das Mittel, mit dem Sie solche Prozeduren aufsetzen können, ist ein *Playbook*. Meiner Meinung nach ist »Ablaufplan« dafür die beste Übersetzung. Ursprünglich kommt der Begriff aus dem American Football und bezeichnet die Sammlung von Spielzügen, die ein Team ausführen kann. Playbooks werden in der Markup-Sprache YAML geschrieben.

6.6.1 Plays

Es gibt einen kleinen Unterschied zwischen eigenständigen Playbooks und denjenigen, die in einer Rolle verwendet werden. Und zwar findet bei der eigenständigen Fassung die Verknüpfung mit einer Gruppe des Maschineninventars im Playbook selbst statt. Im Kopf geben Sie mit dem Schlüsselwort `hosts` an, für welche Hosts im Inventar das Playbook gelten soll. Danach kommen unter `tasks` dann die einzelnen Schritte (*tasks*), die die konkrete *Prozedur* (*play*) ausführen soll:

```
---
- hosts: all
  tasks:
```

Ein eigenständiges Playbook kann mehrere Prozeduren enthalten. Unter dem ersten Block von Operationen können Sie eine weitere Prozedur anlegen. Das eignet sich dafür, um für verschiedene Gruppen aus dem Inventar jeweils eine eigene Prozedur zu definieren:

```
---
- hosts: frontends
  tasks:
- hosts: loadbalancer
  tasks:
```

Ansible ist so konzipiert, dass Sie auch eine komplexe heterogene Maschinenlandschaft, bei der verschiedene Gruppen von Servern unterschiedlich provisioniert werden, mit einem Knopfdruck deployen können. Sie lösen den dafür benötigten Befehl aus, und Ansible arbeitet dann so lange, bis alles wie gewünscht fertig aufgesetzt ist.

Sie könnten natürlich für jede Gruppe im Inventar ein separates Playbook mit nur einer Prozedur aufsetzen und diese dann händisch nacheinander auslösen. Dann geht

Ihnen allerdings die Funktionalität verloren, dass mit Ansible Servergruppen aufeinander bezogen konfiguriert werden können, etwa über die variable Verarbeitung von IP-Adressen und Portnummern mittels der evaluierten *facts* in Konfigurations-Templates. Gerade beim Cloud Computing ergeben sich die konkreten Werte aber erst während eines Provisionierungslaufs. Diese bekommen Sie dann nur umständlich in ein anderes, separates Deployment hinein. Nutzen Sie daher die Mittel, die Ansible dafür bereitstellt.

Rollen sind ein Mittel, um nicht riesige Playbooks als unendlich lange einzelne Konfigurationsdateien pflegen zu müssen. Sie sind in Ansible dermaßen nützlich, dass eigenständige Playbooks für komplexe Provisionierungen eigentlich kaum zu empfehlen sind (auch nicht mit *Includes*).

Da Rollen jetzt erst einmal nicht das Thema sind, werden sich die Beispiele in diesem Kapitel auf den einfachen Anwendungsfall mit `hosts: all` beschränken. Es werden in den folgenden Beispielen allerdings auch mehrere Cloud-Instanzen provisioniert, wenn auch noch homogen. Zum Vergleich – das aktuelle Inventar für das nächste Beispiel sieht folgendermaßen aus:

```
~/myansibleproject$ cat hosts
116.203.201.138
78.46.184.248
78.47.47.136
[all:vars]
ansible_user=root
ansible_ssh_private_key_file=~/.ssh/myhetznerkey
```

6.6.2 Tasks

Die Tasks im Playbook beziehungsweise in einem Play sind diejenigen einzelnen separaten Schritte, die Sie benötigen, um ein bestimmtes Provisionierungsziel zu erreichen. Tasks setzen Ansible-Module ein – es gab bereits einige Beispiele dafür. Tasks sind aber mehr als nur hintereinander abgesetzte Module mit bestimmten Werten für ihre Optionen.

Eine spezielle Funktion, die Tasks für die Ausführung von Modulen bereitstellt, ist der *friendly name*. Sie können unter `name` für jeden Task eine Kurzbeschreibung festlegen, die im Laufprotokoll dann anstelle des Modulnamens ausgegeben wird. Vor allem beim komplexeren Deployment sollten Sie diese Möglichkeit nutzen, um in den während der Provisionierung ausgegebenen Logs einfacher mitverfolgen zu können, was gerade geschieht.

Sie sollten sich direkt angewöhnen, immer eine kleine aussagekräftige Beschreibungszeile einzufügen, die aussagt, was der Zweck eines Tasks ist. Ihre Kollegen und zukünftige Mitarbeiter werden es Ihnen danken; aber auch Sie selbst müssen nach einigen Wochen vielleicht erst mal wieder mühsam nachvollziehen, wie Sie Probleme gelöst haben, wenn keine zusätzliche Dokumentation vorgesehen war.

Ein kleines Beispiel-Playbook zeigt, wie diese Einrichtung verwendet wird:

```
# beispiel1.yml
---
- hosts: all
  tasks:
    - name: Clone Boilerplate-Konfiguration für Nginx vom H5BP-Projekt
      git:
        repo: https://github.com/h5bp/server-configs-nginx.git
        dest: /tmp/server-configs-nginx

    - name: Kopiere Verzeichnis "h5bp" aus geklontem Git-Repo
      copy:
        src: /tmp/server-configs-nginx/h5bp
        dest: /etc/nginx
        remote_src: yes

    - name: Deaktiviere requests in Boilerplate-Konfiguration
      lineinfile:
        dest: /etc/nginx/h5bp/basic.conf
        regexp: "requests.conf;$"
        line: "#include h5bp/cross-origin/requests.conf;"
```

Listing 6.1 Die Datei beispiel1.yml

Es gibt in Ansible aber noch viel mehr Funktionen für Tasks, die im weiteren Verlauf dieses Kapitels zur Sprache kommen werden.

6.6.3 ansible-playbook

Das Tool, mit dem Sie ein Playbook auf ein Inventar anwenden, ist `ansible-playbook`. Die Option für die Angabe der Zielmaschinen entfällt hierbei, denn sie Information steht ja im Playbook. Das ist der entscheidende Unterschied zu `ansible`, wo Sie immer entweder `all` oder eine bestimmte Gruppe aus dem Inventar angeben müssen.

Das kleine Beispiel-Playbook wenden Sie also folgendermaßen an (die Einstellungen für den SSH-Zugang sind im Inventar konfiguriert):

```
~/myansibleproject$ ansible-playbook -i hosts beispiel1.yml
PLAY [all]
TASK [Gathering Facts]
ok: [78.46.184.248]
```

```
ok: [116.203.201.138]
ok: [78.47.47.136]
TASK [Clone Boilerplate-Konfiguration für Nginx vom H5BP-Projekt]
changed: [78.46.184.248]
changed: [116.203.201.138]
changed: [78.47.47.136]
TASK [Kopiere Verzeichnis "h5bp" aus geklontem Git-Repo]
changed: [78.47.47.136]
changed: [78.46.184.248]
changed: [116.203.201.138]
TASK [Deaktiviere requests in Boilerplate-Konfiguration]
changed: [78.46.184.248]
changed: [78.47.47.136]
changed: [116.203.201.138]
PLAY RECAP
78.46.184.248 : ok=4 changed=3 unreachable=0 failed=0 skipped=0 ignored=0
116.203.201.138 : ok=4 changed=3 unreachable=0 failed=0 skipped=0 ignored=0
78.47.47.136  : ok=4 changed=3 unreachable=0 failed=0 skipped=0 ignored=0
```

Für `ansible-playbook` gibt es eine Reihe von Optionen. Eine kleine Auswahl davon ist:

- Mit dem Schalter `-v` steigern Sie die Verbosität des Laufprotokolls. Und zwar geht das in mehreren Stufen, hoch bis zu einem vierfachen `vvvv`. Das einfache `-v` gibt Ihnen zusätzlich die Rückgabe der einzelnen Module aus. Es handelt sich dabei immer um JSON-Dokumente.

  Bei vierfacher Steigerung wird Ihnen komplett alles ausgegeben, mit Informationen über die Verbindungen und allem, was im Hintergrund geschieht. Das ist sehr nützlich für das Troubleshooting. Wegen der dabei entstehenden Informationsfülle lässt sich diese Stufe aber eigentlich nur sinnvoll nutzen, wenn Sie neben der Ausgabe auf `STDOUT` eine Logdatei konfiguriert haben.

- Mit der Option `--check` können Sie einen *dry run* ausführen. Der sogenannte *Check Mode* simuliert dabei nur die Durchführung von Tasks in einem Playbook. Das ist gerade für die Entwicklung von Prozeduren eine hoch spannende Angelegenheit, aber leider sind die Möglichkeiten dieses Modus nur sehr begrenzt. Ein Grund dafür ist, dass nicht alle Module den Check Mode unterstützen. Diejenigen, die das nicht können, werden dabei ausgelassen.

  Dann ist es immer eine Frage, bis zu welcher Tiefe der Check Mode in einem bestimmten Modul implementiert ist: Wird zum Beispiel nur die Konnektivität zu einem Datenbankserver geprüft oder konkret, ob eine bestimmte Umkonfiguration erfolgreich verlaufen würde?

  Ein weiterer Punkt ist, dass Module im Check Mode auch kritische Fehlermeldungen zurückgeben. Das ist zum Beispiel dann der Fall, wenn eine bestimmte Zieldatei überhaupt nicht vorhanden ist, weil das vorherige Modul einen Kopiervorgang nicht konkret durchgeführt hat. Um das zu lösen, gibt es für Playbooks-Tasks den Schalter `check_mode: yes`, der bewirkt, dass ein Modul auch im Check Mode tatsächlich ausgeführt wird.

Ob das alles in allem so wirklich Sinn macht, das sei einfach mal dahingestellt. Das kleine Beispiel-Playbook zum Beispiel bricht im Check Mode mit einem kritischen Fehler ab.

ansible-lint

Ansible-Lint (*https://github.com/ansible/ansible-lint*) ist ein statischer Style-Checker für Ansible-Playbooks. Er prüft nicht nur, ob das YAML-Markup syntaktisch korrekt ist, sondern achtet auch darauf, ob ein Playbook die bewährten Praktiken einhält oder ob es typische Missstände gibt.

Zu diesen Missständen gehören kosmetische Dinge wie fehlende Namen für Tasks, überlange Zeilen, überflüssige Leerzeilen, keine Spaces bei der Evaluierung von Variablen usw. Es gibt Hinweise für bestimmte Module, sodass bei *file* als Oktalwert angegebene Rechte mit einer Null beginnen sollten, dass bei *command* keine Umgebungsvariablen verwendet werden können usw. Aber auch Stil-Vorschläge, wie zum Beispiel, dass Tasks mit `when`-Schalter und `changed` vielleicht besser ein Handler sein sollten. Also alles, was Ansible selbst nicht als Fehler zurückgibt, was aber nicht richtig sauber und verbesserungswürdig ist.

Das Tool basiert auf einer Sammlung von Regeln, die Sie sich mit der Option `-L` ausgeben lassen. Oder Sie schauen sich direkt die Regeldefinitionen im GitHub-Repositorium des Projektes im Ordner *lib/ansiblelint/rules* an. Für die Definitionen wird teilweise auch der Ansible-Kern angezapft, der einen eigenen Bestand an Warnhinweisen für den unsauberen Gebrauch von bestimmten Modulen besitzt.

Die Identifikation von Problemen findet hier auf der Ebene einzelner Tasks statt. Die kombinierte Abfolge von Tasks wird von diesem Tool nicht untersucht.

6.6.4 Overhead vermeiden

Sie können an dem zurückgegebenen Log erkennen, dass während des Laufs des Beispiel-Playbooks drei Statusänderungen (`changed`, in der Ansible-Terminologie ein *Change*) stattgefunden haben.

Beim erneuten Auslösen des Playbooks reduziert sich die Anzahl der Changes. Allerdings nicht auf null, wie man eigentlich erwarten könnte, wenn es kein Update im GitHub-Repositorium der eingespielten Software gegeben hat, sondern auf zwei. Der Grund dafür ist, dass *copy* das Verzeichnis immer wieder neu kopiert, weil durch den nächsten Schritt mit *lineinfile* eine Konfigurationszeile geändert wurde. Daraufhin ändert *lineinfile* diese Zeile immer wieder erneut. Das ist hier also eine klassische Zirkelsituation, die immer zwei Changes hervorbringen wird.

Der hierbei erzeugte Overhead ist aber eher minimal. Ein Problem gäbe es dabei aber eventuell, wenn das kopierte Verzeichnis mit den darin enthaltenen Dateien größer wäre und der jeweilige Kopiervorgang dadurch spürbare Zeit benötigt. Die Verzögerung dabei kann sich in einem komplexeren Deployment auf Enterprise-Niveau, zusammen mit anderen unnötigen Verzögerungen in den Prozeduren, beim mehrmaligen Durchlaufen schnell zu einem gewissen Unkostenfaktor aufaddieren.

Eine mögliche Lösung wäre, genau solche Stellen in den Playbooks zu suchen und zu versuchen, die Provisionierung an relevanten Stellen anders aufzusetzen, sodass bei erneuten Durchläufen kein unnötiger Mehraufwand entsteht. Es braucht eine gewisse Erfahrung, Ansible-Playbooks möglichst effektiv und mit niedrigem Verbrauch an Ressourcen zu schreiben und problematische Stellen auch bei »Ok«-Durchläufen ohne unnötige Changes zu erkennen.

Das konkrete Problem hier im Playbook ist, dass der Schalter `force` des Moduls *copy* per Default auf `True` steht. Wenn Sie ihn auf `False` einstellen, wird das Verzeichnis nur noch kopiert, wenn es im Ziel gar nicht vorhanden ist. Das geschieht dann nur beim ersten Durchlauf auf einem frischen Server, bei weiteren Durchläufen aber gar nicht mehr – auch dann nicht, wenn es im geklonten Git-Repositorium ein Update gibt. Das ist aber auch nicht erwünscht. Knifflige Verkettungsprobleme dieser Art müssen Sie in Ansible häufiger lösen.

Idempotenz vs. Wegwerfserver

Sie fragen sich bestimmt, was es bei Ansible immer mit den wiederholten Durchläufen gegen den- bzw. dieselben Hosts als Kriterium zu tun hat. Genügt einmal nicht? Das ist eine sehr gute Frage, die auch gerade mit Ansible als Werkzeug im Public Cloud Computing eine Rolle spielt, das als hochdynamische Infrastruktur mit »Wegwerfservern« betrieben werden kann.

Das Design von Ansible verfolgt das Prinzip der Idempotenz. Dieses besagt, dass auch bei mehrmaligem Durchlauf immer dasselbe Ergebnis zustande kommen soll. Wie bereits ausgeführt wurde, hat auch das statusbasierte Design der eingebauten Module mit diesem Prinzip zu tun.

Wenn Sie Playbooks schreiben, dann sind Sie angehalten, den erfolgreichen mehrmaligen Durchlauf als Merkmal umzusetzen. Probleme für den Wiederdurchlauf gibt es zum Beispiel, wenn Sie für einen Datenbankserver ein während des Laufs generiertes geheimes Root-Kennwort einstellen. Das ist eine gute Methode, um für mehr Sicherheit zu sorgen, aber beim zweiten Durchlauf kommt das dafür zuständige Modul auch schon für seine Vorchecks gar nicht mehr an den Server heran, weil es das Root-Kennwort des vorherigen Durchlaufs nicht hat. Ansible bricht dann mit einem Fehler ab.

Um eine »Kamikaze«-Provisionierung zu vermeiden, die nur einmal durchlaufen kann, müssen Sie in Ihren Prozeduren also auch Lösungen für teils recht subtile Wiederdurchlaufsprobleme implementieren. Damit ist ein oftmals nicht unerheblicher Entwicklungsaufwand verbunden. Das ist einer der Hauptkritikpunkte an Ansible.

Auf der anderen Seite steht das Public Cloud Computing, bei dem immer schnell neue, frische virtuelle Server bereitstehen, die nur nach Nutzung abgerechnet werden und einfach ersetzt werden können. Warum Ansible in dieser Umgebung nicht einfach immer als Einmal-Durchläufer verwenden und sich den Mehraufwand sparen?

Mit mehrfachen Durchläufen von Provisionierungen lassen sich verschiedene berechtigte Zwecke verfolgen. Sie eignen sich zum Beispiel gut dazu, um automatische Updates der verwendeten Softwarepakete einzuspielen (wenn zum Beispiel der Schalter `state` bei *apt* und anderen Modulen auf `latest` steht). Das betrifft nicht zuletzt auch Updates, die in den Kanälen für Sicherheitsaktualisierungen täglich zur Verfügung gestellt werden. Und Sie nutzen Ansible natürlich unter seinen Möglichkeiten, wenn Sie den Host immer erneuern, weil die eigene Provisionierung nur robust genug für den Einmalgebrauch ist. Das nochmalige Durchlaufenlassen ist immer ein probates Mittel zur Stabilisierung, wenn es im Betrieb der Geschäftsapplikation irgendwo unerwartet hakt. Eine komplette Neuprovisionierung auf frischen Servern nimmt dann viel Zeit in Anspruch, während der nochmalige Durchlauf des Deployments den Zielstatus schnell sicherstellen kann. Und schließlich kann ein Neudurchlauf auch als Sicherheitsmaßnahme eingesetzt werden, um die Standardkonfiguration überall sicherzustellen.

Mein Vorschlag ist also, sich auch beim Cloud Computing die Mühe zu machen, Ansible-Prozeduren grundsätzlich so zu entwickeln, dass sie mehrfach durchlaufen können. Das macht sie flexibler einsetzbar.

6.6.5 gather_facts

Sie können in den Logs von der Anwendung von `ansible-playbook` gut erkennen, dass zunächst einmal als eingebauter Task die Fakten der Zielmaschinen evaluiert werden. Das dauert immer einen gewissen Moment, es werden im Beispielprojekt aber keinerlei Fakten verwendet.

Wenn Sie deshalb diesen Task deaktivieren möchten, dann können Sie das mit dem Schalter `gather_facts: False` im Playbook erreichen. Er gilt immer für ein gesamtes Play und steht deshalb auf derselben Ebene mit `hosts` und `tasks`. Sie können den Schalter auch unten nach `tasks` eintragen, aber übersichtlicher ist es eher oben:

```
- hosts: all
  gather_facts: False
  tasks:
```

6.6.6 register

Mit der Taskfunktion `register` können Sie die Rückgabe eines Ansible-Moduls in einer von Ihnen selbst angelegten Variablen abspeichern. Diese werten Sie dann im weiteren Verlauf der Prozedur für beliebige Zwecke aus.

Ein Anwendungszweck dieser Funktion ist es, während des Laufs auf dem Host Kennwörter zu generieren. Die können Sie dann im Deployment dazu verwenden, um Zugangsbeschränkungen einzurichten.

Es gibt aber auch noch andere Wege, Kennwörter zu provisionieren. Sie können sie zum Beispiel auch auf dem Arbeitsrechner generieren oder feste Kennwörter bereitlegen und dann einspielen. Zu den Vorteilen der hier vorgestellten Vorgehensweise gehört unter anderem, dass Sie damit bei einer Mehrzahl von provisionierten Hosts auf jedem ein anderes Kennwort bekommen – und auch bei jedem Durchlauf ein neues, was für mehr Sicherheit sorgt. Auch damit erfüllt die wiederholte Anwendung eines Playbooks einen bestimmten Administrationszweck.

Sie können zum Beispiel das Modul *command* einsetzen, um etwa mit dem Linux-Befehl `openssl` auf den Hosts ein Kennwort zu generieren. Benutzen Sie dann die Funktion `register`, um das Ergebnis in eine Variable abzuspeichern. Im folgenden Beispiel heißt die Variable für diesen Zweck `mynewpw`:

```
- hosts: all
  tasks:
    - name: Neues Kennwort generieren
      command:
        cmd: "openssl rand -hex 7"
      register: mynewpw
```

Dass `register` eine Taskfunktion ist und keine Option von *command*, können Sie daran erkennen, dass es auf derselben Ebene eingerückt ist wie der Name des Moduls, auf das es sich bezieht.

Im Gegensatz zu den eingebauten Variablen von Ansible, die alle mit dem Präfix `ansible_` beginnen, können Sie den Namen der für Ihre eigenen Zwecke eingesetzten Variablen frei bestimmen. Allerdings nicht ganz frei, denn für Nutzervariablen gelten die Bedingungen, dass diese nur Buchstaben, Zahlen und den Unterstrich enthalten dürfen und mit einem Buchstaben anfangen müssen.

Ein wichtiger Punkt hierbei ist, dass *command* nicht nur die Ausgabe von `STDOUT` zurückgibt, wie man zunächst vielleicht annehmen würde. Module in Ansible geben nämlich grundsätzlich JSON-Dokumente zurück, die immer eine Reihe von Datenfeldern beinhalten. Es gibt Standard-Datenfelder wie `changed`, das übermittelt, ob ein Change (eine Statusänderung) auf dem Host stattgefunden hat. Die meisten anderen Datenfelder richten sich aber nach dem jeweils eingesetzten Modul. Wenn Sie eine

Rückgabe nutzen möchten, dann müssen Sie im jeweiligen Fall ermitteln, was ein Modul an Datenfeldern zurückgibt. Die von Modulen zurückgegebenen Dokumente können Sie sich ausgeben lassen, wenn Sie `ansible-playbook` mit mindestens `-v` für gesteigerte Verbosität auslösen.

Die Rückgabe von *command* sieht zum Beispiel so aus:


```
{
  "changed": true,
  "cmd": [ "openssl", "rand", "-hex", "7" ],
  "delta": "0:00:00.008347",
  "end": "2020-01-02 04:08:10.920866",
  "rc": 0,
  "start": "2020-01-02 04:08:10.912519",
  "stderr": "",
  "stderr_lines": [],
  "stdout": "5fdca92f89c8e5",
  "stdout_lines": [ "5fdca92f89c8e5" ]
}
```


Die Ausgabe von `openssl` (also das generierte Kennwort) finden Sie hier als String in `stdout` und in dem Array `stdout_lines` noch mal in einer anderen Form.

Ansible bietet Ihnen eine einfache Möglichkeit, gezielt bestimmte Datenfelder aus JSON-Dokumenten zu evaluieren. Und zwar können Sie den Inhalt von zum Beispiel `stdout` einfach designieren, indem Sie den Namen des Datenfelds als Suffix an den Variablennamen anhängen. Zusammen mit den Jinja2-Klammern und den Anführungsstrichen, die Sie für die Evaluierung von Variablen als YAML-String schreiben müssen, ergibt sich im Beispiel für die Auswertung des generierten Passworts also die Konstruktion `{{ mynewpw.stdout }}`.

Ein Playbook, das diesen Task und die Beispiele für *debug* aus dem folgenden Kasten enthält, wirft bei der Anwendung auf drei neuen virtuellen Servern aus der Hetzner-Cloud folgende Logmeldungen aus:

```
TASK [Neues Kennwort generieren]
changed: [116.203.201.138]
changed: [78.47.47.136]
changed: [78.47.31.149]
TASK [debug]
ok: [116.203.201.138] => { "mynewpw.stdout": "962c2157f88af5" }
ok: [78.47.31.149] => { "mynewpw.stdout": "8f1bbf002097ca" }
ok: [78.47.47.136] => { "mynewpw.stdout": "75a5cdb6e6a7dc" }
TASK [debug]
```

```
ok: [116.203.201.138] => { "msg": "Das generierte Kennwort: 962c2157f88af5" }
ok: [78.47.31.149] => { "msg": "Das generierte Kennwort: 8f1bbf002097ca" }
ok: [78.47.47.136] => { "msg": "Das generierte Kennwort: 75a5cdb6e6a7dc" }
```

Das Modul *command* gibt nach dem Durchlauf grundsätzlich `changed` zurück, auch wenn in diesem konkreten Fall gar keine Statusänderung auf dem Host stattgefunden hat. Woher soll das Modul das auch wissen? Das Modul *debug* hingegen gibt sinnvollerweise grundsätzlich `ok` zurück.

debug

Mit dem Modul *debug* definieren Sie für die Entwicklungsphase und auch darüber hinaus eigene Kontrollmeldungen, die dann im Laufprotokoll ausgegeben werden. Das ist besonders für die Ausgabe von bestimmten Variablen während eines Provisionierungslaufs zu Protokoll- und Kontrollzwecken gedacht.

Das Modul hat zwei funktional unterschiedliche Optionen für die Ausgabe, nämlich `var` und `msg`. Die Option `var` setzen Sie ein, um sich nur die reine Variable oder ein darin enthaltenes Datenfeld ausgeben zu lassen:

```
- debug:
    var: mynewpw.stdout
```

Bei der Option `msg` hingegen können Sie eine eigene Message definieren, die eine evaluierte Variable enthält:

```
- debug:
    msg: "Das generierte Kennwort: {{ mynewpw.stdout }}"
```

6.6.7 with_items

Mit der Taskfunktion `with_items` können Sie ein beliebiges Modul über eine Liste von Werten iterieren lassen. Das eignet sich gut für das Kopieren von mehreren Dateien in einem Schritt, das Anlegen oder Löschen von mehreren Verzeichnissen, einer Reihe von symbolischen Links usw.

Ein konkreter Anwendungsfall ist zum Beispiel dieser:

```
- name: Root-Kennwort auf MYSQL-Server einstellen
  mysql_user:
    name: root
    host: "{{ item }}"
    password: "{{ mynewpw.stdout }}"
    priv: "*.*:ALL,GRANT"
  with_items:
    - "{{ ansible_hostname }}"
```

```
    - 127.0.0.1
    - ::1
    - localhost
```

Das ist eine Konfiguration eines MySQL-Datenbankservers mit dem Modul *mysql_user*. Für den User *root* wird unter der Option `password` ein neues Kennwort eingestellt. Das muss für jeden `host`, also jeden Zugangskanal (Hostname, IPv4-Adresse für Localhost, IPv6-Adresse für Localhost und »localhost«) einzeln erfolgen. Sie könnten nun in vier Tasks *mysql_user* viermal anwenden, nur mit jeweils einem anderen Wert für `host`. Es gibt in Ansible aber eine bessere Lösung.

Der Provisionierer bietet Ihnen nämlich für eine solche Situation die Funktion `with_items`. Diese setzen Sie wie im Beispiel ein: Legen Sie unter der Funktion zunächst eine Liste der gewünschten Werte an. Diese Liste können Sie dann mit der eingebauten Variablen `item` als Argument einer Option eines Moduls anwenden und den Mechanismus damit in Betrieb nehmen. Wiederum angewendet auf drei Beispielserver, sieht das Ergebnis folgendermaßen aus:

```
TASK [Root-Kennwort auf MYSQL-Server einstellen]
changed: [78.47.47.136] => (item=myserver3)
changed: [78.47.31.149] => (item=myserver2)
changed: [116.203.201.138] => (item=myserver)
changed: [78.47.47.136] => (item=127.0.0.1)
changed: [78.47.31.149] => (item=127.0.0.1)
changed: [116.203.201.138] => (item=127.0.0.1)
changed: [78.47.47.136] => (item=::1)
changed: [78.47.31.149] => (item=::1)
changed: [116.203.201.138] => (item=::1)
changed: [78.47.31.149] => (item=localhost)
changed: [116.203.201.138] => (item=localhost)
changed: [78.47.47.136] => (item=localhost)
```

Sie können hier außerdem gerade noch mal sehen, wie die eingebaute Variable `ansible_hostname` eingesetzt wird, die den aus den evaluierten Fakten stammenden Hostnamen der jeweiligen Zielmaschine enthält.

Die Funktion `with_items` können Sie auch gut mit komplexen Datenstrukturen anwenden, die für Ansible aus Jinja2 zur Verfügung stehen:

```
- copy:
    src: "{{ item.src }}"
    dest: "{{ item.dest }}"
  with_items:
```

```
    - { src : "testfile1", dest: "/etc/testfile1" }
    - { src : "testfile2", dest: "/opt/testfile2" }
    - { src : "testfile3", dest: "/usr/local/share/testfile3" }
```

Python-Bibliotheken für Module

Eine Bemerkung noch zu dem aktuellen Beispiel: Die *mysql*-Module benötigen eine Python-Bibliothek für MySQL (*PyMySQL* oder *MySQL-Python*), um auf den Datenbankserver zugreifen zu können. Dass Bibliotheken benötigt werden, damit die Module auf dem Host überhaupt funktionieren, das trifft auf eine ganze Reihe von Ansible-Modulen zu.

Ob die benötigte Python-Bibliothek vorhanden ist, können Sie zu Beginn einer Prozedur mit einem der Paketmanager-Module sicherstellen. Die Bibliothek bleibt dann aber nach dem Abschluss der Provisionierung auf dem Host und wird nicht von Ansible automatisch wieder entfernt – so wie die anderen vom Arbeitsrechner aus eingespielten Komponenten.

Sie können das einfach als vernachlässigbares Phänomen hinnehmen. Außerdem gibt es dadurch einen kleinen Performancevorteil für das wiederholte Durchlaufenlassen der Prozedur. Allerdings müssen Sie dann diese Pakete in das Sicherheitsmonitoring aufnehmen und prüfen, ob Security-Updates eingespielt werden. Und das, obwohl die Pakete eigentlich gar keinen besonderen Zweck mehr erfüllen. Eine Lösung dafür wäre, am Ende einer Prozedur einen korrespondierenden Gegentask aufzusetzen, der die nur für die Provisionierung benötigten Python-Bibliotheken auch wieder deinstalliert.

6.6.8 creates

Bei `creates` handelt es sich um eine Taskfunktion für die Ablaufsteuerung, mit der Sie Bedingungen für die Ausführung von Tasks an weitere Bedingungen knüpfen können. Für diesen Zweck gibt es in Ansible eine Reihe von Mitteln, von denen hier auch noch andere vorkommen werden.

Der Name dieser Funktion ist, auch nach Meinung vieler Leute, mit denen ich über dieses Thema gesprochen habe, allerdings ein bisschen verunglückt. Vielleicht würde *created* ein bisschen besser passen, gemeint ist aber *exists*. Denn dieser Schalter legt fest, dass ein Task nur ausgeführt wird, wenn ein bestimmtes Objekt im Dateisystem (eine Datei, ein Verzeichnis, eine Gerätedatei usw.) auf dem Host zum Zeitpunkt des Taskaufrufs *nicht* existiert.

Beispielsweise kann eine Datei als Argument für `creates` ja vielleicht zu einem späteren Zeitpunkt in der Prozedur erzeugt werden. Genau das macht diese Funktion für die Ablaufsteuerung interessant, gerade für das Verhalten einer Prozedur beim mehrmaligen Durchlaufen eines Playbooks. Ein einfaches Anwendungsbeispiel verdeutlicht dies:

```
tasks:
- command:
    cmd: "openssl rand -hex 7"
    creates: /root/.my.cnf
  register: mynewpw

- copy:
    content: "[client]\nuser=root\npassword={{ mynewpw.stdout }}\n"
    dest: /root/.my.cnf
    force: no
```

Eine wichtige Sache bei creates ist, dass das eingesetzte Modul diese Funktion als Option jeweils unterstützten muss. Es handelt sich deshalb genau genommen auch nicht um eine Taskfunktion, sondern um eine von vielen Modulen geteilte Option, welche die Rolle einer Taskfunktion übernimmt. Für die Praxis spielt dieser feine Unterschied aber keine Rolle.

Das Modul *command* zum Beispiel unterstützt creates. Beim ersten Durchlauf gegen einen Host wird der erste Task ausgelöst, weil die Basisinstallation von Ubuntu 22.04 die Datei */root/.my.cnf* nicht enthält.

Der zweite Task legt diese Datei dann an, zum Einsatz kommt hierfür wieder *copy*. Das Argument von *content* generiert einen dreizeiligen Text für die neue Datei, die die im vorherigen Task erzeugten Variablen evaluiert. Das ist ein kleiner Trick, mit dem Sie es sich ersparen können, extra ein Template bereitlegen zu müssen, wenn Sie nur eine kleine Konfigurationsdatei benötigten: Nutzen Sie also *copy* mit *content* als Ersatz für das Modul *template* für Konfigurationsdateien mit nur wenigen Zeilen.

Beim zweiten Durchlauf findet dann gar kein Change mehr statt:

```
TASK [command]
ok: [78.47.47.136]
TASK [copy]
ok: [78.47.47.136]
PLAY RECAP
78.47.47.136 : ok=2 changed=0 unreachable=0 failed=0 skipped=0 ignored=0
```

Der unter *cmd* festgelegte Linux-Befehl bei *command* wird dann nicht ausgeführt, weil die unter creates eingestellte Datei existiert. Das Modul gibt bei einem Skip dann auch ein ok zurück, weil in diesem Fall ja gar keine Änderung stattgefunden haben kann.

Das Modul *copy* im zweiten Task ist mit dem Schalter `force` auf `no` so eingestellt, dass die Datei *.my.cnf* nur erzeugt wird, wenn sie nicht existiert. Das ist nur der Fall beim ersten Durchlauf.

Das würden Sie vielleicht so aufsetzen, wenn Sie es gerade nicht möchten, dass bei jedem Durchlauf ein neues Kennwort generiert und provisioniert wird.

[!]

Vorsicht bei creates

Es gibt eine Sache, die Sie beachten müssen, wenn Sie `creates` (oder eine andere Taskkontrolle, die eventuell ein Überspringen auslöst) in Ihren Prozeduren in Zusammenhang mit *command* und *register* einsetzen. Wenn der Task übersprungen wird, weil die Bedingung für `creates` zutrifft, dann ist die bei *register* eingestellte Variable nicht nicht-vorhanden, sondern enthält eine freundliche »skipped«-Message vom Modul.

Falls Sie konsekutive Tasks einsetzen, die diese Variable etwa über `stdout` evaluieren, dann liefert sie keine Fehlermeldung `AnsibleUndefinedVariable` zurück, was zu einem Abbruch führen würde. Wenn Sie im weiteren Verlauf eine komplexe Prozedur nicht entsprechend gestalten, dann haben Sie diese Message eventuell auf Ihren Datenbank-Servern als neues Kennwort eingestellt.

Wenn Sie in dieser Prozedur vergessen, den Schalter `force` für *copy* mitzugeben, dann erhalten Sie beim zweiten Durchlauf zum Beispiel dieses Ergebnis:

```
root@myserver3:~# cat .my.cnf
[client]
user=root
password=skipped, since /root/.my.cnf exists
```

6.6.9 when

Ein anderes wichtiges Mittel für die Ablaufsteuerung ist die Taskfunktion `when`. Dieser Name ist treffend gewählt. Denn ein damit ausgestatteter Task findet nämlich nur statt, wenn die zugehörige, unter `when` eingestellte Bedingung zutrifft.

Es gibt verschiedene Dinge, die Sie mit dieser Funktion auswerten können. Das können Elemente sein, die jeweils einen booleschen Wert, also `True` oder `False`, zurückgeben. Hinter dieser Funktion steckt also die `If`-Abfrage von Python.

Variablen

Mit `when` werten Sie Nutzervariablen aus, die boolesche Werte enthalten. Aber Sie können darüber hinaus auch diejenigen Konstruktionen verwenden, die in Python für die Evaluierung von booleschen Werten zur Verfügung stehen. Einen Schalter wie `when: deployment == 'produktion'` aufzusetzen ist also ohne Weiteres möglich.

Nutzervariablen können Sie übrigens direkt auch beim Auslösen eines Playbooks mitgeben. Setzen Sie dafür `ansible-playbook` mit der Option `-e` bzw. `--extra-vars` ab:

```
$ ansible-playbook -i hosts foo.yml --extra-vars "deployment=produktion"
```

changed

Ein hauptsächlicher Anwendungsbereich für diese Funktion ist es, die Ausführung eines Tasks von dem Ergebnis eines vorherigen Tasks abhängig zu machen. Dafür können Sie etwa das bereits erwähnte Feld `changed` benutzen, das in einem von einem Modul zurückgegebenen JSON-Dokument grundsätzlich vorhanden ist.

Das Modul *command* gibt `False` zurück, wenn es in einem Task übersprungen worden ist. Mit `when` können Sie den hier gerade vorher beschriebenen unerwünschten Effekt abfangen, dass `stdout` in diesem Fall eine »skipped«-Message enthält:

```
tasks:
  - command:
      cmd: "openssl rand -hex 7"
      creates: /root/provisioned
    register: mynewpw

  - user:
      name: johnd
      shell: /bin/bash
      password: "{{ mynewpw.stdout|password_hash('sha512') }}"
    when: mynewpw.changed

  - file:
      path: /root/provisioned
      state: touch
```

Mit dem Modul *user* können Sie auf provisionierten Linux-Systemen einen neuen Benutzer anlegen. Als voreingestellte Shell für neue User wird im provisionierten Ubuntu 22.04 */bin/sh* ausgewählt. Dieses Verhalten können Sie aber mit einem eigenen Wert für `shell` manipulieren.

Als `password` müssen Sie hier die gehashte Fassung des gewünschten Kennworts mitgeben, und zwar in dem Hashalgorithmus, der vom Zielsystem verlangt ist. Auf dem verwendeten Ubuntu ist das *SHA512*, wie Sie an der Einstellung für `ENCRYPT_METHOD` in der Konfigurationsdatei */etc/login.defs* auf dem Host erkennen können. Ansible verfügt mit `password_hash` über eingebaute Hashfunktionen, die Sie einfach mit dem Pipe-Zeichen | als Variablenfilter anwenden.

Beim ersten Durchlauf dieser Prozedur wird genau wie in dem vorherigen Beispiel ein neues Kennwort auf dem Host generiert. Dann wird der neue Benutzer *johnd* angelegt und sein Zugang mit diesem Kennwort abgesichert. Als letzter Schritt schreibt das Modul *file* dann den Durchführungsstempel */root/provisioned*, als eine mit `touch` als Status angelegte neue leere Datei.

Unbekannte Passwörter für mehr Sicherheit

Beachten Sie, dass ohne erhöhte Verbosität für `ansible-playbook` (die sonst auch die Rückgabe von *command* mit ausgibt) und ohne den Einsatz von `debug` für `mynewpw.stdout` das Kennwort im Klartext nirgendwo angezeigt wird und nach dem Durchlauf der Prozedur unbekannt ist.

Beim zweiten Durchlauf wird der erste Task übersprungen, weil die mit `creates` abgefragte Datei *provisioned* vorhanden ist. Das Datenfeld `mynewpw.stdout` enthält dann die besagte Message. Diese wollen Sie nicht als neues Kennwort für *johnd* eintragen, und der Schalter `when` verhindert das auch. Es gab hier keinen Change (`changed` ist `False`), und der Task wird übersprungen. Das `touch`-Flag im dritten Task erzeugt hingegen immer einen Change, die Datei erhält dann mit dem Linux-Befehl `touch` einen aktuellen Zeitstempel. Vielleicht ist der aktuelle Zeitstempel zum Prozedurabschluss ja auch erwünscht.

stat

Ein sehr nützliches Modul, gerade für die Konstruktion von Ablaufbedingungen in Verbindung mit `when`, ist *stat*. Dieses Ansible-Modul ist die Repräsentation des gleichnamigen Linux-Befehls. Sie können es auf Objekte im Dateisystem anwenden und erhalten als Rückgabe ein umfangreiches JSON-Dokument mit vielen für die weitere Auswertung nützlichen Datenfeldern, die Informationen aus dem Dateisystem über das abgefragte Objekt enthalten. Dazu gehören zum Beispiel `exists` und `isdir`, die Booleans zurückliefern:

```
- stat:
    path: /root/provisioned
  register: pstamp
- debug:
    msg: "/etc/provisioned existiert und ist kein Verzeichnis"
  when: (pstamp.stat.exists) and (not pstamp.stat.isdir)
```

Mit dem Schalter `exists` können Sie gut die Funktionalität von `creates` nachbauen, wenn Module diese Option zur Ablaufsteuerung nicht unterstützen. Beachten Sie, dass die Datenfelder im vom *stat* zurückgegebenen JSON-Dokument eine Ebene tiefer stehen als zum Beispiel bei *command*, und zwar in dem Dictionary `stat`.

Dieses Modul können Sie mit `ansible` auch gut ad hoc auslösen, um sich etwa in der Entwicklungsphase die JSON-Dokumente für bestimmte Objekte vollständig und übersichtlich ausgeben zu lassen:

```
~/myansibleproject$ ansible all -i hosts -m stat -a \
'path=/root/provisioned'
```


6.7 Rollen

Mit *Rollen* (*roles*) bietet Ansible ein praktisches Mittel, um Projekte zu strukturieren und zu organisieren. Gleichzeitig sind Rollen das wichtigste Werkzeug, mit dem Sie eine heterogene Provisionierung einer Serverlandschaft umsetzen. Einzelne Hosts oder Gruppen von Hosts können damit unterschiedlich provisioniert werden und nehmen dann schlichtweg unterschiedliche Rollen ein.

Eine Rolle ist eigentlich nur ein auf eine bestimmte Weise ausgebauter Verzeichnisbaum. In diesem legen Sie die für die Provisionierung als Transportladung vorgesehenen Dateien bereit und entwickeln Playbooks und Registerdateien, die dort ihren festen Platz haben. Sie können sich einen solchen Baum selbst händisch anlegen, indem Sie einfach mit `mkdir` auf Ihrem Arbeitsrechner einen als Rolle akzeptierten Verzeichnisbaum im Projektverzeichnis aufsetzen.

6.7.1 ansible-galaxy

Einfacher geht das aber, wenn Sie mit dem Befehl `ansible-galaxy` ein vollständiges Skelett für eine neue Rolle anlegen. Eine neue Rolle *test* generieren Sie mit dem folgenden Befehl:

```
~/myansibleproject$ ansible-galaxy init test
- Role test was created successfully
```

Ansible Galaxy

Die Ansible Galaxy (*https://galaxy.ansible.com/*) ist das öffentliche Repositorium für Rollen. Wenn Sie intensiv mit Ansible arbeiten, dann werden Sie irgendwann auch schauen, wie andere Leute aus der Community bestimmte Applikationen provisionieren. Oder Sie setzen direkt Drittanbieter-Rollen für Ihre eigenen Projekte ein.

Die Galaxy ist der Ort, an dem Anwender ihre Lösungen in Form von Rollen austauschen. Diese Sammlung ist mittlerweile recht umfangreich.

Mit `ansible-galaxy` spielen Sie Rollen aus der Galaxy auf Ihrem Arbeitsrechner ein. Die Namen der Rollen in der Galaxy folgen immer dem Schema *identifier.rolename*, wobei der erste Bestandteil immer einen bestimmten Galaxy-User identifiziert. Gute Rollen gibt es zum Beispiel von dem Ansible-Guru Jeff Geerling (*geerlingguy*). Seine Rolle, die die aktuelle Development-Version *Git* auf einem Host installiert, ziehen Sie sich mit folgendem Befehl auf Ihren Arbeitsrechner:

```
~/myansibleproject$ ansible-galaxy install geerlingguy.git
  - downloading role 'git', owned by geerlingguy
  - downloading role from https://github.com/geerlingguy/
        ansible-role-git/archive/3.0.1.tar.gz
  - extracting geerlingguy.git to
      /home/vagrant/.ansible/roles/geerlingguy.git
  - geerlingguy.git (3.0.1) was installed successfully
```

Per Default landen Rollen aus der Galaxy in Ihrem Heimatverzeichnis in *~/.ansible/roles*. Dieses Verzeichnis liegt auch mit im Suchpfad für Rollen, wenn Sie `ansible-playbook` auslösen. Sie können sich hier also ein Sammelsurium von Standardlösungen für den Einsatz in verschiedenen Projekten bereitlegen. Wenn Sie eine Rolle aus der Galaxy hingegen in einem Projektverzeichnis ablegen möchten, dann benutzen Sie bei `ansible-galaxy` die Option `-p` bzw. `--roles-path` dafür.

6.7.2 roles/

Sie haben zwei verschiedene Möglichkeiten, Rollen in Ihrem Projektverzeichnis abzulegen. Entweder Sie platzieren die Rollen dort auf der obersten Ebene (wie im Beispiel), oder Sie bewahren sie im Unterverzeichnis *roles/* auf.

Das Tool `ansible-playbook` sucht eine angegebene Rolle zunächst im aktuellen Arbeitsverzeichnis, denn Sie setzen diesen Befehl normalerweise im Projektverzeichnis ab, und dann dort im Unterverzeichnis *roles/*.

Letztere Lösung bietet Ihnen vor allem bei vielen Rollen ein aufgeräumtes Projektverzeichnis. Legen Sie also *roles/* selbst an, generieren Sie neue Rollen dann direkt dorthin, und kopieren Sie bereits vorhandene Rollen einfach um.

6.7.3 Rollenstruktur

Das erzeugte Gerüst für die neue Rolle hat folgende Struktur:

```
~/myansibleproject$ tree test
test
├── README.md
├── defaults
```

```
│   └── main.yml
├── files
├── handlers
│   └── main.yml
├── meta
│   └── main.yml
├── tasks
│   └── main.yml
├── templates
├── tests
│   ├── inventory
│   └── test.yml
└── vars
    └── main.yml
```


Folgende Elemente kommen dabei vor (in aufsteigender Relevanz):

- Die Datei *README.md* bietet einen in der Markup-Sprache *Markdown* formatierten Grundstock für eine README-Datei. Sie eignet sich unter anderem auch für Lizenzangaben und zur Registrierung von Nutzervariablen, die für den Benutzer dieser Rolle wichtig sind. Die Datei wird von der Galaxy verlangt, wenn Sie sie dort veröffentlichen wollen.
- Das Verzeichnis *meta/* ist dazu da, Metadaten anzulegen. Darunter gehören einbezogene andere Rollen, die Minimalversion von Ansible, die verwendet werden muss, und andere Dinge. Diese kommen allerdings auch nur zum Tragen, falls Sie diese Rolle hinterher auch in der Galaxy veröffentlichen wollen.
- Das Verzeichnis *tests/* ist für die Nutzung der Rolle in Continuous-Integration-Prozessen vorgesehen.
- Das Verzeichnis *files/* dient der Ablage von statischen Dateien, die bei der Ausführung der Rolle auf Hosts eingespielt werden. Es erfüllt also denselben Zweck wie *files/* auf der obersten Ebene des Projektverzeichnisses. Das Modul *copy* durchsucht dieses Verzeichnis in der Rolle nach dem Verzeichnis- oder Dateinamen, den Sie unter `src` im Playbook als Option dafür angegeben haben.

  Ein Tipp: Wenn Sie in einem Projekt hier so viele Dateien abgelegt haben, dass die Übersicht verloren geht, dann legen Sie die zu kopierenden Dateien unter demselben Pfad ab, in dem diese hinterher auf dem Host stehen sollen. Geben Sie dann diesen Pfad auch bei `src` einfach mit an.
- Der Ordner *templates/* erfüllt für das Modul *template* dieselbe Funktion wie *files* für das Modul *copy*.
- In die Verzeichnisse *defaults/* und *vars/* werden Nutzervariablen und korrespondierende Werte in den dort vorbereiteten *main.yml*-Dateien eingetragen. Zwi-

schen beiden Ordnern herrscht eine Hierarchie, die Sie nutzen können, um bei Variablen mit zwei Ordnungsebenen zu arbeiten. *vars* hat bei gleichnamigen Variablen einen Vorrang gegenüber *defaults*. Wenn Sie für Ihre eigenen Variablen diese Ebenen nicht benötigen, dann verwenden Sie einfach nur eines der beiden Verzeichnisse.

- Das Verzeichnis *handlers/* ist dazu da, Handler aufzunehmen. Das sind Tasks, die von anderen Tasks ausgelöst werden, wenn diese einen Change zurückgeben. Bei Projekten ohne den Einsatz von Rollen legen Sie Handler mit im eigenständigen Playbook an. In der Rolle dient dieses Verzeichnis dazu, die Handler separat aufzusetzen.
- Das Verzeichnis *tasks/* letztendlich ist für die Playbooks der Rolle da. Diese Playbooks unterscheiden sich von der eigenständigen Variante in Projekten ohne den Einsatz von Rollen. Sie enthalten eine Prozedur mit Tasks, definieren aber keine Plays. Die Verknüpfung mit einem Host oder einer Gruppe von Hosts aus dem Inventar findet in Rollen auf dieser Ebene nicht mehr statt, sondern in einem Masterplaybook.

Nicht benötigte Verzeichnisse können Sie direkt einfach wieder löschen, nachdem Sie das Skelett erzeugt haben. Löschen Sie *README.md* und *meta/*, wenn Sie die Rolle nicht veröffentlichen wollen. Löschen Sie *tests/*, wenn Sie zunächst keine Testumgebung einrichten möchten usw. Oder lassen Sie einfach alles stehen, und nutzen Sie nur bestimmte Bestandteile. Wenn Sie die Rolle nicht in der Galaxy veröffentlichen wollen, dann ist das mehr oder weniger eine Geschmacksfrage.

Sie können die *main.yml*-Dateien in den Unterverzeichnissen auch aufteilen, wenn Projekte größer werden. Die Teile können Sie dann mit der Funktion `include` wieder einbinden.

6.7.4 Masterplaybook

Rollen wenden Sie wieder mit `ansible-playbook` an. Dazu müssen Sie ein Masterplaybook aufsetzen, das die Rollen im Projekt mit Hosts beziehungsweise Gruppen in dem Inventar verknüpft.

Für ein solches Playbook steht Ihnen das Schlüsselwort `roles` zur Verfügung. Es steht auf derselben Ebene wie `hosts` und `tasks`. Setzen Sie damit Plays auf, die nur Rollen auslösen, anstatt Provisionierungsschritte zu enthalten.

Der Dateiname für ein Masterplaybook ist im Grunde beliebig, wie bei eigenständigen Playbooks auch. Als bewährte Praxis finden Sie dafür aber oftmals den Namen *site.yml*.

Ein solches Playbook sieht zum Beispiel so aus:

```
# site.yml
---
- hosts: frontends
  roles:
    - apache
    - php
    - wordpress

- hosts: loadbalancer
  roles:
    - geerlingguy.git
    - haproxy
```


Ein wichtiger Punkt: Der Rollenname ergibt sich einzig und allein aus dem Namen des Verzeichnisses, unter dem eine Rollenstruktur steht. Sie können damit den Namen einer Rolle jederzeit ändern, indem Sie einfach den Verzeichnisnamen umbenennen.

[«]

Hinweis

Sie können, wenn Sie `ansible-playbook` mit der Option `--syntax-check` auslösen, die Syntax aller Playbooks in den angegebenen Rollen überprüfen.

6.7.5 Anwendungsbeispiel

Die bisherigen isolierten Beispiele sind mehr oder weniger kontextfrei gewesen. Der Grund dafür war vor allem, es erst einmal möglichst einfach zu halten. Für den Rest des Einführungskurses soll es nun aber vollständige Beispiele geben, die zeigen, wie Sie Applikationen mit Ansible deployen.

Wir beginnen mit einem kleineren Beispiel, und zwar speziell für die Demonstration der Anwendung einer Rolle.

Httpbin

Die Zielapplikation ist *Httpbin* (*https://github.com/postmanlabs/httpbin*). Es handelt sich dabei um einen einfachen Response-Server, der für die Entwicklung von HTTP-Clients bestimmte Endpunkte bereithält. Diese können Sie bei der Entwicklung von eigener Websoftware zu Testzwecken ansprechen und bekommen dann von Httpbin bestimmte Objekte zurückgegeben. Httpbin ist zwar mittlerweile auch in Form eines Docker-Containers verfügbar, hier soll es jetzt aber erst noch einmal um die klassische Installation dieser Software gehen.

Die Applikation ist in Python mit dem Webframework Flask aufgesetzt. Das bedeutet, dass es sich um eine WSGI(*Web Server Gateway Interface*)-Applikation handelt. WSGI ist ein Standard für Webapps in Python. WSGI können Sie zum Beispiel mit dem Webserver Apache und dem dazugehörigen Modul *mod_wgi* betreiben. Es gibt aber auch spezielle WSGI-Server wie Gunicorn (*https://gunicorn.org*).

Im Beispiel geht es um den Betrieb von Httpbin mit Gunicorn. Gunicorn ist in Ubuntu 22.04 als Pakete verfügbar (*gunicorn*). Httpbin muss über Pythons Paketmanager Pip installiert werden.

tasks/main.yml

Das Playbook dieser Rolle besteht nur aus zwei Tasks:

```
~/deploy_httpbin$ cat httpbin/tasks/main.yml
---
- name: python3-pip und gunicorn installieren
  apt:
    name:
      - python3-pip
      - gunicorn
    update_cache: yes

- name: httpbin installieren
  pip:
    name:
      - httpbin

- name: systemd-Service einspielen
  copy:
    src: httpbin.service
    dest: /etc/systemd/system/httpbin.service
  notify: httpbin starten
```

Als ersten Schritt installieren Sie mit `apt` die beiden benötigten Pakete richten mit Pip das Paket *Httpbin* ein.

files/httpbin.service

Im zweiten Schritt wird dann mit *copy* eine Konfigurationsdatei auf den Host eingespielt. Diese liegt in der Rolle unter *files/* bereit:

```
~/deploy_httpbin$ cat httpbin/files/httpbin.service
[Unit]
Description = httpbin server
[Service]
ExecStart = /usr/bin/gunicorn --bind=0.0.0.0:80 httpbin:app
```

```
ExecReload = /bin/kill -s HUP $MAINPID
ExecStop = /bin/kill -s TERM $MAINPID
[Install]
WantedBy = multi-user.target
```

Es handelt sich dabei um eine Unit-Datei für den Servicemanager systemd. Sie definiert einen Service, der Httpbin mit Gunicorn betreibt. Der genaue Inhalt muss hier als reine Payload für das Deployment keine besondere Rolle spielen. In Ansible gibt es zwar das Modul *command*, aber das ist nicht dazu da, dauerhafte Prozesse auszulösen. Daher greift dieses Beispiel auf systemd zurück.

Es mag andere Wege geben, aber ein systemd-Service ist für einen Fall wie diesen eine ganz gute Lösung, die von allen modernen Distributionen unterstützt wird. (Ob systemd grundsätzlich mehr Probleme löst, als es verursacht, wird unter Linux-Admins kontrovers diskutiert.) Wie Sie in der Unit-Datei unter `ExecStart` sehen, wird *gunicorn* auf der Kommandozeile gestartet.

Das Verzeichnis */etc/systemd/system* steht auf dem Host für Unit-Dateien bereit, die vom Nutzer stammen.

Service deployen

Die Frage ist nun, wie Sie diesen Service deployen, also auf einer Zielmaschine in Betrieb nehmen.

Im Playbook ist der Task mit *copy*, mit der Taskfunktion `notify` mit einem Handler versehen. Dieser liegt in der Rolle unter *handlers/* bereit:

```
~/deploy_httpbin$ cat httpbin/handlers/main.yml
---
- name: httpbin starten
  systemd:
    name: httpbin
    state: restarted
    enabled: yes
    daemon-reload: yes
```

> **Handler**
>
> Handler sind grundsätzlich genauso wie Tasks aufgebaut. Sie werden mit der Funktion `notify` mit Tasks verbunden und können beliebig oft eingesetzt werden. Handler werden immer ausgelöst, wenn ein Task, mit dem er verknüpft ist, einen Change zurückgibt.
>
> Handler sind aus diesem Grund als *Maintenance-Tasks* für operative Aufgaben vorgesehen, die immer nach dem Abschluss von einem oder mehreren Tasks anstehen.

Serviceoperationen, wie einen Webserver neu starten usw., gehören an erster Stelle dazu. Ein ausgelöster Handler wird immer erst am Ende eines Plays angewendet. Das ist ein ressourcensparendes Mittel für den Fall, dass in einem Durchlauf mehrere Tasks denselben Handler triggern.

Die Verknüpfung zwischen Task und Handler findet über den Namen des Handlers statt. Deshalb ist es unerlässlich, `name` bei Handlern anzuwenden.

systemd-Services steuern Sie mit dem Modul *systemd*. Alternativ dazu gibt es das allgemeinere Kernmodul *service* zur Servicesteuerung auf unioxiden Systemen. Aber da Sie hier gezielt systemd ansprechen, gibt es keinen Grund, das nicht mit dem speziell dafür vorgesehenen Modul zu tun.

Erst einmal ganz ohne Ansible: Wenn Sie unter */etc/systemd/system* eine eigene Unit-Datei einstellen, dann müssen Sie zunächst mit dem Befehl `systemctl daemon-reload` den systemd-Dämon neu starten. Der Grund dafür ist, dass erst dann alle zugehörigen Konfigurationsdateien neu eingelesen werden, wozu auch die neue Unit-Datei gehört. Dann müssen Sie mit dem Befehl `systemctl start httpbin` den neuen Service starten. Wenn Sie ihn auch noch *aktivieren* möchten (wenn er also nach einem Reboot automatisch wieder starten soll), dann müssen Sie auch noch `systemctl enable httpbin` absetzen.

Vor dem Hintergrund dieser systemd-Prozedur für neue Services sind im Handler drei Dinge eingestellt:

1. Es ist festgelegt, dass der Service `restarted` sein soll. Diese Einstellung sorgt dann dafür, dass der Service überhaupt erst einmal gestartet wird, falls er das beim ersten Durchlauf der Provisionierung noch nicht ist.

   Der Grund dafür, hier nicht nur `started` festzulegen, ist folgender: Bei einem weiteren Durchlauf wird der Handler ausgelöst. Etwa dann, wenn Sie etwas in der Unit-Datei nachträglich verändern, was Ansible durchaus erlaubt (Stichwort: Nachkonfiguration). Der Service ist dann aber bereits gestartet, also passiert nichts. Die Änderung ist zwar eingespielt, bleibt dadurch aber uneffektiv.

   Die Frage ist noch, warum hier `restarted` und nicht `reloaded` eingestellt ist. Bei Linux-Prozessen ist ein Reload für das Neueinlesen der zugrunde liegenden Konfiguration gedacht, ohne dass der Prozess unterbrochen wird. Gunicorn unterstützt das aber nicht (auch wenn das in der Servicedatei aus Demonstrationszwecken mitangelegt ist).

2. Dann ist festgelegt, dass der Service `enabled` sein soll. Die statusbasierte Auswirkung von diesem Schalter ist klar: Der Service wird *enabled*, wenn er das noch nicht ist. Der Handler wird beim ersten Durchlaufen des Playbooks auf jeden Fall getriggert, das findet dann bei dieser Gelegenheit statt.

3. Der Status des systemd-Dämons ist auf `reloaded` eingestellt. Da eine Unit-Datei hinzugefügt wird, muss das auf jeden Fall so sein.

So funktionieren die Module in Ansible. Es findet immer eine statusbasierte Repräsentation von administrativen Operationen auf dem Zielsystem statt. Ich denke, es ist mittlerweile klar geworden, dass Sie dafür die dahinterstehenden Administrations- und Systemwerkzeuge wie systemd, Git, Subversion usw. in ihrer Funktionsweise kennen müssen. Das ist es, was der imperative Ansatz auch bedeutet.

Rolle anwenden

Um die Rolle zu nutzen, müssen Sie zunächst ein Masterplaybook aufsetzen:

```
~/deploy_httpbin$ cat site.yml
---
- hosts: all
  gather_facts: False
  roles:
    - httpbin
```

Fakten werden in dieser Rolle nicht evaluiert, also können Sie den automatischen Schritt für das Einsammeln mit `gather_facts` deaktivieren.

In dem Inventar des Projekts gibt es zunächst erst einmal nur einen Host:

```
~/deploy_httpbin$ cat hosts
116.203.201.138
[all:vars]
ansible_user=root
ansible_ssh_private_key_file=~/.ssh/myhetznerkey
```

Wenden Sie die Rolle beziehungsweise das Masterplaybook dann mit `ansible-playbook` an:

```
~/deploy_httpbin$ ansible-playbook -i hosts site.yml
PLAY [all]
TASK [httpbin : python3-pip installieren]
changed: [116.203.201.138]
TASK [httpbin : httpbin und gunicorn installieren]
changed: [116.203.201.138]
TASK [httpbin : systemd-Service einspielen]
changed: [116.203.201.138]
RUNNING HANDLER [httpbin : httpbin starten]
changed: [116.203.201.138]
PLAY RECAP
116.203.201.138: ok=4 changed=4 unreachable=0 failed=0 skipped=0 ignored=0
```

Testen Sie dann Httpbin, indem Sie zum Beispiel den Endpunkt *user-agent* ansprechen. Dieser gibt Ihnen die Identifikation desjenigen Tools zurück, mit dem die Abfrage erfolgt:

```
~/deploy_httpbin$ curl 116.203.201.138/user-agent
{
"user-agent":"curl/8.7.1"
}
```

Das Deployment funktioniert also (siehe Abbildung 6.1).

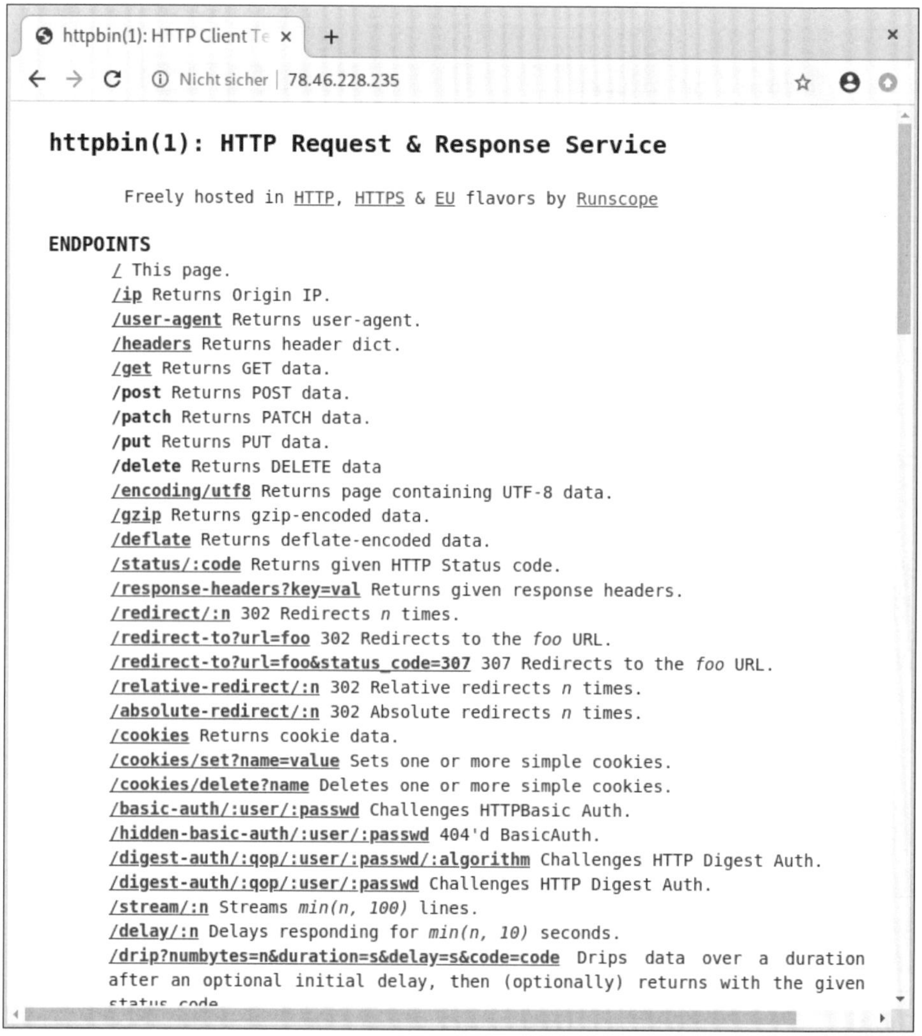

Abbildung 6.1 Httpbin wurde mit Ansible in der Hetzner-Cloud deployt.

Nachkonfigurieren

Angenommen, Sie möchten bei einem bereits laufenden Deployment eine Kleinigkeit ändern. Zum Beispiel soll in der Unit-Datei unter `--bind` der Port geändert werden, unter dem Sie Httpbin auf dem Host betreiben.

Ändern Sie das einfach in der Konfigurationsdatei, die unter *files/* in der Rolle bereitgelegt ist, und lösen Sie dann die Rolle mit `ansible-playbook` erneut aus. Die Prozedur ist so geschrieben, dass eine Konfigurationsänderung ohne Probleme möglich ist. Bei einem erneuten Durchlauf mit veränderter Datei *httpbin.service* findet folgender Prozess statt:

1. Das Modul *copy* lädt diese Datei dann erneut auf den Host hoch, weil es in der Quelldatei eine Änderung gegeben hat. Dieser Task löst dann den Handler »httpbin starten« aus, weil ein Change stattgefunden hat.
2. Der Handler (beziehungsweise das Modul darin) lädt dann zunächst den systemd-Dämon neu, was die aktualisierte Unit-Datei überhaupt erst wieder einbindet. Dann startet das Modul den Service `httpbin` neu, weil das als Status so festgelegt ist. Gunicorn läuft dann mit der aktualisierten Einstellung. Der Service ist bereits aus einem vorherigen Lauf heraus *enabled*, deshalb muss hier keine Änderung stattfinden.

Und wenn Sie dreihundert Cloud-Server mit dieser Rolle deployen, dann können Sie mit dieser einen Änderung auf Ihrem Arbeitsrechner alle auf einen Schlag umkonfigurieren.

Hosts hinzufügen

Sie können hinterher auch immer weiter beliebig viele Hosts zum Inventar hinzufügen, um diese dann mit der einzigen bisher vorhandenen Rolle in diesem Projekt gleichartig zu provisionieren.

Starten Sie das Deployment erneut, und die neu hinzugefügten Zielmaschinen werden auf denselben Stand gebracht. Auf dem bereits provisionierten Host finden dann keine Changes mehr statt, und deshalb wird der Handler dort auch nicht ausgelöst:

```
~/deploy_httpbin$ ansible-playbook -i hosts site.yml
PLAY [all]
TASK [httpbin : python-httpbin und gunicorn installieren]
ok: [116.203.201.138]
changed: [78.47.31.149]
TASK [httpbin : systemd-Service einspielen]
ok: [116.203.201.138]
changed: [78.47.31.149]
RUNNING HANDLER [httpbin : httpbin starten]
changed: [78.47.31.149]
```

```
PLAY RECAP
116.203.201.138 : ok=2 changed=0 unreachable=0 failed=0 skipped=0 ignored=0
78.47.31.149   : ok=3 changed=3 unreachable=0 failed=0 skipped=0 ignored=0
```

Damit haben Sie also zwei identische virtuelle Server mit Httpbin-Server.

Das Beispiel hat Ihnen gezeigt, wie Sie Server durch ein wiederholtes Deployment umkonfigurieren und dass Sie später ganz einfach noch weitere Hosts hinzufügen können. Das sind noch zwei weitere Gründe dafür, Playbooks grundsätzlich nicht nur für das einmalige Durchlaufen zu entwickeln.

6.8 Dynamisches Inventar

In Abschnitt 6.4 wurde bereits besprochen, dass die statischen Inventare von Ansible nicht gerade ideal für das Cloud Computing sind. IP-Adressen sind in dynamischer Infrastruktur prinzipiell keine feststehenden Werte mehr. Aus diesem Grund ist ein statisches Maschinenregister, das von sich aus nicht auf Veränderungen reagiert, nicht mehr sinnvoll.

Sie können sich als Workaround mit Shellskripten einen Mechanismus bauen, der das Maschineninventar eines Projekts aktualisiert. Dafür können Sie das CLI-Tool Ihres IaaS-Anbieters einsetzen oder auch direkt das API mit einem Werkzeug wie Curl ansprechen. Ansible bietet allerdings selbst eine Lösung, die ein bisschen eleganter ist, mehr Möglichkeiten bietet und sich nahtlos in den Ansible-Workflow einfügt.

Ansible setzt seine Module so ein, dass es sich dabei immer um selbstständige Programme handelt, die als Erfolgsmeldung ein bestimmtes JSON-Dokument zurückgeben. Das Modul wird auf dem Host ausgelöst, Ansible wartet auf die Rückgabe und macht dann mit dem nächsten Schritt weiter. Derselbe Austauschmechanismus ist auch zwischen dem Ansible-Kern und dem Maschineninventar eines Projekts möglich. Sie legen anstatt einer Inventardatei ein ausführbares Programm bereit, das ein JSON-Dokument zurückgibt, das wiederum ein Inventar repräsentiert. Wenn Sie bei `ansible` und `ansible-playbook` mit dem Schalter `--inventory` den Namen eines Programms angeben, dann erkennen diese Tools, dass es sich um ein Executable handelt. Es wird gestartet und das zurückgegebene JSON-Dokument wird als Inventar verarbeitet.

6.8.1 ansible-inventory

Sie können sich die JSON-Repräsentation einer vorhandenen normalen Inventardatei im Ini-Format (oder in einem der anderen unterstützten Formate) mit dem Befehl `ansible-inventory` ausgeben lassen.

Angenommen, zu einem Projekt gehört die folgende statische Inventardatei:

```
[master]
78.46.228.236
[worker]
78.47.184.249
78.47.47.138
78.47.31.153
```


Die Repräsentation dieses Inventars als JSON-Dokument hat dann diese Form:

```
~/deploy_k8s$ ansible-inventory -i hosts --list
{
    "_meta": {
        "hostvars": {}
    },
    "all": {
        "children": [
            "master",
            "ungrouped",
            "worker"
        ]
    },
    "master": {
        "hosts": [
            "78.46.228.236"
        ]
    },
    "worker": {
        "hosts": [
            "78.47.184.249",
            "78.47.31.153",
            "78.47.47.138"
        ]
    }
}
```

Die Felder `_meta` (hier finden Sie dann die Werte für `ansible_user` usw.) und `all` sind hier leer. Diese müssen Sie also nicht liefern, um die Inventardatei angemessen zu repräsentieren. Ein JSON-Dokument, das dieselbe Funktion wie das konkrete statische Inventar darüber erfüllt, muss lediglich diese Form haben:

```
{ "master":{"hosts":["78.46.228.236"]},"worker":{"hosts":["78.47.184.249",
      "78.47.31.153","78.47.47.138", ]}"
```

Das generierte Inventar liegt also im JSON-Format vor. Die Ausgabe ist ohne Probleme und mit nur geringem Aufwand machbar. Der springende Punkt ist, dass die zu einem Zeitpunkt gültigen IP-Adressen dann jeweils von dem dynamischen Inventar selbst evaluiert werden. Sie werden dann bei jedem neuen Lauf von Ansible, bei jeder neuen Anwendung des Inventarskripts neu ausgegeben, ohne irgendwo statisch registriert zu sein. Das Inventar ist so geschrieben, dass die benötigten Cloud-Ressourcen auch erst generiert werden. Parameter benötigt dieses Skript zumindest nicht.

6.8.2 hcloud-python

Sie wissen schon, was jetzt kommt: *Python saves the day.* Die Skriptsprache eignet sich hervorragend, um dynamische Inventare für Ansible aufzusetzen. Sie sind bei der Wahl einer Programmiersprache als Werkzeug für diese Aufgabe aber vollkommen frei. Letztendlich ist die Frage, für welche Sprachen Ihr IaaS-Anbieter eine Softwarebibliothek anbietet, mit der Sie seine Services nutzen können. Hetzner stellt auf GitHub unter dem Usernamen *hetznercloud* für die Steuerung des API seiner Cloud Bibliotheken in Google Go (`hcloud-go`), aber auch in Python (`hcloud-python`) bereit. Meine Wahl ist auf die Python-Bibliothek gefallen.

Sie können sich die Bibliothek aus dem Python Package Index (PyPi) mit dem Tool `pip3` einspielen. Wie das geht, wurde bereits im Zusammenhang mit `aws-cli` (siehe Abschnitt 3.1.2) gezeigt. Lösen Sie den Befehl `pip3 install hcloud` aus, und Sie bekommen damit die Bibliothek unkompliziert auf Ihren Arbeitsrechner.

Sie befindet sich auf Ubuntu 22.04 zum Beispiel im lokalen Verzeichnis *~/.local/lib/python3.10/dist-packages/hcloud*. Diese Distribution ist wie viele andere so konfiguriert, dass dieser lokale Pfad für den Befehl `import` im Python3-Interpreter per Default eingebunden ist. Die Importpfade des Interpreters können Sie mit `python3 -c "import sys; print(sys.path)"` überprüfen. Sie können dann also direkt damit starten.

Pythonistas schwören darauf, mit dem Tool `virtualenv` in virtuellen Python-Umgebungen zu arbeiten. Für die professionelle Entwicklung empfiehlt sich das auf jeden Fall.

Virtualenv

`virtualenv` ist ein sehr nützliches Tool für die Python-Entwicklung, mit dem Sie virtuelle Umgebungen betreiben können. Diese Umgebungen sind vollständig in Ihrem Heimatverzeichnis angelegt. Das eignet sich gut, wenn Sie keinen Root-Zugriff auf Ihren Arbeitsrechner haben und aus diesem Grund keine Linux-Pakete installieren können.

Eine virtuelle Python-Umgebung dient auch dazu, bestimmte Versionen von Bibliotheken einzufrieren, sodass Sie in Ruhe gegen diese entwickeln können, ohne dass sie automatisch aktualisiert werden. Und Sie können in unterschiedlichen virtuellen Umgebungen auch verschiedene Versionen des Interpreters einsetzen. Außerdem sind in diesen Umgebungen (anders als bei den Linux-Paketen Ihrer Distribution) immer die neuesten Versionen von Bibliotheken aus dem PyPi sowie CLI-Tools und der Installer Pip verfügbar.

`virtualenv` selbst installieren Sie als Systempaket Ihrer Distribution. Bei Ubuntu heißt es zum Beispiel *virtualenv*. In einem bestimmten Verzeichnis legen Sie dann eine neue Umgebung an:

```
~$ virtualenv $PWD/env
  Running virtualenv with interpreter /usr/bin/python2
  New python executable in /home/vagrant/env/bin/python2
  Also creating executable in /home/vagrant/env/bin/python
  Installing setuptools, pkg_resources, pip, wheel...done.
```

Der Name ist beliebig, und Sie können auch mehrere unterschiedliche Umgebungen pflegen. Mit dem Schalter `-p` bzw. `--python` können Sie beim Erzeugen einen bestimmten Python-Interpreter für die neue Umgebung festlegen, also zum Beispiel `-p python3.7` mitgeben.

Eine erzeugte Umgebung aktivieren Sie dann auf folgende Weise:

```
~$ source env/bin/activate
(env) ~$ echo $PATH
/home/vagrant/env/bin:/home/vagrant/.local/bin:/home/vagrant/bin:/usr/
local/sbin:/usr/local/bin:/usr/sbin:/usr/bin:/sbin:/bin
(env) ~$ which pip
/home/vagrant/env/bin/pip
```

Installieren Sie `hcloud` und andere Pakete aus dem PyPi mit `pip`. Sie können dann alle Python-bezogenen Bibliotheken und Tools aus der jeweils aktiven virtuellen Umgebung heraus nutzen:

```
(env) ~$ find env/ -name hcloud
env/lib/python3.11/site-packages/hcloud
```

Wenn Sie eine mit Umgebung mit *python3* generiert haben, dann stecken hinter `python` und Default-Tools wie `pip` jeweils die Python3-Fassungen. Alternative Runtimes gibt es innerhalb einer solchen Umgebung natürlich nicht (das ist ja auch der Sinn der Sache):

```
(env) ~$ pip --version
pip 22.0.2 from /home/vagrant/env/lib/python3.10/site-packages/
pip (python 3.10)
(env) ~$ python
Python 3.10.12 (default, Sept  11 2024, 15:47:13)
```

Verlassen Sie eine aktive Umgebung wieder mit `deactivate`.

Bei Python3 ist die Virtualenv-Funktionalität schon mit eingebaut und steht beim Interpreter über die Option `-m venv` zur Verfügung.

Es gibt für `virtualenv` eine Reihe von Zusatztools. Der `virtualenvwrapper` zum Beispiel legt eine Convenience-Schicht darüber, die das Jonglieren mit verschiedenen virtuellen Umgebungen vereinfacht.

Die Python-Bibliothek von Hetzner ist gut dokumentiert. Die PDF-Version der Docs ist bei Read-the-Docs (der zentralen Sammelstelle für die Dokumentationen von Python-Projekten) einsehbar:

https://readthedocs.org/projects/hcloud-python/downloads

Es handelt sich allerdings um eine reine Entwickler-Dokumentation. Sie führt Funktionen und Klassen vollständig auf, bietet aber keine Einleitung und keine Anwendungsbeispiele. Wenige kleine Beispiele gibt es in der Online-Dokumentation und in der Codebasis im Repositorium bei GitHub. Die Bibliothek ist dafür aber sehr aufgeräumt implementiert. Sie werden sich darin schnell zurechtfinden, wenn Sie bereit sind, ein wenig Zeit zu investieren. Als Vertiefungsobjekt für die Cloud-Programmierung mit Python kann ich das nur empfehlen, gerade weil die Funktionsvielfalt hier nicht so überbordend ist wie bei dem AWS-SDK Boto3. Und wenn Sie sehen, wie die API mit Python angesprochen wird, dann können Sie direkt zu der Go-Bibliothek wechseln und vergleichen.

6.8.3 inventory.py

Ein dynamisches Inventar für Ansible, das durch den Einsatz von `hcloud-python` die Cloud-Ressourcen von Hetzner nutzt, sieht zum Beispiel so aus:

```
#!/usr/bin/env python3
import hcloud
import json
import os

number_of_workers = 3
token = os.environ['HLOUD_TOKEN']
client = hcloud.Client(token=token)
```

Zunächst wird ein neuer Client aufgesetzt. Er wird benötigt, um mit der API der Hetzner-Cloud zu kommunizieren.

Der sperrige Token, den Sie sich bereits für den Einsatz des CLI-Tools `hcloud` generiert haben, wird hierfür über die Umgebungsvariable `$HCLOUD_TOKEN` (der Name ist beliebig) evaluiert. Dafür dient die Funktion `os.environ()` der *os*-Bibliothek.

```
type = hcloud.server_types.domain.ServerType(name='cx22')
image = hcloud.images.domain.Image(name='ubuntu-22.04')
keys = [hcloud.ssh_keys.domain.SSHKey(name='myhetznerkey')]
location = hcloud.datacenters.domain.Datacenter(name='nbg1')

def create_server(name):
    response = client.servers.create(name=name,
                                     server_type=type,
                                     image=image,
                                     location=location,
                                     ssh_keys=keys)
    return response.server
```


Die hier aufgesetzte Funktion create_server() legt einen neuen virtuellen Server an. Als Argument wird der Hostname für den neuen Server verlangt, den Sie mit name angeben.

Die für das Generieren des Cloud-Servers benötigten Argumente wie Maschinentyp, gewünschtes Image, gewünschte Location und den SSH-Schlüssel, der installiert werden soll, müssen Sie sich vorher als Objekte instanziieren.

Zurückgegeben wird von dieser Funktion ein Server-Objekt, das Informationen bezüglich der konkret aufgesetzten Instanz enthält.

```
def get_servers():
    servers = client.servers.get_all()
    if not servers:
        return False
    elif len(servers) == number_of_workers+1:
        return servers
```

Die Funktion get_servers() fragt die aktuell laufenden Server ab. Gibt es gar keine, dann gibt die Funktion False zurück. Dann wird überprüft, ob die Anzahl der laufenden Server demjenigen Wert entspricht, der unter number_of_workers eingestellt wurde, plus eins, nämlich dem Master-Node. Das ist der gewünschte Zielzustand. In dem Fall wird das Objekt servers zurückgegeben, das Informationen über die laufenden Instanzen enthält.

Das ist hier ein bisschen grobschnittig, und Sie würden vielleicht eher mit Tags für die Instanzen arbeiten. In diesem Fall ist die Gesamtanzahl der für Sie laufenden Server bei Hetzner jedoch die Zielvorgabe für dieses Ansible-Projekt, und weitere laufende Instanzen darf es nicht geben. Das ist also eine nicht ausgereifte Übergangslösung zu Demonstrationszwecken.

```
if get_servers() is False:
    for node in range(1, number_of_workers + 1):
        node_name = 'worker' + str(node)
        create_server(node_name)
    create_server('master1')
```

Der nächste Abschnitt erzeugt neue Instanzen, wenn von `get_servers()` der Wert `False` zurückgegeben wurde – es also noch keine Server gibt. Und zwar handelt es sich um Worker-Nodes in der Anzahl von `number_of_workers`, die im Hostnamen jeweils `worker` tragen. Und schließlich wird ein Master-Node erstellt, der `master1` heißt. Um die Instanzen zu erzeugen, wird `create_server()` eingesetzt.

```
servers = get_servers()
inventory = {
    "master": {
        "hosts": {}
    },
    "worker": {
        "hosts": {}
    }
}

for server in servers:
    if 'master' in server.name:
        inventory["master"]["hosts"][server.public_net.ipv4.ip] = {}
    elif 'worker' in server.name:
        inventory["worker"]["hosts"][server.public_net.ipv4.ip] = {}

print(json.dumps(inventory, indent=2))
```

Im letzten Abschnitt wird das JSON-Dokument vorgepackt, das hinterher als Inventar zurückgegeben werden soll. Es ist eine gängige Methode, komplexe Strukturen mit eingebetteten Datentypen auf diese Art und Weise zu »packen«.

Das Objekt, das dafür ausgewertet wird, ist das von `get_servers()` zurückgegebene `servers`. Die IPv4-Adressen der aktiven Maschinen werden dabei in zwei unterschiedliche Listen gepackt, je nach Hostnamen. Diese beiden Listen werden jeweils in ein Dictionary mit dem Key `hosts` gepackt, so wie es für das resultierende JSON-Dokument notwendig ist. Und die beiden Dictionarys werden wiederum in jeweils ein Dictionary gepackt, das als Key den Namen der Gruppe trägt, der hinterher im Inventar für die jeweilige Gruppe von IPv4-Adressen stehen soll.

Die Gestalt dieses Gebildes von verschachtelten Python-Datenstrukturen entspricht genau dem JSON-Dokument, das gewünscht ist. Das kommt daher, dass die hier verwendeten Objekte in beiden Sprachen die gleiche Syntax haben. Trotzdem wird das Ergebnis sicherheitshalber noch einmal mit `json.dumps()` durch einen Prozessor geschickt, der aus Python-Datenstrukturen JSON-Markup erzeugt.

Speichern Sie diesen Code zum Beispiel als *inventory.py* ab. Und machen Sie die Datei dann mit `chmod +x inventory.py` ausführbar.

6.8.4 Inventar anwenden

Sie können das Inventar dann anwenden. Es handelt sich um ein selbstständiges Programm, das Sie natürlich auch erst einmal ohne Ansible auslösen können:

```
~/deploy_k8s$ export HCLOUD_TOKEN=
aBl7AHgaJC3Pjiy5e2C8vCXgqDViXf8XE1hSb5rYmURuAr
MPLYK35uy06jb6Nt93

~/deploy_k8s$ ./inventory.py
{
  "master": {
    "hosts": {
      "78.46.185.109": {}
    }
  },
  "worker": {
    "hosts": {
      "78.47.31.149": {},
      "116.203.201.138": {},
      "78.47.50.207": {}
    }
  }
}
```

Das Skript hat beim ersten Auslösen vier neue virtuelle Server für Sie in der Hetzner-Cloud erzeugt. Das lässt sich mit `hcloud` überprüfen:

```
~/deploy_k8s$ hcloud server list
ID       NAME     STATUS   IPV4            IPV6                     DATACENTER
3973314  worker1  running  116.203.201.138 2a01:4f8:c0c:3f22::/64   nbg1-dc3
3973315  worker2  running  78.47.50.207    2a01:4f8:c0c:1ff2::/64   nbg1-dc3
3973316  worker3  running  78.47.31.149    2a01:4f8:c0c:3e8c::/64   nbg1-dc3
3973317  master1  running  78.46.185.109   2a01:4f8:c0c:37f0::/64   nbg1-dc3
```

Wenn Sie das Skript noch einmal starten, dann existiert der gewünschte Zielzustand mit drei Servern *worker1* bis *worker3* und einem Server *master1* bereits und es wird nur noch einmal dasselbe Maschineninventar ausgeworfen:

```
~/deploy_k8s$ ./inventory.py
{
  "master": {
    "hosts": {
      "78.46.185.109": {}
    }
  },
  "worker": {
    "hosts": {
      "78.47.31.149": {},
      "116.203.201.138": {},
      "78.47.50.207": {}
    }
  }
}
```

Sie können die virtuellen Server zunächst einmal wieder löschen. Wenn Sie anschließend das Skript erneut anwenden, dann werden vier neue Instanzen erzeugt und danach wird wieder das aktuelle Inventar ausgegeben:

```
~$ for i in $(hcloud server list | awk '/running/{print $(1)}'); \
   do hcloud server delete $i; done
Server 3973314 deleted
Server 3973315 deleted
Server 3973316 deleted
Server 3973317 deleted

~/deploy_k8s$ ./inventory.py
{
  "master": {
    "hosts": {
      "78.47.50.199": {}
    }
  },
  "worker": {
    "hosts": {
      "78.47.31.149": {},
      "116.203.201.138": {},
      "78.47.50.207": {}
```

```
    }
  }
}
```

Sie können das Skript also als Ersatz für eine Inventardatei für Ansible anwenden. Geben Sie dafür einfach den Dateinamen als Argument für -i bzw. --inventory mit:

```
~/deploy_k8s$ ansible master \
  -i inventory.py \
  -m ping \
  -u root \
  --key-file ~/.ssh/myhetznerkey
78.47.50.199 | SUCCESS => {
    "changed": false,
    "ping": "pong"
}
```


Das Inventar generiert selbstständig neue Maschinen, wenn diese beim Auslösen von ansible noch nicht oder nicht mehr vorhanden sind:

```
~/deploy_k8s$ for i in $(hcloud server list | awk '/running/
{print $(1)}'); do hcloud server delete $i; done
Server 3973463 deleted
Server 3973464 deleted
Server 3973465 deleted
Server 3973466 deleted

~/deploy_k8s$ ansible master -i inventory.py -m ping -u root \
--key-file ~/.ssh/myhetznerkey
78.46.185.109 | SUCCESS => {
    "changed": false,
    "ping": "pong"
}
```

Beachten Sie die unterschiedliche Adresse des Master-Nodes.

Das Skript ist noch ausbaufähig. Beispielsweise fängt es keine Exceptions ab, und nach der erstmaligen Veränderung lassen sich keine Worker-Nodes mehr hinzufügen. Aber so funktionieren erst einmal im Grundsatz dynamische Inventare für Ansible.

Sie haben hierbei praktisch unbeschränkte Möglichkeiten. Vor allem können Sie nicht nur die Bibliothek eines IaaS-Anbieters einsetzen, sondern auch von mehreren Anbietern gleichzeitig – ein wichtiges Feature im Bezug auf Multicloud-Computing!

Inventar-Plug-ins

Ansible wird mit einer Reihe von Plug-ins geliefert, die Ihnen Inventare generieren können. Diese Plug-ins arbeiten genauso als dynamische Inventare, die statische Inventardateien mit festen IP-Adressen oder DNS-Namen von Hosts ersetzen. Zu den Services, für die ein solches Plug-in zur Verfügung steht, gehören auch die wichtigsten Cloud-Anbieter. So gibt es Plug-ins für EC2 (*aws_ec2*), Azure (*azure_rm*), Linode (*linode*), Vultr (*vultr*) und seit Ansible 2.8 auch für die Hetzner-Cloud (*hcloud*). Diese Plug-ins geben Ihnen Listen zurück, die die bereits für Sie aktivierten Instanzen bei den IaaS-Anbietern zeigen.

Das Plug-in für die Hetzner-Cloud nehmen Sie einfach in Betrieb, indem Sie eine Datei *hcloud.yml* anlegen (dieser Dateiname wird vom Plug-in benötigt) und diese dann bei den Ansible-Tools als Argument von `-i` bzw. `--inventory` als Inventar mitgeben. Die Datei muss als Erstes die Zeile `plugin: hcloud` enthalten, damit der dafür zuständige Parser diese Datei auch als Konfigurationsdatei für das eingebaute Plug-in erkennt.

Wenn Sie eine sehr alte Version von Ansible installiert haben und es dadurch mit Python2 läuft, dann benötigen Sie für das Plug-in die Bibliothek *python-hcloud* auch im Python2-Importpfad. Ziehen Sie diese Bibliothek einfach mit `pip` (nicht `pip3`) nach. Dazu muss das Paket *python-pip* installiert sein.

Folgende *hcloud.yml*-Datei generiert Ihnen ein Inventar aus den laufenden `cx22`-Instanzen in der Region Nürnberg (`nbg1`) und formiert zwei Gruppen daraus:

```
plugin: hcloud
locations:
    - nbg1
types:
    - cx22
groups:
    gruppe1: "'master' in name"
    gruppe2: "('worker' in name) and (name[-1] != '3')"
```

Die beiden Inventargruppen sind zu Demonstrationszwecken hier andere als mit *inventory.py*. Sie können das Inventar dann mit `ansible` oder `ansible-playbook` anwenden. Auswerten können Sie es zunächst einmal mit `ansible-inventory`:

```
~/deploy_k8s$ ansible-inventory -i hcloud.yml -graph
@all:
  |--@gruppe1:
  |  |--master1
  |--@gruppe2:
  |  |--worker1
  |  |--worker2
  |--@hcloud:
```

Die Hilfeseite zu diesem Plug-in rufen Sie mit `ansible-doc -t inventory hcloud` auf.

6.9 Cloud-Module

Ansible enthält eine ganze Reihe von Modulen für die Benutzung von Services aus der Cloud. Diese befinden sich in der Online-Dokumentation unter dem Abschnitt *Cloud modules*:

https://docs.ansible.com/ansible/latest/modules/list_of_cloud_modules.html

Für die in diesem Buch besprochenen Infrastruktur-Anbieter gibt es viele Module für die detaillierte Steuerung der angebotenen Services. Darunter befindet sich auch eine Reihe von Modulen für die Hetzner-Cloud:

```
$ ansible-doc --list | grep ^hetzner
hetzner.hcloud.certificate.              Create and manage certific...
hetzner.hcloud.certificate_info          Gather infos about your H...
hetzner.hcloud.datacenter_info           Gather info about the ...
hetzner.hcloud.firewall                  Create and manage firew...
hetzner.hcloud.firewall_info             Gather infos about th...
hetzner.hcloud.firewall_resource         Manage Resources a Hetzner Clo...
hetzner.hcloud.floating_ip               Create and manage cloud Floating...
hetzner.hcloud.floating_ip_info          Gather infos about the H...
hetzner.hcloud.image_info                Gather infos about ...
hetzner.hcloud.iso_info                  Gather infos about t...
hetzner.hcloud.load_balancer             Create and manage cloud Load Balan...
hetzner.hcloud.load_balancer_info        Gather infos about your Het...
hetzner.hcloud.load_balancer_network     Manage the relationship between Hetzner
hetzner.hcloud.load_balancer_service     Create and manage the services of cloud
hetzner.hcloud.load_balancer_target      Manage Hetzner Cl...
hetzner.hcloud.location_info             Gather infos about you...
hetzner.hcloud.network                   Create and manage cloud Netw...
hetzner.hcloud.network_info              Gather info about yo...
hetzner.hcloud.placement_group           Create and manage placement gr...
hetzner.hcloud.primary_ip                Create and manage cloud Primary...
hetzner.hcloud.primary_ip_info           Gather infos about the ...
hetzner.hcloud.rdns                      Create and manage reverse DNS ent...
hetzner.hcloud.route                     Create and delete cloud ro...
hetzner.hcloud.server                    Create and manage cloud ser...
hetzner.hcloud.server_info               Gather infos about y...
hetzner.hcloud.server_network            Manage the relationship between Hetzner
hetzner.hcloud.server_type_info          infos about the H...
hetzner.hcloud.ssh_key                   Create and manage ssh ...
hetzner.hcloud.ssh_key_info              Gather infos about yo...
hetzner.hcloud.subnetwork                Manage cloud subnetw...
hetzner.hcloud.volume                    Create and manage block Vo...
hetzner.hcloud.volume_info               Gather infos about y...
```

Diese Module können Sie genauso einsetzen wie alle anderen bisher besprochenen Module auch, also in einem eigenständigen Playbook oder in einem Playbook in einer Rolle. Nur laufen die damit geschriebenen Tasks nicht gegen einen oder mehrere virtuelle Server, sondern bedienen das Cloud-API von Hetzner. Um die Module einzusetzen, lassen Sie diese, wie andere Cloud-Module auch, immer gegen den eigenen Arbeitsrechner laufen, wofür Sie `localhost` als `hosts` einstellen. Ein Inventar wird für die Anwendung nicht benötigt.

Die Cloud-Module verwandeln Ansible in ein Werkzeug für Infrastructure-as-Code, was gerade für Hetzner gut zupasskommt, der kein eigenes IaC-Tool anbietet. Die Hetzner-Module für Ansible erfüllen damit denselben Zweck wie CloudFormation für AWS und der Azure Ressource Manager. Die *hcloud*-Module setzen auch auf die Python-Bibliothek von Hetzner auf. Diese muss sich auch für diesen Anwendungszweck wieder im Importpfad für den Python-Interpreter befinden, gegen den Ihr installiertes Ansible läuft (siehe die Ausgabe von `ansible --version`).

6.9.1 Anwendungsbeispiel

In diesem Abschnitt finden Sie ein Anwendungsbeispiel für die Module für die Hetzner-Cloud in Ansible. Neben den Hetzner-Modulen wird hier auch eine Reihe von bisher nicht besprochenen Funktionen von Ansible vorgestellt, die Sie allgemein mit allen Modulen einsetzen können.

hcloud-playbook.yml

Lassen Sie uns die Beispiel-Prozedur der Reihe nach durchgehen. Sie erkennen mittlerweile schon auf den ersten Blick, dass es sich hierbei um ein eigenständiges Playbook handelt:

```
# hcloud-playbook.yml
---
- hosts: localhost
  gather_facts: False
  become: False
  vars:
    - token: "{{ lookup('env', 'HCLOUD_TOKEN') }}"
    - keyname: newhetznerkey
    - passphrase: test12345
    - servernamen: [ master1, worker1, worker2, worker3 ]
```

Unter dem Schlüsselwort `vars` werden in einem eigens dafür vorgesehenen Block zunächst Variablen definiert.

Für token bedient sich dieses Playbook der Lookup-Funktion env, die die Umgebungsvariable $HCLOUD_TOKEN evaluiert. Diese stammt aus der Shellumgebung, in der dieses Playbook ausgelöst wird. Der token wird später für die Module verwendet. Sie benötigen den Token als api_token bei jedem neuen Einsatz, um mit dem API von Hetzner kommunizieren zu können.

Im Feld servernamen finden Sie eine alternative, platzsparende Schreibweise für eine Liste in YAML mit eckigen Klammern.

Ansible Vault

Das *Vault* ist eine praktische Einrichtung in Ansible, mit der Sie die sogenannten *Secrets* eines Provisionierungsprojekts schützen. Setzen Sie das Vault ein, damit Kennwörter, kryptografische Schlüssel und Zertifikate eines Projekts nicht ungeschützt und für jedermann einsehbar auf Ihrem Arbeitsrechner liegen. Mit dem Tresor können Sie jede Datei verschlüsseln, die zu einem Projekt gehört, also Playbooks und Variablenregister, aber auch Inventardateien. Er fügt sich dabei nahtlos in den Ansible-Workflow ein.

Verschlüsseln können Sie eine bestimmte Datei im Projekt mit dem Befehl ansible-vault:

```
~/myansibleproject$ ansible-vault encrypt test/vars/main.yml
New Vault password: mypassword
Confirm New Vault password: mypassword
Encryption successful
~/myansibleproject$ cat test/vars/main.yml
$ANSIBLE_VAULT;1.1;AES256
3162646133636431336634303832336536316261306238646635663736396263646637 3
39613234343061396131653135613963663234393330386 20a373165633237333365346
373164656637356236323036396664666565636462366434396533366165336239343 73
```

Verzeichnisse lassen sich nicht verschlüsseln. Eine mit Vault verschlüsselte Datei können Sie sich mit der Option view wieder im Klartext ansehen:

```
~/myansibleproject$ ansible-vault view test/vars/main.yml
Vault password: mypassword
---
passphrase: Hi1cheivie3f
mariadb_pw: aeBee3aeSo5u
```

Editieren können Sie eine verschlüsselte Datei mit der Option edit. Der Editor, der sich dabei öffnet, ist der Default-Editor in Ihrer Linux-Distribution (oftmals vi). Sie können aber auch einen anderen Editor verwenden, indem Sie die Umgebungsvariable $EDITOR anpassen.

Um die Provisionierung mit einer Datei auszulösen, die mit ansible-vault verschlüsselt wurde, geben Sie ansible-playbook die Option --ask-vault-pass mit. Die verschlüsselten Dateien einer Provisionierung werden dann temporär entschlüsselt und direkt verwendet. Wenn Sie mehrere Dateien in einem Projekt mit Vault verschlüsseln, dann müssen Sie für alle dasselbe Kennwort benutzen.

```
tasks:
  - name: neues SSH-Schlüsselpaar erzeugen
    command:
      cmd: "ssh-keygen -t ed25519 -f hetznerkey2 -q -N '{{ passphrase }}'"
      creates: hetznerkey2
    delegate_to: localhost
```

Der erste Task generiert mit ssh-keygen ein neues SSH-Schlüsselpaar. Zum Einsatz kommt das Verschlüsselungsverfahren *ed25519*, das kryptografisch sicherer als RSA ist und das Sie deshalb vorziehen sollten, wenn das möglich ist. Öffentliche SSH-Schlüssel in diesem Format werden von Hetzner akzeptiert. Es wird hier auch die Passphrase *test12345* mitgegeben, die unter vars definiert ist.

Mit der Taskfunktion delegate_to wird dieses Modul hier auf localhost umgelenkt. Das Playbook läuft sowieso gegen den eigenen Arbeitsrechner, weil diese Anwendungsweise für die verwendeten Cloud-Module benötigt wird. Aber auch wenn der Schalter daher keinen Zweck erfüllt, so zeigt er, wie Sie einen ausgewählten Task gegen den Arbeitsrechner laufen lassen, um zum Beispiel einen SSH-Schlüssel zu erzeugen. Den können Sie in einem weiteren Schritt dann provisionieren. Wird ssh-keygen mit command ohne Pfad für die Ausgabe angewendet, landet der neue Schlüssel auf der obersten Ebene des Projektverzeichnisses.

```
  - name: SSH-Schlüssel einspielen
    hcloud_ssh_key:
      api_token: "{{ token }}"
      name: "{{ keyname }}"
      public_key: "{{ lookup('file', 'hetznerkey2.pub') }}"
    register: keyinfo
  - debug:
      var: keyinfo.hcloud_ssh_key
```

Der nächste Task benutzt das Modul *hcloud_ssh_key*, um den öffentlichen Teil des gerade neu generierten SSH-Schlüsselpaars bei Hetzner einzuspielen. Den Schlüssel müssen Sie unter der Option public_key als Klartext mitgeben. Das Anwendungsbeispiel bedient sich dafür der Lookup-Funktion file, mit der Sie den Inhalt einer Datei evaluieren und als Text mitgeben können.

Die Rückgabe des Moduls wird dann als keyinfo registriert, und die konkrete Schlüsselinformation aus der API wird danach zur Kontrolle direkt noch einmal mit debug ausgegeben.

```
- name: Instanzen erzeugen
  hcloud_server:
    api_token: "{{ token }}"
    name: "{{ item }}"
    server_type: cx22
    image: ubuntu-22.04
    location: nbg1
    ssh_keys:
      - "{{ keyname }}"
  with_items:
    - "{{ servernamen }}"
```

Im nächsten Schritt erzeugt das Modul *hcloud_server* eine Reihe von Servern, deren Namen (und damit auch deren Anzahl) unter servernamen voreingestellt sind.

Sie können unter with_items auch eine unter einer Variablen angelegte Liste evaluieren und diese dann mit item iterieren.

```
- name: Info über Server abrufen
  hcloud_server_info:
    api_token: "{{ token }}"
    name: "{{ servernamen.0 }}"
  register: serverinfo
- debug:
    var: serverinfo.hcloud_server_info
```

Im letzten Schritt wird das Modul *hcloud_server_info* eingesetzt, um Informationen über einen der vorher erzeugten Server abzurufen. Die bisher noch nicht vorgestellte Funktion ist, dass Sie in Jinja2 mit Indexangaben wie 0 bestimmte Positionen direkt aus einer Liste designieren können.

Die Informationen, die dann im nächsten Schritt wieder mit debug ausgegeben werden, stammen konkret von Server *worker1*, der in servernamen der erste Eintrag ist. Die Indexpositionen funktionieren wie bei Python; die Zählung fängt also bei 0 an.

Anwendung

Wenden Sie dieses Playbook dann mit ansible-playbook an, um die definierte Infrastruktur zu erzeugen. Vergessen Sie dabei nicht, vorher $HCLOUD_TOKEN zu exportieren:

```
~/deploy_k8s$ export HCLOUD_TOKEN=aBl7AHgaJC3Pjiy5e2C8vCXgqDViXf8XE1hSb
    5rYmURuArMPLYK35uy06jb6Nt93

~/deploy_k8s$ ansible-playbook hcloud-playbook.yml
[WARNING]: provided hosts list is empty, only localhost is available.
Note that the implicit localhost does not match 'all'
PLAY [localhost]

TASK [neues SSH-Schlüsselpaar erzeugen]
changed: [localhost -> localhost]

TASK [SSH-Schlüssel einspielen]
changed: [localhost]

TASK [debug]
ok: [localhost] => {
    "keyinfo.hcloud_ssh_key": {
        "fingerprint": "b0:ad:a2:b6:e9:e3:8c:dc:3c:cf:d2:61:a5:6f:66:16",
        "id": "1200009",
        "labels": {},
        "name": "newhetznerkey",
        "public_key": "ssh-ed25519
                       AAAAC3NzaC1lZDI1NTE5AAAAIJ6DNSTo/
                       p6iJ1bydE6MQNIHzEmUkSYQvNi9TZc69L2z
                       vagrant@ubuntu"
    }
}

TASK [Instanzen erzeugen]
changed: [localhost] => (item=master1)
changed: [localhost] => (item=worker1)
changed: [localhost] => (item=worker2)
changed: [localhost] => (item=worker3)

TASK [Info über Server abrufen]
ok: [localhost]

TASK [debug]
ok: [localhost] => {
    "serverinfo.hcloud_server_info": [
        {
            "backup_window": "None",
            "datacenter": "nbg1-dc3",
```

```
            "id": "3993055",
            "image": "ubuntu-22.04",
            "ipv4_address": "116.203.201.138",
            "ipv6": "2a01:4f8:c0c:1ff2::/64",
            "labels": {},
            "location": "nbg1",
            "name": "master1",
            "rescue_enabled": false,
            "server_type": "cx22",
            "status": "running"
        }
    ]
}
PLAY RECAP
localhost : ok=6 changed=2 unreachable=0 failed=0 ignored=0
```

Nach dem Durchlauf arbeiten vier neue virtuelle Cloud-Server in einem Datencenter von Hetzner in Nürnberg für Sie:

```
~/deploy_k8s$ hcloud server list
ID        NAME     STATUS   IPV4             IPV6                    DATACENTER
3993350   master1  running  116.203.201.138  2a01:4f8:c0c:3f22::/64  nbg1-dc3
3993352   worker1  running  78.47.50.207     2a01:4f8:c0c:37f0::/64  nbg1-dc3
3993353   worker2  running  78.47.31.149     2a01:4f8:c0c:3e8c::/64  nbg1-dc3
3993354   worker3  running  78.46.185.109    2a01:4f8:c0c:2047::/64  nbg1-dc3
```

6.9.2 Cloud-Module als Ansible-Rolle

Die Frage ist nun, ob man das Aufspannen einer Cloud-Infrastruktur und das darauffolgende Provisionieren von virtuellen Maschinen nicht als zwei Rollen ein und desselben Ansible-Projekts aufsetzen sollte.

Alles, was dafür benötigt wird, ist ein Masterplaybook, das die Infrastuktur-Rolle gegen Localhost und die anderen Rollen dann wie gehabt gegen *all* oder eine Inventargruppe laufen lässt:

```
# site.yml
- hosts: localhost
  gather_facts: False
  become: False
  roles:
    - infrastruktur
```

```
- hosts: hcloud
  roles:
    - geerlingguy.git
```

Sie könnten dann das *hcloud*-Inventarmodul einsetzen, um die gerade erzeugte Infrastruktur als Inventar für die nachfolgende Rolle zu übernehmen:

```
# hcloud.yml
plugin: hcloud
```

Sie lösen das Projekt dann wie immer mit `ansible-playbook` aus:

```
~$ ansible-playbook -i hcloud.yml site.yml -u root --key-file \
     hetznerkey2.pub
```

Der SSH-Schlüssel ist bei der ersten Anwendung zwar noch nicht generiert, aber die Schlüsseldatei wird überhaupt erst in der Rolle gegen `hcloud` (alle vom Inventarmodul ermittelten Instanzen) angesprochen. Das bringt also keinen Fehler hervor. Sowohl das Plug-in als auch die verwendeten Cloud-Module werten dieselbe Umgebungsvariable `$HCLOUD_TOKEN` aus.

Das Problem ist leider, dass *hcloud.yml* direkt beim Auslösen von `ansible-playbook` ausgewertet wird, was beim ersten Durchlauf immer ein leeres Inventar zurückgibt. Das Play für die zweite Rolle bricht dann immer sofort mit einem Fehler ab. Eine Lösung dieses Problems ist mir zurzeit noch nicht bekannt. Leider bleiben aus diesem Grund die Erzeugung von Infrastruktur in der Cloud mit Modulen und deren Provisionierung in Ansible im gegenwärtigen Versionsstand noch getrennte Anwendungsgebiete.

6.10 Kubernetes-Cluster deployen

Zum Abschluss dieses Einsteigerkurses möchte ich Ihnen demonstrieren, wie Sie mit Ansible einen Kubernetes-Cluster deployen können. Einen solchen Cluster aufzusetzen, ist im Vergleich zu so manchen Deployment-Albträumen eine relativ unkomplizierte und überschaubare Angelegenheit. Das bedeutet, dass der dafür benötigte Aufwand gut in einen kleinen Abschnitt passt.

Es geht hierbei auch darum, einmal zu demonstrieren, wie Sie eine Maschinenlandschaft mit dem Einsatz von unterschiedlichen Rollen nicht wie bisher nur homogen, sondern heterogen (also verschiedenartig) provisionieren können. Dabei spielen auch die Gruppen von Hosts im Inventar eine tragende Rolle. Bei der Gelegenheit stelle ich Ihnen auch noch ein paar bisher unbesprochene Elemente von Ansible direkt im Anwendungsfall vor.

Demonstrationsgegenstand sind auch hierbei virtuelle Server in der Public Cloud von Hetzner. Das bereits in Abschnitt 6.8.3 vorgestellte dynamische Inventar *inventory.py* kommt für dieses Beispiel-Deployment wieder zum Einsatz. Die Maschinenlandschaft ist aktuell folgendermaßen strukturiert:

```
~/deploy_k8s$ ./inventory.py
{
  "master": {
    "hosts": {
      "78.47.50.199": {}
    }
  },
  "worker": {
    "hosts": {
      "78.47.31.149": {},
      "116.203.201.138": {},
      "78.47.50.207": {}
    }
  }
}
```

```
~/deploy_k8s$ hcloud server list
ID        NAME      STATUS    IPV4              IPV6                      DATACENTER
4018926   worker1   running   78.47.31.149      2a01:4f8:c0c:2047::/64    nbg1-dc3
4018927   worker2   running   116.203.201.138   2a01:4f8:c0c:37f0::/64    nbg1-dc3
4018928   worker3   running   78.47.50.207      2a01:4f8:c0c:3e8c::/64    nbg1-dc3
4018929   master1   running   78.47.50.199      2a01:4f8:c0c:3f22::/64    nbg1-dc3
```

Es gibt in dem Beispielprojekt drei Rollen, die jeweils mit *tasks/main.yml* nur ein Playbook enthalten. Mehr Rollenkomponenten werden nicht benötigt. Die Rollen sind die Folgenden:

1. *k8s-master* ist für das Deployment des einen K8s-Masterknotens zuständig. Es ist möglich, mehrere Master-Nodes einzusetzen; aus Platzgründen verzichte ich aber darauf, das hier vorzuführen. Natürlich sind reduplizierte Master für ein wirklich ausfallsicheres System notwendig, weil der ganze Cluster direkt zerstört ist, wenn dieser Knoten ausfällt.
2. *k8s-worker* übernimmt das Setup der Worker-Nodes. Das Ansible-Deployment erlaubt es, bei einem zweiten Durchlauf dem bereits laufenden Cluster noch weitere Knoten hinzuzufügen. Im Inventar-Skript in der dargestellten Form können Sie allerdings nicht die Anzahl der `number_of_workers` erhöhen, wenn ein Inventar bereits damit generiert wurde. Diese Funktionalität ließe sich aber relativ einfach hinzufügen, und vielleicht nehmen Sie das als erstes eigenes Projekt aus diesem Kurs mit.

3. Die Rolle *k8s-preconfig* ist für die gemeinsame Vorkonfiguration von Master und Workern zuständig. Die ersten Schritte beim Deployment müssen für alle gemeinsam vorgenommen werden. Also bietet es sich an, das Deployment so zu strukturieren. Eine gemeinsame Rolle als »Vorprogramm« einzusetzen, vermeidet wiederholten Code in den Playbooks der beiden anderen Rollen. Eine alte Programmiererweisheit ist, dass Sie immer, wenn Sie an zwei oder mehr Stellen im Projekt denselben Code korrigieren oder verbessern, die Struktur umbauen sollten. Redundanz ist der natürliche Feind des Programmierens!

   Ein anderer Grund ist, dass auf diese Weise ohne besondere Maßnahmen die *facts* aller beteiligen Maschinen für dasselbe Play zur Verfügung stehen. Für einen Task im Beispiel ist das relevant.

Das Masterplaybook des Projekts sieht unter Verwendung dieser Rollen also folgendermaßen aus:

```
---
- hosts: all
  roles:
    - geerlingguy.docker
    - k8s-preconfig

- hosts: master
  roles:
    - k8s-master

- hosts: worker
  roles:
    - k8s-worker
```

Im Cluster benötigt K8s Docker selbstverständlich auf den Workern, aber auch auf dem Master. Dafür können Sie einfach die fertige Rolle *geerlingguy.docker* aus der Ansible Galaxy nutzen. Auch diese Rolle von Jeff Geerling ist betriebssystem-agnostisch aufgesetzt und läuft erfolgreich auf den Basisinstallationen vieler verschiedener Linux-Distributionen.

6.10.1 k8s-preconfig

Das Playbook aus der Preconfig-Rolle sieht so aus:

```
---
- name: Kubernetes apt-key hinzufügen
  get_url:
    url: https://pkgs.k8s.io/core:/stable:/v1.29/deb/Release.key
```

```
    dest: /etc/apt/keyrings/kubernetes-apt-keyring.asc
    mode: '0644'
    force: true
```

Mit dem Modul *apt_key* spielen Sie den GPG-Schlüssel von Google ein, mit dem die Pakete im offiziellen K8s-Repositorium signiert sind.


```
- name: Kubernetes APT-Repository hinzufügen
  apt_repository:
    repo: "deb [signed-by=/etc/apt/keyrings/kubernetes-apt-keyring.asc]
          https://pkgs.k8s.io/core:/stable:/v1.29/deb/ /"
    state: present
    update_cache: yes
```

Der nächste Schritt fügt dann mit dem Modul *apt_repository* das Repositorium als Paketquelle für APT hinzu.

```
- name: Containerd installieren
  apt:
    name: containerd.io
    state: present

- name: Containerd-Verzeichnis erstellen
  file:
    path: /etc/containerd
    state: directory

- name: Containerd-Konfiguration hinzufügen
  shell: /usr/bin/containerd config default > /etc/containerd/config.toml

- name: systemd cgroup-Treiber für Containerd konfigurieren
  lineinfile:
    path: /etc/containerd/config.toml
    regexp: '            SystemdCgroup = false'
    line: '            SystemdCgroup = true'

- name: Containerd-Dienst aktivieren und starten
  systemd:
    name: containerd
    state: restarted
    enabled: yes
    daemon-reload: yes
```

```
- name: Kubelet installieren
  apt:
    name: kubelet=1.29.*
    state: present
    update_cache: true

- name: Kubeadm installieren
  apt:
    name: kubeadm=1.29.*
    state: present

- name: Kubelet-Dienst aktivieren und dauerhaft aktivieren
  service:
    name: kubelet
    enabled: yes
```

Die nächsten Schritte installieren für das Setup des Clusters benötigte Pakete, die dann aus den im vorherigen Schritt installierten Paketquellen gezogen werden – also alles keine großartige Zauberei mehr hier.

```
- name: aktualisiere /etc/hosts
  blockinfile:
    path: /etc/hosts
    block: |
      {% for host in groups['master'] %}
      {{ hostvars[host].ansible_default_ipv4.address }}
         {{ hostvars[host].ansible_hostname }}
      {% endfor %}
      {% for host in groups['worker'] %}
      {{ hostvars[host].ansible_default_ipv4.address }}
         {{ hostvars[host].ansible_hostname }}
      {% endfor %}
```

Der nächste Task benutzt das Modul *blockinfile*, um der Konfigurationsdatei */etc/hosts* nicht nur eine Zeile, sondern einen ganzen Block von Zeilen am Ende hinzuzufügen. Die maßgebliche Option dieses Moduls ist `block`. Für diese können Sie wie im Beispiel sehr gut das Stringliteral | von YAML einsetzen, das einen aus mehreren Zeilen bestehenden String definiert.

Eine gute Eigenschaft von *blockinfile* ist, dass es Jinja2-Elemente genau wie in einer Datei für das Modul *template* unmittelbar und ohne Anführungsstriche evaluiert. Hier werden For-Schleifen und Ansible-Facts eingesetzt, um auf jedem Host das Hostfile mit den Kontaktdaten der jeweils anderen auszustatten. Die dafür benötigten Fakten stehen hier insgesamt zur Verfügung, weil das Play gegen `all` läuft.

Das Ergebnis dieses Tasks etwa auf *master1* sieht so aus: Am Ende von */etc/hosts* befindet sich dieser neue Block:

```
# BEGIN ANSIBLE MANAGED BLOCK
78.47.50.199    master1
78.47.31.149    worker1
116.203.201.138 worker2
78.47.50.207    worker3
# END ANSIBLE MANAGED BLOCK
```


Der letzte Task im Beispiel-Playbook ist folgender:

```
- name: Swappen deaktivieren
  sysctl:
    name: vm.swappiness
    value: '0'
    sysctl_set: yes
```

Dieser Schritt setzt die Anforderung eines K8s-Clusters um, dass auf eingebundenen Knoten die Swap-Funktion deaktiviert sein muss. Bei den Cloud-Servern von Hetzner ist sowieso kein Swapping eingerichtet, und es gibt auch keine Swap-Partition auf den angebundenen Standard-Devices. Der letzte Task ist deshalb zwar genau genommen überflüssig, aber ich möchte Ihnen gerne noch das Modul *sysctl* vorstellen.

Es gibt zurzeit noch kein offizielles Ansible-Modul für die Steuerung der Swap-Funktionen auf einem Linux-Host. Wenn es auf den verwendeten Cloud-Servern eine Swap-Partition und ein aktives Swapping geben würde, dann könnten Sie zur Laufzeit das Kommando `swapoff` auf dem Host absetzen und es so deaktivieren. Eine andere Methode ist, die Einstellung der sogenannten *Swappiness* im Kernel in */proc/sys/vm/swappiness* zu manipulieren. Die Swappiness steht auf dem verwendeten Ubuntu per Default auf dem Wert `60`, auch wenn es bei der Basisinstallation von Hetzner kein aktives Swapping gibt. Setzen Sie das Modul *sysctl* ein, um diesen Wert zur Laufzeit zu ändern und ihn gleichzeitig in der Konfigurationsdatei */etc/sysctl.conf* dauerhaft einzustellen. Damit findet auf dem Server grundsätzlich gar kein Swapping statt, auch nicht nach `swapon`.

Es gibt noch eine ganze Reihe anderer praktischer Kernelparameter unterhalb von */proc/sys*, die Sie mit diesem Modul aus der Ferne steuern können: Zum Beispiel können Sie mit ihnen IPv6 abschalten, das IPv4-Forwarding einrichten usw.

6.10.2 k8-master

Das Playbook der Rolle, die wir hier für den Masterknoten verwenden, sieht wie folgt aus:

```
---
- name: Master initialisieren
  command:
    cmd: "kubeadm init --pod-network-cidr=192.168.0.0/16"
    creates: /etc/kubernetes/manifests/kube-apiserver.yaml
```

Zunächst wird mit `kubeadm` der Master initialisiert. Das ist ein aufwendiger Schritt, bei dem unter anderem alle für den Betrieb eines K8s-Masters benötigten Pakete von diesem Tool heruntergeladen werden: der API-Server, der Controller-Manager, der Scheduler und etcd.

Das Tool gibt bei nochmaligem Durchlauf einen Fehlercode zurück. Sie müssen die Ausführung deshalb mit `creates` gegen eine beim ersten Durchlauf erzeugte Datei absichern.

```
- name: Flannel Network-Definition einspielen
  get_url:
    url: https://raw.githubusercontent.com/coreos/flannel/master/
           Documentation/kube-flannel.yml
    dest: /root/kube-flannel.yml
```

Dem `kubeadm`-Befehl im vorherigen Task müssen Sie mit `--pod-network-cidr` eine Netzwerk-Range für das sogenannte Pod-Netzwerk mitgeben. K8s arbeitet mit einem flachen Netzwerk, in dem sich alle Pods auf den verschiedenen Servern unter einer Adresse in einem gemeinsamen Netzwerk direkt erreichen können. Sie benötigen dazu eine bestimmte Lösung, zu der unter anderem *Calico* und *Flannel* gehören.

Das Beispiel setzt Flannel ein, und dafür wird in diesem Schritt mit `get_url` die benötigte Definitionsdatei *kube-flannel.yml* auf dem Host eingespielt.

```
- name: POD-Netzwerk initialisieren
  shell:
    cmd: "KUBECONFIG=/etc/kubernetes/admin.conf kubectl apply -f kube-
           flannel.yml"
```

Dieser Schritt aktiviert mit dem Befehl `kubectl` das Flannel-Netzwerk. Dabei wird die Umgebungsvariable `$KUBECONFIG` verwendet, um auf die dafür benötigte Konfigurationsdatei zu verweisen. Damit können Sie sich die Operation sparen, auf dem Host vorher die vom Setup generierte Datei *admin.conf* in */root/.kube/config* umkopieren zu müssen.

Allerdings müssen Sie das Modul *shell* verwenden, wenn Sie wie im Beispiel auf dem Host Umgebungsvariablen evaluieren möchten. Denn *command* ist dazu nicht in der Lage.

```
- name: join-command isolieren
  command:
    cmd: "kubeadm token create --print-join-command"
  register: join_command
```


Die nächsten drei Tasks dienen dazu, bei der Provisionierung erzeugte Konfigurationen auf den Arbeitsrechner zu kopieren. Zuerst einmal wird mit `kubeadm` die Befehlskette generiert, die auf einem anderen Host ausgelöst werden muss, um ihn als Worker dem Cluster hinzuzufügen. Die Rückgabe von *command* wird dafür zunächst als `join-command` registriert.

```
- name: join-command ablegen
  copy:
    content: "{{ join_command.stdout }}"
    dest: join-command
  delegate_to: localhost
```

Das Datenfeld `stdout` aus diesem Register wird dann mit dem nach *localhost* umdelegierten *copy*-Modul in die Datei *join-command* auf dem Kontrollknoten abgelegt. Sie finden sie im Projektverzeichnis, dort wo Sie dann `ansible-playbook` auslösen.

```
- name: config für kubectl runterziehen
  fetch:
    src: /etc/kubernetes/admin.conf
    dest: config
    flat: yes
```

Als Letztes wird mit `fetch` die Datei *admin.conf* im Projektverzeichnis als *config* abgelegt. Sie benötigen diese Konfigurationsdatei, um `kubectl` auf dem Arbeitsrechner zur Steuerung des K8s-Clusters zu konfigurieren.

Die letzten drei Tasks sind in dieser Art eigentlich nur vertretbar, weil das Play nur gegen einen einzigen Host läuft. Gegen eine Vielzahl von Hosts würden die beiden Dateien von jedem Task immer wieder neu geschrieben werden, was keine optimale Vorgehensweise wäre.

Es geht bei diesen Schritten vielleicht mehr um den K8s-Cluster selbst als um Ansible. Aber Sie können den Provisionierer ohne konkrete Deployment-Beispiele einfach nicht umfassend darstellen (nur für den Fall, dass Kubernetes Sie langweilt).

6.10.3 k8s-worker

Das Playbook in der Rolle für den K8s-Worker ist sehr übersichtlich und enthält nur einen einzigen Task:

```
---
- name: Worker in Cluster registrieren
  command:
    cmd: "{{ lookup('file', 'join-command') }}"
    creates: /etc/kubernetes/kubelet.conf
```

Die Lookup-Funktion `file` wurde bereits vorgestellt. Sie liest den im vorherigen Play in der Textdatei *join-command* im Projektverzeichnis abgelegten Join-Befehl ein. Das Modul *command* setzt es dann auf den *worker*-Instanzen als Befehl ab. Diese werden damit dem Cluster hinzugefügt.

Die Vorgehensweise, diesen Befehl über eine Datei auf den Kontrollknoten zu transferieren, löst dabei ein bestimmtes Problem. Denn die Nutzervariable `join_command` mit der Ausgabe von `kubeadm token create` ist eine Variable des anderen Plays gegen die Inventargruppe *master*. Dieses andere Play ist hier aber bereits vorüber, und diese Variable steht in diesem Play gegen die Gruppe *worker* deshalb nicht mehr zur Verfügung. Der Umweg über eine auf dem Kontrollknoten abgelegte Textdatei ist nicht die eleganteste Lösung, aber sie funktioniert.

Ein ganz guter Nebeneffekt ist, dass Sie den konkreten Befehl als Deployment-Artefakt damit auch protokollieren, ohne `ansible-playbook` mit erhöhter Verbosität auslösen zu müssen.

6.10.4 Anwendung

Sie können das Projekt dann anwenden. Lösen Sie das Masterplaybook aus:

```
~/deploy_k8s$ ansible-playbook -i ./inventory.py site.yml \
  -u root --key-file ~/.ssh/myhetznerkey
```

Wenn Sie ein SSH-Schlüsselpaar mit anderem Namen erzeugt und den öffentlichen Teil davon unter einem anderen Namen als hier in den Beispielen eingespielt haben, dann ersetzen Sie ihn gegebenenfalls in *inventory.py* und beim Aufruf dieses Befehls.

Die Plays und die darin enthaltenen Rollen werden in der Reihenfolge ausgeführt, wie sie im Masterplaybook vorkommen. Eine Mehrzahl von Hosts in einem Play wird parallel provisioniert. Das Deployment braucht beim ersten Durchlaufen eine Weile, bevor es abgeschlossen ist. Rechnen Sie mit guten 5 Minuten. Die universelle Docker-Rolle arbeitet dabei die meisten Tasks ab.

Kopieren Sie dann die vom Deployment erzeugte Datei *config* auf Ihrem Arbeitsrechner in den Ordner *~/.kube*. Diese Konfigurationsdatei enthält Informationen für die Verknüpfung mit dem erzeugten Cluster. Sie können `kubectl` dann unmittelbar einsetzen:

```
~/deploy_k8s$ kubectl get nodes
NAME      STATUS   ROLES    AGE   VERSION
master1   Ready    master   47m   v1.30.0
worker1   Ready    <none>   44m   v1.30.0
worker2   Ready    <none>   44m   v1.30.0
worker3   Ready    <none>   44m   v1.30.0
```


Sie können K8s anschließend so verwenden, wie es in Abschnitt 2.4 bereits vorgestellt wurde. Legen Sie zum Beispiel ein Deployment mit dem Container des Nginx-Webservers an:

```
~/deploy_k8s$ kubectl create deployment mynginx --image=nginx:latest
deployment.apps/mynginx created

~/deploy_k8s$ kubectl scale --replicas=3 deployment mynginx
deployment.apps/mynginx scaled

~/deploy_k8s$ kubectl get pods -o=wide
NAME                       READY  STATUS   AGE   IP           NODE
mynginx-7d4549745b-h4qmh   1/1    Running  59s   192.168.1.2  worker1
mynginx-7d4549745b-tshnx   1/1    Running  59s   192.168.3.2  worker3
mynginx-7d4549745b-vsszh   1/1    Running  101s  192.168.2.2  worker2
```

Setzen Sie dann einen NodePort-Service auf, um den Nginx-Webserver über einen der eingebundenen Worker-Nodes anzusprechen:

```
~/deploy_k8s$ kubectl expose deployment mynginx --type=NodePort --port=80
service/mynginx exposed

~/deploy_k8s$ kubectl get service mynginx
NAME     TYPE      CLUSTER-IP     EXTERNAL-IP  PORT(S)       AGE
mynginx  NodePort  10.96.243.42   <none>       80:31460/TCP  108s

/deploy_k8s$ curl 78.47.31.149:31460
<!DOCTYPE html>
<html>
<head>
<title>Welcome to nginx!</title>
```

C'est ça! So funktioniert also das rudimentäre Deployment eines K8s-Clusters mit Ansible. Natürlich gibt es bei diesem Beispiel noch Ausbauperspektiven. So würde man vielleicht in der Hetzner-Cloud eher ein privates Netzwerk aufsetzen, als den Cluster für die Kommunikation der Knoten untereinander über das Internet laufen zu lassen. Außerdem gibt es keinen Loadbalancer, über den eine Applikation wie Nginx oder etwas anderes von außen aus ansprechbar gemacht werden würde. Dafür eignet sich zum Beispiel HAProxy. Nichtsdestotrotz funktioniert der provisionierte Cluster einwandfrei.

Ich wünsche Ihnen viel Spaß mit Ansible. Aber Vorsicht, diese Software macht schnell süchtig!

Kapitel 7
Cloud-Instanzen testen

»It ain't what you don't know that gets you into trouble. It's what you know for sure, that just ain't so.«
– Mark Twain

Am 4. Juni 1996 hob in Französisch-Guayana die Lastträgerrakete Ariane 5, das neue Prachtstück der europäischen Raumfahrt, zu ihrem ersten Flug ab. Alle Augen waren fasziniert auf die Rakete gerichtet, bis sie 40 Sekunden nach dem Start plötzlich in einem Feuerball am Nachthimmel verglühte.

Was war passiert? Ein Fehler bei einer Umrechnungsoperation in einer einzigen ADA-Codezeile des Trägheitsnavigationssystems führte dazu, dass der Hauptcomputer eine Abweichung von der geplanten Flugbahn annahm. Dadurch wurde eine harte Schwenkung ausgeführt, die in den dichteren Schichten der Atmosphäre zur Desintegration und letztendlich zur Selbstsprengung führte. Der Auslöser war eine in dem neuen Modell nicht mehr funktionierende Typumwandlung in Code, der von der Ariane 4 ungetestet übernommen worden war. Der durch diese eine Codezeile verursachte Schaden betrug 370.000.000 USD.

Der Ariane-Vorfall gilt als einer der kostspieligsten Softwarefehler in der Geschichte. Er ist einer der klassischen Fälle, die immer wieder angeführt werden, um zu argumentieren, wie wichtig das ausgiebige Testen in der Softwareentwicklung ist. Dazu gehört auch die Mahnung, dass Sie beim Schreiben von Tests genauso wie beim Verfassen der Dokumentation immer mit der Entwicklung der Geschäftsapplikation Schritt halten müssen – veraltete Tests können extrem kontraproduktiv sein. Daher wird bei Entwicklungsverfahren wie dem *Test-Driven Development* (*TDD*) das Bestehen von Tests, die bereits zu Projektbeginn formuliert wurden, von Anfang an als Anforderung an die Entwicklung von neuen Funktionen und Codebestandteilen gestellt.

Wie in diesem Buch bei vielen Gelegenheiten im Zusammenhang etwa mit Infrastructure-as-Code und mit dem Arbeitsprofil eines Cloud-Engineers dargestellt wurde (siehe Abschnitt 1.2.10), haben Sie in diesem Arbeitsbereich anstatt mit physischer Hardware immer mit Code zu tun. Sie haben bereits den Code der Templates von IaC-Werkzeugen (siehe Kapitel 4, »Cloud-Infrastruktur automatisiert ausrollen«), Templates für Packer oder Cloud-Init (siehe Kapitel 5), Ansible-Playbooks (siehe Kapitel 6) sowie Shellskripte und viele kleine, selbst aufgesetzte Werkzeuge und Helferlein kennengelernt. Da bietet es sich natürlich an, die Hilfsmittel und die Methoden der Softwareentwicklung auch in diesem Bereich zu übernehmen. Das bedeutet beispielsweise, den Code von Templates in ein Versionsverwaltungssystem wie Git zu übernehmen, was eine Menge von Vorteilen und Annehmlichkeiten bietet, auch wenn Sie allein und nicht im Team entwickeln. Eine große Rolle sollte beim Cloud-Engineering auch das *automatisierte Testing* spielen. Im Gegensatz zur Softwareentwicklung wird hier allerdings nicht der Code selbst etwa durch Unittests überprüft, sondern die ausgerollte Infrastruktur und Provisionierungsergebnisse (Stichwort: Integrationstests).

Sicher, Terraform meldet zurück, wenn sich eine Ressource nicht wie geplant aufspannen ließ, Ansible sagt Ihnen, wenn irgendetwas nicht wie geplant funktioniert hat, und die anderen Werkzeuge tun das auch. Es geht beim Testing für das Cloud-Engineering nicht immer darum, Mängel zu kompensieren, die andere eingesetzte Werkzeuge bei der Sicherstellung der gewünschten Ergebnisse haben. Es sind diese aus verschiedenen Anlässen immer wieder vorkommenden Situationen, in denen Sie normalerweise händisch auf Cloud-Server gehen und schauen, ob dieses oder jenes auch wirklich eingetreten ist oder immer noch der Fall ist. Das lässt sich durchaus alles automatisieren, und die Automatisierung mit ihren Vorteilen ist ja das Leitprinzip von DevOps-bewussten Engineers. Es sind einige Frameworks verfügbar, mit denen Sie im Cloud-Engineering beliebige Tests aufsetzen können, um bestimmte Zustände von Instanzen im Detail sicherzustellen. Einen wichtigen Vertreter dieser Gattung von Software stellen wir in diesem Kapitel vor.

Auch beim Cloud-Engineering sollten Sie das Ziel verfolgen, eine möglichst hohe Testabdeckung zu erreichen und nicht immer nur gezielt ein paar bestimmte Tests aufzusetzen. Sie können automatisierte Tests einsetzen, um nicht nur eine beschränkte Anzahl von Zuständen abzuprüfen (etwa die Ergebnisse von automatisierten Eingriffen), und den maßgeblichen Vorteil im Einsatz für eine Vielzahl von Instanzen sehen, die Sie gar nicht alle händische abklappern und überprüfen können. Setzen Sie Tests ein, um langfristig den gesamten Zielzustand einer Infrastruktur-Landschaft abzusichern – eventuell wie bei Ansible ausgehend von der jeweiligen Basisinstallation der eingesetzten Betriebssysteme. Schließen Sie dabei ruhig auch Veränderungen mit ein, die von eingesetzten Applikationen und vom Betriebssystem selbst vorgenommen werden, also etwa, ob eine bestimmte Datenbankdatei wie erwartet erzeugt worden ist oder ob ein Service nach der Installation aus dem Systempaket wie erwartet automatisch `enabled` ist. Dinge also, die Provisionierungswerkzeuge wie Ansible zwar auslösen, aber selbst nicht vornehmen.

Testen können Sie dann, wann immer Sie möchten: nach dem Ausrollen, nach Konfigurationsmaßnahmen, aber auch nach einem Neustart von Servern und Applikationen. Zu prüfen, ob die mit einem IaC-Werkzeug erzeugte Infrastruktur bestimmte

Merkmale erfüllt, etwa die von den bereitgestellten Ressourcen vorgenommene Restaufspannung, gehört natürlich mit ins Testspektrum hinein.

7.1 Testinfra

Testinfra (*https://github.com/philpep/testinfra*) ist ein Framework für Python, mit dem Sie einen als Cloud-Instanz betriebenen Linux-Server durchtesten können. Das Werkzeug ist als Plug-in für das umfangreiche Modultest-System *pytest* (*https://docs.pytest.org/*) aufgesetzt. Die Software-Infrastruktur von pytest wird als Umgebung für die Bereitstellung der eigenen Werkzeuge benutzt und dafür, die damit formulierten Tests laufen zu lassen.

Testinfra beinhaltet zwei grundlegenden Sammlungen von Komponenten:

- Die eingebauten Module stellen Ihnen Klassen zur Verfügung, mit denen Sie beliebige Tests aufsetzen können. Es gibt zum Beispiel die Klasse `file` für das Schreiben von Tests, die Dateien betreffen, und die Klasse `package` für Tests in Bezug auf Systempakete. Die Bandbreite der eingebauten Module bestimmt dabei den Funktionsumfang von Testinfra. Sie kommen mit den Modulen allerdings nicht direkt in Berührung, und Sie müssen sie nicht importieren.
- Daneben verfügt Testinfra über eine Reihe von eingebauten Backends, die die Kommunikation mit Zielsystemen ermöglichen. Das Backend `ssh`, das hier die Hauptrolle spielen soll, stellt über das SSH-Protokoll die Verbindung mit einem bestimmten Server her, auf dem Sie bestimmte Tests laufen lassen möchten. Es ist aber zum Beispiel auch ein Backend für Docker-Container mit eingebaut.

Testinfra ist eine Neuimplementation des klassischen Servertesting-Frameworks *Serverspec* (*https://serverspec.org/*), das in Ruby aufgesetzt ist. Das Privatprojekt wird seit 2015 von Philipe Pepiot und anderen Beitragenden auf GitHub entwickelt. Das aktuelle Release ist Version 10.1.1, und die Software steht unter der Apache-Lizenz 2.0. Die Dokumentation des Projekts finden Sie unter folgender Seite: *https://testinfra.readthedocs.io/*

7.1.1 Installieren

Testinfra ist aus dem Python Package Index verfügbar. Die Installationsprozedur ist also dieselbe wie bei dem in diesem Buch bereits vorgestellten Tool `aws-cli` (siehe Abschnitt 3.1.2).

Sie können Testinfra ganz einfach mit dem Downloader `pip3` auf Ihren Arbeitsrechner bekommen. Dieser ist auf Ubuntu-Systemen Bestandteil des Systempakets `python3-pip`, das Sie vorher mit dem Befehl `sudo apt-get install python3-pip` installieren müssen. Setzen Sie dann den Befehl `pip3 install pytest-testinfra` ab. Administratorrechte benötigen Sie dafür nicht. Dieser Vorgang zieht auch alle benötigten Abhängigkeiten mit in das Verzeichnis *~/.local* in Ihrem Heimatverzeichnis. Dazu gehört vor allem pytest, das Sie benötigen, um Testinfra auch anwenden zu können.

Das pytest-Paket aus dem PyPi beinhaltet das Executable `pytest`, mit dem Sie dafür geschriebene Tests starten können. Es liegt nach der Installation (zusammen mit der Legacy-Variante `py.test`) im Verzeichnis *~/.local/bin*.

Wenn Sie `pytest` auslösen möchten, ohne immer auch den Pfad mit anzugeben, dann müssen Sie dieses Verzeichnis mit in die Umgebungsvariable `$PATH` in Ihrer Linux-Shell hineinnehmen. Setzen Sie dafür den Befehl `export PATH="~/.local/bin:$PATH"` ab, und fügen Sie diesen auch noch in Ihre *~/.bashrc*-Datei ein. Mehr Details zu dieser Prozedur finden Sie in der ausführlichen Installationsanleitung zu `aws-cli`.

Ob pytest ordentlich installiert wurde und auf der Kommandozeile aufgerufen werden kann, prüfen Sie mit folgendem Befehl:

```
~$ pytest --version
pytest 8.3.2
```

Fixtures in pytest

Wenn Sie sich ein bisschen mit dem interessanten Hintergrund von pytest beschäftigen möchten: Testinfra stellt als Plug-in mit `host` ein sogenanntes *Fixture* (dt. *Vorrichtung*) zur Verfügung. Dieses beinhaltet alle als eingebaute Module implementierten Klassen, `host.file`, `host.iptables` usw. Fixtures werden etwa als Parameter bei der Definition von Testfunktionen verwendet (siehe das Anwendungsbeispiel in Abschnitt 7.1.2).

Die zur Verfügung stehenden Fixtures können Sie sich mit `pytest --fixtures` ausgeben lassen. Dabei werden zuerst diejenigen ausgegeben, die in pytest eingebaut sind. `host` von Testinfra finden Sie ganz unten in der Liste.

7.1.2 Beispielprojekt

In dieser Beispielanwendung wird für ein Terratest-Projekt eine Reihe von Tests für einen ganz bestimmten Anwendungsfall definiert. Die gesamte Testsuite besteht aus zwei Dateien. Die Tests wurden für eine bestimmte Cloud-Instanz aus Microsoft Azure geschrieben.

Sie benötigen für das Anwendungsbeispiel natürlich eine konkrete VM, gegen Sie die Tests laufen lassen können. Diese setzen wir jetzt erst einmal zu Beginn auf, bevor ich die Beispieltests erkläre. Folgender Befehl wird dafür benötigt:

```
~$ az vm create \
   --name meineVM \
   --resource-group meineRG \
   --image Ubuntu2204 \
   --admin-username myuser \
   --data-disk-sizes 25 25 \
   --size Standard_B1s \
   --custom-data provisioner.sh
{
  "fqdns": "",
  "id": "/subscriptions/54c6f7b7-3c3f-4068-a1b8-51bddf711d33/
         resourceGroups/meineRG/providers/Microsoft.Compute/
         virtualMachines/meineVM",
  "location": "northeurope",
  "macAddress": "00-0D-3A-B0-6C-CF",
  "powerState": "VM running",
  "privateIpAddress": "10.0.0.4",
  "publicIpAddress": "13.70.200.128",
  "resourceGroup": "meineRG",
  "zones": ""
}
```

7

Die für das Testinfra-Beispiel relevante Eigenschaft dieser VM ist, dass sie neben dem standardmäßig vorhandenen, direkt angebundenen Laufwerk für temporäre Daten */dev/sdb* auch noch über zwei weitere Datenlaufwerke verfügt, die als */dev/sdc* und */dev/sdd* angehängt sind. Das eingesetzte Maschinenimage ist auch hierbei wieder *Ubuntu 22.04 LTS*. Die Ressourcengruppe `meineRG` muss beim Absetzen dieses Befehls bereits eingerichtet sein. Für mehr Informationen lesen Sie, was in der Einführung in die IaaS-Funktionalität von Microsoft Azure in Abschnitt 3.2 detailliert ausgeführt wurde.

Mit der Option `--custom-data` von `az vm create` wird hier ein Shellskript mitgegeben, das einige Provisionierungsoperationen auf der neu erzeugten Instanz ausführt. Die Datei *provisioner.sh* hat folgenden Inhalt:

```
#!/bin/sh

apt-get update
apt-get install -y nginx
echo '<html><body><p>Provisioned!</p></body></p>'> /var/www/html/index.nginx
   -debian.html

mkfs.ext4 -m 0 /dev/sda
mkdir /mnt2
```

```
mount /dev/sda /mnt2
chown myuser.myuser /mnt2
uuid=$(lsblk -o +UUID | awk '/sda/{print $(8)}')
echo "UUID=$uuid /mnt2 ext4 defaults 0 2" >> /etc/fstab

mkfs.ext4 -m 0 /dev/sdb
mkdir /mnt3
mount /dev/sdb /mnt3
chown myuser.myuser /mnt3
uuid=$(lsblk -o +UUID | awk '/sdb/{print $(8)}')
echo "UUID=$uuid /mnt2 ext4 defaults 0 2" >> /etc/fstab
```

Listing 7.1 Die Datei provisioner.sh

[»]

Hinweis

Achten Sie darauf, dass die Angaben zu den Blockdevices von Distribution zu Distribution unterschiedlich sein können. Selbst zwischen Versionen sind Änderungen möglich: Während in älteren Ubuntu-Versionen die Blockdevices noch */dev/sdc* und */dev/sdd* genannt wurden, werden nun die Bezeichner */dev/sda* und */dev/sdb* genutzt. Hinweis zu Problemen dieser Art finden Sie in den Logs unter */var/log/cloud-init-output.log*. Ein weiterer Befehl, der Ihnen hilft, ist `lsblk`. Hier sehen Sie alle Devices und können dann mögliche Änderungen erkennen.

In Listing 7.1 findet eine Reihe von Operationen statt, zum einen für die Einrichtung eines Webservers, zum anderen für die vollständige Einbindung der vorher noch unformatierten Datenlaufwerke:

- Der Webserver Nginx wird zuerst einmal installiert, und die Default-Startseite wird mit einem neuen kurzen Begrüßungstext überschrieben.
- Dann wird das Blockdevice `/dev/sda` mit *ext4* formatiert, das Verzeichnis `/mnt2` erzeugt und das formatierte Laufwerk dann darin gemountet.
- Danach wird der Besitzer dieses Verzeichnisses (nach dem Mounten ist es das Wurzelverzeichnis auf dem Datenlaufwerk) auf `myuser.myuser` (der Default-User auf diesem System mit seiner primären Benutzergruppe) umgestellt.
- Zum Schluss wird die UUID (der *Universially Unique Identifier*) des Laufwerks aus der Ausgabe von `lsblk` ermittelt. Diese Information wird als Variable `uuid` verwendet, um damit einen neuen Eintrag in */etc/fstab* anzulegen. Mit diesem Eintrag wird das Laufwerk dann nach einem Reboot automatisch eingebunden (`defaults` beinhaltet die Mountoption `auto`).

Dieselben laufwerksbezogenen Operationen finden dann noch einmal für das zweite Datenlaufwerk */dev/sdb* statt.

Geben Sie der neu aufgesetzten Instanz einen Moment Zeit, damit das Shellskript vollständig durchlaufen kann. Sie können sich direkt nach dem Erzeugen mit SSH auf die neue VM einloggen, die Abarbeitung des Skripts findet im Hintergrund statt. Es ist hierbei übrigens wieder Cloud-Init, das sich um die Ausführung dieses Skripts kümmert, das mit Root-Rechten gestartet wird.

Shellskripte für Cloud-Init

In Abschnitt 5.2 habe ich das Konfigurationssystem Cloud-Init vorgestellt. Dabei habe ich Ihnen gezeigt, wie Sie ein spezielles Template für dieses Tool aufsetzen, das Sie dann beim Erzeugen von neuen Cloud-Instanzen mitgeben können. Das ist möglich, unter anderem bei dem CLI-Client `doctl` von DigitalOcean mit der Option `--user-data-file` und bei dem Client `hcloud` von Hetzner Cloud mit `--user-data-from-file`.

Cloud-Init kann aber nicht nur eigene Templates verarbeiten (die in der Kopfzeile den Ausdruck `#cloud-init` beinhalten), sondern auch einfache Shellskripte. Bei mitgegebenen Userdaten wird geprüft, ob die Kopfzeile eventuell mit einem Shebang (`#!`) beginnt, und dann wird das Skript entsprechend verarbeitet. Shellskripte für die erste Einrichtung von Instanzen können Sie also als eine Option bei den genannten Clients mitgeben – und Cloud Init-Templates auch bei Azure bei dem Schalter `--custom-data`.

Ein kleiner Tipp: Wenn Sie ein Troubleshooting vornehmen müssen, etwa wenn zum Beispiel ein Skript nicht korrekt ausgeführt worden ist, dann suchen Sie in */var/log/cloud-init.log* nach Logzeilen, die den Begriff `config-scripts_user` beinhalten. Auf der im Beispiel erzeugten VM stoßen Sie zum Beispiel auf folgende Zeilen:

```
2024-09-24 06:59:39,383 - helpers.py[DEBUG]: Running config-scripts_
user using lock (<FileLock using file '/var/lib/cloud/instances/79c2db9a-
8aaa-40bd-879d-c0038bdcefee/sem/config_scripts_user'>)
2024-09-24 07:00:16,894 - handlers.py[DEBUG]: finish:
modules-final/config-scripts_user: SUCCESS: config-scripts_
user ran successfully
```

Sie können sich auch unter */var/log/cloud-init-output.log* die Logs Ihres Skripts ansehen.

Testframeworks wie Testinfra eignen sich hervorragend für die Überprüfung der Ergebnisse von Templates und Skripten, die Sie Cloud-Init mitgeben, weil diese ja immer im Stillen auf der VM ausgeführt werden.

Der springende Punkt hierbei ist folgender, und vielleicht ist er Ihnen bereits aufgefallen: Es gibt in diesem Provisionierungsskript einen ganz bewusst eingebauten Tippfehler. Das Skript läuft auf der neuen Instanz zwar sauber und mit dem erwarteten Ergebnis durch, und alles scheint in Ordnung zu sein. Der Fehler schlummert danach aber als Zeitbombe auf der VM und kommt im Sinne von Murphys Gesetzen genau dann zum Tragen, wenn es am unangenehmsten ist. Die mit Testinfra aufgesetzte Testsuite wird helfen, diesen Fehler aufzuspüren, wie Sie sehen werden.

7.1.3 Tests aufsetzen

Die für Testinfra aufgesetzte Beispielsuite enthält die Datei *test_vm_mounts.py*. Diese hat folgenden Inhalt:

```
def test_mountfolders_exist_and_is_folder(host):
    mnt2 = host.file("/mnt2")
    mnt3 = host.file("/mnt3")
    assert mnt2.exists
    assert mnt3.exists
    assert mnt2.is_directory
    assert mnt3.is_directory

def test_mountfolders_belong_to_myuser(host):
    assert host.file("/mnt2").user == "myuser"
    assert host.file("/mnt3").user == "myuser"

def test_devices_mounted_correctly(host):
    assert host.mount_point("/mnt2").device == "/dev/sda"
    assert host.mount_point("/mnt3").device == "/dev/sdb"

def test_tmpdisk_is_present_and_ext4(host):
    assert host.mount_point("/mnt").device == "/dev/sdd1"
    assert host.mount_point("/mnt").filesystem == "ext4"
```

Listing 7.2 Die Datei test_vm_mounts.py

Tests für Testinfra beziehungsweise pytest setzen Sie immer als eine Funktion auf. Der Name einer solchen Funktion muss immer mit `test_` beginnen. Im Beispiel sind drei Tests definiert, die alle auf Testinfra aufbauen. Dafür wird bei jeder dieser Funktionen immer die Fixture `host` als Argument mitgegeben. Und zwei Klassen aus `host` kommen hier zum Einsatz: `file` und `mount_point`. Folgende Testfunktionen sehen Sie hier:

- Der erste Test fragt zunächst ab, ob die Dateien beziehungsweise die Namen im Dateisystem */mnt2* und */mnt3* überhaupt existieren und ob es sich dabei um Verzeichnisse handelt.
- Der zweite Test untersucht, ob der Besitzer dieser beiden Dateisystemnamen jeweils `myuser` ist.

- Der dritte Test benutzt `mount_point.device()`, um zu überprüfen, ob die Devices auch korrekt gemountet sind, so wie es vorgesehen ist (*/dev/sda* auf */mnt2* und */dev/sdb* auf */mnt3*).
- Der vierte Test betrifft das direkt angebundene Device */dev/sdd1*. Hier wird geprüft, ob es korrekt unter */mnt* eingebunden ist und ob es wie erwartet auch mit dem Dateisystem *ext4* formatiert ist.

  Diese Prüfung dient hier nur als Beispiel dafür, dass Sie natürlich nicht nur testen können, was das Ergebnis von eigenen Konfigurationsmaßnahmen ist, sondern dass Sie auch Zustände prüfen können, die vom Cloud-Anbieter selbst gewährleistet werden.

Das Schlüsselwort `assert` überprüft immer, ob der dahinterstehende Ausdruck `true` zurückgibt. Tut er das nicht, dann ist der Test gescheitert.

Wie Sie sehen können, haben Sie alle Freiheiten, die Tests zu arrangieren. Die Überprüfung, ob die Mountverzeichnisse auch tatsächlich Verzeichnisse sind (und nicht aus irgendeinem voll aus dem Ruder gelaufenen Grund Dateien oder symbolische Links), könnten Sie auch in eine eigene Testfunktion schreiben. Die richtige Vorgehensweise dabei ist, mit Funktionen nicht zu geizen, sondern möglichst immer nur für jede einzelne Bedingung einen einzelnen Test aufzusetzen. Die Namen der Funktionen werden hinterher von pytest im Laufprotokoll ausgegeben, und kleinere Tests machen die Auswertung einfacher.

Wie umfangreich sollen Tests sein?

Eine Vorgehensweise beim Formulieren von Tests ist: Überprüfen Sie so viele Aspekte wie möglich, ohne abzuwägen, ob ein Test Sinn macht oder nicht. Überlegen Sie nicht jedes Mal erst, welche Bedingungen überhaupt eintreten könnten, die ein negatives Ergebnis hervorbringen würden.

Im Beispiel könnten wir etwa nicht nur den Besitzer der Mountverzeichnisse absichern, sondern auch die Gruppenzugehörigkeit und vielleicht auch noch einige Dinge mehr.

7.1.4 Anwendung

Sie können diese Tests dann gegen die gerade neu bereitgestellte virtuelle Maschine laufen lassen. Weil Testinfra ein reines Plug-in von pytest ist und keine selbstständige Applikation, benötigen Sie dafür den Befehl `pytest`:

```
~$ pytest -v --connection=ssh --hosts=myuser@13.70.200.128 test_vm_mounts.py
platform linux -- Python 3.12.6, pytest-8.3.3, pluggy-1.5.0
-- /usr/bin/python3
```

```
cachedir: .pytest_cache
rootdir: /vagrant/8.1_testinfra
plugins: asyncio-0.24.0, testinfra-10.1.1
asyncio: mode=Mode.STRICT, default_loop_scope=None
collected 4 items

test_vm_mounts.py::test_mountfolders_exist_and_is_folder[ssh://13.70.200.128]
   PASSED  [ 25%]
test_vm_mounts.py::test_mountfolders_belong_to_myuser[ssh://13.70.200.128]
   PASSED  [ 50%]
test_vm_mounts.py::test_devices_mounted_correctly[ssh://13.70.200.128]
   PASSED  [ 75%]
test_vm_mounts.py::test_tmpdisk_is_present_and_ext4[ssh://13.70.200.128]
   PASSED  [100%]
```

Wunderbar. Das Provisionierungsskript hat also gute Arbeit geleistet. Sehen wir uns den Aufruf von `pytest` einmal genauer an:

- Wenn Sie einen Dateinamen angeben, lässt pytest alle Tests in dieser Datei laufen. Fehlt ein konkreter Dateiname, dann wird die gesamte Suite (also alle Dateien in einem Projektverzeichnis, die mit `test_` beginnen) für einen Lauf berücksichtigt. Sie können aus einer Suite auch bestimmte Tests einzeln laufen lassen.
- Geben Sie den Schalter `-v`/`-verbose` wie im Beispiel mit, um mehr Details über den Testlauf zu erhalten.
- Um das `ssh`-Backend zu verwenden, benutzen Sie die Schalter `--connection=ssh` und `--hosts`. Der SSH-Schlüssel, der für das Betreten der VM automatisch verwendet wird, ist `~/.ssh/id_rsa`.
- Sie können unter `--hosts` eine Reihe von Maschinen angeben, die dann durch Kommata getrennt anzugeben sind. Testinfra kann aber auch Inventar-Dateien verarbeiten.

Ich habe Ihnen bereits gesagt, dass es einen subtilen Fehler im Provisionierungsskript gibt: Es erzeugt nach einem Reboot eine fehlerhafte VM.

Lösen Sie also zuerst einmal ein Reboot der Cloud-Instanz aus, und wenden Sie danach dieselben Tests einfach noch einmal an. Das können Sie ja machen, wann und so oft Sie wollen, bei jeder beliebigen Gelegenheit:

```
~$ az vm restart --resource-group meineRG --name meineVM

~$ pytest -v --connection=ssh --hosts=myuser@13.70.200.128 \
    test_vm_mounts.py
platform linux -- Python 3.12.6, pytest-8.3.3, pluggy-1.5.0
-- usr/bin/python3
```

```
cachedir: .pytest_cache
rootdir: /vagrant/8.1_testinfra
plugins: asyncio-0.24.0, testinfra-10.1.1
asyncio: mode=Mode.STRICT, default_loop_scope=None
collected 4 items


test_vm_mounts.py::test_mountfolders_exist_and_is_folder[ssh://13.70.200.128]
   PASSED  [ 25%]
test_vm_mounts.py::test_mountfolders_belong_to_myuser[ssh://13.70.200.128]
   FAILED  [ 50%]
test_vm_mounts.py::test_devices_mounted_correctly[ssh://13.70.200.128]
   FAILED  [ 75%]
test_vm_mounts.py::test_tmpdisk_is_present_and_ext4[ssh://13.70.200.128]
   PASSED  [100%]

_____ test_mountfolders_belong_to_myuser[ssh://13.70.200.128]
host = <testinfra.host.Host object at 0x7f7be6886828>

    def test_mountfolders_belong_to_myuser(host):
        assert host.file("/mnt2").user == "myuser"
>       assert host.file("/mnt3").user == "myuser"
E       AssertionError: assert 'root' == 'myuser'
E         - root
E         + myuser

test_vm_mounts.py:11: AssertionError

_____test_devices_mounted_correctly[ssh://13.70.200.128]
host = <testinfra.host.Host object at 0x7f7be6886828>

    def test_devices_mounted_correctly(host):
>       assert host.mount_point("/mnt2").device == "/dev/sda"
E       AssertionError: assert '/dev/sdb' == '/dev/sda'
E         - /dev/sda
E         + /dev/sdb

test_vm_mounts.py:14: AssertionError
```

Hoppla! Zwei Tests sind fehlgeschlagen. Der Besitzer von */mnt3* ist nicht `myuser`, wie vorgesehen, sondern `root`. Und das unter */mnt2* gemountete Device ist nicht */dev/sda*, wie es sein soll, sondern */dev/sdb*. Was ist hier los?

Der Tippfehler im Provisionierungsskript kann schnell passieren. Er bestand darin, dass in */etc/fstab* beide Datenlaufwerke aus Versehen unter */mnt2* eingebunden werden. Zuerst wird */dev/sda* dorthin gemountet, danach */dev/sdb* noch einmal darüber. So kommt der Fehler von `test_devices_mounted_correctly` zustande. Unter */mnt3* ist dann gar nichts gemountet, und damit ist wieder `root` (der das Verzeichnis eigentlich angelegt hat) der Besitzer und nicht `myuser` (der Besitzer des Wurzelverzeichnisses auf */dev/sdb*).

Dieser Fehler wäre unter bestimmten Umständen gar nicht sofort aufgefallen, sondern erst, wenn das `os-device` mit Geschäftsdaten vollgelaufen wäre. Dann hätte vielleicht ein eventuell installiertes Monitoring-System vorher angeschlagen und hätte Sie am zweiten Weihnachtstag morgens um vier Uhr aus dem Bett geklingelt.

[»]

Hinweis

Beim Hinzufügen von Zeilen in */etc/fstab* sollten Sie grundsätzlich immer sehr behutsam sein. Wenn ein Eintrag beim Booten nicht verarbeitet werden kann, dann kommt die Instanz nach einem Neustart gar nicht mehr hoch, sondern bleibt an diesem Fehler hängen.

Für händisch gemountete Devices (also mit `mount` unter Angabe von Blockspeicherdatei und Mountpoint) gibt es immer einen automatischen Eintrag in */etc/mtab*. Den können Sie mit `tail -1 /etc/mtab >> /etc/fstab` übertragen.

Sie sehen, dass Sie unter Einsatz von geeigneten Infrastrukturtests Probleme wie diese schnell und gezielt identifizieren können. Wenn Sie solche Tests zur Verfügung haben, dann sollten Sie sie nach einem Reboot gewohnheitsmäßig immer noch einmal auslösen.

7.1.5 pytest in vollem Umfang nutzen

Testinfra als Plug-in gibt Ihnen die Freiheit, pytest mit all seinen Möglichkeiten vollumfänglich einzusetzen, zusammen mit den von Testinfra dafür zur Verfügung gestellten Elementen. Die Möglichkeiten sind dabei geradezu unbegrenzt, und praktisch alles in Python steht Ihnen für das Aufsetzen von Tests zur Verfügung. Interessant sind dafür nicht zuletzt die Bibliotheken von Cloud-Anbietern, mit denen Sie Zustände direkt aus Services für Überprüfungen heranziehen können.

Die Beispiel-Suite enthält noch die Datei *test_vm_server.py* mit weiteren Tests, mit dem Inhalt aus Listing 7.3.

```
import json
import requests
import subprocess
```

```
def test_nginx_is_installed(host):
    nginx = host.package("nginx")
    assert nginx.is_installed

def test_nginx_is_running_and_enabled(host):
    nginx = host.service("nginx")
    assert nginx.is_running
    assert nginx.is_enabled

def test_welcome_page_changed(host):
    welcomepage = host.file("/var/www/html/index.nginx-debian.html")
    assert welcomepage.contains("Provisioned!")

ipaddrs = subprocess.getoutput("az vm list-ip-addresses --name meineVM")
ipaddrs_py = json.loads(ipaddrs)
ipaddr = ipaddrs_py[0]['virtualMachine']['network']['publicIpAddresses'][0]
  ['ipAddress']

def check_if_site_exists(machine):
    request = requests.get("http://{0}".format(machine))
    if request.status_code == 200:
        return True
    else:
        return False

def test_if_server_serves():
    assert check_if_site_exists(ipaddr)
```

Listing 7.3 Die Datei test_vm_server.py

Außer `check_if_sites_exists` (der Name beginnt nicht mit `test_`) sind das alles Funktionen für pytest, die den Webserver auf der Beispiel-VM testen:

- Die erste Testfunktion nutzt die Klasse `package` von Testinfra, um zu prüfen, ob das Paket Nginx installiert ist.
- Danach wird mit `service` überprüft, ob der systemd-Service für Nginx läuft und auf `enabled` gestellt ist, sodass der Webserver nach einem Reboot automatisch wieder in Betrieb ist.
- Ein dritter Test prüft, ob die Begrüßungsseite den Text `Provisioned!` enthält, was nach dem Durchlauf des Provisionierungsskripts der Fall sein sollte.

Der letzte Test `check_if_server_serves` prüft, ob der Webserver auch wirklich Seiten ausliefert. Für diese Operation wird Testinfra gar nicht benötigt:

- Der Python-Code gewinnt zunächst die Rückgabe von `az vm list-ip-address` als JSON-Objekt und evaluiert daraus die öffentliche IP-Adresse der VM `meineVM`.
- Dann ist eine allgemeine Funktion aufgesetzt, die mit `requests.get()` per HTTP den Webserver unter dieser Adresse anspricht und `False` zurückgibt, wenn der HTTP-Code nicht 200 (`OK`) ist.
- Die Testfunktion (die nicht `host` als Argument hat und damit Testinfra nicht benutzt) macht dann einen `assert`-Test dieser Funktion gegen die IP-Adresse der VM.

Beachten Sie im Verlaufsprotokoll, dass der letzte Test dann gar nicht über SSH gegen die Zielmaschine läuft, sondern einfach auf dem Arbeitsrechner ausgeführt wird. Das ist ja auch genau das, was Sie möchten, nämlich schauen, ob der Nginx-Server mit seiner Begrüßungsseite von Arbeitsrechner aus über das Internet erreichbar ist.

Führen Sie diese Tests dann auch noch aus. Scheitert `test_if_server_serves`, dann liegt es eventuell daran, dass Sie vergessen haben, vorher mit `az vm open-port` in der Sicherheitsgruppe den Port 80 als Ingress freizuschalten (um das aufzudecken, dafür ist der Test ja auch da).

Ist der Port freigeschaltet und alles in Ordnung, dann sehen Sie folgendes Ergebnis, wenn Sie die gesamte Suite auslösen (der Mountfehler auf der VM ist mittlerweile behoben):

```
~$ pytest -v --connection=ssh --hosts=myuser@13.70.200.128
platform linux -- Python 3.12.6, pytest-8.3.3, pluggy-1.5.0
-- usr/bin/python3
cachedir: .pytest_cache
rootdir: /vagrant/8.1_testinfra
plugins: asyncio-0.24.0, testinfra-10.1.1
asyncio: mode=Mode.STRICT, default_loop_scope=None
collected 8 items

test_vm_mounts.py::test_mountfolders_exist_and_is_folder[ssh://13.70.200.128]
 PASSED  [ 12%]
test_vm_mounts.py::test_mountfolders_belong_to_myuser[ssh://13.70.200.128]
 PASSED  [ 25%]
test_vm_mounts.py::test_devices_mounted_correctly[ssh://13.70.200.128]
 PASSED  [ 37%]
test_vm_mounts.py::test_tmpdisk_is_present_and_ext4[ssh://13.70.200.128]
 PASSED  [ 50%]
test_vm_server.py::test_nginx_is_installed[ssh://13.70.200.128]
 PASSED  [ 62%]
test_vm_server.py::test_nginx_is_running_and_enabled[ssh://13.70.200.128]
 PASSED  [ 75%]
test_vm_server.py::test_welcome_page_changed[ssh://13.70.200.128]
```

```
 PASSED  [ 87%]
test_vm_server.py::test_if_server_serves
 PASSED  [100%]
```

JSON mit Python auswerten

Die Beispielanwendung zeigt Ihnen, wie Sie JSON-Dokumente mit Python auswerten können. Die Standardbibliothek `json` bietet Ihnen die Funktion `loads()`, die ein JSON-Dokument in Python-native Datentypen umwandelt. Arrays und Key/Value-Listen in JSON haben zwar keine andere Syntax als ihre Entsprechungen in Python, `json.loads()` sorgt aber dafür, dass Sie auf jeden Fall ein mit der Python-Syntax konformes Datenobjekt bekommen.

Das Gegenstück `json.dumps()` ist bereits im Zusammenhang mit dynamischen Inventaren für Ansible vorgekommen (siehe Abschnitt 6.8.3).

Das JSON-Dokument im Beispielcode ist die Standardrückgabe des Befehls `az vm list-ip-addresses`. Das resultierende Objekt `ipaddr_py` hat dann folgende Form:

```
>>> ipaddrs = subprocess.getoutput("az vm list-ip-addresses
      --name meineVM")
>>> ipaddrs_py = json.loads(ipaddrs)
>>> print(ipaddrs_py)
[{'virtualMachine': {'name': 'meineVM', 'network': {'privateIpAddresses':
['10.0.0.4'], 'publicIpAddresses': [{'id': '/subscriptions/54c6f7b7-3c3f-
4068-a1b8-51bddf711d33/resourceGroups/meineRG/providers/Microsoft.Network/
publicIPAddresses/meineVMPublicIP', 'ipAddress': '13.70.200.128',
'ipAllocationMethod': 'Dynamic', 'name': 'meineVMPublicIP', 'resourceGroup'
: 'meineRG'}]}, 'resourceGroup': 'meineRG'}}]
```

Mit der Kombination von Indexpositionen und den Key-Values können Sie sich dann immer weiter reingraben, bis Sie schließlich an dem gewünschten Wert angekommen sind:

```
>>> ipaddrs_py[0]['virtualMachine']['network']['publicIpAddresses']
  [0]['ipAddress']
'113.70.200.128'
```

7.2 Terratest

Terratest von Gruntwork (*https://github.com/gruntwork-io/terratest*) ist ein in Google Go geschriebenes Framework für das Aufsetzen von Tests im Bereich Cloud Computing. Es handelt sich dabei nicht nur um die Golang-Variante von Testinfra (beziehungsweise Serverspec), sondern um eine Sammlung von Paketen für den Betrieb von verschiedenen Testplattformen, inklusive einer ganzen Reihe von Hilfsmitteln.

Terratest unterstützt die Cloud-Anbieter AWS, Azure und die GCP, wobei die Unterstützung von AWS bisher am besten ausgebaut ist. Darüber hinaus werden auch noch Cloud-Werkzeuge wie Packer und Terraform integriert, außerdem Docker und Git. Besonders umfangreich ist das Paket für die Kommunikation mit Kubernetes.

Das Framework wurde von Terraform-Spezialisten entwickelt; der Name zeigt eine Nähe zu diesem IaC-Werkzeug. Es geht heute aber bereits über den Zweck als Testtool für Terraform weit hinaus.

Sie können mit Terratest die Plattformen beliebig kombinieren. Terratest ermöglicht es also zum Beispiel, ein Terraform-Projekt auf seine Konsistenz hin zu testen und zu prüfen, ob hinterher wirklich alles läuft wie geplant. Wenn dieses Terraform-Projekt einen Kubernetes-Cluster erstellt, können Sie die Funktionsweise des Clusters gleich im Anschluss testen.

Testing in Go

Terratest baut auf die eingebaute Testfunktionalität von Google Go auf. Einen Einstieg in das Thema Go-Testing bietet Ihnen die Seite *https://golang.org/pkg/testing*.

Der Aufwand, den Sie treiben müssen, um Tests für dieses Framework aufzusetzen, ist minimal. Die Implementationsweise von Terratest ist dieselbe wie bei Testinfra. Sie schreiben einfach normale Golang-Tests wie etwa für ein Softwareprojekt, in denen Sie dann Funktionen aus Terratest einsetzen. Konkret zeigt Ihnen das die Beispielanwendung aus Abschnitt 7.2.1.

Die Ansprüche, die dabei an Ihre Go-Kenntnisse gestellt werden, sind mäßig, sodass Sie auch mit Einsteigerkenntnissen ein starkes Werkzeug zur Hand haben. Für das Testing in Go stehen Ihnen allgemein viele Toolkits zur Verfügung, zum Beispiel *Testify github.com/stretchr/testify*, das `assert`-Statements möglich macht, wie Sie sie aus Python kennen.

Mit den in Terratest eingebauten Funktionen aus dem `http-helper`-Paket können Sie die Rückgabe von Webservern testen. Außerdem gibt es im Framework ein Paket für SSH, mit dem Sie auch den Zustand innerhalb von Webservern überprüfen können.

Terratest wird aktiv entwickelt (die aktuelle Version bei Abfassung dieses Kapitels ist 0.47.1) und steht unter der Apache-Lizenz in Version 2.0. Die Einstiegsseite zur Terratest-Dokumentation finden Sie hier:

https://terratest.gruntwork.io/docs/

Wenn Sie mit Terratest coden, dann empfiehlt es sich, die Moduldokumentation von GoDoc zur Hand zu haben. Hier finden Sie, welche Pakete es gibt, welche Funktionen darin verfügbar sind, was diese können und welche Parameter sie akzeptieren:

https://godoc.org/github.com/gruntwork-io/terratest/modules

Viel Beispielcode finden Sie im GitHub-Repositorium im Unterordner *test/*:

https://github.com/gruntwork-io/terratest/tree/master/test

7.2.1 Beispielprojekt

In Abschnitt 5.1 habe ich Ihnen Packer von HashiCorp vorgestellt, mit dem Sie sich unter anderem Maschinenimages für die Infrastruktur-Services von Cloud-Anbietern bauen können. Das Beispielprojekt in diesem Abschnitt hat ein allgemeines Ubuntu-Maschinenimage in AWS EC2 auf bestimmte Weise aufgestockt. Darauf läuft dann hinterher ein WSGI-Webserver mit einer Flask-Applikation, die zu Maintenance-Zwecken immer die öffentliche IPv4-Adresse und den öffentlichen DNS-Namen von einer EC2-Instanz zurückgibt, die mit dem umgebauten AMI gestartet wird. Zunächst wurden das dafür benötigte Paket-Template und ein dazugehöriges Provisionierungsskript vorgestellt, dann die Anwendung davon mit Packer gezeigt. Das Ergebnis des Packer-Laufs ist ein neues AMI mit einer neuen ID, die am Ende für das Launchen mit einer oder mehreren neuen Instanzen in AWS bereit liegt. Am Schluss habe ich dann gezeigt, wie Sie das AMI ausprobieren, indem Sie eine neue Instanz damit starten und diese dann über das HTTP-Protokoll mit `curl` ansprechen, um die Rückgabe überprüfen zu können.

Nun, den gesamten Vorgang – nämlich das Bauen des neuen Images, das Starten einer Testinstanz und die Überprüfung des Rückgabeergebnisses – kann Terratest für Sie automatisiert testen, und zwar als ein integriertes Testprojekt, bei dem Sie die gesamte Kette der gerade genannten Vorgänge mit nur einem Knopfdruck auslösen können. Für das automatisierte Erzeugen der Testinstanz kann dabei Terraform (siehe Abschnitt 4.3) eingesetzt werden.

Im Projektordner befinden sich die folgenden Dateien:

```
~$ ls -1 7.2_terratest_serverhello/
provisioner.bash
serverhello.json
serverhello_test.go
serverhello_test.tf
```

Die Dateien *serverhello.json* und *provisioner.bash* sind dieselben, die in der Packer-Einleitung in Abschnitt 5.1 bereits gezeigt wurden. Es ist genau dasselbe Packer-Projekt, und Sie könnten ohne Probleme in diesem Projektverzeichnis für Terratest den Befehl `packer build` absetzen, um das Image erst einmal ohne Testen wieder zu bauen.

[»]

Hinweis

Das Packer-Template ist so geschrieben, dass Sie die Umgebungsvariablen `$AWS_ACCESSKEY_ID` und `$AWS_SECRET_ACCESS_KEY` mit den Zugangs-Credentials eines Users für AWS zunächst exportieren müssen, um es anwenden zu können. Sie müssen das auch tun, wenn Sie dieses Template mit Terratest laufen lassen.

AWS wird aber auch von dem Terraform-Template angesprochen. Der dort verwendete Provider berücksichtigt die Konfigurationsdateien für `aws-cli` im Folder *~/.aws* in Ihrem Arbeitsverzeichnis, ohne dass Umgebungsvariablen notwendig sind.

Es ist eigentlich unnötig unbequem, noch mal die Credentials händisch zu exportieren, denn es gibt auch bei Packer einen Weg, die voreingestellten Credentials von der Initialisierung von `aws` automatisch auszuwerten.

serverhello_test.go

Die Datei *serverhello_test.go* enthält die in Go geschriebenen Tests:

```
package test

import (
    "crypto/tls"
    "fmt"
    "github.com/gruntwork-io/terratest/modules/aws"
    "github.com/gruntwork-io/terratest/modules/http-helper"
    "github.com/gruntwork-io/terratest/modules/packer"
    "github.com/gruntwork-io/terratest/modules/terraform"
    "testing"
    "time"
)

func TestServerHello(t *testing.T) {
    packerOptions := &packer.Options{
        Template: "./serverhello.json",
        Only:     "amazon-ebs",
    }

    amiId := packer.BuildArtifact(t, packerOptions)

    defer aws.DeleteAmiAndAllSnapshots(t, "eu-central-1", amiId)

    terraformOptions := &terraform.Options{
        TerraformDir: "./",
        Vars: map[string]interface{}{
```

```
            "ami_id": amiId,
        },
    }

    defer terraform.Destroy(t, terraformOptions)

    terraform.InitAndApply(t, terraformOptions)

    ipv4 := terraform.Output(t, terraformOptions, "public_ipv4")
    dns := terraform.Output(t, terraformOptions, "public_dns")

    server := fmt.Sprintf("http://%s", ipv4)
    status := 200
    body := fmt.Sprintf("Hello from %s (%s)", dns, ipv4)
    retries := 5
    sleep := 10 * time.Second
    http_helper.HttpGetWithRetry(t, server, &tls.Config{},
status, body, retries, sleep)
}
```

Listing 7.4 Die Datei serverhello_test.go

Einen Test in Golang richten Sie immer mit `package test` ein, und Sie müssen die eingebaute Bibliothek `testing` importieren. Der Dateiname einer Testdatei muss immer auf *_test.go* enden. Dateien mit Tests enthalten keine `main`-Funktion, sondern Testfunktionen, deren Namen mit `Test` beginnen müssen. Die Argumente von Testfunktionen sind immer dieselben, und Sie können sie für Ihre eigenen unverändert übernehmen. Es gibt in dieser Datei nur eine Testfunktion, die `TestServerhello` heißt. Nicht-Testfunktionen können Sie natürlich nach Belieben ergänzen.

Zu dem Block mit den Packer-Operationen ist Folgendes zu sagen:

- Zunächst werden mit `packerOptions` die Parameter für den Aufruf von Packer zusammengestellt. Dabei wird unter anderem der Pfad zu dem Template benötigt, das Sie von hier aus starten möchten.
- Mit `packer.BuildArtifact()` lösen Sie den Packer-Bau dann aus, um ein neues AMI zu bauen. Die Funktion gibt Ihnen die ID des entstandenen Artefakts des AMI zurück, die hier als `amiId` aufgenommen wird.
- Da das AMI nur testweise gebaut und das Exemplar aus einem Testlauf hinterher nicht mehr gebraucht wird, folgt danach ein Aufruf von `aws.DeleteAmiAndAllSnapshots()`. Dieser Aufruf ist mit `defer` markiert, damit er am Ende der Funktion erfolgt. Das geschieht dann unabhängig davon, ob der Lauf ohne Fehler durchgeht oder nicht.

Zu dem Block mit den Terraform-Operationen ist Folgendes anzumerken:

- Zunächst werden mit `terraformOption` die Parameter für den Aufruf von Terraform zusammengestellt. Dazu gehört neben dem Projektverzeichnis auch das Durchreichen der `amiId`, die unter der Haube als Kommandozeilenargument für den Parameter `-var` von `terraform` mitgegeben wird. Die Terraform-Variable `ami_id` (der Name ist natürlich beliebig) muss dafür auf der Gegenseite im Terraform-Template eingerichtet sein.
- Dann kommt wieder dieselbe `defer`-Konstruktion, die dafür sorgt, dass die Testfunktion in jedem Fall mit `terraform.Destroy()` abschließt – es sei denn, der Rechner raucht ab. Falls Sie einen experimentellen Workflow haben und den Test mehrmals auslösen, wenn Sie an der Beseitigung eines Fehlers arbeiten, dann haben Sie ohne diese Zeile hinterher einen Wust von übrig gebliebenen Cloud-Instanzen. Denn bei jedem neuen Start wird natürlich jedes Mal eine neue Instanz erzeugt.
- Danach kommt der Schritt `terraform.InitAndApply()`, der das Terraform-Projekt im selben Ordner zunächst initialisiert (der benötigte Provider wird dabei beim ersten Mal heruntergeladen) und es dann auslöst.
- Die nächsten beiden Zeilen evaluieren die beiden Outputs aus dem Terraform-Lauf `public_ipv4` und `public_dns`. Die beiden Outputs müssen auf Terraform-Seite vorbereitet sein. Sie enthalten dann die Werte der jeweils aktuell hochgezogenen Testinstanz.

Die Testinstanz läuft jetzt und gibt bei Anfrage auf Port 80 den dort eingestellten »Hello from«-Text zurück. Nun findet der eigentliche Test statt.

Sie möchten natürlich wissen, ob der Gunicorn-Server dort auch funktioniert und ob die Rückgabe wirklich diejenige ist, die Sie erwarten. Dazu dient die Hilfsfunktion `http_helper.HttpGetWithRetry()`. Sie spricht einen Webserver testweise an, überprüft den zurückgegebenen HTTP-Code und gleicht den zurückgegebenen Text (ob es sich um HTML, JSON oder Plaintext handelt, spielt dabei keine Rolle) mit voreingestellten Werten ab.

Die für den Aufruf dieser Funktion benötigten Argumente werden vorher vorbereitet. Dazu gehören die Webadresse (dafür wird auch wieder `ipv4` verwendet), der Statuscode und der erwartete Text. Diese Funktion beherrscht Retrying, und auch dafür werden Werte benötigt. Das ist es, was für den tatsächlichen Test hinterher benötigt wird.

Viel Action mit – wie ich finde – wirklich wenig Code.

serverhello_test.tf

Den Inhalt des Terraform-Templates *serverhello_test.tf* können Sie ohne Weiteres nachvollziehen, wenn Sie sich in Abschnitt 4.3 bereits ein wenig mit Terraform befasst haben:

```
provider "aws" {
  region = "eu-central-1"
}

variable "ami_id" {
  description = "The AMI-ID from the previous Packer run"
}

resource "aws_instance" "testbed" {
  instance_type   = "t2.micro"
  ami             = var.ami_id
  security_groups = ["${aws_security_group.testbed_sg.name}"]
}

resource "aws_security_group" "testbed_sg" {
  name = "testbed_sg"
  ingress {
    from_port   = 80
    to_port     = 80
    protocol    = "tcp"
    cidr_blocks = ["0.0.0.0/0"]
  }
}

output "public_ipv4" {
  value = aws_instance.testbed.public_ip
}

output "public_dns" {
  value = aws_instance.testbed.public_dns
}
```

Listing 7.5 Die Datei serverhello_test.tf

Der Dateiname des Templates ist vollkommen beliebig, er muss nur auf *.tf* enden. Der Provider für AWS-Services darin ist `aws`. Zwei Ressourcen werden hier eingerichtet: eine `aws_instance` und eine `aws_security_group`. Für die Instanz genügt die kleine Maschinengröße *t2.micro*. Das AMI ist dasjenige, das testweise gerade vorher von Packer erzeugt worden ist. Die Variable ami_id übernimmt, wie gesagt, den jeweiligen Wert aus dem Golang-Code.

Die Sicherheitsgruppe hat den HTTP-Port 80 für alle Adressen freigeschaltet. Sie wird über ihren Namen referenziert (was in Terraform bewirkt, dass sie vorher erzeugt wird). Am Ende werden noch die Outputs definiert, die Sie benötigen, um die Attribute public_ip und public_dns in den Testcode zurückzubekommen.

Für den AWS-EC2-Hintergrund lesen Sie bitte Kapitel 3.

[»]

Hinweis

Sie können terraform init und terraform apply im Projektordner auslösen. Das Tool berücksichtigt alle Dateien in einem Verzeichnis, die auf *.tf* enden, unabhängig von ihrem Dateinamen. Es spielt keine Rolle, ob auch noch andere Dateien im Ordner liegen. Bevor Terraform beginnt, die hier definierte Infrastruktur aufzuspannen, fragt das Tool erst mal nach einem Wert für ami_id, der ja sonst von nirgendwoher kommt. Sie können hier jede beliebige AMI-ID angeben (eines AMI in der beim Provider eingestellten Region *eu-central-1*).

Ohne den ummantelnden Test werden Ihnen als Ergebnis allerdings nur die IPv4-Adresse und der DNS-Name der erzeugten Instanz ausgegeben, sonst passiert nichts. Das ist aber ein guter Weg, um diese Komponente des gesamten Tests probelaufen zu lassen, während Sie sie entwickeln.

7.2.2 Anwendung

Um den Test TestServerHello auszulösen, benötigen Sie eine funktionierende Go-Umgebung. Dabei muss auch die Umgebungsvariable $GOPATH gesetzt sein, und das Herunterladen von Drittanbieter-Bibliotheken mit go get muss funktionieren. Für den Go-Hintergrund lesen Sie bitte Abschnitt 2.2.1.

Sie müssen dann zunächst die Terratest-Pakete, die der Test verwendet und die in der Testdatei importiert werden, einzeln einspielen:

```
~$ go get github.com/gruntwork-io/terratest/modules/aws

~$ go get github.com/gruntwork-io/terratest/modules/http-helper

~$ go get github.com/gruntwork-io/terratest/modules/packer

~$ go get github.com/gruntwork-io/terratest/modules/terraform
```

Das zieht alle Pakete von anderen Anbietern mit, die von Gruntwork für diese Komponenten verwendet wurden, und löst damit alle Abhängigkeiten auf. Sie können sich ja hinterher mal das Resultat in *$GOPATH/src* anschauen.

Gut zu wissen

Falls Sie Probleme mit `go get` haben sollten, dann können Sie auch mit `go mod init` ein Modul initialisieren.

Packer und Terraform müssen natürlich installiert sein, denn Terratest ruft die Tools von sich aus auf. Vergessen Sie nicht, die Umgebungsvariablen zu exportieren, die das Packer-Template benötigt.

Sie können dann im Projektverzeichnis mit `go test` den Test auslösen. Es dauert ungefähr 4 bis 5 Minuten, und dann schieben sich wieder Tonnen von Rückgaben aller eingesetzten Werkzeuge über den Bildschirm. Am Ende sehen Sie dann folgendes Ergebnis:

```
TestServerHello 2024-07-01T21:28:41Z http_helper.go:32:
Making an HTTP GET call to URL http://18.194.207.121
TestServerHello 2024-07-01T21:28:44Z retry.go:84: HTTP GET to URL
http://18.194.207.121 returned an error:
Get "http://18.194.207.121": dial tcp 18.194.207.121:80: connect:
connection refused. Sleeping for 10s and will try again.
TestServerHello 2024-07-01T21:28:54Z retry.go:72: HTTP GET to URL
http://18.194.207.121
TestServerHello 2024-07-01T21:28:54Z http_helper.go:32:
Making an HTTP GET call to URL http://18.194.207.121
TestServerHello 2024-07-01T21:28:54Z retry.go:72: terraform
[destroy -auto-approve -input=false -var ami_id=ami-055a0031a98b50f0f
  -lock=false]
TestServerHello 2024-07-01T21:28:54Z command.go:87:
Running command terraform with args [destroy -auto-approve -input=false
  -var ami_id=ami-055a0031a98b50f0f -lock=false]
TestServerHello 2024-07-01T21:29:00Z
command.go:158: aws_security_group.testbed_sg: Refreshing state...
  [id=sg-0c62d3b7f68c2f299]
TestServerHello 2024-07-01T21:29:00Z command.go:158:
  aws_instance.testbed: Refreshing state... [id=i-01a0c3e1e176cb13f]
TestServerHello 2024-07-01T21:29:06Z command.go:158:
  aws_instance.testbed: Destroying... [id=i-01a0c3e1e176cb13f]
TestServerHello 2024-07-01T21:29:36Z command.go:158:
  aws_instance.testbed: Destruction complete after 31s
TestServerHello 2024-07-01T21:29:36Z command.go:158:
```

```
  aws_security_group.testbed_sg: Destroying... [id=sg-0c62d3b7f68c2f299]
TestServerHello 2024-07-01T21:29:37Z command.go:158:
  aws_security_group.testbed_sg: Destruction complete after 0s
TestServerHello 2024-07-01T21:29:37Z command.go:158:
TestServerHello 2024-07-01T21:29:37Z command.go:158: Destroy complete!
  Resources: 2 destroyed.
TestServerHello 2024-07-01T21:29:37Z ami.go:62:
  Retrieving EBS snapshots backing AMI ami-055a0031a98b50f0f
TestServerHello 2024-07-01T21:29:37Z ec2.go:271:
  Deregistering AMI ami-055a0031a98b50f0f
TestServerHello 2024-07-01T21:29:37Z ebs.go:21:
  Deleting EBS snapshot snap-0be33c4d2d4baf122
PASS
ok      _/vagrant/serverhello_test  257.156s
```

Der Test hat bestanden, alles ist so wie erwartet. Der Gunicorn-Server mit der Flask-Applikation läuft und gibt diese Zeile zurück:

```
Hello from ec2-18-194-207-121.eu-central-1.compute.amazonaws.com
(18.194.207.121)
```

Die für den Test erzeugten Artefakte, das AMI und die EC2-Instanz sind wieder gelöscht.

[»]

Hinweis

Denken Sie daran, dass die Sicherheitsgruppe Ihrer EC2-Instanz den Ingress-Zugriff auf Port 80 erlauben muss, sonst wird Terratest den Server nicht erreichen, und der Test wird fehlschlagen.

So funktioniert Testen mit Terratest. Die Kombination von Packer und Terraform als Testumgebung für die Entwicklung von Maschinenimages für AWS EC2 ist nur eine ganz bestimmte Anwendungsweise. Sie könnten jetzt mit wenigen Mitteln den Code so umschreiben, dass eine Reihe von Ausgangs-Images automatisch daraufhin durchgetestet wird, ob die Provisionierung mit ihnen funktioniert. Lassen Sie sich dafür zum Beispiel alle Ubuntu-AMIs in AWS automatisch ermitteln.

Außerdem ist die eingesetzte Funktion für die Abfrage des Webservers nur eine von vielen in Terratest. Es sind viel mehr Dinge möglich, als nur eine einzige zurückgegebene Zeile zu vergleichen. Sie können auch umfassendere Rückgaben mit bereitgelegten Dateien vergleichen und vieles mehr.

Kapitel 8
Cloud-Monitoring mit Prometheus

»Selten bricht eine Katastrophe herein, ohne ihre Vorboten vorauszuschicken.«
– Raymond Radiguet

Bei Prometheus (*https://prometheus.io/*) handelt es sich um eine Monitoring-Lösung für die Überwachung von Servern und darauf betriebener Applikationen, die sich durch einige neue Ansätze von bisherigen Lösungen absetzt. Damit tritt Prometheus als Herausforderer gegen die in diesem Bereich etablierten Systeme wie Nagios, Checkmk und Icinga an.

Prometheus eignet sich als Monitoring-System ideal für den Einsatz im Bereich Cloud Computing und findet hier weithin Anklang. Der Grund dafür ist, dass es im Gegensatz zu herkömmlichen Lösungen besser mit kurzlebigen Objekten wie Containern und IaaS-Instanzen zurechtkommt. Außerdem wurde es mit seiner *Target Detection* und einem Pull-Mechanismus gerade für das Monitoring innerhalb von dynamischer Infrastruktur entwickelt, die sich etwa unter einem Skalierungsmechanismus laufend verändert. Es benötigt also keine rein statische Liste eingebundener Knoten, und die Überwachungsziele müssen für die Kommunikation mit der Prometheus-Kernkomponente auch nicht noch extra konfiguriert werden.

Prometheus kommt aus derselben Ecke wie Kubernetes und geht auf den Borgmon bei Google zurück. Das ist die Monitoring-Lösung für das Kubernetes-Vorbild Borg. Ursprünglich wurde Prometheus 2012 im englischen Streaming-Dienst SoundCloud von Matt Proud und Julius Volz entwickelt. Beide sind ehemalige Site Reliability Engineers bei Google. Prometheus ist in Google Go implementiert und steht unter der Apache-Lizenz 2.0. Es wird seit 2016 als zweites Projekt nach Kubernetes unter dem Dach der gemeinnützigen Organisationsstruktur *Cloud Native Computing Foundation* (CNCF) weiterentwickelt, die in der *Linux Foundation* angesiedelt ist.

Ein Schwerpunkt von Prometheus ist neben *Monitoring* und *Alerting* gerade auch das *Trending* (Stichwort: *MAT*), also die Voraussage des zukünftigen Bedarfs der Infrastruktur. Eine Voraussetzung dafür ist der Einsatz einer eigenen leistungsstarken Zeitreihendatenbank (*Time Series Database*, TSDB), mit der die Trends der Auslastung der eigenen Infrastruktur sowie andere Auswertungen die gespeicherten Daten direkt berechnet werden und nicht aufwendig transpositioniert werden müssen.

Prometheus ist klar und sauber implementiert und wird mittlerweile sogar beim Betrieb von Satelliten für das Einsammeln und die Auswertung von Telemetriedaten eingesetzt (hier aber hoffentlich nicht für immer nur kurzlebige Objekte).

Prometheus funktioniert durch das Zusammenspiel von verschiedenen Bausteinen. Der Kern dieses Monitoring-Systems ist der Prometheus-Server, der drei grundlegende Komponenten kombiniert:

1. einem Einsammelmechanismus für Metriken aus den überwachten Systemen,
2. eine Zeitreihen-Datenbank, um diese Metriken zentral zu speichern,
3. und ein Webinterface beziehungsweise eine API, um diese Daten für die Auswertung durch den Nutzer zur Verfügung zu stellen.

Den Prometheus-Server betreiben Sie am besten auf einem eigenen Knoten innerhalb der Infrastruktur, die Sie mit dieser Lösung überwachen möchten.

Der Server sammelt die Metriken von den überwachten Systemen (den *Targets*) in bestimmten kurzen Zeitintervallen ein. Dieser Prozess folgt – im Gegensatz zu anderen Monitoring-Lösungen, die das *Push*-Prinzip nutzen (die überwachten Systeme liefern dabei ihre Metrikdaten bei der Kernkomponente ab) – dem *Pull*-Prinzip und wird als *Scraping* bezeichnet. Die Benennung dieses Monitoring-Systems nach dem abtrünnigen Titanen aus der altgriechischen Mythologie, der den Menschen das Feuer von Himmel geholt hat, mag vor dem Hintergrund dieser Designentscheidung stattgefunden haben.

Prometheus-Targets evaluieren selbstständig bestimmte Metriken. Für diesen Zweck werden sogenannte *Prometheus-Exporter* eingesetzt, die zu einem großen Teil von Drittanbietern beigesteuert werden und von denen mittlerweile eine ganze Reihe verfügbar sind. Das sind spezielle Agenten, die zum Beispiel Maschinendaten von Linux-Servern oder auch Betriebsdaten von Applikationen, die auf MySQL- oder Webservern laufen, evaluieren und für das Scraping bereitlegen. Sie legen für das jeweils ausgewertete Objekt eine eigene Datenstruktur an und stellen diese über eine API zur Verfügung, sodass der Prometheus-Server sie im Zuge des Scrapings abholen kann. Ein Register der verfügbaren Prometheus-Exporter finden Sie hier:

https://prometheus.io/docs/instrumenting/exporters/

Falls für einen bestimmten Zweck noch keine Lösung zur Verfügung steht, können Sie mit Google Go einen eigenen Prometheus-Exporter aufsetzen. Dafür gibt es gute Hilfsmittel wie ein spezielles Framework, das diese Aufgabe stark vereinfacht.

Eine ganze Reihe von Applikationen – nicht zuletzt im DevOps- und Cloud-Computing-Bereich – sind speziell auf das Monitoring mit Prometheus ausgerichtet. Sie stellen bereits von sich aus konforme Metrikdaten zur Verfügung und fungieren als Targets, ohne dass Sie dafür extra einen Exporter benötigen. Dazu gehören zum Beispiel der verteilte Objektspeicher Ceph und das Code-Repositorium GitLab. Auch Docker verfügt über eine native Prometheus-Unterstützung, und nicht zuletzt Kubernetes lässt über das API die Betriebsdaten aus dem Cluster von Prometheus abschnorcheln.

Im Mittelpunkt dieser Einführung in Prometheus steht der prototypische Exporter `node_exporter`. Er stellt wichtige grundlegende Maschinen- und Betriebssystem-Metriken für das MAT zur Verfügung, ohne eine Applikation oder Prozesse zu überwachen.

In einem laufenden Prometheus-Server mit angebundenen Targets entsteht im Laufe der Zeit ein riesiger Pool von Metrikdaten, die an diesem Ort in der Zeitreihen-Datenbank aufbewahrt werden – und zwar zunächst einmal unabhängig davon, ob sie auch genutzt werden oder irgendeinen bestimmten Zweck erfüllen. Sie können hier die von allen eingebundenen Targets eingesammelten Metriken zentral, gezielt oder kombiniert zur Informationsgewinnung abfragen. Dafür bietet Prometheus eine eigene Abfragesprache, die PromQL (*Prometheus Query Language*). Diese Sprache ist an SQL angelehnt und bietet eine ganze Reihe von eingebauten Funktionen. Sie können die Sprachelemente beliebig kombinieren und mithilfe komplexer Abfragen bestimmte Fragen auf Basis der vorhandenen Daten beantworten.

Prometheus gut zu beherrschen, bedeutet zu einem maßgeblichen Teil, zu wissen, wie Sie mit PromQL bestimmte Fragestellungen beantworten können. In Verbindung damit müssen Sie wissen, welche Metriken von bestimmten Exportern zur Verfügung gestellt werden. Der Prometheus-Server hat zwar eine einfache Weboberfläche, diese dient aber gewissermaßen nur als Alternative zu dem Abfragen von Daten über die eingebaute API. Die Metrik zum Beispiel, die Ihnen die Auslastung des Arbeitsspeichers eines Targets zur Verfügung stellt, müssen Sie mit ihrem Namen und dem zuständigen Exporter kennen. Eine grafische Benutzeroberfläche, die Ihnen hilft, zunächst einmal auch ohne tiefer gehendes Wissen intuitiv an bestimmte Informationen zu gelangen, steht nicht zur Verfügung.

PromQL-Ausdrücke können Sie nicht nur zur Informationsgewinnung benutzen, sondern auch, um damit für den Zweck der passiven Überwachung beliebige Alarme aufzusetzen. Der Prometheus-Server löst einen Alarm zwar aus, wenn die dafür eingestellte Bedingung eintritt, kann für sich aber keine bestimmte Aktion auf einen ausgelösten Alarm folgen lassen. Für diesen Zweck gibt es den zugehörigen Alertmanager, der Alarmnachrichten über E-Mail, SMS-Nachrichten und viele andere Kanäle verschicken kann. Im Rahmen dieser Kurzeinführung finden Sie die Definition von Alarmen im Prometheus-Server in Abschnitt 8.5.

Eine andere Sache, die von Prometheus einer eigenständigen Komponente überlassen wird, ist die Visualisierung der Metrikdaten. Es gibt im Webfrontend des Prometheus-Servers auf der Seite für die PromQL-Abfragen zwar einen rudimentären Graphen, das ist aber nur eine stark eingeschränkte Notlösung. Bei Prometheus wird für die Datenvisualisierung gemeinhin die universelle Visualisierungsplattform

Grafana eingesetzt. Grafana wird als unabhängiges Projekt für universelle Zwecke entwickelt, es gibt hier allerdings einen Schwerpunkt auf der Zusammenarbeit mit Prometheus. Zu dem mächtigen Funktionsumfang gehören aber auch die Auswertung und Darstellung von verschiedenen Metriken aus Prometheus, und Grafana beherrscht für diesen Zweck auch PromQL.

Grafana

Grafana (*https://grafana.com/*) ist eine universelle Plattform für die Visualisierung von Daten. Im Open-Source-Bereich hat sie sich mittlerweile zum Quasi-Standard für die grafische Darstellung von zeitreihenbasierten Daten entwickelt. Die Echtzeit-Überwachung von Infrastruktur ist dabei nur einer von vielen unterstützten Anwendungsbereichen. Ebenso können Werte von Sensordaten und die Entwicklung der Börsenkurse damit visualisiert werden. Grafana ist als Server aufgesetzt, der Backends für die Definition von Datenkanälen verwendet.

Die einzelnen Visualisierungselemente sind als Dashboards organisiert, die Sie als Programmcode bearbeiten können. Es gibt für Grafana viele fertige Dashboards, und neue können ganz einfach auch aus bereits bestehenden zusammengesetzt werden. Grafana bietet eine native Schnittstelle zu Prometheus und kann die Metrikdaten vom `node_exporter` visualisieren.

8.1 Prometheus-Server

Wie Prometheus grundsätzlich funktioniert, lässt sich auch im kleineren Rahmen ganz gut demonstrieren. Und bevor wir damit in die Cloud gehen, arbeiten wir am besten zunächst einmal mit dem Server und einem angebundenen Exporter zusammen auf Ihrem Arbeitsrechner. Es gibt in diesem Buch einen Schwerpunkt auf Linux, zunächst einmal im Hinblick auf die virtuellen Server aus der Cloud. Und in Zuge dessen liegt es nahe, Linux auch als Betriebsgrundlage für Ihren Arbeitsrechner einzusetzen. Ein Vorteil dabei ist, dass Sie ihn dann gut auch als Experimentiergrundlage einsetzen können und dabei dieselben Bedingungen wie bei den Cloud-Instanzen haben, die Sie per Monitoring überwachen wollen.

Im Gegensatz zu einigen anderen in diesem Buch vorgestellten Werkzeugen lässt sich Prometheus aber auch für Windows-Instanzen aus der Cloud einsetzen, und als Arbeitsrechner-Betriebssystem beziehungsweise als Grundlage für den Prometheus-Server kann Windows ebenfalls fungieren.

Container als Alternative zur Installation

Wir werden Prometheus direkt installieren. Sie können natürlich auch einfach Docker für den Betrieb nutzen. Dazu nutzen Sie das offizielle Docker-Image: *https://hub.docker.com/r/prom/prometheus*

8.1.1 Einspielen

Bei dem Prometheus-Server handelt es sich wieder um eines dieser monolithischen Golang-Binarys, die keine Abhängigkeiten benötigen und die Sie einfach herunterladen und auf der Kommandozeile als Prozess starten können. Sie können also einfach auf die Download-Seite des Anbieters (*https://prometheus.io/download/*) gehen und sich die für Sie passende Fassung der aktuellen Version als gepacktes Archiv herunterladen. Prometheus und die meisten der zusammen mit ihm vom Hersteller entwickelten Komponenten (wie Alertmanager) sind hier jeweils für Windows, macOS Darwin sowie für Linux verfügbar, und zwar jeweils für die Architektur amd64. Der *node_exporter* ist nicht für Windows verfügbar, das Gegenstück dafür ist der *wmi_exporter*.

Kopieren Sie für Ihren Linux-Arbeitsrechner das Archiv der aktuellen Version (bei Abfassung dieses Kapitels war das die Datei *prometheus-2.54.1.linux-amd64.tar.gz*) in ein Arbeitsverzeichnis, und entpacken Sie es dort. Sie finden dort dann neben den zuerst einmal nebensächlichen Tools `promtool` und `tsdb` und der Default-Konfigurationsdatei *prometheus.yml* die Binärdatei `prometheus`:

```
~$ tar -xzf prometheus-2.54.1.linux-amd64.tar.gz

~$ ls -F
prometheus-2.54.1.linux-amd64/  prometheus-2.54.1.linux-amd64.tar.gz

~$ ls -F prometheus-2.54.1.linux-amd64
LICENSE  NOTICE  console_libraries/  consoles/
  prometheus*  prometheus.yml  promtool*
```

8.1.2 Starten

Bei `prometheus` handelt es sich um das eigentliche Programm, den Prometheus-Server. Sie können es hier einfach als Befehl starten:

```
~$ cd prometheus-2.54.1.linux-amd64

$ ./prometheus
ts=2024-09-06T09:19:25.447Z caller=main.go:601 level=info msg=
"No time or size retention was set so using the default time retention" durati
```

```
on=15d
ts=2024-09-06T09:19:25.447Z caller=main.go:601 level=info msg="No time or
size retention was set so using the default time retention" duration=15d
ts=2024-09-06T09:19:25.447Z caller=main.go:645 level=info msg="Starting
Prometheus Server" mode=server version="(version=2.54.1, branch=HEAD,
revision=e6cfa720fbe6280153fab13090a483dbd40bece3)"
ts=2024-09-06T09:19:25.447Z caller=main.go:650 level=info
build_context="(go=go1.22.6, platform=linux/amd64, user=root@812ffd741951,
date=20240827-10:56:41, tags=netgo,builtinassets,stringlabels)"9
```

Die Kommandozeile ist danach zunächst einmal blockiert. Öffnen Sie ein weiteres Terminalfenster, und arbeiten Sie dort weiter. Stoppen können Sie den Prometheus-Prozess ganz normal wieder mit [Strg] + [D]. Als Alternative zur blockierten Kommandozeile können Sie das Programm mit dem Ampersand & als Suffix in den Hintergrund starten. Sie müssen dann noch einmal [↵] drücken, um wieder eine freie Kommandozeile zu bekommen. Um Prometheus dann wieder zu beenden, setzen Sie zunächst den Befehl fg ab und beenden es dann auch mit [Strg] + [D].

8.1.3 API-Endpunkte

Der laufende Prometheus-Server (also die Kernkompente mit Scraper und Time-Series-Datenbank) bietet Ihnen eine Weboberfläche, die Sie auf Ihrem Arbeitsrechner mit einem Browser Ihrer Wahl unter http://localhost:9090 ansprechen können. Es handelt sich dabei aber nur um eine ganz rudimentäre Oberfläche mit stark beschränkten Möglichkeiten, deren einziger Zweck es ist, für eine etwas bequemere Bedienung des in Prometheus eingebauten API zu sorgen. Um die Funktionalität dieses Monitoring-Tools zu demonstrieren, eignet sich diese Zugangsweise nicht.

Die folgenden Beispiele zeigen also, wie Sie das API des Prometheus-Servers mit dem HTTP-Werkzeug curl ansprechen und Abfragen gegen den laufenden Server und die Datenbank damit vornehmen. Die erwähnten Metriken und PromQL-Ausdrücke können Sie aber genauso auf der Weboberfläche von Prometheus für Abfragen anwenden. Die Definition von Alarmregeln sowie die statische Einstellung von Targets oder von Service Discovery geschehen über die Konfigurationsdatei und bisher leider noch nicht über das API.

Auf Ihrem Arbeitsrechner localhost ist der Endpunkt des API vom Prometheus-Servers http://localhost:9090/api/v1. Unterhalb dieser Adresse stehen bestimmte Endpunkte zur Verfügung. Die API gibt kondensierte JSON-Objekte zurück, die Sie mit jq oder vergleichbaren Tools wie python3 -m 'json.tool' in der Kommandozeilen-Pipe schön formatiert ausgeben können.

Unter status/flags werden Ihnen zum Beispiel die aktuell gültigen Parameter aufgelistet. Darunter befindet sich mit storage.tsdb.path der Pfad zur Datenbank (in der

Voreinstellung `data/`) und mit `storage.retention.size` das maximale Alter von aufbewahrten Daten (per Voreinstellung `0B`, also unendlich). Aus derselben Kategorie von Informationen über den laufenden Server gibt es darüber hinaus die Endpunkte `/buildinfo` und `/runtimeinfo`.

Unter dem Endpunkt `/targets` können Sie die aktuell eingebundenen Scraping-Ziele abfragen. Dabei werden auch Informationen über die aktuellen Abfragestatus ausgegeben, etwa wann der letzte Scrape stattgefunden hat:

```
~$ curl -s 'http://localhost:9090/api/v1/targets' | jq
{
  "status": "success",
  "data": {
    "activeTargets": [
      {
        "discoveredLabels": {
          "__address__": "localhost:9090",
          "__metrics_path__": "/metrics",
          "__scheme__": "http",
          "__scrape_interval__": "15s",
          "__scrape_timeout__": "10s",
          "job": "prometheus"
        },
        "labels": {
          "instance": "localhost:9090",
          "job": "prometheus"
        },
        "scrapePool": "prometheus",
        "scrapeUrl": "http://localhost:9090/metrics",
        "globalUrl": "http://meinevm:9090/metrics",
        "lastError": "",
        "lastScrape": "2024-09-06T19:17:45.864130269Z",
        "lastScrapeDuration": 0.022538202,
        "health": "up",
        "scrapeInterval": "15s",
        "scrapeTimeout": "10s"
      }
```

Sie werden vielleicht anmerken, dass ja noch gar kein Target aufgesetzt worden ist und dass weder eine instrumentierte Applikation angebunden wurde, noch ein Prometheus-Exporter läuft. Was ist das also für ein Target?

Es handelt sich bei dem einen ausgegebenen Ziel um den Prometheus-Server selbst, der einige Laufzeitinformationen von sich selbst als konforme Metriken anbietet.

Dieses statische Ziel ist in der Konfigurationsdatei *prometheus.yml* unter `static_configs` per Default voreingestellt.

8.1.4 Metriken

Die Metriken, die der Prometheus-Server selbst für sich zur Verfügung stellt, können Sie mithilfe der URL und dem Port des Webservers unter dem Endpunkt `/metrics` abfragen. Denselben standardisierten Endpunkt haben auch die Prometheus-Exporter. Es wird hier reiner Text zurückgegeben, wenn Sie ihn händisch über HTTP ansprechen:

```
$ curl -s 'http://localhost:9090/metrics' | head -n 15

# HELP go_gc_duration_seconds A summary of the GC invocation durations.
# TYPE go_gc_duration_seconds summary
go_gc_duration_seconds{quantile="0"} 6.166e-06
go_gc_duration_seconds{quantile="0.25"} 2.755e-05
go_gc_duration_seconds{quantile="0.5"} 5.363e-05
go_gc_duration_seconds{quantile="0.75"} 6.3458e-05
go_gc_duration_seconds{quantile="1"} 0.000257522
go_gc_duration_seconds_sum 0.001636119
go_gc_duration_seconds_count 22
# HELP go_goroutines Number of goroutines that currently exist.
# TYPE go_goroutines gauge
go_goroutines 39
# HELP go_info Information about the Go environment.
# TYPE go_info gauge
go_info{version="go1.13.5"} 1
```

Der Text in diesem Ausgabeformat enthält neben den Metriken mit ihren aktuellen Werten auch noch Kommentarzeilen, die Hilfstexte mit der Erklärung der verfügbaren Metriken enthalten. Beachten Sie schon einmal, dass die Metriken keinen Zeitstempel beinhalten: Der wird beim Scrapen hinzugefügt. Die Werte zu Metriken sind bei Prometheus grundsätzlich im Format *float64*, und zwar egal, ob es sich um Zähler (*Counter*), Stände (*Gauges*) oder andere Typen handelt (dazu folgt in Abschnitt 8.4 mehr). Sie oder der Prometheus-Server rufen diesen Endpunkt auf, und die Werte werden dann immer neu evaluiert. Beim Scrapen werden allerdings keine reinen Textdaten übertragen, sondern Prometheus benutzt für die Übertragung zur Datenbank das Format *Protocol Buffers*.

Der Prometheus-Server vertreibt einen Mix aus Laufzeitinformationen, deren Namen mit `prometheus_` beginnen, und Metriken aus der Go-Runtime, die alle mit `go_` beginnen:

```
~$ curl -s 'http://localhost:9090/metrics' | grep ^[^#] | \
   grep ^prometheus_ | head
prometheus_api_remote_read_queries 0
prometheus_build_info{branch="HEAD",goversion="go1.13.5",
   revision="d9613e5c466c6e9de548c4dae1b9aabf9aaf7c57",version="2.54.1"} 1
prometheus_config_last_reload_success_timestamp_seconds
   1.5799745775809295e+09
prometheus_config_last_reload_successful 1
prometheus_engine_queries 0
prometheus_engine_queries_concurrent_max 20
prometheus_engine_query_duration_seconds{slice="inner_eval",quantile="0.5"}
   NaN
prometheus_engine_query_duration_seconds{slice="inner_eval",quantile="0.9"}
   NaN
prometheus_engine_query_duration_seconds{slice="inner_eval",quantile="0.99"}
    NaN
prometheus_engine_query_duration_seconds_sum{slice="inner_eval"} 8.479e-06

~$ curl -s 'http://localhost:9090/metrics' | grep ^[^#] | grep ^go_ | \
   head
go_gc_cycles_automatic_gc_cycles_total 308
go_gc_cycles_forced_gc_cycles_total 0
go_gc_cycles_total_gc_cycles_total 308
go_gc_duration_seconds{quantile="0"} 0.000106962
go_gc_duration_seconds{quantile="0.25"} 0.000209701
go_gc_duration_seconds{quantile="0.5"} 0.000235832
go_gc_duration_seconds{quantile="0.75"} 0.00027725
go_gc_duration_seconds{quantile="1"} 0.021953571
go_gc_duration_seconds_sum 0.138078084
go_gc_duration_seconds_count 308
```

Sie fragen sich vielleicht, welchen Zweck Metriken wie die Anzahl der aktiven Go-Routinen im Prometheus-Server für die Überwachung von Cloud-Infrastruktur erfüllen. Die Werte dienen wohl eher Entwicklungszwecken und der Optimierung des Servers selbst. Das soll hier aber demonstrieren, dass bei Prometheus in reinster Mitnahme-Mentalität grundsätzlich alles, was irgendwie evaluierbar ist, aufgegriffen und mit in die Datenbank abgespeichert wird. Bestimmte Anwendungszwecke suchen sich dann die für sie relevanten Daten aus dem Pool.

Massendatenerhebung ist zum Beispiel notwendig, wenn Sie nachweisen möchten, dass es bei einem bestimmten Objekt in einem bestimmten Zeitraum keine Anomalien gegeben hat. Das Prinzip dabei ist, das nicht vorhandene Daten gar nichts aussagen können. Nach demselben Prinzip werden zum Beispiel bei Triebwerken von Passagiermaschinen während eines normalen Fluges Sensordaten im Umfang von

Terabyte abgespeichert. Wenn eine Turbine zerfetzt, dann muss man die Ursache dafür wie die Nadel im Heuhaufen suchen. Diesen »Heuhaufen« muss es dafür aber wenigstens geben.

So funktioniert also der Prometheus-Server, und Sie haben hier auch schon einen ersten kleinen Einblick in Metriken erhalten. Ich schlage vor, Sie beenden den Server erst einmal wieder. Für den weiteren Verlauf dieser Einführung würde ich gerne anstatt mit den blanken Binarys mit den Linux-Paketen von Prometheus und dem *node_exporter* arbeiten. Auch wenn die Versionen älter sind (Prometheus liegt unter Ubuntu 22.04 in der Version 2.31.2 vor), bieten diese unter anderem dem Vorteil, dass sie mit Service-Units für systemd geliefert werden. Das macht sie angenehmer zu steuern und besser zu handhaben.

8.2 node_exporter

Wenn Sie unter Ubuntu 22.04 und anderen Distributionen das Paket *prometheus* installieren, dann wird *prometheus-node-exporter* über die unter *Recommends* eingestellten Pakete automatisch mitgezogen. Es handelt sich also sozusagen um den Default-Exporter von Prometheus. Er stellt grundlegende Hardware- und Betriebssystem-Metriken zur Verfügung, die hauptsächlich aus dem Kernel gewonnen werden. Beide Applikationen, der Prometheus-Server und der Exporter, sind direkt nach der Installation aktiv, was Sie anhand der systemd-Services *prometheus.service* und *prometheus-node-exporter.service* überprüfen können.

Es gibt einige Gründe, die dafür sprechen, den *node_exporter* aus dem Linux-Paket Ihrer Distribution zu installieren und weder einen Docker-Container noch das reine Golang-Binary einzusetzen. Sie möchten ja nicht die Metriken aus dem Container, sondern von dem darunterliegenden Server erhalten. Zudem fehlen beim reinen Binary die Beigaben des Linux-Pakets wie die Anbindung an den Paketmanager APT oder die `smartmontools` für die S.M.A.R.T.-Ausfallvorhersage für Festplatten.

Jeder Prometheus-Exporter betreibt einen Webserver unter einem eigenen, für in reservierten TCP-Port. Den *node_exporter* auf Ihrem Arbeitsrechner können Sie unter `https://localhost:9100` ansprechen. Der Exporter hat keine Weboberfläche wie der Prometheus-Server, sondern stellt nur unter `/metrics` denselben standardmäßigen Webserver-Endpunkt bereit, über den er die von ihm evaluierten Metriken vertreibt. Sprechen Sie ihn mit `curl` oder einem Browser an, und die Liste der hier verfügbaren Metriken wird wieder als reiner Text ausgegeben.

Es finden sich hier auch wieder einige *go*-Metriken aus der Runtime des Exporters. Wichtiger ist aber die Klasse der von diesem Exporter erhobenen Daten, die Sie unter den Metriken finden und deren Name mit `node_` beginnt. Diese werden unmittelbar erhoben. Es gibt hier aber auch noch einige Metriken mehr (wie `apt_` und `smartmon_`), die über Umwege evaluiert werden:

```
~$ curl -s 'http://localhost:9100/metrics' | grep ^[^go] | grep ^[^#] \
   | head -n 15
apt_autoremove_pending 0
apt_upgrades_pending{arch="all",origin="Ubuntu:22.04/jammy-updates"} 8
apt_upgrades_pending{arch="all",origin="ansible:22.04/jammy"} 2
apt_upgrades_pending{arch="amd64",origin="DockerCE:jammy"} 6
apt_upgrades_pending{arch="amd64",origin="Ubuntu:22.04/jammy-updates"} 29
node_arp_entries{device="ens4"} 1
node_boot_time_seconds 1.719953551e+09
node_context_switches_total 3.62006725e+08
node_cooling_device_cur_state{name="0",type="Processor"} 0
node_cooling_device_cur_state{name="1",type="Processor"} 0
node_cooling_device_max_state{name="0",type="Processor"} 0
node_cooling_device_max_state{name="1",type="Processor"} 0
node_cpu_guest_seconds_total{cpu="0",mode="nice"} 0
node_cpu_guest_seconds_total{cpu="0",mode="user"} 0
node_cpu_guest_seconds_total{cpu="1",mode="nice"} 0
```

Insgesamt stellt der Exporter in der verwendeten Version Werte für 1436 Metriken zur Verfügung. Das ist schon eine ganz stattliche Zahl.

Der mit dem Linux-Paket des Prometheus-Servers automatisch installierte *node_exporter* ist per Default direkt als weiteres Target eingestellt, wie Sie wiederum in der API unter `/targets` überprüfen können:

```
~$ curl -s 'http://localhost:9090/api/v1/targets' | jq
{
  "status": "success",
  "data": {
    "activeTargets": [
      {
        "discoveredLabels": {
          "__address__": "localhost:9100",
          "__metrics_path__": "/metrics",
          "__scheme__": "http",
          "__scrape_interval__": "15s",
          "__scrape_timeout__": "10s",
          "job": "node"
        },
        "labels": {
          "instance": "localhost:9100",
          "job": "node"
```

```
    },
    "scrapePool": "node",
    "scrapeUrl": "http://localhost:9100/metrics",
    "globalUrl": "http://meinevm:9100/metrics",
    "lastError": "",
    "lastScrape": "2024-09-06T19:31:43.897131664Z",
    "lastScrapeDuration": 0.111864773,
    "health": "up",
    "scrapeInterval": "15s",
    "scrapeTimeout": "10s"
  },
```

Der *node_exporter* ist in der Konfigurationsdatei */etc/prometheus/prometheus.yml*, die aus dem Linux-Paket kopiert wird, unter dem Eintrag `job_name: node` fest eingestellt. Sie können an diesem Ort entweder einzelne Instanzen als Überwachungsziel statisch einstellen oder als *Job* auch eine ganze Sammlung gleichartiger Instanzen konfigurieren, auf denen etwa derselbe Exporter läuft. Eine Vielzahl verschiedener parallel laufender Exporter als separate Targets auf ein und derselben Instanz zu betreiben, ist durch die Verwendung von unterschiedlichen Ports ohne Probleme möglich. Zu dem Thema »automatische Service-Discovery«, das hier die Hauptrolle spielen soll, kommen wir in Abschnitt 8.3.

8.2.1 Datenaufkommen

In der Konfigurationsdatei aus dem Linux-Paket steht der Wert für `scrape_interval` per Default auf 15 Sekunden. Es werden also alle 15 Sekunden alle Metriken gescrapt und mit Zeitstempel und zusätzlichen Labels angereichert abgespeichert.

Bei dem aus dem Linux-Paket installierten Prometheus befindet sich die Datenbank unter */var/lib/prometheus/metrics2*. Schon nach einigen Minuten Laufzeit ist diese auf über 2 MB angewachsen:

```
~$ du -sch /var/lib/prometheus/metrics2
2.3M    /var/lib/prometheus/metrics2
2.3M    total
```

Über Nacht sind das dann bereits über 100 MB. Und das sind nur die Metrikdaten von diesem einen Exporter von einem Arbeitsrechner plus die Default-Metriken von Prometheus selbst. Nicht nur die einzelnen Werte, sondern vor allem auch die durch angebrachte Key/Value-Paare aufgespannte Multidimensionalität von bestimmten Metriken (dazu folgt in Abschnitt 8.2.2 mehr) fällt dabei stark ins Gewicht.

Wenn Sie also eine ganze Maschinenlandschaft mit Prometheus überwachen möchten, dann müssen Sie einen Knoten als Prometheus-Server einrichten, dessen Kapazität und Performance ausreicht, um entsprechende Datenmengen zu bearbeiten. Vor allem, wenn Sie die Daten über längere Zeit aufbewahren möchten, um daraus für das Trending präzisere Voraussagen über die Entwicklung der Auslastung Ihrer Infrastruktur gewinnen zu können, müssen Sie diesem Faktor viel Aufmerksamkeit schenken und entsprechend langfristig planen. Erfahrungswerte lassen sich hier leider nur schwer verallgemeinern. Idealerweise sammeln Sie zuerst in einem Testbetrieb repräsentative Daten und schätzen den Ressourcenbedarf dann auf dieser Basis.

Wenn Sie das Wachstum der Datenbank einschränken müssen, nutzen Sie den Konfigurationsparameter `retention.time`. Er steht bei der Installation aus dem Linux-Paket per Default auf `15d`. Die Metrikdaten werden also höchstens 15 Tage lang aufbewahrt.

Gut zu wissen

Durch eine Abfrage des Flags `retention.time` sehen Sie jedoch folgende Ausgabe:

```
~$ curl -s 'http://localhost:9090/api/v1/status/flags' | \
     jq '.data["storage.tsdb.retention"]'
"0s"
```

In älteren Versionen konnten Sie hier den Standardwert von 15 Tagen sehen. Die Ausgaben von Prometheus wurden jedoch angepasst, sodass Sie nun über diese Abfrage lediglich die Werte sehen, die Sie als User gesetzt haben.

Das bedeutet aber nicht, dass die Retention auf 0 gesetzt ist, sondern im Prometheus-Source-Code wird der Standardwert von 15 Tagen gesetzt.

Konfigurationsparameter für Prometheus können Sie beim Starten setzen. Für unser Beispiel wird Prometheus von systemd kontrolliert, und hierzu könnten Sie das *systemd unit file* manipulieren.

Die Datei liegt unter */lib/systemd/system/prometheus.service*, und Sie können die folgende Zeile einfach anpassen:

```
ExecStart=/usr/bin/prometheus --storage.tsdb.retention.time=15d $ARGS
```

Je nachdem, wie Sie Prometheus starten, werden auch die Konfigurationsparameter anders gesetzt. Eine Übersicht der Parameter finden Sie unter: *https://prometheus.io/docs/prometheus/latest/command-line/prometheus/*

8.2.2 Querying

Die Daten aus dem Prometheus-Server können Sie einfach über das eingebaute API mittels HTTP abfragen. Der dafür zur Verfügung gestellte Endpunkt heißt `/api/v1/query`, sodass Sie auf dem eigenen Arbeitsrechner die URL `http://localhost:9090/api/v1/query` ansprechen. Sie können zum Beispiel `curl` einsetzen, um Abfragen gegen dieses API vorzunehmen. Die genauen Parameter einer Anfrage setzen Sie als erweiterte GET-Requests mit dem Schlüsselwort query ab.

Lösen Sie zum Beispiel den folgenden Befehl auf der Kommandozeile aus, um den aktuellen Wert für die Metrik *node_network_receive_bytes_total* zu ermitteln. Diese Metrik gibt Ihnen als Werte zurück, wie viele Bytes die auf dem Target vorhandenen Netzwerk-Devices empfangen haben. Das API von Prometheus gibt JSON-Dokumente zurück, die Sie auch hierbei wieder mit jq formatieren sollten:

```
~$ curl -s
'http://localhost:9090/api/v1/query?query=node_network_receive_bytes_total' \
  | jq .data.result
 [
  {
    "metric": {
      "__name__": "node_network_receive_bytes_total",
      "device": "enp0s3",
      "instance": "localhost:9100",
      "job": "node"
    },
    "value": [1580051335.58, "1877417"]
  },
  {
    "metric": {
      "__name__": "node_network_receive_bytes_total",
      "device": "lxcbr0",
      "instance": "localhost:9100",
      "job": "node"
    },
    "value": [1580051335.58, "0"]
  }
 ]
```

Wie Sie sehen, bekommen Sie hier die Werte für zwei Netzwerkdevices zurückgeliefert: enp0s3 und lxcbr0. Wenn dieselbe Metrik für verschiedene Devices zutrifft, dann sind diese bei Prometheus durch unterschiedliche Labels repräsentiert.

Labels sind immer Schlüssel/Wert-Paare, und für diese Metrik gibt es unter dem Label device einen Wert für das eine Device (1877417 Bytes) und einen anderen Wert unter demselben Label für das andere Device (0 Bytes). Neben device finden Sie hier auch noch Labels für instance und job, die Prometheus beim Scrapen automatisch hinzufügt.

Vorhandene Labels bilden die Dimensionen einer Metrik aus, und in diesem Beispiel sind das Resultat der angebrachten Labels zwei Dimensionen. Sie können die Anzahl der ausgeworfenen Dimensionen eingrenzen, indem Sie eine Metrik unter einem oder mehreren bestimmten Labels abfragen. Das Device lxcbr0 auf dem Beispielarbeitsrechner ist nur die Netzwerkbrücke für das Linux-Container-System LXC, das auf diesem Rechner betrieben wird. Wenn Sie nur den Wert für die physikalische Netzwerkkarte enp0s3 benötigen, dann fragen Sie diesen gezielt ab, indem Sie das entsprechende Label mit angeben. Bei curl müssen Sie für eine Abfrage mit Labels dazu übergehen, die Option --data-urlencode für das Absetzen der Querying-Parameter zu verwenden. Die geschwungenen Klammern machen bei der vorher gezeigten Form der Abfrage nämlich sonst Probleme:

8

```
~$ curl -s 'http://localhost:9090/api/v1/query' --data-urlencode \
  "query=node_network_receive_bytes_total{device='enp0s3'}"
  | jq .data.result
[
  {
    "metric": {
      "__name__": "node_network_receive_bytes_total",
      "device": "enp0s3",
      "instance": "localhost:9100",
      "job": "node"
    },
    "value": [1580052774.215, "1884473"]
  }
]
```

Genauso können Sie, wenn Sie eine bestimmte instance angeben, die Abfrage auf bestimmte Targets eingrenzen, wenn diese Metrik für verschiedene Targets zur Verfügung steht. Das wird im Folgenden noch genauer beschrieben.

[«]

Hinweis

Um zu vermeiden, dass in den folgenden Abfragebeispielen immer derselbe curl-Bandwurm vorkommt (der auch nicht sauber umbrochen werden kann), arbeite ich im Folgenden mit der selbst aufgesetzten Shellfunktion pquery(). Sie beinhaltet den immer wieder unverändert wiederkehrenden statischen Teil der Abfrage des Prometheus-Servers.

Sie legen die Funktion in der Bash wie folgt an:

```
~$ function pquery()
> { curl -s 'http://localhost:9090/api/v1/query' --data-urlencode "query=
    $1" }
```

Wenn Sie dieses oder vergleichbare Helferchen öfter brauchen, sollten Sie diese Funktionen speichern. Für die Bash nutzen Sie die Datei *~/.bashrc*, bei anderen Shells die entsprechenden Profildaten.

8.2.3 Zeitstempel

Sie können an den Zeitstempeln genau sehen, wie viel Zeit ich gebraucht habe, um den Abschnitt zwischen diesen beiden Beispielen zu schreiben (und an den Werten für diese Metrik sehen Sie, was für ein eingehender Netzwerkverkehr mittlerweile stattgefunden hat).

Der von Prometheus verwendete Zeitstempel folgt der *Unix-Epoche*, die in Sekunden seit dem 01.01.1970 um 0 Uhr gerechnet wird. Zusätzlich gibt es hier aber auch noch Nachkomma-Stellen, die auch den Bereich der Millisekunden abdecken. Sie können die `unix epoch` bei Bedarf mit dem Befehl `date` umrechnen:

```
~$ date -d @1580052774.215
Sun Jan 26 15:32:54 UTC 2020
```

Abfrage-Zeitstempel

Beachten Sie, dass der bei einer unqualifizierten Abfrage ausgegebene Zeitstempel immer der Zeitpunkt ist, zu dem die Abfrage stattgefunden hat beziehungsweise zu dem das Ergebnis für sie aus der Datenbank gewonnen wurde. Wenn Sie also etwa im Sekundentakt immer dieselbe Abfrage absetzen, dann bekommen Sie jedes Mal einen um eine Sekunde erhöhten Zeitstempel. Der bei einer Abfrage ausgegebene Wert ist allerdings immer derjenige des letzten Scrapes, der je nach eingestelltem Scrape-Intervall in bestimmten Abständen aktualisiert wird:

```
"value": [1580234897.751, "123753625"] // node_network_receive_bytes_total
"value": [1580234898.629, "123753625"]
"value": [1580234899.798, "123753625"]
"value": [1580234900.762, "123754488"] // neuer Scrape hat stattgefunden
"value": [1580234901.743, "123754488"]
```

So viel erst einmal dazu, wie Sie den Prometheus-Server konkret abfragen. Anstatt Sie nur den Wert für eine Metrik ausgeben zu lassen, akzeptiert der Server auf dieselbe Weise natürlich auch komplexe Abfragen unter Einsatz der eingebauten PromQL-Sprache. Da der *node_exporter* ja auf demselben Rechner läuft, könnten Sie bestimmte Metriken ja auch einfach über *http://localhost:9100/metrics* auswerten, sodass es so keinen besonderen Mehrwert gibt.

Ich schlage vor, wir bringen erst einmal noch weitere Targets als Cloud-Instanzen ins Spiel und kommen dann noch einmal auf das Thema Abfragen zurück.

[»]

Informationen grafisch bereitstellen

Sie haben nun Prometheus und die Prometheus-API auf der Konsole kennengelernt. Prometheus hat aber selbstverständlich auch eine grafische Oberfläche, auf der Sie die Daten visualisieren können. Wenn Sie sich die GUI von Prometheus ansehen, werden Sie die API wiedererkennen.

Die GUI von Prometheus fühlt sich manchmal etwas rudimentär an, dadurch ist es gut, dass Sie jetzt schon das Steuern über die Kommandozeile üben. Trotzdem empfehle ich Ihnen, sich mal die GUI anzusehen und ein Gefühl dafür zu bekommen.

8.3 Service Discovery

Prometheus bleibt mit der statischen Konfiguration von Targets für das Scraping weit unter seinen Möglichkeiten. Genauso wie bei dem statischen Inventar von Ansible (siehe Abschnitt 6.4) passt diese Methode nicht gut zum Cloud Computing. Es handelt sich dabei um dynamische Infrastruktur, in der Instanzen kommen und gehen und bei der eine feste Liste mit den IP-Adressen von Servern keinen Sinn mehr macht. Prometheus verfügt aus diesem Grund über eine Reihe von eingebauten Service-Discovery-Mechanismen für bestimmte Umgebungen. Die können Sie einsetzen, um Prometheus darin selbstständig nach Knoten suchen zu lassen, die Exporter betreiben und als Targets eingebunden werden können.

Sie können Prometheus so konfigurieren, dass er in Azure, AWS EC2 und Google Compute Engine nach geeigneten Targets recherchiert. Darüber hinaus kann Prometheus auch die Service-Discovery-Applikationen Consul, Nerve von Air B'n'B und die Serversets-Bibliothek für Golang ansprechen, um daraus Listen mit relevanten Targets zu erstellen. Prometheus kann sich auch noch in anderen dynamischen Umgebungen selbstständig orientieren und Targets in OpenStack und innerhalb eines Kubernetes-Clusters finden.

Consul

Consul von Hashicorp (*https://www.consul.io/*) ist eine universelle, verteilte Lösung für die Verbindung von Services und für die automatische Konfiguration von Applikationen in dynamischer Infrastruktur. Es ist ebenfalls in Google Go implementiert und steht unter der Business Source License 1.1.

Derselbe Consul-Agent kann in verschiedenen Modi als Server oder Client betrieben werden. Mehrere Instanzen mit einem darauf betriebenen Consul in einem bestimmten Netzwerk (sinnvollerweise ein privates Netzwerk bei einem IaaS-Dienst) formen automatisch einen Cluster.

Eine der Hauptfunktionen von Consul ist die automatische Dienstauffindung. Irgendwo im Cluster vorhandene Services registrieren sich in Consul und können dann zentral über das eingebaute DNS- oder HTTP-Interface auf dem Server gefunden und angesprochen werden.

Consul nimmt darüber hinaus eigene Health Checks vor und prüft selbstständig, ob angemeldete Services auch funktionieren. Das verhindert ein Ansprechen von irgendwann eventuell nicht mehr vorhandenen Knoten.

Ein weiteres starkes Feature ist der verteilte Key/Value-Store, mit dem etwa Konfigurationsparameter mittels Consul im Cluster verteilt werden können. Clients können auch von sich aus Einträge im KV-Store verändern.

Das folgende Beispiel soll die spezielle Funktionsweise verdeutlichen.

8.3.1 Konfiguration

Schreiben Sie die Konfigurationsdatei */etc/prometheus/prometheus.yml* so um, dass sie folgenden Text enthält:

```
scrape_configs:
  - job_name: 'prometheus'
    static_configs:
    - targets: ['localhost:9090']
  - job_name: ec2
    ec2_sd_configs:
    - region: eu-central-1
      access_key: AKIAR4Z44I4N65US3VLO
      secret_key: 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
    relabel_configs:
    - source_labels: [__meta_ec2_public_ip]
      regex: '(.*)'
      target_label: __address__
      replacement: '${1}:9100'
    - source_labels: [__meta_ec2_tag_aws_cloudformation_logical_id]
      regex: '(.*)'
      target_label: instance
      replacement: '${1}'
```

Listing 8.1 Änderungen an der Datei /etc/prometheus/prometheus.yml

Es gibt hier weiterhin einen Eintrag unter `static_configs`, nämlich dass sich der Prometheus-Server selbst nach seinen eigenen Metriken fragt. Anstatt diese automatisch mit einzuspeisen, ist das ein durchaus eleganter Weg, um die eigenen Metriken mit in die Zeitreihendatenbank zu bekommen. Wenn Sie die Metriken des Prometheus-Servers selbst aber absolut nicht benötigen, dann können Sie den Eintrag mit dem Jobnamen `prometheus` auch einfach entfernen.

Unter dem Jobnamen `ec2` findet hingegen eine Service Discovery statt, die die IP-Adressen von möglichen Targets innerhalb in AWS EC2 ermittelt. Das dafür benötigte Konfigurationselement ist `ec2_sd_configs`. Als Optionen erwartet es die Region, in der die Erkennung stattfinden soll. Wie bei allen EC2-Beispielen in diesem Buch ist das weiterhin *eu-central-1* (Region Frankfurt am Main).

Außerdem müssen Sie hier die Credentials von einem Benutzer aus Ihrem Konto bei AWS eintragen, die für die Diensterkennung innerhalb von EC2 benötigt werden. In Abschnitt 3.1.1 habe ich beschrieben, wie Sie einen solchen Benutzer aufsetzen und die Credentials mit den beiden Schlüsseln für den programmgesteuerten Zugriff bekommen können. Prometheus benötigt für die Service Discovery im Zusammenhang mit AWS EC2 nur eine IAM-Richtlinie, und zwar `AmazonEC2ReadOnlyAccess`.

8

Unter `relabel_configs` sind zwei Operationen aus dem Funktionsbereich `Relabeling` definiert, die Prometheus an den automatisch angesetzten Labels für die eingebundenen EC2-Instanzen vornehmen soll:

- Die erste Operation tauscht die hinterher unter `__adress__` automatisch abgelegte *private* IPv4-Adresse der Instanz gegen die *öffentliche* IPv4-Adresse aus, die aus dem Label `__meta_ec2_public_ip` verfügbar ist. Denn über die private Adresse innerhalb von EC2 können Sie die Targets von Ihrem Arbeitsrechner aus (auf dem der Prometheus-Server auch für dieses Beispiel immer noch läuft) nicht ansprechen.

  Sie verwenden die private AWS-interne IPv4-Adresse deshalb standardmäßig als Scraping-Ziel, weil der Prometheus-Server eigentlich in einem produktiven Setup auf einer Instanz innerhalb desselben virtuellen Netzwerks laufen soll. Von dort aus kann er die Targets über ihre private IPv4-Adresse auch erreichen.

  Im Zuge des Austauschs der IP-Adressen wird auch noch der Port 9100 für den *node_exporter* mit eingestellt.
- Die zweite Operation tauscht den automatisch eingesetzten Wert für das Label `instance` gegen den Wert unter dem Label `aws_cloudformation_logical_id` aus. Das Beispielsetup ziehe ich mit einem CloudFormation-Template hoch (in Abschnitt 4.1 ist beschrieben, wie Sie das machen). Nach diesem Austausch steht hier dann der Ressourcenname aus dem CloudFormation-Template (die Ressourcen heißen hier *node1*, *node2* und *node3*) anstatt der IP-Adresse des Knotens. Das macht die Abfragen hinterher angenehmer und übersichtlicher.

Warten Sie bitte noch einen Moment ab, das konkret angewendete Beispiel wird Ihnen den Sinn dieser Austauschoperationen noch weiter verdeutlichen.

8.3.2 Anwendung

Die Anwendung der Service Discovery ist sehr einfach, und dass alles dabei automatisiert abläuft, ist ja auch der Sinn der Sache.

Als Ausgangssituation laufen drei neue Cloud-Instanzen in AWS EC2, die den *node_exporter* installiert haben. Sie können AWS CloudFormation mit *UserData* einsetzen, um diese automatisiert aufzusetzen. Sie können auch dreimal hintereinander `aws ec2 run-instances` auslösen und dann Ansible mit dem Modul `command` oder `apt` benutzen, um das Linux-Paket mit dem Exporter überall zu installieren. Die Eckwerte für die Instanzen sind dieselben wie bei den Beispielen aus dem CloudFormation-Kapitel (siehe Abschnitt 4.1). So wird hier auch das Amazon Machine Image mit der ID *ami-01e444924a2233b07* verwendet.

[»]

Hinweis

Beachten Sie, dass die eingesetzte Sicherheitsgruppe den Port 9100 per Ingress-Regel freigeschaltet haben muss, sonst kann Prometheus den *node_exporter* auf diesen Instanzen nicht aus dem Internet ansprechen.

Starten Sie dann Prometheus mit dem Befehl `systemctl restart prometheus` neu. Dabei wird die veränderte Konfigurationsdatei mit dem Job `ec2` ausgewertet. Prometheus findet die Targets dann vollkommen automatisch. Es dauert nur einen Augenblick, und die drei EC2-Instanzen mit dem *node_exporter* darauf sind dann zusammen mit dem Prometheus-Server selbst als Targets für Prometheus verfügbar:

```
~$ curl -s localhost:9090/api/v1/targets | jq '.data.activeTargets[] \
   | .scrapeUrl + ": " + .health'
"http://3.120.159.51:9100/metrics: up"
"http://52.59.255.249:9100/metrics: up"
"http://3.121.233.104:9100/metrics: up"
"http://localhost:9090/metrics: up"
```

Der Gesundheitsstatus `up` zeigt an, dass die Knoten erfolgreich gescrapt werden.

Sie können sich einmal den API-Endpunkt `targets` insgesamt ausgeben lassen oder `jq` dafür einsetzen, Ihnen zumindest den ersten Eintrag von `activeTargets` in einem JSON-Dokument vollständig auszuwerfen:

```
~$ curl -s localhost:9090/api/v1/targets | jq .data.activeTargets[0]
{
  "discoveredLabels": {
    "__address__": "172.31.36.137:80",
    "__meta_ec2_availability_zone": "eu-central-1b",
    "__meta_ec2_instance_id": "i-00b1717ed1e92da21",
    "__meta_ec2_instance_state": "running",
    "__meta_ec2_instance_type": "t2.micro",
    "__meta_ec2_owner_id": "130587313947",
    "__meta_ec2_primary_subnet_id": "subnet-d4a883ae",
```

```
    "__meta_ec2_private_dns_name": "ip-172-31-36-137.eu-central-
                                                1.compute.internal",
    "__meta_ec2_private_ip": "172.31.36.137",
    "__meta_ec2_public_dns_name": "ec2-3-121-233-104.eu-central-
                                                1.compute.amazonaws.com",
    "__meta_ec2_public_ip": "3.121.233.104",
    "__meta_ec2_subnet_id": ",subnet-d4a883ae,",
    "__meta_ec2_tag_aws_cloudformation_logical_id": "node1",
    "__meta_ec2_tag_aws_cloudformation_stack_id": "arn:aws:cloudformation:
            eu-central-1:130587313947:stack/prometheustest/
            be381940-406a-11ea-ab42-02012ecdd3ee",
    "__meta_ec2_tag_aws_cloudformation_stack_name": "prometheustest",
    "__meta_ec2_vpc_id": "vpc-d05177b8",
    "__metrics_path__": "/metrics",
    "__scheme__": "http",
    "job": "ec2"
  },
  "labels": {
    "instance": "node1",
    "job": "ec2"
  },
  "scrapeUrl": "http://3.121.233.104:9100/metrics",
  "lastError": "",
  "lastScrape": "2024-01-26T20:42:34.871171978Z",
  "health": "up"
}
```

Sie finden unter `discoveredLabels` eine ganze Reihe von einzelnen Informationen über diese EC2-Instanz, darunter sogar auch Werte, die anzeigen, dass sie Bestandteil des CloudFormation-Stacks *prometheustest* ist.

Die `logical_id` dieser Instanz `node1` finden Sie als Ergebnis der zweiten Austauschoperation in der Konfigurationsdatei als Wert für das Label `instance` wieder. Hier würde ohne diesen Austausch der Wert `3.121.233.104:9100` stehen, der hinterher zu unbequem für Abfragen aus der Datenbank ist.

Namen der Metriken

Es kann vorkommen, dass sich die Namen von Metriken des Node Exporters im Laufe der Zeit verändern. Beispielsweise wurden bei dem Update des prometheus-node-exporter auf Version 0.16.0 einige Namen angepasst. Die Metrik `node_network_receive_bytes_total` hatte vorher den Namen `node_network_receive_bytes`.

Der Name von Metriken stammt immer vom Exporter selbst, deshalb sollten Sie vor allem in produktiven Setups vorher prüfen, was sich bei einem Update verändert.

8.4 PromQL

Bei diesem Beispielsetup werden nun also von den drei eingebundenen Cloud-Instanzen Metrikdaten in die Datenbank gezogen. Diese stammen aus dem *node_exporter*, der auf allen drei Knoten installiert ist und technische Werte über die virtuellen Server erhebt, auf denen er jeweils läuft. Diese Werte stehen universell zur Verfügung, und Sie können sie auf jede erdenkliche Weise für die Informationsgewinnung und das Alerting verwenden (dazu folgt in Abschnitt 8.5 mehr). Für beide Zwecke steht in Prometheus die eingebaute Abfragesprache PromQL zur Verfügung, deren Elemente Sie beliebig kombinieren können.

Lassen Sie uns als Einführung in PromQL einige Abfragen zu diesen aktuellen Betriebsdaten der drei Cloud-Instanzen vornehmen.

8.4.1 Qualifizierte Abfrage

Die Metrik `node_filesystem_files` liefert Ihnen die Anzahl der in einem Dateisystem vorhandenen Dateien. Drei Knoten werden in Hinblick auf diese Metrik evaluiert, aber der auch noch als Target eingebundene Prometheus-Server liefert diese nicht.

Es gibt auf den Knoten einmal das Wurzeldateisystem, von dem die Ubuntu-Installation gebootet worden ist. Der Exporter wertet das natürlich aus. Aber darüber hinaus gibt es auch diejenigen systeminternen Dateisysteme, für die die Gesamtanzahl der darin verfügbaren Dateien ermittelt werden kann. Und zwar sind das neben *ext4* des Wurzeldateisystems das *squashfs*, das hier für das Snap-Paketformat eingesetzt wird, sowie das mit dem Linux-Container-System LXC in Verbindung stehende *fuse.lxcfs*. Das squashfs ist mit drei Loop-Devices und Mountpoints verbunden, und die anderen beiden mit jeweils einem. Bei drei ausgewerteten Knoten und fünf Mountpoints spannen sich unter dieser Metrik also 15 Dimensionen beziehungsweise Zeitreihen auf.

Sie können die Anzahl der Dimensionen mit `jq` ermitteln, indem Sie zum Beispiel mit `jq .data.result[].value[1] | wc -l` in der Kommandozeilen-Pipe die Anzahl der Werte zählen, die auf die Abfrage von `node_filesystem_files` zurückgegeben wurden. Dasselbe funktioniert aber auch mit der in PromQL eingebauten Funktion `count()`:

```
~$ pquery 'count(node_filesystem_files)' | jq .data.result[]
{
  "metric": {},
  "value": [1580356556.737, "15"]
}
```

Sie können sich bei einer Abfrage gezielt bestimmte Dimensionen zurückgeben lassen, indem Sie die Abfrage selbst mit einem Label ausstatten. Folgende Abfrage gibt ihnen nur die aktuellen Werte aus, die in Bezug auf das physikalische Dateisystem *ext4* von den Knoten gewonnen worden sind:

```
~$ pquery "node_filesystem_files{fstype='ext4'}" | jq .data.result
  {
    "metric": {
      "__name__": "node_filesystem_files",
      "device": "/dev/xvda1",
      "fstype": "ext4",
      "instance": "node1",
      "job": "ec2",
      "mountpoint": "/"
    },
    "value": [1580356901.305, "1024000"]
  },
  {
    "metric": {
      "__name__": "node_filesystem_files",
      "device": "/dev/xvda1",
      "fstype": "ext4",
      "instance": "node2",
      "job": "ec2",
      "mountpoint": "/"
    },
    "value": [1580356901.305, "1024000"]
  },
  {
    "metric": {
      "__name__": "node_filesystem_files",
      "device": "/dev/xvda1",
      "fstype": "ext4",
      "instance": "node3",
      "job": "ec2",
      "mountpoint": "/"
    },
    "value": [1580356901.305, "1024000"]
  }
```

Alle drei Knoten haben in ihrem Wurzeldateisystem dieselbe Anzahl an Dateien (1024000). Die parallel aufgesetzten Knoten haben sich also sauber und ohne Abweichungen voneinander entwickelt. Das ist schon einmal eine informativere Aussage, als nur die reine Anzahl der Dateien zu wissen.

Genauso können Sie eine Abfrage auch auf jede andere Dimension eingrenzen. Zum Beispiel können Sie *node1* gezielt auf diese Metrik hin abfragen (die konkreten Werte sind aus Platzgründen hier ausgespart):

```
~$ pquery "node_filesystem_files{instance='node1'}" | jq .data.result[].metric
{
  "__name__": "node_filesystem_files",
  "device": "/dev/loop0",
  "fstype": "squashfs",
  "instance": "node1",
  "job": "ec2",
  "mountpoint": "/snap/core/7713"
}
{
  "__name__": "node_filesystem_files",
  "device": "/dev/loop1",
  "fstype": "squashfs",
  "instance": "node1",
  "job": "ec2",
  "mountpoint": "/snap/amazon-ssm-agent/1480"
}
{
  "__name__": "node_filesystem_files",
  "device": "/dev/loop2",
  "fstype": "squashfs",
  "instance": "node1",
  "job": "ec2",
  "mountpoint": "/snap/core/8268"
}
{
  "__name__": "node_filesystem_files",
  "device": "/dev/xvda1",
  "fstype": "ext4",
  "instance": "node1",
  "job": "ec2",
  "mountpoint": "/"
}
{
  "__name__": "node_filesystem_files",
  "device": "lxcfs",
  "fstype": "fuse.lxcfs",
  "instance": "node1",
```

```
  "job": "ec2",
  "mountpoint": "/var/lib/lxcfs"
}
```

8.4.2 sum()

Eine andere Metrik, die der *node_exporter* liefert, ist `node_network_receive_bytes_total`. Sie zeigt Ihnen an, wie viele Bytes die angebundenen Netzwerk-Devices seit dem letzten Boot empfangen haben.

Es gibt bei jedem Knoten nur jeweils das eine Netzwerk-Device `eth0`. Also ist die Anzahl der vorhandenen Dimensionen hierbei drei:


```
~$ pquery 'node_network_receive_bytes_total' | jq .data.result[].value[1]
"165655353"
"172776024"
"179089269"
```

Sie können die in PromQL eingebaute Funktion `sum()` benutzen, um Werte, die als Gruppe zurückgegeben werden, direkt zu addieren:

```
~$ pquery 'sum(node_network_receive_bytes_total)' | jq .data.result[].value[1]
"517543399"
```

Das ist die Gesamtanzahl der von allen drei Knoten durch ihre virtuellen Netzwerkkarten empfangenen Bytes. Das ist eine weitere gute Information mit einem gewissen Einsichtswert, die Sie auf diese Weise unkompliziert gewinnen können.

8.4.3 max()

Die Funktion `max()` findet in einer Gruppe von zurückgegebenen Werten den höchsten Wert. Sie können sie genauso wie `sum()` auf eine beliebige Metrik anwenden.

Sie beantwortet Ihnen zum Beispiel die Frage, was der aktuell höchste Wert ist:

```
~$ pquery 'max(node_network_receive_bytes_total)' | jq .data.result[].value[1]
"179146849"
```

Das Gegenstück zu `max()` ist `min()`. Wenn Sie die Abfrage anpassen, finden Sie einfach heraus, welcher Knoten aktuell besonders stark oder schwach genutzt wird, und können sehen, wo sich Traffic-Spitzen befinden.

Metriktypen

Der Typ der Metrik node_network_receive_bytes_total ist ein Zähler (*Counter*), während die Metrik node_filesystem_files ein »Wasserstand« (*Gauge*) ist. Zähler steigen stetig an, während die Werte von Gauges schwanken.

Bei den grundlegenden Aggregationsfunktionen wie sum() und max() spielt dieser Unterschied noch keine Rolle – bei höherwertigen Funktionen wie rate() und predict_linear(), die über eine ganze Zeitreihe rechnen, allerdings schon. Nicht alle Funktionen sind auf alle Metriktypen anwendbar.

Es gibt darüber hinaus auch noch die Typen histogram und summary. Von welchem Typ ein Zähler ist, können Sie in der vom Exporter unter dem Endpunkt metrics/ ausgegebenen Liste in den Kommentarzeilen mit TYPE (siehe oben) ermitteln.

8.4.4 rate()

Wie bereits schon einmal kurz gezeigt wurde, können Sie Abfragen von Metriken auch mit einem Zeitfenster ausstatten. Der Zusatz 2m gibt Ihnen die Werte aus, die innerhalb der letzten zwei Minuten erhoben worden sind:

```
~$ pquery "node_network_receive_bytes_total{instance='node1'}[2m]" \
  | jq .data.result[].values
[
  [1580359084.871, "165730883"],
  [1580359099.872, "165736304"],
  [1580359114.872, "165737125"],
  [1580359129.872, "165737946"],
  [1580359144.871, "165738767"],
  [1580359159.871, "165739630"],
  [1580359174.871, "165740451"],
  [1580359189.872, "165741272"]
]
```

Die ausgegebenen Zeitstempel sind jetzt nicht mehr diejenigen der Abfrage, sondern die Zeitpunkte (im 15-Sekunden-Abstand), an denen neue Daten hinzugekommen sind.

Diese nackten Zahlen bringen Ihnen aber verhältnismäßig wenig. Es wird kein Graph daraus generiert, an dem Sie zum Beispiel ablesen könnten, ob es in diesem Zeitraum auch einen kontinuierlichen Zuwachs gegeben hat. PromQL hat aber auch einige sehr nützliche Elemente, mit denen Sie sich Werte nicht nur ausgeben lassen, sondern auch auswerten können, ohne auf externe Hilfsmittel zurückgreifen zu müssen.

Eine sehr nützliche Funktion in PromQL ist rate(). In Bezug auf eine Datenreihe wie von dieser Metrik berechnet Ihnen rate(), wie hoch der Anstieg in einem ausgewählten Zeitraum pro Sekunde im Durchschnitt gewesen ist:

```
~$ pquery "rate(node_network_receive_bytes_total{instance='node1'}[2m])" \
  | jq .data.result[].value[1]
"55.53386222725931"
```

Eine wichtige Einschränkung ist, dass rate() nur auf Zähler und nicht auf Stände (*Gauges*) wie zum Beispiel node_filesystem_files angewendet werden kann. Es kann zwar natürlich auch bei Gauges kontinuierliche Zuwächse geben, aber einige der bei rate() eingebauten Eigenschaften wie die Kompensation von Service-Resets sind speziell für Metriken vom Typ *Counter* implementiert.

8.4.5 avg()

Ein andere Einschränkung ist, dass Sie rate() nur auf eine Zeitreihe anwenden können und nicht gleichzeitig auf mehrere. Wenn Sie also die Einschränkung der Abfrage auf *node1* weglassen, dann wird Ihnen nicht der Durchschnittszuwachs aller Knoten ausgegeben, sondern von jedem Knoten individuell:

```
$ pquery 'rate(node_network_receive_bytes_total[2m])' \
  | jq .data.result[].value[1]
"70.63809523809523"
"55.46666666666667"
"84.12380952380953"
```

Sie können in einer solchen Konstellation aber zusätzlich die Funktion avg() (*average*) einsetzen, um den Durchschnitt aus dieser Gruppe von Werten zu gewinnen:

```
~$ pquery 'avg(rate(node_network_receive_bytes_total[2m]))' \
  | jq .data.result[].value[1]
"64.27919026621515"
```

8.4.6 Arithmetik

Eine weitere Metrik vom *node_exporter* ist node_memory_MemFree_bytes. Das ist ein Pegel, der Ihnen als Wert den freien Arbeitsspeicher in Bytes zurückliefert.

Teilen Sie die zurückgegebenen Werte zweimal durch 1024, um den freien Speicherplatz nicht in Bytes, sondern direkt in Megabytes zu erhalten:

```
~$ pquery 'node_memory_MemFree_bytes/1024/1024' | jq .data.result[].value[1]
"211.82421875"
"215.09765625"
"277"
```

Einer der Knoten weicht deutlich ab. Man könnte jetzt direkt einmal untersuchen, warum das so ist. Eine mit *MemFree* eng zusammenhängende Metrik ist `node_memory_MemTotal_bytes`. Sie gibt Ihnen den Wert des insgesamt verfügbaren Arbeitsspeichers zurück:

```
~$ pquery 'node_memory_MemTotal_bytes/1024/1024' | jq .data.result[].value[1]
"983.94140625"
"983.94140625"
"983.94140625"
```

Noch einmal gerade zur Gegenprüfung – es handelt sich um *t2.micro*-Instanzen mit 1 GB RAM-Speicher:

```
~$ aws ec2 describe-instances --instance-ids i-00b1717ed1e92da21 \
  | jq .Reservations[].Instances[].InstanceType
"t2.micro"

~$ aws ec2 describe-instance-types --instance-types t2.micro \
  | jq -c '.InstanceTypes[].MemoryInfo'
{"SizeInMiB":1024}
```

Sie können anhand dieser beiden Metriken auch berechnen, wie viel Prozent vom Arbeitsspeicher belegt ist. Das ist auch notwendig, denn ein `Used`-Wert wird vom Kernel gar nicht zur Verfügung gestellt. Teilen Sie einfach `MemFree` durch `MemTotal`, und multiplizieren Sie diesen Wert mit 100. Sie erhalten dann die prozentuale Auslastung:

```
~$ pquery '(node_memory_MemFree_bytes/node_memory_MemTotal_bytes)*100'
  \ | jq .data.result[].value[1]
"21.509474411347856"
"21.860819646749164"
"28.015117770128906"
```

Hier wird noch deutlicher, dass einer der eigentlich identischen Knoten mehr Arbeitsspeicher benötigt. Hier könnte ein Problem vorliegen.

8.5 Alarme

Aktives Monitoring ist natürlich nützlich, aber es bedeutet, dass Sie an der Konsole sitzen und laufend bestimmte Abfragen absetzen, um den Zustand Ihrer Infrastruktur zu überwachen. Oder dass Sie zu diesem Zweck Tag und Nacht Graphen in Grafana beobachten.

Dass das in einem automatisierten System nicht praktikabel ist, liegt auf der Hand. Daher besteht auch die Möglichkeit, durch *passives Monitoring* dafür zu sorgen, dass Prometheus selbst überwacht, ob bestimmte Zustände eintreten. In diesem Fall werden Sie automatisch informiert.

Im Prometheus-Server lassen sich als grundlegende Funktionalität für das kombinierte Alerting zunächst einmal Alarme einrichten. Und zwar geschieht das auf Grundlage von PromQL-Ausdrücken, die Sie beliebig dafür einsetzen können, Bedingungen für Alarme zu verfassen.

Gut zu wissen

Die bereits erwähnte Trennung des nebenher entwickelten Alertmanagers, der als Alarm-Notifikator vom Prometheus-Server als Alarm-Auslöser separiert ist, ergibt durchaus Sinn:

- Sie können alternative Lösungen für diese Aufgabe einsetzen.
- Sie können Prometheus auf Grundlage dieses Designs redundant betreiben.

Auch wenn das zunächst schräg anmutet, lassen Sie zum Zwecke der Ausfallsicherheit einfach mehrere Prometheus-Server parallel nebeneinander laufen und im Falle eines Alarms denselben Alertmanager benachrichtigen. Dieser kann mehrfache Alarme bezüglich derselben Angelegenheit gruppieren, und so aus vervielfältigten Instanzen stammende redundante Meldungen zusammenfassen.

Die in den vorherigen Beispielen vorgekommenen PromQL-Ausdrücke eignen sich nicht, um Alarme aufzusetzen. Das waren ja reine Abfragen von Werten aus bestimmten Metriken. Einen als Alarm geeigneten Ausdruck müssen Sie aber als Bedingung formulieren, die eventuell eintritt. PromQL beinhaltet keine booleschen Konstanten, um Bedingungen auszuwerten. Sondern es kommt darauf an, ob ein bedingungsbildender Ausdruck irgendetwas zurückgibt oder nicht.

Eine wichtige Rolle für die Formulierung von PromQL-Abfragen als Bedingungen für Alarme spielen die bei den arithmetischen Mitteln eingebauten Vergleichsoperatoren. Damit können Sie abfragen, ob ein aktueller Wert aus einer Metrik gleich, ungleich, größer oder kleiner als ein angesetzter Standardwert ist. So können Sie zum Beispiel abfragen, ob der freie Arbeitsspeicher eines Knotens in Megabyte kleiner oder größer als `300` ist. Dann bekommen Sie im zutreffenden Fall zurückgeliefert, wie viel freier Arbeitsspeicher aktuell zur Verfügung steht:

```
~$ pquery "node_memory_MemFree_bytes{instance='node1'}/1024/1024 > 300" \
  | jq .data.result[].value[1]

~$ pquery "node_memory_MemFree_bytes{instance='node1'}/1024/1024 < 300" \
  | jq .data.result[].value[1]
"253.40625"
```

Das ist bei Prometheus der maßgebliche Mechanismus, um beliebige Bedingungen für Alarme zu formulieren.

8.5.1 up()

Eine für das Alerting sehr nützliche eingebaute Funktion in Prometheus ist `up()`. Sie zeigt Ihnen den Onlinestatus der eingebundenen Scrape-Targets an. Wird `1` zurückgegeben, dann ist eine Instanz erreichbar und das Scraping war erfolgreich. Gibt `up()` hingegen `0` zurück, dann ist die Instanz nicht erreichbar oder das Scraping ist fehlgeschlagen. Es kann natürlich auch einfach bedeuten, dass nur der Exporter auf einem Target abgestürzt ist, alles andere auf dieser Instanz aber astrein funktioniert. Letztendlich wird bei Prometheus der Status von `up()` aber ganz pragmatisch eingesetzt, um zu ermitteln, ob ein Server insgesamt aktiv oder ausgefallen ist: Wenn bei einem Lieferdienst niemand ans Telefon geht, dann wird er wohl geschlossen haben. Eine tiefer gehende Möglichkeit, den Health-Status eines Knotens zu ermitteln, müssten Sie extra implementieren (das ist machbar, führt hier aber zu weit).

Gehen Sie probeweise auf eine der per Service Discovery eingebundenen Instanzen, zum Beispiel auf *node3*, und stoppen Sie mit `systemctl stop prometheus-node-exporter` dort den Exporter. Fragen Sie dann nach ein paar Sekunden die Datenbank nach dem aktuellen Status von `up()` ab, und Sie erhalten folgendes Ergebnis:

```
~$ pquery "up{job='ec2'}" | jq .data.result[].value[1]
"1"
"1"
"0"
```

Sie können als Bedingung für einen Alarm abfragen, ob der Status `up()` einem bestimmten Wert, also `0` oder `1`, entspricht. Dabei wird Ihnen eine `0` zurückgeben, wenn es auch nur einen einzigen Ausfall in einer Gruppe von Instanzen gibt:

```
~$ pquery "up{job='ec2'} == 0" | jq .data.result[].value[1]
"0"
```

Diese einfache Abfrage gibt etwas zurück und ist damit eine geeignete Bedingung für einen Alarm. Prometheus soll einen Alarm auslösen, falls in einer Gruppe von Targets (hier *ec2*) eine Instanz ausfällt. Im folgenden Abschnitt richten Sie das ein.

8.5.2 Einrichtung

Alarme fallen bei Prometheus in die Kategorie `rules`. Und für die Regeln benötigen Sie eine eigene Konfigurationsdatei, um sie zu definieren. Legen Sie sich also zum Beispiel */etc/prometheus/myrules.yml* an, und legen Sie dort mit folgendem Text den besprochenen Alarm an:

```
groups:
  - name: myalerts
    rules:
      - alert: InstanceDown
        expr: up{job='ec2'} == 0
        for: 1m
```

8

Mit dem Schlüsselwort `groups` können Sie Regeln gruppieren, und hier im Beispiel wird für die zunächst einmal allein vorhandene Alarmregel `InstanceDown` (der Name eines Alarms ist beliebig) die Gruppe `myalerts` eingerichtet. Unter `expr` tragen Sie die gewünschte PromQL-Abfrage als Bedingung für diesen Alarm ein.

Das Schlüsselwort `for` bietet Ihnen die Möglichkeit, das Auslösen des Alarms eine Zeit lang zu verzögern. Damit kann man zum Beispiel Prozessen und anderen Dingen etwas Zeit geben, um wieder automatisch hochzukommen, bevor man die Rufbereitschaft sonntagmorgens um vier Uhr unnötig aus dem Bett klingeln lässt. Hier ist als Verzögerung eine Minute eingestellt.

Editieren Sie dann die Konfigurationsdatei */etc/prometheus/prometheus.yml*. Hier gibt es per Voreinstellung bereits unter dem Schlüsselwort `rules_files` einen Block mit zwei auskommentierten Zeilen, die Default-Regeldateien aufführen. Die beiden Dateien mit vielen Default-Alarmen und Beispielen waren früher einmal Bestandteil des *.deb*-Paketes, heute aber leider nicht mehr. Die beiden Zeilen können Sie aber einfach stehen lassen und den Namen Ihrer Rules-Datei ergänzen:

```
rule_files:
  # - "first_rules.yml"
  # - "second_rules.yml"
  - myrules.yml
```

Es gibt in der Konfigurationsdatei unter dem Schalter für `scrape_interval` einen Schalter für `evaluation_interval`, der hier genauso auf 15 Sekunden eingestellt ist. Dieser Wert legt fest, in welchem Zeitabstand die Regeln angewendet und damit die Alarme beziehungsweise die Bedingungen dafür überprüft werden.

Der Prometheus-Server akzeptiert das HUP-Prozesssignal (`hangup`), und Sie können dementsprechend mit dem Befehl `systemctl reload prometheus` den Server die Konfiguration neu einlesen lassen, ohne seine Arbeit zu unterbrechen.

8.5.3 Aktiver Alarm

Der dritte Knoten aus dem Verbund mit dem Jobnamen ec2 ist immer noch inaktiv mit heruntergefahrenem *node_exporter*. Das Scraping-Ziel wird weiterhin von der Service Discovery gefunden, kann aber nicht angesprochen werden, was den up-Zustand 0 aufrechterhält.

15 Sekunden nach dem Reload des Servers und der Aktivierung der neuen Regel tritt der Alarmzustand ein. Allerdings erhält der eingestellte Alarm *InstanceDown* zunächst den Status pending:

```
~$ curl -s 'localhost:9090/api/v1/alerts' | jq
{
  "status": "success",
  "data": {
    "alerts": [
      {
        "labels": {
          "alertname": "InstanceDown",
          "instance": "node3",
          "job": "ec2"
        },
        "annotations": {},
        "state": "pending",
        "activeAt": "2024-01-31T06:57:56.083684629Z",
        "value": 0
```

Prometheus wartet noch die eingestellte eine Minute ab, bis der Alarm schlussendlich ausgelöst (»abgefeuert«) wird:

```
~$ curl -s 'localhost:9090/api/v1/alerts' | jq .data.alerts[].state
"firing"
```

Das entfaltet in diesem Beispiel-Setup natürlich jetzt erst einmal keinerlei Wirkung, weil kein Alertmanager angeschlossen ist. In diesem würde der Alarm mit allen Daten jetzt auftauchen. Sie können ihn so konfigurieren, dass er Sie dann auf einem bestimmten Weg informiert.

Ein Alarm bleibt immer so lange aktiv, wie die dafür eingestellte Bedingung bestehen bleibt. Starten Sie auf *node3* den *node_exporter* wieder, und der Alarm beendet sich nach kurzer Zeit.

8.5.4 Prozentualer Ausfall

Wie gesagt reagiert der einfache Einsatz von up() immer auf jede einzelne Instanz, die zu einer überwachten Gruppe gehört. Das ist aber vielleicht nicht genau das, was Sie für einen Alarm möchten. In diesem Buch ist ja auch immer von Infrastruktur die Rede, die den Ausfall von einzelnen Knoten verkraftet und sich in dem Fall selbst neu organisiert und eventuell neue Cloud-Instanzen als neue Knoten hinzustellt.

Für etwas intelligentere Alarme können Sie einfach die Funktionen in PromQL miteinander kombinieren und beispielsweise up() und Verbindung mit avg() einsetzen. Dieser Ausdruck wirft Ihnen aus, wie groß der Anteil der aktiven Instanzen noch ist:


```
~$ pquery "up{job='ec2'}" | jq .data.result[].value[1]
"1"
"1"
"0"

~$ pquery "avg(up{job='ec2'})" | jq .data.result[].value[1]
"0.6666666666666667"
```

Damit können Sie dann zum Beispiel einen Alarm aufsetzen, der anschlägt, falls der Anteil der aktiven Instanzen unter 75 % fällt:

```
~$ pquery "avg(up{job='ec2'}) < 0.75" | jq .data.result[].value[1]
"0.6666666666666667"
```

Sie sehen, es gibt hier praktisch unbegrenzte Möglichkeiten. Sie können etwa mit rate() einen Alarm anschlagen lassen, wenn Datendurchsatzraten über einen Zeitraum hinweg zu niedrig sind, und viele andere Dinge mehr.

8.5.5 Binäre Gauges

Nützliche für Alarme sind auch diejenigen Metriken, die man als *binäre Gauges* bezeichnen könnte. Diese werden zumindest im Sinne von booleschen Konstanten verwendet, und ihr Wert ist immer 1 oder 0.

Einige davon dienen vor allem mit ihren Labels zur Übermittlung von bestimmten Informationen aus dem Target, wie zum Beispiel node_uname_info:

```
# HELP node_uname_info Labeled system information as provided by the
  uname system call.
# TYPE node_uname_info gauge
node_uname_info{domainname="(none)",machine="x86_64",nodename=
  "ubuntu ",release="6.5.0-1023-gcp",sysname="Linux",
  version="#25~22.04.1-Ubuntu SMP Thu Jun 13 19:41:39"} 1
```

Sie können diese Metrik zum Beispiel verwenden, um zu ermitteln, auf welchen Instanzen die Distribution ubuntu betrieben wird.

Informationen hieraus sind nicht so relevant für Alarme, andere Metriken aus dieser Klasse allerdings schon. Da gibt es zum Beispiel die Metrik node_filesystem_readonly, die als Wert zurückgibt, ob ein Dateisystem schreibgeschützt, also *read-only*, eingehängt ist:

```
$ pquery "node_filesystem_readonly{mountpoint='/'}" \
  | jq .data.result[].value[1]
"0"
"0"
"0"
```

Ist das auf dem Wurzeldateisystem der Fall, dann kann das ein Indikator dafür sein, dass es dort einen Schreib-/Lesefehler gegeben hat. Bei ext4 muss das Dateisystemattribut Error behavior dafür aber auf remount-ro eingestellt sein. Das ist per Voreinstellung auf den EC2-Instanzen nicht der Fall, kann aber aktiviert werden (hier geschieht es zur Demonstration rein manuell zur Laufzeit):

```
ubuntu@ip-172-31-33-138:~$ sudo dumpe2fs -h /dev/xvda1 | grep ^Errors
dumpe2fs 1.44.1 (24-Mar-2018)
Errors behavior:          Continue

ubuntu@ip-172-31-33-138:~$ sudo tune2fs /dev/xvda1 -e remount-ro
tune2fs 1.44.1 (24-Mar-2018)
Setting error behavior to 2
```

Mit dieser Abfrage können Sie einen weiteren Alarm aufsetzen, der diese Bedingung auswertet:

```
groups:
  - name: myalerts
    rules:
      - alert: remount-ro
        expr: node_filesystem_readonly{mountpoint='/'} == 1
```

Kapitel 9
Cloud-Ressourcen mit Boto3 programmieren

»Any sufficiently advanced technology is indistinguishable from magic.«
– Arthur C. Clarke

Neben CLI-Clients und IaC-Frameworks gibt es noch ein weiteres Mittel, um Cloud-Ressourcen zu kontrollieren: die von den Cloud-Anbietern zur Verfügung gestellten Programmierbibliotheken. Diese werden von den Anbietern oftmals *Service Development Kit* (*SDK*) genannt. Die offiziellen CLI-Werkzeuge bauen meistens darauf auf, Sie können sie aber auch selbst einsetzen, um sich beliebige eigene Werkzeuge zu schreiben und Funktionen zu ergänzen.

In diesem Kapitel beschäftigen wir uns zuerst mit dem Python-SDK Boto3 für Amazon Web Services, danach werden wir uns noch einen weiteren Anwendungsfall für die Python-Bibliothek von Hetzner ansehen. Diese haben Sie bereits in Abschnitt 3.5 kennengelernt. Zum Abschluss sehen wir uns noch das SDK für Azure an – und zwar, wie Sie es von diesem Buch mit seinem ausgeprägten »Hands on«-Ansatz gewohnt sind, direkt mit praxisnahen Anwendungsbeispielen. Diese Beispiele sollen Ihnen ein Gefühl dafür geben, welche Möglichkeiten Sie durch einfaches Coding erhalten. Zudem empfehle ich Ihnen auch, alle drei Beispiele durchzuführen, denn dadurch merken Sie schnell, dass der Ansatz bei jeder Cloud gleich ist. Wenn Sie sicher mit Python umgehen können, dann werden Ihnen die Beispiele ganz klar und einfach vorkommen. Auch sind die jeweiligen SDKs sehr ähnlich, und Sie werden sich sehr schnell damit zurechtfinden. Ganz nach dem Prinzip: Kennen Sie eine, kennen Sie alle.

Das Cloud-Programmieren wird oftmals als Alternative zu IaC-Werkzeugen angesehen. Die Verwendung von Programmbibliotheken bietet Ihnen die volle Freiheit und die gesamte Macht der jeweiligen Sprache. Sie können quasi alles machen, was Sie in diesem Buch gelernt haben, aber Sie sind dabei grundsätzlich auf sich allein gestellt. So gibt es hier nichts, was sich darum kümmert, dass aufeinander bezogene Ressourcen auch in der richtigen Reihenfolge generiert werden – eine Aufgabe, die sonst zum Beispiel AWS CloudFormation für Sie übernimmt. Und auch die eingebaute Update-Funktionalität für bereits erstellte Infrastruktur, die IaC-Werkzeuge normalerweise bieten, gibt es hier nicht. Wenn Sie eine bestehende Infrastruktur von einem Status in einen anderen überführen möchten (wenn zum Beispiel ein bestimmter Konfigurationsparameter geändert werden soll), dann müssen Sie alle dafür benötigten Schritte mühselig selbst aufsetzen. Der Einsatz von Coding-Werkzeugen wie Boto3 ist also sehr viel anspruchsvoller. Es handelt sich hierbei aber um das vielseitigere Werkzeug, mit dem Sie ganz individuell Umgebungen programmieren können. Aber Sie wissen ja: Wo Sie viel machen können, können Sie auch viel verkehrt machen ...

Gut zu wissen

Meine Empfehlung für Sie:

Nutzen Sie IaC-Frameworks und den damit einhergehenden deklarativen Ansatz, um Infrastrukturen in der Cloud aufzubauen und zu verwalten. Die API-Bibliotheken sind perfekt für Maintenance-Aufgaben, und Sie sollten diese nur als Helfer bei Ihren täglichen Aufgaben sehen.

9.1 Boto3

Boto3 (*https://github.com/boto/boto3*) ist das Python-SDK von Amazon Web Services. Der Name stammt von einem Flussdelfin im Amazonas. Wie auch mit `aws-cli` können Sie mit Boto3 nicht nur EC2 ansprechen, sondern die Amazon Web Services vollumfänglich nutzen. Boto3 ist umfangreich dokumentiert, und Sie finden die Texte im Internet unter:

https://boto3.amazonaws.com/v1/documentation/api/latest/index.html

9.1.1 Installation

Boto3 können Sie aus dem Python Package Index (PyPI) beziehen. Sie können es also mit `pip3` (aus dem Ubuntu-Paket *python3-pip*) auf Ihren Arbeitsrechner installieren, indem Sie `pip3 install boto3` auslösen. Die Bibliothek liegt danach unterhalb des Folders *~/.local* in Ihrem Arbeitsverzeichnis. Dort wird sie auf aktuellen Ubuntu-Systemen vom Python3-Interpreter gefunden, wenn Sie die Bibliothek importieren. Die Vorgehensweise bei der Installation ist dieselbe wie bei `hcloud-python` (siehe Abschnitt 6.8.2).

Updates von Bibliotheken

Beachten Sie aber, dass die mit `pip3` installierten Pakete nicht stabil sind, sondern bei Gelegenheit aktualisiert werden. Neue Versionen mit erweiterten Features sind zwar eigentlich etwas Gutes, aber dadurch kann es unter Umständen dazu kommen, dass danach Ihr Code, der auf eine bestimmte Version von Boto3 aufbaut, plötzlich nicht mehr funktioniert und erst einmal angepasst werden muss.

Sie müssen Aktualisierungen von lokal installierten Paketen aus dem PyPI zwar immer mit `pip3` auslösen und können, wenn Sie das vermeiden, so ungewollten Updates einfach aus dem Weg gehen. Sinnvoll ist das aber nicht, denn dann müssen Sie auch auf Updates anderer Pakete verzichten, da sonst Abhängigkeiten nicht mehr sauber aufgelöst werden. Es heißt hier oft: Alles oder nichts.

Beispielsweise benutzen Sie neben `boto3` ja auch noch andere PyPi-Pakete wie `aws-cli`, die Sie öfter mal aktualisieren sollten. Der CLI-Client von AWS setzt zwar nicht unmittelbar auf Boto3 auf, nutzt aber die Kernkomponente `botocore`. Von dort aus gibt es wiederum Abhängigkeiten zur Endbenutzer-Bibliothek. Wenn Sie gezielt nur `aws-cli` aktualisieren, dann bekommen Sie also auch ein Update von Boto3.

Es droht also immer die Gefahr, dass ein Update reinkommt, mit dem Ihre selbst geschriebenen Werkzeuge nicht mehr funktionieren, weil es irgendeine Veränderung in der Bibliothek gibt, die die vorherigen Versionen bricht. Ein Verfahren, um dieses Problem zu lösen, ist der Einsatz von `virtualenv`. Es wurde bereits im Zusammenhang mit `hcloud-python` in Abschnitt 6.8.2 beschrieben. Mit dieser virtuellen Entwicklungsumgebung frieren Sie bestimmte Versionen von PyPI-Paketen ein.

Der Nachteil ist, dass Sie eine bestimmte virtuelle Python-Umgebung extra betreten müssen, wenn Sie ein selbst geschriebenes Werkzeug benutzen wollen. Das ist umständlich. Deshalb setzt ein eher pragmatischer Ansatz darauf, es einfach drauf ankommen zu lassen. Wenn Sie intensiver mit Python entwickeln und auf stabile Abläufe im Team angewiesen sind, dann sollten Sie aber auf jeden Fall Virtualenv einsetzen und sich Gedanken um Ihre Build- und Entwicklungsumgebung machen.

Boto3 muss sich genauso wie der CLI-Client gegenüber der AWS-API authentifizieren, damit der Anbieter weiß, wer sich die Ressourcen bereitstellt und über welches Abrechnungskonto die Mietkosten laufen sollen. Die Bibliothek kann dafür auf die für `aws-cli` abgespeicherten Credentials zugreifen, und deshalb können Sie das SDK sofort einsetzen, wenn Sie `aws-cli` vorher initialisiert haben. Diese Credentials bestehen aus einem zweiteiligen Zugriffsschlüssel für den programmgesteuerten Zugriff auf die AWS-API, den Sie sich vorher im IAM-Dienst von AWS für einen vom Root-User abgeleiteten Benutzer mit eingeschränkteren Rechten generieren müssen. Prinzipiell könnte man sagen, dass Sie `aws-cli` gar nicht brauchen, sondern direkt mit Boto3 anfangen könnten. Es bietet sich aber an, den CLI-Client vorher ordentlich zu initialisieren (siehe Abschnitt 3.1.2), da so viele Konfigurationsschritte abgekürzt werden.

Die dabei eingestellte Default-Region (also etwa *eu-central-1* für Frankfurt am Main) wird beispielsweise genauso aus den Konfigurationsdaten von `aws-cli` übernommen. Sie können aber bei jedem Funktionsaufruf beziehungsweise bei der Anwendung einer Methode aus Boto3 alternativ immer auch eine andere Region als Argument angeben. Falls eine Default-Region als Einstellungsparameter in der Konfiguration von `aws-cli` fehlt, dann ist eine Angabe an dieser Stelle auch notwendig.

9.1.2 Klassentypen

Es gibt in Boto3 zwei grundsätzliche Klassen, in denen Funktionen beziehungsweise Methoden für Ihre eigenen Programme zur Verfügung stehen. Das ist einmal die sogenannte *Ressourcenklasse*, und daneben gibt es die *Klientenklasse*.

Klientenklassen

Die Klientenklasse `boto3.client` bietet Ihnen Low-Level-Methoden für den unmittelbaren Zugriff auf die AWS-API und fungiert als Sammelbecken für die unterschiedlichen APIs der einzelnen Services wie EC2 und S3. Ihr Funktionsumfang entspricht dem von `aws-cli`, das ja auch nur ein abstrahierender Vermittler derselben API-Funktionalität für die Kommandozeile ist.

Auf diesem Weg bekommen Sie zum Beispiel durch den Einsatz der Klientenklasse die IPv4-Adresse einer Instanz heraus:

```
>>> myec2client = boto3.client('ec2')
>>> myinstance = myec2client.describe_instances([i-079d4393ecd1fb49c])
>>> myinstance['Reservations'][0]['Instances'][0]['PublicIpAddress']
'3.126.83.23'
```

Das wird Ihnen bestimmt schon bekannt vorkommen. Genau, denn dass ist die Repräsentation dieses Kommandozeilenbefehls:

```
~$ aws ec2 describe-instances -instance-ids=i-079d4393ecd1fb49c
      -query 'Reservations[].Instances[].PublicIpAddress'
```

Ressourcenklassen

Eine höhere Abstraktionsebene innerhalb der SDK ist die Ressourcenklasse `boto3.resource`. Diese bietet Ihnen einen bequemeren objektorientierten Zugriff auf die AWS-API. Um die IPv4-Adresse einer Instanz zu ermitteln, nutzen Sie die Ressourcenklasse in Boto3 wie folgt:

```
>>> myec2 = boto3.resource('ec2')
>>> myinstance = myec2.Instance('i-079d4393ecd1fb49c')
>>> myinstance.public_ip_address
'3.126.83.23'
```

Das ist doch etwas ganz anderes! Im zweiten Beispiel bleibt es Ihnen erspart, sich mit langen Konstrukten von Indexpositionen und Key-Werten in die Repräsentation des JSON-Dokuments einarbeiten zu müssen, das die API zurückliefert. Damit haben Sie in der Ressourcenklasse (die eigentlich `boto3.service` heißen müsste, aber egal) nichts mehr zu tun.

Verwenden Sie die Convenience-Schicht, die die Ressourcenklasse bildet, wann immer das möglich ist, also wenn eine benötigte Funktionalität auf dieser Ebene zur Verfügung steht. Im Anwendungsbeispiel finden sich aber auch Methoden aus `client`, weil nicht der gesamte Funktionsumfang auf der Ressourcenebene vollumfassend repräsentiert ist. Natürlich können Sie beide Klassen nebeneinander einsetzen, indem Sie einfach zwei Variablen mit unterschiedlichen Namen damit instanziieren. Das wird auch im folgenden Beispiel notwendig sein.

9.1.3 Beispielprojekt

Bereits in Abschnitt 3.1.4 gab es eine Einführung in den *Elastic Block Store* (*EBS*), d. h. in die Blockspeicher-Laufwerke innerhalb von EC2. Dabei habe ich gezeigt, wie Sie ein EBS-Volume mit dem Befehl `aws ec2 modify-volume` des CLI-Clients vergrößern können.

Sie müssen aber noch ein paar Handgriffe vornehmen, bevor Sie die neue Größe nutzen können. Sie müssen nämlich ein physikalisches Dateisystem, das sich bereits auf dem EBS-Volume befindet und eine eventuell dazwischen liegende Partition auch noch auf die neue Größe des Laufwerks ziehen. Der gesamte Vorgang wurde bereits mit dem Hinweis vorgestellt, dass sich das auch automatisieren ließe. Genau, und zwar durch den Einsatz eines Python-Skripts unter Verwendung des AWS-SDK Boto3.

Das Beispielprogramm *expand_ebs-volume.py*, was das bewerkstelligt, sieht so aus (Programmierelemente von Boto3 sind fett hervorgehoben):

```
#!/bin/env python3

import boto3
import paramiko
import sys
import time
from botocore.exceptions import ClientError

vol_id = sys.argv[1]
myec2 = boto3.resource('ec2')
myvolume = myec2.Volume(vol_id)
vol_size = myvolume.size
vol_az = myvolume.availability_zone
myec2client = boto3.client('ec2')

try:
    response = myec2client.modify_volume(VolumeId=vol_id,
                                         Size=int(vol_size * 1.5))
    print(response)
```

```
except ClientError:
    pass

mywaiter = myec2client.get_waiter('volume_available')
mywaiter.wait(VolumeIds=[vol_id])

instances = myec2.create_instances(MinCount=1,
                                   MaxCount=1,
                                   ImageId='ami-01e444924a2233b07',
                                   InstanceType='t2.nano',
                                   KeyName="myawskey",
                                   Placement={'AvailabilityZone': vol_az})

instance_id = instances[0].id

mywaiter = myec2client.get_waiter('instance_running')
mywaiter.wait(InstanceIds=[instance_id])

myinstance = myec2.Instance(instance_id)
instance_ipv4 = myinstance.public_ip_address

response = myvolume.attach_to_instance(Device="/dev/sdd",
                                       InstanceId=instance_id)

mysshclient = paramiko.SSHClient()
mysshclient.set_missing_host_key_policy(paramiko.AutoAddPolicy())

time.sleep(60)
mysshclient.connect(instance_ipv4,
                    username="ubuntu",
                    key_filename="/home/vagrant/.ssh/myawskey")

commands = ['sudo growpart /dev/xvdd 1',
            'sudo e2fsck -fy /dev/xvdd1',
            'sudo resize2fs /dev/xvdd1']

for command in commands:
    stdin, stdout, stderr = mysshclient.exec_command(command)
    print(stderr.readlines())
    print(stdout.readlines())

mysshclient.close()
```

```
response = myvolume.detach_from_instance(Device="/dev/sdd",
                                          InstanceId=instance_id)

myinstance.terminate()
print("Have a nice day!")
```

Listing 9.1 Die Datei expand_ebs-volume.py

Auf die Details gehe ich gleich ein.

Das Skript ist so geschrieben, dass von einem abgehängten Laufwerk ausgegangen wird, von dem Sie die ID als Parameter beim Aufruf mitgeben müssen. Es ist fest eingestellt, dass die Größe des Laufwerks um den Faktor 1,5 verändert wird. Dann wird eine kleine EC2-Instanz gelauncht, an die das frisch vergrößerte Laufwerk angehängt wird.

Das Skript setzt nun per SSH die für das Nachziehen der Partition und des Dateisystems benötigten Befehle an diese Instanz ab. Danach wird das Laufwerk wieder abgehängt und die Instanz wieder gelöscht. Das vollständig vergrößerte Laufwerk können Sie dann an beliebige andere Instanzen anhängen und sofort einsetzen.

Gut zu wissen

Das Skript dient nur als Beispiel. Es benötigt ganz bestimmte Bedingungen, um zu funktionieren, und lässt etwa außer Acht, dass EBS-Volumes, um vergrößert werden zu können, nicht abgehängt sein müssen.

Mit den gleichen Mitteln können Sie sich aber auch ein anderes Python-Skript schreiben, das ähnliche Probleme angeht. Außerdem könnte das Programm auch selbst feststellen, ob das Laufwerk ausgehängt ist oder an einer bereits vorhandenen Instanz hängt, sodass keine eigene Maintenance-Instanz nötig ist. Vielleicht nehmen Sie den Code als Anfang und bauen ihn als Projekt weiter aus, hin zu einem universelleren Werkzeug.

Erläuterung des Codes

Gehen wir das mal der Reihe nach durch – in kleinen Häppchen von oben nach unten:

```
vol_id = sys.argv[1]

myec2 = boto3.resource('ec2')
```

Die erste Codezeile nach dem Import evaluiert mit `sys.argv[1]` das Argument, das Sie beim Starten des Skripts angegebenen haben, als `vol_id`. Sie müssen also die ID eines EBS-Volumes angeben.

Um das Skript möglichst einfach zu halten, findet hier keinerlei Prüfung statt, ob eine mitgegebene Zeichenfolge diese Bedingung auch erfüllt. Die implizite Prüfung ist hier dann die erste Methode, die eine Volume-ID benötigt.

Danach wird die Ressourcenklasse für den Service `ec2` initialisiert, und zwar gebunden an die Variable `myec2`.

```
myvolume = myec2.Volume(vol_id)
vol_size = myvolume.size
vol_az = myvolume.availability_zone
```

Dieser Block erzeugt zunächst ein Volume-Objekt aus der Ressourcenklasse, auf das dann die dafür zur Verfügung stehenden Methoden angewendet werden können. Danach wird die aktuelle Größe des Laufwerks als Ausgangswert ermittelt und in der Variablen `vol_size` gespeichert. Das Gleiche geschieht mit `vol_az` für die Verfügbarkeitszone, in der sich das Volume befindet. Das spielt, wie bereits in der AWS-Einführung in Abschnitt 3.1 darstellt worden ist, eine Rolle, weil ein bereits vorhandenes Volume nur an Instanzen angehängt werden kann, die sich in derselben Verfügbarkeitszone befinden.

```
myec2client = boto3.client('ec2')

try:
    response = myec2client.modify_volume(VolumeId=vol_id,
                                         Size=int(vol_size * 1.5))
    print(response)
except ClientError:
    pass
```

Für die nächste Aktion benötigen Sie die Klientenklasse, die hier als `myec2client` instanziiert wird. Der Grund dafür ist, dass es für `client.modify_volume()` zurzeit noch kein Äquivalent unter den Methoden der Ressourcenklasse gibt. Die Methode benötigt die Volume-ID und kann auf alle dafür zur Verfügung stehenden Parametern eines EBS-Laufwerks zugreifen und beispielsweise mit `Size` auch die Größe des Laufwerks ändern.

Der entsprechende Shellbefehl lautet `aws ec2 modify-volume`, mit den Optionen `--volume-id` und `--size`. Die JSON-Rückgabe der API wird hier in ein nur in diesem Kontext benutztes Objekt mit dem Namen `response` gezogen und direkt ausgegeben.

Die Operation ist einen `try`-Block eingebaut, was folgenden Grund hat: Wie bereits erwähnt, ist bei EBS-Volumes nur immer eine Größenänderung alle 6 Stunden möglich. Der Block macht es also möglich, dass das Skript weiterläuft, falls die Änderungen blockiert sind und die Exception `ClientError` zurückgegeben wird. In dem Fall geben die Shell-Tools einfach zurück, dass keine Größenänderung notwendig ist. Sie könnten hier alternativ auch sauber mit `sys.exit(1)` (dem Fehlercode 1) aussteigen. Ein Programm, das nur einmal alle 6 Stunden durchlaufen kann und sonst crasht? Das ist kein guter Stil. Diese Exception müssen Sie aus dem Boto3-Core auf jeden Fall noch importieren, um sie nutzen zu können, was in der letzten `import`-Zeile geschieht.

```
mywaiter = myec2client.get_waiter('volume_available')
mywaiter.wait(VolumeIds=[vol_id])
```

Das hier ist ein sogenannter *Waiter*, also eine spezielle Warteeinrichtung. Der Waiter `volume_available` wartet hier an dieser Stelle so lange mit der Fortführung des Programms, bis das Volume nach erfolgter Größenänderung wieder verfügbar ist. Ein Waiter verhindert, dass es zu einem Crash kommt, wenn Sie in weiteren Codeschritten auf Ressourcen zugreifen möchten, die gerade erst dabei sind, sich aufzubauen, oder sich gerade noch in einem Umkonfigurationsprozess befinden. Alle in einem Service verfügbaren Waiter können Sie sich mit `waiter_names` ausgeben lassen. Zum Beispiel können Sie in der Python-Shell `myec2.waiter_names` absetzen, um das instanziierte Ressourcenobjekt zu erhalten. Ein Waiter muss immer erst mit `get_waiter()` vorher aufgesetzt werden und kann dann mit `wait()` auf diejenigen Ressourcen angewendet werden, für die er geeignet ist.

```
instances = myec2.create_instances(MinCount=1,
                                   MaxCount=1,
                                   ImageId='ami-01e444924a2233b07',
                                   InstanceType='t2.nano',
                                   KeyName="myawskey",
                                   Placement={'AvailabilityZone': vol_az})

instance_id = instances[0].id
```

Mit diesem Code wird die Maintenance-Instanz erzeugt. Es handelt sich wieder um eine Methode der Ressourcenklasse. Sie kann auch mehrere gleiche Instanzen bereitstellen.

Das AMI ist bereits verwendete Image von Ubuntu 24.04 in der Region *eu-central-1*. Die Maschinengröße *t2.nano* ist die preisgünstigste Instanz im Programm von EC2. Wichtig ist hierbei, auf jeden Fall unter `Placement` die Verfügbarkeitszone mitzugeben, in der sich das Zielvolume befindet.

Die Methode gibt Ihnen ein Array zurück, in dem sich Objekte befinden, die die Rückgabe von der API in einfach auswertbarer Form enthalten. Die ID der neuen Instanz wird für spätere Zwecke benötigt, und Sie können sie hier einfach mit `id` aus dem entsprechenden Objekt gewinnen.

```
mywaiter = myec2client.get_waiter('instance_running')
mywaiter.wait(InstanceIds=[instance_id])

myinstance = myec2.Instance(instance_id)
instance_ipv4 = myinstance.public_ip_address
```

Hier gibt es wieder einen Waiter, und zwar `instance_running`, der eingesetzt wird, um darauf zu warten, dass die Instanz dann läuft. Danach wird hier die IPv4-Adresse der Instanz ermittelt. Diese können Sie, wie bereits dargestellt wurde, mit `public_ip_address` in der Ressourcenklasse bequem gewinnen.

```
response = myvolume.attach_to_instance(Device="/dev/sdd",
                                       InstanceId=instance_id)
```

Die Methode `attach_to_instance()`, die auf das bereits erzeugte Volume-Objekt angewendet wird, hängt das Volume an die neue Instanz an. Das Device muss */dev/sdd* sein (es erscheint in der Instanz als */dev/xvdd*), weil die Schächte *sdb* und *sdc* bei diesem Instanzentyp für direkt angebundene Laufwerke freigehalten sind. Die Rückgabe wird hier in `response` zwar aufgefangen, aber nicht ausgewertet.

```
mysshclient = paramiko.SSHClient()
mysshclient.set_missing_host_key_policy(paramiko.AutoAddPolicy())

time.sleep(60)
mysshclient.connect(instance_ipv4,
                    username="ubuntu",
                    key_filename="/home/vagrant/.ssh/myawskey")
```

Jetzt kommt die SSHv2-Bibliothek *Paramiko* (*http://docs.paramiko.org/*) für Python zum Einsatz.

Paramiko braucht erst mal wieder einen Client, der hier als `mysshclient` initialisiert wird. Die per Default eingestellte Policy für SSH-Verbindungen bei Paramiko ist `RejectPolicy`, was keinen Verbindungsaufbau zulässt, wenn der Host nicht vorher bekannt ist. Diese Policy wird in der nächsten Zeile zunächst einmal auf `AutoAddPolicy` umgestellt.

Dann wird zunächst einmal `60` Sekunden gewartet, bevor mit `connect()` die Verbindung aufgebaut wird. Der Grund dafür ist, dass der SSH-Server auf der neuen Instanz meistens noch nicht genug Zeit gehabt hat, sich vollständig aufzubauen. Das ist leider eine blöde Sache, aber `instance_running` bedeutet nicht, dass die Instanz vollständig hochgefahren ist und dass das Betriebssystem komplett aufgebaut wurde. Ein kleiner Trost: Andere Cloud-SDKs verfügen noch nicht einmal über Waiter! Es mag Fälle geben, in denen auch 60 Sekunden nicht ausreichen. Dieser Wert ist daher nur ein Kompromiss zwischen Programmperformance und Ausführungssicherheit.

Um über SSH eine Verbindung zur Instanz aufzubauen, benötigt Paramiko natürlich auch die öffentliche IP-Adresse der Instanz, den Usernamen und den Pfad zum SSH-Schlüsssel.

```
commands = ['sudo growpart /dev/xvdd 1',
            'sudo e2fsck -fy /dev/xvdd1',
            'sudo resize2fs /dev/xvdd1']

for command in commands:
    stdin, stdout, stderr = mysshclient.exec_command(command)
    print(stderr.readlines())
    print(stdout.readlines())
```


Diese Konstruktion setzt per SSH drei Befehle an die Instanz ab und führt sie dort aus. Den Hintergrund der Befehle habe ich bereits in Abschnitt 3.1.4 erläutert. Die Ausgaben dieser Befehle, die auf `STDERR` und `STDOUT` aufgefangen wurden, werden noch mal kurz ausgegeben, damit das Skript nutzerfreundlich bleibt. Ansonsten würde das Skript gespenstisch stumm seine Arbeit verrichten.

```
mysshclient.close()

response = myvolume.detach_from_instance(Device="/dev/sdd",
                                         InstanceId=instance_id)

myinstance.terminate()
print("Have a nice day!")
```

Zum Abschluss wird der Paramiko-Client terminiert und das Volume (als entgegengesetzte Operation zu `attach_to_instance`) wieder abgehängt. Die Instanz wird nun nicht mehr benötigt und wird mit `terminate()` für das bereits erzeugte Instanzenobjekt terminiert.

9.1.4 Das Skript anwenden

So, Sie wollen das Ding jetzt auch in Aktion sehen, stimmt's? Alles, was Sie dafür benötigen, ist ein abgehängtes EBS-Volume. Es spielt keine Rolle, ob Sie es unabhängig erzeugt haben oder ob es zusammen mit einer Instanz erzeugt wurde und nun als Überbleibsel davon liegen geblieben ist. Es muss allerdings vorher einmal eingesetzt worden sein, und es muss eine Partition enthalten, die sinnvollerweise 100 % des darunter liegenden Laufwerks umfasst. Außerdem muss es über ein *ext4*-Dateisystem verfügen:

```
~$ aws ec2 describe-volumes
{
    "Volumes": [
        {
            "Attachments": [],
            "AvailabilityZone": "eu-central-1b",
            "CreateTime": "2024-09-17T20:56:34.689000+00:00",
            "Encrypted": false,
            "Size": 10,
            "SnapshotId": "snap-21b17358",
            "State": "available",
            "VolumeId": "vol-03d66355a405a1549",
            "Iops": 100,
            "VolumeType": "gp2",
            "MultiAttachEnabled": false
        }
    ]
}
```

Dann müssen Sie zuerst mit `pip3 install` die Drittanbieter-Bibliothek `paramiko` installieren. Danach machen Sie mit `chmod +x expand_ebs-volume.py` die Skriptdatei ausführbar. Sie können dann das Skript laufen lassen. Geben Sie ihm die Volume-ID des Ziellaufwerks mit:

```
~$ ./expand_ebs-volume.py vol-03d66355a405a1549

{'VolumeModification': {'VolumeId': 'vol-03d66355a405a1549',
'ModificationState': 'modifying', 'TargetSize': 60, 'TargetIops': 100,
'TargetVolumeType': 'gp2', 'TargetMultiAttachEnabled': False,
'OriginalSize': 40, 'OriginalIops': 100, 'OriginalVolumeType': 'gp2',
'OriginalMultiAttachEnabled': False, 'Progress': 0, 'StartTime':
datetime.datetime(2024, 9, 17, 21, 28, 53, tzinfo=tzutc())},
'ResponseMetadata': {'RequestId': 'f87ba48a-f95f-4d15-9492-55a671b726e8',
'HTTPStatusCode': 200, 'HTTPHeaders': {'x-amzn-requestid':
'f87ba48a-f95f-4d15-9492-55a671b726e8', 'cache-control': 'no-cache,
no-store', 'strict-transport-security': 'max-age=31536000;
includeSubDomains', 'vary': 'accept-encoding', 'content-type':
'text/xml;charset=UTF-8', 'transfer-encoding': 'chunked', 'date': 'Tue,
17 Sep 2024 21:28:52 GMT', 'server': 'AmazonEC2'}, 'RetryAttempts': 0}}

[]
['CHANGED: partition=1 start=2048 old: size=83883999 end=83886047 new: size=
125827039,end=125829087\n']
```

```
['e2fsck 1.44.1 (24-Mar-2018)\n']
['cloudimg-rootfs: recovering journal\n',
'Pass 1: Checking inodes, blocks, and sizes\n',
'Pass 2: Checking directory structure\n',
'Pass 3: Checking directory connectivity\n',
'Pass 4: Checking reference counts\n',
'Pass 5: Checking group summary information\n',
'Free blocks count wrong (9878638, counted=9875702).\n', 'Fix? yes\n', '\n',
'Free inodes count wrong (5056058, counted=5055791).\n', 'Fix? yes\n', '\n',
'\n', 'cloudimg-rootfs: ***** FILE SYSTEM WAS MODIFIED *****\n', 'cloudimg-
rootfs: 64209/5120000 files (0.1% non-contiguous), 609797/10485499 blocks\n']

['resize2fs 1.44.1 (24-Mar-2018)\n']
['Resizing the filesystem on /dev/xvdd1 to 15728379 (4k) blocks.\n',
'The filesystem on /dev/xvdd1 is now 15728379 (4k) blocks long.\n', '\n']

Have a nice day!
```

9

9.2 Zugriff auf die Hetzner-Cloud mit hcloud-python

Das Python-SDK für Hetzner nennt sich *hcloud-python* (*https://github.com/hetznercloud/hcloud-python*). In Abschnitt 6.8.2 haben Sie die Python-Library von Hetzner schon einmal eingesetzt, und dort finden Sie auch die Anleitung zur Installation. Zudem gibt es auch eine Dokumentation, die Sie unter folgender URL finden:

https://hcloud-python.readthedocs.io/en/stable/

Das SDK von Hetzner

Das SDK von Hetzner ist deutlich schlanker als Boto3. Das liegt natürlich auch an der Systemlandschaft, die AWS im Vergleich zu Hetzner anbietet. Die Struktur der Library sieht im Kern so aus:

- **Client**
  Der zentrale Einstiegspunkt ist der Client, der mit dem Hetzner-API-Token initialisiert wird. Er ermöglicht Ihnen den Zugriff auf alle Funktionen der Hetzner Cloud, wie Server-, Image- und Volume-Verwaltung.
- **Module**:
  Die Bibliothek ist in mehrere Module wie servers, images oder volumes unterteilt. Diese nutzen Sie im Code, um bestimmte Funktionen darüber aufzurufen.

- **Funktionen**:
  Server, Snapshots, Volumes und Netzwerke können mit Sie mit einfachen Python-Methoden verwalten. Zum Beispiel können Sie mit `client.servers.create()` einen neuen Server erstellen oder mit `client.images.get_all()` alle Images abrufen.

Auch hier lässt sich die Ähnlichkeit zum CLI-Tool `hcloud` erkennen.

9.2.1 Beispielprojekt

Als Beispiel sehen wir uns jetzt ein Skript an, mit dem Sie von einer VM ein Backup machen können. Das Skript ist so geschrieben, dass

- Sie die ID des Hetzner-Servers übergeben,
- ein Backup gemacht wird,
- und Backups, die älter als sieben Tage sind, gelöscht werden.

Gut zu wissen

Bei Hetzner können Sie auch automatisierte Backups aktivieren. In einem produktiven Setup würde ich immer die eingebauten Funktionen empfehlen. Dieses Skript dient nur als Anwendungsbeispiel und soll Sie inspirieren, wie Sie Ihre tägliche Arbeit automatisieren könnten.

In Listing 9.2 finden Sie das vollständige Skript, doch lassen Sie uns auch hier Stück für Stück durchgehen.

```
#!/bin/env python3
import sys
import os
from hcloud import Client
from datetime import datetime, timedelta, timezone

# Überprüfen, ob der API-Token als Umgebungsvariable gesetzt ist
assert "HCLOUD_TOKEN" in os.environ, "Please export your API token in the
                                       HCLOUD_TOKEN environment variable"
token = os.environ["HCLOUD_TOKEN"]

# Hetzner Cloud API-Client initialisieren
client = Client(token=token)

# Snapshot erstellen
def create_snapshot(server_id):
```

```
    server = client.servers.get_by_id(server_id)
    snapshot_description = f"backup-{server.name}-
                            {datetime.now().strftime('%Y%m%d-%H%M%S')}"
    snapshot = server.create_image(description=snapshot_description,
                                    type="snapshot")
    print(f"Snapshot {snapshot_description} erstellt.")
    return snapshot

# Alte Snapshots löschen (älter als 7 Tage)
def delete_old_snapshots():
    snapshots = client.images.get_all(type="snapshot")
    cutoff_date = datetime.now(timezone.utc) - timedelta(days=7)
    for snapshot in snapshots:
        if snapshot.created < cutoff_date:
            client.images.delete(snapshot)
            print(f"Snapshot {snapshot.description} gelöscht.")

# Hauptfunktion, um das Backup durchzuführen
def perform_backup(server_id):
    print("Starte Snapshot-Erstellung...")
    create_snapshot(server_id)
    print("Lösche alte Snapshots...")
    delete_old_snapshots()
    print("Backup abgeschlossen.")

if __name__ == "__main__":
    if len(sys.argv) != 2:
        print("Usage: python backup-hetzner-instance.py <server_id>")
        sys.exit(1)
    server_id = sys.argv[1]
    perform_backup(server_id)
```

Listing 9.2 Die Datei backup-hetzner-instance.py

Erläuterung des Codes

Wir gehen den Code wieder der Reihe nach durch:

```
#!/bin/env python3
import sys
import os
from hcloud import Client
from datetime import datetime, timedelta, timezone
```

Hier wird mit der ersten Zeile (#!/bin/env python3) sichergestellt, dass das Skript mit Python 3 ausgeführt wird. Danach folgen die Importe der benötigten Bibliotheken, wobei hcloud.Client eine Klasse aus der Hetzner-Cloud-Python-Bibliothek ist, die zur Interaktion mit der Hetzner-API dient.

```
assert "HCLOUD_TOKEN" in os.environ, "Please export your API token in the
HCLOUD_TOKEN environment variable"
token = os.environ["HCLOUD_TOKEN"]

client = Client(token=token)
```

In diesem Abschnitt prüfen Sie, ob der HCLOUD_TOKEN als Umgebungsvariable gesetzt wurde. Falls nicht, wird das Skript mit einem Fehler abbrechen. Durch solche Checks machen Sie Ihre Skripte deutlich sicherer. Wenn der Token vorhanden ist, wird er aus den Umgebungsvariablen geladen und ein API-Client als client für die Hetzner Cloud initialisiert.

Gut zu wissen

Falls Sie den Token nicht mehr zur Hand haben, aber das CLI-Tool noch konfiguriert ist, dann können Sie mit folgendem Befehl den Token auslesen:

```
~$ hcloud config get token --allow-sensitive
```

```
def create_snapshot(server_id):
    server = client.servers.get_by_id(server_id)
    snapshot_description = f"backup-{server.name}-
                           {datetime.now().strftime('%Y%m%d-%H%M%S')}"
    snapshot = server.create_image(description=snapshot_description,
                                   type="snapshot")
    print(f"Snapshot {snapshot_description} erstellt.")
    return snapshot
```

In der Funktion create_snapshot wird ein Snapshot des Servers erstellt. Dazu wird als Parameter server_id die ID des Hetzner-Servers mitgegeben. Wie Sie diese übergeben, sehen wir gleich.

Es wird der Server anhand der übergebenen ID über den API-Client abgerufen und in server abgelegt. Danach generieren wir einen Namen für den Snapshot, basierend auf dem Servernamen und dem aktuellen Datum und der Uhrzeit. Der Snapshot wird dann mit dieser Beschreibung erstellt, und eine Bestätigung der Erstellung wird auf der Konsole ausgegeben.

```
def delete_old_snapshots():
    snapshots = client.images.get_all(type="snapshot")
    cutoff_date = datetime.now(timezone.utc) - timedelta(days=7)
    for snapshot in snapshots:
        if snapshot.created < cutoff_date:
            client.images.delete(snapshot)
            print(f"Snapshot {snapshot.description} gelöscht.")
```

Die Funktion `delete_old_snapshots` sucht nach allen Snapshots, die älter als 7 Tage sind, und löscht sie. Dazu werden alle Snapshots über den API-Client abgerufen und nach dem `type="snapshot"` gefiltert. Danach wird `cutoff_date` berechnet, was dann wiederum mit dem Zeitpunkt der Erstellung des Snapshots verglichen wird. Ist der Snapshot älter, dann wird er gelöscht und eine Bestätigung auf der Konsole ausgegeben.


```
def perform_backup(server_id):
    print("Starte Snapshot-Erstellung...")
    create_snapshot(server_id)
    print("Lösche alte Snapshots...")
    delete_old_snapshots()
    print("Backup abgeschlossen.")
```

Die Hauptfunktion des Skripts ist `perform_backup`. Diese Funktion führt den gesamten Prozess durch, ruft die beiden Funktionen auf und gibt Log-Meldungen aus.

```
if __name__ == "__main__":
    if len(sys.argv) != 2:
        print("Usage: python backup-hetzner-instance.py <server_id>")
        sys.exit(1)

    server_id = sys.argv[1]
    perform_backup(server_id)
```

Der Einstiegspunkt des Skripts beginnt mit der Zeile `if __name__ == "__main__"`. Dies ist ein klassischer Einstieg und sorgt dafür, dass der Code nur ausgeführt wird, wenn das Skript direkt von der Kommandozeile aus aufgerufen wird. Sie werden das in vielen Python-Skripten vorfinden.

Wenn das Skript gestartet wird, erwartet es mit der `server_id` genau ein Argument von der Kommandozeile. Falls kein Argument oder zu viele Argumente übergeben werden, wird eine Fehlermeldung ausgegeben, und das Skript beendet sich. Bei korrekter Eingabe wird die `perform_backup()`-Funktion mit der übergebenen `server_id` aufgerufen, um den Backup-Prozess zu starten.

9.2.2 Das Skript anwenden

Jetzt starten wir mit der Ausführung des Skripts und schauen uns an, wie genau das Backup abläuft. Sie benötigen dazu lediglich einen laufenden Hetzner-Server. Sie können noch mal in Abschnitt 3.5 nachlesen, wie Sie einen Server erzeugen.

```
~$ hcloud server list

ID         NAME       STATUS    IPV4              DATACENTER   AGE
53292988   myserver   running   195.201.130.132   nbg1-dc3     48m
```

Die ID nutzen Sie dann, um das Python-Skript auszuführen. Denken Sie daran, vorher Ihren HCLOUD_TOKEN als Umgebungsvariable zu setzen.

```
~$ export HCLOUD_TOKEN=ncq784gnuergm92mßqvz4tmeft4532z55eg

~$ ./backup-hetzner-instance.py 53292988
Starte Snapshot-Erstellung...
Snapshot backup-myserver-20240918-235002 erstellt.
Lösche alte Snapshots...
Backup abgeschlossen.
```

In den Logs können Sie sehen, dass ein Snapshot angelegt wurde. Snapshots, die gelöscht werden müssen, gibt es noch nicht, da Sie keines haben, das älter als 7 Tage ist.

Die Snapshots können Sie sich jetzt einfach anzeigen lassen:

```
~$ hcloud image list --type snapshot
ID          TYPE       IMAGE SIZE   DISK SIZE   CREATED
188028775   snapshot   0.34 GB      40 GB       Wed Sep 18 23:50:02 CEST 2024
```

So einfach ist es, das Skript zu verwenden. Später können Sie dieses Image nutzen, um daraus wieder einen Server zu erzeugen.

Nun wollen wir auch das Löschen der Backups testen. Dazu setzen Sie im Code die Anzahl der Tage auf 0:

```
cutoff_date = datetime.now(timezone.utc) - timedelta(days=0)
```

Zusätzlich könnten Sie den Aufruf der create_snapshot-Funktion auskommentieren, damit kein neues Snapshot erzeugt wird. Das erneute Ausführen sieht dann wie folgt aus:

```
~$ ./backup-hetzner-instance.py 53292988
Starte Snapshot-Erstellung...
Lösche alte Snapshots...
Snapshot backup-myserver-20240918-235002 gelöscht.
Backup abgeschlossen.
```

9.3 Azure-SDK für Python

Das Python-SDK von Azure ist denen von Hetzner und AWS sehr ähnlich. Den Quellcode und weitere Informationen finden Sie unter *https://github.com/Azure/azure-sdk-for-python*. Als Einstieg für weitere Entwicklungen finden Sie hier die Dokumentation:

https://learn.microsoft.com/de-de/azure/developer/python/

Sie installieren die Librarys ganz einfach über `pip3`. Im kommenden Beispiel brauchen wir nicht alle Klassen, und es reicht, wenn Sie folgende Pakete installieren:

```
~$ pip3 install azure-identity azure-mgmt-compute
```


Gut zu wissen

Das Azure-SDK unterteilt sich in zwei Arten von Bibliotheken:

1. Management-Bibliotheken: Diese können Sie verwenden, um Azure-Ressourcen zu erstellen und zu verwalten. Sie erkennen diese am Namensschema `azure-mgmt-*`.
2. Client-Bibliotheken: Diese werden in der Dokumentation auch als »Datenebene« klassifiziert. Mit diesen Bibliotheken können Sie direkt auf Dienste wie den Azure Storage zugreifen oder mit einer Cosmos DB interagieren. Diese Bibliotheken helfen dabei, direkt mit den Daten zu arbeiten, ohne neue Ressourcen bereitstellen zu müssen.

Nicht jeder Service stellt beide Arten von Bibliotheken bereit. Je nachdem, was Sie in Ihrem Skript machen möchten, müssen Sie sich vorher in der Dokumentation ansehen, was möglich ist.

9.3.1 Beispielprojekt

Dieses Mal nutzen wir als Beispiel ein Skript, das Ihnen hilft, bestimmte VMs zu stoppen und zu starten. Das kann Ihnen bei den meisten Providern Geld sparen, denn dort zahlen Sie nicht für gestoppte Maschinen. Gerade für Entwicklungsumgebungen ist das gut geeignet. Das vollständige Skript finden Sie in Listing 9.3.

```
#!/bin/env python3
import os
import sys
from azure.identity import DefaultAzureCredential
from azure.mgmt.compute import ComputeManagementClient

# Azure-Abonnement-ID
subscription_id = '965ddb69-8a3e-4699-88f5-5e192292d0c3'
```

```
resource_group_name = 'meineRG'

credentials = DefaultAzureCredential()
compute_client = ComputeManagementClient(credentials, subscription_id)

# Überprüfen, ob die notwendigen Umgebungsvariablen gesetzt sind
def check_environment_variables():
    required_vars = ["AZURE_CLIENT_ID", "AZURE_TENANT_ID",
                     "AZURE_CLIENT_SECRET"]
    for var in required_vars:
        if var not in os.environ:
            raise EnvironmentError(f"Fehlende Umgebungsvariable: {var}.
                                   Bitte setzen Sie diese zuerst.")

# Funktion zum Starten der VM
def start_vm(vm_name):
    print(f"Starte VM: {vm_name}...")
    async_vm_start = compute_client.virtual_machines.begin_start(
                            resource_group_name, vm_name)
    async_vm_start.wait()
    print(f"VM {vm_name} wurde gestartet.")

# Funktion zum Stoppen der VM
def stop_vm(vm_name):
    print(f"Stoppe VM: {vm_name}...")
    async_vm_stop = compute_client.virtual_machines.begin_power_off(
                            resource_group_name, vm_name)
    async_vm_stop.wait()
    print(f"VM {vm_name} wurde gestoppt.")

# Hauptprogramm: Starten und Stoppen der VM
if __name__ == "__main__":
    check_environment_variables()

    # Prüfen, ob VM-Name als Argument übergeben wurde
    if len(sys.argv) != 3:
        print("Usage: python azure_vm_manage.py <start|stop> <vm-name>")
        sys.exit(1)

    # Aktion und VM-Name von den Argumenten übernehmen
    action = sys.argv[1].strip().lower()
    vm_name = sys.argv[2].strip()

    if action == "start":
        start_vm(vm_name)
```

```
    elif action == "stop":
        stop_vm(vm_name)
    else:
        print("Ungültige Eingabe. Bitte 'start' oder 'stop' eingeben.")
```

Listing 9.3 Die Datei vm-start-stop.py

Erläuterung des Codes

Lassen Sie uns auch hier den Code der Reihe nach durchgehen:

```
#!/bin/env python3
import os
import sys
from azure.identity import DefaultAzureCredential
from azure.mgmt.compute import ComputeManagementClient
```

Hier werden wieder die Klassen importiert, die Sie im Python-Skript benötigen, darunter auch die Azure-Klassen für die Authentifizierung (`azure.identity`) und die Klasse zum Managen der VMs (`azure.mgmt.compute`).

```
subscription_id = '965ddb69-8a3e-4699-88f5-5e192292d0c3'
resource_group_name = 'meineRG'

credentials = DefaultAzureCredential()
compute_client = ComputeManagementClient(credentials, subscription_id)
```

In diesem Block werden zwei globale Parameter angelegt. Dort sollten Sie Ihre SubscriptionID und den Namen Ihrer Ressourcengruppe hinterlegen. Danach wird der Client `compute_client` initialisiert, mit dem Sie später auf die API von Azure zugreifen.

Gut zu wissen

Falls Sie das Skript produktiv einsetzen möchten, dann könnten Sie hier auch zur Optimierung überlegen, wie Sie mit der Ressourcengruppe und der SubscriptionID umgehen möchten. Entweder Sie übergeben diese auch als Parameter an das Skript, oder Sie setzen sie als Umgebungsparameter. Dadurch können Sie das Skript einfacher wiederverwenden.

```
def check_environment_variables():
    required_vars = ["AZURE_CLIENT_ID", "AZURE_TENANT_ID",
                     "AZURE_CLIENT_SECRET"]
    for var in required_vars:
        if var not in os.environ:
            raise EnvironmentError(f"Fehlende Umgebungsvariable: {var}.
                                   Bitte setzen Sie diese zuerst.")
```

Diese Funktion überprüft, ob die notwendigen Azure-Umgebungsvariablen gesetzt sind. AZURE_CLIENT_ID, AZURE_TENANT_ID und AZURE_CLIENT_SECRET sind notwendig, um auf die Azure-Ressourcen zuzugreifen. Sind sie nicht gesetzt, dann wird ein Fehler ausgelöst. Das hilft Ihnen, schon frühzeitig zu erkennen, was genau fehlt.

```
def start_vm(vm_name):
    print(f"Starte VM: {vm_name}...")
    async_vm_start = compute_client.virtual_machines.begin_start(
                                resource_group_name, vm_name)
    async_vm_start.wait()
    print(f"VM {vm_name} wurde gestartet.")
```

Die Funktion start_vm nutzt den übergebenen Namen (vm_name), um diesen Server in Azure zu starten. Dazu wird die Funktion virtual_machines.begin_start des compute_client aufgerufen. Danach wird mit der Funktion wait() darauf gewartet, dass die VM auch gestartet ist.

```
def stop_vm(vm_name):
    print(f"Stoppe VM: {vm_name}...")
    async_vm_stop = compute_client.virtual_machines.begin_power_off(
                                resource_group_name, vm_name)
    async_vm_stop.wait()
    print(f"VM {vm_name} wurde gestoppt.")
```

Wie bei der Start-Funktion wird bei stop_vm mit der Funktion virtual_machines.begin_power_off der Befehl übergeben, dass die VM gestoppt werden soll. Mit wait() wird dann auf das Herunterfahren gewartet.

```
if __name__ == "__main__":
    check_environment_variables()

    # Prüfen, ob VM-Name als Argument übergeben wurde
    if len(sys.argv) != 3:
        print("Usage: python azure_vm_manage.py <start|stop> <vm-name>")
        sys.exit(1)

    # Aktion und VM-Name von den Argumenten übernehmen
    action = sys.argv[1].strip().lower()
    vm_name = sys.argv[2].strip()

    if action == "start":
        start_vm(vm_name)
    elif action == "stop":
```

```
        stop_vm(vm_name)
    else:
        print("Ungültige Eingabe. Bitte 'start' oder 'stop' eingeben.")
```

Zu guter Letzt haben wir wieder den Einstieg in das Skript, das die Funktionen aufruft, danach prüft, ob die Anzahl der übergebenen Parameter stimmt, und dann entsprechend der `action` die VM startet oder stoppt.

9.3.2 Das Skript anwenden

Lassen Sie uns nun das Skript anwenden. Dazu benötigen Sie einen laufende VM in Azure. Sie können in Abschnitt 3.2 noch einmal nachlesen, wie Sie diesen Server anlegen.

Ein weiterer Schritt zur Vorbereitung ist das Anlegen einer Rolle. Diese gibt Ihrem Skript die Rechte, API-Aufrufe durchzuführen. Mit folgendem Befehl legen Sie eine einfache Rolle an:

```
~$ az ad sp create-for-rbac --name myServicePrincipal \
  --role Contributor \
  --scopes /subscriptions/965ddb69-8a3e-4699-88f5-5e192292d0c3
```

```
Creating 'Contributor' role assignment under scope '/subscriptions/965ddb69-
8a3e-4699-88f5-5e192292d0c3'
{
  "appId": "2835c1a1-3517-483c-a4d7-c05e2a34b183",
  "displayName": "myServicePrincipal",
  "password": "pFU8Q~vrX-FcitopkJ1VAFJKYwn5bNAOTUPSTa1V",
  "tenant": "79d756a2-1bff-4f16-b415-56322ca5a1a8"
}
```

[!]

Zugangsdaten im Skript

Die angelegte Rolle hat weitreichende Rechte, Sie sollten sie daher nur in diesem Beispiel anwenden. Wenn Sie dieses Skript produktiv nutzen wollen, dann sollten Sie diese Rolle genau auf das Skript auslegen.

Sie nutzen nur die API zum Starten und Stoppen von VMs. Entsprechend sollten Sie die Rechte auch lediglich auf diese Tätigkeiten einschränken, also das Least-Privilege-Prinzip nutzen.

Die `CLIENT_ID` und das `CLIENT_SECRET` sind Zugangsdaten zu Ihrem Azure-Account. Sie sollten sie schützen und nicht veröffentlichen. Das ist auch der Grund, weshalb sie nicht im Code angegeben, sondern als Umgebungsparameter gesetzt werden. Checken Sie sie auch nicht in Ihr Source-Code-Management ein.

Die Ausgabe ist jetzt wichtig. Sie müssen für das Skript Umgebungsparameter setzen. Dabei ist die Zuordnung wie folgt:

- **appId** entspricht AZURE_CLIENT_ID.
- **tenant** entspricht AZURE_TENANT_ID.
- **password** entspricht AZURE_CLIENT_SECRET.

Sie müssen jetzt also die folgenden Befehle ausführen:

```
~$ export AZURE_CLIENT_ID="2835c1a1-3517-483c-a4d7-c05e2a34b183"
~$ export AZURE_TENANT_ID="79d756a2-1bff-4f16-b415-56322ca5a1a8"
~$ export AZURE_CLIENT_SECRET="pFU8Q~vrX-FcitopkJ1VAFJKYwn5bNAOTUPSTa1V"
```

Jetzt sind alle Vorbereitungen getroffen. Nun wollen wir unseren Server mit dem Namen MeineVM stoppen. Dazu führen wir das Skript aus:

```
~$ ./vm-start-stop.py stop MeineVM
```

```
Stoppe VM: MeineVM...
VM MeineVM wurde gestoppt.
```

Nach kurzer Wartezeit ist der Server erfolgreich gestoppt. Das prüfen wir nun mit folgendem Befehl nach:

```
~$ az vm get-instance-view --name MeineVM \
  --resource-group meineRG
```

```
...
  "statuses": [
      {
        "code": "ProvisioningState/succeeded",
        "displayStatus": "Provisioning succeeded",
        "level": "Info",
        "message": null,
        "time": "2024-09-24T11:58:47.935024+00:00"
      },
      {
        "code": "PowerState/stopped",
        "displayStatus": "VM stopped",
        "level": "Info",
        "message": null,
        "time": null
      }
    ],
...
```

In der Ausgabe finden Sie den Status `VM stopped`. Jetzt machen wir die Gegenprobe und starten den Server wieder:

```
~$ ./vm-start-stop.py start MeineVM
```

```
Starte VM: MeineVM...
VM MeineVM wurde gestartet.
```

Und zum Abschluss prüfen wir den Status noch mal mit der Azure CLI:

```
~$ az vm get-instance-view --name MeineVM \
      --resource-group meineRG
```


```
...
   "statuses": [
      {
        "code": "ProvisioningState/succeeded",
        "displayStatus": "Provisioning succeeded",
        "level": "Info",
        "message": null,
        "time": "2024-09-24T12:03:19.528805+00:00"
      },
      {
        "code": "PowerState/running",
        "displayStatus": "VM running",
        "level": "Info",
        "message": null,
        "time": null
      }
    ],
...
```


9.4 Abschluss

Wenn Sie die drei Beispiele in diesem Kapitel durchgearbeitet haben, wird Ihnen klar, wie ähnlich die Verwendung der Python-SDKs in verschiedenen Cloud-Umgebungen ist. Es kommt also eigentlich gar nicht so sehr darauf an, ob Sie mit der Hetzner Cloud, Azure, AWS oder anderen Cloud-Anbietern arbeiten.

Während die SDKs hervorragend dazu geeignet sind, wiederkehrende Aufgaben oder tägliche Workflows zu automatisieren, sollten Sie beim Aufbau von Ressourcen besser auf die IaC-Tools zurückgreifen. Ihren Vorstellungen sind durch die SDKs (fast) keine Grenzen gesetzt, und es bietet sich Ihnen eine unkomplizierte Möglichkeit, Aufgaben in bestehende Skripte oder Automatisierungspipelines zu integrieren.

Index

A

AKS → Azure Kubernetes Service (AKS)
Akzeptanztests ... 53
Alibaba ... 191
Amazon CloudWatch ... 231
Amazon Lightsail ... 192
Amazon Machine Image ... 209, 328
Amazon Rekognition ... 41
Amazon Resource Name ... 237, 335
Amazon S3, Kosten ... 33
Amazon Simple Storage Service ... 192
Amazon Web ServicesNetflix ... 31
AMD-V ... 22
AMD Virtualization ... 22
AMI → Amazon Machine Image
Ansible
- *Agenten* ... 426
- *ansible.cfg* ... 436
- *ansible (Kommando)* ... 431
- *ansible-galaxy* ... 473
- *ansible-inventory* ... 484
- *ansible-lint* ... 461
- *become* ... 433
- *Begriffe* ... 428
- *children* ... 441
- *command* ... 434
- *copy* ... 448
- *creates* ... 468
- *debug* ... 466
- *defaults* ... 436
- *DigitalOcean* ... 304
- *facts* ... 436
- *fetch* ... 448
- *friendly name* ... 458
- *gather_facts* ... 463
- *get_url* ... 450
- *Grundlagen* ... 426
- *Gruppen* ... 440
- *Handler* ... 479
- *Hetzner* ... 308
- *Idempotenz* ... 462
- *Installation* ... 429
- *Inventar (dynamisch)* ... 484
- *Inventar (statisch)* ... 438
- *Jinja2* ... 451
- *Komponenten* ... 428

Ansible (Forts.)
- *Konfiguration* ... 436
- *kubeadm* ... 508
- *Kubernetes* ... 502
- *lineinfile* ... 454
- *Masterplaybook* ... 476
- *Module* ... 442
- *ping* ... 432
- *Playbook* ... 457
- *Plays* ... 457
- *PPA (Ubuntu)* ... 429
- *Privilege Escalation* ... 433
- *Rechte* ... 448
- *register* ... 464
- *roles/* ... 474
- *Rollen* ... 473
- *Rollenstruktur* ... 474
- *setup* ... 435
- *stat* ... 472
- *Swappiness* ... 507
- *Tasks* ... 458
- *template* ... 451
- *Variablen* ... 440
- *Vault* ... 497
- *when* ... 470
- *with_items* ... 466
- *Zielstatus* ... 445

ansible.cfg ... 436
Ansible Engine ... 426
Ansible Galaxy ... 473
ansible-lint ... 461
Ansible Platform ... 426
ansible-playbook ... 459
Ansible Tower ... 425
Anwendungsbereitstellung ... 47
Apache Kafka ... 60
Application Lifecycle Management ... 48
ARM → Azure Resource Manager
ARN → Amazon Resource Name
Artefakte ... 50
ASG → Auto Scaling Group
Automation ... 44
Autoscaling ... 239
- *Downscaling* ... 244
- *Scaling Policy* ... 242
- *Upscaling* ... 243

Auto Scaling Group ... 241

AWS
- *Availability Zone* 333
- *Boto3* 571
- *Buckets* 230
- *CLI-Skeleton* 215
- *CloudFormation* 322
- *Dokumentation* 192
- *JSON* 208
- *Klientenklasse* 574
- *Metriken* 233
- *Monitoring* 231
- *Regionen und Zonen* 205
- *Ressourcenklasse* 574
- *Scaling Policy* 242
- *Sicherheitsgruppe* 215
- *Simple Notification Service* 231, 237
- *SSH* 212

AWS Boto 3 202
aws-cli 200
- *Installation* 201
- *Tab-Vervollständigung* 203
- *Windows* 202

AWS Cloud Development Kit 352
AWS CloudFormation
- *CloudFormation Designer* 326
- *create-stack* 335
- *delete-stack* 340
- *Events* 336
- *Instance* 327
- *Mappings* 348
- *Ressourcen* 327
- *Rollback* 340
- *SecurityGroup* 331
- *Templates* 334
- *update-stack* 338
- *UserData* 329
- *validate-template* 334
- *Volume* 332
- *VolumeAttachment* 333

AWS Direct Connect 319
AWS Lambda 28
AWS Pricing Calculator 33
aws-shell 200
Azure
- *Abonnement* 249
- *Anmeldung* 247
- *Ausgabeformate* 260
- *Blockspeicher* 279
- *Maschinengröße* 263
- *Packer* 275
- *Ports* 266

Azure (Forts.)
- *Powerstatus* 269
- *Regionen* 257
- *Ressourcengruppen* 256
- *Root-Kennwort* 274
- *SDK* 589
- *Speichertypen* 281
- *SSH-Schlüssel* 264
- *Standard_LRS* 284
- *StandardSSD_LRS* 284
- *Stock Keeping Unit* 258
- *unabhängige Volumes* 284
- *VM generalisieren* 273

azure-cli 250
- *find* 254
- *initialisieren* 254
- *login* 254
- *Tab-Vervollständigung* 253

Azure Cloud Shell 251
Azure Compute Unit 264
Azure Kubernetes Service (AKS) 64, 249
Azure Princing Calculator 33
Azure Resource Manager
- *$schema* 367
- *contentVersion* 367
- *functions* 369
- *Parameterdatei* 374
- *parameters* 368
- *resources* 370
- *Templates* 366
- *variables* 368

Azure-SDK 589
Azure Stack 320

B

Baidu Wangpan 191
Bamboo 49
Blue/Green-Deployment 54
Boolean 82
Borg 63
Borgmon 537
Boto3
- *Installation* 572
- *Klassentypen* 574

Bourne Again Shell 331
Bourne Shell 331
Buckets 230
Buildchain 44
Buildserver 49
Burst Capacity 318

C

case sensitive ... 73
cfn-signal ... 350
Cgroups ... 55
ChangeSet ... 350
ChangeSets ... 364
checkbashisms ... 405
Cinder ... 26
Citrix ... 22
CLOUD Act ... 39
Cloud-Administrator ... 41
Cloud Computing
  Cloud-native ... 24
  Cloud-ready ... 24
  Community Cloud ... 26
  Datenschutz ... 36
  Private Cloud ... 24
  Probleme ... 36
CloudFormation Designer ... 326
Cloud-Init
  #cloud-config ... 416
  runcmd ... 417
  user data ... 414
  users ... 416
  vendor data ... 414
  Yamllint ... 421
Cloud-Monitor ... 31, 36
Cloud Native Computing Foundation ... 163
Cloudwatch ... 236
Cluster-Manager ... 61
  Kubernetes ... 62
  Swarm Mode ... 61
CNCF → Cloud Native Computing Foundation
Commit-Stage ... 48
Community Cloud ... 26
Constructs ... 353
Consul ... 553
Container ... 55
  Cgroups ... 55
  Modularisierung ... 59
  Nachteile ... 57
  Namespace ... 55
  Orchestrierung ... 61
  OverlayFS ... 56
Container-Optimized OS (COS) ... 168
Continous Delivery ... 46
CPython ... 67
CRI-O ... 63
Cython ... 67

D

Datacenter Operating System (DC/OS) ... 64
Datenhoheit ... 36
Datentyp umwandeln ... 71
DevOps ... 43
  Akzeptanztests ... 53
  Application Lifecycle Management ... 48
  Artefakte ... 50
  Automation ... 44
  Blue/Green-Deployment ... 54
  CAMS-Prinzipien ... 44
  Commit-Stage ... 48
  Continous Delivery ... 46
  Maschinenabbilder ... 51
  Philosophie ... 44
  Practical DevOps ... 46
  Praxis ... 45
  Rollout ... 48, 54
  Testing ... 513
  Unit-Tests ... 50
DevSecOps ... 50
Digitalisierung ... 31
  Datenanalyse ... 31
  Geschäftsprozesse ... 31
  Sales- und Servicekanäle ... 32
DigitalOcean ... 298
  Ansible ... 304
  doctl ... 303
  Droplet ... 305
  Droplets ... 299
  Images ... 305
  Kosten ... 299
  Maschinengröße ... 306
  Sicherheit ... 299
Docker ... 55
  /var/lib/docker/volumes ... 156
  Applikationssteuerung ... 155
  Autovolumes ... 156
  Base Images ... 147
  Community Edition ... 133
  Compose ... 150
  Container-Images ... 139
  Dangling Volumes ... 156
  Dateisystem ... 147
  docker.service ... 135
  docker-compose.yml ... 152
  dockerd ... 135
  Docker for Windows ... 134
  Enterprise Edition ... 133
  Groups ... 137

Docker (Forts.)
Hub 142
Image-Bezeichner 142
Images 139
Inaktive Container 142
Individuelle Volumes 157
Installation 133
MariaDB 143
Rootless 159
Socket 137
Template 151
Volumes 155
Docker CE 133
Docker Compose 150
Applikationssteuerung 155
Compose-Sheets 151
docker-compose.yml 152
Formatversion 152
Docker Daemon Surface Attack 137
Docker Hub 142
Docker Scout 160
doctl 303
API-Token 304
Docker 303
Tab-Vervollständigung 303
Domain Specific Language 323
Dropbox 27
Droplet 305
DSL → Domain Specific Language

E

EBS → Elastic Block Store
EC2 Instance store 220
EC2 → Elastic Compute Cloud
ECS → Elastic Container Service für Kubernetes
ed25519 264
EKS → Elastic Kubernetes Service
Elastic Block Store 219
Instance store volumes 220
IOPS-Rate 219
Elastic Compute Cloud
Amazon Machine Image 209
Anmeldung 193
Autoscaling 239
AWS CloudFormation 323
Benutzer 198
Egress 215
Firewall 215
Gruppen 197
Identity and Access Management 196

Elastic Compute Cloud (Forts.)
Ingress 215
Instanzen 209
Instanzentyp 210
Multi-Factor-Authentication 196
Richtlinien 197
Root Credentials 195
Sicherheitsgruppe 215
SSH 212
User 193
Elastic Container Service für Kubernetes 63
Elastic Kubernetes Service 63
Elastizität 33
ESXi 25
Everything-as-a-Service (XaaS) 27

F

Filehosting-Dienst, Dropbox 27
Fixtures 516
Fließkommazahlen 71
Freie Software 21
Function-as-a-Service (FaaS) → Serverless Computing

G

GAE → Google App Engine
GCE → Google Compute Engine
gcloud 290
Firewall 295
initialisieren 291
Instanz bereitstellen 293
Load-Balancer 296
mit Konto verbinden 291
Projekt auswählen 291
Region auswählen 292
SSH 294
Zone auswählen 292
GCP → Google Cloud Platform
Git 49, 514
GitLab 49
Glance 26
Golang → Google Go
Google App Engine 290
Google Authenticator 196
Google Cloud Functions 28
Google Cloud Platform 288
Cloud-SDK 290
Firewall 295
Instanz 293

Google Cloud Platform (Forts.)
Load-Balancer 296
Projekt 291
Region 292
SSH 294
Zone 292
Google Compute Engine 289
Google Go 98
$GOBIN 101
$GOPATH 101
Arithmetik 104
Closure 120
Colon-Equals-Operator 106
Compiler 100
For-Schleife 117
Funktionen 119
Garbage Collection 99
Go Playground 100
If-Abfrage 114
Interface 126
Map 112
Methoden 125
os.Open() 130
Pakete 128
Pointer 122
Slice 110
String 107
Struct 123
Variablen 105
Google Kubernetes Engine (GKE) 63
Grafana 540

H

HAProxy 512
HashiCorp Configuration Language 380
Hashicorp Packer → Packer
hcloud 309, 311, 584
initialisieren 312
Tab-Vervollständigung 312
hcloud-python 308, 583
HCL → HashiCorp Configuration Language
Heroku 27
Hetzner 308
Ansible 308
hcloud-python 308, 583
Image 313
Maschinengrößen 314
Packer 308
SDK 583
Server bereitstellen 312

Hetzner (Forts.)
SSH 313
Terraform 308
Hetzner Cloud 308
Hybrid Cloud 26
Hyper-V 22
Hypervisor 21

I

IaaS 20, 27, 29
IaC 42
Idempotenz 462
Industrie 4.0 32
Infrastructure-as-a-Service → IaaS
Infrastructure-as-Code → IaC
Instance store volumes 220
Integer 71
Intel Virtualization Technology 22
Intel VT 22
Internet-of-Things 32
IPython 71

J

Jenkins 49
JFrogs Artifactory 50
Jinja2 451
JMESpath 267, 269
jq 208
JSON 208, 527
Just-in-Time-Compiler 68

K

K8s → Kubernetes
Kanban 44
Kernel-Based Virtual Machine → KVM
Keystone 26
Kompose 182
Konfigurationsdrift 42
Kostenkalkulation 33
kubectl → Kubernetes
Kubectx 169
Kubernetes 62, 162
Ansible 502
Cluster-Informationen 169
Deployment 171
Google Kubernetes Engine 167
Kompose 182
kubectl 163

Kubernetes (Forts.)
Minikube ... 164
Objektbeschreibung ... 181
Objekte ... 171
Pod ... 172
Praxisbeispiel ... 180
ReplicaSet ... 175
Rollout ... 176, 178–179
Service ... 173
Strategy ... 178
Tab-Vervollständigung ... 165
Kubernetes-as-a-Service (KaaS) ... 63
Kubernetes Engine ... 63
Künstliche Intelligenz ... 32
KVM ... 22

L

Locally Redundant Storage ... 281
LRS → Locally Redundant Storage
LXD ... 26

M

Machine Learning ... 31
Maschinenabbilder ... 51
Maschinenimage ... 52
Meltdown ... 37
Mesosphere ... 64
Microservices ... 60
Microsoft Azure Functions ... 28
Microsoft Azure → Azure
Microsoft ExpressRoute ... 319
Minikube ... 164
Modultests ... 50
Monitoring, Alerting and Trending (MAT) 537
Multi-Cloud Computing ... 316

N

Nagios ... 231
Namespace ... 55
Netflix ... 31
Network Access Control Lists ... 217
Neutron ... 26
Nexus ... 50
Niladische Funktion ... 120
NIST Cloud Computing Definition ... 24
Nitro ... 23
node_exporter ... 546
Nova ... 26

O

OCCI → Open Cloud Computing Interface
Omega ... 63
One-Time-Passwörter ... 196
On-premise → On-premises
On-premises ... 25
OpenAPI ... 251
Open Cloud Computing Interface ... 318
Open Source ... 21
Open Stack ... 25
Orchestrierung ... 61
OverlayFS ... 56

P

PaaS ... 27
Packer ... 396
~/.aws/credentials ... 402
Azure ... 275
builders ... 403
Hetzner ... 308
Installation ... 399
Kickstarting ... 397
Preseeding ... 397
provisioners ... 403
Template ... 401
Terratest ... 529
variables ... 402
Paramiko ... 580
PEP-8 ... 85
Plaintext ... 69
Platform-as-a-Service → PaaS
Playbook ... 457
Podman ... 132
Port Forwarding ... 145
Practical DevOps ... 46
Private Cloud ... 24
Prometheus ... 537
Alarm ... 565
API-Endpunkte ... 542
Arithmetik ... 563
binäre Gauges ... 569
Datenaufkommen ... 548
Grafana ... 540
MAT ... 537
Metriken ... 544
node_exporter ... 546
PromQL ... 539, 558
Protocol Buffers ... 544
prozentualer Ausfall ... 569

Prometheus (Forts.)
Querying ... 549
retention.size ... 549
Scraping ... 538
Service Discovery ... 553
Zeitstempel ... 552
PromQL ... 539
avg() ... 563
max() ... 561
qualifizierte Abfrage ... 558
rate() ... 562
sum() ... 561
Public Cloud Computing ... 20, 30
pytest ... 515
Python
args ... 89
Arithmetik ... 71
Array ... 76
Azure ... 589
Bibliotheken ... 90
Boolesche Ausdrücke ... 82
Boto3 ... 572
Built-in Functions ... 69
Comma Separated Value ... 74
Concatenation ... 79
Dictionary ... 80
Exceptions ... 94
Fixtures ... 516
For-Schleife ... 85
Funktionen ... 88
Funktionsbereich ... 90
Garbage Collection ... 67
hcloud ... 583
If-Abfrage ... 84
Index ... 79
Interpreter ... 68
IPython ... 71
Iterieren ... 85
JSON ... 527
Just-in-Time-Compiler ... 68
kwargs ... 89
Laufzeitmodell ... 73
Liste ... 76
Literal ... 73
Methode ... 74
open() ... 96
Paramiko ... 580
PEP-8 ... 85
Prospector ... 85
pytest ... 515
Python2 und Python3 ... 68

Python (Forts.)
Python Package Index ... 92
Read-the-Docs ... 488
Six ... 69
Slicing ... 80
Snakecasing ... 88
Stdlib ... 69, 93
String ... 74
Suite ... 84
Traceback ... 95
Tupel ... 78
Updates ... 572
Variablen ... 72
Virtualenv ... 93, 486, 572
Yapf ... 85
Python Package Index (PyPi) ... 92
Python Software Foundation ... 66

R

RBAC → Role Based Access Control
Read-the-Docs ... 488
Rechenzentrum ... 23
Red Hat OpenStack Platform (RHOP) ... 26
RESTful HTTP ... 60
Role Based Access Control ... 275
Rollout ... 48, 54
Rootless Docker ... 159
Route Tables ... 217

S

SaaS ... 27
Satya Nadella ... 246
Sceptre ... 349
Scrum ... 44
Selenium ... 53
Serverless Computing ... 27
Serverspec ... 515
Servervirtualisierung ... 20
Service Development Kit ... 571
sh ... 331
Shared Responsibility ... 38
Shebang ... 69
Shyaml ... 152
Sicherheit ... 37
Cloud-typische Risiken ... 37
Datenlecks ... 38
Spectre und Meltdown ... 37
Verantwortung ... 38
Simple Notification Service ... 231, 237

Simple Storage Service ... 230
Six ... 69
smartmontools ... 546
Snowflakes ... 42
SNS → Simple Notification Service
Software-as-a-Service → SaaS
Softwarecontainer → Container
Source Code Management ... 48
Spectre ... 37
Staatliche Überwachung ... 39
SUSE OpenStack Cloud ... 26
Swagger ... 251
Swappiness ... 507
Swarm Mode ... 61
Swift ... 26
switch ... 116
systemd ... 136

T

TeamCity ... 49
Template ... 151
Tensor Processing Units ... 288
Terraform
data source ... 381
Deployment-Artefakte ... 389
Hetzner ... 308
Installation ... 380
main.tf ... 384
Projektoutline ... 381
provider ... 381
Provisioner ... 381
Provisionierung ... 387
resource ... 381
Templates ... 380
vars.tf ... 382
Terratest ... 527
Packer ... 529
serverhello_test.go ... 530
serverhello_test.tf ... 533
Test-Driven Development ... 513
Testify ... 528
Testinfra ... 515
Time Series Database ... 537
Topology and Orchestration Specification for Cloud Application ... 318
TOSCA → Topology and Orchestration Specification for Cloud Application
Trove ... 26

U

Unix-Epoche ... 552

V

vCloud ... 25
Vendor-Lock-In ... 40
Version Control System ... 48
Versionskontrolle ... 48
Virtio ... 22
Virtualenv ... 486
virtualenv ... 93
Virtualisierung ... 20
Virtual Private Cloud ... 216
Virtual Private Server ... 298
VMWare Cloud on AWS ... 320
VPC → Virtual Private Cloud
VPS → Virtual Private Server
vSphere ... 25

W

waagent ... 274
WA Linux Agent ... 274
Web Server Gateway Interface (WSGI) ... 409
Windows Subsystem for Linux ... 67
Wirtschaftsspionage ... 40
WSL → Windows Subsystem for Linux

X

Xen ... 22

Y

YAML ... 151
Yamllint ... 152, 421

Z

Zero-Downtime ... 45
ZeroMQ ... 60
Zombie Load ... 37

Git in der Praxis

Git gehört zum unverzichtbaren Handwerkszeug aller IT-Profis und darf in keiner Toolbox fehlen. Dabei macht es keinen Unterschied, ob Sie Konfigurationsdateien versionieren wollen, an Open-Source-Projekten mitarbeiten oder im Team komplexe Anwendungen entwickeln: Git sorgt dafür, dass Sie den Überblick behalten. Daher lernen Sie hier nicht nur, wie Sie Änderungen einchecken und fremde Repositorien klonen, sondern erfahren, wie Git Ihnen den Arbeitsalltag leichter macht.

423 Seiten, gebunden, 39,90 Euro, ISBN 978-3-8362-8845-3
www.rheinwerk-verlag.de/5478